MARABOUTS & KHOUAN

ÉTUDE
SUR
L'ISLAM EN ALGÉRIE

MARABOUTS
ET
KHOUAN

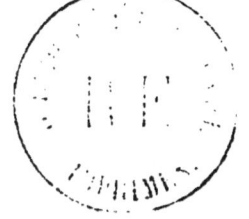

ÉTUDE
SUR
L'ISLAM EN ALGÉRIE

PAR

Louis RINN

Chef de bataillon d'infanterie hors cadres
Chef du Service central des Affaires indigènes au Gouvernement général
Vice-Président de la Société historique algérienne

AVEC UNE CARTE

INDIQUANT LA MARCHE, LA SITUATION ET L'IMPORTANCE
DES ORDRES RELIGIEUX MUSULMANS

ALGER
ADOLPHE JOURDAN, LIBRAIRE-ÉDITEUR
IMPRIMEUR-LIBRAIRE DE L'ACADÉMIE
—
1884

PRÉFACE

Depuis une cinquantaine d'années, les puissances occidentales de l'Europe ont fait de grands efforts pour entraîner le Vieil Orient dans le courant de la civilisation moderne. Les résultats obtenus ne sont pas considérables ; et cependant, les quelques progrès réalisés ont suffi pour émouvoir profondément les chefs religieux de l'Islam, qui, par conviction comme par intérêt, sont opposés à ces tendances et à ces réformes.

Pour combattre ce qu'ils regardent comme un danger, ils ont, non sans succès, cherché à exalter le sentiment religieux et à resserrer les liens spirituels qui unissent tous les disciples du Prophète. Leur résistance, d'abord timide et maladroite, s'est peu à peu organisée et développée, dans tous les pays musulmans. Aujourd'hui, elle a réussi à déterminer un mouvement panislamique qui, s'étendant des îles de la Sonde à l'Atlantique, constitue un véritable danger pour tous les peuples européens ayant des intérêts en Afrique ou en Asie.

Ce panislamisme a surtout, comme force et comme moyens d'action, les nombreuses congrégations et associations religieuses qui, depuis le commencement du siècle, ont pris partout un énorme développement et exercent une grande influence sur les masses.

Sous prétexte d'apostolat, de charité, de pèlerinages et de discipline monacale, les innombrables agents de ces congrégations parcourent ce monde de l'Islam, qui n'a ni frontières ni patrie, et ils mettent en relations permanentes La Mecque, Djerboub, Stamboul ou Bar'dad avec Fez, Tinbouktou, Alger, Le Caire, Khartoum, Zanzibar, Calcutta ou Java. Protées aux mille formes, tour à tour négociants, prédicateurs, étudiants, médecins, ouvriers, mendiants, charmeurs, saltimbanques, fous simulés ou illuminés inconscients de leur mission, ces voyageurs sont, toujours et partout, bien accueillis par les Fidèles et efficacement protégés, par eux, contre les investigations soupçonneuses des gouvernements réguliers.

Comme nation souveraine, suzeraine et limitrophe de peuples musulmans, la France a un intérêt politique considérable à être bien fixée sur le nombre de ces Ordres religieux, sur leurs doctrines, leurs tendances, leurs foyers de propagande, leurs rayons d'action, leurs modes de recrutement, leurs organisations, etc.

Tous ces renseignements ne sont pas faciles à se procurer. Si les statuts des Ordres religieux ne sont pas absolument tenus secrets, ils sont, du moins, mis, le plus possible, à l'abri des regards des Européens. On ne nous en montre guère que la partie connue de la masse des Khouan ou consignée dans des livres de doctrines, tombés, en quelque sorte, dans le domaine public des lettrés musulmans ; et c'est encore une chose délicate et difficile que d'en avoir de bonnes copies !

Aussi, même en Algérie, cette question des Ordres religieux n'est pas connue comme il serait nécessaire qu'elle le fût pour la bonne surveillance du pays. Les quelques publications, qui ont été faites, en français, sur cette matière, sont très rares, déjà anciennes, ou perdues dans des recueils volumineux ; la plupart ne se trouvent plus en librairie (1).

Nous pensons donc avoir fait œuvre utile en offrant aux lecteurs un exposé aussi impartial et aussi explicite que possible de la situation de l'Islam en Algérie. Sans doute, il est regrettable que cet exposé se borne à notre France transméditerranéenne, alors que dans l'Islam tout se tient, tout est connexe, sans distinction de pays. Mais, tel qu'il est, et malgré ses lacunes forcées ou ses imperfections involontaires, ce livre facilitera toujours, dans une certaine mesure, les recherches et études des travailleurs, comme aussi il fournira des indications précieuses à tous les agents français qui, à un titre quelconque, en Algérie ou à l'Étranger, ont la délicate et difficile mission de surveiller les agissements religieux ou politiques des Musulmans.

---

(1) Les meilleurs sont : *Les Khouan*, par le capitaine DE NEVEU, Paris, 1846. — *Les Khouan*, par M. BROSSELARD, Alger, 1862. — Ces deux ouvrages n'existent plus en librairie. — Citons aussi les chapitres XXI, XXII, XXIII du tome 2 de *La Kabylie et les coutumes kabyles*, par HANOTEAU et LETOURNEUX, Paris, 1873.

Grâce à la haute bienveillance de M. le Gouverneur général Tirman, à qui nous sommes heureux d'offrir ici l'expression de notre respectueuse gratitude, nous avons eu toutes les facilités désirables pour puiser nos informations aux sources les plus autorisées ; nos relations personnelles avec quelques notabilités religieuses, telles que Si Ahmed Tedjini, Cheikh el-Missoum, Ali ben Otsman, nous ont permis de vérifier et de compléter ces informations.

Plusieurs de nos camarades du Service des Affaires indigènes et du Corps des Interprètes militaires ont bien voulu nous prêter leur concours empressé ; parmi eux, nous avons tout particulièrement à remercier M. le capitaine Bissuel, qui a été chargé d'établir la carte jointe à ce volume, et MM. les interprètes Arnaud et Colas, qui ont consacré de longues heures à des traductions ardues et hérissées de difficultés.

MARABOUTS & KHOUAN

ÉTUDE
SUR
L'ISLAM EN ALGÉRIE

CHAPITRE PREMIER

DOCTRINE POLITIQUE DE L'ISLAM

Lorsque, sans parti pris ni passion, on regarde autour de soi en pays musulman, qu'on interroge l'histoire ou qu'on étudie les livres des docteurs de l'Islam, on s'aperçoit bien vite que le caractère dominant de la religion musulmane n'est ni l'intolérance, ni le fanatisme.

Ce qui domine et déborde dans l'œuvre de Mohammed, c'est l'*idée théocratique,* et ce qui frappe chez ses adeptes, c'est l'ardeur des convictions religieuses. Tous les Musulmans, sans exception, ont cette foi robuste qui n'admet ni compromis ni raisonnement, et qui, naïvement, se complaît dans son « *credo quia absurdum.* »

Dans ses origines, comme dans son essence, la société musulmane a toujours été et est restée foncièrement théocratique. Ses premiers souverains n'étaient ni princes, ni rois, ni chefs, ni juges, ils étaient *prêtres*, et eux-mêmes se nommaient « *pontifes et vicaires du Prophète.* »

Les guerres qui, après la mort de Mohammed, divisèrent et ensanglantèrent l'Islam pendant plusieurs siècles, eurent surtout pour objectif *l'Imamat,* c'est-à-dire le *sacerdoce universel.* La plupart des fondateurs des dynasties musulmanes du Mar'reb furent des personnages religieux avant d'être des personnages politiques ; et, devenus souverains, ils se donnèrent comme pontifes et successeurs du Prophète. Car Mohammed lui-même n'avait fondé sa puissance temporelle qu'en raison de la mission, qu'il disait avoir reçue du ciel, de ramener les hommes au culte des anciens patriarches et à l'unité de Dieu.

A travers les siècles, planant au-dessus de toutes les révolutions politiques et de tous les progrès de la science ou de la civilisation, l'idée théocratique est restée la clef de voûte de l'édifice de l'Islam. Et, telle cette idée s'affirmait, en 681, lors de l'assassinat d'Ali, chez les premiers puritains Ouahbites (1), telle elle s'affirme encore aujourd'hui, en plein XIXe siècle, non seulement dans les doctrines mystiques des Senoussya et autres ordres religieux, mais même dans tout l'enseignement officiel, normal et orthodoxe des écoles publiques musulmanes.

Dans un livre, classique en Orient, et l'un des catéchismes les plus autorisés et les plus en faveur chez les professeurs des établissements où se donne l'instruction islamique, le « très vénéré » imam Nedjem Ed-Din-Nassafi (mort à Bar'dad en 537-1142) résume, en 58 ar-

---

(1) Voir chapitre XI.

ticles, les dogmes fondamentaux de l'Islam, et s'exprime ainsi (1) :

« Les Musulmans doivent être gouvernés par un imam
» qui ait le droit et l'autorité : de veiller à l'observation
» des préceptes de la loi, de faire exécuter les peines
» légales, de défendre les frontières, de lever les armées,
» de percevoir les dîmes fiscales, de réprimer les re-
» belles et les brigands, de célébrer la prière publique
» du vendredi et les fêtes de Beyram, de juger les ci-
» toyens, de vider les différends qui s'élèvent entre les
» sujets, d'admettre les preuves juridiques dans les
» causes litigieuses, de marier les enfants mineurs de
» l'un et l'autre sexe qui manquent de tuteurs naturels,
» de procéder enfin au partage du butin légal. »

Tout l'Islamisme est renfermé dans ces quelques lignes, qu'un des commentateurs les plus autorisés et les plus connus, Sad-Ed-Din-Teftazani (mort à Boukhara en 808-1405) précise et complète en ces termes :

« L'établissement d'un imam est un point canonique
» arrêté et statué par les Fidèles du premier siècle de
» l'Islam. Ce point, qui fait partie des règles apostoliques
» et qui intéresse, d'une manière absolue, la loi et la
» doctrine, est basé sur cette parole du Prophète : *Celui*
» *qui meurt sans reconnaître l'autorité et l'imam de*
» *l'époque, est censé mort dans l'ignorance, c'est-à-dire*
» *dans l'Infidélité...* Le peuple musulman doit donc être
» gouverné par un imam. Cet imam doit être seul,
» unique ; son autorité doit être absolue ; elle doit tout
» embrasser ; tous doivent s'y soumettre et la respecter ;
» nulle ville, nulle contrée ne peut en reconnaître aucun

---

(1) C'est l'article ou le chapitre 33. Voir, dans l'excellent ouvrage du chevalier de Mouradja d'Ohssou, *Tableau de l'Empire ottoman*, l'exposé et le développement de ces 58 dogmes fondamentaux.

» autre, parce qu'il en résulterait des troubles qui com-
» promettraient et la religion et l'État ; et, *quand même*
» *une autre autorité indépendante serait à l'avantage*
» *temporel de cette ville, de cette contrée, elle n'en serait*
» *pas moins illégitime* et contraire à l'esprit et au bien
» de la religion, qui est le point le plus essentiel et le
» plus important de l'administration des imams. »

A quelques variantes près, dans les détails, tous les anciens docteurs musulmans reconnaissent et professent ces doctrines. Le Coran n'a-t-il pas dit : (1) Soyez soumis à Dieu, au Prophète et à celui *d'entre vous* qui exerce l'autorité suprême. Portez vos différends devant Dieu et devant l'Apôtre, si « vous croyez en Dieu et au
» jugement dernier. Ceci est le mieux. » Et Mohammed a précisé dans ses hadits, en disant : « Celui qui meurt
» sans reconnaître l'autorité de l'imam de son temps
» meurt dans l'ignorance, c'est-à-dire dans l'Infidélité. »

Le Coran reste donc, en réalité, la seule loi légitime aux yeux des Musulmans ; il renferme la loi politique, la loi civile et la loi criminelle ; il est l'enseignement par excellence ; il suffit à tout, et dirige tout.

On comprend facilement les difficultés qu'un pareil état de choses peut opposer à notre action gouvernementale en Algérie. On s'explique aussi comment, avec la meilleure volonté de ne pas heurter les sentiments religieux des Musulmans, nous ne pouvons pas réaliser un progrès ni inaugurer une réforme, sans nous attirer les malédictions des vrais Croyants assez instruits pour connaître l'esprit et les dogmes de leur religion.

Heureusement pour nous, les gens réellement instruits, même en matière religieuse, sont rares en Algérie ; la masse des Musulmans ne connaît guère que les pratiques d'une dévotion étroite, limitée aux prières quotidiennes et à l'observance d'usages traditionnels

---

(1) Chap. IV, verset 62.

que nos réformes n'atteignent pas directement. Puis, la masse de la population est plutôt berbère qu'arabe ; elle n'est pas insensible à la satisfaction de ses intérêts matériels, et elle a déjà répudié une partie de la loi islamique, pour la remplacer par des *kanoun* ou coutumes, qui se rapprochent plus ou moins des nôtres.

Nous avons donc pu, sans user de procédés violents, et sans nous créer des difficultés trop grandes, séparer, en Algérie, trois choses ordinairement confondues dans tous les pays musulmans : la justice, la religion et l'instruction.

La substitution de notre système pénal français aux répressions prescrites par le Coran s'est faite, presque au lendemain de la conquête (vers 1842), sans soulever d'objection : c'était un progrès réel et un grand adoucissement à ce que subissaient les Algériens sous le joug des Turcs. Quant à la juridiction civile, elle a été laissée à des magistrats musulmans, appliquant la loi islamique, sous certaines réserves qui ne sont pas toujours subies sans froissement par les lettrés musulmans, et qui sont sourdement exploitées, contre nous, par les personnalités religieuses.

En matière d'instruction, tous nos efforts, depuis 1830, ont eu pour objet de réduire l'enseignement coranique et d'y substituer, progressivement, un enseignement plus rationnel, plus pratique et, surtout, plus français. Bien que ces efforts n'aient pas toujours obtenu les résultats que nous espérions, ils ont suffi pour nous aliéner la grande masse des lettrés et marabouts musulmans qui avaient, avant notre arrivée, la direction exclusive des établissements d'instruction, et qui ont préféré s'abstenir, ou s'éloigner, plutôt que de subir notre contrôle et de modifier leur enseignement dans un sens libéral et laïque.

Quoi qu'il en soit, d'ailleurs, la séparation que nous avons cherché à réaliser, est aujourd'hui assez marquée, pour que la question de l'instruction publique musulmane soit tout à fait distincte de la question religieuse proprement dite, la seule que nous ayons ici l'intention d'examiner.

Laissant donc de côté ces deux questions, malgré leur connexité trop réelle, nous pouvons dire qu'en Algérie, l'action religieuse musulmane est exercée par trois catégories d'individus qu'il est important de ne pas confondre.

La première catégorie comprend le clergé musulman, investi et salarié au même titre que celui des autres cultes reconnus par les lois françaises.

La seconde catégorie se compose des *marabouts locaux*, religieux libres, exerçant les devoirs du sacerdoce ou de l'enseignement islamique, sans attaches officielles ni salaire, et dans des édifices leur appartenant, ou construits et entretenus par la piété des fidèles (zaouïa, mammera, djamâ, mesdjed, kobba, etc.).

La troisième et dernière catégorie comprend les ordres religieux congréganistes (ou *khouan*).

Ces trois catégories sont presque toujours absolument distinctes et séparées. Cependant, on rencontre quelquefois, parmi les membres du clergé investi et parmi les religieux libres, des individus et même des groupes affiliés à des sociétés religieuses, exactement comme on voit chez nous, soit dans les clergés paroissiaux, soit dans la société laïque, des membres isolés de certains ordres religieux ou confréries laïques, subissant la direction spirituelle de congrégations appartenant au clergé régulier.

CHAPITRE II

CLERGÉ INVESTI ET SALARIÉ

(MOFTI ET IMAM)

Il n'y a que fort peu de chose à dire sur l'élément religieux musulman officiel.

Les membres du clergé investi et salarié sont, en général, de très braves gens, choisis avec soin, et souvent même très francisés. Ainsi, dans les villes du littoral, ils invitent volontiers les fonctionnaires français et leurs familles à assister aux grandes cérémonies du culte musulman, dans les principales mosquées (1), et ils viennent eux-mêmes, sans répugnance aucune, faire acte de présence à nos *Te Deum* et à nos prières publiques officielles, comme aussi aux messes d'enterrement ou de mariage des personnes qu'ils connaissent.

A Alger, Oran, Constantine, Bône, etc..., il y a des mofti (2) : c'est le titre le plus élevé dans les fonctions religieuses musulmanes officielles.

---

(1) Les mosquées se nomment en arabe *djamâ*, lorsque ce sont des mosquées-cathédrales ayant un *menber* (chaire), et dans lesquelles on fait la grande prière publique officielle du vendredi, la *khotba* (خطبة) ou prône, qui comporte des vœux pour le souverain ou le gouvernement. On appelle *mesdjed* (chapelle, oratoire) les autres mosquées. — Les djamâ et les mesdjed se confondent dans l'usage.

(2) *Mofti* (مفتي), interprète de la loi qui donne des décisions ou *fetoua*, sur les questions de religion ou de droit. Le mofti, dans les États musulmans, est le supérieur du cadhi. En Algérie, c'est le titre purement honorifique donné par nous à quelques imams importants.

Le mofti a la préséance sur les imams ; il est dit, officiellement, chef du culte, dans la circonscription qui lui est assignée, c'est-à-dire dans la ville.

A la tête de chaque mosquée, desservie ou non par un mofti, il y a un imam (1). Le titre est moins élevé, mais cependant, en dehors des villes où existe un mofti, il n'y a pas de lien hiérarchique, religieux ou autre, bien défini entre les moftis et les imams. Le clergé musulman n'a, en Algérie, personne à sa tête ; chaque mofti ou imam est maître absolu de son personnel, dans sa mosquée, et il ne relève que de l'autorité administrative du lieu de sa résidence.

Il y a peut-être là une lacune dans notre organisation politique algérienne, et il est, à notre humble avis, regrettable que nous n'ayons pas institué, dès le début, un *cheikh el-Islam*, chef suprême de la religion musulmane en Algérie. Ce personnage, qui eût été notre créature, aurait contribué à isoler les Musulmans algériens de leurs frères d'Orient. C'était le moyen qu'employaient jadis les Souverains du Mar'reb, lorsqu'ils se rendaient indépendants de l'autorité du khalife de Bar'dad ou de Damas, et il y aurait eu profit pour nous à suivre cet exemple.

Les mofti et les imam des deux rites, Maléki et Hanéfi (2), sont choisis parmi les lettrés, savants, magis-

---

(1) *Imam*, أمام, pl. أيمة *aïma* (pontife), de أمام *amam* (devant) : c'est celui qui marche en tête et sur qui on se règle pour faire la prière. Ce mot s'emploie aussi dans un sens profane.

(2) La religion musulmane est essentiellement monothéiste et repose sur la croyance aux trois livres révélés : Bible, Évangile et Coran. Elle nie la Trinité et la divinité de Jésus (Sidna Aïssa), qui n'est, pour les Musulmans, qu'un prophète précurseur de Mohammed. Elle comporte quatre rites orthodoxes, ne différant entre eux que sur des questions secondaires de droit civil et de pratiques religieuses, ce sont : 1° le rite Maléki, spécial à l'Afrique ; 2° le rite Hanéfi, spécial aux Ottomans ; 3° le rite Chaféite, spécial à l'Égypte et à l'Yemen ; 4° le rite Hanebalite, répandu surtout aux Indes et

trats et personnages religieux ralliés à la cause française ; aussi les Musulmans exaltés les tiennent-ils en médiocre estime, à cause précisément de leurs attaches avec les Chrétiens, et les prêtres musulmans sont un peu dans la situation où se trouvaient, en France, il y a un siècle environ, les prêtres assermentés catholiques.

Cela n'a rien qui doive nous étonner ; nous trouvons il est vrai, sans difficulté, des imams salariés, et nous en trouverons tant que nous en voudrons ; mais ce fait seul d'assimiler des religieux à des fonctionnaires choque les Musulmans instruits. Dans l'exposé de la foi musulmane du docteur turc Mohammed ben Pir El-Berkaouï (1), qui est un ouvrage classique, on trouve, parmi les recommandations faites aux fidèles : « *Ne faire ni les fonctions d'Imam, ni l'annonce de la prière, n'enseigner ni le Koran ni la théologie pour un salaire.* » Et, en effet, en pays musulman, les prêtres officiants n'ont pas de salaire, mais ils vivent sur les habous ou ouakef (2) de la mosquée qu'ils desservent.

---

dans l'extrême Orient. En Algérie, il n'y a de Hanéfi que dans les villes du littoral, ce sont les descendants des Turcs.

(1) La traduction de ce catéchisme a été donnée en entier par M. Garcin de Tassy, dans son livre de l'Islamisme. — Paris, 1874, 3ᵉ édition.

(2) Il y a deux sortes de habous ou ouakf (immobilisation) : 1° ceux dont l'usufruit est laissé à des particuliers et dont le fonds appartient à un établissement religieux ; 2° ceux des mosquées, biens de mainmorte, dégrevés de tout usufruit temporel, et constituant les revenus de ces établissements.

A notre arrivée en Algérie, tous les biens dont les revenus étaient affectés, à un titre quelconque, aux mosquées, furent déclarés réunis au Domaine de l'État, qui en prit effectivement possession, à charge par lui de pourvoir aux dépenses du Culte. Cette mesure a toujours été sévèrement appréciée par les Musulmans et a donné lieu, de leur part, à beaucoup de récriminations. Aussi, en 1882, lors de l'annexion du Mzab, le Gouverneur général, M. Tirman, se borna-t-il à déclarer que les biens et revenus des mosquées Ibadites seraient considérés comme « biens de fabrique » et soumis, en principe, à la législation qui, en France, règle la gestion des biens de l'espèce.

A cette cause de déconsidération aux yeux des Musulmans, vient s'en ajouter une autre, qui n'est pas spéciale à l'Algérie et qui a toujours existé dans les États musulmans :

Dès les premiers temps de l'Islam, (1) « le clergé investi,
» qui se disait dépositaire exclusif de la science reli-
» gieuse, de la sagesse divine, et qui était à la tête des
» fonctions de l'enseignement public et de la justice, se
» vit disputer l'influence qu'il s'arrogeait sur la direction
» des esprits, par les Soufi, sortes d'Esséniens de l'Isla-
» misme dont les Eulama étaient les Pharisiens. »

En Algérie, ces Soufi sont : ou les marabouts libres et sans attaches ni rétributions officielles, ou les supérieurs des ordres religieux.

A la science théologique et à la sagesse des livres des Eulama et membres du clergé officiel, les marabouts et les khouan opposent la pureté de leur vie ascétique et les perceptions surnaturelles de leurs extases mystiques, qui les mettent en rapport direct avec l'esprit de Dieu.

Cela est peut-être moins orthodoxe, mais cela a bien plus de prestige aux yeux des foules ignorantes et superstitieuses. A côté d'eux, les moftis et imams salariés restent sans influence aucune, et leur rôle se borne à dire les prières, publiques et privées, en se conformant aux règles canoniques (2) musulmanes orthodoxes, tout en tenant compte, cependant, de leur situation de sujets et de fonctionnaires français.

---

(1) DUGAT, *Histoire des Philosophes Musulmans.*

(2) Le Prophète a dit : « L'édifice de l'Islamisme est appuyé sur cinq points : 1° la profession de foi ; 2° la prière namaz (c'est-à-dire les cinq prières quotidiennes) ; 3° la dîme aumônière ; 4° le jeûne canonique du ramdan ; 5° le pèlerinage de La Mecque.

Ce sont là, en effet, les statuts de la religion musulmane. On y ajoute : la prière publique du vendredi, les prières pour la circoncision, le mariage, les funérailles, les calamités publiques, les événements extraordinaires, etc.

La tradition islamique veut que la prière publique du vendredi ne soit faite qu'au nom du successeur apostolique et légitime du Prophète, c'est-à-dire au nom du khalife, vicaire de Mohammed, chef suprême de la religion. Ce khalife est, dans tous les États (1) musulmans : ou le Souverain régnant, ou le Sultan de Stamboul, son suzerain.

En 1830, le premier jeudi après l'entrée des Français à Alger, un medjelès (2), composé des principaux savants et personnages religieux de la ville, se réunit spontanément pour étudier la question de la prière publique du vendredi, qui, jusqu'alors, s'était faite au nom du Sultan de Constantinople.

Après mûre délibération, la formule suivante fut adoptée :

اللهمّ ايد من ايّد الملة الحنيفية واحى قلب من احيى السنة النبوية ونجّنا من المحن الدنياوية والاخراوية انك على كل شى قدير

« Fortifie, ô mon Dieu ! quiconque fortifiera la religion musulmane. Vivifie les bons sentiments du cœur de quiconque vivifiera la tradition du Prophète. Protège-nous, mon Dieu ! contre les troubles mondains et les peines de l'autre monde, car tu es tout puissant. »

Soumise à la sanction de M. le Général Comte de Bourmont, cette rédaction fut ratifiée et approuvée.

---

(1) Chez les Touareg et à l'Est de l'Algérie, en Afrique, la prière se fait au nom du Sultan de Constantinople. Au Touat, au Gourara et dans l'Ouest, elle se fait au nom de l'Empereur du Maroc.

(2) Medjelès, assemblée, et mieux : lieu où l'on s'assemble.

Plusieurs Gouverneurs généraux, dans les premiers temps de la conquête, maintinrent ce texte et le rendirent officiel.

Depuis, il n'a pas varié : la République de 1848, l'Empire, ni la République de 1870 n'y ont apporté aucun changement. — Chaque fois que des étrangers musulmans, ou des fanatiques algériens, ont, en Algérie, introduit dans la prière du vendredi le nom du Sultan, le Gouvernement général a sévi contre les auteurs et complices de ces manifestations anti-françaises.

Lorsque des prières publiques, actions de grâces, *Te Deum*, etc..... sont ordonnés par le Gouvernement, on ajoute à la prière du vendredi la sourat El-Feteh سورة الفتح (du Coran), qui est celle qui se lit lors des fêtes publiques dans les États musulmans. On la fait précéder de quelques vœux pour « le Fortuné Gouvernement de la France », sans qu'il y ait de texte officiel et réglementé.

Le clergé musulman salarié coûte à l'État, en Algérie, 166,490 fr., répartis entre : 1° 16 moftis, payés de 1,200 fr. à 4,000 fr., soit 28,200 fr. ; 2° 81 imams, de 300 fr. à 1,500 fr., soit 40,300 fr., et, 3° un nombre, variable, d'agents en sous-ordre, qui n'existent que dans les mosquées importantes.

Ce sont :

Les *mouderrès*, clercs ou professeurs, chargés de donner l'enseignement religieux aux enfants et aux élèves adultes.

Les *bach-hazzab*, chefs des lecteurs, et les *hazzab*, chargés de la lecture du Coran et autres livres du culte.

Les *bach-moueddin*, ou *mouekkalin*, chargés de diriger le service des *moueddin* ou crieurs de la prière.

Les gardiens de tombeaux, chapelles, etc.....

Ce personnel subalterne coûte, ensemble, 76,070 fr. à l'État.

L'entretien des mosquées et le matériel du culte musulman officiel est inscrit, au budget de l'Algérie, pour une somme de 49,850 fr. C'est donc, en résumé, une dépense de 216,340 fr. pour l'entretien du culte musulman en Algérie où il y a 3,000,000 de fidèles.

C'est infiniment au-dessous des besoins réels d'une population très attachée à son culte et très fervente dans ses croyances. Aussi celle-ci, qui n'a déjà pour ce clergé officiel qu'une sympathie fort limitée, va-t-elle en masse chercher la satisfaction de ses aspirations religieuses : soit auprès des *chioukh* des khouan, soit auprès des marabouts indépendants, qui exercent les fonctions sacerdotales en dehors de toute attache officielle, dans des établissements entretenus par les aumônes ou dons volontaires des Croyants.

Il n'est pas sans intérêt de comparer les dépenses du culte musulman à celles afférentes aux autres cultes reconnus par l'État, en Algérie (1) ; en voici le résumé :

310.000	**Catholiques** (ou inscrits comme tels)				
		coûtent	920.100 fr., soit par tête :	2 f.	93
7.500	Protestants	—	83.100	—	11 08
35.065	Israélites	—	26.100	—	0 731
2.842.497	Musulmans	—	216.340	—	0 076

---

(1) Cette comparaison avait déjà été faite, par M. le député Gastu, dans son rapport de la Commission du budget de l'exercice 1880. Nous reproduisons ses chiffres, sauf pour les Israélites et les Musulmans, où nous avons pris ceux donnés par le recensement de 1881.

CHAPITRE III

MARABOUTS

(RELIGIEUX INDÉPENDANTS)

Les prêtres musulmans, libres de toute attache officielle et n'appartenant pas à des congrégations, forment, sous le nom de marabouts locaux, la seconde catégorie de l'élément religieux algérien.

Là se rencontrent les personnages les plus disparates et différant souvent, du tout au tout, comme valeur intellectuelle, situation sociale et influence politique.

Au premier plan se place le marabout propriétaire d'une zaouïa (1) plus ou moins riche, et héritier du pres-

---

(1) La traduction exacte du mot *zaouïa* (dont le sens primitif est coin, retraite) serait *monastère*. Mais toutes n'ont pas une même importance. Quelques-unes, seulement, sont réellement semblables aux anciens monastères qui couvraient l'Europe au moyen âge. Dans celles-là, à côté de moines ou religieux (*merâbot*), hôtes habituels de ces établissements, se trouvent des serviteurs, des clients, et toute une population flottante : d'étudiants qui viennent suivre les cours professés, de malheureux qui viennent chercher un refuge et un asile, de pèlerins venant faire leurs dévotions, et enfin de voyageurs et de mendiants demandant un gîte passager ou une aumône. Ces sortes de zaouïa se rencontrent surtout entre les mains des vieilles familles maraboutiques étudiées dans ce chapitre. Quant aux zaouïa appartenant aux ordres religieux, elles ne sont guère, en dehors des maisons mères et des maisons provinciales, que des établissements d'une importance peu considérable. Quelques-unes même se réduisent à de simples masures près desquelles l'enseignement se donne en plein air, et qui ne sont, en réalité, que des lieux de réunions accidentelles ou périodiques.

tige religieux d'un ancêtre, chérif (1) ou ouali (2), vénéré dans le pays. Son influence est souvent considérable et peut même éclipser celle de certains aghas et caïds. Puis, par des degrés successifs, on descend du grand seigneur religieux jusqu'au petit marabout, qui, n'ayant que son gourbi et son chapelet, vit misérablement de la charité publique, à côté de la tombe modeste d'un ancêtre mort en odeur de sainteté.

C'est, en effet, uniquement par droit de naissance que l'on est marabout, et cette qualité ne s'acquiert jamais pendant la vie, quelque vertueux que l'on puisse être. Aussi il y a des tribus entières de marabouts, comme les Oulad-Sidi-Cheikh, les Cheurfa, etc., etc. Il va sans dire que la masse de ces tribus est absolument ignorante et que ses membres sont, généralement, sans influence, à l'exception des quelques groupes de choix, où se sont conservées les traditions de savoir et de vertu, apanage des descendants immédiats et directs de l'ancêtre béatifié par le respect des fidèles.

Les marabouts locaux n'ont pas d'affiliés ; ils n'ont que des disciples, des élèves et des serviteurs religieux, ou clients, qui sont tenus de leur faire des ziara (3), c'est-à-

---

(1) Cherif (شريف), descendant du Prophète par sa fille Fathma-Zohra (pluriel Cheurfa), noble de noblesse religieuse de (شَرُفَ être élevé, noble, illustre, etc.).

(2) Ouali (وَلِي), ami de Dieu, saint, patron (de ولي être proche). Ne pas confondre ce mot avec والي *ouali*, *wali*, gouverneur, commandant de province.

(3) زيارة *ziara*, visite, — visite pieuse, ou de respect, à une personne d'un rang supérieur, mais plus spécialement aux lieux saints, aux personnages religieux. Les pèlerinages religieux ailleurs qu'à la Mecque sont des ziara. Mais les ziara, même aux tombeaux, étant toujours accompagnées d'une offrande, le mot ziara est absolument synonyme d'offrande. On reçoit et on fait des ziara. On envoie un serviteur faire des ziara, c'est-à-dire faire des quêtes religieuses. Voir, chapitre VI, quelques détails complémentaires sur ce que peuvent rapporter ces ziara.

dire des visites accompagnées d'offrandes proportionnées à la fortune des visiteurs. Ces offrandes sont, en apparence, absolument volontaires et facultatives, mais le marabout sait toujours les réclamer, et se les faire donner, dans un certain rayon autour de sa demeure, rayon d'ailleurs parfaitement limité, et en dehors duquel le marabout le plus vénéré ne recueillera que des témoignages de respect tout à fait platoniques. Les marabouts, habitant presque toujours sur un lieu consacré, soit par le tombeau d'un de leurs ancêtres, marabout comme eux, soit par une kobba (chapelle) placée sous le vocable d'un Saint, bénéficient encore des *ouada* faites par les Musulmans à la mémoire du Saint (1).

L'étendue territoriale où s'exerce le prestige et l'influence d'un marabout est excessivement variable; cela tient à des causes complexes. La situation sociale est un des éléments principaux du succès et du prestige des marabouts, mais ce n'est pas le seul, et la vénération des fidèles pour l'ancêtre béatifié fait souvent plus, pour l'importance d'un marabout local, que sa fortune et ses propres mérites.

En dehors de la grande famille maraboutique des Oulad-Sidi-Cheikh, dont les chefs ont encore conservé, malgré leurs menées, une situation exceptionnelle comme prestige et comme influence, nous n'avons plus en Algérie de marabouts locaux qui nous soient hostiles, car tous, aujourd'hui, ont compris qu'ils peuvent faci-

---

(1) Les ouada (وعدة pl. وعايد), de وعد promettre, faire un vœu, sont de plusieurs sortes. Il y a d'abord l'ex-voto, ou l'offrande pure et simple, déposée sur le tombeau ou dans l'oratoire du saint à l'intercession duquel le Musulman a eu recours. Puis, il y a le sacrifice d'un jeune chameau, d'un bœuf ou d'un mouton, égorgé en exécution d'un vœu sur le lieu consacré ; les pauvres sont conviés à manger la bête tuée, et si les convives font défaut, le gardien du sanctuaire garde les restes. Il y a des ouada traditionnelles que certaines familles, ou certaines tribus, font annuellement, ou mensuellement, à certains lieux consacrés.

lement être atteints, par nous, dans leurs personnes ou dans leurs biens. Aussi, les plus mal disposés, à notre égard, se bornent à se tenir à l'écart des Chrétiens ; leurs manifestations malveillantes s'arrêtent là, ils payent correctement leurs impôts et se conforment à nos ordres généraux d'administration et de police.

Cette obéissance à des Chrétiens ne trouble pas, du reste, la conscience des Musulmans, car, disent-ils, « rien n'arrive sans la volonté de Dieu, et puisque Dieu » a donné la force aux Chrétiens et leur a permis de » soumettre les Musulmans, les vrais Croyants doivent » se courber devant cette force, qui est une émanation » de la volonté de Dieu. »

Beaucoup de marabouts poussent la résignation bien plus loin et acceptent, volontiers, des emplois lucratifs : plusieurs, et des plus en renom, sont aghas ou caïds, il en est un qui vient d'être nommé Commandeur de la Légion d'honneur pour services de guerre, c'est l'agha El-Hadj-Kaddour-ben-Sahraouï).

D'autres, au contraire, refusent les honneurs et fonctions officielles, mais ils s'emploient volontiers à notre service, à titre officieux, et entretiennent avec nous des relations très courtoises (1).

A ceux-là, on témoigne certains égards, et on fait quelques faveurs qu'ils reconnaissent, le plus souvent, en s'entremettant, sur notre demande, pour ramener

---

(1) Parmi ceux-là, nous citerons le marabout Si Abd-es-Semed, du Djebel-bou-Arif, près Batna, qui, en 1871, recueillit chez lui et protégea, contre les rebelles, un groupe important du village d'El-Madher, pillé et incendié par les rebelles. En raison de sa conduite méritoire, en cette circonstance, et d'autres services rendus précédemment, l'autorité militaire voulut le faire décorer : il s'y opposa formellement, disant qu'il n'avait fait que son devoir. Et lorsque, plus tard, à la Cour d'assises de Constantine où il paraissait comme témoin, le président lui adressa publiquement des éloges mérités, il fit la même réponse : « Ce n'était que mon devoir de musulman. »

dans le devoir des tribus récalcitrantes ou apaiser des luttes de soff (1).

Plusieurs marabouts ont des zaouïa (2), qui tiennent à la fois des monastères et des universités du Moyen-Age ; des professeurs, sous leur direction, y enseignent le Coran, le droit musulman et la grammaire. Des étudiants (tolba) (3) y sont entretenus : soit par le marabout lui-même, soit par la piété des fidèles ; les voyageurs y sont hébergés et il s'y fait de grandes aumônes.

Le fanatisme est rare chez ces marabouts, lorsqu'ils ne sont affiliés à aucun ordre religieux. On a vu, dans des insurrections, certains d'entre eux donner asile à des Français et les protéger contre les révoltés ; d'autres, en temps ordinaire, sont souvent venus, spontanément, en aide à des Français isolés, égarés ou dans le besoin.

Nous avons dit que leur influence ne dépassait jamais un certain rayon. Cependant, comme professeurs et docteurs, en théologie ou en droit, ils ont souvent des disciples et des élèves qui viennent souvent de fort loin ; mais, quelle que soit leur réputation, ils ne font pas de prosélytisme religieux et ils n'ont ni dikr particulier, ni affiliés, ni missionnaires.

Si leurs revenus sont insuffisants, ils se bornent à faire des quêtes religieuses (ziara) dans les pays soumis à leur influence. Du reste, tout étudiant qui vient à une zaouïa, tout fidèle qui vient prier à la tombe du saint, ancêtre du marabout local, tient à honneur de déposer son offrande religieuse, en argent ou en nature.

---

(1) Soff, parti politique.

(2) Zaouïa, du verbe (زوي) vivre à l'écart, d'où (زاوية) angle, coin, cellule : monastère. Ce mot, très arabe, est connu dans tout le monde musulman ; cependant, en Turquie, on emploie encore, dans le même sens, les mots Tekkié ou Keniça, et en Egypte celui de Khaouanek.

(3) Tolba est le pluriel de طالب étudiant (litt. qui demande (la science), du verbe طلب demander.

Le marabout reçoit toujours et rend, plus ou moins, en aumônes.

Il n'est pas rare de voir les marabouts locaux divisés entre eux par de grandes rivalités, mais leurs antipathies les plus vives sont surtout dirigées contre les Khouan qui, de l'extérieur, viennent, par leurs quêtes, appauvrir leurs « serviteurs religieux », et diminuent ainsi les influences locales au profit d'une confrérie étrangère à la tribu. Dans la grande zaouïa de Chellata, tenue près d'Akbou par Ben-Ali-Cherif-Mohamed-Saïd, un article du règlement exclut de la zaouïa tout étudiant qui s'affilie à un ordre religieux.

Dans le cercle de Tiaret, le marabout et agha El-Hadj-Kaddour-ben-Sahraoui, n'admet pas que ses administrés s'affilient à des ordres religieux, et, à mesure que son influence a augmenté, le nombre des Khouan a diminué dans son commandement. En 1851, le cercle de Tiaret, réduit à ses limites actuelles, comptait 2,325 Khouan de divers ordres ; en 1882, il n'en avait plus que 578. C'est le seul point de l'Algérie où l'on puisse constater une pareille diminution.

L'animosité des marabouts locaux contre les Khouan est analogue à celle qui existe souvent, en pays catholique, entre le clergé séculier et le clergé régulier ; mais elle prend parfois, en raison des mœurs locales et du tempérament africain, un caractère bien plus aigu et bien plus violent. Trop souvent aussi les petits marabouts locaux, qui se sentent amoindris, sans crédit et sans revenu, abdiquent et s'affilient à un ordre religieux, surtout s'ils peuvent y obtenir une situation.

En résumé, ces marabouts locaux sont des gens à surveiller discrètement, mais aussi à ménager et à bien traiter, car ils sont les seuls auxiliaires que nous puissions espérer avoir avec nous, dans notre lutte de chaque jour contre l'influence ou les agissements des Khouan.

Le concours de ces marabouts n'est jamais bien difficile ni bien onéreux à obtenir ; et les services politiques que nous sommes à même d'en tirer, si nous sommes habiles, ne sont certes pas à dédaigner.

Ils nous dispensent, d'ailleurs, de faire de grosses dépenses pour assurer le service du culte et donner satisfaction aux besoins religieux des populations musulmanes.

Nous ne parlons pas ici, bien entendu, des faux marabouts, des pseudo-chérifs qui surgissent un jour, on ne sait d'où, pour prêcher la Guerre Sainte, et qui sont, le plus souvent, ou de vulgaires escrocs spéculant sur la bêtise humaine, ou bien les instruments de grandes personnalités politiques ou de chefs d'ordres religieux. Nous ne disons rien, non plus, de ces malheureux atteints, soit d'idiotisme, soit d'aliénation mentale, et que les masses ignorantes entourent d'un respect superstitieux et décorent, parfois, du nom de *marabout*.

D'après des documents officiels existant au Bureau Politique, on comptait, en 1880, pour toute l'Algérie, 115 familles maraboutiques, d'influences très variables, et n'ayant aucune attache avec les ordres religieux ; savoir : 20 dans la province d'Oran, 55 dans celle d'Alger et 40 dans celle de Constantine. Ces familles sont celles qui ont paru, aux autorités locales, susceptibles d'être signalées comme ayant une influence dont nous avons à tenir compte pour l'administration du pays. Ce chiffre est bien loin de donner le nombre exact des familles maraboutiques, car il y a en Algérie des tribus entières d'origine maraboutique, et chaque chef de famille dans ces tribus peut, en raison de son titre de chérif, plus ou moins authentique, acquérir tout à coup une importance considérable. Le chiffre de 115 représente donc : ou les grandes influences locales qui, en pays arabe, s'étendent sur des régions entières ; ou, en pays kabyle, les nombreux petits marabouts dont l'action politique est, en temps normal, bornée au *toufik,* au *soff,* ou à la confédération de quelques villages.

CHAPITRE IV

ORIGINE & DÉNOMBREMENT ANALYTIQUE
DES ORDRES RELIGIEUX

Les fautes politiques ou religieuses des Papes, aussi bien que les agissements des Souverains, ont été, dans le monde chrétien, les causes principales de la formation des schismes et des hérésies. Alors, ceux qui regardaient le Souverain-Pontife, comme le vicaire du Christ et le seul successeur légitime des Apôtres, organisèrent des associations religieuses et des ordres monastiques, pour combattre, par les armes spirituelles, les sectes dissidentes, maintenir partout l'unité de doctrine et étendre le domaine du Christianisme, tel que le comprenait la grande majorité des Fidèles restés partisans de la Papauté.

Dans l'Islamisme, les mêmes causes ont produit les mêmes effets : les excès des trois premiers khalifes et l'effroyable anarchie qui, à partir de la mort d'Ali, ensanglanta le monde musulman pendant plusieurs siècles, eurent pour résultat de faire naître 72 sectes dissidentes dans la religion de Mohammed.

Les deux plus importantes, les seules qui aient conservé jusqu'aujourd'hui leur notoriété et leur rôle politique, sont : celle des Chiites et celle des Ouahbites. Elles ont eu et ont encore, dans l'Islam, un rôle identique à ceux du Schisme grec et du Protestantisme dans la Chrétienté.

La secte des Chiites représente, en effet, la religion d'État en Perse ; ses adeptes, qui ont une dévotion spéciale pour Ali et ses descendants, refusent, aux trois premiers khalifes comme au Sultan de Stamboul, le titre de vicaire du Prophète.

Les Ouahbites-Ibadites (1), dont les premiers furent les complices de l'assassinat d'Ali, ne reconnaissent au contraire d'autorité religieuse qu'aux trois premiers khalifes (2) ; ils rejettent tout imamat héréditaire, n'admettant que l'imamat électif et révocable par les mechâïkh, ou présidents des collèges religieux, qui, dans chaque localité, ont la direction spirituelle et temporelle de la communauté. Les Ouahbites sont, de fait, organisés en un nombre indéterminé de petites républiques, ou de communes théocratiques, à la tête de chacune desquelles se trouve le Conseil de douze ihazzaben (ou clercs), présidé par un cheikh. Ces Ouahbites sont, en réalité, les Puritains et les Presbytériens de l'Islam ; et chez eux, comme chez les Protestants chrétiens, les sectes sont nombreuses ; on les rencontre aujourd'hui à Mascate, dans l'Oman et dans le Mzab algérien.

Ce fut principalement contre ces deux schismes des Chiites et des Ouahbites, qui, de bonne heure, menacèrent d'absorber l'Islam, que les Musulmans restés fidèles au Khalifa eurent à engager la lutte. Ils le firent par les armes, mais ils le firent aussi, surtout, par la création de nombreux ordres religieux dont les adeptes et les émissaires furent chargés de parcourir les pays schismatiques, et de ramener chacun aux pures doctrines et à l'unité de dogme.

Le Mar'reb, principal théâtre des premières luttes entre les Musulmans, fut aussi un des premiers pays

---

(1) Voir sur les Ouahbites et sur le Mzab : 1° la chronique d'Abou-Zakaria, par le professeur Masqueray (Alger, 1879) ; 2° le Mzab, par le commandant Coÿne (Alger, JOURDAN, 1879) et, 3°, *plus loin, le chapitre XI du présent ouvrage.*

(2) Ils n'acceptent Ali que jusqu'au moment où lui-même a quitté la voie droite en consentant à l'arbitrage. (Voir ceci au chapitre XI.)

livrés aux entreprises des réformateurs religieux et envahis par les hérésies et les schismes musulmans.

Le terrain, du reste, y était admirablement préparé.

Lors de l'invasion musulmane, les Berbères qui étaient, au fond, restés plus ou moins attachés au donatisme, avaient été séduits par la simplicité de la formule islamique, et avaient adopté, *sans répugnance,* cette religion nouvelle qui ne heurtait en rien ni leur unithéisme chrétien, ni leurs doctrines égalitaires.

L'égalité devant Dieu comme devant la loi, fut, en effet, un des attraits puissants qu'offrit l'Islamisme dans sa marche à travers le monde : il n'y a dans la loi du Prophète ni patriciens, ni plébéiens : gouvernants et gouvernés, riches ou pauvres, puissants ou faibles sont, au même titre, les serviteurs du Dieu unique, et ils ne peuvent se distinguer entre eux que par l'excellence de leur foi.

Mais quand les Berbères virent que les gouverneurs envoyés de Damas ne pratiquaient en rien les préceptes du Livre-Sacré, et qu'ils n'avaient fait que changer d'oppresseurs, ils se révoltèrent à la fois : contre la religion orthodoxe des khalifes, et contre leurs agents, comme jadis ils s'étaient révoltés contre le clergé orthodoxe et les gouverneurs de la Rome chrétienne, et ils embrassèrent, avec enthousiasme, les doctrines ouahbites qui leur rappelaient, de si près, les principes puritains et séparatistes de leur ancienne religion (1).

Dès lors, aussi, l'œuvre des missionnaires orthodoxes commença dans le Mar'reb : tantôt intimement liée à l'action politique exercée par les conquérants arabes ou par les souverains berbères, tantôt isolée et due à l'initiative des chefs d'ordres religieux existant dans l'Orient, et, plus tard, dans les royaumes de Tlemcen, de Fez et de Maroc.

---

(1) Voir Masqueray. *(Loco citato.)*

— 24 —

Les associations religieuses existaient d'ailleurs depuis longtemps dans l'Islam, car la première avait pris naissance du vivant même du Prophète.

« Les historiens arabes rapportent que, dans la pre-
» mière année de l'Hégire, 90 habitants de La Mecque et
» de Médine, convertis à la nouvelle religion, se réuni-
» rent entre eux, faisant serment de rester fidèles jus-
» qu'à la mort à la doctrine prêchée par Mohammed,
» et qu'ils formèrent *ensemble une sorte d'association*
» ayant pour objet : d'établir entre eux *la communauté*
» *des biens, et de s'acquitter, tous les jours, de certaines*
» *pratiques religieuses, dans un esprit de pénitence et*
» *de mortification* (1). »

Ces gens étaient, surtout, les plus pauvres des compagnons du Prophète, ceux qui, n'ayant pas d'abri, avaient élu domicile sur le banc de l'enceinte de la mosquée ; on appelait ces fokara (2), gens du banc (ahl-es-soffa) (3). Mohammed, le soir, allant souper, en appelait quelques-uns et envoyait les autres à ses principaux disciples. Parmi eux se trouvaient Djandab-ben-Djenada, Abou-Dhar-El-Ghafari, Abou-Houira et d'autres célèbres Musulmans.

A cette époque (1 de l'Hégire, 622 de J.-C.), il y avait déjà, en Orient, des ordres religieux chrétiens connus des Arabes, notamment les Antonins de la Thébaïde, les Tabénites d'Égypte et, surtout, les Carmes du Mont-Carmel, auprès desquels Mohammed avait déjà puisé plusieurs de ses inspirations religieuses.

---

(1) Brosselard, *Les Khouan*, p. 29.

(2) Pluriel de fakir, pauvre.

(3) La ressemblance de ce mot avec « Soufi » l'a fait donner comme origine de ce dernier. Cela est inadmissible à tous égards ; il existait des Soufi dans l'Inde et chez les Chrétiens avant les Soufi musulmans. (Voir la note ci-après.)

L'idée qui vint aux premiers disciples du Prophète s'explique donc facilement. Ce ne fut pas cependant le principe du monachisme chrétien qui prévalut chez eux; et, pour éviter qu'il y eût doute ou confusion sur ce point, les néophytes, ainsi réunis en communauté religieuse, se donnèrent de suite comme ayant adopté la manière de vivre des Soufi.

Le Soufisme n'étant ni une secte religieuse, ni un système philosophique, n'avait, en effet, rien de contraire à la doctrine nouvelle de l'Islam, et cette déclaration ne diminuait en rien la valeur de l'adhésion du groupe à l'apostolat de Mohammed. C'était, au contraire, un relief de sainteté donné à l'ordre naissant, car le Soufisme (1), comme son nom l'indique en partie, n'est autre chose que la recherche, par l'exercice de la vie contemplative et les pratiques pieuses, d'un état de pureté morale et de spiritualisme assez parfait pour permettre, à l'âme, des rapports plus directs avec la Divinité.

Il y a des soufi et des mystiques dans toutes les religions qui ont subi l'influence de l'ancienne philosophie indienne. Pendant longtemps, le soufisme se prêcha à

---

(1) Soufi peut, à la rigueur, venir du radical صبى (Sofa = Être pur, choisi), d'où صبوة (soufoa = élite, choix). Le Prophète est quelquefois désigné par ces mots : صبوة الله من خلقة (celui que Dieu a choisi dans sa création). Ce mot صوفي (soufi) appartient à la même famille que le grec σοφος (sage), et aboutit, en dernière analyse, à la racine berbère unilitère] [(afa = lumière), dont] [if ou ioufa (valoir mieux, exceller), est un des sens dérivés. Le factitif ou nom d'extraction de] [(if), et sa première forme dérivée, est] [▢ c'est-à-dire S F (Voir dans la *Revue africaine*, 1881-1882, nos essais sur les origines berbères.) Quant à l'étymologie qui fait dériver soufi de صوف (Souf = laine et blancheur), mais nous la croyons pas fondée, bien que, d'après l'orthographe arabe du mot soufi صوفي, ce soit celle qu'il faudrait adopter.

Bar'dad, du haut des chaires des mosquées. Saladin fonda, pour les soufi, un monastère en Égypte, et c'est de là que le soufisme pénétra dans le Nord de l'Afrique.

Ceux qui se groupèrent à La Mecque et Medine, en 622, formèrent le noyau du plus ancien des ordres religieux musulmans orthodoxes.

Avant de dire ce que furent ces ordres, et surtout ce qu'ils sont devenus, nous croyons nécessaire d'en donner d'abord l'énumération analytique, et chronologique autant que nous le pourrons. Cette énumération, malgré sa longueur, est loin d'être complète, et elle ne comprend : ni les *confréries* qui font plus loin l'objet d'un chapitre spécial, ni les *sectes* ou *schismes,* qui ne sont pas reconnus comme orthodoxes par les traditionnalistes des rites Maleki, Hanefi, Hannbali et Chafeï.

Par contre, elle donne souvent, comme des congrégations distinctes, des ordres locaux ou secondaires qui ne sont, en réalité, que des dénominations spéciales de branches collatérales, ou dérivées, d'ordres religieux déjà nommés. Au point de vue philosophique, cette énumération pourrait donc être réduite, mais, nous avons pensé qu'il pouvait être utile de donner la liste, aussi complète que possible, des dénominations qui, à tort ou à raison, ont été, ou sont encore en usage chez les Musulmans. Cette énumération comporte donc un certain nombre d'ordres qui n'existent plus aujourd'hui, et qui ne sont là que comme renseignement historique.

1

(An 1 de l'Hégire. — 622-623 de J.-C.)

Ordre religieux des SEDDIKYA qui prit son nom *d'Abou-Beker-es-Seddik*, compagnon du Prophète et premier khalife (1). — Par une suite

---

(1) Les adeptes d'un ordre religieux musulman se désignent toujours par l'adjectif relatif formé du nom ou du surnom du fondateur de l'ordre, adjectif qui se termine en I au singulier et en IIA au pluriel. C'est pour rendre ces deux I que nous avons adopté l'orthographe

non interrompue de chefs spirituels, cet ordre s'est perpétué jusqu'à nos jours. Il est encore très répandu dans le Levant, surtout en Égypte, où les khouan-profès s'appellent Mohammedia.

Si Snoussi se glorifie d'appartenir à cet ordre, auquel nous ne connaissons que fort peu d'adhérents en Algérie, bien que le khalife Si Abou-Beker-es-Seddik soit l'ancêtre du célèbre cheikh Si Abd-el-Qader-ben-Mohammed, souche de la grande famille des Oulad-Sidi-Cheikh. (V. chap. XII.)

2
(An 37 de l'Hégire. — 657-658 de J.-C.)

Ordre religieux des AOUISSYA (1), fondé par *Aouis-Abou-Omar-el-Karani*, né à Kara, dans le Yémen, et mort en 657 de (J.-C.) (36-37 de l'Hégire). — Aouis avait été le disciple direct du compagnon du Prophète, Omar-Abou-Assa-ben-el-Khettab-el-Farouk (le judicieux), deuxième khalife, et le premier qui prit le titre d'Émir El-Moumenin. Il était donc de ceux que les Musulmans appellent Tabi, et qui sont honorés presque à l'égal des compagnons du Prophète.

C'est encore un ordre levantin, à peu près inconnu en Algérie, mais dont les doctrines sont invoquées par la plupart des autres chefs d'ordres. Le cheikh Snoussi, qui est affilié aux Aouissia, fait d'autant plus cas des doctrines du fondateur, qu'il est lui-même descendant de la famille du khalife Omar-el-Khettab. (V. chap. XXXI.)

3
(An 149 de l'Hégire. — 766-767 de J.-C.)

Ordre religieux des ALLOUANYA, fondé par *Sid El-Allouan-Abou-Hachim-el-Koufi*, mort à Djedda, en 766 de J.-C. (148-149 de l'Hégire). — Il est cité, par Mouradja d'Hosson, comme un des ordres les plus considérés de l'Orient. Il a, en effet, nous a-t-on assuré, des adhérents en Égypte, mais nous ne lui en connaissons pas en Algérie, et il ne semble pas faire partie des quarante ordres sur lesquels s'appuie le cheikh Snoussi. Cependant, Si Allouan mérite une mention spéciale, car il fut réellement le premier cheikh ou chef de congré-

---

par Y.— Dans le langage, surtout au Maroc, on emploie aussi, abusivement, le pluriel en IN, qui ne doit pas s'écrire. Nous n'avons adopté cette « incorrection » que pour quelques ordres marocains, dont les dénominations régulières auraient pu paraître prétentieuses : Taïbin, Zianin, etc.

(1) Ne pas confondre les Aouissia avec les Aïssaoua.

gation religieuse, et ce fut lui, qui, le premier, formula nettement les règles du noviciat, détermina les cérémonies de l'affiliation, et fixa les divers degrés d'initiation, ainsi que les devoirs respectifs des directeurs spirituels et des nouveaux adeptes.

4
(An 161 de l'Hégire. — 777-778 de J.-C.)

Ordre religieux des ADHEMYA, fondé par *Abou-Isak-Ibrahim-ben-Adhem-ben-Mansour-el-Adjeli-el-Balekhi-el-Khoraçani*, né à Balkhe, en Khoraçan, et mort à Damas, ou plus exactement à Djebala, l'an 777 de J.-C. (160-61 de l'Hégire). — Cet ordre remonte, par les chefs spirituels de son fondateur, au 4° khalife, Si Ali-ben-Abou-Thaleb. Il est peu connu sous ce nom en Algérie, mais la plupart des chefs des grands ordres religieux, comme Si Snoussi, Si Abd-el-Qader-el-Djilani, etc., s'honorent d'avoir eu pour prédécesseur et pour inspirateur Ibrahim-ben-Adhem. Ce cheikh était, du reste, un très saint homme, qui ne mangeait que ce qu'il avait gagné de ses mains, et qui refusa de faire valoir ses droits au pouvoir, pour se consacrer à la vie religieuse. Ibn-Batouta donne, sur ce saint personnage et sur son père, des détails anecdotiques qui ne sont pas sans intérêt (1). D'Herbelot raconte de lui un pèlerinage fantastique de Damas à La Mecque, pèlerinage qui dura douze ans et pendant lequel, tous les mille pas, il faisait mille prosternations.

5
(An 200 de l'Hégire. — 815-816 de J.-C.)

Ordre des SOUFI DU KHORASAN ou de *Abou-Saïd-Ibn-Abi-el-Khaïr*, qui est donné, par beaucoup d'auteurs musulmans, comme fondateur du soufisme dans l'Islam. — En réalité, ce saint personnage ne fonda qu'un monastère, un khanakah, où il réunit des ascètes, auxquels il imposa une règle sévère. Il fut le premier qui fit revêtir ses disciples de laine (souf, et c'est là l'étymologie donnée, du mot « soufi », par quelques écrivains, qui le font dériver de « souf » (laine, vêtement de laine). C'est aussi de l'existence de cette congrégation qu'est sortie l'opinion erronée, encore soutenue de nos jours, qu'il y a une *secte de soufi*.

L'ordre fondé par Abou-Said-Ibn-el-Khair ne dura pas ; il disparut, divisé en deux, et absorbé par les ordres des Bostamia et des Djenidia.

---

(1) Voir Ibn-Batouta, tome Ier, page 173, édition de l'Imprimerie Impériale, 1853.

Il y a un autre Abou-Saïd qui fut chef d'un ordre souli et qui vécut de 892 à 901 (1) de J.-C. C'est Abou-Saïd-el-Khouas, contemporain lui-même du karmathe ouahbite Abou-Saïd-el-Djenobi, qui enleva la pierre noire de la Kaaba, vers 899 de J.-C. (285-286 de l'Hégire).

6
(An 253 de l'Hégire. — 867 de J.-C.
ou
an 294-295 de l'Hégire. — 907 de J.-C.)

Ordre religieux des SEKATYA, fondé par *Abou-el-Hocein-Moufles-Seri-Sakti* (ou Sakati), mort à Bar'dad en 907 de J.-C. — 294-295 de l'Hégire (ou, selon une autre version, en 867 de J.-C. — 253 de l'Hégire). — Cet ordre, dont la filiation mystique remonte à Ali-ben-Abou-Thaleb, est inconnu en Algérie ; mais son fondateur est cité par tous les chefs des grands ordres cardinaux de l'Islam, comme un des pères du soufisme musulman. Si Snoussi le compte parmi ses chefs spirituels.

Il est à remarquer que, comme doctrine, les Sekatya reconnaissent en Dieu des attributs distincts de son essence, ce qui est contesté par la plupart des docteurs.

7
(An 261 de l'Hégire. — 874-875 de J.-C.)

Ordre religieux des BESTHAMYA, fondé par le Persan *Abou-Azid-el-Besthami*, mort en 874 de J.-C., au Djebel-Bestham, dans le Khoraçan. — Cet ordre qui, par ses attaches, remonte à Ali-ben-Abou-Thaleb, est inconnu en Algérie. Mais Abou-Azid-el-Besthami est un des Saints de l'Islam sur l'autorité desquels s'appuient les principaux chefs des grands ordres religieux: Si Snoussi, Si Abd-el-Qader-ben-Djilani et autres. Abou-Azid-el-Besthami était un soufi dont les doctrines, bien que réputées orthodoxes, étaient fortement empreintes du panthéisme mystique des Indiens ; on cite de lui ces maximes:

« Quand les hommes s'imaginent adorer Dieu, c'est Dieu qui s'adore lui-même. »

« Je suis l'océan sans fond, sans commencement, sans fin. »

---

(1) 892 de J.-C. — 278-279 de l'Hégire.
901 de J.-C. — 288-289 de l'Hégire.

8

(An 296 de l'Hégire. — 908-909 de J.-C.

ou

an 298 de l'Hégire. — 910-911 de J.-C.)

Ordre des DJENIDYA, fondé par *Abou-el-Kacem-el-Djenidi-el-Bar'dadi-el-Zadjadji*, mort à Bar'dad vers 910 de J.-C. — 297-98 de l'Hégire (ou 912 de J.-C. — 299-300 de l'Hégire). — El-Djenidi (Djonaid), est un des philosophes musulmans les plus remarquables et les plus célèbres. C'est de sa doctrine que se sont inspirés presque tous les ordres religieux mystiques venus après le sien. Il n'y a pas, en Algérie, de khouan se disant Djenidi, mais, en réalité, tous sont de son école.

Si Snoussi reconnaît El-Djenidi pour son chef spirituel et un de ses meilleurs appuis dans la voie du soufisme. (V. chap. XIV.)

9

(An 561 de l'Hégire. — 1165-1166 de J.-C.)

Ordre religieux des QADRYA, fondé par *Abd-el-Qader-el-Djilani*, né en 470 de l'Hégire (1077-1078 de J.-C.), dans le Djilan, au petit village de Nif, mort à Bar'dad en 561 de l'Hégire. — 1165-1166 de J.-C. — C'est un des plus grands ordres religieux, et l'un des plus vénérés dans tout le monde musulman. Il a beaucoup d'adhérents en Algérie et Si Snoussi est un de ses adeptes. Nous consacrons, plus loin, une notice particulière à cet ordre si important. (V. chap. XV.)

10

(An 578 de l'Hégire. — 1182-1183 de J.-C.)

Ordre religieux des REFAYA, fondé par *Abou-Abbas-Ahmed-ben-Ali-ben-Ahmed-er-Refat*, mort entre Bar'dad et Bassora, en 1182 de J.-C. (577-78 de l'Hégire), et enterré dans la grande zaouia d'Oum-Obeidah, à une journée de marche d'Ouacith (Mésopotamie). — Er-Refai est un des anciens docteurs musulmans dont l'autorité est encore invoquée par les chefs des ordres plus modernes. Il forma l'un des professeurs de Si Chadeli, Sid Abou-Djafar-ben-Abdallah-ben-Sid-Boussa.

Les Refaya comptent parmi les grands ordres de l'Islam. Très répandus en Orient et en Égypte, ils sont peu connus en Algérie. Leurs pratiques se rapprochent de celles des Aissaoua. Ainsi, ils allument de grands feux, dansent au milieu des flammes qu'ils éteignent en se roulant sur les charbons ardents, et en mangent des braises enflammées ; d'autres avalent des serpents, etc. Ils ont, à La Mecque, des agents très actifs, fort mal disposés pour les Européens.

Si Snoussi cite cet ordre des Refaya parmi ceux dont il préconise l'autorité.

11

(An 594 de l'Hégire. — 1197-1198 de J.-C.)

Ordre religieux des MADANYA (anciens) qui remonte, d'après Si Snoussi, à *Choaïb-ben-Hocem-Abou-Median-el-Andalousi*, né en 520 (1126-1127 de J.-C.), mort en 594 (1197-1198 de J.-C.), et enterré près de Tlemcen (à Si-Bou-Médine).

Abou-Median avait été l'ami et le disciple de Si Abd-el-Qader-el-Djilani et il avait reçu les leçons d'un adepte des Djenidia. Ce fut plutôt un chef d'école que le fondateur d'un ordre religieux. (Voir chap. XVII.)

12

(An 602 de l'Hégire. — 1205-1206 de J.-C.)

Ordre des SEHEROURDYA, fondé par *Chehab-ed-Din-Amar-ben-Mohammed-ben-Abdallah-es-Seherourdi*, mort à Bar'dad en 602 de l'Hégire (1205-1206 de J.-C.). C'est surtout un ordre asiatique, ayant la majorité de ses adhérents en Perse et aussi aux Indes, mais ayant eu une influence très grande sur nos ordres algériens. (V. chap. XVI.)

13

(An 618 de l'Hégire. — 1221-1222 de J.-C.)

Ordre des KEBRAYA, fondé par *Abou-Djonnab-Ahmed-ben-Omar-el-Khiouaki-el-Kobra*, qui étudia dans le pays de Kharezm, dans le Khouzistan, chez le cheikh Ismail-Kasry ; à Alexandrie, chez Abou-Tahar-Ahmed-Assilofy ; puis au Caire. Revenu dans son pays, il mourut en l'an 618 de l'Hégire (1221-1222 de J.-C.), martyr de l'Islam, en combattant les Mongols, lors de la prise de Kharezm.

Son mausolée, situé près de cette ville, est l'objet de nombreux pèlerinages. Il a laissé un livre intitulé : « *Oussoul-cch-Cheriat,* » *les cinq articles fondamentaux de la foi.* Son surnom de *El-Kebra* était, en réalité, *Thammchi-Kobra (le dernier jugement),* parce que, en raison de son savoir, son avis prévalait toujours dans les discussions.

Nous manquons de renseignements sur cet ordre des Kebraya, qui existait encore en 1327 de J.-C. (727-728 de l'Hégire), à l'époque des voyages d'Ibn-Batouta.

14

(An 625 de l'Hégire. — 1227-1228 de J.-C.)

Ordre des SELLEMYA ou MECJICHYA, fondé par *Abd-es-Sellem-ben-*

Mechich, soufi, décédé en 625 de l'Hégire (1227-1228 de J.-C.), et dont le tombeau se trouve dans la montagne dite « Djebel-el-Alem », dans le voisinage de Tétouan, chez les Beni-Arouis. Il est souvent nommé Imam-ech-Chadeli, l'imam de Chadeli, car il fut le professeur de Si Chadeli, et l'élève de Si Abou-Median-et-Tlemçani.

Les Sellemya (ou Mechichya) sont, en réalité, une branche tunisienne de Djenidya ou de Madinya, se confondant souvent avec les Chadelya ou les Derkaoua qui en dérivent.

On ne connaît pas les Sellemya ou Mechichya en Algérie. Si Snoussi cite Abd-es-Sellem-ben-Mechich parmi ses appuis, mais il le donne comme un cheikh des Djenidya et des Madinya, et non comme un chef d'ordre.

Les Sellemya sont rattachés aux Qadrya par les Madinya (Voir chap. XVII.)

15
(An 636 de l'Hégire. — 1238-1239 de J.-C.)

Ordre des CHISCHTIYA, fondé par le chérif *Khodja-Maouin-Ed-Din-Chischti-ben-Qaous-Ed-Din-el-Houcaïni*, né dans le Séjestan en 537 de l'Hégire (1142-1143 de J.-C.), disciple d'Abd-el-Qader-el-Djilani et mort à Adjemir (Hindoustan), le samedi, 6 redjeb, 636 de l'Hégire (12 février 1239 de J.-C.). — Son tombeau, sur les bords du Jahlara, est l'objet de nombreux pèlerinages.

Ordre indien cité par Garcin de Tassy.

16
(An 656 de l'Hégire. — 1258 de J.-C.)

Ordre des CHADELYA, fondé par cheikh *Abou-el-Hessen-Ali-ben-Abdallah-el-Djebar-ech-Chadeli-ech-Cherif-el-Haçani*, né à R'omara (Maroc), en 571 de l'Hégire (1175-1176 de J.-C.), mort en 656 de l'Hégire (1258 de J.-C.), à Homaïthira (Haute-Égypte).

Cet ordre est extrêmement répandu dans tous les pays musulmans ; il compte de nombreux adhérents en Orient, en Égypte et aussi en Algérie. Il a, de plus, donné naissance à une grande quantité de branches qui forment de véritables ordres spéciaux ; ses doctrines sont invoquées par presque tous les ordres modernes, et sa notoriété est telle que, souvent, les Musulmans le désignent comme la souche d'ordres qui existaient avant Si Chadeli, mais n'ont été célèbres que postérieurement à 1258.

Si Snoussi est affilié à cet ordre dont il vante les nombreux mérites. (V. chap. XVII.)

17
(An 672 de l'Hégire. — 1273-1274 de J.-C.)

L'ordre des MOULANYA, d'abord nommé ordre des *Djelalya*, fut fondé par *Hazrath-Djelal-ed-Din-Maoulana (notre maître)*, surnommé Molla-Hunkear et aussi Er-Roumi, mort à Counya en 672 de l'Hégire (1273-1274 de J.-C.) (1). C'est un ordre oriental, inconnu en Algérie, mais très répandu en Turquie et surtout en Asie-Mineure, où il est très populaire et très considéré. On nous a affirmé qu'il avait des adhérents au Maroc. Cet ordre est un des plus riches de tous : sa zaouïa de Counya a de grands revenus. Il y a, chez les Moulanya, un singulier mélange d'austérité, de politique obséquieuse vis-à-vis du sultan, et de pratiques frivoles, telles que danses et musique. Le général de l'ordre est toujours choisi dans la famille du fondateur.

Si Snoussi cite souvent Djelal-ed-Din-er-Roumi et Mohammed-Beha-ed-Din parmi ses appuis.

18
(An 675 de l'Hégire. — 1276-1277 de J.-C.)

Ordre des BADAOUYA ou HAMEDIA, fondé par *Abou-el-Fetan-Ahmed-Badaoui* (2), mort à Tanta (Égypte), en 675 de l'Hégire. — 1276-1277 de J.-C.

Ordre égyptien, qui ne paraît pas avoir d'adeptes en Algérie, mais qui occupe, dans l'Islam, une très grande place et a de nombreux adeptes. Le cheikh El-Badaoui était, en effet, un des Saints les plus vénérés de l'Égypte, et, chaque année, il se fait à son tombeau, dans le Delta, deux grands pèlerinages où se rencontrent beaucoup de Musulmans.

A La Mecque, l'ordre des Hamedia a, encore aujourd'hui, une très

---

(1) Il était fils de Mohammed-Beha-ed-Din, descendant du khalife Abou-Beker; sa réputation comme Saint est immense; on l'a surnommé Sultan El-Arefin, souverain maître des spirituels.

(2) Ne pas confondre ce Saint avec Nacer-ed-Din-Abou-Saïd-Abdallah-ben-Mohammed (ou ben-Omar) ben-Ali-Beidhaoui, né à Beidha (Perse), devenu cadhi à Chéraz et mort à Tebriz en l'an de l'Hégire $\begin{cases} 685 = 1286\text{-}1287 \\ 692 = 1292\text{-}1293 \\ 716 = 1315\text{-}1316 \end{cases}$ de J.-C., selon les auteurs. — Celui-ci est un des commentateurs du Coran les plus renommés, et il a laissé un grand nombre d'ouvrages religieux et historiques qui ont été l'objet de nombreux commentaires.

grande situation et il paraît animé de sentiments tout à fait hostiles contre les Chrétiens.

19
Vers 1300 de J.-C. (699-700 de l'Hégire?)

L'ordre des Haidarya est connu en Perse et aux Indes. Il a eu pour fondateur le cheikh *Qotb-ed-Din-Haider*, né à Zaouch, près Nicabour, dans le Khorassan, et enterré dans ce pays. Ce personnage passe pour avoir été le premier qui employa les semences du chanvre pour provoquer des extases à ses disciples.

Les Haidarya paraissent, d'ailleurs, avoir les mêmes pratiques que les Refaya. Ils ont, comme signe remarquable, l'habitude de porter des anneaux de fer aux mains, au cou, aux oreilles, et même aux parties génitales, car ils font vœu de chasteté. Ces Fakir-Haidarya sont mentionnés par Ibn-Batouta, qui les a rencontrés au commencement du XIV° siècle de Jésus-Christ (vers 727 de l'Hégire. — 1326-1327 de J.-C.), et a assisté, non loin de Dehli, à leurs exercices consistant à danser dans le feu et à se rouler sur les braises enflammées.

Il y a eu un soufi célèbre, nommé Cheikh-Haidar-ben-Djoneid-ben-Safi-ed-Din, et ancêtre du schah Ismail, fondateur de la dynastie persane des *Sophi*, mais il vivait au commencement du XV° siècle de Jésus-Christ, c'est-à-dire postérieurement à l'existence constatée des Haidarya.

20
(Vers 1310 de J.-C. — 709-710 de l'Hégire?
ou
vers 1315 de J.-C. — 714-715 de l'Hégire?)

L'ordre des Oufaya est une branche des Chadélya fondée par l'Imam *El-Hak-Mohammed-Ouafa-ben-Ahmed-Ouafa*. (V. chap. XVIII.)

Cheikh Snoussi s'était fait affilier plusieurs fois à cet ordre.

21
(An 719 de l'Hégire. — 1319-1320 de J.-C.)

L'ordre des Nakechibendya fut fondé par l'ouali (ou le Pir) *Sid El-Khodja-Beha-ed-Din-Mohammed-ben-Mohammed-el-Boukhari-Nakechibendi*, mort à Ksar-Arifann, en Perse, l'an 719 de l'Hégire (1319-1320 de J.-C.). C'était le contemporain de Otsman Ier, fondateur de la monarchie ottomane. Bien qu'à peu près inconnu en Algérie, cet ordre, qui a eu jadis des adeptes au Maroc, et qui a de nombreux adhérents en Asie et en Turquie, est considéré comme un des ordres cardinaux de l'Islam.

La parfaite conformité de ses doctrines avec celles d'Abou-Beker, la grande dignité que conservent toujours ses pratiques extérieures, l'habitude qu'ont, en Orient, les personnages des classes élevées de la société musulmane de s'affilier à cet ordre ; toutes ces causes ont, de tout temps, créé aux Nakechibendya, une situation spéciale parmi les autres khouan ou derwiches. (V. chap. XIX.)

22
(An 724 de l'Hégire. — 1323-1324 de J.-C.)

Ordre des KALENDERYA ou des MELAMYA, fondé par le cheikh et cherif *Bou-Ali-Youcef-el-Andalousi-el-Kalenderi*, né à Panipat, non loin de Dehli (Hindoustan) selon les uns, originaire d'Espagne selon les autres, et mort vers 724 de l'Hégire (1323-1324 de J.-C.).

Bou-Ali-Youcef-el-Andalousi-el-Kalenderi fut le disciple d'El-Hadj-Bektasch (ou Bektach) de Djelal-ed-Din-Moulana, et aussi d'un cheikh des Chischia, nommé Qotb-ed-Din. Il se sépara violemment de cet ordre, voyagea beaucoup et acheva sa vie à Panipat, où son tombeau est l'objet de nombreux pèlerinages.

Les statuts des Kalenderya ou Melamya, les obligent à ne vivre que d'aumônes, à voyager toujours, le plus souvent sans chaussures, à ne rien conserver pour eux ni pour les leurs, et, enfin, à observer les pratiques spiritualistes des Soufi. Quelques historiens ont distingué les Kalenderya des Melamya, en disant que les premiers ne devaient rien avoir, dans leur extérieur, qui mît en relief leurs occupations mystiques et leurs pratiques religieuses, tandis que les Melamya devaient laisser voir leur détachement des choses de ce monde (1).

Cet ordre existe encore aux Indes, en Perse, en Turquie. Son dikr se compose d'une invocation aux mérites de Abou-Ali-Youcef-Kalenderi, — de la fetcha, — de : trois fois le verset du trône, — trois fois le chap. LXXXIII du Coran (les fraudeurs), — dix fois le chap. XII (Joseph), — deux fois la prière Douroud (2).

---

(1) Ces deux termes Kalenderi et Melami sont aussi employés comme noms communs, sans impliquer l'idée d'une affiliation à un ordre religieux spécial. Seherourdi définit les Kalenderya « des gens
» possédés de l'ivresse de ce qu'ils appellent la paix du cœur, en
» sorte qu'ils ont anéanti les coutumes et ont secoué le joug des
» règles de convenance observées dans la société et dans les rapports
» mutuels. » Voir Sylvestre de Sacy, *Notice et Extraits des Manuscrits*, tome XII, pages 340 et 341.

(2) Voici cette prière, en usage chez tous les Hanefites : « *O mon
» Dieu, sois propice à Mohammed et à sa famille, accorde ta béné-
» diction, la paix et ton salut à tous les prophètes et envoyés ; à tes
» saints anges et à tous les bons serviteurs. Exauce-nous dans la
» miséricorde, ô le plus miséricordieux des êtres !* »

23
(An 736 de l'Hégire. — 1335-1336 de J.-C.)

L'ordre des SAADYA a été fondé en Syrie, en 736 de l'Hégire (1335-1336 de J.-C.), par *Sâad-ed-Din-Djebaoui*, mort à Djeba, aux environs de Damas ; il jouit d'un grand crédit en Égypte, où il passe pour une branche des Refaya, mais il n'est pas connu sous ce nom en Algérie. Les Sâadya, comme les Refaya, offrent, dans leurs pratiques extérieures, des usages qui ont été plus ou moins imités par les Aissaoua algériens et les Ha*m*douchya marocains.

Saad-ed-Din-Djebaoui nous a été donné comme l'auteur d'un livre intitulé : « *Ech-Charat-ft-Tessaout,* » instruction et introduction à la vie spirituelle. — Son vrai nom serait : Sâad-ed-Din-Mahfoud-ben-Amed-Djebaoui.

En Égypte, le cheikh de cet ordre a, le plus ordinairement, le privilège d'être le héros de la cérémonie du « doleh, » cérémonie dans laquelle il passe, à cheval, sur le corps des khouan et des autres fidèles étendus sur le sol devant lui, comme un tapis, et ne recevant, d'ailleurs, aucun dommage sérieux de cette singulière manifestation religieuse.

A La Mecque, cet ordre est toujours plein de vitalité et occupe une grande situation. Ses chefs sont animés d'un très mauvais esprit contre les Chrétiens. Le centre de direction des Sâadya, et le plus grand nombre de leurs adhérents semblent être aujourd'hui dans le Yemen et, surtout, dans le pays d'Assyr.

24
(An 759 de l'Hégire. — 1357-1358 de J.-C.)

L'ordre des BEKTACHYA fut fondé par l'ouali *El-Hadj-Bektach-Khorassani*, mort à Kir-Schehher, en 759 de l'Hégire (1357-1358 de J.-C.), et célèbre, en Turquie, par la bénédiction qu'il donna aux Janissaires, lors de leur création.

Extérieurement, c'est essentiellement un ordre mendiant, très répandu dans l'Asie-Mineure et dans la Turquie d'Europe. Il jouit d'une immense popularité dans l'armée ottomane, qui a conservé, pour les religieux de cet ordre, des traditions de respect et de confraternité. Mais il paraîtrait que, dans l'intérieur de leurs monastères, les dignitaires et chefs de l'ordre des Bektachya professent des doctrines offrant un singulier mélange de panthéisme et de matérialisme. « Chaque âme humaine est une portion de la divinité, et la divinité » ne réside que dans l'homme. L'âme éternelle, servie par des orga- » nes périssables, change constamment de demeure, mais sans quitter » la terre..... Toute la morale consiste à jouir des biens du monde

» sans nuire à autrui, et tout ce qui ne fait de mal à personne est
» licite et indifférent..... Le sage est celui qui règle ses jouissances.
» car le plaisir est une science qui a ses degrés, un mystère qui, peu
» à peu, se découvre à l'œil des initiés. De toutes ces jouissances, la
» plus vive est la contemplation, qui devient la rêverie et la vision
» céleste. »

25

(An 750 de l'Hégire. — 1349-1350 de J.-C.
ou
an 800 de l'Hégire. — 1397-1398 de J.-C.)

L'ordre des KHELOUATYA fut fondé par cheikh *Brahim-ez-Zehad*, vers le milieu du XIV° siècle, puis continué par Si Mahmed-el-Khelouati, et, surtout, par Omar-Khelouati, mort à Kaissaria (Césarée de Syrie), en 800 (1397-1398 de J.-C.). C'est un des ordres cardinaux de l'Islam, très répandu et très considéré dans l'Orient. Il est peu connu sous ce nom en Algérie, bien que ce soit le tronc d'où s'est détaché l'ordre si répandu des Rahmanya.

Si Snoussi est affilié à cet ordre qu'il cite parmi ses appuis. (Voir chap. XX.)

26

(Date inconnue)

L'ordre des FEKEROUYA est une branche des Khelouatya, nommée par Si Snoussi, et sur laquelle nous n'avons pu recueillir aucun renseignement.

27

(An 775 de l'Hégire. — 1373-1374 de J.-C.)

Ordre des DJELALYA (ou des Malanya), fondé par le chérif *Djelil-ed-Din-el-Bokhari*, enterré à Utchou, ville du Multan (Indes), où il mourut le 11 dhou-el-hadja 775 de l'Hégire (24 mai 1374 de J.-C.).

C'est un ordre indien. Son fondateur avait été le disciple d'un cheikh des Seherourdya.

28

(An 837 de l'Hégire. — 1433-1434 de J.-C.)

Ordre des MADARYA (ou des Dáfalya, Tambourineurs), fondé par le saiyed (le chérif) *El-Qotb-Badi-ed-Din-Zindah-Schah-Madar-ben-Sid-Ali-Halabi*), né à Alep et mort le 7 djoumad-el-ouel 837 (20 décembre 1433 de J.-C.), à Makan-Pur, village près de Firouzabab, province d'Agra

Hindoustan). C'est, dans les Indes, le plus célèbre des Saints musulmans ; les Hindous se joignent aux disciples de Mohammed pour célébrer, par de grandes fêtes, l'anniversaire de sa mort. Dans ces fêtes, on traverse des brasiers allumés en chantant les louanges du Saint.

Cet ordre n'existe qu'aux Indes ; les fakirs qui le composent se nomment Azad (indépendants). (V. Garcin de Tassy, *loco citato*, p. 345.)

29
(An 838 de l'Hégire. — 1434-1435 de J.-C.)

Ordre des ZAÏNYA, fondé par *Zaïn-ed-Din-Abou-Beker-Khafi*, mort à Koufa (Irak-Arabie), en 838 de l'Hégire (1434-1435 de J.-C.). (Cité par d'Hosson.)

30
(Vers 1460 de J.-C. — 864-865 de l'Hégire.)

L'ordre des AROUSSYA est une des branches importantes de celui des Chadelya. Il a été fondé par *Si Aboul-Abbas-Ahmed-el-Arous*, qui fut l'un des professeurs de Si Aboul-Abbas-Ahmed-Zerrouk. Cité par Si Snoussi parmi ses appuis. (Voir chapitre XVIII.)

31
(An 869 de l'Hégire. — 1464-1465 de J.-C.)

L'ordre des DJAZOULYA est une branche spéciale de celui des Chadelya, placée sous le patronage de *Abou-Abdallah-el-Djazouli-Ech-Cherif-El-Hesseni*, auteur d'un ouvrage intitulé : *Delaïl-el-Kheirat*, et personnage d'une certaine notoriété parmi les Musulmans. (V. chap. XVIII.)

32
(An 869-870 de l'Hégire. — 1465 de J.-C.)

Ordre des BABAYA, qui fut créé par *Abd-el-R'ani-Pir-Babayi*, mort à Andrinople en 870 de l'Hégire (1465-1466 de J.-C.).
(Cité par d'Hosson.)

33
(An 875-876 de l'Hégire. — 1471 de J.-C.)

Ordre des BAYRAMYA, qui fut fondé par *El-Hadj-Bayram-Ankaroui*, mort à Angora en 876 de l'Hégire (1471-1472 de J.-C.).
(Cité par d'Hosson.)

34

(An 898-899 de l'Hégire. — 1493 de J.-C.)

Ordre des ESCHERAFYA, qui fut fondé par *Sid Abdallah-ech-Cherif-Roumi*, mort à Tchinn-Iznek en 899 de l'Hégire (1493-1494 de J.-C.).
(Cité par d'Hosson.)

35

(An 899 de l'Hégire. — 1493-1494 de J.-C.)

Ordre des ZEROUKYA, branche secondaire des Chadelya, ayant pour fondateur et patron l'imam *Aboul-Abbas-Ahmed-Zerrouk-el-Bernoussi*, né entre Fez et Taza, au Maroc, en 815 de l'Hégire (1411-1412 de J.-C.). (Voir chapitre XVIII.)

Est cité parmi les appuis de cheikh Snoussi.

36

(An 909 de l'Hégire. — 1503-1504 de J.-C.)

Ordre des BEKERYA, BEKRYA ou BEKERYA-ZERROUKYA, branche spéciale des Chadelya, ayant pour patron *Si Mohammed-ben-Abou-Bekra-Mohammed-el-Bekeri*, connu, en Orient, sous le nom de Pir-Abou-Beker-Ouafay, et enterré à Alep, où il est décédé en 909 de l'Hégire (1503-1504 de J.-C.). (Voir chapitre XVIII.)

Le cheikh Snoussi était affilié à cette branche qu'il cite parmi ses appuis.

37

(Vers 1500 de J.-C. — 905-906 de l'Hégire)

Ordre des KOBIRYA ou KOBIR-PANTHI, fondé aux Indes par un tisserand hindou nommé *Kobir*, qui vivait à la fin du XV° siècle de J.-C., sous le Sultan de Dehli, Si Kauder Lodi, qui régna de 1188 de J.-C. (893-894 de l'Hégire) à 1516 de J.-C. (921-922 de l'Hégire). — Son tombeau, situé à Ratempour, dans le royaume d'Aoude, est l'objet de nombreux pèlerinages. — Ses disciples, réputés orthodoxes parmi les Musulmans, récitent sans cesse des distiques religieux et mystiques de sa composition. — A sa mort, les Brahmanes voulurent brûler son corps, le considérant comme un des leurs, les Musulmans voulurent l'enterrer, mais, dit la légende, le cadavre disparut.

38

(Vers 1500 de J.-C. — 905-906 de l'Hégire)
(XVI° siècle)

Ordre des HAMDOUCHYA, fondé au Maroc, dans le cours du XVI° siècle, par *Mouley-Hamdouch*, l'un des héritiers spirituels de la doctrine des Djelaba d'Idris, et élève du dar El-Eulm fondé à Fez par ce souverain.

Cet ordre qui, à ses débuts, avait un caractère national, et dont les doctrines étaient très pures au point de vue musulman, est aujourd'hui adonné extérieurement aux pratiques de jonglerie et à l'élève des serpents.

39
(An 930 de l'Hégire. — 1524 de J.-C.)

Ordre des AÏSSAOUA, fondé vers 1525 de J.-C., à Méquinez (Maroc), par le chérif *Si Mahmed-ben-Aïssa*.

Très répandu au Maroc, cet ordre dérive des Djazoulya qui, eux-mêmes se rattachent aux Chadelya. Par leurs pratiques extérieures, les Aïssaoua se rapprochent beaucoup des Refaya et des Sadya. Ils comptent en Algérie un assez grand nombre d'adhérents.

Nous n'avons pas vu que Si Snoussi citât l'ordre des Aïssaoua parmi ses appuis. Mais il cite, parmi ses maîtres, El-Djazouli, qui est l'un des chefs spirituels de Si Mahmed-ben-Aissa. (Voir chap. XXI.)

40
(An 931 de l'Hégire. — 1524-1525 de J.-C.)

Ordre des RACHIDYA, branche secondaire des Chadelya du Maroc ayant pour patron *Si Ahmed-ben-Youcef-el-Miliani-er-Rachedi*, décédé l'an 931 de l'Hégire, 1524-1525 de J.-C. (Voir chapitre XVIII.)

Le cheikh Snoussi est affilié à cette branche qu'il cite parmi ses appuis.

41
(An 931 de l'Hégire. — 1524-1525 de J.-C.)

L'ordre des RACHIDYA-ZEROUKYA est une branche distincte de l'ordre précédent, qui est aussi citée parmi les appuis de cheikh Snoussi. (Voir chapitre XVIII.)

42
(Vers 932-933 de l'Hégire. — 1526 de J.-C.)

Ordre des RAZYA, branche marocaine de celui des Chadelya. Il est cantonné dans l'Oued-Drâa, où il fut importé par un nommé *Sid Abou-el-Hessen-el-Kacem-el-Razi*, qui avait reçu l'affiliation de Si Ali-ben-Abdallah-el-Filali, disciple de Si Ahmed-ben-Youcef. (Voir chapitre XVIII.)

43
(An 936 de l'Hégire. — 1529-1530 de J.-C.)

Ordre des SONBOULYA, qui fut fondé par *Sid Sonboul-Youcef-bo:-Laoui*, mort à Constantinople en 936 de l'Hégire (1529-1530 de J.-C.).
(Cité par d'Hosson.)

44
(An 936-937 de l'Hégire. — 1530 de J.-C.)

Le groupe maraboutique des SAHELYA, famille de Cheurfa marocains, constitue une branche secondaire des Chadelya, sous le patronage de *Sid Mahmed-ben-Abd-er-Rahman-Es-Saheli*, mort en 1530 de J.-C. (936-937 de l'Hégire), et connu aussi sous le nom de Mouley-Sehoul. (Voir chapitre XVIII.)

45
(An 939-940 de l'Hégire. — 1533 de J.-C.)

Ordre des GOULCHENYA ou des ROUSCHENYA, fondé par *Ibrahim-Goulcheny*, mort au Caire en 940 de l'Hégire (1534-1535 de J.-C.). — Le nom de Rouschenya vient de Dédé-Omer-Roucheni, précepteur et consécrateur d'Ibrahim.
(Cité par d'Hosson.)

46
(An 950-951 de l'Hégire. — 1544 de J.-C.)

Ordre des IGHITH-BASCHYA, fondé par *Chems-ed-Din-Ighith-Baschi*, mort à Magnésie en 951 de l'Hégire (1544-1545 de J.-C.).

47
(An 959 de l'Hégire. — 1551-1552 de J.-C.)

Ordre des OUM-SINNANYA, fondé par le cheikh *Oum Sinnan*, mort à Constantinople en 959 de l'Hégire (1551-1552 de J.-C.).
(Cité par d'Hosson.)

48
(An 960 de l'Hégire. — 1553 de J.-C.)

Ordre des BEKKAYA, branche chadelienne qui paraît avoir été implantée ou organisée à Tombouktou par le cheikh *Omar-ben-Ahmed-el-Bekkay*, mort en 960 de l'Hégire (1553 de J.-C.). (Voir chapitre XXII.)

49

(An 987-988 de l'Hégire. — 1580 de J.-C.)

Ordre des DJELOUATYA, fondé par le pir ou ouali *Sid Ouflada-Mohammed-Djelouati*, mort à Brousse en 988 de l'Hégire (1580-1581 de J.-C.).
(Cité par d'Hosson.)

50

(An 1000-1001 de l'Hégire. — 1592 de J.-C.)

Ordre des AACHAKYA, fondé par *Hassein-ed-Din-Aachaki*, mort à Constantinople en 1001 de l'Hégire (1592-1593 de J.-C.)
(Cité par d'Hosson.)

51

(An 1009-1010 de l'Hégire. — 1601 de J.-C.)

Ordre des CHEMSYA, fondé par *Chems-ed-Din-Siouasi*, mort aux environs de Médine en 1010 de l'Hégire (1601-1602 de J.-C.).
(Cité par d'Hosson.)

52

(Vers 1610 de J.-C. — 1018-1019 de l'Hégire.)

Ordre des KERZAZYA ou de MOULEY-KERZAZ, fondé vers 1610 de J.-C. (1018-1019 de l'Hégire), à Kerzaz (oued Guir), sud-ouest de Figuig, par *Sid Ahmed-ben-Moussa*, chérif de la famille des Edrissites (et plus particulièrement de la branche des Cheurfa d'Ouazzan). Sid Ahmed-ben-Moussa était alors grand moqqadem de l'ordre des Chadelya.

Si Snoussi cite, parmi ses appuis, Sid Ahmed-ben-Moussa. (Voir chapitre XXIII.)

53

(Vers 1022-1023 de l'Hégire. — 1615 de J.-C.)

Ordre des CHEIKHYA, groupe des Chadelya, ayant pour patron *Sidi Cheikh-Abd-el-Qader-ben-Mohammed*, chef de la grande famille maraboutique et guerrière des Ouled-Sidi-Cheikh, et mort vers 1022-1023 de l'Hégire (1615 de J.-C.). (Voir chapitre XXV.)

54

(An 1078-1079 de l'Hégire. — 1668 de J.-C.)

Ordre des SINANN-OUMMYA, fondé par *Alim-Sinann-Oumi*, mort à El-Mali en 1079 de l'Hégire (1668-1669 de J.-C.).
(Cité par d'Hosson.)

55

(Vers 1669 de J.-C. — 1079-1080 de l'Hégire)

L'ordre des NACERYA est une des branches des Chadelya, importée par *Mohammed-ben-Nacer-El-Deraï*, dans l'oued Drâa, et ayant sa maison mère à Tamegrout.

Le cheikh Snoussi était affilié à cet ordre, qu'il cite parmi ses appuis. (Voir chapitre XVIII.)

56

(An 1089 de l'Hégire. — 1678-1679 de J.-C.)

Les Musulmans, et surtout les Marocains, font remonter la fondation de l'ordre des TAIBIN (et mieux TAIBYA) à *Mouley-Idris* (Idris I*er*), arrière-petit-fils d'Ali-ben-Abou-Thaleb, et chef de la dynastie marocaine des Idricites (en 173 de l'Hégire, soit 789-790 de J.-C.).

En réalité, le véritable fondateur de l'ordre est Mouley-Taieb-ben-Mohammed-ben-Mouley-Abdallah, petit-fils et héritier spirituel du fondateur de la zaouïa de Ouazzan, Mouley Abdallah, qui mourut en 1089 de l'Hégire (soit 1678-1679 de J.-C.).

C'est cette date qui doit être donnée comme celle de la fondation de l'ordre. (Voir chapitre XXV.)

57

(An 1105-1106 de l'Hégire. — 1694 de J.-C.)

Ordre des NIYAZYA, fondé par *Mohammed-Niyazi-Masri* (l'Égyptien), mort à Lemnos en 1106 de l'Hégire (1694-1695 de J.-C.).

(Cité par d'Hosson.)

58

(An 1114 de l'Hégire. — 1703 de J.-C.)

Ordre des HANSALYA, fondé par *Abou-Aiman-Saïd-ben-Youcef-el-Hansali*, mort au Maroc le 1er redjeb 1114 (1703 de J.-C.). (V. chap. XXVI.)

59

(An 1125 de l'Hégire. — 1713 de J.-C.)

Ordre des KHADIRYA, fondé le 8 redjeb 1125 de l'Hégire (31 juillet 1713 de J.-C.), par *Sid Abd-el-Aziz-Ed-Debagh*, né en 1683, à Fez. Cet ordre passe pour avoir été directement révélé par le mystérieux El-Khadir.

Il a des adeptes au Maroc, et Si Snoussi se fait gloire d'appartenir à cet ordre. (Voir chapitre XXVII.)

60

(An 1120-1121 de l'Hégire. — 1709 de J.-C.)

L'ordre de MOHAMMED (*Mahomet*) n'est, en réalité, qu'une branche de l'ordre des Khadirya : il a été fondé, comme ce dernier, par Si Abd-el-Aziz-Ed-Debar, en 1713 de J.-C. (1124-1125 de l'Hégire). Il a de nombreux affiliés au Maroc et en Tripolitaine, où le cheikh Snoussi l'a propagé. Il en a aussi en Algérie et en Tunisie.

C'est l'ordre dont cheikh Snoussi affecte d'observer le plus particulièrement les pratiques et la règle. (Voir chapitre XXVII.)

61

(An 1131-1132 de l'Hégire. — 1719 de J.-C.)

Ordre des MOURADYA, fondé par *Mourad-Schamy*, mort à Constantinople en 1132 de l'Hégire (1719-1720 de J.-C.).

(Cité par d'Hosson.)

62

(10 ramdan, 1145 de l'Hégire. — 1732 de J.-C.)

L'ordre des ZIANIN (et mieux des ZIANYA) est une branche tout à fait distincte des Chadelya, formée par des *religieux de l'Oued-Drâa* venus à Kenadsa, avec le cheikh *Si Mohammed-Abou-Zian-Kandousi*.

C'est un ordre très connu sur notre frontière marocaine, et ayant un grand nombre d'adhérents en Algérie.

Cheikh Snoussi y est affilié. (Voir chapitre XXVIII.)

63

(An 1145-1146 de l'Hégire. — 1733 de J.-C.)

Ordre des NOUR-ED-DINYA, fondé par *Nour-ed-Din-Djerrahi*, mort à Constantinople en 1146 de l'Hégire (1733-1734 de J.-C.).

(Cité par d'Hosson.)

64

(An 1163-1164 de l'Hégire. — 1759 de J.-C.)

L'ordre des HAFNYA ou HAFNAOUYA, est une branche importante de l'ordre des Khelouatya. Il fut fondé par *Abou-Abdallah-Mohammed-ben-Salem-El-Hafnaoui*, qui avait aussi des attaches avec l'ordre des Chadelya.

Si Snoussi cite cet ordre des Hafnaouya dans le livre exposant ses appuis religieux. (Voir chapitre XVIII.)

65
(An 1163-1164 de l'Hégire. — 1750 de J.-C.)

Ordre des DJEMALYA, fondé par *Mohammed-Djemal-ed-Din-Dirnaoui*. mort à Constantinople en 116! de l'Hégire (1750-1751 de J.-C.).

Cet ordre, du moins dans ses pratiques extérieures, n'est pas sans analogie avec celui des Seherourdya.

Nous ne lui connaissons pas d'adeptes en Algérie.

66
(An 1165-1166 de l'Hégire. — 1752 de J.-C.)

L'ordre des HABIDIIN (et mieux HABIBYA) a été fondé, au Tafilalet, par *Si Ahmed-el-Habib-El-Lemti*, mort en 1752 de J.-C (1165-1166 de l'Hégire). — La maison-mère et le supérieur général sont au Tafilalet, à Zaouat-el-Mati, au sud-est de Er-Rissani.

Cet ordre est cité par Si Snoussi parmi ses appuis. (V. chap. XVIII.)

67
(An 1196 de l'Hégire. — 1781-1782 de J.-C.)

Ordre des TIDJANYA, fondé en 1196 de l'Hégire (1781-1782 de J.-C.), par *Si Ahmed-ben-Mokhtar-et-Tidjini*, né en 1373 de J.-C. (1149-1150 de l'Hégire), à Aïn-Madhi (près Laghouat) et mort à Fez (Maroc), le 20 octobre 1814 (17 choual 1229). C'est là qu'est son tombeau, mais la maison-mère est tantôt à Aïn-Madhi, tantôt à Temacin, car, jusqu'en 1875, la succession spirituelle a été dévolue alternativement à un membre de sa famille et à un membre de la famille de Si El-Hadj-Ali, originaire de Yambo. (Voir chapitre XXIX.)

68
(An 1208 de l'Hégire. — 1793-1794 de J.-C.)

Ordre des RAHMANYA, fondé à la fin du XVIII° siècle, par *Si Mahmed-ben-Abd-er-Rahman-bou-Qobrin-el-Djerdjeri-El-Guechtouli-Ez-Zouaoui-El-Ahzari*.

C'est la branche des Khelouatya, importée en Algérie vers l'an 1177 de l'Hégire, soit 1763-1764 de J.-C.

Si Snoussi cite le fondateur de l'ordre des Rahmanya parmi ses maîtres et ses appuis. (Voir chapitre XXX.)

69
(Vers 1799 de J.-C. — 1213-1214 de l'Hégire
ou
1800 de J.-C. — 1214-1215 de l'Hégire)

Ordre de HAFID, cité par Si Snoussi comme un de ceux sur lesquels il appuie sa doctrine, et qui a eu pour chef, sinon pour fondateur, un nommé *Hassan-ben-Ali-El-Adjimi-El-Mekki*, sur lequel nous n'avons pu nous procurer aucun détail.

Le cheikh Abou-Abdallah-Mohammed-ben-Ali-ben-Ech-Charef-El-Mazouni (de Mazouna), qui vivait vers 1830 de J.-C. (1245-1246 de l'Hégire), appartenait à cet ordre, auquel il avait été initié par son père, disciple du cheikh Hassen. Ce qui semble reporter la fondation de cet ordre vers la fin du XVIII° siècle ou le commencement du XIX°.

70

(Vers 1800 de J.-C. — 1214-1215 de l'Hégire)

L'ordre des DERKAOUA, qui tire son nom de *Mouley-El-Arbi-Ahmed-El-Derkaoui*, n'est, à proprement parler, qu'une dénomination différente de l'ordre des Chadelya.

Cette dénomination, usitée surtout au Maroc et dans l'ouest de l'Algérie, fut employée, du vivant même de Mouley-El-Arbi et bien avant la mort de ce cheikh, dont le décès n'eut lieu que vers 1823 de J.-C. (1238-1239 de l'Hégire). (Voir chapitre XVII.)

71

(An 1217-1218 de l'Hégire. — 1803 de J.-C.)

Ordre des PADRIS, fondé en 1803 de J.-C. (1217-1218 de l'Hégire), à Sumatra, par trois pèlerins qui étaient allés à La Mecque, au moment où l'enseignement de Si Ahmed-ben-Idris-El-Khadiri attirait, dans cette ville, les Musulmans de tout l'Extrême-Orient.

Le rigorisme des Padris les a fait quelquefois classer comme Ouahbites ; en réalité ce sont des Khadirya. Ils se lient donc étroitement avec les ordres des Soualya et des Snoussya, puisque l'indien El-Mogherani et Si Snoussi sont les deux continuateurs de Si Ahmed-ben-Idris.

Cet ordre fomenta à Sumatra des troubles graves et une insurrection qui dura de 1821 de J.-C. (1236-1237 de l'Hégire) à 1837 de J.-C. (1252-1253 de l'Hégire), et ne se termina que lorsque les Hollandais eurent repris Bondjol, centre du mouvement politique des Padris. Aujourd'hui, cet ordre a encore de nombreux partisans à Sumatra, mais il se cache :

(Bien que Dozy donne à cette congrégation le nom de Padris, qu'il explique d'ailleurs pertinemment, on remarquera la coïncidence de ce nom Padris avec Adris ou Idris, et surtout, avec Bou-Idris qui pourrait bien être le nom véritable.)

72
(Vers 1825 de J.-C. — 1240-1241 de l'Hégire)

Ordre des MADINYA *modernes*, fondé à Mezrata de Tripoli, par *Mohammed-Zaffar-ben-Hamza-El-Madani*, moqqadem des Derkaoua-Chadelya. (Voir chapitre XVII.)

73
(An 1250-1251 de l'Hégire. — 1835 de J.-C.)

Ordre des SNOUSSYA, fondé en 1250-1251 de l'Hégire (1835 de J.-C.), en Tripolitaine, par le cherif algérien *Si Mohammed-ben-Ali-ben-es-Snoussi-El-Khottabi-el-Hassani-el-Idrissi*, né en 1206 de l'Hégire (1791-1792 de J.-C.), au douar Thorch, de la fraction des Ouled-Sidi-Youcef (tribu des Ouled-Sidi-Abdallah, du Medjoher, environs de Mostar'anem), mort en 1859. (Voir chapitre XXXI.)

74
(An 1250-1251 de l'Hégire. — 1835 de J.-C.)

Ordre des IDRICIIN, ou IDRICYA, ou SOUALYA, ou mieux encore MEGHERANYA, fondé en 1835 de J.-C. (1250-1251 de l'Hégire), à La Mecque, par *Si Mohammed-Salah-el-Megherani*, indien musulman, élève de Si Ahmed-ben-Idris-el-Fassy, qui était chef de l'ordre des Khadirya à La Mecque.

Sid Mohammed-Salah était le condisciple et le rival de Si Snoussi, à qui il disputa la succession spirituelle de Si Ahmed-ben-Idris.

La zaouia-mère et le grand-maitre de l'ordre des Megherania sont à La Mecque, à Dar-El-Khaizan.

C'est donc un ordre rival et ennemi de celui de Si Snoussi ; à ce titre il nous intéresse. (Voir chapitres XXVII et XXXI.)

75
(Sans indication de date)

Ordre des SAROUARYA dits aussi DJALALA, fondé par *Sultani-Sarouar-ben-Sid-Zin-El-Abdin*, enterré près de Moultan, à Donakhal, dans la province de Lahore, où son tombeau est l'objet d'un pèlerinage annuel.

(Pas de date). — Ordre indien cité par Garcin de Tassy.

76
(An 1292-1293 de l'Hégire. — 1876 de J.-C.)

Ordre des HABBAB ou DERDOURYA, qui fut fondé en 1876 dans l'Aurès par *Si El-Hachemi-ben-Si-Ali-Derdour*, né à Medrouna, village de l'Oued-Abdi.

Ce personnage était le fils d'un moqqadem des Rahmanya, relevant de la branche tunisienne, et il avait d'abord suivi les pratiques de cet ordre, sous la direction de son père, avec qui il avait longtemps habité Tunis et La Mecque. N'ayant pas été élu moqqadem à la mort de ce dernier, en 1871, il s'isola des autres Rahmanya et se mit à vivre en ascète. Autour de lui, se groupèrent bientôt de nombreux disciples, qu'il organisa en une société religieuse, où les biens étaient en commun, et où l'on s'efforçait d'observer la loi islamique dans toute sa pureté. Cette association se sépara presque complètement des autres Musulmans du pays, évitant d'aller devant le cadhi, et se bornant à payer régulièrement l'impôt et à fournir les prestations ordonnées.

En 1879 (1296-1297 de l'Hégire), ils furent un peu compromis dans les troubles de l'Aurès, non pas tant par leurs actes, que par des correspondances avec le prétendu chérif, chef des rebelles.

L'insurrection réprimée, les Habbab, qui étaient au nombre de 500, répartis dans les villages de Medrouna, Hallaoua, Haidouss, Nerdi, etc., refusèrent de s'acquitter des prestations sur les chemins vicinaux et d'obtempérer aux réquisitions et ordres des chefs investis. Si El-Hachemi-ben-Si-Ali-Derdour fut alors arrêté avec six de ses principaux moqqadem ; plusieurs enquêtes administratives furent faites, qui, en 1880, aboutirent à l'internement en Corse des chefs des Habbab et de plusieurs moqqadem.

Depuis lors, tout est rentré dans le calme ; la société religieuse existe bien encore, des réunions ont toujours lieu dans des maisons notables ; mais les Habbab sont absolument dociles aux ordres de l'autorité. Ils sont, du reste, surveillés avec jalousie par les vrais Rahmanya restés dans le pays, et, surtout par le caïd de la tribu, Si Mahmed-bel-Abbès, chérif descendant d'Abd-el-Qader-El-Djilali, grand moqqadem des Qadrya, et notre fidèle serviteur depuis 1847 (1).

L'ordre des Habbab Aurasiens paraît être une branche des Khelouatya, ou, peut-être, des Chadelya. Il n'a rien de commun avec les Habibiin du Maroc.

Cette tentative d'organisation théocratique a fait croire, un instant, qu'on avait affaire à des Snoussya, mais cela est peu probable ; l'imprudence et la légèreté, qui ont présidé à cette constitution de société, ne permettent pas d'admettre l'action d'une direction aussi intelligente et aussi habile que celle des Snoussya. S'il y a réellement eu des relations avec la Tripolitaine, elles ont dû avoir lieu plutôt avec les Madanya qui étaient alors, et sont toujours, au service d'influences politiques musulmanes hostiles à la France.

---

(1) Le fils aîné du caïd Si Mahmed-bel-Abbès, Si Lahsen, a été tué dans nos rangs, lors de l'insurrection de l'Aurès, en 1879.

77
(Date inconnue)

L'ordre des FADELYA, fondé par l'ouali *Sid Mohamed-Fadel*, à Chinguetti, dans l'Adrar. C'est une branche dérivée des Qadrya. Il a conservé en partie le rituel de l'ordre primitif et a les mêmes doctrines de tolérance et de charité. Son influence est grande dans tout le pays compris entre l'Atlantique, le Sénégal, Timbouktou, les parcours nord-ouest des Touareg et l'oued Dräa. Il était jadis très florissant, mais ses zaouias de Chinguetti, Ouadan, Ouldjet et Attar sont aujourd'hui moins prospères par suite de l'influence rivale d'une autre branche des Qadrya (les Lessidya), et par suite aussi des progrès faits dans l'Adrar par les Tidjanya et les Taibya.

En 1879, le grand maître de l'ordre était le chikh Mel-Aini, descendant direct de Sid Mohamed-el-Fadel.

78
(Date inconnue)

L'ordre des LESSIDYA, ordre chérifien dérivé des Qadrya, ayant sa maison mère à Ouadan, dans l'Adrar, et ses succursales à Chinguetti, Attar et Ouldjet. La direction en est aujourd'hui héréditaire dans la famille des Ouled-Lessidi, qui est celle du fondateur. Cet ordre paraît animé du même esprit que celui des Qadrya; il jouit d'une très grande influence dans tout le pays compris entre l'Atlantique, le Sénégal, Timbouktou, les parcours nord-ouest des Touareg, et l'oued Dräa. Il est bien rare que les Nomades pillards osent toucher aux caravanes ayant un sauf-conduit d'un moqaddem de cet ordre. Nous ignorons l'époque de la fondation des Lessidya, nous savons seulement qu'ils sont postérieurs aux Fadelya, qu'aujourd'hui ils ont dépassé en importance.

Nous avons encore trouvé, mentionnés dans des documents dignes de foi, mais malheureusement peu explicites et sans aucun renseignement de nature à aider les recherches, les ordres ci-après :

79
(Date inconnue)

Ordre des DAMIATYA ou de SID AHMED-EL-DAMIATI « qui aurait quelques khouan à Alger, Constantine et au Maroc. » (Il est probable que c'est là une dénomination locale des *Hansalia*.)

80
(Date inconnue)

« Ordre de SIDI-ABDEL-REZAK, des Djebailya, du Maroc, entre Tétouan et Rebat. »

81
(Date inconnue)

Ordre des SEKELLYA ou de MOULEY-AHMED-EL-SEKELLI (le Sicilien). « Ayant surtout ses khouans à Fez, où se trouve le tombeau du fondateur et une grande zaouia. »

82
(Date inconnue)

Ordre des KOURDASSYA. — En 1856, sept familles du ksar Tadjerouna (entre Laghouat et Berezina) étaient signalées comme « ayant le dikr de Sidi Moussa-es-Sahi-el-Khourdassi, dont la qobba est à Kourdassa, près le Caire, en Égypte. »

83
(Date inconnue)

Les DOUSSAKYA, ordre particulier à l'Égypte et au Yémen, fondé par *Ibrahim-Doussouki*; il a son centre entre Roselle et Dossouq, sur le Nil, au tombeau du fondateur, et des représentants assez nombreux à Sana et à La Mecque. Il est très hostile aux Européens.

84
(Date inconnue)

Les SEMAAN, ordre particulier au Yémen, a des adeptes nombreux dans le Soudan, en Égypte et à La Mecque où, en 1882, il est représenté par le moqaddem Ahmed-Semaan. Nous est très hostile.

85
(Date inconnue)

Les SAOUYA, ordre particulier au Yémen, a des adeptes dans le pays d'Assyr et à La Mecque, et nous est très hostile.

86
(Date inconnue)

Les BAOUMYA, ordre particulier au Yémen, a des adeptes dans le pays d'Assyr, en Égypte et à La Mecque. Est très hostile aux Européens.

87
(Sans date)

Les ROU-ALYA, congrégation de Qadrya, ayant son centre à Tozer où la direction de la congrégation est héréditaire chez les descendants du marabout Abou-Ali. Les zaouïas de Qadrya, de Nefta, de Gafsa et d'une partie du Djerid relèveraient de celle de Tozer.

88
(Sans date)

Les AOUAMRYA, branche tunisienne des Aïssaoua, ayant son centre à Monaster où la direction de la congrégation est héréditaire chez les descendants du fondateur de l'ordre. Compte des adhérents à Sfax et dans plusieurs autres lieux de Tunisie.

CHAPITRE V

GÉNÉRALITÉS SUR LES ORDRES RELIGIEUX

LEURS ATTACHES ORTHODOXES

Les ordres religieux orthodoxes présentent entre eux de sensibles divergences. Comme tendances, comme pratiques, et même comme doctrine, chacun a son individualité nettement accusée et est, le plus souvent, en rivalité ou en dissidence avec les autres. Cependant, tous ont entre eux assez de points communs pour que quelques écrivains, français ou musulmans, aient cru pouvoir assigner une origine unique et commune à tous les ordres religieux.

Historiquement, c'est aller beaucoup trop loin. S'il est exact que tous les ordres religieux orthodoxes aboutissent, en fin de compte, au Prophète Mohammed, c'est-à-dire à Dieu, s'il est vrai que les derniers venus ont souvent calqué leurs organisations sur celles de leurs prédécesseurs, il n'en est pas moins vrai que chaque fondateur d'un ordre nouveau a, toujours, imprimé à son œuvre un cachet particulier, qui la distingue de la congrégation voisine, plus ancienne ou plus moderne.

N'en est-il pas de même chez nous ? Les Trappistes, les Jésuites, les Dominicains, les Chartreux, etc..., n'ont-ils pas entre eux bien des points communs de discipline et d'organisation ? Songe-t-on pour cela à les faire tous dériver des premiers ordres monastiques chrétiens ?

Ce qui est exact, c'est qu'il n'y a pas d'ordre religieux musulman possible, sans l'existence de certaines conditions essentielles qui, par suite, se retrouvent, forcément, dans toutes les doctrines et dans toutes les organisations de l'espèce.

Trois choses servent à caractériser un ordre religieux musulman ; elles varient pour chaque ordre, mais cette variété a pour limites les exigences étroites de l'orthodoxie musulmane, que toutes ces associations affectent de respecter et de pratiquer.

Cette orthodoxie est la condition la plus essentielle ; sans elle, un ordre n'est plus qu'un schisme, une secte abominable, un objet d'horreur aux yeux des Musulmans. Donner la preuve de l'orthodoxie est la première préoccupation d'un fondateur d'ordre religieux. Cela, du reste, est assez facile, il suffit d'avoir suivi les cours de quelque pieux docteur bien connu comme professant les doctrines orthodoxes, et d'appuyer son enseignement sur l'autorité du dit maître et de ceux qui lui ont transmis la vérité. On dresse la liste de tous ces pieux docteurs, et on remonte ainsi jusqu'au Prophète lui-même, qui fut le premier maître. Cette liste est ce que les Arabes appellent *Selselat*, la *chaine*, et les gens qui la composent sont le *Ahl-es-Selselat*, le clan de la chaîne.

On a souvent comparé cette *chaine* des Saints, qui se sont transmis « la vérité, » à la σειρα ἱρματικη, ou chaîne hermétique des Néo-Platoniciens, avec lesquels les Khouan-Soufi ont tant de rapports. La comparaison est très juste, mais elle s'inspire d'un ordre d'idées philosophiques inconnu aujourd'hui aux Musulmans. Pour rester dans la vérité des faits, il ne faut voir dans cette *chaine*, qu'une des formes habituelles par laquelle s'affirme, chez tous les Musulmans, cette puissance souveraine qu'on appelle la tradition. (Kheber-Sadik, la tradition constante et véridique) (1). C'est toujours sur elle

---

(1) Il est recommandé dans « l'Exposé de la foi » de Mohammed-ben-Pir-Ali-El-Berkaoui de ne point abandonner les pratiques fondées sur une tradition vénérée, de ne point donner dans les innovations.

que s'appuient les auteurs, sacrés ou profanes, et cela n'est point particulier aux docteurs congréganistes. Les « hadit » ou paroles du Prophète, qui tiennent une si grande place dans la doctrine musulmane officielle, sont toutes formulées en ces termes: « J'ai appris d'un tel, qui » l'avait su par N....., qui lui-même le tenait de N'....., à » qui cela avait été dit par....., etc...... »

Il en est de même pour la plupart des livres de doctrine : tel est le cas du « *Mouetha* » de l'imam Malek, du *Sahih* de Bokhari. Cette liste se nomme *Sanad* (سَنَدْ) ou appui (sur lequel repose l'enseignement). Les seules sources où l'on peut puiser directement, se bornent, en effet, au texte du Coran à celui de la Sonna, au consentement général des anciens Musulmans. On rattache toujours à un texte les jugements, décisions ou opinions, sinon on risque de tomber dans l'hérésie des *Bathinya,* qui admettent l'interprétation allégorique des livres sacrés.

En établissant « la chaîne » des Saints sur lesquels ils appuient leur enseignement, les chefs des ordres religieux n'ont donc pas d'autre préoccupation que de se conformer à un usage, consacré par tous les docteurs musulmans, et de se mettre à l'abri du reproche d'innovation, toute innovation en matière islamique étant une hérésie.

Le seul côté mystique que présentent « les chaînes, » qui servent de point de départ aux ordres religieux, est le choix des dénominations données à chacun des saints ou docteurs qui les composent, et encore ces dénominations, malgré leur identité complète avec celles des Gnostiques, des Mazdiens ou des Néo-Platoniciens, sont-elles admises, pour la plupart, par les docteurs non congréganistes.

La dénomination la plus élevée est celle de R'outs (الغوث), le recours suprême des affligés, le refuge, le sauveur, c'est celui qui, en raison de la surabondance de sa sainteté, et de l'influence de ses mérites auprès de

Dieu, peut, sans compromettre son salut, prendre à sa charge une partie des maux et des péchés des Fidèles. C'est bien là « le Soter, » sauveur des Gnostiques.

Mais la croyance au R'outs n'est pas limitée aux congréganistes.

La majorité des Musulmans croit qu'il existe, sur terre, une légion de saints qui, de leur vivant, sont inconnus à tous et à eux-mêmes. Ils sont toujours au nombre de quatre mille selon les uns, de trois cent cinquante-six selon les autres, et ils forment ce qu'on nomme le « R'outs-el-Alem, » le refuge du monde. « Les bien-
» heureux qui le composent sont rangés en sept classes,
» que l'on regarde comme autant de degrés mystérieux
» de leur béatification. » La première est occupée par le chef ou le coryphée de cette légion, distingué sous le nom de R'outs-Adham (grand R'outs) ; la seconde, par son vizir ou premier ministre, sous le titre de Qotb qui signifie pôle ; la troisième, est composée de quatre ministres *aoutâd* (pieux, piquets de tente) (1)......

Les noms varient suivant les théologiens et docteurs, pour les autres classes de ces êtres privilégiés qui de leur vivant ont, à leur issu, accès dans le ciel et place réservée dans les bienheureuses phalanges qui entourent le trône de Dieu.

Voici celles de ces dénominations qui se retrouvent le plus souvent chez les auteurs musulmans qui presque tous, même les moins mystiques, croient absolument à l'existence sur la terre de ces Saints dans lesquels s'incarne l'Esprit de Dieu.

Après le R'outs, que nous avons suffisamment défini, vient le Qotb (قطب), l'étoile polaire, le pôle, l'axe du monde. « C'est le saint par excellence, celui qui occupe le sommet de l'axe autour duquel le genre humain, avec toutes ses créatures, toutes ses grandeurs, toutes ses

---

(1) *Mouradja d'Ohsson*, tome I, p. 315. (Voir dans la *Revue africaine* de 1859, p. 15, un article de M. Brosselard.)

vertus, toutes ses sciences et aussi tous ses vices, toutes ses petitesses, accomplit son éternelle et immuable révolution. C'est en un mot l'homme le plus considérable de son époque (1). »

Les Musulmans précisent l'idée en disant *Qotb-el-Ouoqt*, le pôle de l'époque, et ils augmentent la force de l'expression en désignant leur saint de prédilection comme étant le Qotb-el-Qtoub (قطب القطوب), le pôle des pôles.

La dénomination d'*aoutâd* (اوتاد), *piquets*, qui, dans ce langage usuel s'applique aux principaux personnages d'un pays, se dit chez les Mystiques des hommes parvenus au plus haut degré de perfection dans la connaissance de Dieu. Il n'y a jamais dans l'Islam, à une même époque que quatre aoutâd et ils sont placés dans les régions occupant les quatre points cardinaux par rapport à La Mecque.

Après les Outad, viennent les *Khiar* (الخيار), les *Élus (les choisis, les meilleurs)*. Ils sont au nombre de sept et voyagent constamment pour répandre les lumières de l'Islam ; mais, de leur vivant, ils n'ont pas conscience de leur supériorité spirituelle et ils ne sont connus que des R'outs.

Au cinquième rang de la hiérarchie sont les Abdal (ابدال sing. بديل), les *Changeants,* ainsi nommés parce que si l'un d'eux vient à disparaître un autre le remplace immédiatement. Ce sont encore ceux dont le cœur a été purifié des vices par la vertu et qui se sont ainsi transformés. C'est en considération de leur mérite que Dieu jette un regard favorable sur la terre. Ils sont, selon les auteurs, au nombre de 70, de 40, ou de 7 seulement. Dans les deux premiers cas, 40 occupent la Syrie.

Au sixième rang est le *Nedjib* (نجيب), le *distingué, l'excellent*. Les Nedjab sont au nombre de 70 et ils se tiennent surtout en Égypte.

---

(1) Brosselard, *loco citato*.

Le septième et dernier rang est formé par ceux qui ont le nom de Neqib (نقيب), *chef* (d'un groupe de saints). Ils sont au nombre de 300, s'ignorent eux-mêmes et ne sont connus que de leurs égaux ou de leurs supérieurs en sainteté. Ils habitent surtout l'Afrique sauf l'Égypte.

Quant au ouali (1) (ولي), c'est l'ami de Dieu, le *saint* de toutes les religions, l'être privilégié entre tous et ayant le don des miracles ; le mot arabe signifie proprement : celui qui est près de Dieu (de ولي oula, être très proche). On dit souvent Ouali Allah (ولي الله), le Saint de Dieu.

Cette qualité de Ouali, ولي, ne peut s'appliquer qu'à un mort ; nul ne peut y prétendre de son vivant : c'est la vénération des Fidèles qui décerne cet honneur posthume.

Ces titres reviennent à chaque instant dans les chaînes généalogiques des ordres religieux ; mais ils ne sont pas donnés au hasard et, toujours, l'épithète qui accompagne le nom d'un saint ou d'un docteur a sa valeur, car elle indique, le plus souvent, le degré d'importance et d'influence que l'attributaire a eu, dans la formation de l'ordre qui le cite parmi ses appuis.

L'étude de ces chaînes a rarement été faite, cependant elle est utile, même pour nous, Français ; la présence d'un même nom, cité dans les appuis d'ordres différents et rivaux, met en évidence leurs points communs, et les possibilités de rapprochement qui peuvent exister entre deux ou plusieurs congrégations. Certains noms anciens reviennent incessamment, et sont souvent le point d'attache de plusieurs chaînes différentes, remontant d'ailleurs toutes, comme nous l'avons déjà dit, au Prophète Mohammed, à qui l'ange Gabriel a transmis la science de la Vérité.

Ali-ben-Abou-Taleb est celui des compagnons du Pro-

---

(1) Ce mot est de même origine que celui de ouali, gouverneur ; il est de la même famille que مولى moula, maître.

phète auquel se rattache la presque totalité des ordres religieux ; mais ceux qui sont réputés avoir reçu la doctrine d'Abou-Beker-es-Seddik, ou d'Omar-ben-El-Khettab, sont réputés plus saints et plus vénérables que les autres, car alors « l'imamat était parfait. »

Les ordres se rattachant directement à Abou-Beker-es-Seddik sont ceux des Seddikya, Bestamya, Nakchibendya, et Bektachya. Ceux qui s'y rattachent indirectement, comme ayant eu des fondateurs affiliés aux ordres précédents, sont plus nombreux ; nous citerons, entre autres : les Qadrya, Djenidya, Khadirya, Snoussya, et leurs dérivés.

Les Aoussya, Adhemya, Djenidya, Khadirya, Snoussya, etc., se rattachent à Omar-ben-Et-Khettab, mais ils se rattachent aussi à Ali-ben-Abou-Taleb.

A son autre extrémité, la « chaîne d'or, » ou chaîne mystique, ne s'arrête pas au fondateur de l'ordre : elle continue après lui, dans les mêmes conditions, pour aboutir au chef d'ordre en fonctions.

Il y a lieu ici de distinguer la liste des chefs successifs de l'ordre qui forment la chaîne mystique principale des autres chaînes collatérales, s'embranchant soit sur un des supérieurs généraux, soit même sur un simple moqaddem qui, dans certains ordres, a pu être nommé à l'élection et, par suite, ne pas se relier effectivement au chef d'ordre en fonctions. Ce moqaddem, chef de branche, se trouve alors dénommé adepte ou disciple du fondateur de l'ordre ; la chaîne dont il est le point de départ est parfaitement régulière aux yeux des Musulmans ; mais il sera quelquefois utile de tenir compte de ce mode d'attache, lorsque, par exemple, on cherchera à fixer une date ; car, on commettrait une erreur grossière si on prenait ledit chef de branche pour le disciple direct et contemporain du fondateur de l'ordre (1).

---

(1) C'est exactement ici la même chose que lorsque en Français nous disons : M. Cousin était un disciple de Platon.

Plusieurs ordres ajoutent encore à leur prestige par la noblesse d'origine, plus ou moins authentique, de leurs fondateurs ou continuateurs qui sont Cherfa, c'est-à-dire descendants du Prophète par Fathma-Zohra et Ali-ben-Abou-Taleb. Tels sont, entre autres, les ordres des Qadrya, Taïbya, Tidjanya, Zianya, Aïssaoua, Snoussya, etc...

Bien que tous les ordres religieux soient à même de montrer la « chaîne d'or » des saints et docteurs qui leur ont transmis la vérité, plusieurs congrégations prétendent tenir leurs doctrines et leur rituel d'une « révélation directe » faite par Dieu à leur fondateur.

Cette origine surnaturelle est toujours contestée par les docteurs étrangers à l'ordre, mais elle est, par contre, exaltée par les adeptes et facilement admise par la masse des ignorants, toujours crédule et avide de miracles. Aussi, ceux-là, même parmi les fondateurs d'ordre religieux qui ont les *chaines* les meilleures et les plus authentiques, jugent bon de compléter les preuves de leur mission par le récit d'une révélation directe. C'est à cette révélation divine, dont ils ont été honorés, que les ordres des Aïssaoua, des Khedrya, des Rahmanya, des Tidjanya, doivent une partie de leur popularité.

La croyance à la communication de Dieu avec ses créatures est, en effet, admise par les Musulmans; elle peut se faire par des songes, mais elle se fait surtout par l'entremise de Sid El-Khadir.

Sid El-Khadir, c'est le prophète Élie qui, comme le prophète Idris (Henoch), a bu à la source de vie et a été exempté de la mort. Sa personnalité est dédoublée : Élias erre sur la terre, El-Khadir vit au fond de la mer. Un jour par an, ils se rencontrent pour se concerter : El-Khadir est alors l'intermédiaire ordinaire entre Dieu et les hommes, il leur dévoile l'avenir et, surtout, leur confère les dons de *Baraka* (1) et de *Tes-*

---

(1) La Baraka « est la bénédiction, » mais ici avec le sens « d'abon-

sarouf(1), c'est-à-dire le pouvoir de faire des miracles et d'être exaucés dans tout ce qu'ils demandent, pour eux ou pour les autres.

On comprend combien l'investiture par un tel personnage donne de relief à son élu, chez un peuple plein de foi et crédule comme le peuple musulman.

Aussi, est-ce en grande partie au caractère surnaturel de la révélation faite à leurs fondateurs, qu'il faut attribuer l'influence considérable dont jouissent les sectes religieuses des Aouissya, Khadirya, Snoussya et autres. Tous leurs membres, en effet, participent à la « Baraka, » transmise par les héritiers de ces fondateurs, par les chefs d'ordre qui peuvent, dans de certaines conditions connues et nettement formulées dans les livres de doctrine, entrer en communication secrète et directe, avec El-Khadir et avec le Prophète.

Mais (2) « quoique les Mystiques musulmans se pi-
» quent de faire remonter l'origine de leurs doctrines
» jusqu'aux premiers temps de l'Islamisme et qu'ils
» s'autorisent même de certaines paroles attribuées à
» Mohammed, ils ont trouvé parmi les Musulmans un
» grand nombre d'adversaires qui les regardent comme
» des impies et des apostats; et il faut avouer que beau-
» coup de leurs expressions prises à la lettre, et surtout
» l'indifférence dont leurs plus célèbres écrivains font
» profession pour toutes les religions positives, sem-
» blent justifier l'horreur qu'ils inspirent aux fidèles
» disciples de l'Islamisme. Le pouvoir surnaturel qu'ils

---

dance, » de profusion, de surabondance de biens. — Le sens primitif de barek برك est s'accroupir, s'agenouiller, mais d'abord, s'accroupir écrasé sous le poids de la charge.

(1) Le Tessarouf تصروى de صروى est le don d'être dispensateur, et de disposer des forces de la création, dans l'administration du monde.

(2) SYLVESTRE DE SACY, *Notices et extraits des Manuscrits*, tome XII, page 289.

» s'attribuent ne paraît à ceux-ci qu'une misérable jon-
» glerie ou les effets d'un art diabolique ; leur quiétisme
» et leur panthéisme, un voile dont ils cherchent à cou-
» vrir la corruption de leurs mœurs. Leur intime res-
» semblance avec les Djoguis de l'Inde peut faire soup-
» çonner que leurs doctrines existaient dans la Perse
» orientale, antérieurement à Mohammed, et que c'est de
» là qu'elles se sont mêlées d'abord à l'Islamisme. »

CHAPITRE VI

LES DOCTRINES DES ORDRES RELIGIEUX

Aux preuves d'orthodoxie, fournies déjà par l'existence de la chaîne et par les mérites attachés au titre de Cherif, les fondateurs d'ordres religieux ont toujours soin d'ajouter l'autorité d'un enseignement écrit, en parfaite concordance avec les textes sacrés et, surtout, avec les paroles du Prophète.

Aussi, dans la plupart des livres de doctrines des Kouan, retrouve-t-on la constante préoccupation de ne pas s'écarter des cinq commandements, sur lesquels roulaient habituellement les entretiens du Prophète avec ses compagnons, commandements qui sont restés la base de la doctrine islamique, et que les ordres religieux s'appliquent, plus particulièrement, à exécuter à la lettre :

« 1° Craignez Dieu du plus profond de votre cœur, et que cette crainte guide vos actions, car elle est le principe de tout bien, et tout est fondé sur elle.

Elle vous commande de vous méfier de vos passions qui, en vous entraînant vers l'abîme des iniquités, engendrent la haine, l'envie, l'orgueil, l'avarice et, enfin, tous les vices qui ont leur siège dans le cœur.

Vos yeux, vos mains, vos oreilles, votre langue, votre estomac, votre nez, vos parties génitales et, enfin, tout ce qui exprime vos actions, sera dompté chez vous, par la crainte de Dieu ;

2° Conformez-vous à la *sonna*, c'est-à-dire, imitez en toutes choses mes actions, car, celui qui s'y conformera me donnera des preuves de son amour, et celui qui y dérogera ne sera point considéré comme musulman ;

3° N'ayez pour les créatures ni amour, ni haine, ne préférez pas celui qui vous donne à celui qui ne vous donne pas. L'amour ou la haine détourne l'homme de ses devoirs envers la Divinité ; vous n'avez qu'un cœur, s'il est occupé par les choses terrestres, que restera-t-il à Dieu ?

4° Contentez-vous de ce que le Créateur vous donne en partage, ne vous affligez pas s'il vous prive d'une partie de vos richesses, ou s'il vous accable de maux ; ne vous réjouissez pas s'il augmente votre bien-être, ou s'il vous fait jouir d'une bonne santé ;

5° Attribuez tout à Dieu, parce que tout vient de lui. Que votre résignation soit telle que si le Mal et le Bien étaient transformés en chevaux, et qu'on vous les offrît pour monture, vous n'éprouviez aucune hésitation à vous élancer sur le premier venu, sans chercher quel est celui du mal ou celui du bien. Tous deux venant de Dieu, vous n'avez pas de choix à faire.

Le Prophète, prévoyant déjà que, dans la suite des temps, sa loi recevrait des atteintes, et qu'on se relâcherait de la foi qu'il avait prêchée, dit à ses disciples : « Je » vous ai enseigné des maximes que je vous ordonne de » publier dans ce monde ; je compte pour cela sur votre » zèle, mais il viendra un temps où ceux que vous aurez » formés s'écarteront de ces maximes. Sachez que je » crains moins les ennemis de la religion que j'ai établie » que les chefs religieux que le temps doit amener ; ils » feront, il est vrai, les cinq prières, ils observeront » quelques-unes de nos pratiques, mais ils s'écarteront » de beaucoup d'autres et seront divisés en 73 classes, » lesquelles seront vouées au feu, à l'exception d'une » seule, qui aura conservé intacts mes cinq commande- » ments. »

Les congrégations musulmanes appliquent ces dernières paroles aux religieux non congréganistes qui, selon eux, reconnaissent une autre autorité que celle des livres saints, par le seul fait de leur obéissance aux détenteurs, chrétiens ou musulmans, d'un pouvoir temporel condamné dans son principe par la loi divine.

Chaque congrégation prétend, au contraire, avoir conservé intacte l'obéissance aux cinq commandements du Prophète, et tenir de lui la meilleure voie pour éviter l'erreur, arriver au salut de l'âme par la connaissance de la vérité, et atteindre, par Dieu seul et avec Dieu seul, le but de la vie, qui est l'union avec Dieu.

Elles acceptent et professent tout ce que le Coran enseigne et professe, mais en exagérant. Elles ont pour appui les mêmes saints et les mêmes docteurs que le reste de l'Islam. Comme toutes les associations religieuses (1), elles proclament hautement qu'elles ne travaillent que pour la plus grande gloire de Dieu et l'exaltation de la vraie foi. Leur objectif déclaré est d'amener les fidèles à mériter, par leurs efforts et leurs pieuses pratiques, la félicité éternelle que le Coran promet à ceux qui suivent « la bonne voie. » Dans cette « voie », révélée par l'ange Gabriel au Prophète, qui l'a transmise aux fondateurs des ordres religieux, les Chioukh guident le néophyte et l'amènent, par des étapes successives, à un état moral de plus en plus épuré, aboutissant à la perfection spirituelle qui, elle-même, rapproche la créature de la Divinité.

La voie (*triqa* طريقة chemin) est donc simplement l'ensemble des doctrines, pratiques et prières particulières à l'ordre. On lui donne aussi le nom de *Ouerd* ورد (2), mot qui signifie « *accès, arrivée.* » Ce dernier

---

(1) Voir dans le livre intitulé : *Étude sur l'Insurrection du Dahra*, par le capitaine Richard, Alger 1846, le chapitre V qui traite des Confréries religieuses.

(2) Il ne faut pas confondre ce mot ورد accès, arrivée, avec le mot ورد signifiant des *roses*, bien que cette confusion soit faite, même, en Algérie, par des Khouan ignorants et illettrés, qui ne voient là qu'une expression figurée. C'est donc à tort, croyons-nous, que plusieurs auteurs ont rapproché ce mot *ouerd* de la rose mystique et des roses-croix de la franc-maçonnerie. Mais, ce qui est possible, c'est que le mot latin *ordo* soit de la même famille que le mot arabe ورد auquel le dictionnaire donne le sens de « arriver à l'abreuvoir. »

En dernière analyse, le mot *ouerd* se résoudrait à R. D., ce qui d'après un système que nous avons développé dans nos essais de linguistique berbère, équivaut aux deux lettres racines ⵎ et ⴷ c'est-à-dire à : ⴷ = *ad, cum*, et ⵎ *ar, ire*, ce qui revient à *aditûs* ou *simul, ire*, aller vers, aller ensemble.

terme est même plus usité que le premier, du moins dans le langage.

Les nuances qui séparent les deux mots sont peu importantes et l'on dit indifféremment Ouerd-Sidi-Abdelqader ou Triqat-el-Qadria (ordre de Si Abdelqader). Un individu qui se fait affilier à un ordre religieux, prend l'*ouerd* de Sid N. ; celui qui l'initie donne l'*ouerd*. Aussi, le mot *ouerd* a-t-il pris, par extension, le sens de *initiation* ; en réalité l'*ouerd* est, à la fois, la doctrine et la règle qui constitue la *voie*.

Elle comporte, comme nous l'avons dit, différentes étapes ou stations, qu'il n'est pas donné à tous les initiés de franchir, et qui, dans le langage mystique, ont des noms multiples et variables, suivant les congrégations ou les pays.

Beaucoup d'ordres admettent sept degrés successifs, pour amener l'âme à l'état parfait, d'autres en admettent moins. Le premier degré se nomme tantôt la *loi*, tantôt l'*initiation*, tantôt l'*humanité* ; il se résume, pratiquement, à la récitation *dikr* et à quelques pratiques : c'est là que s'arrête la masse des Khouan.

Puis, viennent les divers goûts (ذوق) ou degrés d'extase (جذب), l'extase passionnée, l'extase du cœur, l'extase de l'âme immatérielle, l'extase mystérieuse, l'extase d'obsession. Ces cinq stations, souvent réunies en une, forment ce que d'autres ordres nomment le *Hal* (1) (الحال = l'état) ou encore le *Maqam* (المقام = station), le *Haqq* (الحق = la vérité), etc.

Les Khouans qui expliquent ورد par rose, ajoutent que cette fleur a été prise pour symbole des Associations religieuses parce que la rose est sainte, comme ayant été créée de la sueur du Prophète.

(1) D'après le livre des définitions de Scherourdi (voir chap. XVI), il y a cette différence entre les Hal et les maqam que « les Hal sont » de purs dons de Dieu et que les Maqam sont le fruit du travail : » les Hal viennent de la pure libéralité de Dieu, les Maqam s'ob- » tiennent à force d'efforts. » Le Hal exprime aussi un état fixe et durable, le Maqam un état transitoire ou passager.

Ces degrés sont acquis par un ascétisme de plus en plus sévère, par le jeûne, la méditation, les veilles, etc.

Selon son avancement dans la voie spirituelle, le Musulman prend différents noms, variables selon les pays et les auteurs.

Au début, alors qu'il se prépare seulement à entrer dans la voie et qu'il n'a encore reçu aucune initiation, le fidèle est dit : *Talamid* (تلميذ) *disciple* et mieux *assistant* (de لمذ = *regarder en face*) c'est celui qui se prépare à l'admission ; c'est le novice.

Cette admission prononcée, le talamid entré dans la voie de Dieu est dit *Mourid* (مريد) *aspirant* (de اراد = *demander, désirer*) ; c'est celui qui aspire à Dieu et le désire ; c'est aussi plus simplement l'*initié*, le *néophyte*.

Avançant dans la voie spirituelle, le mourid devient *Faqir* (بفير) pauvre, dans le sens mystique du mot ainsi défini par les docteurs : « Le faqir est l'homme » réduit au néant, c'est-à-dire l'homme dont l'existence » est soustraite à ses propres regards » ou encore : » celui qui s'est choisi lui-même la pauvreté pour par- » venir à la proximité de Dieu. La pauvreté étant le » commencement du Soufisme. »

Au-dessus du faqir vient le *Soufi* « celui que Dieu lui-même a choisi pour en faire l'objet de son amour. » Mais, pour beaucoup de docteurs, l'état de Soufi indique plutôt une perfection morale qu'un rang déterminé dans la hiérarchie spirituelle ; nous reviendrons sur ce mot.

Quand le Soufi est déjà plus avancé dans la voie de Dieu, il est favorisé de visions ou révélations surnaturelles, *qu'il peut comprendre et distinguer* (car l'ignorant est souvent le jouet de songes et d'apparitions d'origine satanique). Arrivé à ce point, le Soufi est dit *Salek* (السالك) *le marchant dans la voie (vers le terme du chemin qui mène à Dieu)* ; son esprit affiné plane déjà au-dessus des pratiques matérielles du culte.

Enfin, plus près de Dieu encore est le *Medjedoub*

(المجذوب) le *ravi*, l'*attiré* (à Dieu). A lui le ravissement mystique, l'habitude des visions surnaturelles. C'est l'homme arrivé au moment psychologique où l'équilibre est rompu entre l'esprit et la matière et où l'âme se sent attirée par Dieu. C'est un moment critique qui se traduit par l'inspiration ou la folie ; aussi le mot *Medjedoub* est-il souvent, dans le langage usuel, synonyme de *fou*, comme chez nous les mots *inspiré, illuminé*.

Arrivé à cet état de dégagement des sens qui le rend susceptible de recevoir les dons divins et les faveurs spontanées de la Divinité, le fidèle est parfois aussi dit *Mohammedi*, c'est-à-dire plein de l'esprit du Prophète. Il est alors en dehors de la vie matérielle ; la vie spirituelle seule existe pour lui et les pratiques du culte cessent de lui être nécessaires. Le khouan Mohammedi est dans un état de grâce tel qu'il ne peut rien faire de mieux que de s'absorber dans la contemplation entière de Dieu.

Au-dessus de cet état de Mohammedi, il y a encore l'état de béatitude suprême désigné sous le nom de *Touhid* (confession de l'unité de Dieu) ou de *Marifa* (connaissance).

Le khouan *Touhidi*, ou en état de touhid, est tellement possédé de l'esprit de Dieu qu'il est pour ainsi dire identifié avec la Divinité et qu'il connait et goûte l'état divin. Dans ce degré sublime, l'âme humaine perd le sentiment de son individualité et celui de son absorption en Dieu, « car, sans cela, il y aurait pour elle une dualité et l'unité ne serait pas parfaite. » C'est, en réalité, sous un autre nom, le Nivwana indien.

On retrouve ainsi, ici, sans le moindre changement, tous les termes mystiques de la langue des Soufi. C'est qu'en effet les ordres religieux ont toujours été les propagateurs les plus ardents du Soufisme dans l'islam et l'on peut d'un mot résumer les doctrines des congréganistes musulmans en disant qu'elles sont celles des Soufi.

C'est du reste ce que proclament hautement les chefs

des ordres religieux et leurs moqaddem quand on les interroge sur les principes qui servent de base à leur enseignement mystique. Ils disent tous que celui-là est Soufi, qui adonné à la vie contemplative essaie d'arriver, par les exercices ascétiques, l'obéissance passive envers les supérieurs et le renoncement au monde, à l'illumination de l'esprit, à la quiétude de l'âme et à l'union intime avec Dieu, grâce à l'intermédiaire des différents chefs spirituels ou *saints* qu'ils prennent comme patron. Cependant les chefs religieux ne sont pas bien d'accord sur ce qu'il faut avoir perçu ou fait pour être Soufi. Les uns estiment qu'il suffit d'avoir pratiqué avec ferveur les œuvres prescrites et les autres qu'il faut, pour mériter ce titre, avoir eu des visions mystiques.

Le Soufisme, en effet, n'est ni un système philosophique ni une secte religieuse, c'est une manière de vivre dans un état de pureté parfaite. Il ne comporte ni dogme, ni règle fixe, ni raisonnement, ni démonstration. Il puise son existence dans le *sentiment, l'intuition, l'impression* et autres données vagues et indéfinissables. Il n'est ni Musulman, ni Chrétien, ni Indien.

Les extraits que nous donnerons plus loin en étudiant les doctrines particulières des principaux ordres, permettront de se rendre un compte exact de ce qu'il est devenu entre les mains des Congréganistes musulmans. Mais nous pouvons, dès à présent, donner un aperçu sommaire de la façon dont les docteurs de l'islam comprennent et appliquent le Soufisme.

Voici d'abord la définition que donnait au XIVe siècle l'orthodoxe Ibn Khaldoun (1) :

« Ce qui forme l'essence de tout le système des Soufis, dit Ibn
» Khaldoun, c'est cette pratique d'obliger souvent l'âme à se rendre
» compte de toutes ses actions et de tout ce qu'elle ne fait point, et,

---

(1) Ibn Khaldoun est né à Tunis, le 1er ramdan 732 (mai 1332). Il est mort le 25 ramdan 808 (mars 1406) ; son histoire s'arrête à 1394 environ.

» en outre, l'exposition et le développement de ces goûts et de ces
» extases qui naissent des combats livrés aux inclinations naturelles,
» puis deviennent pour le disciple de la vie spirituelle des stations
» dans lesquelles il s'élève progressivement en passant de l'une à
» l'autre. Le dégagement des sens arrive le plus souvent aux hommes
» qui pratiquent le combat spirituel, et alors ils obtiennent une per-
» ception de la véritable nature des êtres, car la méditation est
» comme la nourriture qui donne la croissance à l'esprit. Les grands
» personnages mystiques ne font point de cas de ce dégagement des
» sens ; ils ne révèlent rien de ce qu'ils savent sur la nature réelle et
» secrète d'aucune chose, quand ils n'ont point reçu l'ordre d'en
» parler. Les modernes ont mis un grand intérêt à ce dégagement des
» sens, de sorte que l'âme parvienne à jouir de la faculté de perce-
» voir qui lui appartient par son essence, depuis le trône de Dieu
» jusqu'à la plus légère pluie. »

« Les notions fournies par le Soufisme, dit-il ailleurs (1), se prêtent
» encore plus difficilement que les autres à une classification scienti-
» fique. Cela tient à ce que les Soufis prétendent résoudre tous les
» problèmes au moyen de perceptions obtenues par eux dans le
» monde spirituel, et qu'ils évitent l'emploi de la démonstration.
» Mais on sait combien les inspirations de ce genre diffèrent des
» notions fournies par les sciences ; elles ne s'accordent avec celles-ci
» ni dans leurs tendances, ni dans leurs résultats. »

Voici maintenant comment s'exprime au XIXe siècle, à propos du Soufisme, un chef d'ordre religieux algérien, le chikh Mohammed-el-Missoum, khalifat de l'ordre des chadelia :

« Les devoirs d'un véritable Soufi consistent dans l'accomplisse-
» ment des prescriptions de Dieu : jeûne, prière, aumône, pèleri-
» nage. Connaître Dieu et le prier sans cesse, en proclamant ses
» louanges, en disant : il n'y a pas d'autre divinité qu'Allah ; louange
» à Dieu ! Dieu est très grand. (On peut aussi remplacer « Dieu est très
» grand » par l'un des autres attributs de Dieu).
» La première condition pour le Soufi est de mettre entièrement de
» côté ce bas monde et ceux qui l'habitent ; c'est d'avoir continuelle-
» ment devant les yeux la vie future, d'oublier l'orgueil et l'envie ;
» *c'est de ne point s'exposer à la mort dans des entreprises au-dessus de*
» *ses forces.* En effet, Dieu a dit : « Ne travaillez pas à votre mort. »

---

(1) **Prolégomènes**, p. 170-171, trad. de Slane.

» Tous les efforts du Soufi doivent tendre à trouver sur terre une
» place où il pourra librement et sûrement s'occuper de ses exercices
» de piété.
» Tels sont les véritables principes du Soufisme : toute autre doc-
» trine est fausse. »

Certes, il y a des marabouts non congréganistes qui se conforment à cette règle de conduite et qui cherchent, par un ascétisme rigoureux et une vie exemplaire, à acquérir, après leur mort, le renom de Ouali ; mais tous les marabouts ne pratiquent pas le Soufisme : il en est qui vivent comme tout le monde et qui, bien que donnant l'exemple des vertus islamiques, ne se livrent à aucun de ces exercices surérogateurs si chers aux mystiques.

Il est au contraire bien rare de ne pas rencontrer le Soufisme comme le modèle proposé, aux initiés d'élite, dans tous les ordres religieux.

Nous avons dit déjà que ce titre de Soufi avait été pris du vivant même du Prophète, par les gens qui furent à la fois ses premiers adeptes et le noyau du premier ordre religieux fondé : celui des Seddikia.

Le Soufisme se développa plus tard, en partie par les mêmes causes qui amenèrent la formation des associations religieuses.

Le Soufisme, dit M. Dugat (1) « naquit, dans l'Islamisme,
» d'une réaction contre le laisser-aller d'une vie dissipée
» et mondaine, produite par l'accumulation des riches-
» ses, par suite des conquêtes musulmanes et, plus tard,
» contre la corruption du clergé musulman, qui s'était
» enrichi dans son monopole des fonctions scolaires,
» juridiques et religieuses. »

Ce fut là l'origine des marabouts locaux, d'abord simples ascètes qui moururent en odeur de sainteté, mais dont les descendants n'imitèrent ni la simplicité ni l'aus-

---

(1) DUGAT, *Histoire des philosophes et des théologiens musulmans*, page 336.

térité, et qui finirent par devenir ces seigneurs religieux dont nous avons, ailleurs, signalé l'importance.

Ce n'était pas là ce que recherchaient les Soufi, et ils comprirent bien vite que, pour que la réaction qu'ils essayaient fût efficace, il fallait autre chose que des exemples individuels, ou que les enseignements dogmatiques faits du haut de la chaire. Ils pensèrent donc, de bonne heure, à grouper leurs efforts en se réunissant en association religieuse, et en mettant au service de la diffusion et de la propagation de leurs idées philosophiques, la force immense que donnent le nombre et la discipline.

L'important était d'avoir beaucoup d'adhérents. Pour cela, les ordres religieux se montrèrent excessivement habiles; au lieu d'effaroucher les gens en leur parlant de vertus transcendantes, ou d'austérités qui n'ont en elles-mêmes rien de bien séduisant, les chefs et moqaddem se sont bornés à vanter les mérites surnaturels des prières qu'ils enseignent, et les grâces spéciales attachées au titre de khouan, faqir (1) ou derwich (2). (Ces trois mots sont identiques.)

L'initiation faite, les dignitaires choisissent leurs sujets et, avec une merveilleuse souplesse, ils adaptent leur enseignement aux facultés morales des disciples, donnant à chacun les satisfactions spirituelles qui conviennent à ses aspirations.

La rigidité de la règle des ordres religieux musulmans n'existe que sur deux ou trois points : l'obéissance au cheikh, le secret en ce qui concerne les affaires de l'ordre, la solidarité avec les autres khouan ; hors de là il y

---

(1) Le faqir الفقير est le pauvre, l'humble : souvent des Musulmans non khouan terminent leurs lettres par cette formule : le pauvre devant Dieu الفقير الى ربّه.

(2) Derwich est un mot turc ayant le même sens de pauvre, mendiant. — On dit surtout faqir dans l'extrême Est, derwich en Turquie et khouan dans le nord de l'Afrique.

a, dans la pratique, une grande élasticité pour l'application de l'ouerd. Les chioukh et les moqaddem, comme tous les personnages religieux d'un rang un peu élevé, excellent dans l'art de conduire les hommes, et savent faire la part des besoins et des passions de chacun, lorsque cela peut être profitable à l'ordre. Pour eux, il y a des accommodements avec le ciel, et le néophyte, sans même se douter des prévenances dont il est l'objet, ne reçoit, jamais de la règle et de l'initiation, que ce qui convient à son tempéramment spirituel. A l'esprit étroit du « bigot, » l'ouerd applique ses pratiques minutieuses d'un dikr absorbant; pour l'esprit faible, il a les talismans et les pratiques superstitieuses, si chères aux ignorants et aux malheureux; pour le mystique, les énivrements de l'extase religieuse amenée par des procédés habiles; à l'homme sérieux, il offre sa morale épurée et une austérité qui rappelle celle des Ouahbites, sans toutefois tomber dans l'hérésie; au savant, il offre des livres et des doctrines de philosophie spéculative; aux faibles et aux opprimés, il promet l'appui et la force d'une association toute puissante. Et, ce qu'il y a de remarquable, c'est qu'il n'est même pas nécessaire de s'adresser pour cela à des ordres différents : chaque congrégation a, dans l'habile application de ses statuts, les moyens de se mettre à la portée de toutes les intelligences, de tous les caractères et de toutes les situations sociales.

La profonde ignorance de la plupart des khouan ne leur permettrait pas, d'ailleurs, d'aborder le niveau des conceptions et des idées philosophiques auxquelles s'élèvent leurs directeurs spirituels.

Les concessions, faites vis-à-vis de certaines individualités qu'il y a intérêt à ménager ou à s'attacher, n'empêchent pas les chefs d'ordre de toujours préconiser bien haut, dans leurs écrits et dans leurs exhortations : le renoncement au monde, la solitude, le silence, la méditation, les mortifications, les veilles, la prière continue, enfin l'ascétisme sous ses diverses formes, ainsi que les vertus, négatives et anti-sociales, qui font les Saints et dans lesquelles se complaisent les mystiques de toutes les religions et de tous les pays.

Heureusement, nous l'avons dit, il y a dans l'application des tempéraments politiques, et il s'en faut de beaucoup que, même la majorité des khouan, soit tenue de se livrer à tous les exercices soi-disant religieux. En réalité, il n'y a qu'un nombre relativement restreint qui pénètre assez avant dans le Soufisme, pour subir effectivement l'influence néfaste de ces doctrines dissolvantes qui, sous prétexte d'honorer le Créateur, atrophient l'intelligence et les forces utiles de la créature.

Aussi, les conséquences pratiques sont-elles moins graves qu'on ne serait porté à le croire, d'après ce que nous avons dit.

Au point de vue philosophique, l'influence des ordres religieux a même été profitable à l'Islam car, à côté de cet idéal chimérique montré comme objectif à quelques natures exceptionnelles, ces ordres ont, pour la généralité, un enseignement qui n'a rien de mauvais.

Les livres, qui, dans chacun d'eux, renferment l'exposé des principes formulés par le fondateur et les instructions à donner aux adeptes, contiennent, en général, d'excellents conseils et des exhortations à pratiquer une morale, plus épurée et plus élevée que celle du Coran ; morale qui se rapproche, par beaucoup de points, de celle prêchée par les moralistes ou les philosophes chrétiens. On peut même dire, d'une façon absolue, que les chefs des congrégations musulmanes ont, de la morale et de la vertu, un souci et une préoccupation qu'on ne rencontre pas, au même degré, chez les autres marabouts non congréganistes, ou investis de fonctions sacerdotales officielles.

On sait, du reste, que l'influence du Soufisme, dans

les premiers siècles de l'Islam, fut très salutaire. On a été jusqu'à dire que « les Soufi pouvaient être regardés » comme les fondateurs de la morale en Orient (1). » Lorsque, à Bagdad, ils s'allièrent aux orthodoxes pour défendre la sonna, leur conduite, leur désintéressement, leur piété produisirent un effet des plus salutaires sur les mœurs de la société musulmane ; bon nombre d'entre eux furent honorés par les khalifes de Bagdad, et sont restés de grands Saints, révérés par toutes les communions de l'Islam.

En Algérie, l'influence des ordres religieux n'a pas toujours été mauvaise ; l'hostilité qu'ils nous ont témoignée et le danger que certains d'entre eux peuvent constituer, vis-à-vis de notre politique et de notre action civilisatrice, ne doivent pas nous faire oublier les services qu'ils ont pu rendre aux populations. Ce que les Daï, ou missionnaires ouahbites avaient déjà fait, aux premiers siècles de l'Hégire, pour adoucir les mœurs des Berbères revenus presque à l'état sauvage, ce que les marabouts libres recommencèrent, plus tard, lorsque l'Islamisme orthodoxe étendit son action sur tout le nord de l'Afrique, les congrégations religieuses l'ont entrepris à leur tour, depuis un siècle environ, alors que les fils de ces premiers marabouts, devenus des individualités plus ou moins puissantes, se cantonnèrent dans la jouissance des revenus acquis par leurs ancêtres, et délaissèrent l'œuvre pieuse du prosélytisme.

On cite plus d'une tribu, où le développement des congrégations religieuses a mis fin à des guerres sanglantes et à des divisions sans cesse renaissantes.

La grande autorité des moqaddem et l'esprit de discipline qu'ils ont inculqué à leurs disciples ont, plus d'une fois, empêché des fractions entières de se jeter dans des luttes de soff, sans issue ni profit pour ceux qui y prenaient part.

---

(1) M. DUGAT, *loco citato*.

Lorsque l'élément français est intervenu, les choses ont pu se modifier, mais, même encore depuis 1830, nous avons, plus d'une fois, dû à la sagesse de chefs d'ordre religieux, de voir avorter des insurrections partielles, ou de pouvoir maintenir dans le devoir, sans déploiement de troupes, des fractions frémissantes et disposées à prendre les armes contre nous. Que cette conduite ait été inspirée par des raisons d'intérêts privés bien compris et bien raisonnés, et non pas par sympathie réelle pour nous, cela est certain, mais le résultat n'en a pas moins été profitable et aux populations indigènes et à nous-mêmes. Tous les ordres, du reste, ont comme principe écrit de se tenir en dehors des affaires politiques, mais on sait comment, en tous pays, les communautés religieuses entendent l'abstention en matière politique, et il serait puéril d'insister sur le peu de valeur de ces déclarations de principes dans la bouche des Musulmans.

D'autre part, ce que nous avons dit, de la Règle et de la façon dont les chefs d'ordre en faisaient application, nous dispense d'entrer dans de plus amples considérations sur l'esprit général des doctrines professées par les diverses congrégations qui ont des adeptes en Algérie : c'est seulement en abordant l'exposé des détails, spéciaux à chacune d'elles, que nous pourrons nous rendre un compte exact de leurs tendances particulières, et des raisons qui doivent nous porter à nous montrer plus ou moins tolérants vis-à-vis de telle ou telle.

Disons seulement ici, que ce qui différencie surtout l'enseignement doctrinal de chacune d'elles, c'est l'emploi de pratiques de dévotions ou de prières spéciales et la préférence marquée, par le fondateur de l'ordre, pour certaines vertus privilégiées ou certains idéals qui restent proposés comme objectif aux adeptes. Ainsi : chez les Qadrya, la doctrine recommande surtout la charité ; chez les Khelouatya, l'isolement et la retraite ; chez les

Aïssaoua, le mysticisme (prouvé par l'insensibilité physique); chez les Bektachya, l'humilité; chez les Derkaoua, la pauvreté et l'éloignement des détenteurs du pouvoir ; chez les Taïbya, la vénération et le dévouement aux descendants du Prophète ; chez les Tidjanya, la tolérance ; chez les Snoussya, la suprématie théocratique et le panislamisme, etc., etc.

CHAPITRE VII

ORGANISATION & FONCTIONNEMENT
DES ORDRES RELIGIEUX
(RÈGLES, PRATIQUES, RITUELS)

La tendance qu'ont les ordres religieux musulmans à développer chez leurs adeptes l'amour de la vie contemplative, est certainement le côté le plus attaquable de leurs doctrines ; car elle contribue, dans une large mesure, à atrophier l'intelligence des Khouan, et à les immobiliser dans une paresse improductive, qui les éloigne de tout progrès et de tous rapports avec les Européens.

C'est ainsi, du reste, qu'on voit dans l'histoire de l'Islam l'extension et l'envahissement des doctrines Soufistes amener partout la diminution de l'énergie intellectuelle des savants arabes, et la décadence des écoles philosophiques musulmanes qui avaient jeté jadis un si grand éclat.

Mais, quelque fâcheuse que puisse être cette action néfaste et dissolvante du Soufisme propagé aujourd'hui par tous les ordres religieux, à des degrés différents, cela n'est rien encore en comparaison du *danger* qui résulte pour la chose publique et pour les gouvernants, musulmans ou chrétiens, de l'organisation spéciale de ces congrégations et des obligations que la règle impose aux adeptes.

Cette organisation est la même, à quelques détails près, pour tous les ordres musulmans ; elle est très simple, mais aussi très vigoureusement constituée, et rappelle, par certains points, celle des grands ordres religieux catholiques.

En tête, est l'héritier spirituel du fondateur de l'ordre, le successeur de l'imam et-triqa : on le nomme Moulay-Triqa, Cheikh-Triqa, Khalifat-el-Ouerd et, aussi الشيخ « *le Cheikh* » sans épithète. C'est le supérieur général, le grand maître, le général, le chef de l'ordre. Il réside, le plus souvent, à l'endroit où est le tombeau du Saint fondateur de l'ordre, ou dans le principal établissement de la congrégation qu'il dirige.

Quelquefois, le chef de l'ordre a, pour le suppléer dans les pays trop éloignés, des coadjuteurs, ou vicaires-généraux, auxquels il donne une partie de ses pouvoirs. Ces délégués, auxquels la piété des fidèles donne le nom de Chikh sont dits les *Khelifat* ou les *Naïb* (1) du *chef* de l'ordre.

Au-dessous de lui, le Cheikh a un nombre variable de moqaddem (2), ou prieurs, souvent aussi appelés « *Cheikh* », qui ont qualité pour conférer l'*Ouerd*, c'est-à-dire donner l'initiation, soit sur une étendue de pays déterminée, soit à tous ceux qui s'adressent à eux.

Les moqaddem ont quelquefois, pour les assister et assurer leurs relations avec le chef de l'ordre, les autres moqaddem, ou les Khouan, des agents su-

---

(1) Ces deux mots sont synonymes ; le sens propre de خليفة (Khelifa) est, d'après la racine « *celui qui vient immédiatement après* », le suppléant ; celui de نايب est « *le remplaçant.* » Les deux mots se traduisent indifféremment par : lieutenant, vicaire, substitut, suppléant, représentant, etc.

(2) Le moqaddem (مقدّم) est « *celui qui est mis en avant* » ; le mot *prieur* traduit fidèlement cette expression qui, dans d'autres cas, doit se rendre par : *préposé*, chef, curateur, tuteur *d'office*, chef de file, etc.

Nota. — La transcription de ce mot est en français *moqaddem* ; c'est par suite d'une faute de correction qu'il a été écrit précédemment avec une autre orthographe.

balternes, toujours choisis parmi les affiliés et qui portent, selon les ordres, les noms de *chaouch, reqqab* (1) ou *naqib* (2).

Les simples membres des ordres religieux portent, presque toujours, le nom de Khouan *(frères)*, et rarement celui de *Mourid* (3) *(adepte, initié)* qui est aussi celui donné au *novice* non encore admis, au néophyte, à l'aspirant Khouan.

Les moqaddem, en parlant de leurs Khouan, les nomment *Ashab* (اصحاب), les compagnons, les amis. Parfois aussi ils complètent cette désignation en disant : *Ashab el-fitoua*, compagnons de la décision ; *Ashab el-beçat*, compagnons du tapis ou de la natte (servant à la prière) ; *Ashab et-triqa*, compagnons de la voie ; *Ashab ech-chedd*, compagnons du zèle, du lien à la même foi ; *Ashab el-ied*, compagnons de la main. Ils disent aussi, pour l'ensemble de l'ordre, *Ahl et-triqa*, les gens de la voie, etc.

En dehors des Khouan et des néophytes en instance d'initiation, plusieurs congrégations ont encore des serviteurs religieux (Kreddam). Ce sont de simples clients, politiques plutôt que religieux. Ils ne reçoivent pas le dikr, mais ils adoptent le chapelet spécial à l'ordre et, quelquefois, certaines prières. Ils apportent des ziara et ont des mots de ralliement secrets pour se faire agréer et protéger par les Khouan. Ce sont, en quelque sorte, les membres laïques de l'ordre, analogues aux frères convers ou aux jésuites à robe courte.

---

(1) Le Reqqab est le courrier à pied (رقّاب) de رقب battre la campagne, aller à la découverte, observer, épier.

(2) Naqib نقيب préposé, chef (dans le style soutenu), de la racine نقب (percer à jour) d'où, au figuré, نقب (examiner scrupuleusement).

(3) مُريد (Mourid) est l'aspirant, l'initié, le novice, le néophyte ; de la racine اراد (désirer).

Disons maintenant un mot du mode de nomination aux diverses fonctions occupées par les membres des congrégations religieuses.

Le chef de l'ordre désigne, presque toujours, de son vivant, son successeur spirituel; cependant, par imitation du Prophète, qui n'avait pas réglé le mode de succession au pouvoir suprême, certains chefs d'ordre laissent ce soin aux moqaddem réunis qui, alors, procèdent par élection.

C'est ce qui est arrivé dans l'ordre de Si Abderrahman-bou-Qobréin, et ce qui a amené les divisions à la suite desquelles l'unité de direction a disparu au profit d'un certain nombre de cheikhs ou moqaddem principaux devenus, dans l'ordre, les chefs d'autant de congrégations distinctes.

Mais le plus grand nombre des chefs d'ordre religieux, se basant au contraire sur l'exemple du khalifa Abou-Beker, qui a lui-même désigné Omar-ben-el-Khattab pour son successeur, ont soin de confier, de leur vivant, à l'homme de leur choix, l'héritage spirituel qu'ils ont reçu de leur prédécesseur.

Ce choix porte quelquefois sur un membre de la famille du chef de l'ordre, surtout si le fondateur est cherif, c'est ce qui a lieu chez les Qadria, les Taïbya et quelques autres. Toutefois, la nécessité de n'avoir pour chefs d'ordre que des hommes d'élite a fait presque partout admettre dans la règle que la haute direction de la communauté, n'était pas l'apanage exclusif de la famille du fondateur. Cela n'empêche en rien les descendants d'un cheikh de conserver, comme marabouts et du fait de leur ancêtre, un grand prestige auprès des fidèles, soit qu'ils remplissent des fonctions en sous-ordre dans la congrégation, soit même qu'ils n'en fissent plus partie.

Par ce moyen, les intérêts supérieurs de l'ordre peuvent être bien mieux sauvegardés, et le supérieur général a plus de facilité pour rencontrer l'homme à qui peuvent être confiées les hautes et difficiles fonctions de chef d'une communauté religieuse. Son choix se porte toujours sur un homme savant et déjà âgé, dont la vie a été irréprochable, dont tous les actes ont été inspirés par la crainte de Dieu, et qui a su s'attirer le respect de tous les Khouan.

Ce qu'on recherche surtout chez lui, c'est l'esprit de conduite et l'aptitude spéciale au gouvernement des hommes ; ce n'est pas un honneur ou une récompense qu'il s'agit de conférer au plus méritant, c'est l'intérêt de la communauté qu'il faut sauvegarder par tous les moyens, en en confiant la défense au plus fort, au plus habile, à celui dont l'autorité s'imposera à tous dès le premier jour, sans difficulté ni résistance.

Aussi, presque tous les chefs d'ordres musulmans sont-ils des hommes réellement supérieurs, et surtout des diplomates hors ligne.

En Algérie, leur correspondance politique avec l'autorité française est tout-à-fait remarquable, et il est peu de chancelleries européennes qui aient des rédacteurs plus habiles dans l'art de tout dire, et surtout de tout cacher, sous des phrases polies, correctes et parlementaires. Même dans les ordres, où l'hérédité des fonctions dans la famille du fondateur peut amener au pouvoir des hommes d'une valeur moindre, la direction suprême n'en est pas moins entourée de certaines garanties. Les grands moqaddem, intéressés à la prospérité de la communauté, savent toujours s'arranger pour imposer, au chef incapable, un entourage intelligent qui ne paraît pas, mais qui, en réalité, garde la gestion des intérêts généraux de l'ordre, et s'efforce de maintenir le cheikh dans une ligne de conduite convenable.

Dans la plupart des instituts religieux, le supérieur général se prépare, par la retraite, le jeûne et la prière, à la cérémonie de la désignation de son successeur. Après ces préliminaires indispensables, il réunit auprès de lui les moqaddem importants et le plus grand nombre possible de Khouan, et il leur déclare, qu'après avoir demandé au Prophète de guider son choix, il estime que celui de ses disciples qui lui paraît réunir les conditions voulues, pour faire prospérer la communauté, en maintenant les traditions du fondateur, et la pureté de la doctrine, est le nommé un tel. Et il leur demande d'agréer cette désignation.

Cette formalité remplie, le consentement est toujours donné séance tenante et à l'unanimité, et le cheikh donne, ou montre, un écrit qui, à sa mort, constituera la nomination irrévocable de son successeur. Cette nomination est désignée en arabe par le mot *Idjaza*.

A Constantinople (et en pays musulman), certains ordres demandent au Souverain, ou plutôt au Cheikh-el-Islam, ou grand Muphti, la confirmation de cette nomination, confirmation qui ne se refuse jamais, l'adhésion du souverain ou de son délégué n'étant, dans ce cas, que la réponse forcée d'un prince musulman à un acte de déférence accompli par une communauté religieuse orthodoxe.

Les nominations des moqaddem sont également entourées de nombreuses précautions, et il est bien rare qu'un chef d'ordre impose un moqaddem qui n'aurait pas été présenté, d'abord, par les Khouan intéressés. On peut même dire qu'en général les Khouan élisent leurs moqaddem et présentent leur choix à la ratification du chef de l'ordre. Mais celui-ci, seul, ou ses khalifat confèrent le diplôme de moqaddem.

Ce diplôme n'est pas un document banal, une simple lettre de service, il est au contraire souvent très long et peut renfermer: la chaîne complète des Saints qui ont transmis la doctrine au fondateur de l'ordre ; puis celle des cheiks qui se sont succédés à la tête de la congrégation ; enfin, il contient, sous forme d'instruction (*ouassia* وصية) un résumé de l'ouerd, comme doctrine, recommandations et pratiques religieuses.

Ce sont des pièces généralement très soignées au point de vue de la calligraphie ; ceux de l'ordre de qadrya,

— qui ont plus de 2 mètres de long, — sont très remarquables.

Il y a toujours un moqaddem à la tête de chaque zaouïa ou monastère ; mais il y a aussi des moqaddem sans zaouïa. Les uns sont sédentaires et chargés d'une région déterminée, autour de leur résidence. Les autres sont voyageurs et remplissent des missions de propagande ou de diplomatie dans l'intérêt de l'ordre.

Bien qu'en fait la direction effective d'une zaouïa, qui quelquefois compte plusieurs professeurs, donne toujours un relief particulier au supérieur de cette zaouïa, les moqaddem ont, tous, les mêmes attributions spirituelles : chacun d'eux est le « maître éducateur » شيخ التربية (cheikh et-Terbia) (1) de ses Khouan. Leur autorité à tous, sur les adeptes de l'ordre, est considérable ; leur influence et leur importance seules varient, en raison de leur valeur morale et de leurs capacités.

Il existe aussi quelques moqaddem choisis parmi des gens en évidence, bien vus de l'autorité française, et qui semblent peu faits pour ces fonctions, dont ils acceptent les bénéfices sans montrer un zèle exclusif pour les intérêts religieux de la communauté. Il semble que ces choix sont dus à des considérations politiques ayant pour point de départ, chez certains chefs d'ordre, le désir de nous montrer la parfaite innocuité des gens qui suivent leur voie. Derrière ces moqaddem, en quelque sorte officiels, et véritables hommes de paille, se dissimule souvent, dans les rangs subalternes de l'entourage, un coadjuteur qui a charge de sauvegarder les intérêts religieux de la congrégation.

Les moqaddem sont chargés de conférer l'ouerd, c'est-à-dire de recruter les membres de l'ordre. Ils doivent aussi recueillir le produit des offrandes ou cotisations

---

(1) تربية est l'éducation des enfants, des hommes, des animaux ou des plantes (de ربى élever, nourrir, faire prospérer et grandir).

religieuses, et les faire parvenir au chef de l'ordre ou à son khalifa.

Une ou deux fois par an, et chaque fois qu'ils en sont requis, ils se réunissent en assemblée, ou « chapitre » auprès du cheikh Mouley Triqa, ou de son khalifa, et, lorsqu'ils ne peuvent s'y rendre eux-mêmes, ils se font représenter par un suppléant choisi, avec l'agrément du cheikh, parmi les plus intelligents et les plus sûrs des Khouan.

Ces assemblées se nomment *hadra* (1). On y traite toutes les questions intéressant la communauté. Le grand maître de l'ordre encaisse les revenus, vérifie la gestion des moqaddem, donne des instructions, délivre les lettres-patentes, nommant les nouveaux cheikhs présentés par les Khouan, et les investit lui-même s'ils sont présents. Puis il renvoie les membres du chapitre, avec des lettres pastorales ou des mandements, donnant sa *baraka* (bénédiction) à tous les Khouan. Souvent aussi, il y joint une provision de chapelets bénits, et ayant plus ou moins touché le tombeau du Prophète, ou, tout au moins, celui du Saint, fondateur de la congrégation.

De retour chez lui, chaque moqaddem réunit à son tour les khouan, en une autre assemblée, ou synode, qui prend les noms de *Djelala* (2) ou de زردة

---

(1) حضرة *hadra*, présence, assistance, réunion, assemblée et quelquefois, par extension, fête en l'honneur d'un marabout (de حضر *hader* être présent, assister à).

(2) Djelala signifie une chose importante, du verbe جلّ djal (être grand, majestueux, important au moral), d'où جلال Djelal, affaire grave, meilleure et majeure partie d'une chose.

Le mot synode qui signifie « réunion des prêtres d'un diocèse, » traduit bien le mot djelala, mais il ne rend pas cette idée de glorification (de Dieu) que contient le mot Djelala. — A Alger, les simples Djelala prennent souvent le nom de Hadra.

Un taleb, trop ingénieux, nous a donné, pour le mot djelala, une autre étymologie qui, si elle n'est pas vraie, montre au moins combien les indigènes ignorants sont peu embarrassés pour fournir

Zerda (1). Là il offre un repas aux khouan, leur expose le résultat de la *hadra,* leur lit les lettres du cheikh, et stimule le zèle de chacun. La cérémonie se termine par un défilé général des khouan qui, l'un après l'autre, viennent embrasser la tête du moqaddem, *assis,* et déposer une offrande extraordinaire sur le plateau qui leur est présenté.

Parfois dans ces hadra on se livre, dans l'intérêt de la caisse de l'ordre, à un commerce assez curieux et qui n'est pas sans analogie avec nos « ventes de charité. » On met aux enchères des amulettes ou objets bénis par le grand maître de l'ordre et comme tels emportant avec eux une partie de la Baraka du saint fondateur. Il n'est pas rare de voir alors, un chapelet ou une simple grenade s'élever à des prix fabuleux.

C'est encore dans ces sortes d'assemblées que se font les cérémonies d'initiation des nouveaux adeptes. Ces cérémonies varient un peu, selon les ordres, mais elles comportent toujours quelques-unes des pratiques habituelles à toutes les sociétés mystiques.

---

une explication de ce qu'ils ne comprennent pas. Selon ce taleb, le mot djelala vient de djelal (couverture et, spécialement, couverture de cheval) parce que, habituellement, pour que l'on voit bien ce que chaque invité donne à la quête finale, le moqaddem *couvre* son plateau ou tambour de basque, de son mouchoir ; lorsque le khouan a mis son offrande, le moqaddem crie : « Merci un tel pour tant d'argent que tu as donné » puis il tire le *djelal* et le replace sur la totalité déjà reçue, pour continuer ainsi jusqu'au dernier adepte.

(1) La Zerda est toute réunion solennelle ayant un but religieux. — زردة vient de زرد avaler une bouchée. La zerda étant toujours accompagnée d'un repas, ce mot est pris souvent dans le sens de banquet, *agapes.*

En effet, la zerda est aussi le repas que les fidèles prennent en commun, en commémoration de la naissance ou de la mort d'un saint, près du tombeau ou de la qobba de ce saint. La traduction correcte de ce mot serait donc agapes ; elles existent dans tous les pays musulmans. Voir dans Hanoteau et Letourneux, la *Kabylie et les Coutumes kabyles,* t. II, p. 52, ce que ces agapes musulmanes sont aujourd'hui en Kabylie.

Le néophyte s'est d'abord préparé par le jeûne, la retraite, la prière, l'aumône, etc., puis il a été, pendant plusieurs jours, catéchisé et instruit des demandes et réponses qu'il aura à faire ; son éducation spirituelle est déjà commencée quand il se présente officiellement, en séance solennelle, assisté de deux khouan qui le patronnent.

La première obligation que lui impose le moqaddem c'est de s'engager par serment : 1° à une discrétion absolue sur tout ce qui intéresse les hommes ou les choses touchant à la congrégation ; 2° à une obéissance complète aux constitutions de l'ordre et aux injonctions de son moqaddem. Puis, vient généralement la profession de foi islamique, la proclamation des sept attributs de Dieu. Il est fait ensuite, au néophyte, une instruction, plus ou moins complète, sur les obligations que comporte son admission dans l'ordre, après quoi, on lui révèle le dikr ou prière spéciale de l'ordre. Enfin, l'assemblée réunie récite la fatha sur le néophyte, qui donne le baiser de paix à ses nouveaux frères ou le reçoit d'eux.

Tout ceci est accompagné d'un cérémonial, spécial à chaque ordre, et entremêlé de prières, faites par le cheikh ou par toute l'assemblée. Tantôt, le cheikh prend les mains du récipiendaire et les garde dans les siennes pendant un certain temps, tantôt il lui fait revêtir un manteau ou un turban de couleur et de forme spéciales, tantôt, enfin, il lui donne l'accolade, ou lui impose les mains.

Dans cetains ordres, comme ceux des Rahmanya, des Qadria, etc., l'initiation est facile et les épreuves courtes. Dans d'autres, comme les Maoulaya et les Bektachya de Turquie, il faut un véritable *noviciat* de mille et un jours, pendant lesquels le candidat est, ou employé aux plus humbles fonctions de la domesticité, ou aux épreuves les plus pénibles. Ce n'est qu'après ce noviciat effectif qu'a lieu la cérémonie « Telqin » (1).

---

(1) تلقين telqin, nom d'action du verbe لقّن leqqan, endoctriner quelqu'un, lui faire la leçon.

Les réunions des khouan auprès de leur moqaddem ont lieu, quand c'est possible, à époques fixes; dans les villes, la djelala ou hadra locale se tient toutes les semaines. La séance est employée à prier en commun, suivant le rituel de l'ordre, à lire des passages du Coran et des livres de doctrine, à écouter les instructions ou le « prêche » du moqaddem et, enfin, à accomplir les cérémonies spéciales à l'ordre, telles que chants, musique, danse et autres exercices.

Ces réunions se passent toujours dans un ordre parfait. Le moqaddem, président, assis au milieu du cercle, ou sur une estrade, ne se lève que pour les prières. Il a près de lui, pour l'assister et diriger les membres de l'assemblée, tout un personnel de khouan investis par lui de fonctions permanentes et bien définies :

C'est d'abord : le *maître des cérémonies* ou *cheikh-el-hadra*, qui, dans certains ordres, est doublé d'un imam plus particulièrement chargé de la conduite des prières.

Puis viennent : les *chaouch*, les *chantres* ou improvisateurs (*meddah*), les *lecteurs* de poèmes sacrés (*kessad*), les *porte-étendards* (*allam*), et, enfin, les khouan chargés du service des rafraîchissements (*sakka*), lesquels ont aussi la responsabilité de la cuisine et des distributions, lorsque la réunion comporte un repas.

Tous ces emplois sont recherchés des khouan et remplis, non pas seulement avec sérieux, mais avec conviction et comme devoirs religieux.

C'est qu'en effet il n'est pas une de ces fonctions qui n'ait sa raison d'être, comme pratique imitative des actes de la vie d'un Saint musulman. Ainsi, le fait de donner des rafraîchissements est destiné à rappeler que plusieurs derwiches, ou soufi fameux, se firent les serviteurs des pauvres, en se promenant dans les rues, porteurs d'une outre dont ils distribuaient l'eau aux passants altérés.

Le personnel organisé pour les hadra ou djelala n'est

pas le seul qui soit à la disposition des moqaddem, pour le service habituel de l'ordre.

Outre son vicaire et suppléant, appelé neqib, tout cheikh a des reqqab, un oukil s'il est chef de zaouïa, et quelquefois des aides féminins appelés moqaddemat.

L'oukil est l'économe ou l'intendant chargé de toute la gestion, en deniers, matériel ou cheptel du monastère. Il a de gros intérêts en mains, aussi est-ce toujours un personnage d'une certaine importance, choisi parmi les khouan d'élite.

Le reqqab est à la fois le courrier diplomatique et le « *missus dominicus.* » Il sert à toutes les relations entre le moqaddem, le chef d'ordre et les khouan. Les lettres qu'il porte sont, le plus souvent, banales et, à priori, sans importance ; mais le cachet du moqaddem et certaines phrases conventionnelles servent à accréditer le reqqab, comme homme de confiance et fondé de pouvoirs du cheikh. Aussi est-il, sur sa route, accueilli avec respect et déférence par tous les khouan de l'ordre.

C'est presque toujours verbalement que le reqqab doit remplir sa mission, et souvent il doit parcourir rapidement de très longues distances, sans éveiller l'attention ni des agents de l'autorité politique, ni des Musulmans étrangers à l'ordre. Pour eux, son caractère de reqqab doit être ignoré, et sa marche doit être assez rapide pour pouvoir, le cas échéant, devancer ceux qui auraient intérêt à entraver sa mission, ou échapper à ceux qui le poursuivraient.

Plusieurs ordres religieux, tels que les rahmanya, tedjanya, qadrya, aïssaoua, etc., admettent des femmes qui portent le titre de « sœurs » *(khouatàt).*

Elles sont soumises aux devoirs et aux pratiques de l'ordre, assistent aux réunions avec les hommes, en se tenant un peu à part, ou ont des réunions particulières. Les plus intelligentes d'entre elles peuvent être nommées moqaddemat et, dans ce cas, bien que soumises en tout aux moqaddem, dont elles ne sont que les neqib féminins, elles ont ordinairement pour fonction d'initier les nouvelles adeptes, et de présider leurs réunions, ou d'assister le moqaddem, quand celui-ci préside lui-même.

Les moqaddemat n'existent guère que dans les agglomérations de Khouan. Aussi, le moqaddem initie-t-il souvent, lui-même, les femmes qui demandent l'ouerd ; l'initiation se fait alors en présence des autres khouatat et, rarement, dans les réunions d'hommes.

Quant aux Khouan, ou adeptes, s'ils ont tous les mêmes devoirs et les mêmes obligations, s'ils sont bien réellement soumis à la même règle, l'égalité qui existe entre eux n'empêche pas qu'il y ait, dans le degré d'initiation à cette règle, des différences très notables, selon les capacités intellectuelles, l'instruction ou la moralité desdits Khouan.

Tout chef d'ordre ou tout moqaddem exerçant réellement les fonctions de maître éducateur (cheikh et-terbia) classe, en effet, ses disciples (gandouz) (1) en trois catégories : *l'élite de l'élite* (2) (Mourid khiar el-khaoua) ; *l'élite* (Mourid khiar) ; *le vulgaire* (Mourid El-Amma).

L'initiation est toujours progressive et proportionnée à l'intelligence :

« Lorsque l'adepte est d'une nature vulgaire, il convient qu'il ne
» soit initié aux préceptes que progressivement, aussi ne faut-il lui
» imposer que des prières faciles, jusqu'à ce que son âme soit forti-
» fiée et affermie par degrés. Alors on augmente l'enseignement en y
» ajoutant des invocations par le Prophète..... lorsque les fruits pro-
· duits par la pratique de l'invocation dite du *dikr* et par une foi

---

(1) فندوز *(Gandouz)*, au pluriel فنادز *(Guenadez)*, corruption barbaresque de فندس s'amender, arriver à résipiscence.

(2) Les Guenadez de la première catégorie sont dits aussi الاخوان السالكين *(Khouan-es-Salekin)*, de سلك *(Sellek)* se tirer d'affaire, être quitte, faire son chemin. L'expression لاخوان السالكين sera exactement traduite par : *Frères profès*.

» profonde, ont effacé les impuretés de l'âme, lorsque par les yeux du
» cœur, on ne voit, dans ce monde et dans l'autre, que l'Être unique,
» alors on peut aborder la prière, etc. (1). »

En réalité, la masse des Khouan, le « *vulgum pecus* » de la troisième catégorie, se borne à recevoir le dikr ou la prière spéciale à l'ordre, et la notion rigoureuse de ses obligations, morales et matérielles, vis-à-vis de la congrégation.

Il est vrai que ce dikr doit lui procurer le salut éternel dans l'autre monde, et que l'accomplissement de ces obligations lui assure l'aide et la protection de tous les membres de la communauté.

L'ouerd, ou la règle, impose en effet, à tous les adeptes, des obligations étroites vis-à-vis du cheikh, des moqaddem et des autres Khouan.

Les devoirs envers le moqaddem se résument, dans toutes les congrégations musulmanes, sans exception, en cette « *obéissance absolue* » que définit si énergiquement le « *perindè ac cadaver* » des Jésuites. La formule arabe est du reste absolument la même :

« Tu seras entre les mains de ton cheik comme le cadavre entre
» les mains du laveur (des morts) كون بين يدي شيخك كمثل
» الجسد بين يدي الغاسل. Obéis lui en tout ce qu'il a ordonné,
» car *c'est Dieu même qui commande par sa voix*, lui désobéir c'est
» encourir la colère de Dieu. N'oublie pas que tu es son esclave et
» que tu ne dois rien faire sans son ordre.

» Le cheikh est l'homme chéri de Dieu ; il est supérieur à toutes
» les autres créatures et prend rang après les Prophètes. Ne vois
» donc que lui, lui partout. Bannis de ton cœur toute autre pensée
» que celle qui aurait Dieu ou le cheikh pour objet (2). »

La confiance dans le cheikh doit être entière. « Son

---

(1) Extrait d'une citation faite par le cheikh Si Snoussi dans le
« *Livre de ses appuis* », page 21 de la traduction de M. Colas.

(2) Extrait des « *Présents dominicaux* », ou *Règle des Rahmania*,
déjà cités par M. Brosselard et par MM. Hanoteau et Letourneux.

» image, dit Si Snoussi (1), doit toujours être présente à
» la pensée de l'adepte, sans cesse soumis à ses pres-
» criptions. Ce soutien le sauve de ce qui peut être aussi
» mortel pour son âme que la dent d'un lion féroce peut
» être dangereuse pour son corps.

» De même, dit Bou-Goubrin, qu'un malade ne doit
» avoir rien de caché pour le médecin de son corps, de
» même tu es tenu de ne dérober au cheikh aucune de
» tes pensées, aucune de tes paroles, aucune de tes
» actions. Le cheikh est le médecin de ton âme. »

Cette confiance exclut, de la part de l'adepte, toute
initiative, tout raisonnement : « Il doit, selon Djenidi,
» tenir son cœur enchaîné à son cheikh..., écarter de
» l'esprit tout raisonnement bon ou mauvais, sans
» l'analyser, ni rechercher sa portée, dans la crainte que
» le libre cours donné aux méditations ne conduise à
» l'erreur. »

Il est inutile d'étendre ces citations, qui ne seraient
que des répétitions avec quelques variétés d'expression ;
le but humain de tout ordre religieux étant toujours,
d'annihiler les volontés particulières des adeptes, et
d'absorber les individualités, au profit de l'œuvre imper-
sonnelle poursuivie par la communauté.

Cette soumission est d'autant plus complète, qu'elle
est toujours librement consentie par ceux qui viennent
se confier à la direction spirituelle des moqaddem, et
que le fidèle croit accomplir un acte d'intérêt personnel,
puisqu'il s'agit du salut de son âme.

Les devoirs réciproques des Khouan sont, dans tous
les ordres, ceux que la nature et les liens du sang imposent à des *frères* : un dévouement et une affection sans
bornes, une charité que rien ne rebute, une solidarité
poussée, dans certains ordres, jusqu'au communisme :

---

(1) **Si Senoussi**, *loco citato*, p. 26.

« les affiliés (des Chadelya) se caractéristent par l'amitié
» qu'ils se vouent les uns aux autres, par leur habitude
» de ne rien se restituer. »

Dans les « Présents dominicaux, » ou développement de la règle des Rahmanya (1), le cheikh s'adressant au néophyte doit lui donner à cet égard les instructions suivantes :

« Mon enfant ! tu serviras tes frères avec dévouement. Les servir,
» c'est pour toi comme un titre de noblesse.

» Tu fermeras les yeux sur leurs défauts, et tu cacheras leurs fau-
» tes, si tu les connais. Celui qui dévoile les actions coupables de
» ses frères détache le voile qui couvre ses propres péchés.

» Aime ceux qui les aiment, déteste ceux qui les haïssent, car vous
» ne formez tous qu'une seule et même âme.

» Pardonne-leur les offenses dont ils peuvent se rendre coupa-
» bles envers toi.

» Ferme ton oreille au mal qu'on pourrait te dire sur leur compte.

» Assiste-les dans la maladie, viens à leur aide dans l'adversité.

» Garde-toi, dans tes rapports avec tes frères, de l'hypocrisie, du
» mensonge et de l'orgueil.

» Soustrais ton cœur à l'envie, car l'envie consume les bonnes œu-
» vres comme le feu consume le bois.

» Quand tu parles de tes frères, applique-toi à vanter leurs mérites
» et fais voir que tu es fier de leur confraternité.

» Pense avec eux d'un même esprit ; agis avec eux d'un même
» cœur ; avance d'un même pas dans la voie du salut des âmes, dans
» cette voie tracée par le fondateur de l'ordre, le plus grand des hom-
» mes, sur la terre, après le Prophète.

» Lorsque tu parles de la société à laquelle tu es lié par tes ser-
» ments, souviens-toi qu'il est convenable et digne de l'élever au-
» dessus de toutes les autres. »

Ces prescriptions, qui sont sensiblement les mêmes dans tous les ordres, sont exécutées scrupuleusement par les Khouan, car les obligations imposées ont pour compensation, non-seulement les services rendus par la collectivité à tous les instants de la vie, mais encore l'assurance formelle de bénéficier, dans l'autre monde,

---

(1) Cités par M. Brosselard et par MM. Hanoteau et Letourneux.

des prières faites en commun dans les réunions des Khouan.

Or, tout Musulman est convaincu que les prières faites en commun ont plus d'efficacité que les autres, et que Dieu y a attaché des mérites particuliers. Et ce n'est pas seulement des prières ainsi faites, d'une façon générale, que bénéficie le Khouan ; dans la plupart des ordres, quand un malheur frappe un des adeptes, tous les frères qui en ont connaissance doivent se réunir et réciter, plusieurs fois dans la journée, des chapitres du Coran, ou les prières spéciales « dont ils ont les secrets » particuliers. »

Cette solidarité étroite, née à la fois de l'intérêt matériel et de l'intérêt spirituel, ne contribue pas peu à compléter l'effacement de la personnalité du Khouan, car, non-seulement il appartient à son cheikh, mais il appartient encore à ses frères, dont il peut espérer tant de bienfaits s'il reste dans la voie tracée.

Les pratiques de dévotion que l'ouerd impose aux Khouan sont conçues dans le même esprit ; elles achèvent l'œuvre d'anéantissement de l'individu.

Ces pratiques, plus ou moins obligatoires selon les ordres, mais toujours méritoires, sont les suivantes, en commençant par la moins importante :

Le renoncement au monde (*azlet an en-nas,* العزلة عن الناس) ;

La retraite (*el-kheloua,* الخلوة) ;

La veille (*es-sahr,* السهر) ;

L'abstinence (*es-siam,* الصيام) ;

L'assistance aux réunions (*hadra, zerda, djelala,* حضرة زردة جلالة) ;

La ziara (زيارة) ;

La hadia (الهدية) ;

Le dikr (ذكر).

Des quatre premières nous ne dirons rien, sinon qu'elles font partie de ces procédés habituels d'entraînement mystique, dans lesquels l'état morbide et l'excitation nerveuse jouent un si grand rôle et facilitent d'autant la tâche des directeurs spirituels.

Nous avons vu, d'autre part, ce qu'étaient ces réunions de Khouan, et comment elles se liaient avec la perception d'aumônes religieuses.

Quant à la ziara, proprement dite, nous l'avons définie en parlant des marabouts libres. Celle qui incombe aux Khouan n'en diffère que par son caractère obligatoire, et par la fixité de son quantum égal pour tous et déterminé de façon à en rendre le paiement facile aux fortunes les plus modestes. Ici la ziara n'est plus un hommage rendu à un personnage religieux, c'est la cotisation due par le membre d'une association constituée. Le moqaddem envoie la percevoir par ses chaouch au domicile du Khouan retardataire ; car c'est le prix du concours matériel et spirituel que la congrégation assurera à un moment donné.

Les pauvres « frères » subissent ces exigences sans montrer aucune mauvaise humeur : « ce n'est pas à » l'homme que nous donnons, disent-ils, c'est à Dieu ; » et ils livrent leurs offrandes avec une extrême facilité.

En Algérie, la perception des ziara a été tout d'abord réglementée par l'autorité française qui, dès les premiers jours de l'occupation, les a soumises à l'autorisation préalable, sans d'ailleurs jamais en reconnaître la légitimité ni intervenir en quoi que ce soit dans cette perception, si ce n'est plus tard, pour protéger au besoin les individualités désireuses de se dégager de ces obligations. Puis, peu à peu le nombre de ces autorisations a été réduit ; au lieu d'être données, sur place et sans formalité, par les autorités locales, elles n'ont plus été accordées que par les Commandants de subdivision, et même dans ces dernières années par les Généraux de division et les Préfets. Tout récemment, en 1880, M. Albert Grévy a retiré à ces fonctionnaires ce droit d'autorisation et il a posé en principe que les ziara seraient partout interdites et assimilées à des actes de mendicité, sauf dans le cas exceptionnel où, pour des raisons politiques d'ordre supérieur, le Gouverneur croirait devoir les autoriser. En fait, ces autorisations n'ont dès lors été accordées que très rarement (1).

Ces mesures restrictives, il faut bien le dire, n'empêchent nullement les ziara d'être perçues, car les Khouan, engagés par leur conscience, et par leur serment religieux à les faire parvenir à leurs moqaddem s'arrangent toujours pour s'acquitter de ce qu'ils considèrent comme une dette sacrée. Mais les entraves, que nous apportons à ces perceptions limitent le nombre des offrandes et permettent aux tièdes et aux hésitants de se dégager plus facilement; elles ont en outre le grand avantage d'empêcher dans une certaine mesure, ces allées et venues de moqaddem et d'émissaires qui vont réveiller le zèle religieux et appauvrir les populations. Aussi, au fond, la majorité des indigènes ne nous sait pas trop mauvais gré de ces entraves.

Par contre, au Maroc, où ces ziara sont entièrement libres, elles donnent lieu à des abus dont on a peine à se rendre compte. On a vu des chefs d'ordre se rendre chez des cultivateurs généralement peu aisés et y prélever leurs offrandes comme de véritables impôts ; et ces pauvres paysans de leur répondre : « Prenez ce que vous » voudrez ; votre khalifa, votre naïb, votre moqaddem » sont déjà venus ; nous leur avons donné et notre rede-

---

(1) *Une fois* au Cherif d'Ouazzan, grand maître des Taïbya, sur la demande de notre Ministre de France à Tanger, et pour Si Abdesselem ou son fils seulement et non pas pour ses moqaddem ; une autre fois au grand maître des Zianin, de Kenadna, en récompense de services rendus pendant l'insurrection. — Enfin, deux autres fois : à Tidjani, grand maître des Tidjanya, et à Si Ali-ben-Otsman, de Tolga, grand maître des Rahmanya du Sud. En tout quatre fois, et, nous le rappelons, en récompense de services rendus.

» vance et le plus que nous pouvons ; il ne nous reste
» presque rien, mais peu importe, prenez ce que vous
» désirez, puisez à votre discrétion : tout est à Dieu, il
» est le plus sage, il est le dispensateur et le rénuméra-
» teur. »

Ces exigences et ces rapacités des chefs religieux, congréganistes ou non, sont une des principales causes de la misère qui règne en permanence dans la plupart des États musulmans et spécialement au Maroc où abondent les représentants des divers ordres religieux, les marabouts locaux, et les Cherfa, ou descendants du Prophète qui sont à la fois chefs de Khouan et marabouts par excellence (1).

En dehors du paiement de la ziara, le Khouan peut, dans certains cas avoir à payer une autre redevance appelée *Hadia* (الهدية = don, cadeau).

La *Hadia* est, à proprement parler, *l'offrande expiatoire* ou l'amende imposée au profit de la caisse de la congrégation, à tout Khouan qui a commis une infraction à la règle, a manqué à ses devoirs, ou demande à rentrer dans la communauté après en avoir abandonné les pratiques.

Cette hadia est toujours en rapport avec la fortune du Khouan à qui elle est imposée.

La hadia est aussi l'aumône, *religieuse et propitiatoire*, que les moqaddem sont dans l'habitude de se faire donner, en temps de troubles et d'insurrection, par les agents politiques et chefs indigènes qui refusent de faire cause commune avec les Khouan ; que ces chefs indigènes fassent ou non partie de la congrégation, peu importe.

Beaucoup de chefs donnent cette hadia, de leur propre mouvement, sous forme d'un cadeau consistant en un cheval, en un objet mobilier, ou même en argent. Bien

---

(1) Voir chapitre XXIV : Cheikha, un aperçu de ce qu'étaient il y a 25 ou 30 ans ces redevances en Algérie.

peu osent refuser, car cet acte de déférence vis-à-vis de l'idée religieuse, que représente le moqaddem, assure à l'agent qui s'y soumet certains ménagements en cas d'insuccès : cela lui donne la certitude de n'être pas, au début du mouvement, la victime d'un assassinat, d'un empoisonnement ou d'un incendie accompli, sur l'ordre du moqaddem, pour montrer à tous comment sont punis ceux qui ne reconnaissent pas le caractère religieux de la congrégation.

Ce qu'il y a d'étrange, c'est que le paiement de la hadia n'empêche pas toujours celui qui la paie de nous servir fidèlement et de se faire tuer pour notre cause. Parfois même il se ménage, par ce moyen, avec les Khouan rebelles, des relations dont il se sert, à notre profit, pour l'exercice de ses devoirs professionnels, contre ces mêmes rebelles.

Nous sommes en droit de juger très sévèrement ces usages qui répugnent à nos habitudes de loyauté ; mais notre politique est de paraître les ignorer, et surtout, de ne pas nous exagérer la gravité de cette hadia qui, de Musulman à Musulman, n'est, le plus souvent, qu'un acte de dévotion, une « aumône propitiatoire. »

Il nous reste à parler de la dernière et de la plus importante des pratiques des Khouan, du dikr (1) (ذكر).

Le sens propre et usuel de ce mot ذكر est : « mention, exposé, énonciation ; » c'est, au fond, celui qu'il a conservé dans le style religieux : la mention par excellence étant celle qui a Dieu pour objet, on est arrivé aux sens de : « mention de Dieu, » « livre révélé, » « prière, » « invocation, » « oraison. »

---

(1) La prononciation du ذ est très variable et oscille du D ordinaire ou Z. En Algérie, et surtout dans la province de Constantine, les oreilles très exercées peuvent seules distinguer le ذ du د. Ailleurs, la nuance est plus sensible, c'est ce qui explique les différences d'orthographe, telles que : Chadeli, Chadzeli, Chazeli ; — Dikr, Dzikr, Zikr, etc.

Chez les Khouan, le dikr est l'Oraison spéciale et distinctive de la congrégation.

C'est le plus souvent, sinon toujours, une invocation très courte, mais qui doit se répéter de suite un nombre immense de fois, de sorte que c'est avec raison que l'on a traduit souvent le mot dikr par « Oraison continue (1). »

L'origine de ce genre d'oraison, comparable à nos litanies, est dans le 41ᵉ verset du chapitre XXXII du Coran.

يا ايها الذين امنوا اذكروا الله ذكرًا كثيرًا وسبحوه بكرةً واصيلًا

(O croyant, énoncez (le nom) de Dieu, par un nombre considérable d'énonciations, et célébrez-le matin et soir.)

L'application en est faite, par les Musulmans non Khouan, en récitant le chapelet, dont chacun des 99 grains correspond à un des noms de Dieu.

Chez les Khouan, le dikr consiste à répéter, cent, deux cents, cinq cents ou mille fois de suite, soit le mot الله, soit une formule courte telle que la profession de foi islamique لا اله الا الله (il n'y a d'autre divinité que Dieu), soit une invocation brève comme : pardonne mon Dieu ! (أستغفر الله), soit un verset du Coran, etc. En général, plus l'oraison est courte, plus on la répète de fois.

Le dikr d'une congrégation comprend toujours, au moins, quatre articles ou versets placés dans un ordre déterminé, et pouvant servir de moyen de ralliement et de signe de reconnaissance, entre les Khouan qui se rencontrent sans se connaître. L'un récite à haute voix la première phrase du dikr, et l'autre répond par la seconde ; une deuxième épreuve, portant sur les versets

---

(1) C'est, croyons-nous, M. Cherbonneau qui, le premier, a donné cette expression comme équivalente du mot dikr (*Revue africaine*, 1859, p. 470).

suivants, leur montre bien vite qu'ils appartiennent au même ordre religieux (1).

Le dikr se complète, d'ailleurs, par la récitation de prières plus ou moins longues, ou de chapitres du Coran auxquels le fondateur de l'ordre a attaché des indulgences spéciales, et que l'ouerd impose au Khouan dans des circonstances déterminées.

Chaque ordre a, en outre, certaines particularités d'attitude ou d'intonation, dans la prière et dans le mode de récitation du dikr, qui permettent facilement de reconnaître les Khouan de plusieurs ordres. Enfin, il y a aussi certaines couleurs adoptées pour les vêtements, les turbans, les ceintures, comme pour les bannières déployées dans les hadra ; mais l'emploi de ces couleurs distinctives n'est ni obligatoire, ni général, ni important.

Nous examinerons plus en détail ces particularités, dans les notices spéciales aux principales congrégations pouvant jouer un rôle en Algérie.

Revenons pour l'instant au dikr.

Les courtes phrases qui le composent sont, en elles-mêmes, fort inoffensives ; elles sont toujours très simples car, parmi les points de doctrine communs à la majorité des congrégations, se trouve l'affirmation que : « la foi est d'autant plus pure que la prière est plus simple. » C'est, d'ailleurs, un procédé commun à tous les agents de propagande religieuse de réduire la croyance à la plus stricte expression, et de la mettre ainsi facilement à la portée des masses illettrées ou unintelligentes.

Celles-ci d'ailleurs s'attachent très vite à ces pratiques surérogatoires qui ne leur demandent pas grand effort et qu'ils finissent par préférer aux pratiques canoniques et obligatoires.

Le sens des phrases prononcées dans le dikr n'a, du reste, rien qui soit de nature à attirer notre attention,

---

(1) Voir spécialement le dikr des Taïbya, chapitre XXV.

car le dikr ne résume pas toujours les doctrines ou les tendances de l'ordre.

Mais, ce qu'il importe de bien mettre en relief, c'est le fait même de la récitation du dikr. Quand un rahmani a, pendant vingt-quatre heures, redit trois mille fois son dikr : « *La illaha, illa Allah, Mohammed rassoul Allah.* Il n'y a d'autre divinité que Allah, Mohammed est l'envoyé de Dieu », il semble bien difficile qu'il puisse conserver une parfaite lucidité d'esprit, et surtout qu'il ait l'esprit disposé au raisonnement, ou même à la gestion des affaires ordinaires de la vie.

Cette répétition mécanique, consécutive et prolongée d'une même phrase conduit fatalement à l'abêtissement, à la monomanie ou à l'exaltation cérébrale. « Peu à peu » la faculté de vouloir et de réfléchir s'éteint, l'intelli- » gence s'atrophie et l'adepte devient, réellement, l'ins- » trument docile et aveugle des maîtres qui se sont ré- » servé le droit de penser pour lui (1). » C'est toujours la continuation du système d'entraînement mystique, que nous avons déjà signalé, et vers lequel concourent toutes les pratiques dévotes et toutes les prescriptions de l'ouerd. Les unes et les autres sont, du reste, admirablement combinées en vue du but à atteindre.

On comprend l'énorme influence qu'assurent, à leurs chefs, de pareilles institutions, chez un peuple où, depuis des siècles, l'idéal religieux se confond avec l'idéal politique. Aussi, l'observance de la règle est-elle la préoccupation constante des moqaddem et, dans cette règle, ce à quoi ils s'attachent le plus, c'est la récitation du dikr. Ils en proclament constamment l'importance et en exaltent les bons effets spirituels : c'est, de toutes les pratiques, la plus méritoire, la plus indispensable, celle qui assure aux fidèles les plus grandes indulgences.

C'est dans cet ordre d'idée que Sid Mahmed-ben-Abd-

---

1) Hanoteau et Letourneux, *loco citato*.

er-Rahman, le fondateur des Rahmanya, a été jusqu'à dire que « quiconque aura entendu une fois réciter son » dikr entier sera sauvé ! »

Et en fait c'est, le plus souvent, au paiement de la ziara et à la récitation du dikr que se bornent les pratiques de la masse des Khouan; cela suffit au chef d'ordre; la ziara remplit la caisse, et le dikr maintient l'habitude de la discipline et de la soumission. Avec de l'argent et des gens disciplinés, on peut faire de grandes choses. C'est ce qu'ont bien compris les fondateurs d'ordre, et c'est ce que leurs successeurs s'appliquent à maintenir.

C'est aussi là qu'est, pour nous, le principal danger des ordres religieux, bien plus encore que dans l'exaltation, le mysticisme ou les prétendus mystères de leurs doctrines.

Nous avons dit ce qu'était l'ensemble de ces doctrines et de cette organisation; nous donnerons plus loin, d'après des textes arabes originaux, ou d'après des renseignements fournis directement par des chefs d'ordre, des moqaddem et des Khouan, quelques détails sur chacune des principales congrégations, et on verra que tous les prétendus mystères concernant les Khouan se réduisent à bien peu de chose. [Tout le danger pour nous, et il est immense, réside dans l'*organisation,* la *discipline* et l'*argent* des Sociétés religieuses musulmanes. Quant au fanatisme des Khouan, il n'est, en réalité, ni plus grand, ni moindre que celui de n'importe quel Musulman convaincu et pratiquant: tout *vrai* croyant est fanatique, *quelle que soit sa religion.*]

Un fait qui montre, du reste, que le « fanatisme » des Khouan n'est pas toujours agressif, c'est que certains moqaddem délivrent à des Chrétiens des lettres que l'on pourrait appeler des « brevets de Khouan honoraires », car elles confèrent aux porteurs, en tous temps, en tous lieux, l'aide et la protection des membres de la congrégation qui doivent les considérer comme étant leurs frères.

Nous devons aussi ajouter ici que l'organisation redoutable, dont nous venons de tracer rapidement l'esquisse, comporte, dans la pratique, certains tempéraments qui en atténuent la gravité. Dans beaucoup de cas, l'immense extension prise par un ordre religieux, et sa dispersion dans des régions éloignées peu accessibles aux communications fréquentes, ont eu pour effet d'en détruire l'homogénéité matérielle. La règle spirituelle seule est restée intacte, et encore pas toujours. Il en résulte que l'ordre finit quelquefois par se composer d'un nombre plus ou moins grand de congrégations dont les khalifat arrivent peu à peu à se détacher complètement de la maison-mère et à devenir eux-mêmes de véritables chefs d'ordres nouveaux, suivant la règle ou le rituel de l'ordre primitif mais n'obéissant plus à sa direction temporelle.

Les Qadrya, les Rahmanya, les Chadelya, les Ckeikhha, etc., forment chacun une quantité considérable de congrégations indépendantes, quoi qu'ayant conservé le nom et le rituel de l'ordre primitif. Au contraire, les Tidjanya, les Snoussya, les Zianya, les Kerzazya ne forment chacun qu'une congrégation.

Cette distinction entre l'*ordre religieux* et la *congrégation* a, au point de vue politique, une grande importance. Nous aurons occasion d'y revenir.

CHAPITRE VIII

ROLE POLITIQUE

L'influence et la popularité des ordres religieux orthodoxes, bien qu'immenses en Algérie, ne sont pas sans restriction, et ces ordres ont, dans l'Islamisme même, de nombreux ennemis.

Les premiers sont les ulémas, les savants et, avec eux, le clergé officiellement investi, par les gouvernants, de la direction spirituelle des fidèles. Pour maintenir leur suprématie sacerdotale, leur situation, leurs revenus et leur influence intellectuelle, uléma, mofti et tolba ont, plus d'une fois, à Stamboul, en Perse et en Égypte, cherché à réagir contre l'envahissement des congrégations musulmanes. Ils l'ont fait surtout en mettant en avant la cause sacrée de l'orthodoxie musulmane. Mais, sur ce terrain de l'orthodoxie, les arguments qu'ils invoquent, en les puisant dans le Coran ou dans les livres des anciens docteurs, sont combattus, non sans succès, par les Khouan au moyen d'autres citations prises dans les livres saints.

Le peu que nous avons dit de la doctrine islamique montre, d'ailleurs, que tout prêtre musulman, salarié ou protégé par un pouvoir politique, est dans une situation fausse, car, le Coran à la main, le sacerdoce prime la souveraineté temporelle. C'est pour cette raison que dans ces luttes théologiques contre les ordres religieux, le rôle du clergé investi, en Turquie comme ailleurs, fut toujours peu efficace : tout au plus parvint-il à faire classer, comme hérétiques, quelques individualités qui manquaient de prudence dans l'exposé de leurs doctrines et s'écartaient un peu trop de la souna ; mais ce fut tout. Et encore, plus d'un derwich ou soufi, exécuté comme hérétique ou novateur, est-il devenu, peu de temps après sa mort, un grand Saint et une des lumières de l'Islam !

Aussi, malgré les rapports nombreux que les doctrines des ordres religieux ont avec celles des schismatiques, motazélites, ouabbites, chiites, ismaéliens et autres ; malgré l'espèce de panthéisme inconscient auquel arrivent les plus mystiques de ces ordres, ils sont restés orthodoxes ; et, démontrer le contraire, n'a pas été possible aux docteurs de l'Islam.

Ne pouvant atteindre les ordres religieux, au point de vue de doctrines qui reposent sur des textes indiscutables et vénérés pour tous les Musulmans, les uléma ne manquent pas de les attaquer dans leurs écrits, soit en blâmant leur ascétisme, soit surtout en réprouvant, comme contraire à la dignité humaine, leurs danses, leur musique et leurs exagérations de tous genres.

Ibn Khaldoun, le célèbre historien des Berbères, ayant à parler d'un cadhi de Fez, Khouan trop zélé (1), sans doute un derkaoui, s'exprime ainsi : « Emporté par son » zèle, il se laissa aller aux inspirations de cette dévo- » tion fanatique, dont les pratiques nous sont venues de » l'étranger. »

Mais, à côté de ces blâmes mesurés et exprimés en termes choisis, viennent se placer les railleries les plus vives. « La littérature turque est remplie de contes et de » satires sur les derwichs (ou Khouan), et ceux-ci ne » sont pas mieux traités que nos moines dans les » fabliaux du XIe et du XIIe siècles. Du reste, on ne voit » pas que ces moqueries perpétuelles aient nui en rien

_____
(1) Ibn Khaldoun, *Histoire des Berbères*, tome IV, p. 185 de la traduction de M. de Slane.

» au crédit dont les derwichs continuent à jouir parmi
» le peuple (1). »

Nous avons, nous-même, bien souvent entendu des kabyles intelligents, et aussi quelques rares chefs arabes, nous raconter les choses les plus violentes contre les Khouan ; citant leurs ruses, leur influence néfaste, la fausseté de leurs prétendues doctrines, leur rapacité, leurs mensonges, etc. Toutefois, si un devoir professionnel nous mettait alors en présence d'un moqaddem quelconque ainsi incriminé, nous voyions aussi ces mêmes kabyles et ces mêmes chefs indigènes, pleins de respect pour son caractère religieux, lui témoigner, en public, les plus grands égards et, bien que non affiliés à son ordre, lui apporter leur ziara et lui demander sa bénédiction, tout comme les dévots et les Khouan les plus convaincus (2).

Quant à la masse des Musulmans, qui n'entendent rien à ces questions de philosophie religieuse, ils sont au contraire séduits par la force considérable et l'influence que l'union donne à ces Khouan, et ils s'affilient de plus en plus aux ordres religieux. Les danses, musiques, jongleries et les autres manifestations extérieures des Khouan ne les choquent en rien : ils ne mettent pas en doute leur caractère religieux, ils les acceptent comme ils acceptent « les miracles » des Aïssaoua, « mira-
» cles dus à une perfection morale qui attire la faveur
» de Dieu sur les adeptes de cette secte. »

---

(1) Ubicini, *Lettres sur la Turquie* (Paris, 1851).

(2) Lorsque je relevai le contraste existant entre leur conduite et leurs paroles que cependant je n'avais pas provoquées, tous me répondaient par des raisons de prudence ou de convenance mondaine ; ils avaient peur de l'influence du moqaddem. Un jour, en pareille occurence, un chef arabe de grande famille se contenta de sourire et de me citer le proverbe arabe dont le sens est : « Méfie-toi de la
» femme par devant, de la mule par derrière, et du marabout par tous
» les bouts. »

« Rien n'arrive sans la permission de Dieu, et plus une
» chose est étrange, incompréhensible, en dehors des
» règles établies, plus l'intervention de Dieu est évi-
» dente. »

La majorité des musulmans a toujours regardé ces Khouan, derwichs ou fakirs, et surtout leurs chefs d'ordre, comme des âmes chéries du Ciel, en commerce intime avec les puissances spirituelles, et comme faisant partie des Saints du Ghaout-el-Alem, dont nous avons parlé plus haut.

Les moins enthousiastes ou les moins bien disposés vis-à-vis des Khouan n'oseraient se prononcer ouvertement contre eux. Ils regardent ce mélange de pratiques religieuses et d'exercices profanes comme un mystère, devant lequel tout Musulman ayant la foi doit s'incliner en silence.

Ces idées superstitieuses, les Khouan ont le talent de les entretenir et de les maintenir à travers les âges. C'est derrière elles qu'ils s'abritent et prospèrent, et c'est en les exploitant habilement qu'ils réussissent à s'attirer la vénération et les bienfaits de toutes les âmes crédules. Ce côté surnaturel et superstitieux des pratiques des Khouan est, précisément, ce qui exerce le plus de séduction et d'attrait sur les masses ignorantes. En outre, les statuts des sociétés religieuses flattent l'amour-propre et les tendances égalitaires des malheureux. « Un
» homme qui n'appartient pas à la caste religieuse voit,
» avec un profond sentiment d'orgueil, que, grâce au
» concours de l'ordre auquel il appartient, il peut, sans
» instruction et malgré l'obscurité de sa naissance,
» acquérir un pouvoir religieux égal, et quelquefois bien
» supérieur, à celui des marabouts (1). »

Mais, si les ordres religieux musulmans ont l'attachement et le respect superstitieux des masses, ils ont, en

---

(1) Hanoteau et Letourneux, *Les Kabyles et les Coutumes kabyles*. (Tome II, page 104).

dehors de l'inimitié des uléma et du clergé, celle de tous les gouvernements musulmans ou chrétiens.

On comprend, en effet, sans qu'il soit nécessaire d'insister, combien peu le despotisme oriental doit s'accommoder de ces sociétés secrètes, qui forment un État dans l'État, et où le pouvoir d'un chef d'ordre peut arriver à battre en brèche l'autorité du Souverain.

Plusieurs princes connaissent, pour s'en être servis avant de monter sur le trône, la force de ces congrégations. Aussi ils les ménagent généralement, d'autant plus qu'ils en ont plus peur, et ils cherchent à gagner les cheikhs par des présents et des faveurs de toutes sortes. Quant à espérer se débarrasser de ces congrégations, les Souverains musulmans savent, mieux que personne, que ce n'est pas possible.

Toutes les fois que la politique d'un ministre ou la rigidité d'un magistrat a proposé, à Constantinople, d'abolir ces ordres, le public, toujours favorable à ces anachorètes, n'a élevé qu'une voix pour leur conservation, dans la crainte, disait-il, d'attirer sur l'Empire les anathèmes de toutes les âmes saintes. Avec de pareilles croyances, on comprend que la destruction des zaouïa des Khouan et la confiscation de leurs biens seraient considérées, par les masses, comme une œuvre antireligieuse, qu'un Souverain musulman n'oserait assumer ; ce serait donner à ces religieux l'auréole du martyr.

Ce n'est pas que des tentatives n'aient été faites à diverses reprises.

Vers le milieu du XVIᵉ siècle, lorsque le Sultan mérinite Mouley-Smaïl, effrayé du crédit que prenait Si Mahmed-ben-Aïssa (le fondateur de Aïssaoua), voulut le bannir, lui et ses Khouan, toute la population de Méquinez suivit le Saint, et Mouley Smaïl, abandonné de tous, ne trouva même plus les maçons nécessaires aux constructions qu'il avait entreprises. Bientôt pour éviter de plus grand malheurs, il dut rappeler les Aïssaoua et les combler de faveurs.

Un siècle plus tard, en Turquie, sous le règne de Mohammed IV, lorsque le célèbre Vizir Kouprouli Mohammed Pacha, qui était pourtant un homme de grande valeur, essaya de supprimer à la fois les ordres des Mouleya, des Khelouatya, des Djelouatya et des Chemsya, il ne réussit qu'à mettre en relief l'impuissance du Sultan et à augmenter le crédit des ordres ainsi attaqués. Bravant les fetoua des muphti, les firmans des Sultans et les railleries des écrivains, les ordres religieux menacés se cachèrent, et reparurent bientôt plus puissants que jamais.

En 1826, le Sultan Mahmoud, peu après le massacre des Janissaires, essaya de se débarrasser des Bektachia. Ce fut une suppression officielle dans toutes les règles : les uléma et muphti l'avaient appuyée de leur autorité religieuse, le supérieur général et ses deux khalifat furent exécutés publiquement, l'abolition de l'ordre proclamée, plusieurs zaouïa démolies, les principaux moqaddem et derwichs exilés ; ceux qui furent tolérés à Constantinople durent quitter leur costume. Mais cela ne dura guère, et les Bektachya, bientôt réorganisés, reprirent leur place dans la société musulmane.

Nous-mêmes, en Algérie, chaque fois que nous avons eu à réprimer une insurrection grave, nous avons cru devoir détruire les zaouïa des ordres religieux qui paraissaient inspirer les rebelles. Ces exemples, ou ces satisfactions données à notre amour-propre, n'ont pas eu pour effet de ralentir le recrutement des Khouan ; bien au contraire, cela n'a fait que donner du relief aux ordres ainsi frappés et accélérer leur développement. Seulement les Khouan se sont cachés ; nous avons alors ignoré leurs lieux de réunion, leur nombre, ainsi que les noms et les résidences des moqaddem ; notre surveillance a dû être plus active, plus tracassière, tout en étant bien moins efficace.

Les Rahmanya et les Darkaoua sont les deux ordres que nous avons le plus frappés, parce que ce sont eux qui ont paru, jusqu'ici, fournir le plus d'inspirateurs ou de combattants aux insurrections ; ce sont aussi les deux ordres qui ont pris, depuis notre arrivée en Algérie, le plus de développement. Ceux, au contraire, avec lesquels nous n'avons jamais eu à entrer en lutte ouverte, ou que nous avons protégés un peu ostensiblement, sont restés stationnaires ou n'ont prospéré que dans des limites restreintes. Notre bienveillance pleine de prudentes réserves vis-à-vis des chefs et les services mêmes que ces chefs nous ont rendus ont quelque peu déconsidéré ces ordres aux yeux des purs ; tel est le cas des Tidjanya, Aïssaoua, Hansalya (1). Nous estimons donc que, de même qu'il y a faute à détruire les palmiers et les ksour des Nomades que nous ne pouvons connaître, surveiller et atteindre dans leurs personnes qu'en ménageant des centres de réunion, des séjours temporaires, des lieux de production, de ravitaillement et de commerce, de même aussi, nous ne pouvons connaître, surveiller et atteindre les Khouan qu'en tolérant, dans notre rayon d'action, un nombre de zaouïa suffisant pour leur permettre de se grouper, sur des points connus et toujours à notre discrétion.

Cela faciliterait grandement la recherche et la répression de tout moqaddem ou Khouan qui cesserait d'être dans notre main. Un peu d'argent et de politique nous rendraient vite maîtres de la situation.

Jusqu'à ce jour, nous n'avons osé ni nous appuyer sur les ordres religieux, ni les supprimer ; notre circonspection hésitante a oscillé entre des répressions souvent sévères et des tolérances méfiantes. Aussi, nous n'avons réussi ni à faire disparaître des ennemis, ni à augmenter le crédit et l'influence de nos amis.

L'intérêt, l'ambition, l'orgueil et toutes les mauvaises

---

(1) Voir dans l'ouvrage de MM. Hanoteau et Letourneux *(Les Kabyles et les Coutumes kabyles*, tome II, page 102), les causes du développement de l'ordre des Rahmanya en Kabylie.

passions humaines ne manqueraient cependant pas de jeter, dans les ordres religieux favorisés de nos largesses et de nos faveurs, bon nombre de Musulmans algériens. C'est ce que les Sultans de Stamboul ont fait avec les Mouleya et les Bektachya. A Constantinople, on s'affilie à ces ordres par intérêt ou comme preuve de bon goût et de bonne compagnie : tous les grands du pays font partie du premier. C'est aussi ce qu'ont fait l'Empereur du Maroc et le Bey de Tunis vis-à-vis des Taïbya et des Tidjanya.

Nous aurions peut-être eu intérêt à suivre, en Algérie, une conduite analogue, et à reconnaitre une existence légale à ceux de ces ordres religieux dont les chefs pourraient être gagnés à notre cause par de sérieux avantages pécuniaires et honorifiques.

Maintenus par ce moyen, en dehors des préoccupations politiques, compromis par leurs attaches avec nous, ces ordres ne seraient plus un danger pour nous, et leur influence sur les masses musulmanes cesserait d'être aussi nuisible ; car chez les Khouan l'idée politique est toujours bien plus dangereuse pour nous que l'idée religieuse. Ni l'Islamisme ni le Soufisme ne sont fanatiques dans leur essence, et, à ce point de vue, les Khouan ne se distinguent en rien des autres Musulmans ; ils sont plus dévots, plus remuants, mais, dans la majeure partie des ordres, ils ne sont ni plus fanatiques, ni plus intolérants que les autres.

Et ce n'est ni le fanatisme, ni l'intolérance, ni même l'idée religieuse qui lance les Khouan dans les hasards de l'insurrection, ou dans le crime. Si on examine froidement les choses, on reconnait toujours que les causes premières aussi bien que les buts visés, sont du domaine de la politique ou des passions humaines ; un intérêt, une rivalité, une vengeance ou une colère. Les grands mots de Guerre Sainte et de zèle religieux sont bien mis en avant, surtout quand il s'agit de faits collectifs insurrectionnels ; mais ce ne sont que des mots sonores, derrière lesquels les meneurs abritent leurs ambitions malsaines, pendant que les comparses et complices cherchent eux-mêmes à donner une apparence décente à de mauvais instincts et à des appétits inavouables.

Si le sentiment religieux était le mobile réel des insurrections, on verrait plusieurs ordres religieux s'unir, au moins momentanément, pour le triomphe de la foi ; or, c'est le plus souvent le contraire qui a lieu : l'insurrection se localise toujours dans le pays où domine l'ordre religieux qui prête son formidable appui au chef des rebelles; si, par exception, on rencontre, dans les rangs des insurgés, des Khouan de différentes congrégations, c'est que les événements ont été plus forts qu'eux et les ont irrésistiblement entraînés, ou qu'ils ont eu des causes particulières pour se joindre au mouvement.

L'insurrection de 1871 nous fournit une preuve bien nette de ce que nous avançons ; elle fut commencée par le bach-agha de la Medjana, Si El-Hadj-Ahmed-el-Mokrani, personnage politique, noble d'épée, et sans attache religieuse. Ce ne fut pas la cause de l'Islam qu'il mit en avant, mais la situation qui lui était faite par les événements et son mécontentement personnel. Trop faible pour pouvoir résister longtemps avec les contingents que son influence de famille et sa bravoure avaient réunis autour de lui, il invoqua l'appui des Rahmanya, dont les Khouan étaient dirigés par des cheiks ayant toujours été plus ou moins inféodés à son soff.

Les Rahmanya, si nombreux dans la province de Constantine et dans la grande Kabylie, étaient alors, comme ils le sont encore aujourd'hui, sans unité de direction, et partagés entre trois ou quatre supérieurs généraux ayant chacun la prétention d'être le grand maître de l'ordre.

Un seul, après de longs pourparlers, répondit à l'appel de Mokrani : ce fut le vieux cheikh El-Haddad résidant à Seddouk, près de Bougie, celui de tous qui avait le plus grand nombre d'adhérents et dont l'action s'étendait sur tout le littoral et le Tell, depuis Palestro jusqu'à Bône. Les autres khalifat, et notamment celui de Tolga, dont l'influence est à peu près aussi considérable, sur les Hauts-Plateaux et dans le Sud, refusèrent de donner à leurs moqaddem les ordres nécessaires pour autoriser leurs Khouan à nous faire la guerre.

Ce ne fut donc ni l'idée religieuse ni le fanatisme qui souleva contre nous les Rahmanya du Nord, puisque ceux du Sud restèrent calmes ; et cependant, il n'y a entre ceux du Nord et ceux du Sud aucun point de doctrine pouvant les diviser. Ce furent les personnalités dirigeantes, les khalifat seuls, qui déterminèrent la différence de leur attitude en cette circonstance.

Était-ce donc parce que, de ces deux khalifat, véritables chefs d'ordre, l'un était plus arriéré et plus intransigeant que l'autre ? Nullement, le vieux cheikh El-Haddad était, il est vrai, plus ascète, mais il avait eu bien plus de compromission avec nous, par sa famille, que le cheikh Ali-ben-Otsman de Tolga. Il nous avait abandonné en quelque sorte un de ses fils, Si Aziz, que nous avions fait caïd. Ce fils avait, quelque temps auparavant, donné sa démission parce que l'autorité avait refusé de le nommer bach-agha, mais il était resté l'ami de tous les Français et le compagnon de chasse, souvent même l'hôte, des jeunes officiers des garnisons de Sétif et de Bougie. C'était un ambitieux, mondain et débauché, bien fait pour compromettre le prestige de son père. Quan' aux Khouan, recevant le mot d'ordre de Seddouk, c'étaient des Kabyles ou des Telliens en contact journalier avec nous, amis de la paix et plus soucieux de leurs intérêts agricoles et commerciaux que de pratiques, religieuses et ascétiques, qu'ils ne connaissaient du reste que de nom.

Bien différents étaient les Khouan *arabes* relevant de Si Ali-ben-Otsman, hommes absorbés dans les pratiques religieuses, étrangers au travail et au commerce et vivant absolument à l'écart des Européens. Leur cheikh, il est vrai, n'avait rien d'un ascète ; c'était surtout un professeur, très digne dans sa conduite mais sans affectation dans ses manières et qui, tout en se tenant systématiquement à l'écart des affaires publiques, n'avait jamais eu personnellement que de bonnes relations avec les détenteurs de l'autorité.

Ses Khouan dévots exaltés et sauvages restèrent tranquilles dans sa main et ce furent les Khouan les plus éclairés et les moins religieux, conduits par le cheikh dont le fils avait été notre agent et notre commensal, qui, seuls, consentirent à soutenir la révolte politique de Mokrani.

Et, chose remarquable, lorsque les pourparlers engagés eurent abouti et que le cheikh El-Haddad se mit à prêcher la guerre sainte, la proclamation (1) qu'il adressa, comme chef religieux, est pleine de considérations purement politiques. Malgré la violence que comporte forcément un document de ce genre, ce n'est pas tant la cause de l'Islam qu'il met en avant, que l'intérêt matériel des Kabyles. Sans doute, il promet l'entrée dans le Paradis et des grâces spéciales à ceux qui se feront tuer dans cette croisade contre les Chrétiens, mais ce n'est nullement le style d'un fanatique dont la haine virulente fait explosion, et dont la ferveur ultra religieuse dirige la pensée ; c'est une proclamation rédigée dans le langage voulu pour le but à atteindre, par un homme de sang-froid, pesant le pour et le contre, et tirant habilement tout le parti qu'il peut tirer de son caractère religieux et de son autorité spirituelle sur les masses qu'il veut appeler au combat ; mais, au fond, on sent que l'idée religieuse n'est qu'un instrument aux mains de Cheikh-el-Haddad, comme Cheikh-el-Haddad n'a été, lui-même, qu'un instrument aux mains de *Mokrani*.

---

(1) Cette pièce est dans le dossier de la procédure instruite contre les chefs de l'insurrection de 1871 ; nous en avons eu jadis un exemplaire entre les mains, mais nous n'avons pu le retrouver.

En 1876, lors de la rébellion d'El-Amri ; en 1879, lors des troubles de l'Aurès ; en 1880, lors de l'insurrection du Sud Oranais ; les enquêtes administratives ou judiciaires ont toutes démontré « que le fanatisme religieux » n'a figuré qu'à l'arrière plan et comme drapeau dans » le mouvement (1). » Sans doute, il a donné un appoint considérable, mais les causes premières des soulèvements étaient surtout dans les circonstances politiques, les fautes des chefs investis, ou les agissements des grandes familles féodales mécontentes.

En effet, même dans les ordres les plus intransigeants et les plus franchement hostiles aux gouvernements laïques, les doctrines écrites n'ont jamais rien de bien agressif : elles vont jusqu'à déclarer qu'il est méritoire de résister aux ordres de ceux qui, en dehors des chefs religieux, commettent l'action coupable d'exercer une autorité quelconque sur leurs semblables ; mais ces affirmations théoriques sont entourées de prudents correctifs, et cela se borne, dans la pratique en temps ordinaire, à une abstention rigoureuse des fonctions publiques ou à une sourde opposition aux agents de l'autorité. Encore devons-nous ajouter bien vite que les chefs de ces ordres s'abstiennent, avec soin, de compromettre leur influence en poussant leurs Khouan à des résistances individuelles inutiles et dont les détenteurs du pouvoir temporel auraient facilement raison par la force. Aussi, dans les questions de détail, les cheikhs et les dignitaires évitent-ils avec soin d'entraver l'action gouvernementale, tant que celle-ci reste puissante et ne se montre pas vexatoire à leur égard.

Forcés ainsi, par des raisons de haute prudence, de ne pas mettre leurs actes en rapport avec les doctrines de leurs livres, impuissants à protéger contre l'autorité les

---

(1) Ce sont les termes mêmes de la Commission d'enquête sur les troubles de l'Aurès.

individualités qui encourent nos répressions, les chefs de ces ordres intransigeants recrutent peu d'adeptes, et, en fin de compte, leurs congrégations finissent par être quelquefois moins dangereuses que telles autres d'allures en apparence plus calmes et plus tolérantes.

CHAPITRE IX

LES CONFRÉRIES

A côté et en dehors des ordres religieux proprement dits, qui, tous ont des doctrines écrites et des traditions les rattachant à l'enseignement donné par le Prophète et ses compagnons, il existe, et il surgit de temps à autre, des associations, ou des confréries, dont le côté islamique ne se dégage pas bien nettement, et dont le caractère religieux est contesté, par les Musulmans, même les plus tolérants.

Ces sociétés affectent, cependant, de se donner comme des associations pieuses ; leurs adeptes portent le nom de Khouan ; leurs chefs celui de Moqaddem.

Leur but est, en réalité, l'exploitation de la bêtise humaine et de la superstition la plus niaise ; leurs pratiques, toujours extérieures, sont, le plus souvent, bruyantes ou théâtrales ; et elles se targuent de donner à leurs adeptes des pouvoirs surnaturels ou des talismans auxquels rien ne résiste.

Presque partout, les membres actifs de ces confréries sont des musiciens ambulants, instrumentistes, chanteurs, danseurs, charmeurs de serpents, jongleurs, saltimbanques, acrobates qui entremêlent leurs représentations et leurs boniments, de prières plus ou moins connues et de versets du Coran, que tous les assistants écoutent avec respect.

Ces associations ne sont pas sans présenter certaines analogies avec les confréries qui, au Moyen-Age, sous un prétexte religieux plus apparent que réel, se livraient en public à la représentation, ou à la récitation, « des jeux, miracles, mystères, chants, soties les plus variés. »

Vis-à-vis des Français, ces confréries se donnent comme de simples corporations ambulantes, sans le moindre caractère religieux.

Vis-à-vis des Musulmans assez éclairés pour ne pas être dupes de leur charlatanisme, les adeptes de ces confréries se donnent comme les émissaires déguisés d'ordres religieux, et présentent leurs exercices comme des stratagèmes destinés à éloigner les soupçons des agents de l'autorité, et à leur permettre de circuler partout.

En fait, cela arrive souvent, car, lorsqu'on prend la peine d'étudier et de suivre un de ces groupes, on ne tarde pas à découvrir, presque toujours, parmi les comparses les moins en vue, quelque individualité d'une intelligence au-dessus de la moyenne et, par suite, apte à jouer le rôle délicat d'émissaire ou d'agent secret.

Les ordres religieux réguliers désavouent ouvertement ces confréries qui, selon eux, compromettent la dignité du caractère maraboutique, mais il est hors de doute que ces désaveux n'empêchent en rien l'existence des relations que nous signalons.

C'est surtout au Maroc que ces sortes d'associations sont nombreuses, et c'est de ce pays que viennent la plupart des groupes qui cherchent à parcourir l'Algérie, en dépit des prescriptions gouvernementales et des ordonnances de police qui prescrivent d'arrêter, et de reconduire à la frontière, tous les individus se livrant à ces professions interdites.

La plus importante de ces confréries marocaines est celle des *Adjaïba* (les Merveilleux), véritables saltimbanques et prestidigitateurs, qui invoquent comme patron, un certain Ahmed-ben-Moussi dont le tombeau est à Illigh, dans le Sous-el-Aksa.

Nous n'essaierons pas de faire l'historique de ces confréries, qui n'ont que de très lointains rapports avec la question religieuse ; nous dirons cependant quelques mots de trois d'entre elles qu'il peut être utile de connaître, car elles peuvent servir de noyau à des sociétés secrètes, réclamant une surveillance active et éclairée : ce sont les confréries de Amar-bou-Senna, des Bou-Alya et des Mekahlya.

I

En 1831, un nommé El-Hadj-Mbarek-ben-Youcef, marocain, résidant à Alger où il exerçait la profession de cordonnier, quittait cette ville et se rendait à Guelma. Là, il formait une corporation de quelques musiciens, à la tête desquels il gagna sa vie, parcourant les tribus en chantant des poèmes de guerre et d'amour.

Ayant, quelques années plus tard, fait le pèlerinage de La Mecque, où il s'était sans doute lié avec des derwich venus d'Orient, il conçut le projet de faire, de sa troupe, le noyau d'un ordre religieux.

A son retour, il s'arrêta à Tunis où il résida quelques années, et organisa, dans cette ville, une nouba qui joignit, à ses occupations musicales, la récitation de versets du Coran et de prières chantées.

Il fit ensuite la même chose à Bône, à Constantine et, enfin, à Guelma, où il se posa en chef d'ordre religieux.

Plusieurs zerda ayant eu lieu près de Bône, au tombeau de Si Amar-bou-Senna : ce fut ce marabout qui fut pris comme patron de la confrérie.

Si El-Hadj-Mbarek continua à former des élèves musiciens et à organiser de petites troupes ou reïta qui le considérèrent comme leur grand chef.

Des troupes de l'espèce, ne dépassant généralement pas une dizaine d'individus ont été constatées en dehors des localités précitées: aux Djebaïlya (des Biban), aux Beni-Abbès (d'Akbou), aux Fennaïa (de Bougie), et, enfin, à Biskra et à Alger. El-Hadj-Mbarek a même une certaine réputation de sainteté, dans la capitale de l'Algérie, surtout dans les cafés maures de la haute-ville, où, deux fois par mois, il se donne en son honneur des soirées chantantes suivies de quêtes religieuses.

Plusieurs groupes ou troupes de cette confrérie ont essayé d'exercer leur industrie dans les tribus, mais cela leur a été interdit par mesure de police.

Il se peut néanmoins que El-Hadj-Mbarek arrive un jour à former un ordre religieux, ou soit lui-même l'agent d'un ordre oriental ; mais jusqu'ici il ne paraît pas avoir été pris très au sérieux. Seule, sa personnalité se dégage sympathique, dans un certain milieu, où son extrême vieillesse (88 ans) est encore exagérée, et où il passe pour avoir 130 ans.

Cette confrérie ne nous a jamais créé de difficultés, bien que plusieurs de ses membres aient été souvent arrêtés et punis comme exerçant des professions interdites, ou comme vagabonds sans domicile.

Elle compte aujourd'hui en Algérie 15 moqaddem et environ 1,062 khouan, tous dans la province de Constantine (1). Le chef-lieu de ce département compte à lui seul 800 affiliés qui se réunissent en hadra deux fois par semaine, rue Sérigny, n° 38.

---

(1) Voici la statistique officielle de cette confrérie ; mais il faut tenir compte de ce que en raison de la surveillance coercitive dont ils sont l'objet, les adeptes de Si Amar-bou-Senna ne sont pas tous connus. Ces chiffres sont donc un minimum, et tout à fait approximatifs :

Alger (ville)	1	moqaddem.	10	compagnons.
Constantine (ville)	3	id.	800	id.
Bône (ville)	1	id.	10	id.
Guelma (ville)	1	id.	10	id.
Biskra (ville)	1	id.	10	id.
Akbou (Beni-Abbès)	8	id.	205	id.
Bougie (Fennaya)	1	id.	7	id.
Bibans (Djebailya)	1	id.	10	id.
Total			17 moqaddems,	1,062 compagnons.

II

La confrérie des Bou-Alya a été connue vers 1876, à la suite de réunions clandestines tenues à Bône par un certain El-Habib-ben-S'rir, tunisien, originaire de Gabès, qui fut successivement traduit devant le tribunal de simple police et expulsé d'Algérie.

A la même époque, un autre moqaddem, originaire du Souf, était signalé à Constantine, mais l'expulsion de Si El-Habib l'avait sans doute rendu prudent, et les réunions cessèrent.

Cette confrérie fut présentée d'abord comme une branche dissidente des Aïssaoua, puis des Rahmanya; mais il fut reconnu qu'elle n'avait aucun rapport avec ces ordres religieux.

En réalité elle avait eu pour chef un certain Bou-Ali, marabout enterré près de Nefta et, de son vivant, moqaddem des Qadrya, mais moqaddem désavoué, parce qu'il avait voulu modifier la règle et se faire chef d'un nouvel ordre.

Les adeptes de Bou-Alya se livraient à des pratiques de jonglerie et à des danses épileptiques analogues à celles des Aïssaoua.

Depuis 1876, il n'a plus été question d'eux : ils n'avaient du reste été signalés qu'à Bône et Constantine.

Cependant, cette association, qui en Algérie, n'a été qu'une confrérie de saltimbanques, semble être réellement un ordre religieux dans le sud de la Tunisie. Le marabout Bou-Ali est vénéré dans le Djerid et passe, chez les Arabes, pour avoir été l'un des ancêtres des fondateurs de Tozer (1); ses descendants ont dans cette ville une zaouïa de Qadrya, dont relèvent les zaouïa de

---

(1) Tozer existait bien avant l'établissement de l'Islamisme en Algérie. C'est l'antique Thusuros des Romains, jadis siège d'un évêché.

Nefta, de Gafsa et du Djerid ; ces Qadrya sont souvent dites pour cette raison Bou-Alia.

III

En résumé il n'existe, en Algérie, qu'une seule confrérie ayant un passé connu et une organisation fonctionnant d'une façon permanente.

C'est celle des Mokahlya ou, plus exactement, des Remaya car, bien que ce second nom soit moins connu que le premier, il est le plus ancien et c'est celui qui lui est donné dans les documents écrits que l'on nous a montrés.

Cette confrérie existe dans la plupart des États musulmans, et le groupe algérien, qui a son chef, ou président, aux environs de Mascara, relève, dit-on, d'un khalifa, ou président honoraire, résidant dans la ville de Merakech et dépendant lui-même du grand-maître qui habite à Tazerroualt, dans le Sous marocain (1).

C'est, en réalité, aujourd'hui, une société de « francs-tireurs, » après avoir été jadis une corporation de « francs-archers. » Le mot Remaya (رماية), au singulier *Rami* (رامي), signifie « habile à lancer, bon tireur ; » le mot Mekhali (مكحلي) signifie « fusilier, » (au pluriel Mekahlya (مكاحلية)) et on s'en sert souvent pour désigner les Saga ou contingents à pied.

Ceux qui font partie des Remaya ne sont pas astreints à porter un chapelet, ni à réciter des prières particulières ; ils ne sont tenus que de rester bons Musulmans, de pratiquer les préceptes du Coran, de se consacrer à l'équitation et, surtout, à l'art « de lancer » la flèche ou la balle.

---

(1) Il ne faut pas oublier que c'est du Sous que, d'après certaines prophéties musulmanes, doit un jour sortir le Mehdi qui régénérera le monde « et remplira la terre de justice autant qu'elle est remplie « d'iniquités. »

Voici l'origine de cette confrérie qui fut fondée du vivant même de Mohammed, et dont le premier organisateur fut Saâd-ben-Bou-Okkas, compagnon du Prophète.

Ce Saâd-ben-Bou-Okkas était un guerrier d'une grande notoriété, très adroit au tir de l'arc, et « dont la flèche
» ne manquait jamais le but. »

Au combat de Bedr, il se trouvait aux côtés de Mohammed, en même temps que d'autres fidèles. Un Koreïchète idolâtre, armé d'une longue lance, fit le vide autour de lui et s'approcha du groupe où se tenait l'Envoyé de Dieu, vers lequel il dirigea la pointe acérée de son arme. Mohammed se tourna aussitôt vers Saâd-ben-Bou-Okkas et lui dit : « Montre-moi ce que tu peux faire ; débarrasse-moi de ce mécréant. » Saâd obéit promptement, et lança une flèche qui alla se planter au front de l'idolâtre. Celui-ci tomba raide mort.

« Tu es l'archer par excellence, dit le Prophète à Saâd :
» je te bénis et bénis tous ceux qui apprendront de toi à
» bien tirer l'arc. » Puis, s'adressant à ceux qui l'entouraient, Mohammed ajouta : « Enseignez à vos enfants le
» tir de l'arc et l'équitation, cela les préparera à la Guerre
» Sainte (1). »

Saâd-ben-Bou-Okkas prit ces paroles pour devise ; il y ajouta les suivantes, du 17e verset de la Sourata intitulée :

---

(1) Parmi les haddit ou paroles du Prophète, les Musulmans citent encore les phrases suivantes :

1º « Tout espèce d'amusement doit être interdit comme frivole,
» excepté ces trois choses : l'exercice de l'arc, le maniement du cheval et les plaisirs pris en famille ; »

2º Les seuls droits qu'ont les enfants vis-à-vis leurs parents, c'est de demander qu'on leur enseigne à écrire, à nager et à tirer de l'arc ;

3º Trois classes de personnes entreront dans le paradis : celles qui fabriquent des flèches avec l'intention de les faire tourner à la défense de la religion, celles qui les lancent et celles qui les présentent à l'archer.

« *le Butin.* » « Quand tu lances un trait, ce n'est pas toi qui le lances, c'est Dieu. »

Dès lors, la confrérie des Remaya fut établie et se perpétua par la transmission d'Imam en Imam.

Les principes de la société, ses traditions et quelques manuscrits la concernant ont été apportés, au XVIe siècle, dans le Maroc, par des pèlerins de la région de Sous (1).

C'était au moment de la grande lutte des Marocains contre les Portugais. En peu de temps, de nombreuses sociétés de tir s'organisèrent et la confrérie prit à la fois une grande extension.

En 1536, au siège d'Agadir (Sainte-Croix des Portugais), les Mokahlya firent des prodiges d'adresse : leurs balles passaient toutes à travers les créneaux et ils contribuèrent pour une large part à la prise de la ville.

En 1578, à la bataille de Ksar-el-Kebir ou de l'Oued-Mekharem, ce fut leur feu qui décida le premier mouvement de retraite de l'armée de Don Sébastien et de Mouley-Ahmed.

Les services rendus par les Makahlya avaient été si brillants que l'empereur Mohammed-Chikh, mort en 1621, voulut leur donner une organisation susceptible de resserrer leurs liens et surtout de lui permettre d'avoir toujours sur eux la haute main.

A cet effet, il choisit Sid Ali-ben-Mohammed-ben-Nacer, moqaddem des Chadelya et frère de Si Mohammed-ben-Nacer, fondateur et grand-maître des Nacerya dont la maison-mère est à Tamegrout, dans le Sous.

---

(1) D'Herbelot, *Bibliothèque orientale*, t. III, p. 393, cite un livre intitulé : *Talim-ou-el-Alem-fi-remi-el-feham*, traité pour bien tirer de l'arc, composé par Ali-ben-Khacem-el-Sadi-el-Halebi-el-Rami-el-Emir, officier principal des Tcherkes ou Mamelouk d'Égypte de la seconde dynastie. Il existe à la Bibliothèque de Leyde, nos 92 et 499, un traité d'*Art militaire*, par Nedjem-ed-din-Hassen-el-Ahdab (le bossu), *El-Remai*, mort en 695 de l'Hégire, 1295 de J.-C. ; d'autres livres de même genre existent encore à la Bibliothèque nationale à Paris.

Sid Ali-ben-Nacer donna une vive impulsion religieuse à la confrérie qui, entre ses mains, fut un véritable ordre analogue à celui des Templiers. Aussi quelques auteurs ont-ils classé les Mekahlya comme formant une branche particulière des Nacerya.

Cela fut vrai en effet, au commencement du XVIIe siècle; mais dès la mort de Sid Ali-ben-Nacer, les Mekahlya ne tardèrent pas à s'affranchir du lien spirituel qui les unissait à cet ordre religieux. Le groupe fixé à Tazeroualt fut le premier à reprendre son autonomie et son caractère laïque ; les autres l'imitèrent ; mais tous ont conservé vis-à-vis des Nacerya une grande déférence.

Aujourd'hui encore, beaucoup de descendants de Si Ali-ben-Mohammed, sont les chefs des Mekahlya ; ils recueillent les offrandes et ont des moqaddems sur toute la surface de l'Empire marocain.

Au printemps de chaque année, une fête commémorative réunit une foule de fidèles auprès du tombeau de Si Ali-ben-Mohammed qui est situé à Maroc même, à peu de distance de la porte dite Bab-el-Debagh. — Après le repas, et une fois la prière du Dohor terminée, les Remaya se livrent à des exercices de tir et d'escrime.

Dans toutes les zaouïas des villes et bourgades du Maroc, dans toutes les tribus où se trouvent des moqaddems, les Remaya se réunissent aussi chaque vendredi et, après la prière du Dohor, se livrent à leurs exercices habituels.

Ils jouissent dans le Maroc d'une certaine considération et les gens des hautes classes de la société sont heureux de leur demander, moyennant salaire, des leçons de tir ; mais ces mêmes personnages regarderaient comme au-dessous d'eux de se faire admettre dans la corporation.

Les membres de la Société se surveillent mutuellement et appliquent entre eux, de la façon la plus rigoureuse, un règlement dont voici les principales dispositions :

Un Rami qui attaque un Khouan (des Remaya) avec un fusil, sera puni, par le cheikh, d'une amende de six mitscal (6 francs).

Un Rami qui attaque un Khouan avec n'importe quel morceau de fer, sera puni d'une amende de trois mitscal (3 francs).

Un Rami qui attaque un Khouan avec un bâton ou une pierre, sera puni d'une amende de cinq onces (1 fr. 50).

Un Rami qui crache sur un Khouan sera puni d'une amende de un mitscal (1 franc).

Un Rami qui trahit une chose confiée sera puni de dix mitscal (10 francs).

Un Rami qui se dispute avec un Khouan sera puni d'une amende de un mitscal (1 franc).

Un Rami qui jure par des choses sacrées sera puni d'une amende de douze onces (3 francs).

Un Rami qui fait un serment sera puni d'une amende de six onces (1 fr. 80).

Un Rami qui donne un soufflet à un Khouan sera puni d'une amende de un mitscal (1 franc).

Un Rami convaincu de meurtre sera puni d'une amende de trente mitscal (30 francs).

Un Rami coupable d'adultère sera puni d'une amende de vingt mitscal (20 francs), etc., etc.

Si le cheikh ou le moqaddem commet une des choses ci-dessus mentionnées, sa peine sera double de celle fixée pour un simple Rami (1).

Le règlement qui précède, est rigoureusement observé : les Khouan des Remaya exercent, vis-à-vis les uns des autres, une police sévère ; si un Rami vient à faillir, il paye, bon gré mal gré, l'amende prescrite, entre les mains d'un chaouch ou d'un moqaddem.

Une partie des sommes ainsi réunies devient, dit-on, la propriété des chefs de la société ; l'autre est conservée, par un membre désigné à l'avance, et sert à couvrir les frais des repas pris en commun par les Khouan.

A l'instar des vrais ordres religieux, la société com-

---

(1) Extrait d'un petit manuscrit sur la tradition de « l'art de lancer, » communiqué à M. le Chef du bureau arabe de Tiaret, par le maréchal-des-logis Mustapha-ben-Ghanem, du 2ᵉ spahis, cheikh des Remaya.

prend des chioukh ou moqaddem, et des khouan. On y rencontre même des chaouch chargés de recevoir les ziara et des offrandes.

La société des Remaya, peu importante à Aflou, Aïn-Sefra, Saïda, Frenda et Beni-bou-Saïd, de Mar'nia, est au contraire très connue à Géryville et à Tiaret.

Un grand nombre de Trafi et de Ksouriens en font partie (sauf cependant les habitants de Chellala, Dahraouïa, de Chellala-Gueblia et de Bou-Semghoun.)

Plus à l'Est, les Remaya sont très rares en Algérie ; si même il en existe ; on en a signalé cependant parmi d'anciens spahis.

La statistique officielle faite en 1882 n'a donné pour les Remaya que les chiffres suivants, mais ils n'ont pas été recensés partout.

Cercle de Saïda	5 moqaddem,	52 membres.
Cercle de Géryville, non recencés.....	» id.	» id.
Cercle de Marnia (Beni-bou-Saïd), id...	» id.	» id.
Commune mixte de Mascara...........	1 id.	6 id.
Mostaganem......................	» id.	12 id.
Commune mixte de l'Hillil............	1 id.	12 id.
Commune mixte de Tiaret............	1 id.	12 id.
Total.................	8 moqaddem.	155 membres.

Ce nombre peut certainement être doublé et il sera encore au-dessous de la réalité, qui doit se rapprocher d'environ 30 moqaddem et 500 membres.

CHAPITRE X

LES FAUX CHERIFS

Pour compléter l'étude des divers éléments religieux, qui ont un rôle politique en Algérie et que notre intérêt est de bien connaitre, afin de pouvoir, par une surveillance active, prévenir les conséquences de leurs menées hostiles, nous devons mentionner ces faux cherifs qui précèdent, ou accompagnent, chaque mouvement insurrectionnel.

Les faux cherifs ne sont pas rares, et il s'en produirait beaucoup plus, si l'autorité administrative ou judiciaire ne coupait court à leurs agissements, dès leurs débuts et avant qu'ils ne soient devenus dangereux.

Nous ne ferons pas ici l'histoire de ceux qui ont paru, et nous ne les nommerons même pas, car ce serait raconter en détail la majeure partie de nos insurrections, mais nous dirons, d'une façon générale, ce qu'ils sont et ce qu'ils font.

Quelques-uns ne sont que des intrigants qui veulent exploiter la crédulité publique et vivre aux dépens des naïfs, qu'ils espèrent persuader de la vérité de leur prétendue mission.

Sauf de rares individualités, servies par des circonstances exceptionnelles ou par une intelligence d'élite, ces faux cherifs échouent misérablement avant même d'avoir pu s'affirmer et sans avoir joui du bénéfice matériel de leur rôle. Ces gens-là ne sont pas les plus redoutables.

Mais il en est d'autres autrement dangereux, ce sont

ces illuminés, demi-lettrés qui, sous l'empire d'une exaltation quelconque ou d'une monomanie religieuse bien caractérisée, se croient réellement appelés à une mission apostolique. Très souvent, l'exaltation n'est que le résultat de la pression morale exercée, sur un esprit faible, par un mécontent ou une personnalité remuante qui a besoin d'un cherif pour se créer des partisans.

Dans ce dernier cas, ledit cherif n'est, le plus ordinairement, qu'un simple halluciné inoffensif, que la superstition a déjà décoré du nom de marabout, et qu'un intrigant intéressé se charge de faire prendre au sérieux, en inventant une révélation quelconque qui fait reconnaître, comme un descendant du Prophète, le pauvre insensé dont l'innocente folie, la veille encore, était un objet de pieuse commisération (1).

Rarement le faux cherif appartient à un ordre religieux, car les chefs de ces sociétés sont trop prudents, pour tolérer qu'un des leurs se lance, isolément, dans des aventures qui pourraient porter préjudice à l'ordre tout entier, ou qui donneraient, à un simple adepte, un rôle prépondérant, au détriment des chefs-directeurs ou du supérieur général. La discipline des ordres religieux est, d'ailleurs, presque toujours assez forte pour empêcher un de leurs adeptes de les compromettre, par un zèle maladroit ou inopportun, et les moqaddem n'hésiteraient pas à sacrifier, au besoin, un des leurs qui chercherait ainsi à échapper à leur tutelle. Ceci n'est pas une supposition ; le fait s'est produit plusieurs fois.

Quant aux moyens qu'emploient les faux cherifs pour s'affirmer et se créer des adhérents, ils ne varient guère et, pour être des plus simples, ils n'en sont pas moins efficaces vis-à-vis de populations ignorantes, crédules,

---

(1) Telle fut l'histoire du faux cherif Mohammed-ben-Aïech qui, lors de l'insurrection d'El-Amri, 1876, fut l'instrument du cheikh révoqué Mahmed-ben-Yahia, seul auteur de cette levée de boucliers, dont la vraie cause fut exclusivement politique.

superstitieuses et toujours avides de merveilles et d'émotions guerrières.

Quelques-uns de ces cherifs apocryphes se préparent sérieusement à leur rôle, par une vie ascétique qui leur donne un renom de sainteté fort utile à leur influence, mais ce moyen est long et ne convient pas aux impatients. Un bon miracle fait plus vite l'affaire, et ce n'est pas une chose bien difficile à se procurer. Pour acquérir rapidement une réputation de thaumaturge, il suffit d'un peu d'adresse ou de quelques compères dévoués. Si on n'est pas assez habile pour opérer adroitement en public, on fait affirmer le miracle par des amis complaisants. Cela ne demande pas une intelligence hors ligne.

Un autre procédé encore employé par les faux cherifs, est le récit d'un songe, dans lequel, l'ange Gabriel, le Prophète, Si El-Khadir ou un Saint a révélé à l'intéressé sa mission providentielle.

Enfin, il y a aussi les lettres mystérieuses apportées par un inconnu, qui disparait sans que personne puisse savoir d'où il vient ni qui il est.

Ces procédés, on le voit, sont tout à fait primitifs, et ils n'auraient aucune chance de réussite chez un peuple moins crédule que les Arabes. Mais, tels qu'ils sont, ils suffisent pour agiter les esprits et servir de réclame à celui qui les met en œuvre.

C'est ainsi, du reste, qu'ont débuté la plupart des Saints de l'Islam, et bon nombre de chefs d'ordres religieux ; seulement, ceux-ci ont affirmé leurs songes et leurs miracles, par une vie exemplaire et par des prédications restant exclusivement dans le domaine des dogmes, du culte ou de la morale : beaucoup, parmi eux, n'ont été que des intrigants habiles et heureux ; le succès, seul, les a tirés de l'obscurité et a fait leur fortune. Mais, pour un qui a réussi et est devenu célèbre, combien sont morts inconnus, sans même laisser trace de leur passage !

Il en est de même des agitateurs qui s'intitulent cherifs, tous n'arrivent pas à la notoriété. Quelque bons

Musulmans que puissent être nos chefs investis, ils sont hommes avant tout et tiennent aux situations qu'ils occupent ; aussi, sont-ils les premiers à voir d'un très mauvais œil tout individu qui s'essaie dans ce rôle de cherif. Il ne se passe guère de mois où les tribunaux ou l'administration ne frappent quelques-uns de ces candidats cherifs, et cela assez tôt pour qu'aucune émotion grave n'ait encore pu résulter de leurs agissements.

On a, cependant, quelquefois, reproché, à l'administration algérienne, sa sévérité et sa précipitation à l'égard de ces illuminés.

Cette sévérité n'est, en somme, que de la prudence ; car ces pseudo-marabouts sont toujours dangereux, et on aurait évité plus d'une insurrection, si on avait toujours considéré comme très sérieuses, dès le début, les divagations malveillantes d'exaltés encore sans influence, et qui, plus tard, ont servi de drapeau ou de chef à de nombreux insurgés.

Nous croyons inutile d'insister ici sur ces prétendus cherifs, qui ne sont que de simples agitateurs, dont le rôle est plutôt politique que religieux. Cependant, pour bien montrer quel est leur point de départ, nous citerons, comme documents instructifs, deux de ces lettres dont nous parlions plus haut. On remarquera que ces lettres ne contiennent aucune injure contre les Français, ni aucun appel direct à l'insurrection ; elles se bornent à réchauffer le zèle religieux et à provoquer des réunions où, selon le nombre des assistants, selon leur disposition d'esprit et leur zèle pour la Sainte Cause, on développera de vive voix, et sans laisser de traces compromettantes, tel ou tel programme.

Voici d'abord une lettre saisie aux Rir'a, du cercle de Sétif, au commencement de 1875, et dont de nombreux exemplaires ont circulé, de janvier à mars de cette même année, dans les tribus voisines (1) :

---

(1) Sept de ces copies ont été saisies dans l'annexe de Barika (pro-

« Au nom de Dieu clément et miséricordieux,
» Que Dieu répande ses bénédictions sur notre Seigneur Mohammed.
» Louange à Dieu, maître de l'univers.
» Le moment appartient aux hommes qui craignent Dieu.

» Voici la recommandation adressée par le Prophète (que Dieu
» répande sur lui ses bénédictions et le salut), par l'intermédiaire du
» cheikh Sid Ahmed-Er-Raïhani (1), directeur du Saint Tombeau de
» Mohammed.

» Recommandation du Prophète, que Dieu le bénisse et le salue !

» Le 14 du mois sacré de Ramadan, le cheikh Sid Ahmed-Er-Rai-
» hani s'endormit en récitant le livre de Dieu (qu'il soit glorifié et
» exalté).

» Après avoir fait la prière de l'Acha, je m'endormis (gloire au
» vivant, à celui qui ne dort pas !) le Prophète m'apparut et me salua.
» — que sur toi soit le salut, lui répondis-je, ô Envoyé de Dieu.

» Il me dit alors : ô cheikh Ahmed, préviens mon peuple que l'*heure*
» *est proche.*

» Aujourd'hui, de vendredi à vendredi, il est mort 20,000 (2) per-

---

vince de Constantine). Toutes ne concordaient pas entre elles, mais les différences constatées ne portaient que sur des points accessoires, le sens général du document restait le même dans tous les exemplaires. — Bien que le fait n'ait pu être établi d'une manière précise, il est probable que ce document avait été appris par cœur, à La Mecque, par des pèlerins qui, de retour dans leur pays, l'ont transcrit ou dicté chacun selon l'exactitude de ses souvenirs.

(1) Ce personnage est désigné, dans chacun des exemplaires saisis à Barika, sous un nom différent, savoir :

Cheikh Ahmed-ben-Riahni,
Cheikh Ahmed-ben-Ribani,
Cheikh Ahmed-ben-Ribaï,
Cheikh Ahmed-ben-Rehhan,
Cheikh Ahmed-ben-Abd-er-Raïhan,
Cheikh Hamida-ben-Abd-er-Raïhan,
Cheikh Ahmed-ben-Abd-er-Raïhan.

D'après un renseignement, qui n'a pu être vérifié, son nom serait : Ahmed-ben-Rihani, il habiterait La Mecque et serait gardien du tombeau du Prophète.

On peut juger, par ce qui précède, de la difficulté que l'on rencontre à fixer exactement le nom de certains personnages religieux.

(2) Quelques exemplaires portent seulement : « trois mille personnes. » — Certains traducteurs ont cru voir, dans ce passage, une allusion aux Tirailleurs tués à Freschwiller (6 août 1870). Une des copies porte en effet la date incomplète, de ۱۲۷ = 127, or le 6 août 1870

» sonnes des deux sexes appartenant à mon peuple, tous ont quitté
» ce monde, en dehors de la religion de l'Islam, car elles négligeaient
» la prière, obéissaient aux passions, refusaient l'aumône, se livraient
» au libertinage et au désordre. On aime le mal : celui qui obéit aux
» commandements de Dieu est humilié, la haine règne parmi les
» Musulmans ; ils se détestent entre eux ; leurs cœurs sont noirs de
» haine ; ils n'ont aucune pitié les uns des autres ; ils ne compatis-
» sent pas envers les pauvres et les faibles ; ils détestent la Justice
» et suivent l'injustice ; ils font de faux témoignages, vendent leurs
» biens et se livrent à l'usure.

» Si un Musulman lit le Coran, on n'écoute pas la parole de Dieu ;
» on s'entretient dans les mosquées des choses de ce monde, on
» s'occupe d'obscénités ; l'enfant n'a pas le respect du vieillard, ni le
» vieillard celui de l'enfant ; le voisin ne compatit pas envers le voi-
» sin, il n'a aucune pitié de lui.

» Le riche ne se montre pas généreux envers le pauvre ; la fille ne
» respecte ni son père ni sa mère.

» Trois (1) recommandations ont été adressées à mon peuple avant
» celle-ci.

» On ne s'est pas conformé à ce que notre Prophète a ordonné dans
» ces avertissements.

» Dieu voulait frapper de son courroux les Musulmans et leur
» envoyer un châtiment terrible ; je l'ai supplié de leur faciliter les
» moyens de se corriger, de leur donner un délai, grâce à mon inter-
» cession — je leur enverrai encore cette recommandation, lui ai-je
» dit —(c'est toi qui la leur feras parvenir, ô Ahmed !) s'ils s'y con-
» forment, tu les pardonneras et nous les sauverons de ta colère et
» de ton châtiment ; s'ils persistent dans l'erreur, fais d'eux ce que
» tu voudras, tu es le Tout-Puissant.

» Le Prophète ajouta, dit le cheikh Ahmed : recommande à mon
» peuple d'obéir à Dieu et à son apôtre ; de se rappeler les bienfaits
» de Dieu et de son apôtre ; de faire l'aumône aux pauvres, d'honorer

---

correspond au 8 djoumad-el-ouel *1287* ; le document pourrait aussi être fort antérieur à 1870 ; et viser les morts de la campagne d'Italie (1859) qui a eu lieu dans les derniers mois de l'année hégirienne 1275 ; l'allusion ne peut guère s'appliquer qu'à ces deux époques, car ce n'est pas des morts de Crimée (1270-71 de l'Hégire), qu'un écrivain musulman dirait : « tous ont quitté ce monde en dehors de la religion » de l'Islam, » puisque nous combattions alors pour la cause du Sultan de Constantinople.

(1) « Trois cents » dans un exemplaire saisi aux Rir'a du cercle de Sétif.

» les lecteurs du Coran, d'aller en pèlerinage à la maison de Dieu.
» — Que les Musulmans ne dévorent pas les biens des orphelins ;
» qu'ils ordonnent à leur famille et à leurs enfants de faire la prière ;
» qu'ils apprennent le Coran à leurs enfants.

» Quiconque lit le Livre Sacré, agit d'après ses préceptes et res-
» pecte ceux qui le savent par cœur, pourra intercéder auprès de
» Dieu, demain (au jour de la résurrection) pour 75 de ses proches.

» Dis-leur d'égorger un mouton par tente, il sera pareil à ceux qu'on
» immole le jour de l'Aid, qu'il soit sans défaut.

» On lira sur la victime, les versets : Amâma-el-Rassoulou, » jus-
» qu'à la fin de la Sourate. (Chapitre II, El-Begra.)

» Au moment du Tekbir, on prononcera ces paroles :

» Au nom de Dieu !

» Dieu est grand !

» Au nom de Dieu qui guérit !

» Au nom de Dieu qui pardonne !

» Au nom de Dieu, avec son nom aucun mal ne peut atteindre sur
» la terre ni dans le ciel, il entend tout.

» Ils prépareront du henné (1) ; la femme la plus âgée mettra du
» henné à tous les gens de la tente : aux hommes, à la main droite ;
» aux femmes, aux mains, aux pieds et à la tête ; les enfants, à quel-
» que sexe qu'ils appartiennent, auront les mains entièrement teintes.

» On jeûnera pendant un jour, on rompra le jeûne avec de l'assida
» (farine cuite dans du petit lait ou pain et miel, selon les pays), on
» implorera le pardon de Dieu pour nous et pour vous.

» L'heure, s'il plait à Dieu, est proche, suivant cette parole du
» Très-Haut : faites le bien, peut-être serez-vous heureux !

» Le cheikh Ahmed ajoute :

» Ceux qui transporteront cette missive, de pays en pays, mérite-
» ront l'intercession demain (au jour de la résurrection), et entreront
» au Paradis, s'il plait à Dieu.

» Quiconque la transcrira et la portera sur lui, sortira sain et sauf
» de tout mal et sera absous de toute faute. Dieu le préservera des
» embûches du Démon le lapidé ; il sera toujours sous la protection
» de Dieu et de son Prophète (que Dieu répande sur lui ses bénédic-
» tions et le salut.)

» En la transcrivant sur le linceul d'un mort, celui-ci sera à l'abri
» des tourments de la tombe.

» Quiconque l'écrira sans en donner lecture aux gens, commettra
» un péché ; de même, si quelqu'un après l'avoir écrite ne la propage

---

(1) Les prescriptions relatives au henné ne sont pas les mêmes dans toutes les copies du document.

» pas, il restera en dehors de mon intercession et je serai libre de
» tout engagement envers lui au jugement dernier.

» Quiconque traitera cette missive de mensonge ou la tournera en
» raillerie, est placé par ce fait en dehors de l'Islam ; s'il n'y ajoute
» pas foi, il renie Dieu et son Prophète.

» Dieu sait ce qu'il y a dans le cœur.

» L'assistance vient de Dieu et la victoire est proche, annonce un
» grand bonheur aux Croyants.

» Que Dieu nous pardonne et vous pardonne.

» Il aime à pardonner, il est miséricordieux.

» Il n'y a de force et de puissance qu'en Dieu.

» Fin de la missive du Prophète.

» Que Dieu répande ses bénédictions sur lui et le salut.

» Année 127 (*sic*). — Année 127 (*sic*) (1). »

L'auteur de cette pièce est resté inconnu, mais en 1881, au moment de l'expédition de Tunisie, de très nombreuses copies de cette « Ouassia » circulaient dans la province de Constantine et se lisaient dans les tribus (2). Un certain nombre de détenteurs, et surtout de colporteurs, furent arrêtés et punis, *disciplinairement,* car la nouvelle loi sur la Presse ne permettait pas d'atteindre judiciairement les propagateurs de cet écrit, d'un caractère essentiellement religieux.

En 1880, une lettre du même genre devint le point de départ d'une assez grosse affaire, qui fut portée devant le Parlement sous forme d'interpellation (3).

---

(1) Cette date ne se trouve pas sur toutes les copies. L'un des exemplaires saisis à Barika porte, au lieu de « année 127, » la mention suivante : « le 21 du mois de Dieu-Sacré de safer. » Le document peut donc avoir été écrit du 1ᵉʳ moharem 1270 au 29 dou-el-hadja 1279, soit du 4 octobre 1853 au 17 janvier 1863 de notre ère, mais il paraît peu probable qu'il date d'aussi loin et qu'il n'ait été saisi en Algérie, pour la première fois, qu'en 1875. Il est possible qu'il y ait un chiffre intermédiaire omis et qu'il faille lire *1287* par exemple, ce qui ferait remonter le document du 3 avril 1870 au 22 mars 1871. Le 21 sofer serait alors le 23 mai 1870.

(2) L'une d'elles, saisie à cette époque, porte cette mention : « Cette instruction [وصية = ouassia] est la propriété de Mohammed-ben-Messaoud.

(3) Voir séance du 24 mars 1881.

Le fait eut lieu dans l'oasis de Sidi-Okba, qui est bien la ville du Sahara où les rivalités de soff ont toujours été les plus ardentes et les plus aiguës; l'exaltation religieuse y est aussi très grande, car elle est entretenue par les allées et venues des tolba et des dévots, qui viennent visiter la mosquée où se trouve le tombeau du célèbre Sidi Okba-ben-Nafi.

En 1879, l'arrivée d'un nouveau gouverneur et l'insurrection de l'Aurès avaient exalté les espérances du parti qui n'était pas au pouvoir, et une campagne active était menée par les tolba et les mécontents pour obtenir de l'autorité française la révocation du cheikh de l'oasis.

C'est dans ce milieu surexcité, et rendu plus nerveux que jamais par une sécheresse exceptionnelle, qu'au mois d'avril 1880, un agent dévoué de l'un des membres influents du parti mécontent faisait circuler la lettre suivante, qu'il donnait comme émanant du Prophète et comme ayant été apportée par un mendiant inconnu :

« Louange à Dieu !
» Qu'il répande ses bénédictions sur Notre Seigneur Mohammed,
» sur sa famille et ses compagnons et qu'il leur accorde le salut !
» Amen !
» *Commandements de Dieu!* Ces prescriptions s'adressent à *Si Lah-*
» *sen* (1), imam de la mosquée de *Sidi-Okba* (que Dieu nous fasse par-
» ticiper aux grâces qu'il lui a accordées et qu'il le couvre de sa pro-
» tection !) au *chef* de la *corporation religieuse* des *Rahmanya* (2) et,
» enfin, à tous les habitants de Sidi-Okba.
» Le pauvre devant son Dieu, Amara-ben-Ahmed-Es-Soufi-Et-Troudi
» vous envoie ses salutations sincères.
» Après votre salut, je vous fais connaître (que Dieu vous fasse
» miséricorde !) ô Si Lahsen ! que Mustapha (le Prophète) — que
» Dieu le comble de bénédictions et lui accorde le salut ainsi qu'aux
» Croyants, gens de bien, les marabouts de Biskra ! — nous ordonne

---

(1) Si Lhassen-ben-Noui était, en réalité, oukil de la mosquée et non imam ; c'était un khouan des Rahmanya.

(2) Il s'agit ici des Rahmanya qui reçoivent leur direction spirituelle du Djerid tunisien.

» de vous faire connaitre ses volontés : invitez les gens à implorer le
» secours de Dieu pour obtenir une pluie abondante, car c'est lui qui
» ordonne tout.

» Le jour où vous l'invoquerez sera le lundi prochain ; l'endroit où
» la prière et la khettaba (prône), seront faites, sera la mosquée.

» Vous êtes prié, en même temps, ainsi que les habitants de Sidi-
» Okba, d'acheter un bouc de couleur noire.

» Ensuite, il est de toute obligation que chaque maison fournisse
» la quantité de grains, blé ou orge, que peut ramasser la paume de
» la main étendue d'un homme ou d'une femme. Vous aspergerez
» toutes les maisons de henné, avec lequel vous teindrez aussi les
» mains et les ongles des enfants, et vous vous parfumerez avec du
» benjoin et du bois d'aloès.

» Quant au bouc, écourtez-lui l'oreille gauche et promenez-le dans
» le village, aux quatre points cardinaux.

» Il est bien entendu que la dépense sera répartie entre tous les
» habitants, savoir : chaque famille un sou. Quant à la peau de l'a-
» nimal, vendez-la et achetez, avec le produit de la vente, de la vian-
» de. Le sacrifice sera accompli dans la maison, au puits, et à l'en-
» droit où est placé le settal (chaudière) qui sert à chauffer l'eau.
» Prenez le sang et la panse de ce bouc et mettez-les dans l'endroit
» précité. Quant aux entrailles, répartissez-les entre les enfants, s'il
» y en a, sinon, faites-les cuire pour les pauvres et les indigents. Le
» bouc sera égorgé par El-Hadj-Mohammed-ben-Khellad, qui fera ses
» ablutions complètes avant cette pieuse opération, et vous répartira
» ensuite la viande de l'animal. Le plat fourni aux marabouts sera
» préparé dans l'endroit où les tolba font leur cuisine. Vous donnerez
» de la nourriture aux pauvres et aux indigents sur la mosquée. Vous,
» ô Si Lahsen, appropriez-vous et mettez des odeurs aromatiques sur
» toute votre personne ; couvrez-vous aussi de vos plus beaux vête-
» ments et allez visiter les tombeaux des marabouts.

» Chassez de vos cœurs la haine et la vengeance qui pourraient
» germer en vous, ordonnez la charité et, enfin, protégez le délaissé. »

En marge : « Les femmes qui prépareront la cuisine seront pures
» pendant cette pieuse opération. »

Cette lettre, colportée et lue dans le village, provoqua des attroupements et des conciliabules. Les meneurs se réunirent à la mosquée, déposèrent l'imam en fonctions depuis 15 ans, et acclamèrent un des leurs, ex-cadhi révoqué, puis ils sortirent l'étendard de Sidi-Okba et le promenèrent dans les rues, en faisant la collecte d'argent, pour la fête prescrite par la missive miraculeuse, et en tenant des propos séditieux. Sous l'empire de cette exaltation, un autre groupe alla couper le canal d'irrigation, qui arrosait les palmiers du cheikh, et jeta l'eau dans un grand redir (1) creusé jadis de main d'homme, *intra-muros,* et dont l'usage était interdit depuis 1844, la réserve d'eau qu'il pouvait contenir étant considérée comme constituant *un approvisionnement de siège et, par suite, un acte d'hostilité.* »

L'arrestation rapidement et adroitement opérée de dix-huit des principaux meneurs, une marche-manœuvre faite par la garnison de Biskra, coupèrent court à ces manifestations dangereuses pour l'ordre public ; mais il est bien certain que, si au lieu de se passer aux portes de Biskra, ces mêmes manifestations s'étaient produites dans une oasis éloignée seulement de quelques jours de marche, de graves désordres auraient pu éclater.

C'est ainsi, en effet, que débutent toujours les mouvements insurrectionnels. — Avec ces faux cherifs et ces illuminés, l'administration est toujours dans l'alternative ou d'intervenir trop tard et quand le mal est fait, ou d'arrêter, trop tôt et quelquefois injustement, de pauvres diables, qui n'ont commis aucun délit réel, et qui ne sont pas encore devenus dangereux.

---

(1) Le « redir » est, à proprement parler, un réservoir naturel, mais on voit qu'on donne quelquefois ce nom à des réservoirs creusés de main d'homme dans le sol et non maçonnés.

CHAPITRE XI

LES MUSULMANS IBADITES ALGÉRIENS
(BENI MZAB)*

Pour compléter l'aperçu que nous avons essayé de donner sur la constitution religieuse de la société musulmane en Algérie, il nous reste à dire quelques mots d'un petit groupe d'indigènes n'appartenant à aucun des quatre grands rites réputés orthodoxes par la majorité des Musulmans, et, par suite, échappant à l'action du clergé officiel, à celle des marabouts libres et à celle des ordres religieux.

Nous voulons parler des **Beni Mzab**, aujourd'hui sujets français, au même titre que les autres indigènes algériens (1).

Les Beni Mzab appartiennent au plus ancien des schismes formés, dans l'Islam, par les Ouahbites qui se séparèrent des autres disciples de Mohammed, en l'an 38 de l'hégire (658-659 de J.-C.), au moment de l'arbitrage entre le khalife Ali-ben-Abou-Thaleb et son compétiteur Moaouïa (معاوية), originaire des Benou Omeya, branche des Koreichite (2).

(*) Voir, sur les Beni Mzab : Masqueray, *Chronique d'Abou Zakaria*, 1879. — Coyne, *Le Mzab*, 1879 (*Revue africaine* et tirage à part).

(1) Jusqu'en 1882, les Beni Mzab, bien que formant enclave dans le Sahara algérien, avaient été laissés dans une indépendance à peu près absolue et étaient plutôt des *protégés* que des *sujets* français. Ce ne fut que le 1er novembre 1882 que le Gouvernement Français proclama l'annexion du Mzab, et ce n'est que depuis le 17 novembre de la même année que nous administrons directement le Mzab.

(2) Le nom de ce personnage est devenu, par corruption, **Moaviah**,

On sait qu'après la bataille de Siffîn, un nombre considérable de Musulmans protestèrent contre l'arbitrage dont il était question. Ils réclamèrent d'Ali l'application rigoureuse du Coran qui veut, pour l'Islam, un imam unique nommé à l'élection, et menacèrent le Khalife de se soustraire à son autorité si, pour un motif quelconque, il entrait en compromis avec Moaouïa, l'ennemi et le rebelle.

Ali ne put avoir raison de ces mécontents, dont l'exaltation religieuse gênait ses plans politiques et qui méconnaissaient jusqu'à son autorité temporelle ; ses efforts et ses mesures de rigueur n'aboutirent qu'à grouper les dissidents, qui se donnèrent pour imam et chef suprême Sid Abdallah-ben-Ouahb-el-Racibii. Ils se déclarèrent alors *Ouahbya*, du nom de leur chef, mais leurs adversaires les appelèrent les rebelles, les sortis, Kharedjiin (1), mot qui, dans la bouche des Musulmans se disant orthodoxes, ne tarda pas à devenir synonyme d'hérétique.

Depuis lors, les docteurs sunnites ont expliqué le mot « Kharedjiin » par « Sortis de la Religion » et ils en ont fait un terme injurieux.

Vaincus au combat de Nehrouan (2), où Abdallah-ben-Ouahb trouva la mort, les Ouahbites se reformèrent rapidement, et, après l'assassinat d'Ali par un des leurs, nommé Abd-er-Rahman-Ibn-Moldjem, leur nombre s'augmenta de tous les Musulmans mécontents ou indignés des excès des *Oméyades*.

« Quatre mille Ouahbites avaient paru à Nehrouan ;

---

de même que de Salah-ed-Dîn nous avons fait Saladin, de Kheir-ed-Dîn, Conradin, et de l'Émir El-Moumenin (le prince des Croyants) le Miramolin.

(1) De خرج *kharedj*, sortir, خرج على sortir contre, se révolter.

(2) Nehrouan est à environ 18 kilomètres N.-E. de Bagdad, sur la rive gauche du Tigre, entre cette ville et Ouacit.

» trente ans plus tard, on les comptait par dizaines de
» mille. Tous les Mahométans que la tyrannie des nou-
» veaux khalifes indignait ou lésait, revenaient à la doc-
» trine des purs. L'orgueil des Omeyades, qui étendaient
» les frontières de l'Empire jusqu'aux Pyrenées et jus-
» qu'à l'Himalaya pour leur gloire personnelle, leur luxe
» qui consumait les ressources des pauvres, leur cruauté
» toujours avide du sang le plus noble de l'Islam, en
» faisaient la « race maudite » qu'Allah flétrit dans son
» livre. La maison d'Allah, près de laquelle il est défendu
» de tuer même une colombe, réduite en cendres et
» souillée par des massacres, des Mahométans, Berbers
» ou autres, vendus sur les marchés au mépris des plus
» saintes lois, les descendants d'Ali égorgés et leurs
» têtes montrées en spectacle, cent autres prétextes agi-
» taient sans cesse les Kharidjites, dont les troupes
» flottantes, agrégées par occasion, grossissaient et se
» dissipaient comme des tempêtes. Conspirateurs dans
» les villes, guerriers intrépides sur les champs de
» bataille, la veille ils étaient un peuple en armes, le
» lendemain on retrouvait à peine leurs chefs. L'exter-
» mination des Alides leur apporta sans doute de gros
» contingents. Ils avaient été soldats d'Ali, et, s'ils s'en
» étaient séparés, c'était par ce que lui-même abandon-
» nait sa cause. Ils s'indignèrent, et leurs livres en
» témoignent encore, quand un des deux fils d'Ali, plus
» faible encore que son père, reconnut l'autorité de
» Moaouia, ils se réjouirent certainement quand le
» second, Hoceïn, appelé par les gens de Coufa, partit de
» La Mecque pour soulever l'Irak ; mais la fatale affaire
» de Kerbela, le plus poétique de tous les combats de
» l'Islamisme, les replongea dans leur farouche déses-
» poir. D'ailleurs les recrues leur venaient de toutes
» parts. Les cités de Coufa et de Bosra, toujours bouil-
» lonnantes, leur fournissaient des populaces qu'un ins-
» tinct de race poussait à la ruine de la domination
» syrienne, multitudes incertaines, peu musulmanes au

» fond, et destinées aux grossières illusions de la secte
» chiite. L'Arabie leur envoyait les esprits fins et subtils
» du Hidjaz cultivés sur la terre du Prophète, et les
» fermes caractères, les âmes droites du Nedjed. Les
» Nedjediens furent assurément les soutiens du ouah-
» bisme à son origine, et, parmi eux, la grande tribu des
» Benou-Temim. Les deux sectaires qui tentèrent d'as-
» sassiner Amr au Caire et Moaouya à Damas, pendant
» qu'Ibn-Moldjem frappait Ali à Médine, étaient des
» Benou-Temim, pareillement Abou-Obeïda, continua-
» teur de Djabir-ben-Zid et maître des Imans de l'Omam
» et du Magreb, Abd-Allah-ben-Had et Abd-Allah-ben-
» Saffar qui donnèrent chacun leur nom à une subdivi-
» sion des Ouahbites. Il est probable qu'Abd-ben-Ouahb
» était aussi Temimi, du moins le premier qui fut nommé
» Imam, après son exhortation à Bosra, appartenait aux
» Benou-Temim.

» L'ardeur de la lutte envenimée par des répressions
» cruelles ne tarda pas à les diviser, comme il arrive, en
» partis extrême et modéré. Tandis que les uns s'en
» tenaient à la doctrine, telle que je viens de l'exposer,
» les autres raffinaient, non pas sur le dogme, mais sur
» la morale, et, exagérant les prescriptions les plus
» sévères tombaient à leur tour dans l'hérésie, car ils
» ajoutaient à la religion. Les premiers, Ouahbites-Iba-
» dites, tirèrent leur nom d'Abd-Allah-ben-Ibad ; les se-
» conds, Ouabites-Soufrites, d'Abd-Allah-ben-Saffar (1). »

Abd-Allah-ben-Ibad-el-Marii était originaire des Nedjed et vivait sous le règne des khalifes omméiades Yésid et Abd-el-Melik, ce qui place sa mort vers l'an 750 de J.-C. (132-133 de l'hégire). Il vint, jeune encore, à La Mecque avec son père et, plus tard, se fixa à Bosra.

« Son rôle fut, d'accord avec Djabir-ben-Zied vieillis-

---

(1) Masqueray, *Chronique d'Abou Zakaria*, préface, p. xxix et xxx.

» sant et Abou-Obeida dans sa première jeunesse, de
» contenir le Ouahbisme dans de justes limites et de le
» préciser. Le Ouahbisme, tel qu'il le conçut, ne fut point
» une exagération de l'Islamisme, mais l'interprétation
» exacte de la loi d'Allah. Cette loi fixe, qui n'admet ni
» addition, ni diminution, excluait, selon lui, aussi bien
» les excès de zèle que les relâchements de discipline.
» Son exemple et sa parole fortifièrent les timides, re-
» tinrent les violents (1). » Par des nombreuses contro-
verses avec les théologiens sunnites, il donna un grand
éclat au Ouahbisme, et, devenu chef d'école, il rallia
autour de son nom « tous ceux des Ouahbites qui se
» décidèrent à rester dans les limites du bon sens et de
» la Sunna. Dès la fin du VIIe siècle de notre ère, ces
» derniers s'étaient dits Ouabites ibadites pour se dis-
» tinguer des sectes à peu près semblables à la leur.
» Une cause analogue donna, plus tard, les Ouahbites
» ibadites Noukkar ou Nekariens, les Ouahbites ibadites
» Kheulfites et bien d'autres, parmi lesquels nos Ouah-
» bites ibadites Mozabites se vanteront de posséder la
» vraie tradition (2). »

Notre intention n'est pas de faire ici l'histoire des Ouahbites, nous avons tenu seulement à bien mettre en relief l'origine de ces puritains de l'Islam, et à montrer combien ils sont fondés à déclarer leurs pratiques religieuses plus anciennes, et par suite, plus orthodoxes que celles admises par les partisans des grands rites maleki, hanefi, hannbali et chafei.

Écrasés par le nombre de leurs adversaires politiques et religieux, dès les premiers temps de l'Islam, les Ouahbites durent, peu à peu, s'éloigner des centres de l'action politique des souverains musulmans. Les uns se retirèrent dans les déserts de la péninsule arabique et le

---

(1) Masqueray, *loco citato*.
(2) Masqueray, *loco citato*.

Nedjed, les autres en Berberie où, pendant plusieurs siècles, ils luttèrent, non sans éclat, contre la conquête arabe (1).

Ces derniers, qui étaient surtout des ibadites, finirent par succomber et il ne resta que quelques groupes qui, pour échapper à la vengeance des vainqueurs, se réfugièrent au Djebel Nefoussa, au sud-ouest de Tripoli, dans l'île de Djerba, et au sud d'Ouargla (2), à Kerima, Sedrata et Djebel Ibad d'où, plus tard, vers 400 de l'Hégire (1009-1010 de J.-C.), ils vinrent s'établir dans la chebka (3) du Mzab où ils sont encore.

L'organisation religieuse de ces Beni-Mzab ibadites mérite d'autant plus de fixer notre attention, qu'elle présente bien des points de ressemblance avec celle des ordres religieux orthodoxes. Ceci ne doit pas nous surprendre puisque, d'un côté, les Ibadites ont conservé sans altération les premières doctrines de l'Islam et que, de l'autre, les chefs des ordres religieux mystiques ont eu, pour objectif, de ramener les fidèles aux pratiques et à la morale de l'Islam primitif.

L'idéal des Ibadites est l'immamat universel, tel qu'il existait sous les premiers khalifes (4) et jusqu'à l'an 38

---

(1) Ce fut pendant cette lutte que Tiaret fut fondé en 144 (761-762) par Abder-Rhaman-ben-Rostem l'ibadite, qui prit le titre de khalife, et eut pour successeur son fils Abd-el-Ouahab (وهاب) ben-Derin-ben-Rostem qu'il ne faut pas confondre, ni avec Abd-el-Ouabb (وهب), tué l'an 38 de l'Hégire (658-59 de J.-C.), ni avec Mohammed-ben-Abd-el-Ouahhab (وهاب) qui, au XVIII° siècle, entreprit de renouveler l'Islamisme dans le Nedjed. M. Masqueray, dans une note de la page 149 de sa traduction de la *Chronique d'Abou Zakaria*, insiste sur cette distinction.

(2) Voir Coyne, *loco citato*.

(3) *Chebka* (شبكة) littéralement Filet. — On désigne ainsi une région montueuse, dont les ravins s'entrecroisent comme les mailles d'un filet. Il ne faut pas confondre ce mot avec *Sebkha* (سبخة) qui signifie Lac salé.

(4) Les musulmans des quatre grands rites dits orthodoxes donnent

de l'Hégire (658-659 de J.-C.). Ils comprennent et définissent l'Imam : « Le délégué de Dieu, ayant la charge et le » pouvoir de faire exécuter le bien et d'empêcher le mal, » conformément à ce qui est écrit dans le Livre. » Pour remplir de pareilles fonctions, l'imam doit, avant toute chose, posséder la connaissance exacte de la loi de Dieu, et avoir en main l'autorité souveraine qui, seule, lui permettra de faire prévaloir cette loi.

Il faut donc qu'il soit choisi parmi les plus capables et les plus dignes des Musulmans, c'est-à-dire nommé à l'élection, par ceux-là seuls qui sont en mesure d'apprécier ses connaissances théologiques, c'est-à-dire par les lettrés, lecteurs du Coran. L'élu ne peut, sous peine de mort, se refuser à remplir les fonctions qui lui sont imposées.

Cette élection restreinte est, du reste, conforme à l'exemple laissé par le Prophète, et surtout par le khalife Omar qui avait chargé de l'élection de son successeur un espèce de *conclave*, composé des six survivants des dix principaux compagnons du Prophète.

Pour faire régner la loi de Dieu, l'imam a les pouvoirs souverains, et celui-là est hérétique qui prétend mettre des limites à l'autorité de Dieu, en subordonnant l'action de l'imam aux prescriptions d'une charte politique (شرط, charte, convention).

Mais aussi, dès que l'imam cesse de rester dans l'application rigoureuse des préceptes du Coran, dès qu'il tente d'ajouter, de retrancher, d'*innover*, il doit être révoqué et abandonné, comme le fut l'imam Ali-ben-Abou-Thaleb, le jour où il consentit à soumettre à l'arbitrage humain les actes de son imamat.

---

le nom de khalifat parfait (خلافة كاملة) au vicariat des quatre premiers khalifes, en s'appuyant sur cette parole du Prophète : « Après » moi le khalifat sera de 30 ans. Après ce terme, il n'y aura que des » puissances établies par la force, l'usurpation, la tyrannie. » Or, Ali fut assassiné l'an 40 de l'Hégire (660-661 de J.-C.), c'est-à-dire 30 ans après la mort du Prophète.

C'est d'après ces bases qu'en l'an 38 de l'Hégire (658-659 de J.-C.), Abd-el-Ouahb-el-Rassibi fut élu imam des Ouahbites ; et c'est d'après ces bases que furent élus les autres imams Ibadites.

Il peut se faire, toutefois, que les circonstances politiques soient telles que l'exercice des fonctions d'imam ne soit pas possible ; les Ibadites ont prévu le cas, car ils n'admettent pas que l'imam puisse être entravé dans l'exercice de ses fonctions. Ils modifient donc leur organisation, selon les conditions dans lesquelles ils se trouvent, et, à la mort d'un imam, la première chose qu'ont à examiner les docteurs, c'est la possibilité de l'élection de son successeur ; si les Ibadites sont en mesure de tenir tête à leurs ennemis et de rester indépendants, l'élection a lieu ; si, au contraire, le pouvoir souverain est, en fait, aux mains des schismatiques (1), hérétiques ou mécréants, il n'y a pas lieu à l'élection d'un imam, car celui-ci n'aurait pas la liberté nécessaire pour exercer son autorité.

Les docteurs ibadites ont des termes consacrés, pour exprimer les situations respectives dans lesquelles se trouvent les fidèles dans la voie de Dieu, situations qui doivent influer sur leur manière d'agir.

Sous les khalifes Abou Beker et Omar, en ces temps de splendeur de l'Islam, les fidèles étaient dans *l'état de gloire.* Plus tard, chaque fois que les Ouahbites ou Ibadites furent assez forts pour lutter, avec succès, contre les Musulmans sunnites et maintenir leur indépendance politique et religieuse, sur un point quelconque, ce fut *l'état de résistance ;* en cet état, l'élection de l'imam est

---

(1) Pour les Ibadites, les schismatiques sont les sectes ouahbites dissidentes dont les principales sont les Homrites, les Cofrites, les Noukkar, les Azariqa, les Adjarida, les Tsaliba, les Ouahabites.

Les hérétiques sont tous les Musulmans non Ouahbites ; ils les appellent aussi « unitaires » parce que, s'ils croient à l'unité de Dieu, ils ne sont cependant pas de vrais Musulmans. Les mécréants ou polythéistes *(mcherkiin)* sont : les chrétiens, les juifs et les idolâtres.

obligatoire : les Ibadites d'Algérie eurent ainsi sept imams. Mais, quand la résistance n'est plus possible sans compromettre la vie des femmes et des enfants, on se trouve dans *l'état de secret* (1), qui commença, dans le Maghreb, à l'époque de la chûte de Tiaret, quand l'imam Yacoub déclara qu'après lui il n'y avait pas possibilité de reconstituer l'imamat (1503-1504 de J.-C., 909 environ de l'hégire).

C'est à « l'état de secret » que sont aujourd'hui les Ibadites du Mzab. Ils n'ont plus d'imam et leur organisation religieuse, d'où découle leur organisation politique, est essentiellement constituée par la fédération des diverses « paroisses » établies dans la chebka. Chaque groupe a, en effet, sa mosquée qui est la résidence officielle et effective de la *halqa* (2), ou conseil ecclésiastique, formé de douze clercs, ou Yazzaben, sous la présidence d'un cheikh.

Trois sont chargés de l'instruction, un de la conduite de la prière, un de l'appel à la prière, cinq du lavage des morts, deux de la gérance des biens de la mosquée. Le

---

(1) M. Masqueray cite un quatrième état, *l'état de dévouement*. Mais il ne concerne que quelques individualités et non des groupes constitués :

« Quand la situation est presque désespérée, quarante hommes
» sont choisis, qui ont vendu leur âme à Allah en échange du Paradis.
» Ils mènent leurs frères à la bataille, et il leur est interdit de poser
» les armes avant d'être réduits au nombre de trois. » *(Préface d'Abou Zakaria*, p. xxiii.)

Cet usage ouahbite s'est conservé chez les Berbères du Djurdjura, aujourd'hui malékites : les dévoués sont devenus les Imeselben. (Voir, sur ces Imeselben, un article de M. le commandant Robin, dans la *Revue africaine* de 1874, page 401).

(2) La *halga*, anneau, carcan, collier, cercle, était primitivement le cercle des disciples et auditeurs d'un cheikh. Plus tard, le sens de « carcan », ou cercle étroit, prévalut, ce fut le conseil étroit des reclus. M. Masqueray fait, avec raison, remarquer la similitude d'idée qui existe entre l'emploi de ce mot « carcan » dans le langage religieux des Ibadites et notre mot français « discipline » pris dans le sens de règle étroite.

cheikh a pour fonction spéciale de rendre la justice, assisté des quatre premiers iazzaben; avec eux, il conduit les affaires spirituelles et les affaires temporelles et veille à ce que ces dernières ne prennent pas une importance préjudiciable aux intérêts de la religion.

Le cheikh de la mosquée a, en outre, la haute main sur la djemâa ou conseil municipal laïque, qui est chargé : de la police locale, de la répartition et de la perception des impôts, de l'application des règlements ou kanoun, et, enfin, de tous les détails de l'administration politique des gens de la « paroisse. » Mais cette djemâa laïque ne peut prendre aucune décision sans l'approbation préalable du cheikh de la mosquée. Sur les actes importants, ce dernier doit même apposer sa signature pour donner force de loi à la décision des laïques.

Les affaires, spirituelles ou temporelles, concernant plusieurs villes, sont traitées en des assemblées composées de la réunion des conseils des groupes intéressés, sous la présidence d'un des cheikhs de mosquée. S'il s'agit d'affaires ne présentant aucun côté religieux, la réunion se compose des djemâa laïques; s'il s'agit de litiges civils, ou d'affaires intéressant la morale et les choses spirituelles, la réunion se compose des Iazzaben et de leurs cheikhs, mais toujours la présidence reste à un cheikh de mosquée.

Cette organisation est, on le voit, à peu de chose près, celle de l'église presbytérienne en Écosse. La subordination de l'élément laïque à l'élément religieux est absolue (1), ou du moins était absolue jusqu'en décembre 1882, époque où l'Administration française, s'étant défi-

---

(1) Extrait du canoun de Melika : « Tout individu qui, par paroles, propos, calomnie ou voies de fait, aura outragé les Azzaba ou Talamid, sera puni d'une amende de 7 réaux kunti et banni pendant deux ans à Alger ou à Tunis. Cette peine est applicable indistinctement à tout indigène, qu'il appartienne ou non à la tribu de l'outragé, car les Azzaba n'ont pas de fraction : ils forment la fraction de Dieu. »

nitivement installée au Mzab (1), a affranchi les laïques du contrôle et de la suprématie des clercs.

Les devoirs du cheikh et de ses clercs sont exposés en détail dans les livres religieux du Mzab ; voici en quels termes s'exprime le kitab du cheikh ibadite Abou-Ammar-Abd-el-Kafi, disciple de l'imam Abou-Yacoub-Youcef-ben-Ibrahim de Ouargla (2) :

« La dénomination de Azzâba (عزابة) (3) a pour cause le célibat, la retraite, l'éloignement du monde, l'usage exclusif des vêtements de laine, l'habitude de prier la nuit sur les sommets des montagnes. Tels sont les traits distinctifs des Azzâba... Nul ne peut faire partie de la halqa s'il ne satisfait aux trois conditions suivantes : il doit, premièrement, être modéré et poli ; secondement, ne pas trop fréquenter les marchés ; troisièmement, laver son corps avec de l'eau et son cœur avec de l'eau et des feuilles de seder (سدر), jujubier sauvage ; son corps, il le purifie du contact de la foule ; son cœur, il le purifie de la colère, de l'orgueil et d'autres vices semblables, qui dégradent l'homme de bien... Si un Azzâbi a fait une faute légère, ses collègues doivent la dissimuler et l'avertir, pour qu'il se délivre de son péché... Il doit savoir le Coran par cœur et occuper, sans murmurer, le poste qu'on lui désigne. Ses devoirs extérieurs se décomposent en quatre principaux : d'abord, il doit se montrer extrêmement désireux de posséder les sciences et l'art des convenances ; ensuite, il doit défendre énergiquement les droits des faibles et des pauvres, et contraindre le prévaricateur à indemniser le lésé ; troisièmement, il doit faire régner la justice sur les marchés, maintenir l'ordre dans la ville, pourvoir aux besoins des faibles et des réfugiés ; quatrièmement, il ne doit

---

(1) La proclamation de M. Tirman, Gouverneur général, et les instructions politiques destinées à être appliquées au Mzab sont datées du 1ᵉʳ novembre 1882. La lecture de la proclamation et la prise de possession effective sont du 6 décembre de cette même année. L'arrêté organisant le cercle de Ghardaïa est du 28 décembre.

(2) Cet extrait est donné dans une note de la *Chronique d'Abou Zakaria*, page 254, par M. Masqueray qui, le premier, a fait connaître cet auteur.

(3) Ne pas confondre عزابة qui vient de عزب être loin de, être isolé, reclus, célibataire avec حزاب *hassab*, lecteur du Coran, emploi religieux dans les mosquées hanéfites ou malékites.

» jamais accorder des subsides de la mosquée à des hommes qui ont
» quelque bien ou des enfants... Celui des membres de la halqa qui
» a commis une faute grave, est banni par les Azzâba à l'instant
» même, s'il y a évidence absolue, et il ne peut plus s'asseoir au milieu
» d'eux, car il ne fait plus partie de leur société, dès qu'il a prononcé
» une parole coupable ou commis un acte coupable au sû du pubic...
» Du jour où les gens de la halqa ont dit au Azzâbi : « Viens avec
» nous et aide-nous dans les affaires de ce bas-monde et dans celles
» du monde futur », il doit penser que, s'il ne se souvient pas des
» devoirs qui lui sont imposés, il se trouvera dans une situation très
» difficile, et aura passé son cou dans un véritable carcan *(halqa)* de
» fer. Certes, ses devoirs sont nombreux. Il doit s'écarter de sa
» famille, de ses enfants, de sa fraction, car il a formellement promis
» de s'en éloigner. Il ne doit pas s'occuper des gens de ce monde
» présent, ni se mêler à eux. On ne doit le trouver que dans sa mai-
» son, ou dans son jardin, ou à la mosquée. Il doit fermer à demi les
» yeux, pour ne pas voir ce qui lui est défendu de voir, et se boucher
» les oreilles, pour ne pas entendre les paroles des gens du monde
» présent. Certes, les Azzâba sont en petit nombre dans la foule, ils
» ont vendu leurs âmes à Allah, pleins de foi et comptant avec certi-
» tude sur leur récompense au jour de la Résurrection ; car ils mar-
» chent hardiment dans la voie d'Allah. Le Très-Haut a dit : « Celui
» qui veut labourer la vie future, je l'aiderai dans son labour, et
» c'est pourquoi Abou-Amar a creusé sans relâche ce sillon mer-
» veilleux. »

« ... Le cheikh a de nombreux devoirs envers lui-même, envers les
» Azzâba et envers les élèves. Le cheikh tire de lui-même ses devoirs
» envers lui-même ; il doit être intelligent, poli, modéré et considé-
» rer tout, plutôt avec l'œil du cœur qu'avec l'œil du visage. Il nomme
» et distribue les gens de la halqa en trois sections :

» Lui-même, à lui seul, constitue la première ; quatre membres de
» la halqa constituent la seconde ; et le reste la troisième. Le cheikh
» Abou-Amâr-Abd-el-Kâfi (qu'Allah lui fasse miséricorde !) a dit : les
» quatres membres de la halqa qui précèdent les autres sont ceux
» qui nouent et délient. Ils tiennent dans leurs mains les affaires du
» monde présent et celles du monde futur, et ils ne substituent pas
» les uns aux autres. Ils sont comme les pôles qui ne changent pas
» de place, jusqu'à ce qu'Allah les appelle à eux. Ils restent en cet
» état, et, quand ils meurent, ils sont sur le chemin du Paradis. Ils
» doivent toujours et en tout cas consulter avec le cheikh. Les autres
» Azzâba se taisent, regardent de leurs yeux, et retiennent ce que
» disent les quatre et le cheikh.

» Le cheikh Abou'-Amar'-Abd-el-Kâfi (qu'Allah lui fasse miséri-

» corde !) a dit : « Les gens de la halqa sont comme les Boudala(1), et
» le cheikh comme le R'outs, et les quatre sont la halqa en ce qui
» concerne les affaires de ce monde et celles du monde futur. Si l'un
» des quatre meurt, un autre Azzâbi prend sa place, et ils restent en
» cet état jusqu'à ce qu'Allah les rappelle, et qu'ils aillent retrouver
» leurs prédécesseurs, guidés dans la bonne voie. Certes, ils occupent
» la place d'un Sultan dispensateur de la justice, et telle est l'organi-
» sation des gens de la doctrine (qu'Allah leur fasse miséricorde !) »

« Je parlerai maintenant des devoirs du cheikh vis-à-vis de la
» mosquée. Il n'en a aucun de ceux qui sont obligatoires aux gens
» de la halqa, si ce n'est la consultation ; car, c'est à lui qu'elle revient
» toujours, importante ou non, et personne ne peut remuer sans le
» consulter. Il est le R'outs, le Grand. Si cette loi n'était pas obser-
» vée entre les gens de la halqa, ils seraient incapables de discerne-
» ment, et qui n'est pas capable de discernement est errant, égaré,
» hors de la voie droite, le Très-Haut a dit : « Je les égarerai dans
» des voies qu'ils ne connaissent pas. »

« Les gens qui lient et délient investissent le cheikh. Ils consi-
» dèrent qui d'entre eux possède au plus haut degré la science, la tra-
» dition, la gravité et la contrition, et ils en font leur chef en matière
» de religion.

» Un des membres de la halqa est Moueddin ; trois instruisent les
» jeunes gens dans l'école ; cinq lavent les morts ; un prie devant la
» foule (imâm) ; deux qui n'ont pas une grande fortune et sont sans
» enfants, gèrent le bien de la mosquée. Un membre de la halqa est
» chargé de distribuer la nourriture aux Azzâba, aux élèves et aux
» jeunes gens ; un autre est chargé d'entretenir les nattes et de faire
» balayer ; il empêche aussi les animaux d'entrer dans la mosquée. »

Les lettrés qui ne font pas partie de la halqa sont dits, selon leur instruction, Irouan (écrivains) ou Imesorda (étudiants). Les illettrés ou, plus exactement, les gens qui ne se livrent pas exclusivement à la lecture des livres sacrés, les gens simples, ignorants des choses de la religion sont les Aouam (le peuple, les laïques).

Les conseils des Azzâba et à plus forte raison les djemaa laïques, ne prononcent jamais la peine de mort. La

---

(1) Les *Boudala* البدلا et plus exactement les *Abdal* sont, d'après l'étymologie, بدل les remplaçants, c'est-à-dire ceux appelés à remplacer les Azzâba. Nous avons déjà vu ce mot chapitre V.

loi ibadite n'admet cette répression que pour l'imam élu qui refuse de remplir ses fonctions. Le châtiment le plus rigoureux qui puisse atteindre l'Ibadite est la tebria (1), c'est-à-dire l'*excommunication*, telle qu'elle existait dans les sociétés chrétiennes, aux époques où le clergé était tout puissant ; elle est même plus terrible, car, si l'excommunié ne cherche pas à s'amender, ou si la famille l'accueille, la tebria frappe tous ceux qui ont action morale sur l'individu frappé de cette peine. L'Ibadite frappé de tebria est déchu de tous ses droits civils, civiques et de famille, l'entrée de la mosquée lui est interdite, sa fréquentation est défendue. Aussi, dans la pratique du Mzab, dont les habitants savent trouver un refuge assuré dans nos villes françaises, la tebria équivaut à un bannissement.

Cette peine n'est pas perpétuelle et, le plus souvent, la halqa admet l'excommunié à résipiscence, lorsque l'expiation est jugée suffisante. Mais, avant de pouvoir rentrer dans ses droits de musulman et de citoyen, l'individu dont le repentir est accepté par les clercs doit faire publiquement pénitence. Pour cela, il se place accroupi sur le passage des Azzâba, en criant grâce, pendant plusieurs heures et quelquefois pendant plusieurs jours ; s'il est admis au pardon, il entre dans la mosquée, à un endroit spécialement désigné, et il subit, devant toute la paroisse assemblée, les reproches et les admonestations de l'Azzab chargé de conduire la prière. Après quoi, il se fait raser comme un nouveau converti et rentre dans la vie commune.

L'excommunication ibadite ou tebria est prononcée contre tout individu coupable de meurtre non justifié, de concubinage, d'adultère, de libertinage, d'acquisition par violence, de recel, comme aussi de désobéissance

---

(1) Le mot تبرية signifie en arabe ordinaire : exemption, abolition ; le sens que lui donnent les Ibadites est celui d'exclusion, de rejet. La traduction convenable est donc bien le mot excommunication.

ou de manquements graves, soit vis-à-vis des Azzâba, soit vis-à-vis des obligations canoniques imposées à tous les Ibadites. Enfin, en dehors des faits précis rentrant dans la catégorie de ceux que nous venons d'énumérer, la tebria peut toujours être prononcée par le cheikh, assisté de la halqa, quand cela est nécessaire, pour le bien de la religion et pour la tranquillité de la communauté (1).

La morale que prêche la loi Ibadite est excessivement austère et puritaine. Les Musulmans de cette communion ont, à un haut degré, l'horreur de l'effusion du sang (2), ils ne l'admettent comme licite que dans le cas où elle est commandée par Allah, pour la défense de la foi ; encore faut-il que les Croyants soient attaqués et empêchés, par les impies, les mécréants ou les idolâtres de pratiquer leur religion.

Le mensonge, la simple médisance, même fondée, l'emploi de termes injurieux, obcènes ou simplement indécents, le contact accidentel ou volontaire de la main d'une femme, celui d'un objet humide, sale ou illicite, sont des péchés graves qui « abolissent la pureté

---

(1) En dehors de la loi religieuse, les gens du Mzab ont des kanoun qui sont, à proprement parler, des règlements de police, variant comme tarif selon les villes. Ces kanoun comportent comme peine : le bannissement temporaire « pendant la durée duquel il faut que le » banni ait vu la mer », la prison, la bastonnade, l'amende. A Beni Isguen, El-Alleuf, les peines laïques (civiles ou pénales) se divisent en trois catégories : 1° l'*adeb* qui comprend les peines inférieures à 20 coups de bâton et 20 jours de prison ; 2° le *taazer* qui comprend les peines inférieures à 40 coups de bâton et 40 jours de prison ; 3° le *nekal* comprend les peines supérieures dont les juges règlent la quotité.

(2) Extrait du kanoun de Ghardaïa : « Celui qui aura volontaire-
» ment commis un meurtre paiera 100 réaux d'amende (250 fr.), rece-
» vra la bastonnade et sera banni du Mzab à perpétuité. »

Extrait du kanoun de Bou Noura : « Celui qui sera reconnu coupa-
» ble de meurtre paiera 100 réaux d'amende, 400 réaux de dia et sera
» banni à perpétuité. »

morale » et rendent nécessaire des ablutions spéciales avant de pouvoir prier (1).

Le célibat (parce qu'il favorise la débauche), la colère, les chants, la musique, le jeu, la danse, le luxe dans les vêtements, l'usage du tabac, la fréquentation des cafés (mais non l'usage privé du café dans sa maison), sont choses formellement interdites ; ce sont des péchés mortels compromettant le salut des Fidèles ; ceux qui persévèrent dans d'aussi graves péchés doivent être punis rigoureusement et peuvent encourir la tebria (2).

La discrétion, le silence, les bons rapports avec autrui, la modestie dans la tenue et le langage, la sûreté et l'aménité dans les relations, la fidélité dans la garde d'un dépôt, etc., sont, au contraire, des vertus tout particulièrement recommandées.

---

(1) Sans préjudice de l'action pénale exercée dans un intérêt d'ordre public, en vertu du kanoun particulier de la ville. Ainsi, le kanoun d'El-Alleuf punit du *nekal* (en spécifiant qu'on peut pousser la bastonnade jusqu'à 500 coups de bâton) : « Ceux qui font usage de bois-
» sons fermentées, ceux qui mangent de la viande ou du sang d'un
» animal non égorgé, d'un porc, de la chair humaine ou des choses
» immondes. »

(2) Le kanoun de Milika, conservé dans le registre de la mosquée de cette ville, contient ce passage :

« Sont interdits : les réjouissances en musique et jeux divers :
» l'usage du henné à l'occasion d'un mariage, d'une circoncision ou
» d'une naissance. Tout contrevenant arabe ou autre, de condition
» libre ou servile, sera puni d'une amende de 5 réaux kounti et *excom-*
» *munié* par les tolba. Seront punis des mêmes peines, ceux qui, en
» ces occasions, toléreront dans leurs maisons ces jeux ou réjouis-
» sances. »

A Beni Isguen, le kanoun est moins rigoureux : il applique l'*adeb*, peine inférieure à 20 coups de bâton et 20 jours de prison aux infractions ci-après : « Paroles outrageantes, excitation au désordre, réjouis-
» sances interdites, jeux, chants et cris, paroles ou actions de nature
» à porter atteinte à la considération d'autrui. Elle est infligée aussi à
» celui qui pénètre sans droit dans la maison de quelqu'un, qui se
» refuse à donner ce qui lui est justement réclamé, qui se vante d'ap-
» partenir à telle ou telle fraction, qui s'isole avec la femme d'un
» autre, à ceux qui se réunissent pour prendre du café ou fumer du
» tabac, etc. »

Et en fait, il faut reconnaître qu'il y a, chez presque tous les Mozabites, une honnêteté et une moralité de beaucoup supérieure à celle des autres Musulmans, Berbères ou Arabes.

C'est, qu'en effet, la loi Ibadite attache à la morale une importance toute spéciale. Alors que les Musulmans sunnites déclarent que la foi seule suffit pour sauver le Fidèle, quels que soient ses actes ; alors que la plupart des Congréganistes admettent que l'on peut faire son salut, en s'absorbant dans de pieuses pratiques de dévotion ou en récitant certaines prières privilégiées, les Ibadites n'admettent pas le salut du Fidèle, s'il n'a pas de bonnes œuvres à son actif. Volontiers, ils répètent cette maxime de Djaber-ben-Sid, un de leurs premiers Imams, qui disait : « La foi ne sert pas à l'homme s'il » ne la possède pas depuis longtemps, et s'il n'a pas fait » œuvre méritoire avant sa mort. »

Véritables puritains (1) de l'Islam, les Ibadites poussent à l'excès l'observance des prescriptions du Coran. Leur rigorisme n'admet ni tempérament ni interprétation du Texte sacré : ils disent même qu'il n'y a pas de discussion religieuse possible, car s'il y a divergence d'opinion, il suffit de relire attentivement le Livre de Dieu et de l'appliquer strictement, sans en rien retrancher, sans rien y ajouter. Ils accusent les autres Musulmans de torturer le sens du Livre, et ils ont en horreur les spiritualistes ou batenistes (2). Aussi regardent-ils comme absolument hérétiques et impies tous les derwich, faqir et autres mystiques.

Les Ibadites ont des Docteurs et des Savants dont ils vénèrent la mémoire, mais ils n'ont pas de Saints pro-

---

(1) Extrait du kanoun de la ville de Ghardaïa : « Tout individu qui » sera convaincu d'avoir adressé la parole à une femme dans la rue » sera puni d'une amende de 25 réaux (62 fr. 50) et sera banni pen- » dant deux ans. »

(2) De الباطن *El-Baten*, l'intérieur.

prement dits ; ils disent que, admettre l'intercession d'un Prophète ou d'un Saint comme pouvant être efficace, c'est nier Dieu, dont les jugements sont irrévocables et dont la sagesse ne peut être influencée par l'intervention d'une de ses créatures.

Non-seulement ils n'admettent pas qu'il puisse y avoir des illuminés ou des inspirés, mais ils ne reconnaissent pas le droit, à une créature humaine, fut-ce l'Imam, d'amnistier son semblable. Le Livre dit à l'Imam quand il doit punir ; comme il lui prescrit de faire triompher le bien, il lui donne le droit de mettre à l'écart de la société celui qui donne l'exemple du mal : mais « Dieu seul est » juge souverain et peut apprécier si le repentir est de » nature à effacer la culpabilité. »

Ainsi, tout Ibadite qui se sent mourir est assisté, à ses derniers moments, d'un Azzab ou d'un Clerc profès (Aroui), qui reçoit sa confession et stimule son repentir. Mais ce Clerc n'absout pas le moribond. Dieu seul peut savoir si le repentir est suffisant.

Tels sont, résumés à grands traits, les points principaux de la doctrine Ibadite. Pour être plus explicite, il faudrait compléter ce que nous avons dit par des extraits du *Kitab-en-Nil* (1), dans lequel sont renfermés les passages essentiels des principaux Docteurs, tant au point de vue théologique qu'au point de vue juridique.

Mais cela nous entraînerait trop loin ; nous n'avons voulu donner ici qu'un point de repère, pour permettre de se former une opinion sur ce qu'a de fondé l'accusation de ouahbisme formulée, par les Musulmans, contre les congréganistes orthodoxes.

L'étude de la doctrine Ibadite mérite, du reste, d'être l'objet d'un travail spécial, aussi bien au point de vue

---

(1) Le *Kitab-en-Nil* est un gros in-4° de 800 pages environ : il a, pour les Mozabites, la même valeur que Sidi Khelil pour les Malekites. Ce livre n'a pas encore été traduit en Français, mais cette traduction s'impose, aujourd'hui que nos tribunaux français vont avoir à appliquer, en appel, la loi Ibadite.

historique qu'au point de vue philosophique. Le peu que nous en avons dit montre déjà l'étonnante ressemblance que présente le Ouahbisme Musulman avec le protestantisme chrétien. Nous avons nous-même comparé les Ibadites aux presbytériens d'Écosse, et cette comparaison aurait pu être renforcée par une foule de détails typiques, tels que l'obligation pour tout Ibadite de comprendre le sens des paroles qu'il prononce en priant, ou en récitant le Coran, ce qui explique le développement de l'instruction dans le Mzab.

Mais nous le répétons, nous n'avions pas ici à faire l'histoire des Ouahbites et nous avons dû nous borner à un simple coup d'œil sur leurs doctrines.

Ajoutons que notre occupation du Mzab n'a, en rien, touché à l'organisation religieuse du pays, ni au mode d'administration de la justice civile. Nous nous sommes bornés à imposer notre justice criminelle, ce qui est un droit régalien dont nous ne pouvions faire abandon, et à affranchir les djemàa laïques du contrôle et de la tutelle de l'élément religieux, ce qui était depuis longtemps le désir des Berbères Mozabites.

Les Musulmans Ibadites sont en Algérie au nombre de 35 à 49,000 environ ; 30,000 environ (les statistiques officielles faites à distance en 1881 disent 27,115) sont agglomérés dans les villes du Mzab ; le reste est épars dans tous les centres européens ou indigènes de l'Algérie par groupes très variables : ce sont ces Mozabites bien connus dans nos villes, où leur commerce honnête et laborieux leur a acquis depuis longtemps l'estime de tous les Français.

CHAPITRE XII

ORDRE RELIGIEUX DES SEDDIKYA
fondé par
ABOU-BEKER-ES-SEDIK
Mort l'an 13 (634-35 de J.-C.)

L'ordre religieux des Seddikya passe pour avoir été fondé par Abdallah-Ibn-Abou-Kohafah-Abou-Beker-es-Sedik-el-Atik (1), beau-père du Prophète et premier khalife, personnage historique dont la notoriété nous dispense de retracer la vie.

Ceux qui, ayant été plus particulièrement les disciples et clients de Si-Abou-Beker-es-Sedik, avaient pu recueillir ses paroles et ses pratiques de dévotion, en avaient formé un corps de doctrine, qui devint la *règle* de ses partisans, réunis en une sorte de société religieuse qui s'est perpétuée jusqu'à nos jours.

Le prestige d'Abou-Beker est immense dans tout

---

(1) L'usage des anciens Arabes était de désigner les hommes adultes par le nom de leur premier né précédé du mot Abou « père. » Abou-Beker signifie « le père de la Vierge » c'est-à-dire de Aïcha, la seule femme que le Prophète ait épousée vierge, toutes ses autres femmes avaient été, en effet, déjà mariées avant de devenir ses épouses. Le surnom d'Es-Seddik « le certificateur », a été donné à Abou-Beker parce qu'il certifia la vérité du miracle du voyage nocturne du Prophète. Le surnom d'El-Atik « le prédestiné » aurait été donné à Abou-Beker par le Prophète lui-même.

Si-Abou-Beker est né en 573 de J.-C. ; il fut khalife à la mort du Prophète, en 632 (10-11 de l'Hégire), et fut assassiné à Médine l'an 13 (634-635 de J.-C.).

l'Islam : ce fut lui, en effet, qui réunit en un livre les pages éparses du Coran et qui, à la mort du Prophète, fut jugé le plus digne de lui succéder. Tous les actes de sa vie, comme pontife et souverain, sont restés marqués au coin de l'austérité et de la ferveur religieuses, et c'est avec raison qu'il est demeuré, à travers les siècles, comme le type le plus élevé et le plus pur du véritable Musulman intransigeant dans sa foi. Aussi, son nom n'est-il jamais prononcé, par les Croyants sans être précédé du mot « Notre Seigneur » (سيدنا) : *Sidna Abou-Beker, khalifa rassoul Allah,* Notre Seigneur Abou-Beker, vicaire (khalife) de l'Envoyé de Dieu (سيدنا ابو بكر خليفة رسول الله).

C'est, en effet, une grande figure dans l'histoire que ce pontife souverain, dont l'activité guerrière n'eut d'égales que la ferveur de son prosélytisme religieux et la simplicité de sa vie privée.

C'est à Abou-Beker-es-Sedik que se rattachent, plus ou moins directement, la plupart des grands ordres religieux de l'Islam. L'exposé des doctrines des Seddikya présente donc un intérêt majeur pour l'étude des diverses congrégations musulmanes, car toutes, dans une certaine mesure, se sont inspirées des préceptes laissés par le premier Isman, ou pontife souverain de l'Islam.

Les Seddikya sont très répandus dans le Levant, en Égypte et dans l'Yemen et s'ils n'ont que fort peu d'adeptes en Algérie, il ne faut pas oublier cependant qu'Abou-Beker est l'ancêtre direct du grand Sidi-Cheikh-ed-Din, souche de la grande famille religieuse des Ouled Sidi-Cheikh, dont l'influence politique et maraboutique s'exerce, depuis des siècles, dans tout le Sahara algérien, de Ouargla jusqu'au Tafilalet marocain, en dehors même de leur action comme membres de diverses congrégations religieuses qui se rattachent, par des liens plus ou moins nets, à l'ordre des Seddikya (1).

---

(1) Voir chapitre XXIV.

D'un autre côté, nous devons noter que le cheikh Snoussi place en première ligne, parmi ses meilleurs appuis, l'enseignement qu'il a reçu des grands maîtres ou moqaddem des Seddikya.

C'est à un manuscrit du cheikh Snoussi que nous empruntons les extraits ci-après, qui résument l'exposé de la doctrine et de la règle des Seddikya :

« Les principes fondamentaux de cet ordre sont l'absorption dans
» la contemplation du Prophète (que Dieu répande sur lui ses béné-
» dictions et lui accorde le salut!) d'une manière fervente et osten-
» sible, en paroles et en actions. L'affilié ne doit faire usage de sa
» langue que pour l'implorer, et se faire de cette obligation un devoir
» impérieux, dans presque tous les instants de sa vie, qu'il soit dans
» l'isolement ou en public, jusqu'à ce qu'il ait gagné son cœur et
» fortifié son âme par sa glorification. Arrivé à ce degré d'illumina-
» tion, il sera protégé par le retentissement de ses louanges, son
» cœur sera vivifié par sa présence et l'exemple de ses vertus sera
» toujours devant ses yeux pour le diriger. Parvenu à ce point de
» perfection, le Prophète répandra sur lui ses bienfaits spirituels et
» corporels : il lui apparaîtra dans presque tous les états où il se
» trouvera, pendant son sommeil surtout, puis pendant ses moments
» difficiles, alors qu'il se serait laissé surprendre, et, enfin, pendant
» ses heures d'extase. Cette jouissance ne peut être comprise qu'en
» la goûtant. Le Prophète, par un effet de sa puissance, fortifiera
» alors sa foi dans les circonstances périlleuses, veillera sur ses
» actions et les dirigera ; aucune créature humaine n'aura de puis-
» sance sur lui, si ce n'est le Prophète (que Dieu répande sur lui ses
» bénédictions et lui accorde le salut!) Le fidèle qui parvient à ce
» degré de perfection s'appelle Mohammedi, du nom de Mohammed,
» à cause de ce qui vient d'être dit, parce qu'il est dans la voie de la
» vérité et qu'enfin il veut être conduit vers les récompenses célestes.

» Ce sont ces pratiques, parfaitement réglées, dont le but est la
» glorification de l'Être-Suprême, qui doivent être scrupuleusement
» observées et que nous recommandons à la ferveur générale.

» Tous les adeptes qui s'y soumettent, sont invités à se livrer à
» une méditation profonde, attendu que le but à atteindre est tout
» d'abord une *absorption* complète, jusqu'à purification, des souillures
» du péché. Parvenus à ce degré, ils auront à prier pour le Prophète
» (que Dieu répande sur lui ses bénédictions et lui accorde le salut!)
» en répétant l'oraison dite *Selat-el-Tama*, qui fait partie des prières
» nommées *El-Techchidat-el-Aberrahmia*. Ce que nous prescrivons ici

» est réservé au vulgaire. Aux adeptes d'un esprit élevé, nous ordon-
» nons autre chose : nous ne leur imposons pas seulement ces sim-
» ples prières, qui sont sans cesse dans leurs bouches et qu'ils arti-
» culent par surérogation, sans discerner d'abord les mystères qui y
» sont attachés ; nous leur en demandons davantage : ils doivent
» s'astreindre à réciter chacune de ces prières douze fois de suite,
» puis, lorsque le secret qui y est afférent leur est révélé, par suite
» de la pureté de leur cœur, il importe qu'ils passent dans une autre
» oraison dans laquelle ils invoqueront l'Envoyé de Dieu et implore-
» ront son affection et sa justice. Voici cette oraison : *O Dieu, répandez*
» *vos bénédictions sur votre ami*, tel nombre de fois, et faire connaître
» quel nombre ; on invoque en ajoutant : *que ces bénédictions soient*
» *aussi nombreuses que les choses de ce monde que vous avez créées* (les
» étoiles, les grains de sable, etc...), sans omettre de placer le mot
» *Sidna* (notre Seigneur) avant le nom, car un mystère y est attaché
» qui ne se dévoile qu'à celui qui s'impose cette pratique avec fer-
» veur. Lorsque le cœur, éclairé par la lumière de la prière, est purifié
» des impuretés humaines, il ne doit plus articuler que des choses
» saintes et dire, par exemple : « Que les bénédictions soient sur le
» Prophète (que Dieu répande sur lui ses bénédictions et lui accorde
» le salut !) *Il n'y a de Dieu que Allah, Mohammed est l'envoyé de Dieu*
» (que Dieu répande sur lui ses bénédictions et lui accorde le salut !) »
» Ces invocations répétées à tous les instants de la vie, ne convien-
» nent qu'à une personne d'un esprit supérieur, ferme dans sa foi,
» inébranlable dans ses sentiments et dont l'esprit est plein d'une
» conviction profonde. Elles renferment, du reste, une force qui ne
» peut être supportée que par les forts. Les lumières que l'on possède
» alors sont un feu dévorant qu'une âme aguerrie peut seule con-
» tenir.

» Lorsque l'adepte est d'une nature vulgaire, il convient qu'il ne soit
» initié aux préceptes que progressivement. Aussi faut-il ne lui im-
» poser, dans le principe, que des prières faciles, jusqu'à ce que son
» âme soit fortifiée et affermie par degrés. Alors on en augmente la
» progression en y ajoutant des invocations pour le Prophète (que
» Dieu répande sur lui ses bénédictions et lui accorde le salut !) car
» ces prières pour le Prophète sont comme une eau qui fortifie l'âme
» et en efface les mauvais penchants.

» A ce sujet, notre Seigneur Es-Seddik (que Dieu lui accorde ses
» grâces !) a dit : « La prière pour le Prophète efface les péchés
» comme l'eau fraîche éteint le feu le plus ardent, etc.... »

« Lorsque les fruits produits par la pratique de l'invocation dite du
» *Dikr* de l'âme et par une foi profonde ont effacé les impuretés de
» l'âme, lorsqu'on ne voit que par les yeux du cœur, dans ce monde
» et dans l'autre, que l'Être unique (Dieu), alors on peut aborder la

» prière qui élève l'âme vers Dieu, c'est-à-dire celle qui consiste à
» dire : « *Que le Dieu tout-puissant soit glorifié ! O notre Dieu, répandez*
» *vos bénédictions sur notre Seigneur Mohammed, sur sa famille et ses*
» *compagnons, accordez-leur le salut !* »

» Quand cette prière, à son tour, a porté ses fruits et que les mys-
» tères qui y sont attachés se trouvent dévoilés, l'adepte est initié au
» *Dikr menfered* et doit répéter souvent ce nom : Dieu ! Dieu !....

» Ben-Abdallah recommande particulièrement de ne point omettre
» la mention qui concerne le Prophète (que Dieu répande sur lui ses
» bénédictions et lui accorde le salut !), car c'est là une clef qui ouvre
» toutes les portes, par la volonté de l'Être Généreux et Dispensateur. »

» Abou-Beker rapporte que le cheikh Nour-ed-Din-ech-Chouni-el-
» Masseri ouvrait ses conférences par des prières pour le Prophète
» (que Dieu répande sur lui ses bénédictions et lui accorde le salut !)
» la nuit qui précède le vendredi et ce jour-là.

» Il prescrivait les pratiques suivantes : réciter la *Sourate* d'El-
» Kehef et celle de Ya-Sine les jours ordinaires, en y ajoutant, dans
» la nuit du vendredi, les autres *Sourates* du Coran intitulées : *Taba-*
» *rak* et *El-Koutser* qui doivent se répéter pendant l'espace de trois
» degrés (un quart d'heure environ) ; prononcer l'invocation des mots
» *Dieu unique* toutes les nuits, mais particulièrement et davantage
» pendant celles du vendredi ; réciter les deux derniers chapitres du
» Coran et la *Fatha* ; réciter le passage du livre commençant par :
» *Votre Dieu est le Dieu unique, il n'y a de Dieu que lui ; c'est le Clément*
» *et le Miséricordieux ; il n'y a de Dieu que Allah, c'est le vivant et l'im-*
» *muable, etc.....* et continuer jusqu'au mot *El-Adim*, reprendre
» ensuite à partir de : *A Dieu appartient tout ce qui est dans les Cieux*
» *et sur la Terre, etc...* jusqu'à la fin de la Sourate ; recommencer
» aux mots : *Que Dieu et ses anges répandent leurs bénédictions sur le*
» *Prophète, etc....* jusqu'au mot *Tesseliman* ; réciter ensuite les autres
» prières auxquelles sont attachées les grâces bien connues dont il
» a été déjà question, en commençant par les prières pour le Pro-
» phète dites *Selat El-Aberahmia* qui sont celles dont on retire le plus
» de fruits et qui ne sont plus perfectibles.

» Ces pratiques sont continuées par les gens pieux, sans interrup-
» tion, jusqu'à ce que l'âme de Mohammed (que les grâces et le salut
» soient sur lui !) leur apparaisse pendant le sommeil et pendant
» qu'ils veillent. Cette âme sainte les nourrit, les dirige et les con-
» duit vers les degrés les plus élevés du spiritualisme. »

A côté de ces doctrines, il n'est pas sans intérêt de citer encore quelques-unes des paroles prononcées, par Abou-Beker, dans des circonstances graves.

Voici d'abord sa proclamation lors de son élévation au khalifat :

« Me voici chargé de vous gouverner, je ne suis pas
» le meilleur d'entre vous, j'ai besoin de vos avis et de
» votre concours. Si je fais bien, aidez-moi ; si je fais
» mal, redressez-moi ; *dire la vérité au dépositaire du*
» *pouvoir est un acte de zèle et de dévouement ; la lui*
» *cacher est une trahison. Devant moi, l'homme faible*
» *et l'homme puissant sont égaux, je veux rendre à tous*
» *une impartiale justice. Tant que j'obéirai à Dieu et au*
» *Prophète, obéissez-moi ; si jamais je m'écarte du soin*
» *de Dieu, je cesse d'avoir droit à votre obéissance.* »

Peu de temps après, alors qu'il avait besoin d'affermir son autorité naissante en ralliant à lui ceux qui hésitaient encore, il refusait le concours d'une tribu puissante, qui mettait comme condition à son alliance d'être exempte de la taxe des pauvres : « L'Islam, leur dit-il, ne connaît
» qu'une loi, une et indivisible ; il n'est pas permis
» d'obéir à l'une de ses prescriptions et de rejeter l'autre. »

Cette fière réponse, comme le ton général de la proclamation, qui montre l'homme politique sous son véritable jour, nous semble compléter les extraits que nous avons donnés des livres de doctrines des Seddikya. L'ensemble de ces documents qui, pour les Musulmans, sont des textes sacrés, permet de pressentir quels peuvent être les principes des ordres religieux qui les invoquent, et expliquent les singuliers mélanges de mysticisme et d'intransigeance que nous verrons dans presque tous les ordres.

Abou-Beker confia, de son vivant, la direction de sa congrégation à son naïb, Sid-Sliman-el-Farasi, qui devait bientôt être chef de l'ordre. Celui-ci transmit ses pouvoirs spirituels au fils d'Abou-Beker, Kacem-ben-Mohammed-ben-Abou-Beker-es-Sedik, dont la chaine s'est perpétuée jusqu'à nos jours.

CHAPITRE XIII

ORDRE RELIGIEUX DES AOUÏSSYA
fondé par
AOUÏS-BEN-KARANI
Mort en l'an 37 (657-58 de J.-C.)

Omar-Abou-Assa-ben-el-Khettab-el-Farrouk (1), compagnon du Prophète et deuxième khalife de l'Islam, se montra, toute sa vie, Musulman rigide, austère et exalté. Son fanatisme religieux ne le fit cependant jamais s'écarter des règles de la justice. On dit même qu'avant d'être revêtu du pouvoir souverain, il trancha, un jour, la tête d'un Musulman qui, ayant perdu son procès contre un juif, n'avait pas voulu se soumettre à la sentence.

Plus tard, quand il fut investi de l'imamat, et que son empire s'étendit de l'Inde jusqu'à Tripoli de Barbarie, il portait un burnous troué et rapiécé, resté légendaire chez les Musulmans qui discutent encore sur le nombre de ses déchirures.

Il couchait parmi les pauvres, sur les degrés de la mosquée de Médine, et c'est de là qu'il montait sur la tribune qui lui servait de trône, et où il donnait ses audiences aux princes et ambassadeurs de Perse et de Syrie. Son enseignement était, comme sa conduite politique, extrême dans sa sévérité et son rigorisme.

Ce fut à cette école que se forma Aouïs-ben-Omar, dit El-Karani, c'est-à-dire natif de Karn dans le Yemen. Frappé, sans doute, par tout ce qu'il avait vu et entendu

---

(1) *El-Farrouk*, le judicieux.

et entraîné par le délire d'une imagination que les macérations avaient surexcitée, il déclara, un jour, que l'archange Gabriel lui était apparu en songe, et qu'il lui avait ordonné de quitter le monde, pour se livrer à une vie contemplative et pénitente. Il lui avait, en outre, indiqué et révélé la voie à suivre et les pratiques à observer : une abstinence continuelle, l'éloignement de la société, le renoncement à tous les plaisirs et la récitation, jour et nuit, de prières incessantes.

Ce fut l'an 37 de l'Hégire (657-58 de J.-C.) que Aouïs, fort de la révélation qu'il disait avoir reçue, se mit à recruter des adeptes, avec lesquels il organisa l'ordre religieux qui porte son nom. Plus tard, « il se mit en » communication directe avec l'âme du Prophète » et redoubla d'austérité. Son zèle l'entraîna jusqu'à se faire arracher toutes les dents, en l'honneur, disait-il, du Prophète, qui en avait perdu deux dans un combat ; et il imposa cette étrange mortification à tous ses disciples (1).

Aouïs-ben-Karani n'était pas affilié à l'ordre des Seddikya, mais il avait suivi l'enseignement d'Ali-ben-Abou-Thaleb.

L'ordre des Aouïssya est resté localisé dans le Yemen et le Levant ; il est inconnu en Algérie. Mais nous l'avons cité parce que le cheikh Snoussi, qui descend du khalife Amar-ben-Abou-Khettab, paraît avoir une très grande considération pour cet ordre, auquel il est affilié et qu'il donne comme un de ses meilleurs appuis :

« Cet ordre, dit-il, a conduit un grand nombre de Croyants à l'édu-
» cation spirituelle par des initiations progressives... Les adeptes

---

(1) D'après la bibliothèque orientale de d'Herbelot, la vie de Aouïs-ben-Karani a été écrite par Jafès (section 146 de son histoire). — Jafès, dont le nom exact est Abdallah-ben-Asâad-el-Yemeni, mort l'an 770 de l'Hégire (1368-69 de J.-C.), a écrit un livre intitulé : *Raouth-er-Riahin*, contenant la vie de tous les saints et théologiens musulmans, du Ier siècle de l'Hégire à l'an 750 (1349-50 de J.-C.). Nous n'avons pu, malheureusement, nous procurer ce livre ni à la bibliothèque d'Alger ni ailleurs.

» reçoivent l'initiation de l'âme même du saint Aouïs ; mais, celui
» qui aspire à entretenir les âmes sans tache, ne peut arriver à cette
» félicité qu'en dépouillant de ses habitudes mondaines, en s'impo-
» sant la solitude pour penser exclusivement à ces âmes, et en se
» désintéressant des vanités terrestres. »

Cependant il est à remarquer que, si dans l'Yemen, en Égypte et en Tripolitaine, la personnalité d'Aouïs-ben-Karani est en grand renom de sainteté, bon nombre de Musulmans hanéfites, non congréganistes, n'admettent pas, comme légitime et régulier, l'ordre des Aouïssya :
« parce que, disent-ils, cet ordre a pour point de départ
» une révélation que rien ne prouve ni ne démontre. »

C'est pour réfuter cette objection, que le cheikh Snoussi cite plusieurs pages de généalogie s'entrecroisant et tendant à établir qu'Aouïs fut le disciple des khalifes Amar-ben-Abou-Khetab et Ali-ben-Abou-Thaleb, et qu'il donne aussi une liste de grands docteurs musulmans ou de saints authentiques qui, d'après lui, furent les adeptes et les continuateurs d'Aouïs-ben-Karani.

Nous manquons, d'ailleurs, de détails précis sur la règle de l'ordre des Aouïssya et sur le formulaire de ses prières ; elles sont relatées dans un livre de cheikh Snoussi, intitulé : « *El-Salsabil* » (1) que nous n'avons pu nous procurer.

---

(1) Si-Snoussi a, dans ce livre, développé « *toutes les pratiques à observer dans 40 ordres.* » C'est lui-même qui s'exprime ainsi dans le manuscrit auquel nous sommes déjà redevables de tant de détails précieux. Il y aurait un intérêt réel à pouvoir se procurer le *Salsabil*, dont le titre exact est :

السلسبيل المعين في اسانيد الطرف الاربعين

« La source jaillissante ou les autorités sur lesquelles s'appuient les 40 voies. »

CHAPITRE XIV

ORDRE RELIGIEUX DES DJENIDYA
fondé par
ABOUL-KACEM-EL-DJENIDI (EL-DJONEID) BEN MOHAMMED
Mort en l'an 296 (908-909 de J.-C.) ou en l'an 298 (910-911 de J.-C.)

Après les Seddikya, institués par un pontife souverain et conquérant, nous avons dit un mot des Aouïssya, organisés par un ascète visionnaire et illuminé ; nous allons maintenant voir l'œuvre d'un Docteur.

Le prince de l'ordre (سيد الطايفة) Aboul-Kacem-el-Djenidi-ben-Mohammed-el-Djenidi-el-Kaouarizi-el-Nehaouendi (1) el-Bar'dadi-el-Zadjadji-el-Kazzazi, naquit à Bar'dad et y mourut l'an 296 ou 298 (2) de l'Hégire (908-09 ou 910-11 de J.-C.).

Quoique né aux environs de Bar'dad, il était Persan d'origine. Adonné de bonne heure à l'étude, il avait acquis, dès l'âge de vingt ans, une notoriété qui se changea bientôt en une véritable célébrité, comme professeur et théologien. Il fut, à Bar'dad, le chef des Soufi de son époque, et, de tous les pays Musulmans, on accourait à Bar'dad pour suivre ses leçons.

Ce fut, en effet, un savant jurisconsulte, qui ne laissa pas moins de 183 ouvrages ou traités, sur des matières théologiques, philosophiques et autres ; sa réputation est

---

(1) Nehaouend est une ville de l'Irak Persan dont la famille de Djoneïd était originaire.

(2) On donne les 4 dates : 296, 297, 298 et 299. Djani dit 297, Jofei 298.

restée considérable et ses opinions font autorité, chez tous les Musulmans, en matière religieuse ou judiciaire.

Il professait cependant des doctrines fortement empreintes de ce panthéisme vague et inconscient, si cher aux Persans et aux Indiens ; mais ces doctrines étaient présentées avec une grande habileté de paroles et avec tous les ménagements nécessaires pour ne froisser en rien l'orthodoxie officielle. Dans ce but, il combinait, d'une façon « bien étonnante, la dogmatique musul-
» mane avec un système philosophique diamétralement
» opposé à l'Islamisme (1). » Pour parvenir à ce résultat, on avait alors recours à un moyen qui a rendu d'éminents services, dans tous les temps et dans toutes les religions : on conservait les termes consacrés, mais on les prenait dans un tout autre sens. « Il en fut ainsi du
» mot Touhid, par exemple, qui signifie dans l'Islamisme
» l'unité de Dieu, mais que les Soufi emploient pour
» désigner l'unité panthéiste (2). »

El-Djenidi était le fils d'un marchand de verre, d'où ses surnoms de El-Kaouarizi et de Zedjadji ; lui-même exerça la profession de tisserand, ou de fabricant d'étoffe de filoselle, d'où le surnom d'El-Kazzazi. Son premier professeur fut un forgeron : Abou-Djaffar-el-Haddad, sans doute un voisin de l'échoppe paternelle.

Abou-Djafar-el-Haddad était, du reste, un Soufi fort considéré de son temps ; il mourut en odeur de sainteté après avoir été, de son vivant, le chef de l'ordre des Aouïssya. Il avait son disciple en grande estime et il disait de lui : « Si la raison se faisait homme, elle pren-
» drait la figure de Djenidi. »

Djenidi eut en même temps pour maître son oncle maternel : Abou-el-Hoceïn-Moufelès-Seri-Saketi, chef de

---

(1) Dozy, *Essai sur l'Histoire de l'Islamisme*, p. 322, de la traduction de Victor Chauvin (Paris, 1879).

(2) Dozy, *loco citato*.

l'ordre des Saketya, lequel ordre remonte à Ali-ben-Abou-Thaleb par la chaîne de ses cheikhs, les Imam-et-Triqa ou chefs d'ordre dont les noms suivent :

1. L'*Ange Gabriel* ; — 2. L'*Envoyé de Dieu*, Sidna-Mohammed ; — 3. Ali-ben-Abou-Thaleb ; — 4. Hassen-ben-Aboul-Hassen-Sirati-el-Bosri, mort l'an 110 (728-29 de J.-C.) ; — 5. Abou-Mohammed-Habib-el-Adjeni ; — 6. Daoud-ben-Nacer-et-Tai-el-Koufi, mort en 163 (781-82 de J.-C.) (1) ; — 7. Abou-Sliman ; — 8. Maarouf-el-Karakhi ; — 9. Abou-el-Hoccin-Seri-el-Saketi-ben-Moflis.

Les auteurs Musulmans citent, pour l'ordre des Djenidya, une troisième chaîne qui part également d'Ali-ben-Abou-Thaleb par les noms suivants :

1. L'*Ange Gabriel* ; — 2. Le *Prophète* ; — 3. Ali-ben-Abou-Thaleb ; — 4. El-Houssin-ben-Ali, mort martyr en 61 (680-81 de J.-C.), fils et disciple de son père, Ali-ben-Abou-Thaleb ; — 5. El-Bakir, né à Medine et mort dans cette ville en 117 (735-36 de J.-C.), disciple et fils du précédent ; — 6. Djafar-es-Sadok, né à Medine et mort dans cette ville en 142 (759-60 de J.-C.) ; — 7. Moussa-el-Kedim, né à Laboua et mort à Bar'dad en 133 (750-51 de J.-C.), disciple et fils de son père ; — 8. Ali-er-Radi-ben-Moussa-el-Kedim, né à Medine et mort à Betouch en 203 (818-819 de J.-C.) ; — Djafar-ben-Saddok fut aussi le disciple de son aieul maternel El-Kacem-ben-Mohammed-ben-Abou-Beker, lequel était disciple de Sliman-el-Faresi, compagnon du Prophète, et, de plus, affilié à l'ordre des Seddikya, d'où il résulte que l'ordre des Djenidya remonte, en réalité, à Abou-Beker-es-Seddik, ce qui est, aux yeux des Musulmans, l'origine la plus recherchée.

On cite encore comme professeur de Djenidi, Abou-Tahar-el-Kebli, disciple de l'Imam Chafei, dont la doctrine a constitué le rite orthodoxe des Musulmans chaféites.

Djenidi fut, nous l'avons dit déjà, surtout un professeur. Voici en quels termes il définissait le but du Soufisme :

« Délivrer l'esprit des instigations des passions; se

---

(1) Daoud-et-Taï avait été le professeur de l'Imam Abou-Hanifa, dont la doctrine a constitué le rite Hanefi.

» défaire d'habitudes contractées ; extirper la nature
» humaine ; dompter les sens ; acquérir des qualités
» intellectuelles ; s'élever par la connaissance de la
» Vérité et faire le bien. »

Il ajoutait :

« Le prix et la valeur d'un homme se mesurent à ce
» qu'il estime : s'il estime le monde il n'est pas estima-
» ble, car le monde ne l'est pas ; s'il estime les choses de
» l'autre vie, le ciel est son prix ; mais s'il estime Dieu
» par-dessus toutes choses, son prix est inestimable. »

Et à l'appui de cette assertion, ses disciples citent cette autre parole du Maitre : « Nous n'avons pas appris le
» Soufisme de tel ou tel, mais de la faim, du renonce-
» ment au monde et à ses habitudes. »

Djonéïd n'était pas toujours aussi clair et aussi précis. Les diverses paroles et maximes que les savants nous ont conservées de ce personnage débordent de mysticisme et leur paraissent d'autant plus admirables qu'elles sont plus difficiles à comprendre, et qu'elles permettent aux commentateurs de longues dissertations plus ou moins explicatives.

Ainsi, lorsqu'on lui demandait d'où venait sa science (de l'unité de Dieu), au lieu de la réponse si simple que nous venons de citer, il disait parfois : « Si ma science
» était du genre des choses dont on peut dire d'où cela
» vient-il, elle serait parvenue à son terme, » ce qui veut dire, d'après un commentateur : « Elle ne serait pas éter-
» nelle car le temps de réfléchir et d'agir est court, et
» une chose sans borne ne peut pas tenir dans ce qui a
» des bornes étroites. »

Tout le reste est aussi subtil ou aussi obscur, et a presque toujours besoin d'être expliqué. En voici un autre exemple :

« L'absorption du transport amoureux dans la science

» est préférable à l'absorption de la science dans le trans-
» port amoureux. » Ce qui veut dire que le Soufi « doit
» préférer son progrès dans la connaissance de l'unité
» de Dieu à ces mouvements passagers du cœur qui lui
» font éprouver (pour Dieu) un sentiment vif d'affection
» et d'amour. »

Les doctrines de Djenidi sont, d'une façon absolue, celles des ordres religieux Musulmans les plus épurés et les plus élevés. Les pratiques que la règle impose aux Djenidya sont aussi de celles où la dévotion, quoique empreinte d'un ardent mysticisme, tombe moins souvent dans l'absurde ou la puérilité.

« L'ordre des Djenidya, dit cheikh Snoussi (1), est basé, tant sur la
» stricte observance des préceptes édictés par la Sonna de Moham-
» med, que sur le choix des allégories qu'il présente. Il repose éga-
» lement sur la préférence que l'on doit accorder à l'état lucide sur
» l'état de torpeur et d'hallucination, tout en s'astreignant aux morti-
» fications de la vie ascétique spirituelle, dans la profondeur des
» entretiens secrets avec Dieu.
» Le fondateur de cet ordre a imposé huit obligations différentes
» qui sont :

» 1° Les ablutions fréquentes, car les ablutions sont un feu éclatant ;
» 2° La solitude prolongée. Il convient ici de rappeler qu'en s'y ren-
» fermant, on doit observer le même recueillement que si l'on entrait
» dans une mosquée, et dire : « Au nom de Dieu. » On évoquera ensuite
» avec ferveur les âmes de ses cheikhs, pour leur demander de con-
» vertir cette solitude en une sorte de tombeau, dans lequel on puisse
» s'ensevelir pour aller vers le Dieu Très-Haut, en dehors duquel il
» n'y a point d'autre Dieu. Cette évocation doit être faite avec les
» jambes croisées, comme pour les prières ordinaires, si non, elle
» reste sans efficacité. Il est obligatoire d'observer un repos d'esprit
» absolu, qui ne soit même pas troublé par les élans du cœur et qui
» rende insensible aux perceptions physiques. Dans cette position, il
» faut être tourné dans la direction de La Mecque, ne faire porter le
» corps et la tête sur aucun appui, par respect pour la Divinité, et,
» enfin, tenir les yeux fermés, en signe de soumission envers ces

---

(1) *Loco citato*, page 39 de la traduction de M. l'Interprète Colas.

» paroles de Dieu, recueillies dans les haddits El-Hadsi : « Je suis
» assis avec ceux qui me prient. » Il faut encore placer l'image de
» son cheikh dans sa pensée, occuper son cœur à prier, dans toute
» la limite de ses forces, en demandant à Dieu, dans cette position,
» de vous accorder ses faveurs. Le cœur doit toujours être en har-
» monie avec la langue pendant les prières suivantes ; on dit :
» « Dieu » en baissant la tête au-dessus du nombril, puis, en la rele-
» vant lentement, on ajoute : « Il n'y a de Dieu que Allah. » C'est
» dans cette posture que l'haleine peut se soutenir le plus long-
» temps. On prolonge le son de chacune de ces articulations et on
» reprend gravement : « Il n'y a de Dieu que Allah. » On dirige la face
» vers l'épaule droite, toujours dans l'attitude du recueillement et en
» se pénétrant de l'infimité de la créature devant la grandeur du Créa-
» teur; ensuite on la tourne vers l'épaule gauche et, en s'exprimant avec
» force, on répète une troisième fois : « Il n'y a de Dieu que Allah. »
. . . .
» Enfin, on ajoute du fond du cœur : « Il n'y a d'adorable que
» Dieu »;

» 3° La longue pratique des invocations qui viennent d'être décri-
» tes ;

» 4° Une austère observation des jeûnes prolongés ;

» 5° Garder longtemps le silence et ne l'interrompre que pour prier;

» 6° Écarter de l'esprit tout raisonnement bon ou mauvais, sans
» l'analyser ou rechercher sa portée, dans la crainte que le libre
» cours donné aux méditations ne conduise à l'erreur ; ne pas com-
» menter non plus les versets du Coran, ni les récits de la tradition
» et autres ouvrages sacrés, à moins d'en recevoir de Dieu les inter-
» prétations vraies, exemptes des souillures des conceptions malsai-
» nes. On doit alors recueillir ces explications, les conserver et s'en
» servir pour prier. Si l'on craint de les oublier, il est permis de les
» écrire, mais à la condition de reprendre aussitôt ses prières ;

» 7° Tenir son cœur enchaîné à son cheikh ;

» 8° Renoncer à tout esprit d'opposition envers Dieu et envers son
» cheikh et accepter, constamment, ce qu'il plait à la Divinité d'en-
» voyer en bienfaits, en grâces comme aussi en déceptions, en santé
» ou en maladie.

» Ces pratiques sont l'observance des paroles du Dieu Très-Haut
» qui a dit : « Il se peut que vous trouviez désagréable ce que je vous
» envoie et qui est un bien pour vous. Il se peut aussi que vous dési-
» riez une chose qui serait un mal pour vous, Dieu seul connait ce
» qui est bon ou mauvais. Vous, vous ne savez rien. » (Louange au
» Dieu maitre des mondes!) »

L'ordre des Djenidya est peu connu aujourd'hui, sous

ce nom, du moins en Algérie où, cependant, ses doctrines se sont perpétuées, sans modifications essentielles, dans un grand nombre de branches secondaires devenues des ordres importants.

Celle de toutes ces branches qui se rapproche le plus, par l'élévation de son enseignement, des principes des Djenidya est l'ordre des Chadelya, qui lui-même se subdivise à l'infini. C'est au chef des Chadelya, à Si-Abou-Hassen-ech-Chadeli, que, en Algérie, on rattache indistinctement à peu près tous les ordres religieux mystiques connus, alors que, dans beaucoup de cas, il serait plus exact de les rattacher à Djenidi.

Nous avons même entendu de ces demi-savants, comme il y en a tant parmi les tolba, soutenir gravement que l'ordre des Qadrya était un ordre de Chadelya, alors que c'est, au contraire, Si-Chadeli qui, mort seulement en 656 (1258 de J.-C.), a pris ses attaches dans l'ordre fondé par Si-Abd-el-Qader-el-Djilani, mort en 561 (1165-66 de J.-C.), aussi bien que dans celui des Djenidya.

Le cheikh Snoussi ne tombe pas dans une pareille erreur et il dit nettement : « Presque tous les ordres viennent se rattacher à celui des Djenidya. » Lui-même cite El-Djenidi comme étant le théologien, le pontife, le « kotb des ktoub » au-dessus de toutes les autres autorités religieuses ; il ne perd aucune occasion de le proclamer son maître spirituel et de se prévaloir des nombreux appuis qu'il a, lui-même, dans l'ordre des Djenidya.

C'est pour cette raison que nous avons consacré quelques détails à cette congrégation, peu connue en Algérie, mais dont, cependant, l'influence se retrouve, plus ou moins, dans presque tous les ordres religieux que nous avons intérêt à bien connaître.

CHAPITRE XV

ORDRE RELIGIEUX DES QADRYA [*]

ABD-EL-QADER-EL-DJILANI

(An 561 de l'Hégire. — 1165-1166 de J.-C.)

Après le Pontife souverain, après l'ascète visionnaire et après le moraliste philosophe, arrive, comme chef d'ordre religieux important, la personnalité sympathique et populaire d'un véritable saint : Sid Mahi-ed-Din-Abou-Mohammed-Abd-el-Qader-el-Djilani-ben-Abou-Salah-Moussa-el-Hassani (1), né à Djil (ou Djilan),

---

[*] Les documents qui nous ont servi pour rédiger ce chapitre sont :

1° Le manuscrit précité de Cheikh-Snoussi (traduction de M. Colas);

2° Les brevets et lettres-circulaires saisis sur des émissaires ou voyageurs de l'ordre ;

3° Les renseignements verbaux recueillis directement auprès des moqaddem ou affiliés de l'ordre ; entre autres ceux donnés par M. Hassein-ben-Brihmat, directeur de la Médreça d'Alger ;

4° L'ouvrage du capitaine de Neveu (mort général de division en 1871) ;

5° Une note, imprimée dans la *Revue archéologique de Constantine* (année 1869) et due à M. Mercier, interprète judiciaire, bien connu en Algérie pour ses travaux de recherches historiques.

(1) La vie du cheikh Abd-el-Qader a fait, en outre, l'objet de nombreux ouvrages musulmans : nous citerons, d'après l'historien Abou-Ras : « Anouar-el-Nader, » par Abdallah-ben-Nacer-el-Bekri-es-Seddiki ; « Nezhat-en-Nader, » par Abd-el-Latif-ben-Hibel-Allah-el-Hachemi ; « Bohdjet-el-Asrar, » en 3 volumes, par Abou-el-Hassane-Ali-ben-Youssef-ben-Djara-el-Lakhim-Ech-Chetnoufi. — Il y a encore d'autres ouvrages, écrits en Hindoustani, entre autres une « cacida » (ou chant religieux), du poète hindoustani Woli, cité par

près de Bar'dad, l'an 471 de l'Hégire (1078-1079 de J.-C.); et décédé en cette ville à l'âge de 90 ans (1), dans la nuit du vendredi au samedi 8 de Rabi second 561 (11 février 1166). Quoique d'origine chérifienne, il était issu de parents pauvres, et il conserva, toute sa vie, une modestie et une douceur dont il ne s'est jamais départi. Ce qui dominait chez lui, c'était l'amour du prochain et une charité ardente qui l'a fait, de son vivant, le soutien des pauvres et des faibles ; et après sa mort, le patron sans cesse imploré de tous ceux qui souffrent ou qui sont malheureux. Cette charité, Sid Abd-el-Qader-el-Djilani la pratiqua dans toutes les phases de sa vie : comblé de richesses par les dons des fidèles et des souverains, il resta toujours pauvre, dépensant en aumônes, le plus souvent secrètes, ce que la piété des visiteurs apportait à son humble habitation.

Il répétait souvent: « Nous devons prier, non seulement pour nous-mêmes, mais encore pour tous ceux que Dieu a créés semblables à nous, » et, dans aucun de ses livres ou préceptes, on ne rencontre d'allusions malveillantes ou hostiles vis-à-vis des Chrétiens. Lorsqu'il parle des « gens des Écritures, » il se borne à regretter leurs erreurs en matière de religion, et à manifester le désir de voir Allah les éclairer.

Il avait une vénération toute particulière pour Sidna-Aïssa (N.-S. Jésus-Christ) dont il admirait l'immense charité ; aussi, ses disciples et adeptes ont-ils toujours conservé, pour Sidna-Aïssa, un respect religieux qu'on ne rencontre pas, au même degré, chez les autres Musulmans.

Sid Abd-el-Qader avait horreur du mensonge et de l'hypocrisie. Bien jeune encore, il était allé en pèlerinage à

M. Garcin de Tassy (p. 339), et un commentaire en Hindoustani, par Abdallah-el-Hoceini-Kes-Diraz, de Kalbargah.

(1) Il s'agit ici, bien entendu, d'années lunaires, qui ne donnent en réalité que 83 années solaires.

La Mecque, avec une caravane, n'ayant que dix écus d'argent pour le voyage ; attaqués par des brigands, ses compagnons furent dépouillés de tout ce qu'ils avaient ; quant à lui, le voyant si pauvrement vêtu, le chef du Djich lui dit : « Va-t'en, tu n'as rien, je le vois. » — Non, répondit l'enfant, j'ai dix écus, les voilà. — Tu aurais pu les garder ; pourquoi cet aveu ? — Ma mère m'a recommandé de ne jamais mentir ! — Étonné de cette réponse, le chef des brigands lui remit 50 dinars d'or qu'Abd-el-Qader s'empressa de distribuer aux plus éprouvés de la caravane.

Sid Abd-el-Qader-el-Djilani est, bien certainement, le Saint le plus populaire, le plus universellement révéré dans l'Islam : « Si Dieu n'avait pas choisi Sidna-Moham-
» med (sur lui le salut et la prière !), pour être le Sceau
» des prophètes, il aurait envoyé Sid Abd-el-Qader, car
» c'est, de tous les hommes, celui qui, par ses vertus et
» son esprit de charité, s'est montré le plus semblable à
» Sidna-Aïssa (Notre-Seigneur Jésus-Christ), sur lui la
» bénédiction et le salut (1). »

Aussi, n'est-il pas de qualificatif honorique dont on n'accompagne le Saint de Bar'dad : le Sultan des Saints (Soltan-es-Salihine), le Kotb des Ktoub, le R'out, le plus grand Arc (2) (Qous-el-Azam), le Roi de la terre et de la mer, le Soutien de l'Islam, etc., etc.

Le nombre des mosquées, chapelles, oratoires, cimetières et lieux dits consacrés à Sid Abd-el-Qader (3) el-Djilani est également considérable. Dans la seule province d'Oran, sans compter les mosquées, il existe plus de 200 oratoires ou qobba placés sous le vocable de Sidi

---

(1) Opinion écrite d'un moqaddem des Qadrya.

(2) Chaque saint occupe une portion de circonférence — Abd-el-Qader étant le plus grand saint, selon ses adeptes, occupe *le plus grand arc*, a la plus large influence auprès de Dieu.

(3) Dans l'Extrême-Orient et aux Indes on dit le Pir Abd-el-Qader-el-Djilani. — Dans l'ouest du Maghreb, Mouley Abd-el-Qader.

Abd-el-Qader-el-Djilani (1). Depuis la mer de la Sonde jusqu'à l'Atlantique, la dévotion des Musulmans a, partout, multiplié les monuments placés sous son tout-puissant patronage. « Car Dieu ne refuse jamais d'accueillir
» l'intercession de Sid Abd-el-Qader, dont l'âme plane
» toujours entre le ciel et la terre, prête à venir en aide à
» quiconque a besoin de secours, et à faire encore un
» miracle en sa faveur ; or, tout le monde sait que, par
» la volonté de Dieu, rien n'est impossible à Sid Abd-el-
» Qader. »

Nul Saint, en effet, ne posséda à un si haut degré le pouvoir de faire des miracles, et il en est peu qui aient donné lieu, après leur mort, à autant de légendes merveilleuses. Aussi, dans tout pays musulman, entend-on à chaque instant invoquer son nom : qu'un incident survienne, victime et assistants s'écrient spontanément : « Ah ! ia Sidi Abd-el-Qader ! (Oh ! monseigneur Abd-el-Qader !) », la femme dans les douleurs de l'enfantement, l'ouvrier qui plie sous le fardeau, accompagnent chaque effort d'un énergique et fervent : « Ah ! ia Sidi Abdelkader ! » ce qui, toujours, les conforte, les soutient et les soulage.

Les mendiants, aux abords des mosquées, aux portes des villes, sur les marchés, dans les rues, ne demandent jamais l'aumône sans faire intervenir Sid Abd-el-Qader, et ils psalmodient, avec quelques variantes, une des formules suivantes :

« — Donnez-moi par la face de Sid Abd-el-Qader, pour
» l'amour de lui et pour l'amour de Dieu ! O vous qui
» craignez Dieu et Sid Abd-el-Qader !
» Ayez piété de moi pour l'amour du Sultan des Saints,

---

(1) Ce chiffre résulte d'un relevé statistique fait en 1856 avec beaucoup de soin : l'emplacement de 189 de ces qobba dédiées à Sid Abd-el-Qader y est donné d'une façon précise et on rencontre plusieurs fois la mention : « En dehors de 99 qobba élevées à Sid Abd-el-Qader, il existe encore celles de..... »

» Sidi Abd-el-Qader, le maître de Bar'dad, le maître de
» l'oriflamme (Bou-Alam), celui dont l'intercession est
» toute puissante sur terre et sur mer ! »

Chaque année de grands pèlerinages se font à Bar'dad, aux sept chapelles à dômes dorés qui entourent son tombeau ; et pas un voyageur musulman ne passe dans ces régions, sans se détourner de sa route pour visiter ce monument. Dans beaucoup d'endroits, au Maroc et en Algérie, des pèlerinages de même nature ont lieu, dans les premiers mois du printemps, aux zaouïa, et chapelles du Saint. Dans les Indes, les Musulmans nomment le mois de Rabi 2ᵉ: lune de Miran-ji, mois du seigneur-prince, et le 11ᵉ jour ont lieu, partout, de grandes fêtes, en commémoration de Sid Abd-el-Qader.

Sid Abd-el-Qader ne fut pas seulement un homme bienfaisant, ce fut aussi un savant professeur et un ardent propagateur du Soufisme.

Il a laissé un certain nombre d'ouvrages mystiques et théologiques estimés, qui ont eu les honneurs de nombreux commentaires : en Arabe, en Turc et en Hindoustani. « Telle était, du reste, la culture de son esprit, dit
» l'historien Bou-Ras, qu'il pouvait disserter sur treize
» branches de connaissances: il rendait des décisions
» sur les points litigieux des doctrines chaféïtes et han-
» balites..... l'Imamat lui fut abandonné, dans l'Irak,
» par droit de mérite. »

Mais l'enseignement du haut de la chaire ne suffisait pas à son âme ardente, et, après avoir, pendant quelques temps, pris le bâton de voyageur et parcouru le monde, prêchant les saines doctrines, il se donna des coadjuteurs dans cette œuvre pie, en fondant un ordre religieux qui subsiste aujourd'hui encore, plein de sève et de force expansive.

Ce furent les nombreux missionnaires de cet ordre qui contribuèrent le plus à ramener les Berbères d'Afrique dans la voie orthodoxe: il en vint d'Égypte où s'était établi l'un des dix fils du Saint (1), le cheikh Aïssa, auteur d'un traité sur le Soufisme, intitulé « Lataïf-el-Anouar. »

Il en vint surtout d'Espagne, de la postérité de deux autres de ses fils, le cheikh Brahim et le cheikh Abd-el-Aziz qui, d'Andalousie, émigrèrent à Fez après la prise de Grenade.

Dieu ayant accordé sa protection aux descendants du Saint homme, leurs enfants multiplièrent; c'est ce qui explique, disent les Musulmans, le grand nombre de marabouts, de vrais Cheurfa, venus de l'Occident et allant vers l'Est. Ce qui est certain, c'est que toutes les familles maraboutiques algériennes, qui se disent issues du Prophète, placent toujours un de leurs ancêtres dans le pays de Seguiat-el-Hamra, qui est le Sous marocain.

L'ordre des Qadrya étant un ordre chérifien, il n'est pas mauvais de dire un mot de la généalogie de son fondateur. — Nous la copions sur un très beau diplôme, délivré par les principaux dignitaires chefs de la zaouïa-mère, à Bar'dad.

Ce document est daté du 15 Choual 1292 (14 novembre 1875) et porte les empreintes de plusieurs cachets, parmi lesquels celui de Sid Abd-el-Qader ou, du moins, celui que se transmettent les chefs de l'ordre; il porte:

---

(1) Neuf des fils de Si Abd-e'-Qader, qui tous furent de savants professeurs, sont:

Cheikh Aïssa, mort à Karaf en 573 (1177-1178 de J.-C.);
Cheikh Abdallah, mort à Bar'dad en 589 (1193 de J.-C.);
Cheikh Brahim, dont la postérité existe encore à Fez et en Syrie, mort à Ouarita (entre Bosra et El-Koufa en 592 1195-1196 de J.-C.);
Cheikh Abd-el-Ouahab, mort à Bar'dad en 593 (1196-1197 de J.-C.);
Cheikh Yahia,
Cheikh Mohammed, } morts à Bar'dad en 600 (1202-1203 de J.-C.);
Cheikh Abd-er-Rezeg, mort à Bar'dad en 603 (1206-1207 de J.-C.);
Cheikh Moussa, mort à Damas en 613 (1206-1207 de J.-C.);
Cheikh Abd-el-Aziz, qui émigra à Fez.

« Il n'y a de Divinité que Dieu, le cheikh Abd-el-Qader, œuvre de Dieu (1). »

Il débute ainsi :

Au nom du Dieu clément et miséricordieux,

« Ceci est un arbre généalogique, au tronc illustre, aux branches
» vigoureuses. Celui auquel il a été remis est un homme éminent.
» Je prie Dieu de lui donner une conduite droite, par les mérites de
» notre maître Mohammed, qui a reçu la révélation divine.

» J'ai signé cet arbre généalogique et lui ai donné une valeur
» authentique, moi, le plus pauvre des hommes, le serviteur des
» pauvres, Sliman-el-Qadri, desservant la mosquée de mon aïeul,
» le cheikh Abd-el-Qader-El-Djilani, de Bar'dad.

» Louange à Dieu qui pénètre les cœurs quand on l'invoque, qui
» découvre les secrets de l'avenir à tout cœur pieux, qui donne à
» ceux qui le louent les moyens de s'approcher davantage de lui ! Je
» le remercie de m'avoir fait entrer parmi le peuple qui croit à son
» unité et le supplie de m'accorder les marques de sa bienveillance.
» Que Dieu répande ses grâces sur notre maître Mohammed, le plus
» grand de ses prophètes, le meilleur de ses serviteurs, qu'il lui
» accorde le salut à lui, à sa famille, à ses compagnons qui possèdent
» une large part des faveurs célestes. Voici les paroles du serviteur
» de Dieu, qui reconnait son impuissance et sa faiblesse, qui espère
» le pardon de ses fautes, le pieux Sid Sliman-El-Qadri-ben-Sid-Ali-
» ben-Sidi-Seliman-ben-Sidi-Mostefa-ben-Zin-ed-Din-ben-Sid-Moham-
» med-derwich-ben-Sid-Hassam-ed-din-ben-Sid-Nour-ed-din-ben-Sid-
» Ouali - ed - din - ben - Sid-Zin-ed-din-ben- Sid-Cherf-ed-din-ben-Sid-
» Chems-ed-din-ben-Sid-Mohammed-el-Hannak-ben-Sid-Abdelaziz, fils
» de Sa Seigneurie, l'étoile polaire de l'existence, la perle blanche, le
» guide de ceux qui administrent les affaires de la religion, l'être
» préféré de Dieu, l'imam, la substance génératrice, l'homme à qui
» Dieu avait donné le pouvoir de changer la nature des êtres, l'étoile
» des étoiles. l'intermédiaire obligé entre le monde et le ciel, *Sid Abd-
» el-Qader-el-Djilani*, au saint et mystérieux pouvoir, fils d'Abou-Salah-
» Moussa-Djanki-Doust-ben-Sid-Abdallah-el-Djili - ben - Sid-Yahia-el-
» Zahid-ben-Sid-Mohammed-ben-Sid-Daoud-ben-Sid-Moussa-ben-Sid-
» Abdallah-ben-Sid-Moussa-el-Djaoun-ben-Sid-Abdallah-el-Mahdi-ben-
» Sid - Hassein - el - Motna - ben - el-Imam-Hassein-Radhi-Allah, fils de
» l'Imam, prince des Croyants Ali-ben-Abou-Thaleb, le comblé des
» faveurs de Dieu. »

---

(1) شي الله Chose de Dieu : cette mention s'applique à quelques grands saints regardés comme des créatures privilégiées.

Puis la généalogie continue en remontant par Cham, Noé, Seth et Adam « père des hommes ». « Adam fut créé
» avec de la boue; la boue vient de la terre; la terre, de
» l'écume; l'écume, des flots; les flots, de l'eau; l'eau,
» de l'esprit de Dieu; l'esprit, de sa puissance; sa puis-
» sance, de sa volonté; sa volonté, de sa science. »

A côté de la généalogie réelle se place, dans tous les actes concernant l'ordre des Qadrya, la généalogie mystique qui est la suivante :

L'étoile des savants, le guide des hommes pieux, le cheikh Abd-el-Qader-el-Djilani, dont le cheikh fut (1) — Abou-Said-el-Mebarck-ben-Ali-ben-Mendar-el-Makhzoumi, — Le cheikh El-Islam-Abou-el-Hacem-ben-Ali-ben-Ahmed-ben-Youcef-el-Helari-el-Korchi, — Abou-Feradj-Mohammed-ben-Abdallah-el-Tarsoussi, — Abou-Ferdj-Abd-el-Ouahab-ben-Abdelaziz-el-Harets-el-Tamimi, — Abou-Beker-Mohammed-ben-Delou-ben-Khalef-ben-Mohammed-ben-Moudjedan-ech-Chebli, mort en 394 de l'Hégire (1003-1004 de J.-C.) et disciple d'Abou-Kacem-el-Djenidi, chef de l'ordre des Djenidya, cité d'autre part.

L'ordre des Qadrya se rattache donc au Prophète par Ali-ben-Abou-Thaleb, par Omar-el-Khettab, par Abou-Beker. Cet ordre a aussi des attaches avec Abou-Beker par voie de révélations directes faites par l'âme de ce Saint-Pontife, qui apparut à Abou-Beker-ben-Haouara-el-Sahraoui, qui eut pour disciple Abou-Mohammed-el-Chankabi, professeur d'Abou-el-Oufa-el-Kerdi, qui à son tour fut un des professeurs de Sid Abd-el-Qader-el-Djilani.

A la mort de ce dernier, la direction spirituelle de l'ordre des Qadrya échut à son fils, Abd-el-Aziz, et s'est perpétuée jusqu'aujourd'hui dans sa famille. Le supérieur général a toujours résidé à Bar'dad, c'est aujour-"hui Sid El-Hadj-Mahmoud-el-Qadri, qui a succédé, il

---

(1) Cette mention, en arabe, s'interpose entre chaque nom, avec plus ou moins de qualificatifs laudatifs.

y a peu d'années, à Sliman-el-Qadri dont nous avons plusieurs brevets entre les mains.

Bien que le chef-lieu de l'ordre soit toujours Bar'dad, et que l'unité de tradition, de pratiques et de dikr se soit maintenue chez les Qadrya, ils forment, cependant, plusieurs branches ou congrégations, qui se distinguent par les cérémonies usitées lors de l'initiation : celle-ci est donnée : tantôt avec l'investiture du manteau symbolique ou de la ceinture, tantôt par la simple imposition des mains.

Il ne semble pas, du reste, que les relations entre les moqaddem d'Algérie et la maison-mère de Bar'dad soient bien suivies. Chaque moqaddem paraît jouir d'une véritable indépendance. Ils sont, de temps à autre, visités par des reqab qui, le plus souvent, débarquent dans nos villes du littoral, comme commerçants, munis de papiers en règle et ayant des références sérieuses, derrière lesquelles s'abrite leur mission. Contrairement à ce qui se passe pour les autres ordres religieux, ces émissaires ne montrent aucune avidité pour les offrandes religieuses, et ce désintéressement est fort apprécié des fidèles. Les dons volontaires affluant de l'Asie et de l'Inde à la maison-mère de Bar'dad, qui est immensément riche, expliquent la réserve de ces émissaires qui, armés de pouvoirs considérables, confirment les moqaddem, les révoquent, les dirigent, leur laissent des instructions spirituelles et partent, le plus souvent, sans que leur présence ait été signalée ou ait donné lieu à des manifestations inquiétantes.

Les doctrines des Qadrya s'inspirent des idées morales et philosophiques communes à tous les ordres religieux. Voici ce que nous trouvons dans un des catéchismes à l'usage des Néophytes :

« Si l'on te demande ce que c'est que la voie طريقة, tu répondras : —
» C'est la science, la continence, la patience, et l'excellence des suc-
» cesseurs. Si l'on te demande quelles sont les obligations de la voie ?

» — Tu répondras : « De rejeter les mauvaises paroles ; de prononcer
» sans cesse le nom de Dieu ; de mépriser les biens de la terre ; de
» repousser les amours humaines et de craindre le Dieu Très-Haut.

» — Si l'on te demande à quels signes se reconnaissent les gens de
» la voie, tu répondras. — Ces signes sont : la bienfaisance, la retenue
» de langue, la pitié, la douceur et l'éloignement des péchés.

» — Si l'on te demande quel est ton Ouerd et ce qu'il t'impose, tu
» répondras : — « La recherche du salut et de la nourriture divine ;
» la douceur des paroles, la confraternité et la sincérité du langage
» et des œuvres.

. . . .

» Si l'on te demande quelle est la maison périssable ? Quelle est la
» maison éternelle ? Tu répondras : La terre est périssable, avec tout
» ce qu'elle contient, car c'est la maison de l'illusion, conformément
» à cette parole divine : « La vie de la terre n'offre que des jouissan-
» ces trompeuses (Coran). » Quant à la maison éternelle, c'est la mai-
» son de l'autre vie, et ne l'habitera pour l'éternité que celui qui aura
» fait les bonnes œuvres, multiplié les bienfaits, rejeté l'impureté et
» l'immoralité, méprisé les amours terrestres, et détourné ses regards
» des choses illicites. C'est la réunion des serviteurs au plus haut
» des cieux ; c'est en ce lieu qu'ils obtiendront l'intercession efficace
» de Mohammed, l'Envoyé de Dieu, le Maître des miracles.

. . . .

» — Si l'on te demande, ce qu'il y a entre toi et ton indicateur, tu
» répondras : Il y a entre nous, le pardon de Dieu magnifique, Sei-
» gneur de Moïse et d'Abraham, selon cette parole divine : « O ! vous
» qui croyez, offrez, en entier, votre repentir à Dieu, et demandez-
» lui le pardon de vos fautes. » Et cette parole : « Celui qui accom-
» plira l'engagement contracté envers Dieu, je le récompenserai ma-
» gnifiquement (1). »

Nous donnerons plus loin, en entier, ce catéchisme, que nous croyons moderne, et qui sera mieux en situation, quand nous parlerons des cérémonies de l'initiation. Il est préférable, du reste, pour bien apprécier l'esprit général de l'ordre des Qadrya, de se reporter aux doctrines professées par Sid Abd-el-Qader-el-Djilani lui-même. La note dominante, dans sa vie comme dans son

---

(1) Traduction de M. Mercier *(loco citato)*.

enseignement, était, comme nous l'avons dit, la charité, dans toutes ses formes et vis-à-vis toutes les créatures humaines, sans distinction de religion.

Cet ordre est à peu près le seul qui ait été fondé dans un but humanitaire et philantropique : ce que voulait le Saint de Bar'dad, c'était non seulement relever, par le Soufisme, la moralité des Musulmans corrompus, mais c'était, surtout : alléger toutes les misères humaines et reconforter les créatures, soit en ravivant la foi dans les récompenses d'une autre vie, soit en aidant, par des aumônes, les pauvres, les infirmes ou les déshérités de la société.

Comme tous les hommes profondément religieux, Si Abd-el-Qader croyait à l'efficacité de la prière, pour calmer et adoucir les peines des âmes abattues par l'adversité ; il croyait aussi qu'occuper l'esprit du malheureux à de nombreux exercices de dévotion, qui l'absorbent et l'empêchent de penser à son mal, c'était lui faire encore du bien ; aussi son Ouerd est-il surchargé de pratiques religieuses et de prières interminables. Mais il y en a pour tous les tempéraments : depuis le simple dikr des initiés ordinaires, jusqu'aux longues et mystiques oraisons prescrites aux lettrés.

Le dikr le plus répandu, et celui qu'il suffit de donner aux Khouan lors de l'initiation, consiste à « réciter
» 165 fois, à la suite de chacune des cinq prières obliga-
» toires, et toutes les fois que la chose sera possible, la
» parole de l'Unité de Dieu : « Il n'y a de Divinité que
» Allah. » (La ilaha, illa Allah !), car l'ange Gabriel a dit au
» Prophète : J'ai entendu le Tout-Puissant dire : il n'y a
» de Divinité que Allah : c'est là ma forteresse. Celui qui
» prononcera ces paroles entrera dans ma forteresse,
» et celui qui y entrera sera en sûreté contre mes châti-
» ments (1). »

---

(1) Page 52 du manuscrit précité de Si Snoussi.

Ce dikr est le seul donné par les brevets authentiques délivrés à Bar'dad.

Cependant, quelques branches des Qadrya, en Algérie, ajoutent à ce simple dikr les deux formules suivantes, qu'on doit dire dans les mêmes conditions :

100 fois : Que Dieu pardonne ! استغفر الله

100 fois : O mon Dieu, que Dieu répande ses bénédictions sur notre Seigneur Mohammed, le prophète (1) illettré

اللهم صلى الله على سيدنا محمد النّبي لامي

Là ne se bornent pas les dikr en usage dans l'ordre ; le cheikh Snoussi nous indique encore, comme spéciales aux Qadrya, les oraisons suivantes, qui sont réservées aux adeptes privilégiés et plus avancés dans la voie spirituelle, ou qui servent, dans les Hadra, pour les prières faites en commun par les adeptes réunis :

« Réciter la Fatha, après les prières ordinaires, en demandant que
» tous les mérites qui y sont attachés soient reportés sur le Prophète
» (que Dieu répande sur lui ses bénédictions et le salut !) sur l'âme
» du cheikh Sidi Abd-el-Qader-El-Djilani (que Dieu lui accorde ses
» grâces !) et sur les âmes de tous les cheikhs de l'ordre fondé par
» lui.

» Répéter 121 fois en chœur, avec tous les adeptes : « O Dieu, répan-
» dez vos bénédictions sur notre Seigneur Mohammed et sur sa fa-
» mille, un nombre de fois cent mille fois plus grand que celui des
» atômes de l'air ; bénissez-le et accordez-lui le salut ! »

Répéter 121 fois aussi : « *Que Dieu soit glorifié, Louange à Dieu, Il n'y*
» *a de divinité que Allah, Dieu est très grand, Il n'y a de force et de*
» *puissance que dans le Dieu Très-Haut et très grand !* .... »

Répéter 121 fois encore : « *O Cheikh Abd-el-Qader-El-Djilani, quelque*
» *chose pour Dieu !* ..... »

Réciter une fois la sourate de *Ya-Sine*.

Réciter 41 fois la sourate commençant par : « *Est-ce que je ne m'ex-*
» *plique pas ?* .... »

---

(1) Ce mot لامي se rapporte au radical أم mère, il se traduit par « ignorant comme l'enfant qui vient de naître. » C'est du moins le sens le plus ordinairement donné par les commentateurs.

Réciter 121 fois la sourate commençant par : « *Lorsque viendra le secours de Dieu....* »

Réciter encore 121 fois la prière transcrite plus haut ;

Réciter, si l'on sait lire, 8 fois la sourate de la Fatha, y compris la formule de : *Au nom de Dieu,* etc ....

Réciter, si l'on sait lire, la sourate d'*El-Ikhelas.*

Dire, si l'on sait lire, trois fois : *Que Dieu répande ses bénédictions sur le Prophète.*

La Fatha conduit vers le Prophète (que Dieu répande sur lui ses bénédictions et lui accorde le salut!), vers le cheikh Abd-el-Qader et vers tous les cheikhs de l'ordre fondé par lui.

Les Qadrya ont une manière particulière de se tenir pour prier, et les mendiants initiés ne manquent pas d'adopter cette posture pour demander la charité. Voici en quels termes s'exprime le cheikh Snoussi à ce sujet :

La position à prendre pour prier consiste à s'asseoir les jambes croisées ; alors on touche l'extrémité du pied droit, puis l'artère principale nommée El-Kias (?) qui contourne les entrailles ; on place la main ouverte, les doigts écartés, sur le genou, en prononçant le nom de Dieu, d'une voix grave et prolongée, en faisant chaque fois trainer, autant que la respiration le permet, la finale de ce mot, et en méditant sur l'infinie justice de Dieu. Il convient encore de prier, non-seulement pour soi-même, mais aussi pour autrui que Dieu a créé semblable à nous. Ces actes de dévotion doivent se prolonger jusqu'à ce que l'esprit et le cœur, parvenus aux doux instants du plaisir extatique, reçoivent les révélations des lumières divines.

Nous trouvons encore, dans ce même manuscrit, les quelques indications ci-après, qui nous montrent la partie de la règle des Qadrya, relatives aux exercices mystiques particulièrement recommandables aux yeux du cheikh Snoussi.

« Cet ordre a été institué par le plus puissant de tous les Saints,
» le pontife de ceux dont la foi est inébranlable, le Cheikh notre maî-
» tre Abd-el-Qader-El-Djilani (que Dieu lui accorde ses grâces !) Les
» pratiques qui en forment la base sont les suivantes :

La prière à haute voix, faite en se réunissant en rond; les pénibles mortifications de la vie ascétique, auxquelles on doit s'assujétir avec assiduité ; arriver progressivement à ne manger que le moins possible ; éviter la société ; commencer, avant tout, à méditer sur la grandeur de Dieu et le glorifier. C'est par ces actes de dévotion que l'âme s'assouplit et se forme à la foi ; elle y puise la force, qui lui est nécessaire, pour se purifier des souillures qui l'alourdissent dans la matière.

Il faut aussi s'astreindre aux prières dites Ouerd-Debered, qui amènent à l'anéantissement de l'individualité de l'homme absorbé dans l'essence de Dieu (c'est-à-dire l'état à la suite duquel on arrive à la contemplation de Dieu en ses attributs) et qui font ensuite revenir à l'état ordinaire.

Ces prières ont été instituées par le Cheikh des Cheikhs Sidi Abd-el-Qader. Pour les faire, on doit s'asseoir comme il a été déjà dit, porter sa face vers l'épaule droite, en disant *ha*, puis vers l'épaule gauche, en disant *hou*, puis la baisser en disant *hi*, puis recommencer. Il importe, et cela est indispensable, que celui qui les prononce, s'arrête sur le premier de ces noms aussi longtemps que son haleine le lui permet, puis quand il s'est purifié, il appuie de la même manière, sur le nom de *Dieu*, tant que son âme peut être sujette au reproche : ensuite il articule le nom *hou*, quand la personne est disposée à l'obéissance ; enfin, lorsque l'âme a atteint le degré de perfection désirable, il peut dire le dernier nom *hi*, mais toujours en observant scrupuleusement les prescriptions imposées. Les diverses obligations particulières, afférentes à ces pratiques, sont exposées ailleurs, dans mon ouvrage *Es-Salsabil*.

En raison de sa dispersion sur toute l'étendue du monde musulman, en raison aussi de son caractère général de tolérance et de charité, l'ordre des Qadrya n'a pas cette homogénéité de statuts que l'on rencontre dans d'autres congrégations, qui semblent former de petites églises fermées hors desquelles il n'y a plus de salut. L'ordre de Qadrya est au contraire ouvert à tous ; loin de fuir les Grands de la Terre ou les détenteurs du pouvoir, il cherche à vivre en bonnes relations avec eux, stimule leur charité, leur demande des faveurs, et présente à leur adhésion la nomination de ses moqaddem : en un mot, il ne se cache jamais et il cherche à se faire accepter, même en pays chrétien.

Le respect pour le chef de l'ordre est, partout, porté à un très haut degré ; tous les Khouan qui arrivent de

Bar'dad sont l'objet d'une grande vénération ; mais l'autorité exercée par le Grand-Maître n'est ni tracassière, ni rapace, ni bien rigide, et ce qui le montre c'est que, malgré l'espèce de fétichisme dont il est l'objet, il y a, chez ses adeptes, bien des différences de pratiques et de prières. Nous en avons déjà touché un mot en disant que l'initiation se fait de diverses manières, suivant les congrégations dont l'ensemble constitue l'ordre proprement dit.

Nous avons, sur ce genre de cérémonies, des détails donnés par divers auteurs.

Le cheikh Snoussi décrit avec précision les opérations et prières imposées au néophyte, lors de l'investiture, mais il passe rapidement sur ce qui lui est dit par le cheikh, pour lui faire connaître les devoirs de l'ordre :

« Au nombre des cérémonies que nous avons remarquées dans cet ordre, dit-il, nous avons constaté que les pratiques nécessaires pour obtenir du cheikh la faveur de l'initiation étaient les suivantes :

» Renouveler ses premières ablutions ; toutefois un lavage complet est préférable ;

» Faire deux poses de prière, avec abnégation totale de ses idées personnelles, en récitant la Fatha et la Sourate d'El-Ikhelas sept fois ;

» S'asseoir devant le cheikh dans la posture accoutumée de la prière. Le cheikh prend alors dans les siennes les mains de l'aspirant et dit :

Au nom de Dieu clément et miséricordieux (une fois). *Que Dieu pardonne* (sept fois). *Je crois en Dieu, à ses anges, à son Livre, à son Envoyé, au jour du jugement dernier, à ses décrets, à ses bienfaits, aux malheurs dont le Seigneur afflige, à la résurrection après la mort* (une fois). L'aspirant répond à cela : *Je suis Musulman et je reçois la confirmation dans mon culte et dans ma foi ; je me purifie de tous mes péchés par un repentir sincère ; je répudie l'hérésie et tout ce qui peut m'y conduire*, puis il ajoute : *Il n'y a de Dieu que le Dieu unique, qui n'a point d'associé ; je déclare que Mohammed est son serviteur et son Envoyé. C'est de lui que je reçois l'admission dans l'ordre, je me pare de la coiffure qui en est le symbole, je fais le serment de fidélité entre les mains du docte, un tel, je m'engage à observer les lois divines et brillantes, à accompli* lous mes *actes en vue de Dieu, à accepter tout ce qu'il lui plaira de m'envoyer, à le remercier des malheurs dont il m'accablera.*

Le cheikh, reprenant la parole, se proclame le disciple du cheikh qui l'a investi, nomme les chefs de l'ordre, ses devanciers, en énumérant leurs qualités et leurs vertus ; il peut les désigner tous, ou n'en citer que quelques-uns, selon qu'il le juge opportun. Cela fait, il récite les paroles du Dieu Très-Haut, au passage du Coran commençant aux mots : *Ceux qui te proclament* jusqu'à celui de *grandement*, puis la Fatha ; puis il recommande à l'adepte d'observer la loi religieuse, et les statuts de l'ordre. Prenant ensuite des ciseaux dans la main il lui coupe deux cheveux sur le haut du front en disant : « *Mon Dieu, coupez ainsi ses pensées personnelles : protégez-le contre la désobéissance, raffermissez-le dans la religion de l'Islam.* » Puis, lui plaçant la couronne ou le turban sur la tête, il ajoute : « *O mon Dieu, parez-le de la couronne de la vertu et du bonheur* ; » ensuite, lui tendant une coupe dans laquelle il le fait boire, il récite le passage du Coran commençant à *Aujourd'hui je vous ai confirmé dans votre foi* jusqu'aux mots *votre religion* ; puis il fait deux poses de prière pour glorifier Dieu, en récitant une fois avec chacune, la Fatha, et onze fois la Sourate d'El-Ikhclas. Alors seulement l'aspirant donne la main à son cheikh et à tous les affiliés présents.

Toutes ces cérémonies terminées, le cheikh initie l'aspirant au rituel de Sidi Abd-el-Qader.

Le cheikh ne se borne pas à recommander à l'adepte : « d'observer la loi religieuse et les statuts de l'ordre, » il s'assure, en outre, que le néophyte connaît ses devoirs et, pour cela, il lui fait subir un interrogatoire en règle, résumé dans une sorte de catéchisme, sans nom d'auteur, qu'il nous paraît utile et curieux de reproduire en entier. On y trouvera un singulier mélange de morale, de mysticisme et de pratiques rappelant celles de toutes les sociétés secrètes.

Il va sans dire qu'avant de subir cet examen, le néophyte a déjà été catéchisé par le cheikh, qui lui a raconté la chute d'Adam, son repentir, son pardon, son « revêtement du manteau, de la décision et de la ceinture symbolique » par l'ange Gabriel, la même cérémonie pour Abraham, puis pour les disciples du Prophète, avec Ali comme principal acteur.

Il a édifié le néophyte : sur l'importance de son engagement, sur les peines terribles qui atteignent ceux « *qui rompront le pacte et l'alliance......* » car, « *même les Infidèles respectent entre eux la parole donnée.* »

Dans ces instructions assez longues, il a aussi insisté sur l'égalité qui existe entre les Croyants, car Dieu, a attaché avec la ceinture symbolique, les compagnons du Prophète, en mettant un pauvre avec un riche, un faible avec un puissant (1), etc......

Voici maintenant, comment s'exprime le manuscrit anonyme, au sujet du rituel de la séance de réception du néophyte et de son interrogatoire :

« Tout d'abord, le cheikh rasera la tête du néophyte, puis il recevra de lui l'acte de contrition et l'engagement (Ahed). »

« Ensuite il le coiffera du diadème et le revêtira du manteau. Il le liera à tel frère qu'il voudra, lui ceindra aux reins la ceinture et l'initiera à la science.

» Cela terminé, il le fera asseoir sur le tapis, lui préparera la friandise et chacun en mangera. On en enverra en différents endroits, et de ville en ville, à ceux qui n'ont pu être présents, afin de leur prouver l'intérêt constant que leur portent les frères. Il y aura un interprète de langue pour expliquer les mystères.

» Il est nécessaire que le compagnon de la ceinture et de la main retienne, par cœur, les préceptes et les questions qui suivent, lesquels lui vaudront les grâces divines et le rendront glorieux auprès des maîtres de la connaissance.

» Il devra, tout d'abord, réciter cette invocation : « Je cherche, auprès de Dieu, un refuge contre sa colère, et le prie de me détourner de rejeter la ceinture, de rompre le pacte et de méconnaître la confrérie établie au nom de Dieu. Car quiconque conservera la ceinture, le pacte et la confrérie, sera conservé par Dieu, et obtiendra ses bénédictions ; mais quiconque les rejetera, irritera Dieu contre lui ; aussi, le jour de la résurrection, il se présentera le visage noir, de sorte que les anges du ciel le maudiront ! »

« Le néophyte devra aussi apprendre tout le résumé qui précède.

---

(1) Voir dans le *Recueil de la Société archéologique* (année 1869, page 410), la traduction plus explicite, par M. Mercier, du document que nous analysons — l'article est intitulé : « Étude sur la confrérie des Khouan de Sid Abdelkader-el-Djilani. »

» Comme il est essentiel que le compagnon du tapis soit versé dans
» la loi, la justice, la voie droite et la connaissance, voici les répon-
» ses qu'il devra donner aux questions qui lui seront posées. C'est
» avec le questionnaire suivant que le cheikh initiera à la connais-
» sance du Dieu Très-Haut. »

QUESTIONNAIRE

« D. Qui, le premier, a reçu la ceinture ?
» R. Gabriel.
» D. Où l'a-t-il reçue ?
» R. Au ciel.
» D. Qui l'en a ceint ?
» R. Les anges du ciel, par l'ordre de la Vérité. — Que sa gloire
» soit proclamée !
» D. Qui, le second, a reçu la ceinture ?
» R. N.-S. Mohammed.
» D. Qui l'en a ceint ?
» R. Gabriel, par l'ordre du Maître de l'univers.
» D. Qui, le troisième, a reçu la ceinture ?
» R. Ali, fils d'Abou Thaleb.
» D. Qui l'en a ceint ?
» R. Mohammed.
» D. Qui, le quatrième, a reçu la ceinture ?
» R. Sliman-el-Farsi.
» D. Qui l'en a ceint ?
» R. Ali.
» D. A qui appartient la ceinture (au fig. fermeté) et à qui la main
» (puissance) ?
» R. La ceinture est à Ali, fils d'Abou-Thaleb, et la main à Moham-
» med, car Dieu a dit : Ceux qui se soumettront à toi, seront comme
» s'ils se soumettaient à Dieu, et ceux qui se révolteront contre toi,
» se révolteront contre eux-mêmes, car la main de Dieu est au-dessus
» d'eux. Celui qui accomplira ce que Dieu lui a imposé comme enga-
» gement, je le récompenserai d'une manière magnifique (1).
» D. Combien y a-t-il de ceintures ?
» R. Deux : la ceinture supérieure est à Gabriel ; elle est dans le
» ciel ; la ceinture inférieure est à Ali, fils d'Abou-Thaleb ; elle est sur
» la terre : c'est la confrérie.

---

(1) Ces deux phrases sont des citations plus ou moins altérées du Coran.

» D. La ceinture (confrérie), de combien d'éléments est-elle com-
» posée ?
» R. De trois éléments. Le premier est Gabriel; le second, Moham-
» med, et le troisième, Ali, fils d'Abou-Thaleb.
» D. Sur combien de bases repose la ceinture ?
» R. Sur deux bases, qui sont: El-Haçan et El-Hocein, fils d'Ali.
» D. Qu'est-ce que la voie (trika) ?
» R. C'est la science, la continence, la sagesse, la patience et l'ex-
» cellence des successeurs.
» D. Quelles sont les obligations de la voie ?
» R. De rejeter les mauvaises paroles ; de prononcer sans cesse le
» nom de Dieu ; de mépriser les biens de la terre ; de repousser les
» amours humaines et de craindre le Dieu Très-Haut.
» D. A quels signes se reconnaissent les gens de la voie ?
» R. Ces signes sont : la bienfaisance, la retenue de la langue, la
» piété, la douceur et l'éloignement des péchés.
» D. Quel est ton Ouerd, et que t'impose-t-il ?
» R. La recherche du salut et de la nourriture divine ; la douceur
» des paroles ; la confraternité et la sincérité du langage et des
» œuvres.
» D. Qu'est-ce que le tapis de la voie ?
» R. C'est le tapis à prières du cheikh, sur lequel on se prosterne
» et on est purifié ; c'est sur lui que se passent les mystères.
» D. Le tapis de la voie, combien a-t-il d'attributs ?
» R. Quatre.
» D. Quels sont-ils ?
» R. Loi divine, vérité suprême, voie droite, connaissance du Dieu
» Très-Haut.
» D. Le tapis, combien a-t-il de mots symboliques et quels sont-ils ?
» R. Quatre : le premier est Gabriel, le second Michel, le troisième
» El-Haçan et le quatrième El-Hocein.
» D. Combien y a-t-il de lettres, et quelles sont-elles ?
» R. Il y en a quatre : la première est *ta* ت, la deuxième *mim* م,
» la troisième ﻩ et la quatrième ن.
» D. Quelle est la signification de ces quatre lettres ?
» R. La première, *ta*, veut dire que le compagnon du tapis doit être
» la poussière تراب des gens de la voie ; le *mim*, qu'il doit être sem-
» blable à l'eau ماء courante et pure ; le *ha*, qu'il doit être comme le
» zéphir هوي soufflant dans le feuillage des arbres, le compagnon
» du tapis doit, en effet, être un esprit répandant sur les gens de la
» voie, la perfection et les faveurs légales ; le *noun* ن indique qu'il
» doit être comme le feu نار qui embrase la maison du pervers.

» D. Vers qui marchez-vous ?

» R. Vers la place d'Ali.

» D. Quelle est la forme de cette place, qu'y a-t-il au-dessus d'elle,
» que contient-elle ?

» R. La place d'Ali est tracée par les vieillards, compagnons de la
» fetoua ; sur elle, est le tapis, et, au-dessus d'elle, est la Vérité
» (Dieu), le Tout-Puissant, le Généreux, qui domine ses esclaves.

» D. Combien faut-il de pas pour la traverser ?

» R. Quatre pas : un pour chacun des Saluts que connait l'inter-
» prète de langue, qui en explique les secrets et les mystères.

» D. Combien doit-on passer de ponts pour arriver à la place d'Ali,
» et s'asseoir sur le tapis ?

» R. Trois ponts.

» D. Qu'y a-t-il à votre droite, à votre gauche, derrière vous, devant
» vous, sur votre tête et sous vos pieds ?

» R. A ma droite est Gabriel ; à ma gauche, Michel ; derrière moi,
» Azrail ; devant moi, Assafil ; au-dessus de moi, le Souverain Glo-
» rieux ; et sous mes pieds, la Mort, qui est plus proche de nous que
» la veine jugulaire ne l'est de la gorge, conformément à cette parole
» divine : « Toute âme doit goûter de la mort ; vous recevrez votre
» salaire le jour de la résurrection (Coran). »

» D. Qu'y a-t-il dans votre tête, dans votre oreille, dans votre œil,
» dans votre poitrine et dans vos pieds ?

» R. Dans ma tête : la noblesse des pensées, l'intelligence et la
» connaissance ; dans mon oreille : les paroles de celui qui m'a dirigé
» vers l'obéissance de Dieu ; dans mon œil : la vue de la face du Sei-
» gneur Généreux (Dieu) ; dans ma bouche : la loi divine, la vérité,
» la règle, la connaissance et les paroles de bien ; dans ma poitrine
» (cœur) : la patience pour supporter les calamités et les mauvaises
» paroles ; et dans mes pieds : un moyen de me rendre auprès des
» maitres de la connaissance, sur le tapis de la voie droite, en pré-
» sence des gens de la vérité.

» D. Qu'y a-t-il dans votre cœur ?

» R. L'impureté et l'ignorance, que je dois racheter par l'humilité
» et la soumission devant mon Maitre.

» D. Quels sont vos témoins ?

» R. Ma main droite et ma main gauche ; elles porteront témoignage
» le jour de la comparution suprême, par devant le Maitre de l'Uni-
» vers, et les deux anges écrivant par mon ordre.

» D. En se rendant vers la place d'Ali, d'où vient-on, et par où
» s'en va-t-on ?

» R. On vient de la maison périssable, et on se rend vers la mai-
» son de l'éternité. Accorde-moi la richesse, ô Riche ! et l'éternité, ô
» Éternel !

» D. Quelle est la maison périssable ? Quelle est la maison éter-
» nelle ?

» R. La terre est périssable, avec tout ce qu'elle contient, car c'est
» la maison de l'illusion, conformément à cette parole divine : « La
» vie de la terre n'offre que des jouissances trompeuses (Coran). »
» Quant à la maison éternelle, c'est la maison de l'autre vie, et ne
» l'habitera pour l'éternité que celui qui aura fait les bonnes œuvres,
» multiplié les bienfaits, rejeté l'impureté et l'immoralité, méprisé
» les amours terrestres, et détourné ses regards des choses illicites.
» C'est la réunion des serviteurs au plus haut des cieux ; c'est en ce
» lieu qu'ils obtiendront l'intercession efficace de Mohammed, l'En-
» voyé de Dieu, le Maître des miracles.

» D. Lorsque vous entrez sur la place et que vous vous avancez
» au milieu des vieillards, compagnons de la voie, comment vous
» accueille le cheikh ?

» R. Il m'accueille avec une invocation sincère, et m'enveloppe de
» son regard bienfaisant.

» D. Quels sont vos initiateurs pour entrer dans la voie de la pureté?

» R. Ce sont les vieillards sages qui sont mes intermédiaires auprès
» d'Ali. C'est en leur présence et dans leur généreuse société qu'on
» est reçu.

» D. Où est-on reçu ?

» R. Sur le tapis de la vérité, sous les pieds du trône de Dieu, sur
» la place d'Ali, et en présence des compagnons de la fetoua.

» D. Combien avez-vous de frères dans la voie droite ?

» R. Deux, qui sont ma ceinture et mon pacte, que je tiens dans ma
» main, et qui m'accompagnent dans la vie et dans la mort.

» D. Par quelle porte entre-t-on, et par quelle porte sort-on ?

» R. On entre par la porte de l'amour, et on sort par celle de la
» miséricorde et de l'accueil des compagnons de la fetoua.

» D. Où est cuite notre bouchée, qui l'a humectée et qui l'apporte ?

» R. Elle est cuite au foyer du Miséricordieux (Dieu) et est apportée
» par les anges du paradis de délices.

» D. Où la dépose-t-on ?

» R. Sur le tapis de la puissance, entre les mains des compagnons
» de la décision.

» D. En arrivant dans la réunion des gens de la voie droite, sur
» quoi s'assied-on ?

» R. Sur le tapis d'Ismail (que le salut soit sur lui!)

» D. Comment s'assied-on sur le tapis de la voie ?

» R. Par la permission que le cheikh en donne, et avec le cœur
» rempli d'humilité et de modestie, en présence des intermédiaires.

» D. Qu'est-ce que la *fouta* (pièce d'étoffe) ? Quelle est son origine
» et quelle largeur a-t-elle ?

» R. La première *fouta* a été formée des feuilles de figuier dont se
» sont couverts Adam et Ève. La largeur de la fouta est celle de votre
» bras droit, et sa longueur est celle de votre bras gauche. Son ori-
» gine revient à Omar-Ibn-Omeia-el-Medowi, car c'est lui qui en fit
» présent à l'imam Ali.

» D. Comment entre-t-on dans la voie, et comment en sort-on?

» R. On y entre avec l'âme humble de l'impétrant, et on en sort
» avec le cœur joyeux de celui qui a obtenu.

» D. Lorsqu'on vous boucle la ceinture, qu'y a-t-il dans votre main
» droite?

» R. Nous tenons dans notre main droite le livre de notre destin,
» selon cette parole divine : « O ! mon Dieu, donne-moi mon livre
» (destin), dans ma main droite et non dans ma main gauche! »

» D. Qu'y a-t-il entre votre main droite et votre main gauche?

» R. Il y a, entre les deux, l'alliance du Dieu Très-Haut.

» D. Qu'y a-t-il entre vous et votre initiateur?

» R. Il y a, entre nous, le pardon du Dieu magnifique, Seigneur de
» Moïse et d'Abraham ; selon cette parole divine : « O ! vous qui
» croyez, offrez, en entier, votre repentir à Dieu, et demandez-lui le
» pardon de vos fautes. » Et cette autre parole : « Celui qui accom-
» plira l'engagement contracté envers Dieu, je le récompenserai ma-
» gnifiquement. »

» D. Par quoi est-on affranchi?

» R. Par la pureté du cœur de l'initiateur et la sincérité du néophyte.

» D. Qui possède la chose longue, et qui la chose courte?

» R. L'homme juste a la langue longue et le pécheur, dans son
» avilissement, a la langue courte.

» D. Quelle est la clef du ciel?

» R. La profession de foi : « Il n'y a de Divinité que Allah, Moham-
» med est le prophète de Dieu ; (que Dieu répande sur lui ses grâces
» et lui accorde le salut !) »

» D. Quelles choses sont venues du ciel, et dont l'une est supé-
» rieure à l'autre?

» R. Le blé et la viande. La viande est supérieure au blé, car le
» blé a été apporté du paradis par Adam, tandis que le bélier a été
» envoyé du ciel, pour servir de rançon à Ismaïl, que son père allait
» immoler.

» D. Quelle est la maison sans porte, la mosquée sans mihrab (1)
» et le prédicateur sans livre?

» R. La maison sans porte, c'est la terre, qui n'est qu'un séjour

---

(1) Le Mihrab, dans les mosquées, est une sorte de niche pratiquée
du côté de la Mecque et dans laquelle se met le prédicateur, lorsqu'il
ne monte pas dans la chaire (khettaba).

» d'illusions trompeuses ; la mosquée sans mihrab, c'est la Kabà,
» que Dieu Très-Haut la protège ! — et le prédicateur sans livre,
» c'est Mohammed, car il prêchait sans livre, et on écrivait, au con-
» traire, ses paroles sur le livre.

» D. Le diadème de l'Islam est-il sur ma tête, ou sur la vôtre ?

» R. Il est sur ma tête, sur la vôtre et sur celle de tous les servi-
» teurs ; car Dieu l'Unique, le Puissant, est celui qui dit à une chose :
» « Sois ! » et elle est.

» D. En quoi espérez-vous ?

» R. En la miséricorde de Dieu, afin qu'il me fasse admettre, ainsi
» que vous, au paradis.

» D. Par quoi s'obtiennent la loi, la justice, la règle et la connais-
» sance ?

» R. La loi s'obtient par le travail et l'étude ; la justice, par la
» volonté du Dieu Très-Haut, celui qui n'a pas de pareil, le dispen-
» sateur de tout bien, le créateur de toute chose, le vivificateur et
» l'exterminateur de ce qui existe ; on arrive à la règle en suivant
» la voie de la vérité et de la sincérité ; enfin, la connaissance con-
» siste dans la science des paroles de Dieu, de son livre, et dans les
» efforts pour rester dans l'obéissance de Dieu.

» D. Quelle est la clef de la loi, et quelle est sa serrure ?

» R. Sa clef est cette parole : « Au nom de Dieu clément et misé-
» ricordieux ! » et sa serrure, cette autre parole : « Louange à Dieu,
» Maître de l'univers ! »

» D. En quoi consiste l'observance ?

» R. Elle consiste à se nourrir de ce qui est permis, à rejeter ce
» qui est illicite, à obéir aux deux fils (Haçan et Hocein) et à se rap-
» procher de Dieu.

» D. Si la viande se gâte, par quoi la rectifie-t-on ?

» R. Par le sel.

» D. Et si le sel se gâte, comment le rectifie-t-on ?

» R. Par l'assemblée sur la place d'Ali.

» D. Quelle est la signification de ces paroles ?

» R. La viande représente les gens de notre sainte société ; le sel
» est le cheikh. Si les membres de la confrérie de la voie se gâtent,
» le cheikh les guérit ; et si le cheikh se gâte, on le remplace dans
» l'assemblée.

» D. Quels sont les mystères qui enveloppent le tapis ?

» R. Il est entouré par quatre fatiha (1) ; on le déroule avec une
» fatiha, on le roule avec une fatiha, et on l'emporte avec une fatiha.

» D. Que fait le cheikh en approchant du tapis ?

» R. Il commence par invoquer le salut et indiquer les prescrip-

---

(1) La « Fatiha » est le premier chapitre du Coran.

» tions de la voie. Puis il avance son pied droit et soulève le pied
» gauche ; il récite alors une fatiha, et fait, sur le pied gauche, com-
» me il a fait sur le pied droit. Il s'avance ainsi peu à peu, en réci-
» tant la fatiha, et termine par la bénédiction, et l'appel des faveurs
» divines et du salut sur N.-S. Mohammed, le Maitre des Envoyés.

» D. Comment le cheikh se retire-t-il du tapis?

» R. En prononçant trois *fatiha* : la *tekbira* pour le Dieu Très-Haut,
» l'appel de la bénédiction et du salut sur N.-S. Mohammed, Maitre
» des Envoyés, sur sa famille et sur ses compagnons ; et l'invocation
» du salut pour tous. Enfin, il implore Dieu de nous pardonner, ainsi
» qu'à vous et à tous les Musulmans et les Musulmanes, les Croyants
» et les Croyantes. Amen ! Amen, par les mérites de Mohammed, le
» Seigneur des Envoyés !

» Fin du questionnaire ainsi que de la fetoua, par la grâce de
» Dieu ! »

C'est après avoir subi ces épreuves que le Khouan reçoit son brevet, s'il lui en est délivré, ce qui n'arrive pas toujours.

Dans ce cas, voici comment cette pièce est libellée :

« Au nom de Dieu clément et miséricordieux,
» A nos frères musulmans qui prendront connaissance du présent.
» Puisse Dieu vous diriger en science et en sagesse !
» Le porteur de ce diplôme, El-Hadj-Mohammed-El-Megherbi, de-
» rouich-profès, s'est présenté à Bar'dad et a visité l'établissement de
» mon aieul, l'étoile des savants, le guide de ceux qui suivent la voie
» droite, le cheikh Abd-el-Qader-El-Djilani (Que Dieu sanctifie son
» mystérieux pouvoir ! que les mérites de sa piété et de ses bonnes
» œuvres, s'étendent sur nous tous !)

» En conséquence, soyez persuadés que le sus-nommé est entré
» dans la confrérie de mon saint aieul. Dès lors, il convient que vous
» l'honoriez, le considériez, le protégiez contre tout acte hostile,
» conformément à ce verset du Livre saint :

« Certes, Dieu ne frustrera pas les hommes bienfaisants de leurs
» récompenses. » Le Prophète n'a-t-il pas dit : « Le paradis est à
» celui qui honorera l'étranger dans son exil, ou calmera sa souf-
» france par une gorgée d'eau, ou le nourrira, ou le vêtira, ou l'ac-
» cueillera le sourire aux lèvres. »

» Les paroles du Prophète, de l'Élu, de Dieu doivent être regar-
» dées comme absolument vraies. Le desservant de la mosquée de
» mon aieul Sliman-El-Qadri, prince des cheikhs à Bagdad. »

Les porteurs de ces brevets sont habituellement nantis d'une autre pièce écrite sur papier satiné, de 25 à 30 cent. de large sur 2 mètres environ de long, et donnant, en belle calligraphie, la généalogie de Sid Abd-el-Qader, par Ali et le Prophète, jusqu'à Adam et la liste des chefs de l'Ordre.

Ce diplôme ne donne ni le titre de cheikh ni celui de moqaddem, il dit simplement que le porteur est un homme pieux رجل الصالح.

La partie constituant le diplôme d'affilié est ainsi conçue :

« S'est présenté à moi, à Bar'dad, l'homme de bien qui se dirige
» vers Dieu, en se détournant de tout ce qui n'est pas Lui, qui désire
» parvenir en l'autre vie, le derouiche El-Hadj Mohammed-ben-El-
» Ouadoudi-El-Amri-El-Zammouri-Ech-Chaïbi-El-Moghrabi, il a visité
» la seigneurie de mon aïeul, l'étoile des mondes, la perle la plus
» précieuse, qui met au même niveau les grands et les petits, astre
» de la religion, flambeau étincelant, maître des signes et des pen-
» sées, le cheikh Abd-el-Qader-El-Djilani.

» Après sa visite, le sus-nommé est venu à nous et nous a demandé
» de l'instruire de l'Unité de Dieu. Je lui ai donné cette science, de
» même que je l'avais reçue de mon maître et par Sid Ali-El-Qadri,
» lequel l'avait reçue de son maître et cousin Abd-el-Qader-El-Qadri,
» qui l'avait reçue de. . . . .
» . . . .
» . . . . qui la tenait de son père, l'Émir des Croyants, Ali-
» ben-Bou-Thaleb, mon ami, la fraîcheur de mon œil, le Prophète de
» Dieu m'a fait part que l'ange Gabriel lui avait dit : « J'ai entendu le
» Puissant dire : il n'y a de Dieu que Dieu : c'est là ma forteresse.
» Celui qui prononcera ces paroles entrera dans ma forteresse, et
» celui qui y entrera sera en sûreté contre mes châtiments. » . . . .
» . . . .
» . . . . Après donc que nous eûmes appris au néophyte la parole de
» l'unité de Dieu, nous lui avons ordonné de la réciter 165 fois, à la
» suite de chaque prière obligatoire et toutes les fois que la chose
» lui sera possible. Et celui qui rompra le pacte, le rompra à son
» détriment. Celui, au contraire, qui conservera l'alliance faite avec
» Dieu, recevra une récompense magnifique.

» Que Dieu répande ses faveurs sur notre maître Mohammed et ses
» compagnons, sur sa famille et lui accorde le salut !
» . . . . »

En réalité, cette pièce (1) parait être une espèce de relique, qui se délivre en même temps que le diplôme « aux gens éminents, » car on a trouvé le même document aux mains de moqaddem Qadrya, porteurs de brevets ainsi conçus :

« DIPLOME DE MOQADDEM

» conféré au frère

» EL-HADJ-AHMED-BEN-MOHAMMED-BEN-BEL-KHEIR

» Louange au Dieu unique ! etc.
» (Empreinte effacée d'un cachet.)
» Louange à Dieu !
» Nous sommes guidés vers la voie droite, et, certes, nous ne
» serions pas dans le droit chemin, si Dieu ne nous y avait dirigés,
» car les envoyés de Notre-Seigneur nous ont apporté la vérité et
» nous ont dit : « Vous hériterez du paradis, selon ce que vous aurez
» fait sur la terre. »
» O ! mon Dieu, place-nous au nombre de ceux qui seront sauvés !
» Dirige-nous vers l'abreuvoir du Prophète, et, de là, au paradis !
» O ! mon Dieu, dirige-nous vers le bien et la voie droite !
» Nous accordons à El-Hadj-Ahmed-ben-Mohammed-ben-Bel-Kheir,
» la faveur entière, lui conférons le diplôme authentique, complet,
» général, conformément à la règle du cheikh Abd-el-Qader.
» Nous l'élevons au rang de moqaddem, de telle sorte qu'aucune
» main ne sera au-dessus de la sienne parmi les moqaddem.
» Il conférera l'Ouerd, donnera le titre de naïb (vicaire) à qui lui
» en fera la demande et s'il le juge digne de recevoir cet honneur.
» Les frères devront avoir confiance en lui, comme nous avons eu,
» nous-même, confiance ; et quiconque parmi les frères lui obéira,
» obéira au cheikh Abd-el-Qader ; mais quiconque lui désobéira, se
» rendra criminel.
» Il (El-Hadj-Ahmed) se servira de ce pouvoir comme il le voudra,
» dans l'intérêt de la vérité, de la loi et de la secte.

---

(1) Le diplôme que nous citons émane d'un moqaddem de la descendance d'Abd-el-Aziz-ben-Sid-Abd-el-Qader, dont les chefs spirituels ont été indiqués plus haut.

D'autres diplômes, délivrés au même lieu, mais émanant d'un descendant de Si Abd-er-Rezeg-ben-Sid-Abd-el-Qader, sont conçus à peu près dans les mêmes termes.

» Il ne fera pas de distinction entre les frères, qui devront tous
» être sur le même rang.

» S'il est d'un avis contraire aux frères, ceux-ci ne devront pas le
» contredire.

» Lorsque les frères auront résolu une entreprise, il faudra absolu-
» ment qu'ils prennent son avis, et quiconque parmi les frères lui
» désobéira, dans ce qu'il aura dit pour le bien, ne sera plus des
» nôtres.

» O! frères, vous écouterez sa parole et aucun de vous ne devra
» mettre opposition aux droits que lui confère son diplôme, lequel
» devra être lu publiquement, le jour du festin, afin de rehausser et
» de répandre la gloire du moqaddem susdit!

» O! enfants de la grâce, il faut absolument que vous obéissiez à
» notre moqaddem El-Hadj-Ahmed, et que nul de vous ne lui fasse
» obstacle dans l'accomplissement de la bonne œuvre, car il a été
» nommé par Sid Mohammed Effendi, descendant du saint des saints,
» le cheikh Abd-el-Qader, — que Dieu nous fasse profiter, ainsi que
» vous, des faveurs, dont il est entouré, amen! O! Maître de l'Uni-
» vers! Salut!

» Écrit dans les dix derniers jours du mois de Dieu, redjeb, an-
» née 1269 (du 30 avril au 9 mai 1853).

(Empreinte d'un cachet sur lequel on lit : El-Hadj, plus bas : Sid,
ou peut-être Effendi, et au-dessous : Mohammed ; ce qui donne : Sid
El-Hadj-Mohammed, ou El-Hadj-Mohammed-Effendi.)

» Pour conférer l'alliance du cheikh Abd-el-Qader, vous prendrez
» la main du néophyte et vous réciterez ce verset : « Je cherche au-
» près de Dieu, un refuge contre Satan le lapidé (Coran). »

» Puis, vous lui ferez prononcer ce serment : « Je m'engage envers
» Dieu, et je prends à témoin, que je ne me détournerai ni ne me
» retirerai de la règle du cheikh Abd-el-Qader. » Cette phrase sera
» répétée trois fois.

» Vous lui direz ensuite, par trois fois : « Acceptez-vous, acceptez-
» vous ? »

» Il vous répondra : « J'accepte. »

» Vous lui conférerez alors l'ouerd selon la règle.

» Salut ! »

(Suit une prière.)

Les moqaddem, dans l'ordre des Qadrya, nomment généralement leur successeur lorsqu'ils se sentent arrivés au terme de la vie; mais si la mort les surprend avant qu'ils aient pu faire cette désignation, les nouveaux moqaddem sont choisis par les Khouan, et nommés à l'élection, en hadra ; ils réclament ensuite la sanction du chef de l'ordre à Bar'dad, ou vont la chercher eux-mêmes. Il n'y a pas d'exemple que le chef de l'ordre ait refusé de sanctionner une élection faite par les Khouan intéressés.

L'ordre des Qadrya compte un nombre incalculable d'adeptes dans tous les pays musulmans et notamment au Maroc, dans le Touat, le Tafilalet, le Gourara, l'Adrar ; dans l'Oued-Nsaoura cet ordre marche, comme importance, de pair avec ceux des Tidjanya, Taïbya, Kerzazya, Zianya et Chadelya.

En Algérie, d'après la statistique officielle de 1882, les Qadrya ont 29 zaouïa, 268 moqaddem, 14,574 Khouan.

Ils sont répartis en un grand nombre de congrégations ayant chacune plusieurs moqaddem, sans qu'il y ait, entre ces diverses congrégations, des relations plus suivies que celles existant entre leurs chefs respectifs et la maison-mère de Bar'dad. Il ne nous a pas été possible de fixer le nombre exact de ces congrégations en Algérie.

Au point de vue politique, l'ordre des Qadrya ne nous est pas hostile, et il est le plus souvent empreint d'un grand esprit de tolérance. Nous avons, parmi ses grands moqaddem, des caïds, des cadhi, des assesseurs, dont la fidélité et le dévouement se sont affirmés depuis la conquête. En 1879, pendant l'insurrection de l'Aurès, notre meilleur appoint contre les rebelles a été le chef des Qadrya de ce pays, le caïd Si Mahmed-bel-Abbès, dont le fils a été tué dans nos rangs.

Cependant, cet ordre a besoin d'être surveillé, parce qu'il peut être suivi en même temps qu'un autre, et qu'il est susceptible d'avoir, vis-à-vis des congrégations hostiles, les mêmes tolérances qu'il a vis-à-vis de tout le monde. Il a, en effet, les défauts de ses qualités, et la déférence de ses chefs, vis-à-vis des détenteurs de l'autorité, fait qu'il subit facilement les influences du milieu où il se trouve. Ainsi, à La Mecque, les Qadrya se sont mis à l'unisson des sentiments qui dominent chez les autorités religieuses des deux villes saintes et ils sont, tout autant que les autres ordres, fanatiques et hostiles aux Chrétiens. De plus, la grande popularité dont jouissent les Qadrya, fait rechercher leur alliance par tous les agitateurs et personnages politiques en quête d'appuis religieux. C'est ainsi que jadis l'Émir Abd-el-Qader, qui était moqaddem de cet ordre, a essayé, sans y réussir, d'entrainer avec lui toutes les congrégations algériennes du rituel d'Abd-el-Qader-el-Djilani. C'est pour cette raison encore que Si Snoussi s'est fait affilier aux Qadrya, comme plus tard Bou-Amama.

Mais ces affiliations intéressées n'ont pas en général l'effet qu'en attendent ceux qui les recherchent. Les moqaddem Qadrya influents qui, en Algérie surtout, sont de véritables chefs de confréries à peu près autonomes, voient d'un très mauvais œil toute nouvelle autorité religieuse qui tend à se constituer à côté d'eux. Par jalousie ou intérêt, ils dévoilent et désapprouvent plus ou moins hautement la vanité des mobiles politiques qui inspirent les agitateurs. Ne voulant ni compromettre leur situation acquise auprès des autorités locales, ni risquer d'amoindrir leurs revenus religieux, ils refusent tout concours à leurs nouveaux collègues. Pour cela, ils se retranchent derrière leur dépendance de Bar'dad et demandent qu'on leur montre un diplôme ou une pièce authentique émanant du Grand-Maître de l'ordre, et conférant aux nouveaux moqaddem une autorité quelconque sur les anciens. Ils savent bien, en effet, que la maison-mère de Bar'dad est très loin, qu'elle est très prudente, et qu'il n'est pas dans ses habitudes de se mêler à des aventures politiques incertaines, et surtout, absolument contraires aux statuts de l'ordre et aux idées tolérantes et humanitaires qui doivent inspirer les chefs et les disciples des Qadrya.

CHAPITRE XVI

LES SEHEROURDYA

CHEHAB-ED-DIN-ABOU-HAFS-OMAR-BEN-MOHAMMED-BEN-ABDALLAH-ES-SEHEROURDI

(An 632 de l'Hégire. — 1234-1235 de J.-C.)

L'ordre religieux des Seherourdya fut fondé, et surtout organisé, par Chehab-ed-Din-Abou-Hafs-Omar-ben-Mohammed-ben-Abdallah-es-Seherourdi, né à Seherouerd, bourgade près de Zendjan, dans l'Irak-Adjemi (Perse).

Il appartenait à une famille qui remontait au khalife Abou-Beker-es-Seddik et dans laquelle la vocation religieuse et le mysticisme étaient héréditaires.

Son aïeul Mohammed-ben-Abdallah-*Ammouya* (عمويه) *es-Seherourdi* et son grand-père *Ouadjih* (1) *ed-Din-Amar-ben-Mohammed*-Ammouya furent contemporains et disciples de Sid Abd-el-Qader-el-Djilani (qui vécut de 471 à 561, soit 1078 à 1166 de J.-C.).

Son oncle *Abou-Nedjib-Dia-ed-Din-Abd-el-Kahir*-ben-Abdallah-ben-Messaoud-*es-Seherourdi*, né en 489 = 1096 de J.-C., avait, dans sa jeunesse, suivi les leçons du célèbre Abou-Ahmed-Ghazzali (mort en 505 = 1111-1112 de J.-C.) et celles des disciples directs de ce grand théologien. Il est lui-même très connu comme prédicateur et comme soufi, et avait des attaches dans plusieurs ordres

---

(1) Ibn-Batoutah donne Ouahid-ed-Din (وحيد); d'Herbelot, de Sacy, Dozy et Chikh-Snoussi donnent Ouadjih-ed-Din (وجيه).

religieux. Il mourut en 563 = 1167-1168 de J.-C., laissant deux ouvrages très estimés : l'un est l' « *Adeb-el-Mouridin* » ou « manuel des disciples traitant des qualités et conditions obligatoires pour ceux qui veulent s'avancer dans la voie spirituelle. L'autre est intitulé : l'« *Abed-el-Mohaditin* » ou « manuel traitant de l'esprit de ceux qui ont rapporté les traditions du Prophète. »

Ce fut surtout à l'école d'Abou-Nedjib que se forma Chehab-ed-Din-Abou-Hafs-Omar-es-Seherourdi, l'imam et triquat de l'ordre religieux des Seherourdya.

Né en 539 = 1144-1145 de J.-C., il mourut en 632 (1) = 1234-1235 de J.-C., à Bagdad, où on lui a élevé, au centre de la ville, un magnifique tombeau entouré de jardins et de vastes constructions affectées à des œuvres de piété ou de bienfaisance. Il a laissé de nombreux ouvrages qui font encore autorité en matière de soufisme, tels sont : le livre des définitions (*Aouarif-el-Maarif*); l'Ateur-el-Hadd, ou « *l'Enseignement de la vraie direction et des croyances des hommes pieux;* » l'Adellat-el-Aïou, ou « *Traité de logique,* » etc.

Ces livres contiennent les indications les plus complètes et les plus précises sur tous les termes techniques employés par les Soufi et sur les doctrines qui s'y rattachent. Ils sont souvent cités par les auteurs musulmans et il n'est guère de chef d'ordre religieux ou de théologien mystique qui n'y ait fait de nombreux emprunts. Ces livres ont eu les honneurs de plusieurs traductions, en turc et en persan, et de plusieurs commentaires (2).

Il ne faut pas confondre le soufi Chehab-ed-Din-*Abou-*

---

(1) D'Hosson le fait mourir en 602 — 1205-1206 de J.-C., contrairement à d'Herbelot et à Silvestre de Sacy, qui donnent 539 (1144-1145 de J.-C.), d'après Ibn-Khalican, auteur d'une biographie de Chehab-ed-Din-es-Seherourdi.

(2) Silvestre de Sacy a donné quelques extraits du *Livre des définitions* qui se trouve à la Bibliothèque nationale de Paris, sous le n° 375. Voir tome X et tome XII des *Notices et extraits des manuscrits*.

Hafs-Omar-es-Seherourdi avec son quasi-homonyme et contemporain Chehab-ed-Din-*Yahia*-ben-Habech-ben-Amizet-*es-Seherourdi*-el-*Hakim*-el-Bekeri, appelé souvent Chikh-el-Meqtoul (le vénérable assassiné). Ce dernier, qui était né dans la même localité en 548 = 1153-1154 de J.-C., fut aussi célèbre comme érudit et comme philosophe (hakim), et il a écrit plusieurs ouvrages, entre autres un traité contre les doctrines des Platoniciens et des Péripapeticiens. Accusé de magie par les uns, dénoncé par les autres comme plus attaché à la philosophie qu'à la religion, il fut mis à mort en 585 = 1189-1190 de J.-C., dans la ville du Caire, par ordre du sultan Salah-ed-Din (Saladin). Ce philosophe, exalté par les uns comme un martyr, et décrié par les autres comme un hérétique (zendik), ne semble pas avoir eu de lien de parenté avec la famille du fondateur de l'ordre des Seherourdya (1).

Chehab-ed-Din-Abou-Hafs-Omar-es-Seherourdi, l'imam et-triquat, avait des appuis dans tous les ordres religieux existant à son époque.

Une première chaîne, composée de personnages peu connus est, à la fois, la propre généalogie de sa famille et la liste des chikhs qui, de père en fils, se sont transmis l'enseignement donné par l'ancêtre commun Abou-Beker-es-Seddik.

Une deuxième chaîne, celle-ci composée de docteurs ou de saints plus connus et passant par El-Djenidi, relie encore les Seherourdya à Abou-Beker-es-Seddik. Voici cette chaîne :

A. L'ange Gabriel. — Le Prophète. — 1, Abou-Beker-es-Seddiq. — 2, Seliman-el-Faressi. — 3, El-Kacem-ben-Mohammed-ben-Abou-Be-

---

(1) Il y a un sixième Seherourdi nommé Taki-ed-Din-Abou-Amran-Otsman-ben-Abderrahman-Ibn-Salah-Seherourdi, mort en 634 (1236-1237 de J.-C.) et auteur d'un livre estimé, ayant pour titre : *Abd-el-Mofti-el-Mostofi*, et traitant des qualités requises pour exercer avec distinction les fonctions de mofti.

ker-es-Seddiq. — 4, Djaffar-es-Sadok. — 5, Moussa-el-Kadim. — 6, Ali-er-Radi-ben-Moussa. — 7, Abou-Kacem-el-Djenidi 297 (909-910 de J.-C). — 8, Ali-ben-Sahl-es-Soufi. — 9, Memchad-Omar-ed-Dinaoueri. — 10, Ahmed-el-Assoud-ed-Dinaoueri. — 11, Akhou-Feradj-ez-Zendjani. — 12, Mohammed-ben-Abdallah, El-Ammouya-el-Seherourdi. — 13, Ouadjih-ed-Din-Omar-ben-Mohammed-Ammouya-es-Seherourdi. — 14, Abou-Nedjib-Dia-ed-Din-Abd-el-Kahir-Seherourdi. — 15, Chehab-ed-Din-Abou-Hofs-Omar-ben-Mohammed-ben-Abdallah-es-Seherourdi.

Une troisième chaîne, passant encore par El-Djenidi, rattache l'ordre des Seherourdya à Ali-Taleb et donne plusieurs noms différents de ceux de la chaîne précédente :

B. L'ange Gabriel. — Le Prophète. — 1, Ali-ben-Abou-Taleb. — 2, Abou-Said-Hassan-el-Bosseri. — 3, Habib-el-Adjemi. — 4, Abou-Seliman-Daoud-et-Tai. — 5, Marouf-el-Kerkhi. — 6, Sari-Sakati. — 7, Abou-Kacem-el-Djenidi. — 8, Abou-Mohammed-Roulyem-ben-Ahmed-el-Baghdadi. — 8 *bis*, Abou-Mohammed-Djafar-Khouldi. — 9, Chikh-el-Islam-Abou-Abdallah-Mohammed-ben-Khefif-el-Chirazi (331 — 942-943 de J.-C.). — 10, Abou-Abbas-Ahmed-en-Mehaouendi-ben-Mohammed. — 11, Akhou-Feradj-ez-Zendjani (qui est le n° 11 de la chaîne A).

Une quatrième chaîne relie les Seherourdya à El-Djenidi d'une façon un peu différente et par peu de noms qu'il est bon de constater à cause de la notoriété de ceux qui les portent :

C. 7, Abou-Kacem-el-Djenidi. — 8, El-Djeraire-el-Morai. — 9, Chems-ed-Din-Abou-Taleb-el-Mekki. — 10, Abou-Maali. — 11, Zin-ed-Din-Abou-Ahmed-Mohammed-ben-Mohammed-ben-Ahmed el-Ghazzali. — 12, Abou-Nedjib-Dia-ed-Din-Abd-el-Kahir-es-Seherourdi (qui est le n° 11 de la chaîne A).

Une cinquième chaîne, reliant l'ordre aux Aouissya, est ainsi établie :

D. L'ange Gabriel. — Le Prophète. — 1, Amar-ben-el-Khettab. — 1 *bis*, Ali-ben-Abou-Taleb. — 2, Abou-Amar-Aouis-el-Karani. — 3, Moussa-ben-Yazid-el-Rai. — 4, Abou-Ishak-Brahim-ben-Abdehem-ben-Mansour, el-Adjeli, el-Temini, el-Belekhi-el-Khersani. — 5, Abou-Ali-ben-Ali-ben-Brahim-el-Belckhi. — 6, Khatem-el-Assem. — 7, Abou-Terab-Asker-ben-Hessain-en-Nekhechebi. — 8, Abou-Amar-el-Astekhiri. — 9, Abou-Mohammed-Djafar-el-Heda (ou el-Hedani). — 10, Rouiyem-ben-Ahmed-el-Baghdadi (qui est le n° 8 de la chaîne B).

Enfin, nous rappellerons que les deux premiers Seherourdi cités dans ces chaînes, étaient disciples de Sid Abd-el-Qader-el-Djilani.

Ces listes ne sont pas les seules présentées par les Seherourdya pour établir la parfaite orthodoxie de leur doctrine, et ces chaînes se continuent en se divisant à l'infini en Égypte, en Asie et surtout en Perse où l'ordre compte de très nombreux adhérents.

Nous allons donner une de ces chaînes allant jusqu'au commencement de ce siècle, parce que, quelque arides que puissent paraître ces nomenclatures de noms, ces listes sont fort instructives. En effet la plupart des saints et docteurs nommés dans les chaînes des Seherourdya, reparaissent dans les chaînes des congrégations religieuses établies plus tard dans le nord de l'Afrique, et c'est par eux que le mysticisme panthéiste des Persans a fait invasion dans les doctrines des Soufi ou Khouan du Maghreb.

Voici donc une (1) des continuations des chaînes précédentes :

15, Chehab-ed-Din-Abou-Hafs-Omar-Seherourdi, imam et-triqat. — 16, Nour-ed-Din-Abd-es-Semed-en-Nesseri. — 17, Beder-ed-Din-Mahmoud-es-Schoussi. — 17 *bis*, Nedjem-ed-Din-Mahmoud-es-Assebehani. — 18, Youcef-el-Adjemi. — 19, Hassan-et-Tastouri. — 20, Sid Ali-Saheb-ed-Dik. — 20 *bis*, Ahmed-ez-Zahed. — 21, Choaib-Abou-Median-el-Andalousi-el-Tlemsani. — 22, Khol-Abd-el-Daim-Sid-el-Ostad-el-Khebir. — 23, Mohammed-ben-Abd-el-Daim, dit Ben-Okt-

---

(1) L'historien Ibn-Batoutah fut affilié en 727 — 1326-1327 de J.-C., à Ispahan, à l'ordre des Seherourdya ; il donne la chaîne suivante : L'imam et-triqat es-Seherourdya — 16, Chehab-ed-Din-Ali-Aredja. — 17, Tadj-ed-Din-Mahmoud, fils du précédent. — 18, Chems-ed-Din, fils du précédent. — 19, Katb-ed-Din-Hocein, fils du précédent. — 20, Ibn-Batoutah.

Median. — 24, Ali-bel-Khir-el-Morseli. — 24 bis, Mohammed-es-Seroui-ben-el-Hail. — 25, Si Mohammed-ech-Chenaoui. — 25 bis, El-Herchi. — 26, Abd-el-Qader-ech-Chetaroui. — 26 bis, Sid El-Belkhir-el-Berra. — 27, Abou-Abbas-el-Herchi. — 28, Beder-ed-Din-el-Ali. — 29, Abd-el-Latif. — 30, El-Ahed-Abdallah-ben-Mohammed-el-Ali. — 31 bis, Sid Mohammed. — 32, Abou-Beka-el-Mekki. — 33, Chikh-Snoussi, lequel avait été encore affilié à cet ordre par d'autres chikh en Arabie et en Syrie.

Nous ne croyons pas nécessaire de nous étendre sur les doctrines des Seherourdya. Au point de vue philosophique, elles se résument en ce panthéisme spirituel développé dans presque tous les livres indiens et persans et elles se complaisent dans les abstractions chimériques d'un mysticisme quintessencié.

Le principal ouvrage de Chehab-ed-Din-Abou-Hafs-es-Seherourdi contient de nombreux chapitres consacrés à l'absorption de l'âme en Dieu, aux stations mystiques, aux sublimes états extatiques « où le mystique disparaît
» si complètement à ses propres yeux et à sa propre
» pensée, qu'il n'est plus occupé même de la considéra-
» tion des attributs divins ; toutes ses facultés et tout
» son être étant anéantis et absorbés en Dieu. Dans ce
» dernier état, il n'y a plus de moi ; le mystique a dis-
» paru, ses qualités, ses membres, ses actions, ne sont
» plus à lui, *tout cela est Dieu.* »

Un autre chapitre est consacré à l'exaltation de « cet
» état parfait des Soufi qui, se reposant entièrement sur
» la Providence, ne se donnent aucun mouvement pour
» se procurer de quoi vivre et attendent que Dieu pour-
» voie à leurs besoins par des voies surnaturelles.........

» ..... Quand le Soufi est parvenu à un dégoût parfait du monde,
» il ne conçoit plus aucun souci relativement aux choses nécessaires
» à sa subsistance ; alors Dieu lui fait connaître les plus légers défauts
» de ses actions par des signes extérieurs qui sont comme une com-
» pensation de la faute dans laquelle il est tombé........ Par le bon
» usage que le mystique fait de ces avertissements divins, il finit par
» ne plus voir en toutes choses que l'action de Dieu, qu'il sait pour-

» voir à tout, indépendamment d'aucune action étrangère. Alors il
» renonce à tout moyen de gagner sa vie, même à la mendicité, et
» c'est à ce moment que Dieu fait que les choses dont il a besoin ar-
» rivent d'elles-mêmes, et qu'il lui ouvre encore la porte des bien-
» faits......... Dans cet état, le mystique est favorisé de manifesta-
» tions (تجليات) de la Divinité, manifestations dont il y a divers
» ordres ; et, dès qu'il est arrivé aux premiers degrés de ces faveurs
» divines, il ne reçoit plus sa subsistance que par des voies surna-
» turelles. »

Cet extrait qui montre l'apathie musulmane érigée en système et glorifiée, nous a paru intéressant à citer à cause de ses conséquences économiques sociales et politiques. Car, bien que les Seherourdya n'aient pas d'adhérents directs en Algérie, tous les ordres religieux, qui existent aujourd'hui en Égypte et dans les anciens États barbaresques, sont plus ou moins les successeurs et les continuateurs des Seherourdya à qui ils ont emprunté, avec leurs théories dissolvantes, tous les saints et tous les docteurs que nous retrouverons dans les chaînes de nos ordres algériens.

Aussi, les Rahmanya ont dans leurs appuis, Abou-Nedjib-Dia-ed-Din-es-Seherourdi ; les Chadelya, Derqaoua, Zianya, Kerzazya, Habibya, et autres citent Zin-ed-Din-Abou-Ahmed-el-Ghazzali, le maître d'Abou-Nedjib.

Voici maintenant, comme complément des notions que nous venons d'exposer, quels sont aujourd'hui, d'après le cheikh Snoussi (1), la règle et le rituel des Seherourdya :

Réciter dans la solitude, l'invocation : *Il n'y a de Divinité que Allah*, en mettant le cœur d'accord avec la langue. Commençant par le premier mot, on place le visage en face du nombril, puis d'une voix lente et grave, on articule toute l'invocation en dirigeant la tête vers l'épaule droite, absolument comme cela se pratique chez les Djemmalya. Ces paroles s'accentuent avec une énergie que l'on pourrait comparer à

---

(1) Chikh Snoussi, *loco citato*. Traduction de M. Colas.

celle d'un vigoureux coup de talon, afin d'en imprimer fortement la trace dans le cœur. On répète indéfiniment et sans interruption aucune, ces mots : il n'y a de Divinité que Allah (excepté toutefois lorsque le moment est venu de faire les prières d'El-Ferd et d'El-Senen, qui sont obligatoires et qui ne peuvent être omises en aucun cas). Lorsque l'on s'est acquitté de ce devoir d'une manière convenable, cette obligation englobe le cœur, pénètre l'âme des qualités glorifiantes, et lui donne l'humilité nécessaire pour faire cesser les aspirations qui tendraient à autre chose qu'à Dieu. Cet état, une fois obtenu, on passe à l'invocation simple, c'est-à-dire celle qui consiste à répéter le seul nom Dieu, Dieu, Dieu...... à l'infini, pendant tout le temps (nécessaire pour qu'elle produise ses fruits). Ce but atteint, on voit la vérité, on se place sous son empire et on ne pense plus à autre chose. Alors on prend cette autre invocation qui consiste à dire le mot Lui, que l'on articule indéfiniment.

Les Seherourdya se distinguent par leurs prières qu'ils font à haute voix, en réunion de plusieurs individus. Ils se livrent surtout aux pratiques édictées par le chef de leur ordre, Es-Seherourdi, dans son ouvrage traitant de ses connaissances et des portions du Coran qu'il a données pour tâche de répéter. Parmi ces pratiques, figure la prière indiquée plus loin, dont l'efficacité a été éprouvée un grand nombre de fois. Quiconque la récite sept ou dix fois le jour d'Achoura, après avoir fait deux pauses de prières ordinaires et avoir soufflé sur sa personne ou sur un être doué de raison, ainsi que sur ses enfants ou autres membres de sa famille, en renouvelant pour chacun la prière et la pause, est assuré de ne pas mourir dans l'année. Ce fait a été observé très souvent, on le trouve signalé par Ben-Ferhoun et autres auteurs, tels que notre Seigneur le R'outs, le cheikh Kotb-ed-Din-el-Hanifi, qui l'a vu expérimenter par un grand nombre de personnes. Voici cette prière : « Que Dieu soit glorifié — O Dieu, remplissez la
» balance et chargez le plateau (de nos bonnes actions) avec le poids
» de votre grandeur et de votre satisfaction pour moi, et de votre
» trône divin. Il n'y a de refuge et de secours qu'en Dieu. Que Dieu
» soit glorifié autant de fois que l'on pourrait l'imprimer à l'aide des
» nombres pairs et impairs, et autant de fois qu'il y a de paroles
» divines. J'implore de vous la paix, ô le plus clément des miséricor-
» dieux. Il n'y a de force et de puissance qu'en Dieu le sublime. Lui
» seul me suffit, c'est le meilleur mandataire, le meilleur maître et le
» meilleur défenseur. Que Dieu répande ses bénédictions sur la plus
» parfaite de ses créatures (Mohammed) et sur tous les membres
» de sa famille, qui sont purs et sanctifiés, qu'il leur accorde le
» salut ! »

Il y a encore parmi les Seherourdya, la pratique qui consiste à se couvrir d'un vêtement composé d'un grand nombre de pièces d'étoffes différentes et à se souvenir que l'homme est constamment nu et observé par Dieu.

L'explication de ce vêtement symbolique est donnée par diverses autorités, elle est entièrement intellectuelle. La création se compose d'une multitude de choses diverses, dont la plus parfaite est l'homme et sa raison ; les pièces du vêtement représentent cette multitude de choses, et, l'homme qui le porte, rappelle que c'est pour lui que Dieu les a fait exister. Quiconque arrive à saisir la portée de cette figure, a atteint la perfection à laquelle il doit prétendre.

L'institution de ce vêtement a pour but de modifier la nature humaine, de la pénétrer des œuvres saintes et de lui faire renoncer à ses tendances profanes.

CHAPITRE XVII

ORDRE PRINCIPAL DES CHADELYA

TADJ-ED-DIN-ABOU-EL-HASSEN-ALI-BEN-ATHA-AL-LAH-BEN-ABD-EL-DJEBBAR-ECH-CHADELI (*)

(An 656 de l'Hégire. — 1258 de J.-C.)

Sid Abou-Median-Choaïb-ben-Hoceïn-el-Andalousi, plus connu sous son nom populaire de Bou-Medine, fut le premier Musulman célèbre qui importa, dans le Maghreb, les pures doctrines du Soufisme ; il peut donc être considéré, historiquement, comme le chef du plus ancien des ordres religieux mystiques répandus en Algérie.

Ce fut lui, en effet, qui, avant tout autre, vulgarisa dans ce pays les principes de Djoneïd et ceux de Sid Abd-el-Qader-ben-Djilani, non pas comme simple disciple de ces deux personnages, mais bien comme chef d'école et comme fondateur d'un ordre religieux spécial, dont les adeptes se nommèrent d'abord Madinya ou Madanya.

Choaïb-Abou-Median naquit à Séville vers l'an 520 de l'Hégire (1126-1127 de Jésus-Christ). Malgré l'opposition de sa famille qui le destinait à la carrière des armes, il s'adonna de bonne heure à l'étude de la théologie et à la vie contemplative. Ne trouvant pas, à Séville, l'enseignement qu'il désirait, il vint se fixer à Fez, où il reçut les leçons du légiste Abou-el-Hocein-ben-R'aleb et celles des cheikhs Abou-el-Hassen-Ali-ben-Ismaïl-ben-Moham-

---

(*) D'Herbelot, qui ne donne aucun détail sur Chadeli, le nomme Abou-Hassen-Yacout-ben-Atha-Allah.

med-ben-Abdallah-el-Harzihoum et Abou-Yazza-el-Nour-ben-Mimoun-ben-Abdallah-el-Azmiri. Le premier de ces cheikhs mourut en 569 (1173-1174), et le second en 572 (1176-1177). C'étaient deux soufi très renommés. Abou-Yazza, qui vécut 130 ans, passa les 18 dernières années de sa vie dans une solitude absolue, ne vivant que d'herbes et de racines, et n'ayant pour tout vêtement qu'une tunique de feuilles de palmiers, un burnous en lambeaux et une chachia en jonc.

Lorsque, à leur école, Abou-Median eut acquis un certain renom, comme théologien et comme savant, il quitta Fez, avec l'intention de faire le pèlerinage après s'être arrêté, sur sa route, dans les principaux centres intellectuels et religieux.

La première ville importante où il se présenta fut Tlemcen ; l'accueil qu'il y reçut ne fut d'abord pas très bienveillant. En effet, soit que les uléma, ayant entendu parler de sa science et de sa popularité, eussent peur de trouver en lui un rival et un maître, soit pour toute autre cause, il se vit refuser l'entrée de la ville. Une députation de notables, venue à sa rencontre, lui expliqua : qu'il n'y avait pas place pour lui dans la ville, que Tlemcen était aussi rempli de professeurs que la jatte de lait qu'on lui offrait, et qui était pleine à déborder. Mais Abou-Median, tirant de son burnous une rose nouvellement éclose, bien que ce ne fût plus la saison de ces fleurs, effeuilla, sur la jatte de lait, les pétales qui surnagèrent sans faire déborder le liquide.

Cette réponse muette et le prodige de la rose fraîche, à une pareille époque de l'année, changèrent complètement les dispositions des gens de Tlemcen, qui l'accueillirent avec empressement. Il s'établit alors sur la montagne qui domine le village d'El-Eubbad, auprès du tombeau de l'ouali Sid Abdallah-ben-Ali. Là, il professa assez longtemps avec un très grand succès, et ne tarda pas à acquérir, par ses vertus et son éloquence, une réputation bien établie de sainteté et de savoir.

Cependant, se dérobant aux ovations de ses auditeurs, il partit pour La Mecque, où il rencontra Sid Abd-el-Qader-el-Djilani, venu comme lui en pèlerinage. Les deux savants ne tardèrent pas à se lier d'une étroite amitié et Abou-Median, devenu le disciple de prédilection de Sid El-Djilani, suivit à Baghdad son nouveau maître.

Après avoir séjourné quelque temps dans cette ville, il retourna en Espagne, professa à Séville, à Cordoue, et, enfin, vint s'établir à Bougie où les hautes études théologiques étaient en grand honneur.

Entouré de la vénération de tous, et déjà fort âgé, il avait alors renoncé aux voyages et ne songeait qu'à demeurer dans cette ville, quand, tout à coup, son énorme popularité porta ombrage à quelques courtisans du sultan Almohade-Yacoub-el-Mansour (Almanzor). Ce souverain, tout en y mettant beaucoup de formes, fit mander près de lui, à Tlemcen, Abou-Median qu'il désirait voir et interroger sur des questions religieuses.

Les disciples du savant soufi, ayant appris les propos tenus contre leur maître, redoutaient fort cette entrevue, et ils mirent tout en œuvre pour empêcher Abou-Median de quitter Bougie. Mais celui-ci, plein de sécurité, leur dit : « Ma dernière heure est proche, et il est écrit que je
» ne dois pas mourir ici. Tel est le décret de Dieu et je ne
» puis m'y soustraire. Je suis faible et d'un âge avancé,
» à peine puis-je marcher, le Très-Haut a envoyé vers
» moi ceux qui doivent me conduire à ma dernière demeure avec les ménagements nécessaires. Mais sachez-le bien, je ne verrai pas le sultan et il ne me verra
» pas. »

Sa prédiction se réalisa : en arrivant en vue de Tlemcen, à Aïn-Taklalet, Sid Abou-Median montrant le rebat (1) d'El-Eubbad à ses disciples, s'écria : « Combien ce lieu
» est propice pour y dormir de l'éternel sommeil ! » Presque aussitôt il tomba malade, et, après quelques heures

---

(1) Faubourg.

de marche, se sentant défaillir, il fit signe à ses disciples d'approcher, fit sa profession de foi et ajouta : « Dieu est » la vérité suprême. » A ce moment il expira ; on était alors en 594 (1197-1198). Son corps fut transporté à El-Eubbad, où son élégant tombeau est encore aujourd'hui l'objet de pèlerinages nombreux.

Abou-Median fut réellement un savant et un homme de bien. « Nul ne pratiqua plus que lui le renoncement » au monde, ne s'abîma davantage dans la contempla- » tion des mystères divins, et ne pénétra plus avant » dans la recherche des secrets du spiritualisme. C'était » un soufi parfait, et comme, à la science profonde des » doctrines mystiques, il joignait, disent ses adeptes, » une éloquence rare, il en fut, sa vie durant, un des » propagateurs les plus autorisés (1). »

Voici en quels termes s'exprime, sur Abou-Median, un auteur musulman (2) : « C'était un homme supérieur, » unique, que Dieu avait gratifié des dons les plus pré- » cieux de l'intelligence. A la connaissance approfondie » des dogmes de l'Islamisme, il joignait celle des lois » morales ; mais ce qui le distinguait de tous les autres » savants de son siècle, à un degré éminent, *c'était* » *la perspicacité merveilleuse avec laquelle il avait* » *sondé les mystères de la vie spirituelle. Rien n'était* » *caché pour lui des choses du monde invisible.* Il en » pénétrait tous les secrets, et certainement, Dieu, en le » créant principalement pour être le soutien de la doc-

---

(1) Brosselard, *Revue africaine* 1860, page 7.

(2) Ibn-Saad, cité dans le livre intitulé البستان في ذكر الأولية والعلما بتلمسان (*le Jardin des récits touchant les savants et les saints de Tlemcen*) par Mohammed-ben-Mohammed-ben-Ahmed, plus connu sous le nom d'Ibn-Meryem-Cherif, et qui écrivait vers 680 de l'Hégire (1281-1282 J.-C.). Nous n'avons pu nous procurer ce manuscrit, très rare, et ce que nous en donnons ici est emprunté aux extraits donnés par M. Brosselard, dans la *Revue africaine* de 1860.

» trine contemplative, lui avait donné la mission d'appe-
» ler les hommes à le suivre dans cette voie. Il s'attachait
» à méditer sur l'appui que l'on trouve en Dieu. Il avait
» la conscience d'être toujours observé par son créateur,
» et c'était vers lui que se reportaient sans cesse toutes
» ses pensées. Il avait une éloquence qui charmait et qui
» paraissait tenir du prodige, comme toutes ses actions.
» Lorsqu'il prêchait, on venait de tous côtés pour l'en-
» tendre. Les oiseaux même, qui volaient au-dessus de
» la foule pressée pour l'écouter, suspendaient leur vol,
» comme s'ils eussent été charmés de sa parole. Ceux-là
» aussi étaient, à leur manière, des amateurs de la Divi-
» nité.

» Il avait écrit plusieurs traités de doctrines spiritua-
» listes (التصوف), et il se plaisait à composer des poé-
» sies allégoriques, dont le sens profond ne peut être
» saisi que par un petit nombre d'esprits d'élite. Lors-
» qu'il sortait, on se pressait sur ses pas. C'était à qui
» pourrait le voir, l'approcher, entendre le son de sa voix
» ou baiser les pans de ses vêtements. C'est bien avec
» toute raison qu'il fut surnommé le cheikh des cheikhs
» et que l'admiration, aussi bien que le respect pour sa
» sainteté, lui ont fait décerner le titre d'ouali et ceux
» plus glorieux encore de qotb et de r'out. »

Abou-Médian affectait une grande humilité et une
grande modestie. A ceux qui l'interrogeaient sur son
rôle dans le monde, il répondait : « Je n'en ai pas d'au-
» tre que celui de faire preuve d'humilité constante dans
» la pratique de la vie, d'aimer Dieu, de l'adorer, de le
» bénir et d'invoquer sans cesse son saint nom. »

Voici comment il définissait son mysticisme : « Le sen-
» timent de la grandeur et de la toute-puissance divines
» exalte mon âme, s'empare de tout mon être, préside à
» mes pensées les plus intimes, de même qu'aux actes
» que j'accomplis au grand jour et aux yeux du monde.
» Ma science et ma piété s'illuminent de l'éclat des lu-

» mières d'en haut. Quel est celui sur qui se répand l'a-
» mour de Dieu ? C'est celui qui le connaît et qui le re-
» cherche partout, et encore celui dont le cœur est droit
» et qui se résigne entièrement à la volonté de Dieu.
» Sachez-le bien, celui-là seul s'élève dont tout l'être
» s'absorbe dans la contemplation du Très-Haut. Dieu
» n'exauce point la prière, si son nom n'est pas invoqué.
» Le cœur de celui qui le contemple repose en paix dans
» un monde invisible. C'est de lui qu'on peut dire : « Tu
» verras les montagnes, que tu crois solidement fixées,
» marcher comme marchent les nuages. Ce sera l'ouvra-
» ge de Dieu qui dispose savamment toutes choses (1). »

Interrogé sur l'amour divin, Abou-Median répondait :
« Le principe de l'amour divin, c'est d'invoquer constam-
» ment et en toutes circonstances le nom de Dieu, d'em-
» ployer toutes les forces de son âme à le connaître, et
» de n'avoir jamais en vue que lui seul. »

Abou-Median prétendait que Dieu s'était manifesté à lui et lui avait dit : « Choaïb, les actes d'humilité que tu
» as accomplis ont doublé ton mérite à mes yeux, et je
» te pardonne tes fautes. Heureux l'homme qui t'aura vu
» ou qui connaîtra celui qui t'aura vu. »

Les chaînes mystiques des saints, qui transmirent à Abou-Median la science de la vérité et les pures doctrines du Soufisme, sont nombreuses et varient selon les auteurs, et selon les chefs d'ordres qui se disent ses continuateurs.

La plupart d'entre elles remontent à Aboul-Kacem-el-Djoneïd. Voici celle qui est généralement admise, en Algérie, par les ordres qui, comme les Chadelya et les Derqaoua, sont plus particulièrement considérés comme les héritiers spirituels d'Abou-Median :

Chaîne A. L'ange Gabriel. — Le Prophete. — 1, Ali-ben-Abou-Taleb. — 2, Hassan-el-Bosri. — 3, Habib-ben-el-Hadjemi. — 4, Daoud-

---

(1) (Coran XXVII-90.)

ben-Nacer-et-Tai. — 5, Marouf-el-Kerkhi. — 6, Seri-Sakati. — 7, Abou-Kacem-el-Djoneidi. — 8, Chems-ed-Din-Abou-Thaleb-el-Mekki. — 8 *bis*, Mohammed-el-Harirri. — 8 *ter*, Abou-Mohammed-Djari. — 9, Abou-Maali-el-Djouini. — 10, Abou-Ahmed-el-Ghazzali. — 11, Fakhr-ed-Din-Mohammed-ben-Abou-Beker-ben-Arabi. — 12, Abou-Hassen-Ali-ben-Ismail-ben-Mohammed-ben-Abdallah-ben-Harzihoum, mort en 569 (1173-1174). — 12 *bis*, en même temps Abou-Yazza-en-Nour-ben-Mimoun-ben-Abdallah-el-Azmiri-el-Askri, mort en 572 (1176-1177). — 13, Abou-Median-Choaib-el-R'out.

Une seconde chaîne, également admise par les Chadelya, est la suivante :

Chaîne B. L'ange Gabriel. — Le Prophète. — 1, Ali-ben-Abou-Taleb. — 2, El-Hocein-ben-Ali. — 3, Ali-Zin-el-Abidin. — 4, Mohammed-el-Baker. — 5, Djafar-es-Saddok-ben-Mohammed-el-Beker, 145 (765-766 de J.-C.) (était fils de Oum-Serouak, fille du khalife Abou-Beker). — 6, Moussa-el-Kadem. — 7, Sid Ali-ben-Moussa-er-Rida. — 8, Marouf-el-Kerakhi. — 9, Seri-Sakati. — 10, Djoneid. — 11, Abou-Yacoub-en-Nahrdjouri. — 10, Abou-Said-el-Maghrerbi. — 11, Ech-Chachi. — 12, Abou-Median-Choaib-el-R'out.

Une autre chaîne encore admise, toujours avec quelques variantes, selon les ordres, ne passe pas par Djoneidi, mais part, directement, de Seri-Sakati (n° 6 de la chaîne A).

Chaîne C. 6, Seri-Sakati. — 7, Abou-el-Hocein-Ali-en-Nour. — 8, Abou-Beker-el-Hassan-el-Djouhari. — 9, Abdallah-ben-Abou-Beker — 10, Abou-Mohammed-Abd-el-Djeill-ben-Reihane. — 11, Abou-Mohammed-Tenouri. — 12, Abou-Choaib-Ayoub ben-Said-es-Senhadji. — 13, Abou-Yazza-ben-Mimoun-el-Azemori-el-Askouri. — 14, Abou-Median-Choaib-el-R'out.

Enfin nous rappellerons qu'une des chaînes, qui relient l'enseignement de Djoneidi à celui du Prophète, passe par Sliman-el-Farani, compagnon du Prophète et affilié aux Seddikya.

D'où il résulte que l'ordre des Madinya-Chadelya se rattache, entre autres autorités, à celle de Sid Abou-Beker-es-Seddik, le plus vénéré des compagnons du Prophète, ce qui classe cet ordre parmi les plus recommandables de l'Islam.

Abou-Median forma un grand nombre de disciples qui se dirent *Madanya* (au singulier Madani), épithète que prirent ensuite plusieurs docteurs, en souvenir du Saint d'El-Eubbad. Son successeur, et le véritable chef de l'ordre nouveau issu de son enseignement, fut le Marocain *Abou-Mohammed-Abd-es-Sellem-ben-Machich-ben-Mansour-ben-Brahim-el-Hassani*, chérif originaire des Beni-Arous, du Djebel-Alem, près de Tétouan.

Contemporain et sujet du sultan Abd-el-Moumen (mort en 1160 de J.-C.) (1), Abd-es-Sellem-ben-Machich semble avoir voulu continuer l'œuvre religieuse entreprise par le fondateur de la dynastie des Almohades (unitaires) (2).

A l'exemple d'Ab-el-Moumen et de Sid Abdallah-ben-Tomert qui, avant d'être souverains, s'affirmèrent comme pontifes intransigeants vis-à-vis tout pouvoir temporel, Abd-es-Sellem-ben-Machich professa, toute sa vie, un unitéisme rigoureux, et excessif dans ses déductions dogmatiques, liturgiques ou politiques. Plus religieux que ses deux illustres prédécesseurs, n'ayant pas leur ambition malsaine, et sincèrement imbu des doctrines soufites de son maitre spirituel, il resta constamment en dehors de toute compromission avec les représentants de l'autorité séculière, et recommanda à ses disciples le mépris de toutes les fonctions publiques et l'éloignement absolu de tous les détenteurs du pouvoir. Mais, s'il encouragea l'insoumission, il ne prêcha pas la révolte, et il blâma toujours ceux qui, sous un prétexte religieux, prenaient part à des soulèvements politiques. Son enseignement ne fut jamais ni agressif, ni turbulent. Il avait coutume de dire : « Priez Dieu sans cesse et sans

---

(1) L'année 1160 de J.-C. comprend, dans le calendrier hégirien, les onze derniers jours de l'an 554, toute l'année 555 et le premier jour de l'année 556.

(2) الموحدون *El-Mouhidoun*, les unitaires, أحد un.

» compter; ne parlez pas d'autrui, et préservez vos cœurs
» du désir de voir les hommes à vos pieds. L'amour de
» Dieu est le seul pôle autour duquel tournent tous les
» biens.... Que votre langue, au lieu de parler des cho-
» ses de ce monde, ne parle que de Dieu; que votre cœur
» s'attache au Créateur, au lieu de s'attacher à la créa-
» ture. Purifiez votre cœur des doutes et des pensées
» vaines, avec l'eau de la certitude des vérités morales.
» Ne levez jamais votre pied du sol et ne l'y posez jamais
» sans avoir en vue l'obéissance à Dieu. Ne vous asseyez
» jamais que là où vous serez certain de ne pas rencon-
» trer la révolte contre Dieu. »

Sa conduite était en tout conforme à ses paroles. Aussi fut-il un des premiers à dévoiler l'imposture d'un certain Mohammed-ben-Mohammed-ben-Abou-Touadjin, thaumaturge et intransigeant, qui s'était mis à la tête d'un parti de rebelles. Ben-Machich paya de sa vie sa noble attitude vis-à-vis de cet énergumène, qui le fit assassiner par ses partisans, l'an 625 de l'Hégire (1227-1228 de J.-C.). Les Berbères, furieux de la mort de ce saint homme, tuèrent aussitôt son assassin.

Mouley-Abd-es-Sellem-ben-Machich est resté, depuis, l'objet de la vénération de tous les Musulmans : de nombreux pèlerinages ont lieu à son tombeau, dans le Djebel-Alem, et les Khouan-Soufi de la Tunisie portent, encore aujourd'hui, le nom de Mechichya ou de Sellamya.

Mais ce qui contribua surtout à illustrer Ben-Machich, ce fut d'avoir eu l'honneur de former à son école le célèbre Abou-Hassen-Ali-ech-Chadeli. Aussi, parmi les élogieuses appellations que lui a décernées la piété des fidèles, se trouve le titre de « précurseur et maître de Chadeli » en arabe Imam-ech-Chadeli et, par corruption, Imam-Chadouli.

Son disciple de prédilection et son successeur spirituel fut, en effet, le chérif *Tadj-ed-Din-Abou-el-Hassen-Ali-ech-Chadeli-ben-Atha-Allah-ben-Abd-el-Djebbar*, né en l'an 593 de l'Hégire (1196-1197 de J.-C.), dans un village dit Ghemara, près de Ceuta.

Chadeli avait été, fort jeune, initié aux doctrines du Soufisme et, quand il suivit les leçons de Abd-es-Sellem-ben-Mechich, il avait déjà reçu l'investiture du manteau des mains de Abou-Abdallah-Mohammed (fils de Cheikh-Abou-Hassen-Ali-ben-Harzehoum), disciple de Abou-Mohammed-Salah-ben-Bensar-ben-Okban-ed-Dekali-el-Aleki, disciple d'Abou-Median.

Si Abd-es-Sellem-ben-Mechich avait, du reste, bien vite reconnu chez son élève les qualités nécessaires à l'apôtre, et il lui aurait dit : « Tu te rendras en Ifrikia, et tu » demanderas la localité appelée Chadel; Dieu désire que » tu t'appelles Chadeli; tu iras ensuite à Tunis, où tu » auras à souffrir de la part du pouvoir. De là tu te diri- » geras sur l'Orient, où tu hériteras de la polarité. »

En 625 (1227-1228), à la mort de son cheikh, Si Chadeli, âgé seulement de vingt-deux ans, quitta donc le Maghreb, à la recherche de la localité qui lui avait été indiquée comme étant située aux environs de Tunis.

Il s'installa sur le Djebel-Zlass, dans une caverne dont il fit un hermitage (kheloua), qui devint bientôt célèbre. Autour de lui affluèrent les gens de la ville et de la campagne. Bientôt sa popularité fut telle, qu'il porta ombrage aux détenteurs du pouvoir. Il avait surtout pour ennemi le cadhi de la ville, un certain Ben-el-Berra, qui par jalousie, mit tout en œuvre pour nuire au pieux solitaire.

Les choses en vinrent à un tel point que Si Chadeli fut forcé de s'éloigner et partit pour l'Égypte. Ayant appris que la haine de son ennemi l'avait précédé, et qu'il était signalé à tous les ulémas du Caire comme un athée et un possédé, il ne voulut pas entrer en lutte pour s'imposer en cette ville, et demeura d'abord, non loin d'Alexandrie, dans une grotte au bord de la mer.

Il y vécut longtemps dans la retraite, l'isolement et la

pauvreté. Il raconta, plus tard, qu'étant resté une fois trois jours sans prendre aucune nourriture, il vit un vaisseau grec jeter l'ancre à portée de son ermitage et descendre à terre quelques-uns de ses matelots. Ceux-ci, en l'apercevant, se dirent : « C'est un ermite musulman, » et touchés sans doute de la dignité de son attitude, déposèrent devant lui des vivres abondants : « Je fus, dit Cha-
» deli, étonné de leur conduite et ne pus m'empêcher de
» remarquer que le secours m'arrivait par la main des
» Infidèles, et non par la main des Musulmans ; j'enten-
» dis alors une voix qui me dit : ce n'est pas quand on
» est secouru par des amis qu'on est réellement homme,
» mais bien quand on l'est par des ennemis. »

Dans cette même retraite, l'ange Gabriel lui apparut et lui demanda quelle punition il voulait voir infliger au calomniateur Ben-Berra ; Chadeli demanda qu'il perdît la mémoire et, qu'après sa mort, sa tombe devînt un lieu d'immondices.

Sa prière fut exaucée : le cadhi mourut peu de temps après, et ses descendants ont beau nettoyer sa tombe, elle est toujours, le matin, couverte d'ordures et de fumier ; le miracle dure encore de nos jours.

Nous ne savons au juste à la suite de quelles circonstances Chadeli quitta la kheloua d'Alexandrie, pour venir habiter le Caire et se mêler aux savants prévenus contre lui. Une légende nous dit que le souverain de l'Égypte, qui avait partagé l'animosité des ulémas contre lui, fut, une nuit, roué de coups par une légion d'anges et de génies monstrueux ; et qu'à la suite de ce songe, il revint à de meilleurs sentiments vis-à-vis de l'exilé du Maghreb.

Quoi qu'il en soit, d'ailleurs, des causes de son arrivée au Caire, il est certain que ce fut dans cette ville que le Saint (qui déjà était parvenu à des degrés élevés dans la vie contemplative et avait été l'auteur de miracles illustres) se révéla comme docteur et s'imposa comme un des plus grands savants de l'Islam.

Il eut très vite un nombre considérable de disciples.

Parmi eux, se trouva bientôt Azzeddin-ben-Abd-es-Sellem, cheikh el-Islam et président des ulémas du Caire, qui, après avoir été un de ses premiers adversaires, devint un de ses plus fervents admirateurs. Abou-Hassen avait, en effet, vu en songe le Prophète, qui lui avait inspiré des réponses tellement nettes et telllement brillantes, qu'elles avaient confondu tout le cénacle des savants. « Sid Chadeli ayant alors ajouté que le Prophète
» l'avait chargé de ses bénédictions pour Sid Azzeddin,
» le cheikh El-Islam, en proie à un transport religieux,
» se mit à sauter et à danser, entraînant avec lui tous
» les ulémas.... »

» Telle était, du reste, sa vaste érudition que, quelle
» que fût la science sur laquelle on l'interrogeait, il en
» parlait avec tant de naturel, et en sondait avec tant de
» grâce toutes les profondeurs, que chacun en l'enten-
» dant se disait : certes il ne possède pas que cette seule
» branche de connaissances. »

A ceux qui lui demandaient où il avait appris tout ce
» qu'il savait, il répondait : « Quand je suis interrogé sur
» une question scientifique et que je ne sais quelle ré-
» ponse faire, je vois aussitôt cette réponse tracée, par
» une main invisible, sur les murs ou sur les tapis. »

A ceux qui lui demandaient quel était son cheikh, il répondait: « Tout d'abord, j'ai considéré comme tel Abd-
» es-Sellem-ben-Machich, aujourd'hui je me désaltère à
» cinq mers terrestres : Mohammed, Abou-Beker, Omar,
» Otsman et Ali, puis à cinq mers célestes : Gabriel,
» Michel, Asrafil, Azraïl et l'Esprit de Dieu (Jésus). »

La sainteté de Sid Chadeli est l'objet de très nombreux récits hagiographiques qui, tous, montrent combien est grande la vénération des Musulmans à son égard.

Ainsi, ses disciples racontent, comme preuve de cette sainteté surnaturelle, qu'un jour, l'air ayant été obscurci par des nuées d'hirondelles voltigeant autour de Si Chadeli, le Saint aurait répondu à ceux qui l'interrogeaient sur la cause de la persistance de ces oiseaux à s'approcher de lui : « Ce sont des âmes du Purgatoire (Berzekh) qui viennent participer aux bénédictions célestes dont Dieu m'a comblé. »

Une autre fois, dans le désert d'Aïzab, Sid Chadeli rencontra El-Khadir qui lui dit : « Abou-Hassen, Dieu t'a favorisé de sagesse ; il est avec toi dans le repos et dans le mouvement. »

« Si Chadeli était de grande taille, mais son corps était
» maigre et frêle ; il avait le teint olivâtre et la barbe peu
» fournie le long des joues. Ses doigts étaient effilés et
» longs comme ceux des gens du Hidjaz. Sa parole était
» douce, son élocution facile, et il montra toujours une
» grande bienveillance dans son enseignement. Il ne
» cherchait nullement à imposer au néophyte des fatigues ou des difficultés. Il voulait, au contraire, les lui
» éviter et n'en parlait pas : « On ne vient pas à nous,
» disait-il, pour rechercher les fatigues, mais bien le
» repos. » Pourvu que l'on cherchât à se réunir à Dieu,
» qu'on aimât la retraite et la prière, il laissait chacun
» parfaitement libre d'adopter telle ou telle voie. Il ne
» voulait même pas obliger le néophyte à ne pas voir
» d'autre cheikh que lui. »

Tous les ans, pendant son séjour au Caire, Si Chadeli fit le voyage de La Mecque ; il partait par la Haute-Égypte et passait dans la ville sainte le mois de Redjeb et les suivants, jusqu'à l'accomplissement des cérémonies du pèlerinage. Puis il visitait le tombeau du Prophète et revenait dans son pays en faisant le grand tour par la route de terre, traversant le Hidjaz et le désert.

Une certaine année, ce fut la dernière fois qu'il se mit en route, il dit à son disciple et serviteur Omar : « Prends une pioche, un panier, des aromates et tout ce qu'il faut pour ensevelir un mort. »

— Pourquoi cela, ô mon maître ? lui demanda le serviteur.

— Tu le sauras à Homaithira, lui répondit Chadeli ; et il ajouta : « Je ferai cette année le pèlerinage de la délégation (1). »

En effet, arrivé à ce lieu, le cheikh fit ses ablutions et récita une prière de deux reka. A peine avait-il terminé sa dernière prosternation, que Dieu le rappela à lui. Il fut enseveli à cet endroit. Ibn-Batouta, qui raconte ce fait (2), dit qu'il a visité son tombeau, couvert d'une pierre sépulcrale sur laquelle sont gravés : le nom de Sid Chadeli et la généalogie du Saint, qui remonte à Sid Hassen-ben-Ali-ben-Abou-Thaleb.

Homaithira est dans les montagnes de la Haute-Égypte, à l'est de Daraou, à trois journées de marche de ce village vers la mer Rouge. Là, dans une plaine, se trouvent des puits d'eau douce, dits aujourd'hui Biar-Chadelya. La tombe du Saint, sur laquelle un souverain mamelouk a fait élever une coupole gracieuse, est tenue en grande vénération par les Égyptiens et il s'y fait encore, de nos jours, de nombreux pèlerinages.

Dans l'Yemen, à Moka, et sur les bords de la mer Rouge, on raconte un peu différemment la mort de Si Chadeli et la légende arabe rattache, à cet événement, la découverte du café ; voici cette légende, traduite par M. Sylvestre de Sacy (3), d'un livre turc, le *Djihan-Numa*, de Hadji-Khalfa :

---

(1) Allusion à ce qu'a dit le Prophète : « Quiconque mourra dans la route du pèlerinage, Dieu déléguera un ange pour accomplir ce devoir à sa place et lui fera avoir la récompense. »

(2) *Ibn-Batouta*, tome I, page 39, traduction de Defrémery et Sanguinetti.

(3) Voir Sylvestre de Sacy, *Chrestomathie*, tome II, page 233. Extrait de Sidi Abd-el-Qader-ben-Mohammed-Ansari-Djeziri-Hambali, et surtout note 60, page 277 du même volume. — Dans une autre note M. de Sacy rappelle que Fauste Neiron attribuait l'invention de

« L'an de l'Hégire 656 (1258 de J.-C.), le cheikh Abou-Hassen-Cha-
» deli, allant, par Souakim, en pèlerinage à La Mecque, dit à son
» disciple, le cheikh Omar, lorsqu'il fut arrivé entre la montagne
» d'Ebrek, qui est à six jours de la montagne des Émeraudes, et
» celle d'Adjin, qui est aussi à six journées de la montagne d'Ebrek :
« Je mourrai en cet endroit-ci. Quand j'aurai rendu l'âme, vous
» aurez soin de faire tout ce que vous dira une personne que vous
» verrez venir, et qui aura le visage voilé. »
» Peu après la mort du cheikh Chadeli, la personne qu'il avait an-
» noncée apparut effectivement, avec le visage couvert, et creusa
» tant soit peu au même lieu. A l'instant l'eau parut par la permission
» de Dieu : le cheikh Omar se servit de cette eau pour laver le corps
» du cheikh Chadeli, puis il l'enterra. Quand cette personne voulut
» se retirer et s'en aller, le cheikh Omar l'arrêtant par le bas de sa
» robe, la pria de lui dire qui elle était. Cette personne ayant alors
» levé le voile qui lui couvrait le visage, le cheikh Omar vit, avec
» grande surprise, que c'était le cheikh Chadeli lui-même, qui lui
» remit une boule, et lui enjoignit de ne s'arrêter qu'à l'endroit où
» cette boule demeurerait sans mouvement.
» Le cheikh Omar se rendit à Souakim, mais ayant remarqué que
» la boule remuait, il ne s'y arrêta pas. Il s'embarqua sur un bâti-
» ment pour Moka ; y étant arrivé, il vit que la boule ne faisait plus
» de mouvement. Il s'y arrêta donc, et se logea dans une cabane qu'il
» fit avec des joncs. Il creusa en cet endroit un puits, d'où sortit une
» eau douce et agréable. Il n'y avait point précédemment d'eau pota-
» ble à Moka ; il fallait y en apporter de très loin.
» Quelque temps après, les habitants de Moka furent affligés d'une
» maladie dont ils guérissaient par l'intercession et les prières du
» cheikh ; le peuple lui portait des malades sur lesquels il faisait des
» prières. La fille du roi du pays, qui était d'une rare beauté, ayant
» aussi été attaquée de la même maladie, le roi la fit transporter chez
» le cheikh. Le cheikh pria sur elle pendant quelques jours, et elle
» fut guérie par son intercession. Mais cet événement donna lieu à
» des propos de la part du peuple. On dit qu'il n'était pas convenable
» qu'une si belle princesse soit restée si longtemps chez le cheikh, et
» qu'il n'y avait pas apparence qu'il ne se fût pas passé quelque chose
» contre son honneur. Le roi, apprenant ces discours, eut honte de

---

l'usage du café à deux moines français « Chadli et Aider, également
» honorés chez les Turcs qui leur adressent des prières quotidiennes. »
Aidar, est évidemment Haidar, l'inventeur du hatchich. Niebuhr,
dans son *Voyage en Arabie au XVIIIe siècle*, fait allusion à cette
légende, il attribue même la fondation de Moka à Si Chadeli, qui a
donné son nom à une des portes de la ville.

» la démarche qu'il avait faite ; il chassa le cheikh de Moka, et l'exila
» à la montagne d'Oursab, où il fut conduit avec quelques-uns de ses
» disciples. Là, ils ne trouvèrent rien à manger que du café ; ils en
» prenaient, en faisaient bouillir dans une marmite, et en buvaient la
» décoction. Vers ce temps-là, les habitants de Moka furent attaqués
» de la gale. Quelques amis du cheikh étaient allés le voir à la mon-
» tagne d'Oursab, y burent de cette décoction, et furent guéris sur-
» le-champ de cette incommodité. Quand ils furent de retour à la
» ville, les habitants leur demandèrent comment ils avaient été gué-
» ris ; ils dirent que c'était par la vertu d'une eau qu'ils avaient bue
» chez le cheikh Omar. Cette nouvelle se répandit dans la ville, et
» vint jusqu'aux oreilles du roi, qui fit prier le cheikh de revenir à
» Moka, le combla de caresses, et lui fit bâtir un hospice. Cet hospice
» est aujourd'hui l'objet de la dévotion du peuple, ainsi que cette
» boule dont nous avons parlé, qui y est conservée.

» Quelques années après, le cheikh Omar se maria ; il eut un fils
» auquel il recommanda, quand il eut un âge mûr, d'aller à Souakim,
» au même endroit où il était demeuré quelques jours et de s'y éta-
» blir. Il y bâtit un hospice qui est aujourd'hui en grande vénération,
» et les cheikhs qui l'habitent sont les descendants de ce fils du
» cheikh Omar. »

Quoi qu'il en soit d'ailleurs des détails relatifs à cette mort, et de la véracité de la légende, le fait qui s'en dégage est que le cheikh Abou-Hassen-Ali-ech-Chadeli mourut dans le mois de Dou-el-Qada 656 de l'Hégire, soit octobre-novembre 1258 de J.-C.

Ce savant ne laissait aucun ouvrage écrit de sa main ; bien souvent, cependant, il avait été sollicité par ses disciples de résumer, en un catéchisme ou ouvrage spécial, les preuves de l'existence de Dieu et les instructions propres à conduire les hommes dans la voie droite. A ces sollicitations, il répondait toujours : « Mes livres, ce sont mes compagnons et mes disciples. »

L'un d'eux, et le plus autorisé d'entre eux, Abou-Abbas-el-Morci, complétant et précisant la pensée de son maître, disait plus tard à ce propos : « Je n'écris pas de
» livre, parce que les sciences qui s'occupent de la preu-
» ve (de Dieu) ne sont pas à la portée de l'intelligence de
» la foule: tout ce que renferment les ouvrages écrits

» pour le peuple, n'est guère que la poussière des rivages
» de la mer. »

Mais s'il n'existe aucun livre didactique dû à la plume de Si Chadeli, ses disciples et ses continuateurs ont écrit plusieurs exposés complets des doctrines et des prescriptions du maître, exposés qui ont tous, pour point de départ et pour appui, les paroles mêmes prononcées par Si Chadeli et pieusement recueillies par ses contemporains.

Il n'est donc pas sans intérêt de citer ici quelques-unes de ces paroles (1), avant d'aborder les extraits mêmes des livres de doctrine ou de rituel spéciaux aux Chadelya :

« Tu ne sentiras pas le parfum de la sainteté, disait Chadeli, tant
» que tu ne seras pas détaché du monde et des hommes. Celui qui
» désire la gloire dans ce monde et dans l'autre doit entrer dans ma
» voie. Il rejettera alors de son cœur tout ce qui n'est pas Dieu, ne
» recherchera que Dieu, n'aimera que Dieu, ne craindra que Dieu et
» n'agira qu'en vue de Dieu.

» Écoute qui t'appelle à la quiétude et non qui t'appelle à la lutte.

» Dieu m'a donné un registre dans lequel mes compagnons et les
» disciples de mes compagnons sont inscrits, comme étant à l'abri du
» feu de l'enfer, jusqu'au jour de la résurrection.

» *Obéis à ton cheikh avant d'obéir au souverain temporel.*

» Le plus malheureux des hommes est celui qui est opposé à son
» maître, s'occupe de ses intérêts mondains, oublie le commencement
» et la fin, et ne fait pas d'œuvres en vue de la vie future. Si tu te
» trouves dans la société des savants, ne leur parle que de sciences
» traditionnelles et de faits parfaitement authentiques et relatifs à la
» foi, et en cela tu les instruiras ou tu t'instruiras toi-même. Si tu te
» trouves avec des dévots, des ascètes, assieds-toi devant eux sur le
» tapis de la contemplation et de l'adoration ; parle-leur de façon à
» édulcorer ce qu'ils trouvent d'amer dans la vie ; fais-les goûter aux
» connaissances dont ils ignorent la saveur.

---

(1) Ces paroles de Chadeli sont extraites du *Lataif-el-Mounan-oua-el-Akhlak*, d'Abd-el-Ouhab-el-Charani (V. plus loin) ; elles nous ont été communiquées par Cheikh-Missoum, khalifa de l'ordre en Algérie. La traduction est de M. Arnaud, interprète militaire.

» Si tu te trouves avec des gens vrais dans leur foi, laisse de côté
» ce que tu sais, et tâche d'apprendre ce que tu ne sais pas.

» Ne discute pas Dieu et tu seras unitaire ; agis d'après la loi et tu
» seras sonnite ; si tu ne discutes pas Dieu et que tu agisses selon la
» loi, tu seras dans la vérité.

» Mange la nourriture des Musulmans, fussent-ils pervers ; ne mange
» pas la nourriture des polythéistes (مشركين), fussent-ils cénobites.

» Vois la pierre noire (de La Mecque), elle n'est devenue noire que
» par le toucher des polythéistes et non par celui des Musulmans.

» Évite les bienfaits des hommes avec plus de soin que leurs mau-
» vais traitements, car les bienfaits atteindront ton cœur, tandis que
» les mauvais traitements ne feront souffrir que ton corps. Or, il vaut
» mieux souffrir dans son corps que dans son cœur. Nul n'atteint un
» degré supérieur de la science, sans avoir eu quatre épreuves à
» subir : les injures des ennemis, le blâme des amis, les attaques des
» ignorants, et la jalousie des savants.

» Il faut cinq grâces pour être kotb (pôle). Que celui qui prétend
» les posséder, toutes ou en partie, montre donc : 1° qu'il a le secours
» de l'émanation, de la miséricorde, qu'il a le vicariat et la déléga-
» tion divine ; qu'il a le secours des porteurs du trône de Dieu ;
» 2° qu'il a reconnu le véritable caractère de l'essence de Dieu, ainsi
» que les attributs qui renferment Dieu tant extérieurement qu'inté-
» rieurement ; 3° qu'il possède la grâce du jugement ; qu'il est à même
» d'indiquer la séparation entre les deux substances, dont la nature
» est d'être saisie par les sens intérieurs ; 4° qu'il est à même de faire
» comprendre la disjonction de la première chose d'avec son origine
» et la continuelle dépendance de cette première chose avec son ori-
» gine jusqu'à sa fin ; 5° qu'il possède la certitude de cette première
» origine, le jugement antérieur, le jugement postérieur, le jugement
» de ce qui n'a ni priorité ni antériorité ; la science du commence-
» ment, science qui embrasse toute science, ainsi que le tout connu,
» dont la création est sortie du premier inconnu et en dépendra jus-
» qu'à la fin de la matière, pour revenir ensuite à sa cause première. »

Dans un manuscrit inédit, intitulé : *les Hautes glorifi-
cations des qualités des Chadelya* (المفاخر العلية في المآثر
الشاذلية), écrit par Ahmed-ben-Mohammed-Abbad-ech-
Chafei, nous relevons encore les paroles et sentences
suivantes, attribuées à Si Chadeli (1) :

---

(1) Traduction de M. Arnaud.

« N'allez pas de compagnie avec qui se préfère à vous-même, car
» celui-là est un homme vicieux ; ne prenez pas non plus pour com-
» pagnon celui qui vous préfère à lui-même, car c'est là un sentiment
» qui ne durera pas. Mais prenez pour compagnon celui qui, s'il parle,
» prie Dieu.
» Méfiez-vous de la compagnie de trois espèces d'hommes : des faux
» lecteurs du Coran, des Soufi ignorants, des puissants sans foi.
» Il y a trois classes de frères : 1° les frères en religion, avec les-
» quels il n'y a de contestation possible qu'en affaires de règlement
» de compte ; 2° les frères de votre société (de votre monde), avec
» lesquels il n'y a à craindre que les dissentiments de caractère ;
» 3° les frères qui vous imposent les relations mondaines, et dont il
» faut songer à éviter le mal.
» Ne permettez à votre langue de parler que pour prier Dieu et
» pour accomplir certains devoirs sociaux, tels que les conversa-
» tions en famille dans certaines circonstances, et les discours pour
» rendre service à quelque frère. »

Parmi les paroles textuelles de Si Chadeli, il faut encore citer la leçon ou « oraison de la mer » (حزب البحر),
prière qui fait partie du rituel de tous les ordres Chadelya, et que récitent également, surtout en voyage, les
Musulmans non congréganistes.
Voici cette prière (1) :

« O Dieu, ô être sublime, ô être magnifique, doux et savant, c'est
» toi qui es mon Seigneur ! Il me suffit de te connaître. Quel excellent
» maitre est le mien ! Tu secours qui tu veux, tu es l'être illustre et
» clément. Nous implorons ta protection dans nos voyages, dans nos
» demeures, dans nos paroles, dans nos désirs et nos dangers ; contre
» les doutes, les opinions fausses et les erreurs qui empêcheraient
» nos cœurs de connaître tes mystères. Les Musulmans ont été éprou-
» vés par l'affliction et violemment ébranlés. Lorsque les hypocrites
» et ceux dont le cœur est malade diront : Dieu et son Envoyé ne
» nous ont fait que de fausses promesses ; affermis-nous, secours-
» nous et calme, devant nous, les flots de cette mer, comme tu l'as
» fait pour Moïse ; comme tu as assujetti les flammes à Abraham ;
» comme tu as soumis les montagnes et le fer à David ; les vents, les
» démons et les génies à Salomon. Calme devant nous chaque mer

---

(1) Extrait d'*Ibn-Batouta*, tome Ier, page 41, traduction de MM. Defrémery et Sanguinetti.

» qui t'appartient sur la terre et dans le ciel, dans le monde sensible
» et dans le monde invisible, et la mer de cette vie et celle de l'autre
» vie. Assujettis-nous toutes choses, ô toi qui possèdes toutes choses
» C. H. Y. 'A. S. (1).

» Secours-nous, ô toi qui es le meilleur des défenseurs, et donne-
» nous la victoire, ô toi le meilleur des conquérants ; pardonne-nous,
» ô toi le meilleur de ceux qui pardonnent ; fais-nous miséricorde,
» ô toi le meilleur des êtres miséricordieux ; accorde-nous notre pain
» quotidien, ô le meilleur de ceux qui distribuent le pain quotidien !
» Dirige-nous et délivre-nous des hommes injustes. Accorde-nous les
» vents favorables, ainsi que le peut ta science ; tire-les pour nous
» des trésors de ta clémence, et soutiens-nous généreusement par leur
» moyen, en nous conservant sains et saufs dans notre foi, dans ce
» monde et dans l'autre ; car tu peux toutes choses. O mon Dieu !
» Fais réussir nos affaires, en nous accordant le repos et la santé,
» pour nos cœurs comme pour nos personnes, en ce qui touche nos
» intérêts religieux et nos intérêts mondains. Sois notre compagnon
» de voyage, et remplace-nous au sein de notre famille. Détruis les
» visages de nos ennemis et fais empirer leur condition ; qu'ils ne
» puissent nous échapper ni marcher contre nous..... »

La prière chadelienne s'arrête là : c'est à peu près la moitié de l'oraison qui continue par une série de versets du Coran juxtaposés, les uns à la suite des autres, sans qu'on s'explique bien l'idée qui a présidé à cet assemblage.

La réputation de Si Chadeli est restée considérable chez tous les Musulmans, et il est aussi célèbre comme moraliste, jurisconsulte, théologien qu'il est vénéré comme personnage religieux et chef mystique :

« Ce saint, ce grand savant, cet imam, cette lune dans son plein,
» résumait toute la science de la tradition : extrêmement bien doué
» sous le rapport de l'intuition, son esprit non seulement avait sondé
» le monde des âmes et celui des corps, les mystères de la loi revé-
» lée et de la vérité, mais il en a encore montré les merveilles ; il en a
» rendu les abords faciles, il en a divulgué les secrets. Aussi les
» cheikhs de son ordre sont-ils des puits de science, et le simple
» fakir chadeli est un cheikh pour la science à côté des cheikhs des

---

(1) Ces lettres ou monogrammes commencent le chapitre XIX du Coran, qui traite de la miséricorde de Dieu envers Zacharie, etc.

» autres confréries. Si Abou-Hassen-ech-Chadeli était le pôle de son
» époque, le pôle par excellence, celui vers qui on se réfugiait; il était
» le phare qui éclairait le monde, le porte-étendard que voyaient
» tous les yeux, l'argument du soufi, la science des cœurs dociles, la
» parure des savants...... il réunissait toutes les perfections (1). »

Aussi, ceux-là même d'entre les Musulmans qui n'avaient aucun goût pour la vie dévote et les exercices spirituels des fakirs, recherchèrent-ils partout, avec avidité, les enseignements transmis à ses disciples, par ce saint doublé d'un philosophe et d'un savant.

Le nom de Chadeli devint bientôt très populaire chez tous les lettrés du Maghreb, et, en peu de temps, ses doctrines mystiques prirent une extension considérable dans tout le nord de l'Afrique. Ses nombreux adeptes, disséminés de l'Arabie à l'Espagne, formèrent des groupes distincts qui, tout en s'inspirant des préceptes du maître, devinrent autant de congrégations isolées, ayant chacune des règles spéciales et aussi des aspirations déterminées, d'après les circonstances qui avaient entouré leur fondation.

Cependant, tous ces ordres, plus ou moins autonomes, se détachent d'un groupe principal dont les adeptes ont conservé, en Algérie, le nom de Chadelya, tandis qu'ils ont pris, au Maroc, celui de Derqaoua, et, plus tard, en Tripolitaine, celui de Madanya.

Ces trois branches, dont les centres de direction sont différents, ont sensiblement les mêmes règles et appuient leurs doctrines sur une seule et même chaîne mystique qui est la suivante :

13, Abou-Median ;
14, Abd-es-Sellem-ben-el-Mechich ;
15, Abou-Hassen-ech-Chadeli ;
16, Abou-el-Abbas-Ahmed-ben-Amar-el-Ansari-el-Morci (mort en 686, 1287-1288 de J.-C.) ;
17, Tadj-ed-Din-Abou-el-Fadhel-Ahmed-ben-Mohammed-ben-Abd-el-

---

(1) Extrait de Charani communiqué par Chikh-el-Missoum.

Kerim-ben-Atha-Allah-el-Iskenderi-el-Maleki, mort au Caire l'an 709 (1309-1310 de J.-C.);

18, Abou-Abbas-el-Hassen-el-Karafi ;
19, Cheikh-Mohammed-ben-Yacoub-el-Hadrami ;
19 *bis*, Cheikh-Ahmed-ben-Okba-el-Hadrami ;
20, Sid Abou-Abbas-Ahmed-Zerouk-el-Bernoussi, mort en 899-900 (1494 de J.-C.);
20 *bis*, Sid Ahmed-ben-Youcef-el-Miliani-er-Rachedi ;
20 *ter*, Abou-el-Anouar-Ibrahim-ben-Ali-el-Zerhouni ;
21, Ibrahim-ben-Ajeham (ou El-Djemi-ou-Amdjam) ;
21 *bis*, Sid Ali-es-Soussi ;
21 *ter*, Sid El-R'azi-ben-Belgacem ;
22, Youcef-es-Sanhadji-ed-Daouar ;
22 *bis*, Aboul-Hakem-*Ali*-ben-Ahmed-es-*Sanhadji-ed-Daouar* ;
23, Abouzid-Abd-er-Rahman-el-Facy-el-Oukil-el-Medjdoub ;
23 *bis*, Djemal-ed-Din-Abou-Mehassen-Youcef-ben-Mohammed-el-Facy vivait en 986 (1578-1579 de J.-C.) ;
24, Mohammed-ben-Abdallah ;
25, Kacem-el-Khessass ;
25 *bis*, Sid Ahmed-el-Yamani ;
26, Ahmed-ben-Abdallah ;
27, El-Arbi-ben-Abdallah ;
28, Abou-Hassan-Moulay-Ali-ben-Abd-er-Rahman-el-Djemal-el-Facy ;
29, Mouley-el-Arbi-ben-Ahmed-ed-Derqaoui.

Quelques Tolba-Derqaoua intercalent dans cette chaîne :

Ibrahïm-el-Matbouli,
Ali-el-Khaouas,
Abd-el-Ouahab-ben-Ahmed-ben-Ali-ech-Charani, dit aussi en Égypte El-Charaouï, né en 899 (1493-1494 de J.-C.), mort en 973 (1565-1566 de J.-C.).

Ces trois personnages sont bien, en effet, des Chadelya, mais le plus grand nombre des docteurs estime qu'ils n'appartiennent pas à la chaîne mystique aboutissant à Mouley-el-Arbi-ben-Ahmed-ed-Derqaoui.

Abou-Hassan-Moulay-Ali-ben-Abd-er-Rahman-el-Djemal-el-Facy, l'avant-dernier cheikh de cette chaîne, passe, aux yeux de beaucoup de Musulmans, pour avoir été le véritable fondateur de l'ordre religieux des Derqaoua ; en réalité, il n'a fait que donner, dans l'ouest du Maghreb, une nouvelle extension à l'ordre des Chadelya, que les populations délaissaient pour se rapprocher de celui des Taïbya, déjà inféodé à la dynastie régnante.

Mouley-Ali-el-Djemal fut un pieux Musulman et un savant théologien, qui acquit une grande réputation de sainteté, par de nombreux actes de bienfaisance et un profond mépris pour tous les biens de ce monde.

Lorsque, peu de temps avant sa mort, il transmit ses pouvoirs spirituels à son élève et coadjuteur, Mouley-el-Arbi-ben-Ahmed-ed-Derqaoui, la tradition rapporte qu'il lui fit, en ces termes, ses dernières recommandations :

« Les devoirs de mes frères consisteront à triompher de leurs passions. Pour accomplir ces devoirs, ils chercheront à imiter :

» Notre Seigneur Moussa (Moïse), en marchant toujours avec un bâton ;

» Notre Seigneur Abou-Beker et notre Seigneur Omar-ben-el-Khettab, en se vêtant d'étoffes rapiécées (el-mroqa مرفعة) ;

» Djafar-ben-Abou-Thaleb, en célébrant les louanges de Dieu par des danses (Reqs رقص) ;

» Bou-Hariro (secrétaire du Prophète), en portant au cou un chapelet (sebha سبحة) ;

» Notre Seigneur Aissa (Jésus-Christ), en vivant dans l'isolement et le désert (es-sahara صحرا).

» Ils marcheront pieds nus, endureront la faim, ne fréquenteront que les hommes pieux (es-salhin صالحين).

» Ils éviteront la société des hommes exerçant un pouvoir. Ils se garderont du mensonge. Ils dormiront peu, passeront les nuits en prières, feront des aumônes ; ils informeront leur cheikh de leurs plus sérieuses comme de leurs plus futiles pensées, de leurs actes importants comme de leurs faits les plus insignifiants. Ils auront pour leur cheikh une obéissance passive et, tous les instants, ils seront entre ses mains comme le cadavre aux mains du laveur des morts. »

Mouley-el-Arbi-ben-Ahmed-ben-el-Hassen-Derqaoui naquit chez les Beni-Zeroual, du Sif marocain, dans la seconde moitié du XVIIIe siècle (1). Il devait son surnom

---

(1) Soit de 1163 à 1214 de l'Hégire.

de Derqaoui à un cherif de ses ancêtres, nommé Youcef-Abou-Derqa (1). C'était un lettré, qui, étant maître d'école à Fez, dans le quartier des Fontaines, avait suivi les leçons de Mouley-Ali-el-Djemal et était devenu son disciple de prédilection, puis son khalifa et son ami.

D'un caractère très doux, d'un abord facile, bienveillant pour tous les malheureux, Mouley-el-Arbi vécut toujours sans se préoccuper des choses temporelles. « Le monde, disait-il à ses adeptes, doit être, pour un
» homme voué à Dieu, comme les étincelles du feu, qui
» brûlent, qu'elles soient grosses ou petites ; que per-
» sonne de vous ne désire donc l'exercice du pouvoir ni
» les biens de la terre, car celui qui aura des ambitions
» terrestres périra et sera déshonoré. »

Mouley-el-Arbi conforma toujours ses actes à ses principes.

Lorsque, l'an 1220 de l'Hégire (1805-1806 de J.-C.), son khalifa Abd-el-Qader-*ben-ech-Cherif*-es-Salih (2), enivré du succès de son prosélytisme religieux, réunit à ses Khouan tous les mécontents arabes et berbères pour marcher contre les Turcs, Mouley-el-Arbi essaya, par ses lettres et par ses émissaires, de le ramener à une ligne de conduite plus conforme aux règles de l'ordre. N'ayant pas réussi, il se rendit de sa personne auprès de lui, alors que ce dernier faisait le siège d'Oran.

« Il le trouva environné du faste des grands de la terre,
» et constata qu'il n'avait plus pour lui le même respect
» qu'autrefois. Le cheikh prit alors une poignée de pous-

---

(1) Abou-Derqa, l'homme au bouclier.

(2) Voir la *Revue africaine* de 1873, page 37, un article de M. Delpech donnant le récit de ce soulèvement, d'après un Arabe employé du Bey et, par suite, ennemi de Derqaoua. On pourra remarquer que le rôle joué par El-Arbi reste néanmoins conforme à la version que nous donnons ici, d'après les renseignements recueillis auprès de Cheikh-el-Missoum et d'autres moqaddems Chadelya et Derqaoua.

» sière et la jeta au vent en s'écriant : « Ainsi sera l'ave-
» nir de Ben-Cherif! » et il rentra au Maroc. Les événe-
» ments qui suivirent donnèrent raison à la prophétie
» du grand maître. »

Lorsque plus tard, en 1821 (1236-1237 de l'Hégire), de graves insurrections compromirent au Maroc l'autorité de l'empereur Mouley-Sliman (1), et alors que les rebelles avaient reconnu comme sultan Mouley-Ibrahim : à Tanger, El-Kessar, Tétouan et El-Arach, Mouley-el-Arbi refusa de se mêler à ces désordres, empêcha ses Khouan d'y prendre part, mais leur interdit aussi de prêter leur appui aux partisans de l'empereur. Mouley-Sliman, prince très pieux et qui, dans sa jeunesse, s'était fait affilier à l'ordre des Chadelya, fut très irrité de l'attitude inerte de son ancien cheikh. Il le fit jeter en prison et l'y maintint une année entière. Puis, une fois les troubles apaisés, l'empereur se montra clément et rendit la liberté à Mouley-el-Arbi. Mais celui-ci refusa de partir en disant : « Je ne quitterai ma prison que lorsque Sliman quittera
» le trône. »

Peu de temps après, en 1822 (1237-1238 de J.-C.), l'empereur mourait et Mouley-Ali rentrait aux Beni-Zeroual. Nous ignorons l'époque précise de sa mort, nous savons seulement qu'elle suivit d'assez près celle de Si Sliman. Son tombeau est près de Fez, au lieu dit Zaouiat-bou-Berih, où est la zaouiat El-Harak-M'ta-Mouley-el-Arbi qu'il avait fondée. C'est un vaste et riche établissement où la plupart de ses successeurs sont enterrés.

Mouley-el-Arbi avait, dans sa longue carrière, fait de nombreux disciples ; plusieurs d'entre eux sont devenus chefs de branches distinctes, dont les adeptes ont conservé, pour la plupart, le nom de Chadelya ou Derqaoua.

Le tableau ci-après donne le nom des cheikhs qui ont,

---

(1) Mouley-Sliman régna de février 1793 au 28 novembre 1822 (soit de Djoumad-et-Tsani-Redjeb 1207 au 13 Rebia-el-Ouel 1238 H).

jusqu'à ce jour, continué la chaîne mystique des Chadelya :

29, Mouley-el-Arbi-ben-Ahmed-ed-Derqaoui :

A. Branche marocaine (Derqaoua-Chadelya, du Rif ; chef-lieu à Bou-Berch, près de Fez) ; annexes à Tétouan, Tanger, R'omara et peut-être Maghd'ara ;

30, Si Mohammed-el-Bouzidi ;
30 *bis*, Sid El-Hadj-Abd-el-Moumen-el-R'omari ;
31, Si Mohammed-el-Arag ;
31 *bis*, Si Mohammed-ben-Ibrahim, mort en 1840 (1255-1256 de l'Hégire) ;
31 *ter*, Sid Mohammed-ben-Abd-es-Sellem-el-R'omari ;
32, Sid El-Hadj-Mohammed-ould-es-Soufi-es-Soussi ;
32 *bis*, Si El-Habib-ben-Amian ;
32 *ter*, Si Mohammed-el-Miliani ;
33, Sid Abdallah-ben-Chouirek, mort en 1881 (1298-1299 Hégire).

AA. Branche du Tafilalet marocain (Derqaoua-Cheurfa, de Mar'dara) :

30, Si Ahmed-el-Bedoui, inhumé à Fez ;
31, Cherif-Mohammed-el-Hachemi-ben-el-Arbi-Cherif-el-Mar'dara, âgé de 80 ans en 1882 (1299-1300 Hégire) ;

B. Branche algérienne (Derqaoua-Chadelya :

30, Mouley-el-Arbi-ben-Attia-es-Sid=Abdallah-Abou-Thouil-el-Ouancherici ;
31, Sid Adda-ben-Relam-Allah ;
32, Sid Mohammed-el-Missoum-ben-Mohammed, ordinairement appelé Cheikh-el-Missoum, et chef de la branche algérienne, mort le 3 février 1883 (25 Rebia-el-Oual 1300) ;

C. Branche tripolitaine (devenue *l'ordre des Madanya modernes*) :

30, Si Mohammed-Zaffar-ben-Hamza-el-Madani ;
31, Si Hamza-ben-Ahmed-el-Madani.

De cette dernière branche est issue celle des Derqaoua, dissidents de Sidi-Moussa, qui n'a eu qu'une existence éphémère en Algérie.

Chacune de ces branches se dit autonome et indépendante des autres ; mais, sauf peut-être en ce qui concerne les Madanya, cette séparation n'est pas bien prouvée, et il y aurait, quelque part (au Caire ?) un grand-maître général, ayant autorité sur tous les chefs des branches précitées, que nous n'en serions nullement étonnés, malgré les affirmations contraires qui nous ont été faites. L'histoire, en effet, ne saurait séparer ces différents groupes qui ont conservé les mêmes dénominations primordiales, les mêmes doctrines et la même ligne de conduite que les Chadelya au temps de Mouley-el-Arbi-ed-Derqaoui.

Nous continuons donc notre monographie de cet ordre, sans nous préoccuper plus particulièrement de l'une quelconque de ces branches, et nous ferons ressortir, plus loin, les raisons qui nous font présenter les Madanya, non comme une simple branche, mais bien comme un ordre nouveau.

Le personnage qui mérite le premier une mention spéciale, après Mouley-el-Arbi-el-Derqaoui, est Si Mohammed-ben-Brahïm, parce qu'il fut l'un de ceux qui, dans des circonstances graves, affirma les principes des Chadelya en refusant de jouer un rôle politique.

Lorsque le pouvoir turc, en s'écroulant avec la prise d'Alger, laissa le champ libre aux vieilles haines des tribus, l'anarchie fut partout. Un nombre considérable de notables étrangers des Hachem, Flitta, Harrar et autres tribus, vinrent un jour trouver Si Mohammed-ben-Brahïm, en son gourbi de l'Oued-el-Abd (Sidi-bel-Abbès), et le supplièrent d'intervenir, de sa personne, au milieu des Musulmans, pour rétablir l'ordre et ramener la paix dans le pays. On lui proposait d'être le grand juge et l'arbitre de toutes les rivalités en présence.

Cette besogne, toute politique, répugnait fort au solitaire, qui fit ce qu'il put pour se soustraire à cet honneur. Forcé cependant d'intervenir, il alla s'établir dans la plaine d'Eghris, et, sept jours durant, il s'efforça de faire comprendre à la foule, assemblée autour de lui, que le gouvernement de Dieu était le seul, l'unique, que l'homme dût établir sur terre, et que chacun devait vivre en paix avec ses voisins, sous la direction des gens de biens versés dans le Coran. Ces prédications ne faisaient pas grand effet sur les masses, et étaient loin de répondre à ce qu'auraient voulu les notables, qui comptaient sur l'aide du saint homme pour constituer, à leur profit, le gouvernement réel des tribus rassemblées.

Invité à se départir, dans l'intérêt général, de la rigidité de ses principes, et à prêter son ministère à des combinaisons politiques, Si Mohammed-ben-Brahim, pendant la septième nuit de son séjour à Eghris, s'échappa furtivement de sa tente, laissant, sur son tapis, une lettre expliquant sa conduite et les raisons qui le forçaient, lui homme de Dieu, à ne pas s'occuper ainsi des choses temporelles.

On dit que, plus tard, l'émir Abd-el-Qader, jaloux de l'ascendant moral de Mohammed-ben-Brahim, partit un jour de Mascara pour l'enlever, mais que, par suite de la protection divine, il s'égara la nuit et ne put le joindre. La vérité est que le Derqaoui refusa toujours son concours à l'œuvre politique de l'émir, et fut au nombre de ceux qui, par inertie, entravèrent tous ses projets.

Ce fut Mohammed-ben-Brahim qui nomma moqaddem des Derqaoua Si Abd-er-Rahman-Touti, qui eut un instant de triste célébrité à l'occasion de l'affaire de Sidi-bel-Abbès en 1845 (1260-61-62 Hégire).

Si Abd-er-Rahman Touti était un fanatique et un ambitieux. Il n'avait recherché ces fonctions de moqaddem que parce qu'il comptait que l'organisation puissante d'une association religieuse, en pleine prospérité, lui permettrait de se recruter des partisans qui l'aideraient à jouer un rôle politique et à combattre les chrétiens.

Dès que ses projets se dessinèrent, Mohammed-ben-Brahim essaya de le ramener aux vrais principes des Derqaoua ; ne pouvant y réussir, il le révoqua et nomma moqaddem, à sa place, El-Hadj-Mohammed-ould-Soufi-es-Soussi.

Sur ces entrefaites Si Mohammed-ben-Brahim mourut

(en 1840 (1) 1255-1256 Hégire) empoisonné, dit-on, par des parents de l'émir. Si El-Hadj-Mohammed-ould-Soufi-es-Soussi, privé de l'appui de son maître, se retira au Maroc avec un autre moqaddem des Douair, Si El-Habib-ben-Amian. Si Abd-er-Rahman-Touti resta alors maître de la situation. Par de fréquents voyages auprès de Si El-Hadj-Mohammed-ben-Abd-el-Moumen au Rif, et auprès de Mouley-el-Arbi-ben-Attia, de l'Ouarensenis, il fit croire à ses partisans qu'il avait l'appui des chefs de l'ordre.

On sait ce qui arriva le 21 moharem 1261 Hégire (30 janvier 1845) à Sidi-Bel-Abbès. Ce jour-là, le commandant supérieur, chef de bataillon Vinoy, avait été éloigné à dessein du bordj, par les renseignements, sciemment erronés, de l'Agha Abd-el-Qader-ould-Zin, vendu aux Derqaoua.

A dix heures du matin, Si Abd-er-Rahman-Touti, à la tête d'une bande composée de 66 individus, couverts de haillons et, la plupart, armés de bâtons « qui devaient à sa voix se changer en fusils, » se présenta à la porte du bordj, demandant à parler au commandant. Le factionnaire refusa énergiquement l'entrée et croisa la baïonnette ; mais il fut renversé et tué, pendant que le chef des rebelles, poussant son cri de guerre, se précipitait dans le fort.

Heureusement la garnison était sur ses gardes : le commandant de la redoute avait, en effet, été prévenu, le matin, d'avoir à se méfier et, en moins d'une heure, 50 des rebelles étaient tués.

L'Arabe, qui avait ainsi prévenu l'autorité française, était précisément un Derqaoua des plus austères, mais un disciple de Sid El-Hadj-Mohammed-ould-Soufi, c'est-à-dire un de ceux qui avaient toujours refusé de se mêler aux agitateurs.

---

(1) Il ne faut pas confondre ce Mohammed-ben-Brahim avec un cherif du même nom, agitateur fanatique qui fut arrêté en 1851 (1267-1268 Hégire).

Pendant que ces faits se passaient dans l'Ouest, un autre Derqaoui dissident essayait aussi, dans la province d'Alger, d'exploiter, au profit de son ambition personnelle, l'exaltation religieuse développée chez les Derqaoua par le mysticisme austère et intransigeant de leurs chefs spirituels.

Il se nommait El-Hadj-Moussa-ben-Ali-ben-Hoceïn et devint, plus tard, presque célèbre sous le nom de Abou-Hamar (l'homme à l'âne).

C'était un égyptien qui, compromis dans une révolte militaire, s'était réfugié à Tripoli, dans la zaouïa du cheikh Mohammed-Zaffar-ben-Hamza-el-Madani, de Mesrata, alors grand moqaddem des Derqaoua-Chadelya et chef des Khouan de l'Est.

Moussa fut affilié à l'ordre et envoyé en mission au Maroc, vers 1243 (1827-1828 de J.-C.). Deux ans plus tard, après avoir été arrêté à Mascara, par les Turcs, il arrivait à Laghouat où il remplit les fonctions de moueddin à la mosquée des Ahlaf.

L'entrée des Français à Alger fit sur lui une violente impression, et il ne songea plus, dès lors, qu'à organiser la résistance contre nous, et à prêcher la Guerre Sainte.

A Laghouat, l'influence prédominante des Tejanya et le bon sens de Ksouriens firent justice de ses déclamations violentes et comme on ne se sentait nullement menacé, on mit l'énergumène en demeure de quitter la ville.

Il se rendit alors auprès du cheikh Derqaoui Mouley-el-Arbi-ben-Attia-el-Ouancherici, espérant trouver, auprès de ce chef spirituel, l'appui qu'il désirait. Mais il fut fort mal reçu. Après une discussion fort vive, Ben-Atia lui rappela ces paroles de Mouley-Arbi-el-Derqaoui :
« Personne ne désirera le pouvoir terrestre qu'il ne pé-
» risse. » « Dieu, ajouta le cheikh, m'a découvert tous les
» troubles qui doivent arriver sur terre, depuis mon siè-
» cle jusqu'à la venue de Aïssa (Jésus-Christ). Je n'ai vu

» personne de notre confrérie devenir puissant en ce
» monde.... Or, tu as tellement à cœur le désir de te
» faire une situation politique, que tu es sorti de la voie
» des Soufi, et que tu te conduis d'une façon contraire
» aux règles de notre ordre. »

Au lendemain de cet entretien, plusieurs des partisans de Si Moussa l'abandonnèrent pour rentrer dans la voie dirigée par Ben-Atia.

Cela ne découragea point Si Moussa, qui continua à recruter des partisans et à se poser en chef d'ordre. En 1833 (1248-1249 Hégire) il s'alliait, à Blida, avec El-Berkani, le lieutenant de l'émir, et marchait, en 1834 (1249-50 H.) sur Médéa, où il entrait après quelques difficultés.

Peu de temps après, il eut à Ouamri, avec l'Émir Abd-el-Qader, une entrevue à la suite de laquelle, humilié dans son orgueil, il se déclara l'ennemi de l'émir, et lui offrit le combat (1835 — 1250-1251 Hégire).

Si Moussa fut complètement battu, ses partisans massacrés, et il échappa seul, avec une dizaine de cavaliers. Il se réfugia chez les Ouled-Nayl, à Msaâd, assurant qu'il avait su d'avance ce qui devait arriver, que Dieu avait envoyé ces peines à ses Fidèles pour les éprouver, qu'ils auraient encore une autre défaite à subir des Chrétiens, mais qu'au troisième combat ils seraient victorieux ; qu'alors un tiers des Français périrait, un tiers se sauverait en France sur les vaisseaux, et que le troisième tiers se ferait musulman.

Ce fut à Msaâd qu'il organisa son ordre, qu'il partagea les tribus entre ses deux khalifa : Si Ben-el-Hadj pour le Sud, Si Kouider-ben-Si-Mohammed, pour le Nord, et qu'il se prépara à une nouvelle levée de boucliers.

L'arrestation de Si Kouider par l'autorité française désorganisa le complot; Si Moussa, chassé de Msaâd par la colonne Yusuf, s'enfuit d'abord en Kabylie, chez les Beni-Yala ; puis, en 1848, à Metlili. De là, il passa à Zaatcha où il fut tué.

Il existe à l'heure actuelle deux fils de Si Moussa : l'un, Si Bou-Beker, est à la tête de la Zaouïa des Madanya de Laghouat, dite aussi Derqaoua de Sidi-Moussa ; l'autre, Mostafa, habite Tunis ; il est professeur d'arabe dans un collège fondé par S. E. le cardinal de Lavigerie et dirigé par les Pères Blancs d'Afrique.

Les Madanya forment, aujourd'hui, un ordre absolument distinct et séparé des Chadelya-Derqaoua de Cheikh-el-Missoum ou du Maroc. Le chef-lieu de cet ordre est à Tripoli, ou plutôt à Mesrata.

Le chef des Madanya a, en effet, rompu complètement avec les traditions d'abstention en matière politique, pratiquées par les Chadelya ; il est devenu, en apparence au moins, l'auxiliaire et le serviteur dévoué du sultan de Stamboul, qui essaie de se servir de ses Khouan pour combattre l'influence des ordres religieux indépendants ou hostiles, comme les Snoussya, Tidjanya, Chadelya purs, Taïbya ou autres. Mais en réalité, les Madanya jouent un double rôle et sont, à la fois, à la solde du sultan de Stamboul et à celle de Si Snoussi. Tout en conservant une autonomie qui facilite leurs intrigues, les chefs des Madanya font surtout les affaires des Snoussya. Le sultan les subit et leur obéit bien plus qu'il ne les dirige. Il y a du reste là toute une question fort délicate qui n'est pas encore bien élucidée : ce qui s'en dégage, toutefois, c'est que les Madanya, qui prêchent « l'union de tous les Musulmans pour l'expulsion des Chrétiens de l'Afrique (et de l'Asie) », sont en fait les alliés et les auxiliaires de Stamboul et de Cheikh Snoussi.

Mais, si on excepte ces Madanya ainsi détachés de la voie des Chadelya, les Turcs ont contre les autres associations religieuses Chadelya dont ils ne peuvent réussir à disposer, une animosité extrêmement vive et fort ancienne ; et c'est surtout vis-à-vis des Derqaoua (ou Chadelya de l'Ouest) que cette animosité est poussée à ses dernières limites.

Pour les Ottomans, pour les Hanéfites et, en général,

pour tous les Arabes algériens qui ont été plus ou moins les agents du Gouvernement Turc, le terme de « Derqaoui » est absolument synonyme de « rebelle, révolté » et ils dépeignent les adeptes de cet ordre comme des énergumènes insociables, grossiers et ennemis acharnés de tous les agents d'un pouvoir temporel quelconque.

Voici comment un fonctionnaire turc, El-Mosselem-ben-Mohammed, secrétaire-général (bach-defter) du bey Hassan, à Oran, définissait les disciples de Mouley-el-Arbi : « Les Derqaoua font parade du mépris qu'ils res-
» sentent pour toute espèce d'obéissance ; ils ne se réu-
» nissent jamais que secrètement et dans les lieux les
» plus déserts ; ils vont vêtus de haillons et parés de
» colliers de coquillages ; ils voyagent avec de longs
» bâtons ou à dos d'ânes ; ils font montre d'un grand
» ascétisme et ne prononcent le nom de Dieu que dans
» leurs prières. »

C'est ainsi, en effet, que nos agents indigènes nous représentent volontiers les Derqaoua qui sont toujours, pour eux, des administrés peu souples. Dans le langage usuel, le mot « derqaoui » a même, communément, le sens de « déguenillé, loqueteur » en même temps que celui de « rebelle » (1).

---

(1) Dans le dictionnaire pratique du savant et regretté Beaussier, on trouve le verbe درفى (derqa), avec le sens de : insurger, soulever, révolter تدرفى (tederqa), s'insurger, etc.

D'autre part, des lettrés musulmans présentent le mot derqaoui, comme formé de l'arabe رفعة (reqâa), pièce, morceau, et du préfixe berbère D ذ, formatif des adjectifs qualificatifs berbères. — Cette formation hybride, provenant d'un mot arabe jeté dans le moule berbère, n'a rien d'extraordinaire, étant donné que Mouley-el-Arbi est un Berbère ; mais cette étymologie ne saurait être admise, un ordre religieux se désignant toujours par le relatif du nom de son fondateur, ou d'un de ses principaux cheikhs, et non par un accident de costume.

Ces appréciations passionnées sont loin d'être conformes à la réalité des faits; et nous en avons déjà fait justice, en donnant plus haut un aperçu de ce que pensaient et professaient les principaux grands maîtres, disciples et successeurs de Choaïb-Abou-Median.

Il est bien vrai que l'on rencontre des Derqaoua sales, déguenillés, laissant croître démesurément leurs cheveux et leur barbe, ayant un gros chapelet autour du cou, voyageant un bâton à la main, sans jamais avoir de domicile fixe, et lançant des imprécations contre quiconque prend, vis-à-vis d'eux, des allures autoritaires. Mais ce genre de religieux ambulants et mendiants n'est pas spécial à l'ordre des Derqaoua ; on en trouve d'affiliés à presque toutes les congrégations religieuses : ce sont ou des fous ou des misérables, affectant ces excès de dévotion et d'ascétisme extérieurs, en vue d'exploiter la charité publique. La grande majorité des Derqaoua est loin d'être ainsi : ce sont des gens comme les autres, n'affichant pas d'une façon ridicule ou inconvenante leur caractère de derqaoua, et se bornant à mettre plus ou

---

On doit donc rejeter, comme n'étant pas en situation, cette étymologie, de même que les suivantes, qui ont été, tour à tour, mises en avant par des lettrés musulmans :

1° دُرّ (dorr-perle) فوي (qaouï, grosse), c'est-à-dire science considérable ;

2° دَرّ (darr-lait) فوي (qaouï, fort, abondant), parce que le Prophète a dit : « rêver de lait signifie avoir une science considérable » ou parce que « ceux qui sucent le lait du derqaouisme sont des gens forts et robustes dans leur foi;

3° درف (derq, être caché, voilé), parce que leurs réunions sont secrètes ;

4° درفة (Derqa), nom d'une ville dont Mouley-el-Arbi était originaire, ville qui, depuis, aurait changé de nom. Le nom de cette ville devait alors s'écrire درفى pour donner naissance à l'ethnique درفاوى

. La seule étymologie vraie et sérieuse est celle indiquée à la page 234.

moins de réserve dans leurs rapports avec les détenteurs des pouvoirs temporels.

Ces relations doivent, en effet, être évitées le plus possible par les Chadelya ; un des leurs, Si Abd-el-Ouahab-el-Charani, disait à ce propos :

« Grâce à Dieu, j'ai toujours vivement regretté de m'être trouvé
» avec les grands (émirs, etc.), pour autre chose que quelque ques-
» tion ou affaire de religion ou de loi, qui fût à approfondir pour le
» bien de tous ; et j'ai toujours eu en extrême aversion tout homme
» de rang élevé que la justice et l'équité ne guidaient point, m'eût-il
» accordé son amitié, et m'eût-il attiré à me rendre auprès de lui
» pour quelque prétexte détourné. Car je ne sais pas assez me défen-
» dre contre celui pour lequel j'ai de l'amitié. Et puis, je suis homme
» comme les autres ; et ce que je vois faire par autrui, parmi les
» hauts personnages, je crains de me laisser aller à le faire.

» J'ai connu un individu qui approuvait tout ce que le prince ou
» émir avait en projet, et ne savait se décider à condamner une ac-
» tion mauvaise, quand même il le pouvait. Bien plus, il donna des
» éloges pour des actes d'abstention inique ; il disait : « Ce n'est pas
» toi, prince, qui as envoyé ces dures épreuves aux raias. C'est Dieu
» lui-même qui les envoie à ses serviteurs. » Il jetait ainsi le repro-
» che sur Dieu et donnait la louange à l'émir ; il blâmait Dieu et flat-
» tait l'émir.

» La grande faute de cet individu était de manger des mets de cet
» émir, de ne pas refuser toute invitation. Nous avons connu des
» fakirs ou simples soufis qui allaient assister aux repas des émirs
» quand la nécessité l'exigeait, mais ils n'y prenaient rien des ali-
» ments servis. Tels furent Sidi Mohammed-Ibn-Annân, le cheikh
» Abou-el-Haçan-el-R'amri, etc. ; ils emportaient avec eux, dans la
» large manche de leur vêtement, une galette de pain, et, à mesure
» qu'on servait le repas, ils ne mangeaient que de leur galette, s'ar-
» rangeant de façon que l'émir ne s'en aperçût pas.

» Gardez-vous, disait le vertueux Ali-el-Khawwas, de fréquenter
» aucun des émirs, ou de manger de leur nourriture, ou de rester
» muets sur le mal que, dans leurs réunions, vous voyez commettre
» en paroles ou en actes. Autrefois, les pieux et saints docteurs ou
» savants s'abstenaient d'aller chez les khalifes ; et si une circons-
» tance impérieuse, ou si un prétexte supposé, les appelait à s'y pré-
» senter, ces docteurs leur donnaient des conseils, les menaçaient de
» la vengeance céleste, les gourmandaient, les exhortaient au bien.
» Aujourd'hui, hélas ! cette manière de faire n'est plus possible. »

Puis, Charani raconte qu'un jour, à La Mecque, un saint docteur nommé Tâous, ayant été forcé de se rendre aux instances du khalife Hischam, qui désirait l'entretenir, se mit à apostropher et réprimander le souverain si rudement, que celui-ci en demeura tout confus et tout tremblant ; et Charani ajoute : « Lecteur, mon frère,
» si tu te sens la force d'adresser des paroles de cette
» sorte aux émirs, va, fréquente-les ; sinon, tiens-toi
» loin d'eux. »

L'éloignement des agents de l'autorité est, en effet, le signe distinctif du derqaoui, mais, dans la pratique, cet éloignement n'est pas absolu et n'a nullement un caractère malveillant : ainsi, nous avons des imams, des assesseurs, des cadhis, des khodja qui sont derqaoua et ont, avec nous, des relations fort courtoises.

Le rituel spécial aux Chadelya-Derqaoua ne présente non plus, en lui-même, rien qui le différencie essentiellement de ceux des autres ordres religieux.

Lorsqu'un Musulman veut se faire recevoir derqaoui, il doit d'abord ne se présenter au cheikh que dans un état parfait de pureté. Cette condition remplie, le néophyte se tient dans la posture d'un homme en prière : le cheikh lui prend les mains dans les siennes et prononce cette courte prière : « Il n'y a pas d'autre Divinité qu'Al-
» lah, il est tout-puissant, il n'a point d'associé à sa
» puissance, à lui appartient tout, il peut tout, il donne
» la vie et la mort, répandons nos louanges sur lui. »
Le cheikh fait alors jurer au néophyte « qu'il se confor-
» mera aux statuts de l'ordre, qu'il aimera ses frères,
» qu'il évitera le péché, qu'il fera abnégation de lui-
» même pour tout ce qui concerne la vie matérielle,
» qu'il ne tiendra compte ni des injures, ni des coups, ni
» de la faim, ni de la soif, ni de la misère ; qu'il ne recher-
» chera pas les satisfactions de la chair, qu'il s'efforcera
» de pratiquer toutes les vertus, qu'il s'instruira tout
» d'abord de ses devoirs envers Dieu, qu'il accomplira
» strictement ses ablutions, ses prières et tout ce qui est

» d'obligation divine. » Le cheikh remet ensuite le néophyte au frère profès chargé de l'instruire, et il lui est permis d'assister aux hadra.

« Ces hadra (1) ont lieu les portes closes et les lumières éteintes,
» ou, la nuit, dans des lieux retirés, hors de portée des intrus. Les
» frères, pour prier, se forment en cercle compacte, sans solution de
» continuité. Ils psalmodient : « Il n'y a de Dieu que Dieu, » d'abord
» sur un rhythme lent et en appuyant fortement sur les longues, puis
» plus rapidement, et, enfin, sur un mode précipité ! Lorsqu'ils sont
» arrivés à un certain état de surexcitation, ils se lèvent et récitent,
» en donnant au corps un balancement cadencé : « Allah ! » puis « hou »
» (lui), puis, enfin, « Ah ! » Pendant ce temps, le nekib (ou chef de
» section) tourne autour d'eux en récitant des vers ou des sentences
» propres à redoubler l'enthousiasme. Puis, à un signal du moqad-
» dem resté au milieu du cercle, les frères s'arrêtent, le moqaddem
» récite des vers, des oraisons, prononce la formule : « Il n'y a pas
» d'autre Divinité que Dieu » et termine la cérémonie par la récita-
» tion de la fatiha. »

Décrivant les cérémonies du rituel des Chadelya, le cheikh Snoussi s'exprime ainsi (2) :

Les postures à prendre, dans cet ordre, pour faire les prières, consistent à s'accroupir sur la terre, les jambes croisées, en élevant les genoux, les bras jetés autour des jambes, la tête baissée entre les deux genoux et les yeux fermés. On relève la tête en disant : *Il n'y a de Dieu que Dieu*, cela pendant le temps qui s'écoule à partir du moment où elle arrive à la hauteur du cœur, jusqu'à celui où elle atteint l'épaule droite ; on observe avec attention d'écarter de son esprit tout ce qui est étranger à Dieu. Lorsque la bouche atteint le niveau du cœur, on articule avec vigueur l'invocation : *Il n'y a de Dieu que Dieu*, pour qu'elle s'y grave et que ses effets se répandent de là dans tous les membres. La prière faite ainsi se nomme *Dikr-es-Sef-ou-en-Necher* (prière de la compression et de l'expulsion). Elle conduit celui qui s'y soumet à expulser de son cœur les vices qui le souillent, car elle en arrache le principe de la tiédeur et les pensées profanes, en rejetant ces défauts derrière l'épaule droite. On répète encore cette

---

(1) Détails communiqués par un moqaddem de l'Ouest.
(2) Snoussi, *loco citato*, traduction de M. Colas.

invocation en face du cœur, d'une manière plus énergique, elle vient alors y condenser les principes de la crainte de Dieu et affirmer son unité exclusive. En effet, les idées parties vers d'autres Divinités sont la négation de la Divinité véritable. Ces idées engendrent dans le cœur le refroidissement et l'erreur. Elles mettront les fautes humaines à nu le jour du jugement dernier. L'affilié doit donc être prêt à combattre pour la foi en s'éloignant de la multitude.

Il convient qu'il s'impose, impérieusement et sans relâche, les prières de l'ordre et ses pratiques ; c'est vers ce but que doivent tendre ses aspirations et ses habitudes ordinaires. Ainsi il les récitera et se les rendra obligatoires, jusqu'à ce qu'elles constituent dans son âme un tout aussi homogène que la création. Alors, il passera à l'invocation du nom de *Dieu* et la poursuivra sans cesse, jusqu'au moment où ce qui lui était caché se dévoilera à ses yeux; sans s'arrêter, il continuera jusqu'à l'épuisement de ses forces. Ensuite, il répétera l'invocation d'un autre nom de Dieu, hou (lui, l'Être Suprême existant par lui-même), jusqu'à ce qu'il parvienne au degré de perfection qui lui est accessible.

Les affiliés de cet ordre se caractérisent par l'amitié qu'ils se vouent les uns aux autres, par leur habitude de ne rien se demander, mais aussi de ne rien se restituer, enfin par leur indifférence à se parer d'insignes spéciaux. Ils sont en possession de secrets particuliers qu'ils appliquent entre eux. Ainsi, quand un malheur frappe un des leurs, ils récitent dix fois la sourate de *Ya Sine*, après l'aurore; avant la prière du matin, ils y ajoutent: « *O Dieu, je vous invoque, vous qui êtes Dieu* » ils continuent par ces mots: « *Yamen houa Ahoum Kaf adem hammou, ha. Amen* » (paroles mystiques qui n'ont aucun sens arabe) qu'ils répètent 70 fois, puis ils terminent par : « Pour que vous m'accordiez telle ou telle chose qui ne peut arriver que par la permission du Dieu Très-Haut. »

Le cheikh Abou-Hassan-ech-Chadeli a dit que ces mots mystiques étaient les noms les plus élevés que l'on pouvait donner à Dieu.

Dans un de ses ouvrages, Si Abd-el-Ouhab-el-Charani dit : « Les affiliés de cet ordre ont des secrets particuliers » et il reproduit textuellement ce qui est transcrit ci-dessus.

Dans le livre intitulé « *les Gloires élevées du mémorial des Chadelya* (1), » écrit par le cheikh Ahmed-ben-Mohammed-el-Abbad, l'auteur définit, en ces termes, les conditions morales de l'affiliation à l'ordre et de la récitation du dikr :

---

(1) المباخر العلية في المآثر الشاذلية   Traduction de M. Arnaud.

« Notre voie (celle des Chadelya) repose sur cinq principes fonda-
» mentaux : avoir la crainte de Dieu, en secret et en public ; se con-
» former à la sonna en paroles et en actions ; se détacher du monde
» avec énergie, même au prix d'une lâcheté ; être satisfait de Dieu
» en toutes choses, soit petite, soit grande ; revenir à Dieu dans la
» joie et la tristesse. Ces principes prennent leur origine dans la
» hauteur des aspirations, dans le respect des choses saintes, dans
» le ferme exercice de la piété, dans l'observation des prescriptions
» essentielles de la loi, et dans la préconisation de la faveur divine.
» Élever ses aspirations, c'est élever son degré ; respecter Dieu, c'est
» être respecté de Dieu ; se consacrer avec ardeur au service de Dieu,
» c'est obliger Dieu à être généreux ; observer le fond de la loi, c'est
» perpétuer sa bonne direction ; préconiser la faveur divine, c'est
» être reconnaissant ; et, en être reconnaissant, c'est en rendre néces-
» saire une plus grande.

» L'affiliation à la confrérie des Chadelya se fait de quatre maniè-
» res :

» La 1ʳᵉ comprend la pression de la main, l'enseignement du dikr,
» le port du froc (khirka), l'extrémité du turban pendant derrière la
» tête (adaba), comme moyens de mériter les bénédictions et pour se
» conformer à la sonna seulement ;

» La 2ᵉ consiste à suivre une leçon, c'est-à-dire à lire les livres des
» Chadelya, sans en analyser le sens, pour s'en faire un mérite et
» avoir un titre à se dire Chadely ;

» La 3ᵉ consiste à prendre une leçon, mais pour analyser leurs
» livres de façon à en comprendre le sens, sans toutefois aller jusqu'à
» l'action.

» La plupart des Chadelya ne connaissent que ces trois manières
» d'entrer dans la confrérie.

» Il n'y a pas de mal à se faire affilier par plusieurs cheikhs.

» La 4ᵉ façon d'entrer dans la confrérie des Chadelya consiste à
» façonner son caractère, à perfectionner ses mœurs, à se familiariser
» avec les exercices de piété par le combat contre soi-même, qui
» conduit à l'intuition ; à borner sa satisfaction, à confesser l'unité
» de Dieu et à y demeurer. On ne devra sortir de ces principes qu'avec
» l'autorisation de son cheikh.

» On peut encore se dire Chadely, même ne suivrait-on qu'un seul
» des principes de la confrérie, ne s'associerait-on qu'une infime par-
» tie de ses idées, pourvu que l'on en aime les affiliés. Ainsi, lire un
» hizb suffit pour donner droit au titre de Chadely. « Quiconque lira
» ce hizb, disait le cheikh, participera à nos droits et à nos devoirs. »

» Quand on prie Dieu à voix basse, s'il vous survient une pensée
» étrangère, on priera à voix haute, afin de chasser du cœur cette

» pensée. Si cet effort ne suffit pas, on récitera la formule de la de-
» mande de pardon et on lira la fatiha.

» Le serviteur doit constamment réciter le dikr ; s'il ne le peut tou-
» jours, ce sera au moins à la suite de chaque prière obligatoire.
» S'il y a encore impossibilité, il le récitera une fois dans la nuit et
» une fois dans le jour, mais de façon à s'en occuper pendant une
» demi-heure au moins, l'heure équivalant à 15 degrés.

» Les rangs auxquels il faut parvenir dans la confrérie sont au nom-
» bre de quatre : on ne peut arriver au deuxième sans avoir occupé
» le premier, c'est-à-dire qu'il faut posséder successivement chaque
» degré, et n'arriver à l'un qu'après avoir bien connu l'autre. Le
» 1er de ces degrés est celui de la contrition ; le 2e celui de la droi-
» ture, le 3e celui de la perfection des mœurs, le 4e celui de la proxi-
» mité.

» La faim, la veille, le silence, la retraite sont recommandés au
» frère, mais il ne faut pas qu'il y ait excès dans ces privations ; on
» doit s'arrêter quand elles deviennent une cause de souffrance phy-
» sique. Il faut y avoir recours, comme à un remède pour le corps,
» quand le besoin s'en fait sentir.

» Pour bien s'acquitter du dikr, il faut remplir vingt conditions,
» dont cinq antérieures, douze concurremment avec le dikr, et trois
» postérieures.

» Les cinq vertus antérieures sont : 1° le repentir réel, l'abandon de
» toute préoccupation, de tout acte, de toute intention étrangère ;
» 2° le lavage du corps, les ablutions ; 3° le silence, le repos afin de
» bien pénétrer le cœur de l'important devoir qu'il va remplir, de le
» porter tout entier vers Dieu ; la langue pourra ensuite accompagner
» le cœur dans la récitation de la formule : « Il n'y a de Divinité que
» Dieu ; » 4° voir par le cœur les bénédictions du cheikh ; 5° réclamer
» en pensée le secours du cheikh, lequel l'a réclamé du Prophète
» dont il est le représentant.

» Les douze conditions à remplir au moment du dikr sont : 1° s'as-
» seoir en un lieu pur pour réciter les prières obligatoires ; 2° placer
» les deux paumes des mains sur les cuisses ; 3° parfumer le lieu où
» l'on est assis, ainsi que ses vêtements ; 4° se vêtir d'habillements
» parfumés ; 5° choisir un endroit sombre si cela se peut ; 6° fermer
» les yeux pour annihiler les sens extérieurs et ne permettre que le
» jeu des sens intéressés ; 7° placer devant ses yeux l'image fictive
» du cheikh ; 8° mettre une telle sincérité dans le dikr, qu'il soit
» aussi vrai en secret qu'en public ; 9° avoir la candeur qui purifie
» l'acte de tout désir d'être vu. Par la vérité et la sincérité on arrive
» au degré des cœurs sincères, pourvu que l'on confesse au cheikh
» toutes ses pensées, bonnes ou mauvaises ; si on ne le fait pas, on
» est parjure et on rend impossible la faveur divine ; 10° choisir de

» préférence dans le dikr, la formule : « Il n'y a de Divinité que Dieu, »
» car il n'y a rien, même dans les prières obligatoires, de plus effi-
» cace qu'elle pour le fidèle. Il faut la prononcer à voix haute, sonore,
» pleine, large, sans aucune gêne et en voir le sens avec tout son
» cœur ; 11° avoir présent dans le cœur le sens du dikr, qui croit
» avec le degré où s'est élevé le cœur, et découvrir au cheikh ses
» sensations, au fur et à mesure qu'on pénètre dans les goûts ou
» voluptés, afin qu'il vous instruise de la conduite qu'il faut tenir ;
» 12° exiler de son cœur tout être et n'y conserver que Dieu, n'y
» permettre le séjour à aucune divinité si ce n'est à Dieu, afin que
» Dieu seul y exerce une souveraine influence et se répande de là
» dans les membres. Il faut que l'homme lorsqu'il dit « Dieu » se sente
» frémir de la tête aux pieds. C'est là un état indiquant qu'il est réel-
» ment méritant et fait espérer qu'il parviendra au degré le plus
» élevé.

» Quant aux conditions qui doivent suivre le dikr, ce sont : 1° être
» en repos si l'on est silencieux ; s'adjoindre l'humilité ; se renfermer
» dans son cœur en attente d'un complément de prière, qui, s'il ar-
» rive, vous fera instantanément parvenir à un degré que vous n'eus-
» siez pas atteint, par la mortification et le combat contre vous-
» même, pendant trente ans ; 2° bannir ses propres pensées, car
» les cheikhs ont dit que c'est là le moyen le plus rapide d'amener
» la lumière à la vue intérieure, de faire tomber le voile, de couper
» court aux pensées humaines et diaboliques ; 3° se priver de boire
» de l'eau, parce que le dikr communique au cœur une certaine
» chaleur, un désir ardent d'union avec celui auquel il s'adresse —
» ce qui est le principal but du dikr — et que l'eau bue à la suite
» du dikr éteint ce sentiment. »

Quant au dikr proprement dit, il a quelque peu varié selon les branches. Si Abd-es-Sellem-Mechich recommandait de s'acquitter du dikr en se bornant à répéter, le plus souvent qu'on le pouvait, le mot Allah, en appuyant sur le lam (L) et en prolongeant le son A. Plusieurs branches de l'ordre ont conservé ce dikr.

Si Chadeli augmenta cette oraison trop concise et prescrivit de réciter, cent fois au moins par jour, et plus quand on le pourrait : « Il n'y a de Divinité qu'Allah, la
» vérité évidente, Mohammed le sincère, le fidèle, est le
» Prophète de Dieu. »

Cheikh-el-Missoum, en ce moment khalifa des Chadelya en Algérie, nous a donné, sur le dikr actuel de son ordre, le renseignement suivant :

« Mouley-el-Arbi-ed-Derqaoui disait : le dikr que j'ai reçu de mon
» cheikh, Sid Ali-el-Djemal-el-Facy, se composait de :
   » 100 fois : je demande pardon à Dieu.
   » 100 fois : que les grâces divines soient sur le Prophète.
   » 1,000 fois : il n'y a pas d'autre Divinité qu'Allah.
» Mouley-Ali-el-Djemal, en me le donnant, disait : ce dikr est par-
» ticulier à ceux qui suivent le sens littéral des écritures, tels que les
» Zianya ; si vous en préférez un autre, vous pouvez réciter :
   100 fois : je demande pardon à Dieu.
» 100 fois : que les bénédictions de Dieu soient sur le Prophète.
» 100 fois : il n'y a pas d'autre Divinité qu'Allah.
» Puis, vous prononcerez ensuite : Allah, Allah en redoublant for-
» tement le lam et en prolongeant le son A qui lui appartient Alla....
» a....aah.
» Ce second dikr est celui qui est pratiqué par les Saints qui sui-
» vent les sens cachés et les allégories des écritures (les bathenistes
» (اهل الباطن) (1).
» Ce second dikr est plus connu ; quelques personnes l'augmentent
» en ajoutant la proclamation de la grandeur de Dieu, ses louanges,
» ses attributs, ses litanies..... »

Le cheikh Abou-Salem-Ibrahim-et-Tazi, chef d'une branche maugrebine des Chadelya, disait :

« L'invocation supérieure entre toutes, est celle qui consiste à
» répéter : « Il n'y a pas d'autre Divinité qu'Allah ; » cette invocation
» a la propriété d'enlever du cœur le voile d'impureté qui le recou-
» vre. »

Ce saint personnage prescrit de se soumettre aux commandements que voici :

« Respecter les chefs spirituels ; — Se soumettre à leurs ordres ;
» — Affectionner les affiliés ; — Observer l'humilité ainsi que la
» compassion à l'égard des Croyants et la pitié envers tous les êtres
» créés par Dieu ; — Réciter 100 fois, chaque matin, cette prière : « *Que*
» *la louange de Dieu soit proclamée; Que grâces lui soient rendues; Que*

---

(1) D'après Si Snoussy, *loco citato*.

» *le Dieu Très-Haut soit glorifié. Je demande pardon à Dieu. Il n'y a de*
» *Dieu que Dieu, le souverain Maître, celui qui est la justice éclatante.* »

Cet auteur affirme que ces invocations ont la vertu de consoler dans la misère et de faciliter l'accomplissement (des actes que l'on entreprend). Il prescrit en outre de réciter, chaque jour et chaque nuit, quatre sourats du Coran, aux passages commençant par ces mots : *Récite le nom de Dieu, etc.... Certes, je l'ai fait descendre, etc.... Lorsque tremblera, etc.... Kereïch ne se joindra pas, etc....* « qui possèdent la propriété de repousser les maux apparents et cachés, ainsi que l'expérience l'a déjà démontré. »

Les Derqaoua de la province d'Oran, qui représentent plus spécialement la branche marocaine des Chadelya, ont l'ouerd suivant :

« Réciter, après la prière du matin et après la prière du soir, en
» égrenant le chapelet :
» 100 fois : je demande pardon à Dieu.
» 100 fois : ô mon Dieu, répands tes bénédictions sur le Prophète
» illettré, sur sa famille, sur ses compagnons.
» 99 fois : il n'y a de Divinité qu'Allah.
» Il complète l'égrenage des cent grains du chapelet, en disant : il
» n'y a de Divinité qu'Allah.
» Mohammed est le Prophète de Dieu, que Dieu répande sur lui
» ses grâces.
» Le frère peut en outre réciter ce dikr plus souvent, et quand
» cela lui plaît. Il n'est nullement limité à cet égard. »

Les pratiques des Chadelya-Derqaoua ne se bornent pas à la récitation du dikr, le rituel comporte de nombreuses prières et des lectures pieuses, résumant ou développant les conseils et les doctrines des Saints de l'ordre.

Il y a d'abord des « ouerd » ou oraisons spéciales pour toutes les heures canoniques de la journée, pour toutes les circonstances de la vie. Voici, à titre de spécimen, l'ouerd à réciter après la prière de l'aceur (1) :

« Je me réfugie en Dieu contre le démon, le lapidé.
» Au nom de Dieu clément et miséricordieux. Louange à Dieu, maî-
» tre des mondes, etc.....
» C'est Dieu, il n'y a de Divinité que lui, le vivant, le subsistant....
» (jusqu'à : le grand, l'immense).
» Le Prophète a cru, etc ....
» Il n'y a de Divinité que lui, le vivant, le subsistant. Il a révélé
» le livre avec la vérité, comme affirmation de ce qui est entre ses
» mains ; auparavant, il a révélé le Pentateuque et l'Évangile, comme
» une direction pour les hommes ; il a ensuite révélé le Coran. Cer-
» tes, ceux qui ne croient pas aux signes de Dieu seront atteints
» d'un châtiment sévère. Dieu est glorieux, il sait se venger. Rien
» n'est caché à Dieu, ni sur la terre ni dans le ciel. C'est lui qui nous
» donne la forme qu'il veut dans le sein de nos mères. Il n'y a de
» Divinité que lui ; il est glorieux ; il est sage. Dis : ô mon Dieu, c'est
» toi qui est le maitre du pouvoir ; tu donnes le pouvoir à qui tu veux
» et l'enlèves à qui tu veux ; tu élèves qui tu veux ; tu abaisses qui
» tu veux. Entre tes mains est le bien. Tu es puissant en toutes cho-
» ses ; tu fais entrer la nuit dans le jour et le jour dans la nuit ; tu
» fais sortir le vivant du mort et le mort du vivant ; tu donnes à qui
» tu veux la richesse sans compter. C'est lui qui m'a créé, c'est lui
» qui me dirige, qui me nourrit, qui m'abreuve, qui me guérit quand
» je suis malade ; c'est lui qui me fera mourir et revivre ; c'est de lui
» que j'espère le pardon de mes fautes au jour de la rétribution.
» Mon Dieu, donne-moi une ligne de conduite, range-moi au nombre
» des vertueux, accorde-moi le langage de la vérité pour les der-
» niers (sic), place-moi au nombre des héritiers du délicieux jardin ;
» pardonne à mon père qui était du nombre des égarés ; ne me couvre
» pas de confusion au jour de la résurrection, dans ce jour où la
» fortune ne servira de rien, où les enfants seront inutiles, où il n'y
» aura d'heureux que ceux qui se présenteront à Dieu avec un cœur
» sain. Le paradis appartient à ceux qui craignent Dieu et l'enfer à
» ceux qui sont dans l'erreur.
» Ce qui est dans le ciel et sur la terre proclame la louange de
» Dieu : c'est lui qui est le puissant, le sage ; il possède l'empire des
» cieux et de la terre ; il fait vivre et mourir ; il peut toute chose ;
» c'est lui qui est le premier et le dernier, qui est apparent et caché,

---

(1) Extrait de *la Vie de Si Abou-Abbas-el-Morcy*, écrite par Si Abd-el-Kerim-ben-Atha-Allah, 2ᵉ grand-maître de l'ordre après Si Chadeli (traduction de M. Arnaud).

» qui connait toutes choses, qui a créé les cieux et la terre en
» six jours, et s'est ensuite fermement assis sur le trône ; il sait ce
» qui entre dans la terre et ce qui en sort, ce qui tombe du ciel et ce
» qui en descend. Il est avec vous partout où vous êtes. Dieu voit
» fort bien ce que vous faites ; il possède l'empire des cieux et de la
» terre. C'est vers Dieu que convergent toutes les affaires. Il fait en-
» trer la nuit dans le jour et le jour dans la nuit. Il connait les pen-
» sées des cœurs. C'est lui qui est Dieu ; il n'y a pas d'autre Divinité
» que lui ; il connait l'avenir et le présent. Il est le clément, le misé-
» ricordieux. C'est lui qui est Dieu, il n'y a pas d'autre Divinité que
» lui. Il est le maitre, le saint, le salut, la protection ; il est le puis-
» sant, l'irrésistible, le très grand. Il est trop sublime pour avoir des
» associés ; c'est lui qui est Dieu, le créateur, et qui a ainsi donné une
» forme au monde ; les noms les plus beaux lui appartiennent ; ce
» qui est dans le ciel et sur la terre célèbre sa gloire ; il est le puis-
» sant, le sage......

» O mon Dieu, nous te prions de nous donner la crainte comme
» compagnie, de nous accabler sous le désir de te posséder, de nous
» accorder la certitude de la science et la perpétuité de ton souvenir.
» Nous te prions de nous dévoiler le plus beau des secrets, qui nous
» préservera des maux, afin que nous ne puissions nous maintenir
» dans le crime et le péché. Éloigne-nous des fautes et dirige-nous
» vers les actions conformes aux paroles que tu nous as communi-
» quées par l'intermédiaire de ton Envoyé, et par lesquelles tu avais
» déjà éprouvé Ibrahim ton ami, lequel s'est conformé à ce qu'elles
» indiquaient. Tu as dit : je te place comme le guide des hommes. —
» Mais ce rôle reviendra-t-il à ma race ? dit Ibrahim. — Dieu répon-
» dit : Ma promesse ne concerne pas les gens iniques. Place-nous
» au nombre de ceux qui font le bien, parmi la postérité d'Ibrahim,
» parmi la postérité d'Adam et de Noé. Conduis-nous dans le che-
» min qu'ont suivi les guides de ceux qui craignent. Au nom de Dieu !
» tout est par Dieu, de Dieu, à Dieu. Que ceux qui veulent se con-
» fier placent en Dieu leur confiance. Dieu me suffit ; je crois en Dieu ;
» j'accepte les volontés de Dieu ; je me confie en Dieu. Il n'y a de
» force que par Dieu. Je témoigne qu'il n'y a de Divinité que Dieu
» seul, qu'il n'a pas d'associé. Je confesse que Mohammed est son
» serviteur et son envoyé. Mon maitre, pardonne-moi, ainsi qu'aux
» Musulmans et aux Musulmanes. Louange à Dieu, maitre des mon-
» des, etc..... Dis : Louange à Dieu, salut sur les serviteurs qu'il a
» élus. Mon maitre, j'ai été souvent bien inique envers moi-même ;
» pardonne-moi, fais-moi la grâce de me corriger. Il n'y a de Divinité
» que toi, que ta louange soit proclamée, j'étais une créature inique.

» O Dieu, ô grand, ô immense, ô sage, ô savant, qui entends, qui
» sais, qui as la volonté, ô puissant, ô vivant, ô subsistant, ô misé-

» ricordieux, ô clément, ô toi qui es Lui, Lui, Lui, ô Lui, ô premier,
» ô dernier, ô toi qui parais, qui es caché, que le nom de mon Maître,
» qui a la grandeur et la générosité, soit de plus en plus béni. O mon
» Dieu, permets-moi l'accès de ton nom sublime, avec lequel les cri-
» mes ne causent pas de souffrance ; indique-moi, sur ce nom, une
» méthode grâce à laquelle tu satisferas les besoins avouables du
» cœur, de l'intelligence, de l'esprit, du secret, du corps, et aussi une
» méthode au moyen de laquelle tu enlèveras les besoins malsains
» du cœur, de l'intelligence, de l'âme et du corps. Place nos noms
» au-dessous de tes noms, nos attributs au-dessous de tes attributs
» et nos actions au-dessous de tes actions, soit au degré du salut,
» de l'expulsion du blâme, de la descente des prodiges et de la pos-
» session de l'imamat. Achève, en ma faveur, les révélations que tu
» as faites aux imams de la direction vraie (pères de la foi). Enrichis-
» moi de façon que tu t'enrichisses par moi ; donne-moi la vie de telle
» sorte que, par moi, tu distribues la vie à ce que tu veux et à qui
» tu veux de tes serviteurs. Place-moi dans la classe des quarante
» et au nombre de ceux qui craignent sincèrement. Pardonne-moi ;
» car ton pacte ne concerne pas les iniques. »

Si le néophyte est un lettré intelligent, le moqaddem complète son éducation en lui faisant connaître l'ouassia, ou le mandement envoyé d'Alexandrie, aux pères d'Occident, par Abd-el-Kerim-ben-Atha-Allah (deuxième successeur de Sid Chadeli).

Voici ce mandement (1) :

« Sachez que la protection divine, bien qu'elle soit cachée, a son
» existence basée sur un témoignage. Il est des voies qui y con-
» duisent sûrement. Vous obtiendrez la protection de Dieu en ne sor-
» tant pas des limites qu'il vous a tracées, en restant fidèles à ses
» pactes. — Est-ce donc que le signe de l'affection de Dieu pour son
» serviteur n'existe pas dans l'affection du serviteur pour Dieu ? —
» L'un des caractères du signe de l'affection du serviteur pour Dieu
» est qu'il ne lui préfère rien, qu'il ne voit que lui. — L'un des carac-
» tères du signe que le serviteur ne préfère rien à Dieu, c'est son
» regard de mépris pour les biens de ce monde et son regard d'ad-
» miration pour les êtres immatériels. Le bienheureux est celui au-
» quel Dieu a donné un cœur qui se rappelle, un regard qui sait
» comparer, une oreille ouverte à la voix de Dieu et une âme active

---

(1) Extrait du même ouvrage.

» dans le service de Dieu. Celui des devoirs envers Dieu qui mérite
» le plus l'examen des serviteurs, ce sont les actions de grâces qu'on
» lui doit. Ces actions de grâces sont extérieures ou intérieures.
» Celles qui sont extérieures se composent de l'accord de la con-
» duite avec la volonté, et les autres de la vue de ses faveurs : n'est
» pas reconnaissant envers Dieu, celui qui n'obtempère pas à son
» ordre, n'exécute pas ses prescriptions ; n'est pas observateur de sa
» loi, celui qui perd ses pactes.

» Soyez donc reconnaissants pour les bienfaits de Dieu envers vous.
» Les hommes négligents et aveugles demandent à Dieu de renouve-
» ler ses faveurs, sans lui rendre grâces de ce qu'il leur a déjà ac-
» cordé. Comment Dieu vous renouvellera-t-il un bienfait que vous
» demandez, alors que vous avez perdu le souvenir d'une précédente
» faveur, qui vous a poursuivis jusqu'à ce qu'elle vous ait atteints.
» Quand vous avez à réclamer les bienfaits de Dieu, le meilleur
» moyen que vous ayez à employer, c'est de lui rendre grâces. Vous
» montrer reconnaissants, c'est demander pour vous les grâces de
» Celui auquel vous manifestez votre reconnaissance, quand même
» vous ne parleriez pas de votre désir ; vous obtiendrez davantage
» en vous montrant reconnaissants, quand même vous resteriez muet
» à l'égard de l'objet de vos désirs. Dieu garantit des faveurs en
» surplus à ceux qui se montrent reconnaissants, et il sera géné-
» reux sans réserves. Il a dit : « Certes, si vous êtes reconnaissants,
» je vous donnerai en plus. » Si donc Dieu garantit aux cœurs re-
» connaissants d'autres faveurs que celles qu'il a déjà accordées,
» comment ne leur perpétuerait-il pas ses premiers bienfaits. Quand
» on aime une chose, on l'attache avec des liens, de peur qu'elle ne
» disparaisse. Attachez donc en vous les bienfaits de Dieu, en vous
» montrant reconnaissants de ce qu'il a fait. On aide à la reconnais-
» sance par la contemplation des faveurs du bienfaiteur, de ses nom-
» breux actes, de ses bienfaits passés et futurs, du commencement
» de ses grâces et de leur fin.

» Vous ne regarderez jamais avec les yeux de la foi, que vous ne
» constatiez déjà l'existence d'un bienfait de Dieu et d'une grâce qui
» l'a suivi, et votre certitude à cet égard sera plus grande, si vous
» examinez la façon dont vous vous comportez envers Dieu et la con-
» duite de Dieu envers vous. En effet, si vous regardez la manière
» d'être de Dieu envers vous, vous n'y verrez que bonté et bienfaisance;
» tandis que si vous examinez la façon de vous tenir à l'égard de
» Dieu, vous n'apercevrez que négligence et révolte.

» L'origine des biens célestes, la mine des bénédictions divines se
» trouve dans une obéissance effective à Dieu, dans le soin d'éviter
» tout acte de révolte contre lui.

» Montrez un repentir sincère, car sur le repentir repose ce qui

» doit suivre, et les bénédictions dont il sera l'objet se reporteront
» sur ce qui l'a précédé. Il n'est pas de station où l'on n'ait besoin
» du repentir. Les états ne seront purs, les actions ne seront accep-
» tées, les degrés de l'inspiration ne seront sûrs, qu'autant que le
» repentir aura été sincère. Les caractères généraux de la contrition
» sont indiqués par ses caractères particuliers. Ne connaissez-vous
» pas les paroles du Souverain Maitre : « Soyez tous repentants, ô
» Musulmans ; car, peut-être, alors serez-vous heureux. »

» Tous les Musulmans ont parlé en faveur du repentir, et cet accord
» est la preuve de son immense efficacité. La retraite est l'aide de la
» pensée ; la connaissance des souffrances de la retraite est l'aide de
» la méditation. Au nombre des preuves de l'arrivée au dernier de-
» gré, se trouve l'existence réelle, en votre cœur, des premiers.
» Vous assurer la station du repentir, c'est, de la part de Dieu, vous
» être plus utile que de vous faire connaître soixante-dix mille secrets
» et de vous les faire perdre ensuite.

» Sachez que Dieu a placé les lumières du monde spirituel dans
» les diverses formes de soumission. La perte d'une forme de sou-
» mission, ou une seule défectuosité dans l'accord symétrique de vos
» actes avec les ordres divins, amène l'absence d'une lumière en
» rapport avec la faute. Ne négligez donc aucune circonstance des actes
» de soumission, ne pensez pas que les lumières surnaturelles qui ar-
» rivent au cœur puissent remplacer les Ouerd. N'ayez pas, pour
» votre âme, la même condescendance que ceux qui prétendent que
» les vérités spirituelles coulent par leur bouche, alors que leur cœur
» est vide de lumières célestes. La divine Providence a voulu que la
» soumission imposée à ses serviteurs fût, pour eux, comme le batte-
» ment exercé sur la porte au delà de laquelle on veut pénétrer.
» Celui qui observe la soumission envers Dieu et les transactions
» sociales, en y mettant la conduite voulue, verra les voiles de l'ab-
» sence ou du secret s'écarter pour lui. L'interposition des voiles
» devant les secrets indique la présence des défauts. En purifiant ton
» cœur des défauts, tu t'ouvriras la porte du secret. Ne sois pas de
» ceux qui demandent la venue de Dieu dans leur âme, au lieu de
» demander la venue de leur âme dans Dieu, car c'est là la façon
» d'agir des ignorants qui ne comprennent pas Dieu et que l'émana-
» tion de Dieu ne va pas trouver. Le Croyant n'agit pas ainsi : le
» Croyant, au contraire, sollicite son âme d'aller à Dieu et ne solli-
» cite pas Dieu de venir à son âme. Si son vœu n'est pas immédiate-
» ment exaucé, il accuse du retard sa conduite et ne dit pas que c'est
» sa demande qui a été retardée. Il n'est permis d'entrer dans le
» monde des âmes qu'à celui qui s'est purifié des vices inhérents à
» l'humanité, en s'assimilant la nature de Dieu, en s'annihilant pour
» tout ce qui n'est pas Dieu, en s'appropriant l'adoration par le res-

» pect de la volonté de Dieu et l'abandon à ses décisions. Si tu es
» arrivé à cette perfection, tu obtiendras une large place dans le se-
» cret et une habitation dans le monde spirituel ; les secours céles-
» tes t'arriveront, et les bienfaits progressifs de Dieu seront ta com-
» pensation. Tu arriveras à posséder tous ces biens, en ne portant
» que peu tes regards sur les substances extérieures, et en prenant
» souci des mystères. En effet, les mystères ne se dégagent pas à
» l'aide d'une méditation basée sur les substances extérieures, à
» moins qu'elles ne soient accompagnées d'un amour pur qui con-
» duise les cœurs, et d'une lumière lumineuse qui fasse fuir les ténè-
» bres des crimes. Malheureusement on trouve la route longue, parce
» qu'on ne la suit pas selon la méthode du vrai, et qu'on n'y entre
» pas avec sincérité. Si on suivait la voie dans les conditions vou-
» lues, il n'y aurait pas de voiles pour cacher les demandes ; au con-
» traire, ce seraient les demandes qui rechercheraient le demandeur. »

A ceux qui peuvent comprendre le document qui précède (ou tout autre analogue, selon le choix du cheikh, car le choix ne manque pas), on fait aborder des lectures empreintes d'un mysticisme encore plus transcendant, comme, par exemple, l'extrait suivant du livre précité des « *Gloires révélées du mémorial des Chadelya:* »

« Le sytème de morale des Chadelya, se divisât-il en diverses bran-
» ches et y poussât-on jusqu'à l'extrême les combinaisons métaphy-
» siques, pourrait toujours être ramené à deux bases principales : la
» théorie et la pratique, reposant elles-mêmes soit sur les principes
» de la loi révélée, soit sur des principes en dehors de cette loi.
» Pour franchir l'espace qui nous sépare de l'âme et connaitre la
» réalité des êtres immatériels, il y a deux méthodes :
» La première est celle de la manifestation, à laquelle on se pré-
» pare par la mortification de soi-même et la purification de l'esprit.
» Si, dans ses actes, on se laisse guider par une loi révélée, c'est du
» *soufisme* pur ; sinon, on appartient aux illuminés, qui ne sont autres
» que les Éléates ;
» La seconde consiste à rechercher la sagesse au moyen des scien-
» ces. Si, dans ses études, on s'appuie sur une loi révélée, on est
» scholastique ; sinon, on appartient au péripatétisme, sorte de phi-
» losophie qui a eu pour premier chef Aristote, fondateur de la méta-
» physique basée sur la recherche des premiers principes.
» Il n'y a pas lieu de parler ici des doctrines qui n'ont pas la loi
» révélée pour soutien. La philosophie qui prend cette loi pour point

» de départ mérite seule que nous entrions dans quelques détails à
» son sujet.

» L'école de la manifestation dit que l'âme ressemble, dans son pre-
» mier développement, à un miroir poli et sans tache, réfléchissant
» tous les objets qui sont à sa vue, soit que ces objets aient une
» existence antérieure ou qu'ils soient à l'état adventice. Mais deux
» choses s'opposent à ce que l'âme joue librement ce rôle : 1° sa ter-
» nissure par des substances corporelles, produite par une intuition,
» une croyance ou une autorité sur laquelle on s'appuie ; 2° une
» fausse direction, qui, en l'écartant des sciences, lui fera perdre de
» vue son objectif, et rendra impossible la transformation en sa pro-
» pre substance des matières qu'elle irait puiser dans les connais-
» sances.

» Si donc, rien ne vient empêcher la réflexion, l'âme aura la vision,
» et les voiles qui s'interposeraient entre elle et les objets disparai-
» tront. Ainsi, par suite d'une bonne direction, il n'y aura pas de
» voiles, et l'âme jouira de la vision.

» L'existence d'une seule des deux imperfections précitées éloigne
» forcément l'âme du but qu'elle poursuit, sans que jamais il lui soit
» possible d'y arriver.

» Comment des rayons lumineux s'échapperaient-ils du cœur, si
» des substances en ternissent la surface ? Comment le cœur irait-il
» à Dieu, s'il est enchaîné aux passions ? Comment jouirait-il de la
» présence de Dieu, s'il n'est pas préalablement purifié du crime de
» négligence ? Et comment, enfin, percevrait-il la délicatesse des se-
» crets divins, s'il ne revient pas de ses omissions ?

» On compare aussi l'âme à une source dont l'eau représente les
» connaissances et les sciences morales. Lorsque l'eau de la source
» est absorbée par le sol, on a recours au sondage.

» Cette comparaison de l'âme à une source est fort juste. En effet,
» les idées malsaines, les liens étrangers font disparaitre les mani-
» festations des réalités et des sciences qui se sont produites à
» l'âme au jour de l'initiation, et les font évanouir comme l'eau de la
» source. Il faudra alors, pour ramener cette eau à la surface, c'est-
» à-dire ramener l'âme à l'état de pureté, prendre la pioche du com-
» bat et la pelle des exercices spirituels.

» Cette façon de diriger l'âme appartient à l'école de l'inspiration
» ou de l'illumination.

» Cette école considère que la meilleure méthode de traitement,
» dans les affections de l'âme, est celle qui consiste à remonter à
» l'origine du mal, et à en faire disparaître la cause ; car la cause
» disparaissant, les effets disparaissent aussi. Il en serait tout autre-
» ment si l'on s'attaquait tout d'abord à l'effet.

» Pour arriver sûrement à extirper la souffrance, par l'emploi de

» remèdes appropriés à la maladie, il faut d'abord connaitre la na-
» ture de la maladie, puis son origine. Tant que la cause ou le germe
» restent ignorés, on peut, il est vrai, faire disparaitre le mal, après
» avoir réussi à lui donner une forme bien déterminée, mais le prin-
» cipe de ce mal subsistera et empêchera les remèdes d'avoir un effet
» radical.

» Ainsi, s'attacher uniquement à l'effet, c'est employer un mode de
» traitement plein d'incertitude, c'est retarder la guérison, et peut-
» être la rendre impossible ; en tout cas, c'est agir en dehors de
» toute règle. Au contraire, en attaquant la cause de la maladie, le
» médecin, au moyen d'un traitement facile, obtiendra de suite la
» guérison, sans avoir de rechute à craindre.

» L'origine de toute maladie physique est un trouble dans l'or-
» ganisme, dont les actions et les impressions n'ont plus alors de
» cours naturel.

» L'origine de toute maladie morale est un trouble de l'âme en
» mouvement vers ses désirs, dont la pierre de touche est la satisfac-
» tion de la conscience. Par suite de cette altération, les actions et
» les impressions de l'âme n'ont plus de cours régulier ; la voix des
» passions et des opinions malsaines seule domine ; la certitude s'af-
» faiblit, avec la perte de la notion du bien et du mal.

» Le traitement de la maladie morale consiste à empêcher l'âme
» de tomber dans les fautes et négligences, et, si elle y est tombée,
» à l'en purifier. La piété et la droiture sont le commencement de la
» médication ; viennent ensuite le repentir et la contrition, avec leur
» corollaire obligé de pratiques de dévotion, qui doivent être cons-
» tantes, de façon à devenir une seconde nature.

» Ces moyens de corriger l'âme et de lui donner le poli du miroir,
» ne sont pas nouveaux : ils existaient déjà avant l'illuminisme, car ils
» constituaient l'école de l'illumination. Cette école ne devait point
» disparaitre de longtemps ; mais sa doctrine se borna tantôt au
» système de solitude, de classification, tantôt à la simple obser-
» vance des principes fondamentaux, au respect de soi-même, ou à
» un énergique et vigoureux effort de tension vers Dieu. Plus tard,
» elle ne consista plus qu'à recevoir et à donner le brevet d'affi-
» liation.

» Certainement, l'homme cherchera jusqu'à la fin des temps le
» moyen de perfectionner son âme ; mais certains signes, certains
» témoignages nous permettent d'affirmer qu'il n'y a plus aujourd'hui
» ni système, ni convention pour l'éducation de l'âme. Des érudits
» assurent que depuis l'année 824 de l'Hégire (1421 de J.-C.), il ne reste
» plus, de toute la méthode des degrés, que la puissance morale de
» quelques personnages.

» L'école philosophique, qui prétendait arriver à la perfection mo-

» rale par la recherche de la science, avait posé comme principe que
» la science est le critérium de la vérité. Il y a, en cela, accord entre
» elle et le Prophète, qui a dit : « La science est le guide de la pra-
» tique car l'action suit la science. »

» L'homme a besoin, pour se conduire, de quatre sciences : 1° la
» science de l'essence ; 2° la science des attributs ; 3° la science du
» droit, avec l'exégèse du Coran et la tradition du Prophète ; 4° la
» science des attitudes et des stations, qui comprend la manière de
» se conduire et les transactions sociales. »

Quoique les Chadelya-Derqaoua aient de grandes prétentions à appartenir à un ordre « *savant*, » bien peu de leurs Khouan, même parmi les moqaddem, sont aujourd'hui en état de comprendre ou de commenter la lecture des livres mystiques écrits par leurs anciens docteurs.

En Algérie, les Chadelya-Derqaoua sont nombreux ; tous affirment qu'en dehors des quelques individualités, qu'ils ont été les premiers à désavouer et à répudier, ils n'ont, en réalité, été mêlés activement à aucun fait insurrectionnel. Il est bien évident cependant qu'il ne faudra jamais demander aux Derqaoua d'être les auxiliaires dévoués de nos agents politiques, et que nous ne réussirons pas à les faire coopérer activement à l'œuvre de progrès et de civilisation que nous poursuivons en Algérie. Ils refusent du reste tout emploi dans l'administration, en dehors de ceux du culte et de la justice. Mais il faut reconnaître aussi que, si les chefs Chadelya et Derqaoua mettent une grande réserve dans leurs relations avec nous, cette réserve n'est ni agressive ni malveillante.

En 1853 (1269-1270 de l'Hégire), le moqaddem en chef de la zaouïa des Derqaoua à Fez, Mouley-Ali-ben-el-Arbi, acceptait avec reconnaissance d'être embarqué sur la frégate « l'Albatros », qui prenait à son bord, pour les conduire à Alexandrie d'Égypte, le grand maître des Taïbya et d'autres notables personnages de la cour Chérifienne, se rendant en pèlerinage à la Mecque. Son attitude, vis-à-vis l'état-major du bateau et vis-à-vis l'agent consulaire de France, qui accompagnait les Marocains, fut des plus courtoises et des plus sympathiques. En Algérie, à diverses reprises, notamment lors des insurrections de 1864 (1280-1281 de l'Hégire) et de 1871 (1287-1288 de l'Hégire), le cheikh El-Missoum, soit spontanément, soit sur notre demande, s'est employé à calmer les esprits et a écrit, à ses Khouan, des lettres-circulaires leur prescrivant de ne pas prêter la main aux agitateurs, et lançant l'anathème contre quiconque se mêlerait des affaires politiques ou ne resterait pas, strictement, en dehors des menées insurrectionnelles.

En résumé, les Chadelya-Derqaoua constituent une école philosophique et religieuse des plus importantes, en raison du nombre considérable de congrégations qui suivent leur rituel et s'inspirent de leurs doctrines égalitaires, antisociales et rétrogrades. Les chefs des branches qui représentent le mieux l'ordre primitif ont continué à prêcher l'abstention des affaires politiques ou commerciales, et l'éloignement des représentants de l'autorité temporelle ; mais, malgré tout ce qu'on a dit et écrit, ils n'excitent directement personne contre nous. Ils ont les qualités de leurs défauts, et l'on peut vivre en bonne intelligence avec eux, à la condition de les bien connaître et de mettre toujours, dans les relations avec eux, la vigilance, le tact, la prudence et l'habileté qu'il faut avoir, en tout pays, vis à vis des adversaires de l'esprit moderne et du progrès.

Dans le prochain chapitre, nous parlerons des principaux ordres religieux qui sont issus des Chadelya ou qui les continuent ; nous nous bornerons à dire ici qu'en Algérie, la statistique officielle donne, pour les Chadelya proprement dits, appelés Derqaoua dans l'Ouest, les chiffres suivants, sans qu'il soit possible de séparer nettement ceux de ces affiliés qui reçoivent leur direction du Maroc, de ceux qui la reçoivent de la zaouïa de Cheikh-el-Missoum. (Voir la carte.)

Province d'Oran........ 7 Zaouïa, 185 moqaddem, 6.921 khouan.
Province d'Alger....... 7   —   31   —   2.228   —
Province de Constantine. 18 —   52   —   5.425   —

    Totaux....... 32 zaouïa, 268 moqaddem, 14.574 khouan.

CHAPITRE XVIII

LES BRANCHES SECONDAIRES & LES ORDRES DÉRIVÉS DES CHADELYA

Abou-Median, Ben-Mechich et Chadeli maintinrent toujours leur enseignement doctrinal dans les hautes sphères du mysticisme et de la morale. Dégagés de toute préoccupation humaine, n'ayant aucun objectif temporel, ils furent les chefs vénérés d'une école philosophique religieuse, plutôt que les chefs d'une congrégation.

Les règles liturgiques, ouerd, dikr et autres pratiques du rituel des Chadelya, furent surtout l'œuvre de leurs disciples ; et, comme ces disciples étaient extrèmement nombreux dans tout le nord de l'Afrique, en Arabie, en Syrie et en Espagne, il en résulta que, de très bonne heure, les Chadelya se fractionnèrent en de nombreux groupes, parfaitement distincts. Nous avons, dans le chapitre précédent, suivi l'évolution d'un de ces groupes, de celui qui, pour nous Français, est le plus important, car il est réputé en Algérie, celui qui a le mieux conservé les doctrines, les traditions, le rituel et les tendances des premiers grands maîtres des Chadelya. Mais, à côté de ce groupe, il en existe d'autres, qui se sont détachés de lui à des époques différentes, et qui ont formé, dans les divers États musulmans, et aussi en Algérie, de petites ou de grandes congrégations ayant conservé, avec les Chadelya, des attaches plus ou moins sérieuses.

Quelques-unes de ces congrégations ne sont que des branches secondaires ou collatérales de l'ordre principal que nous avons étudié. Leurs statuts n'ont rien qui les différencient, et, sauf leurs centres de direction et leurs noms qui se sont modifiés, elles ont conservé les doctrines et la règle des Chadelya ; ce sont des *congrégations de Chadelya,* et elles le sont si bien, que plusieurs d'entre elles ont pour patron un des membres de la chaîne mystique que nous avons donnée dans le précédent chapitre. D'autres, au contraire, se sont tout à fait séparées du groupe principal, en introduisant, dans leurs statuts, des dispositions nouvelles et en mitigeant les doctrines mystiques du premier grand maître, par l'indication d'objectifs temporels et humains qui leur donnent un caractère spécial, tout à fait différent de celui des Chadelya. Ces groupes, quoique dérivés des Chadelya, sont de véritables ordres nouveaux. Leur séparation est aujourd'hui un fait accompli et, malgré leurs attaches premières, ils n'ont presque plus de rapports avec la branche mère dont ils sont issus.

Les uns et les autres mériteraient une étude spéciale, car leur importance peut être énorme à un moment donné. L'Islam, nous l'avons dit, n'a jamais reconnu les limites que la politique a tracées entre les divers peuples disciples du Prophète, et, du fond de l'Arabie comme du fond du Maroc, un ordre religieux peut, à un moment donné, exercer une action très réelle sur nos sujets Algériens.

Mais, le plus souvent, les éléments d'information en pays étranger nous manquent tout à fait, et nous ne pouvons donner, ici, qu'une énumération très incomplète de ces ordres, que nous aurions tant d'intérêt à connaître ; souvent même, nous serons forcés de n'inscrire que le nom d'une branche, sans pouvoir dire au juste quel est son centre de direction.

Les congrégations qui se sont détachées des Chadelya sont, dans l'ordre chronologique, les suivantes :

I

(Vers 1310 de J.-C., 709-71? de l'H.). — L'ordre des Oufaya, branche distincte des Chadelya, ayant pour patron et fondateur l'Imam el hâq Mohammed-Ouafa-ben-Ahmed-Ouafa, qui figure dans plusieurs chaines, et qui était le disciple direct d'Abd-el-Kerim-ben-Atha-Allah-el-Iskanderi (n° 17 de la chaîne principale). Ce dernier étant mort en 709 de l'H. (1309-1310 de J.-C.), l'ordre des Oufaya peut être considéré comme ayant pris naissance vers 1310 de J.-C. (709-710 de l'H.) ou vers 1315 de J.-C. (714-715 de l'H.).

Les Oufaya, qui existent croyons-nous en Égypte, observent les mêmes pratiques que les autres Chadelya, mais, au lieu de réciter l'oraison dite « Hezab-ech-Chadeli, » ils récitent celle dite « Hezab-el-Fath, » dont l'auteur est Ouafa-Ali, fils et successeur spirituel du fondateur de l'ordre. En outre,

« Lorsqu'ils font leurs prières, ils élèvent la voix en chœur et les
» psalmodient à l'unisson, car ces prières font jaillir, du briquet de
» l'amour divin, des étincelles qui viennent consumer, de leur feu,
» le germe de l'impureté et de la tiédeur. »

L'imam El-Ouafa figure dans la chaîne qui est commune aux Zerroukya, Rachidya, Bekerya, R'azya, etc., dont il sera parlé plus loin.

Il figure encore dans cette autre chaîne, qui est celle citée par Cheikh-Snoussi dans ses appuis :

1° Imam el hâq Mohammed-el-Ouafa ; — 2° Ali-ben-el-Ouafa ; — 3° Cheikh-Abd-er-Rahman ; — 4° Cheikh-Djemal-ed-Din-ben-Abd-er-Rahman ; — 5° Cheïkh-Abou-Hessen-el-Bekeri (1553 de J.-C., 960-961 de l'Hégire) ; — 6° Mohammed-ben-Abou-Hessen-el-Bekeri ; — 7° Abou-Mouaheb-el-Chenaoui ; — 8° Abou-Abbas-el-Araichi, qui fut un des maitres éducateurs de Cheikh-Snoussi au commencement de ce siècle (1).

(1) Cette chaîne est évidemment incomplète ; il y a eu, de 1350 à 1800, plus de 8 cheikhs. Cheikh-Snoussi n'a cité que les principaux personnages.

II

(Vers 853-854 de l'H., 1450 de J.-C.). — L'ordre des *Aroussya*, branche secondaire des Chadelya, ayant pour patron et fondateur Sid Abou-el-Abbas-Ahmed-ben-el-Arous, moqaddem des Chadelya, qui eut pour cheikh Abou-Abbas-Ahmed-ben-Okba-el-Hadrami, qui est le n° 19 de la chaîne principale, ce qui place l'origine du nouvel ordre vers 1450 ou 1460 de J.-C.

Cette branche se relie, en outre, à l'ordre des Qadrya, car le cheikh El-Hadrami était moqaddem des Qadrya, par la chaîne descendante suivante :

5, Abou-Zakaria-Yahia-el-Kadouri. — 4, Abou-es-Saoud-el-Messaoudi. — 3, Ahmed-ben-Abou-Solih-en-Nacer. — 2, Abou-Beker-Abd-er-Rezek, fils et disciple de Sid Abd-el-Qader-el-Djilani.

Le cheikh Abou-Abbas-Ahmed-ben-Arous a écrit un ouvrage intitulé : تحبة السيد الماهدي الفاصي *(le Joyau de Sid El-Mahdi-el-Fassi)*, dans lequel on trouverait, sans doute, les détails que nous n'avons pu nous procurer sur les pratiques spéciales à cet ordre.

Le cheikh Snoussi, qui le cite parmi ses appuis, donne à cet ordre la chaîne suivante :

1, Abou-Abbas-Ahmed-ben-Arous (qui fut aussi l'un des maitres éducateurs de l'imam Zerrouk-el-Bernoussi). — 2, El-Mamar-Abou-Salem-Ibrahim-ez-Zouaoui-et-Tounsi (de Tunis). — 3, Sid Abou-Mehassen-Youcef-ben-Mohammed-el-Fassi, qui vivait en 986 de J.-C. (1578-1579 de l'H.) (1) et est cité dans la chaine principale des Chadelya sous le n° 23 *bis*. — 4, Abou-Zid-Abd-er-Rahman-el-Fassi, frère du précédent. — 5, Cheikh-el-Islam-Abou-Mohammed-Abd-el-Qader-el-Fassi, neveu du précédent. — 6, Abd-es-Sellem-Benani. — 7, Djassous. — 8, El-Beder-ben-Ameur-el-Hedani, qui fut un des maitres de Cheikh-Snoussi au commencement de ce siècle.

---

(1) Cette date est donnée par l'historien Bou-Ras, qui cite Abou-Mehassen-Youcef-ben-Mohammed-el-Fassi, comme assistant à la bataille de El-Mekhazen, livrée par Abd-el-Melek, souverain du Maroc, à Mohammed-ben-Abdallah et à Don Sébastien.

III

(En 869 de J.-C., 1464-1465 de l'H.). — L'ordre des Djazoulya, branche marocaine des Chadelya, sous le patronage de l'*imam* Abou-Abd-Allah-Mohammed-ben-Abou-Beker-*Sliman-el-Djazouli*-ech-Cherif-el-Hassani-es-Semlali-ech-Chadouli. Ce Saint fut le grand-père ou le bisaïeul de Si Mahmed-ben-Aïssa, fondateur de l'ordre des Aïssaoua. Il était né à Sousse ou, plus exactement, dans le voisinage, à un lieu dit Djazoula ; il se fixa aux environs, à Afghal, puis à Metouara, et mourut empoisonné en 869 de J.-C. (1464-1465 de l'H.). Enterré d'abord au lieu dit Haha (حاحة), il fut, plus tard, exhumé et transporté à Maroc même, où son tombeau est l'objet de nombreux pèlerinages.

L'imam El-Djazouli est l'auteur d'un livre intitulé : دلايل الخيرات « *Les meilleurs arguments,* » traitant des prières à faire pour le Prophète, prières encore en usage dans plusieurs groupes de Chadelya. Son ordre n'est guère aujourd'hui qu'une expression historique, car les Chadelya-Djazoulya se sont transformés en de nouvelles congrégations portant d'autres noms : Aïssaoua, Habibya, Taïbya.

Plusieurs chaînes sont données comme rattachant l'imam Djazouli aux Chadelya ; la plus connue est celle qui est commune aux Aïssaoua et aux Taïbya, et qui remonte à Abd-el-Kerim-ben-Atha-Allah, n° 17 de la chaîne principale. (Voir chap. XXII et XXVI.)

Les Habibya ont une chaîne plus courte, dans laquelle ils présentent le cheikh de l'imam Djazouli, Abou-Abd-Allah-Mohammed-Amrar-Cherif, comme disciple d'un nommé Abd-Allah-el-Ili, disciple direct lui-même d'Abd-el-Kerim-ben-Atha-Allah.

Le cheikh Snoussi, qui cite les Djazoulya dans ses appuis, évite de nommer les chefs des ordres qui en dérivent, et donne une chaîne un peu différente, qu'il est bon de connaître, car elle semble être celle qui continue les Djazoulya purs :

1° L'imam El-Djazouli ; — 2° Aboul-Amedad-Abd-el-Aziz-ben-Abd-el-Haq-el-Hersar, surnommé Atteba ; — 3° Aboul-Beka-Amar-ben-Abd-el-Aziz-el-Khettobi-el-Zerhouni ; — 4° Cheikh-el-Medjedoub-Sid-Abd-er-Rahman-el-Oukil ; — 5° Abou-Mehassen-Youcef-ben-Mohammed-el-Fassi (1578 de l'H., 986 de J.-C.) ; — 6° Abd-er-Rahman-ben-Mohammed-el-Fassi, frère du précédent ; — 7° Abou-Barkat-Abd-el-Qader-el-Fassi, neveu du précédent ; — 8° Sid Mohammed-ben-Abd-er-Rahman-ben-Abd-el-Qader-el-Fassi, petit-fils du précédent ; — 9° Sid Mohammed-Abdallah-er-R'azi-el-Madani ; — 10° Sid El-Sindi ; — 11° Abou-Abbas-el-Araichi, qui fut l'un des maîtres de Cheikh-Snoussi au commencement de ce siècle.

IV

(En 899 de J.-C., 1493-1494 de l'H.). — L'ordre des Zerroukya, branche des Chadelya, ayant pour patron et pour fondateur l'imam Sid-Abou-Abbas-Ahmed-Zerrouk-el-Bernoussi, qui est le n° 20 de la chaîne des Derqaoua. Ahmed-Zerrouk est né en 845 de J.-C., 1441-42 de l'H., à Bernoussi, qui est entre Fez et Taza, au Maroc, un « *lieu dit,* » où on lui a élevé une koubba vénérée. Il eut de nombreux professeurs et chefs spirituels, parmi lesquels on cite, outre le cheikh El-Hadrami (n° 19), l'imam Sid-Ahmed-ben-Arous, chef des Aroussya ; Abd-Allah-es-Sakhri, qui figure dans la chaîne des Kerzazya ; le savant docteur Abou-Abbas-Ahmed-ben-Mohammed-ez-Zekri (mort en 910 de J.-C., 1504 de l'H., et patron de la mosquée Sidi-Zekri, à Tlemcen), etc.

L'imam Zerrouk a laissé de nombreux ouvrages très estimés de tous les Musulmans ; les Chadelya citent, entre autres, un savant commentaire du livre de Tadj-ed-Din-Abd-el-Kerim-ben-Atha-Allah, et un autre intitulé : *le Bouclier préservateur des innovations dans la tradition* (الجنة العاصمة من البدع و السنة). Il mourut en 899 de J.-C. (1494 de l'H.), à Mezrata, dans la Tripolitaine.

Par le cheikh El-Hadrami, les Zerroukya se rattachent aux Qadrya ; leur chef, l'imam Zerrouk, est en outre compté parmi les appuis des Bekerya, Rachidya, Rachidya-Zerroukya, R'azya-Sahilya, Cheikya-Kerzazya-Nacerya, Zianya, c'est-à-dire parmi les principales branches des Chadelya.

V

(909 de l'H., 1503-1504 de J.-C.). — L'ordre des Bekerya ou Bekriya, branche des Chadelya, pouvant bien avoir son centre de direction à la Mecque, où Si Mohammed-ben-Abou-Beker, disciple de l'imam Zerrouk (n° 20) est vénéré comme le patron et le fondateur de ce groupe, quelquefois dénommé aussi Bekerya-Zerroukya.

Ce personnage nous a été donné comme étant le même que celui désigné, en Orient, sous le nom de Pir-Abou-Beker-Oufayi, mort à Alep, en 909 de l'H. (1503-1504 de J.-C.). Peut-être est-ce simplement un de ses descendants.

Les Bekerya se distinguent des autres Chadelya, par l'habitude où ils sont de comprendre, dans leur rituel, une prière surérogatoire dite « *Hezab-el-Fath,* » prière imposée par Abou-Hassen-el-Bekri, fils et successeur spirituel du fondateur de l'ordre.

Si Snoussi donne, dans ses appuis, la chaîne suivante, comme étant celle des cheikhs qui ont continué l'enseignement des Bekerya :

1, Si Mohammed-ben-Abou-Beka-el-Bekeri. — 2, Le kotb Abou-Hassen-ben-Mohammed-el-Bekeri. — 3, Aboul-Mekarem-Mohammed-el-Bekeri, fils du précédent. — 4, Sid Zin-el-Abed-ben-Mohammed-ben-el-Bekeri. — 5, Abou-Salem-el-Ayachi, qui fut un des cheikhs de Si Snoussi et qui dit avoir été initié à La Mecque « par voie de révélation » du précédent (sans doute dans un songe).

VI

(931 de l'H., 1524-1525 de J.-C.). — L'ordre des Youcefya ou Rachidya, branche secondaire et locale des Chadelya, ayant pour patron Sid Ahmed-ben-Youcef-el-Miliani-er-Rachidi, l'une des plus grandes célébrités maraboutiques du Mar'reb ; de nombreuses légendes hagiographiques racontent sa vie ou ses miracles, et son tombeau, à Miliana, est le but de nombreux pèlerinages faits, indistinctement, par tous les Musulmans affiliés ou non aux ordres religieux.

Sid Ahmed-ben-Youcef-el-Miliani-er-Rachidi, mort l'an 931 de l'H. (1524-1525 de J.-C.), était moqaddem des Chadelya (n° 20 bis de la chaîne principale). Il passe pour avoir importé les doctrines du soufisme dans la tribu marocaine des Cheurfa d'Archidia ou Rachidia, de l'amalat de Taza.

Les membres de cette tribu sont aujourd'hui considérés comme formant, sinon un ordre religieux, du moins un groupe maraboutique pratiquant le rituel des Chadelya. Ils habitent plusieurs gros villages au S.-O. de Debdou, à 50 kilomètres environ de la rive droite de la Moulaïa. Ils possèdent, en outre, en dehors de leur pays, des zaouïa importantes, notamment à Bou-Rached, près du village de Zahledj (ou Zahleg), chez les Beni-Ouaraïn ; à Zekkous, entre les Beni-Ouaraïn et les Reggou ; à Miter, près du Djebel-et-Teldj, chez les Ouled-el-Hadj, et, enfin, à Quiliz, dans la plaine de Garet, chez les Beni-bou-Yahi. Leur influence et très grande sur tout ce pays qui est déterminé par les affluents de la Haute-Moulouya, à l'ouest de l'Oued-Charef, au Maroc.

Ils vont souvent à Miliana visiter le tombeau de leur patron, et faire acte de déférence vis-à-vis des descendants de Sid Ahmed-ben-Youcef, qui habitent dans la tribu des Beni-Ferat, aux environs de Miliana, sans être cependant tous affiliés à l'ordre des Chadelya.

Sid Ahmed-ben-Youcef figure parmi les appuis des

Zeroukya, R'azya, Sahelya, Cheikhya, Kerzazya, Nacerya, Zianya.

VII

(931 de l'H., 1524-1525 de J.-C.). — L ordre des Rachidya-Zerroukya est indiqué, par Cheikh-Snoussi, comme distinct du précédent. D'après la liste qu'il donne, il semble que cet ordre représente un soff comprenant la branche méridionale et occidentale des Chadelya-Rachedya. Voici en effet cette liste :

1, Sid Ahmed-ben-Youcef-el-Miliani-er-Rachidi. — 2, Sid Ahmed-ben-Moussa (mort vers 1608 et chef des Kerzazya). — 3, Abou-Abbas-Ahmed-ben-Mohammed-Adebal. — 4, Abou-Salem-Abdallah-ben-Mohammed-ben-Abou-Beker-el-Ayachi (qui vivait encore en 1663 de J.-C., 1073-1074 de l'H.). — 5, Mohammed-ben-Abd-er-Rahman-ben-Abd-el-Qader-el-Fassi. — 6, Sid Mohammed-ben-Abd-es-Sellem-el-Benani.— 7, Djassous. — 7 *bis*, Abou-Yacoub-Youcef-ben-Mohammed-en-Naceri. — 8, Cheikh-Abd-es-Sellem-en-Naceri et, 8 *bis*, Cheikh-Beder-ben-Ameur-el-Hedani qui, tous deux, furent professeurs de Cheikh-Snoussi au commencement de ce siècle.

Une autre branche des Rachidya existe au Gourara ; ses adhérents se disent descendants de Mansour, fils de Sid Ahmed-ben-Youcef. D'autres descendants du Saint ont aussi fait souche à Thiout ; ils ont des serviteurs religieux à Aïn-Sefra, Sfissifa, Ich, Figuig, Beni-Goumi, Igli, et se relient avec les précédents. Les chefs de cette branche de Thiout représentent le soff Français dans cette région.

La statistique faite en 1882 donne, pour les Rachidya-ou-Youcefya, en Algérie : une zaouïa, 5 moqaddem et 519 Khouan, savoir :

A Alger...........................	1 moqaddem	60 khouan
A Aïn-Sefra : Ouled-Aliat............	1 —	246 —
— Thiout........ 1 zaouïa,	1 —	101 —
A Géryville : Ouled-Moullah...........	1 —	2 —
A Tlemcen : Ouled-Ahmed-ben-Youcef..	1 —	10 —
A Oran : Douairs de Melata...........	1 —	100 —

Mais, cette statistique est certainement très incomplète, beaucoup de personnes estimant, à tort, que les Ouled-Sidi-Youcef n'ont que des serviteurs religieux et pas de khouan.

VIII

(Vers 1526 de J.-C., 932-933 de l'H.). — L'ordre des R'azya, branche secondaire des Chadelya, cantonnée dans l'Oued-Draà au Maroc, a pour patron et fondateur Sid Abou-el-Hassen-el-Kacem-el-R'azi, ou Cheikh-er-R'azi-ben-Belgacem (1). C'est sous ce dernier nom qu'il figure (sous le n° 21 *ter*) dans la chaîne principale des Chadelya comme disciple direct de Sid-Ahmed-ben-Youcef-el-Miliani. — Mais d'autres chaînes le donnent comme ayant eu pour maître un disciple de ce dernier, Sid Ali-ben-Abd-Allah-el-Filali.

Peut-être, aussi, la date que nous donnons pour la fondation de cet ordre est-elle inexacte, car il a existé un nommé Abou-Abd-Allah-Mohammed-ben-Ali-ben-R'azi, qui pourrait bien être le vrai fondateur de l'ordre. Or, ce dernier, qui était un soufi célèbre, était né à Méquinez en 841 de l'H. (1437-1438 de J.-C.), et il est mort dans cette ville, en 919 de l'H. (1513-1514 de J.-C.) (2).

Nous n'avons aucun détail sur les R'azya, qui, d'après le cheikh Snoussi, se sont continués par la chaîne suivante :

1, Cheikh-Abou-el-Kacem-er-R'azi. — 2, Sid Ahmed-ben-Ali-el-Hadj-ed-Derai. — 3, Sid Abdallah-ben-el-Hessen-er-Radi. — 4, Sid Mohammed-ben-Nacer-ed-Derai, chef de l'ordre des Nacerya (1669 de J.-C., 1079-1080 de l'H.). — 5, Si Ahmed-ben-Nacer. — 6, Sidi-Mcba-

---

(1) On dit aussi Cheikh-er-R'azi-ben-Abou-Kacem.

(2) D'Herbelot cite aussi un Abou-Hassen-R'azi-Abd-er-Rahman-ben-Omar-ben-Sohaïl-es-Sofi, fort estimé pour la règle austère qu'il donna aux Soufi, et mort en 876 de l'H. (1471-1472 de J.-C.) à l'âge de 85 ans.

rek-ben-Kerni-el-Filali. — 7, Sidi Amar-ben-Zian. — 8, Sidi Abd-el-Ouahab-et-Tazi. — 9, Sid Ahmed-ben-Idris, mort en 1835 de J.-C., (1250-1251 de l'H.), après avoir été le maitre et l'ami de Cheikh-Snoussi.

Cette chaîne montre que les R'azya ont des attaches avec les Nacerya ; ils en ont aussi avec les Zianya, car Sid Abou-el-Hessen-el-Kacem-el-R'azi figure dans les appuis de ce dernier ordre. (Voir chap. XXIX.)

Enfin, par leur origine première, ils ont d'autres attaches encore avec tous les ordres dont les chaînes comportent l'imam Zerouk, ou Sid Ahmed-ben-Youcef-el-Milani.

IX

(Vers 1525 de l'H., 930 de J.-C.). — Ordre religieux des *Aïssaoua*, dérivé des Djazoulya, fondé par Si-Mahmed-ben-Aïssa (Voir chap. XXI).

X

(Vers 1530 de J.-C., 936-937 de l'H.). — Le groupe maraboutique des Sohaïlya ou Sohelya, famille de Cheurfa marocains qui, sans être peut-être absolument organisés en congrégation religieuse, n'en suivent pas moins le rituel des Chadelya, sous la direction des descendants de Sid Mohammed-ben-Abd-er-Rahman-es-Soheli, qui était disciple de Sid Ahmed-ben-Youcef (n° 20 *bis* de la chaîne principale).

D'après la tradition, Sid Mohammed-ben-er-Rahman était originaire de Yambo (sur la mer Rouge). Après avoir reçu en Orient l'affiliation à l'ordre des Chadelya, il était venu compléter ses études dans le Mar'reb et s'était attaché au Saint de Miliana. A une époque qui ne saurait être précisée, il quitta son maître et vint vivre dans la solitude et la retraite, au pied d'une montagne dite Djebel-Sehoul, à 70 kilom. S.-O. d'Aïn-Chair et à 112 kilom.

N.-E. de Riçani du Tafilalet, près de l'Oued-Guir. Là il bâtit un oratoire et s'adonna à la vie contemplative, sans chercher à faire des disciples. Mais sa réputation était déjà grande, et bientôt le nombre de ceux qui vinrent lui demander de les instruire augmenta dans de telles proportions, qu'il fallut construire la zaouïa actuelle, et qu'une ville s'éleva autour de la demeure de Sid Mohammed-ben-Abd-er-Rahman qui, dès lors, prit le nom de Soheli ou de Mouley-Sehoul (1).

Parmi ses disciples, on cite le grand Sidi Cheikh-Adb-el-Qader-ben-Mohammed, fondateur des Cheikhya et Sid Ahmed-ben-Moussa, fondateur des Kerzazya. Aussi, chez tous les Chadelya, la zaouïa de Soheli et ses chefs sont-ils l'objet de la plus grande vénération.

Le grand maître des Sohelya porte le titre de Cheikh-el-Mechaïkh, dans le but, assure-t-on, d'affirmer sa suprématie spirituelle sur les deux ordres des Cheikhya et des Kerzazya, qui, du reste, la reconnaissent par des égards et des présents. Au-dessous de lui le cheikh El-Mechaikh a des Khalifa, des Moqaddem, des Khouan et des Khodam ou simples serviteurs non affiliés. Cet ordre passe pour être un de ceux où on observe le mieux le rituel liturgique des Chadelya. Ses tendances sont pacifiques et tolérantes, son influence considérable dans le Sud Marocain ; ses Khouan accompagnent les caravanes des nomades et leur servent de caution.

Le chef actuel de cet ordre est un nommé Sid El-Hadj-el-Mahi, soufi austère, toujours plongé dans les pratiques outrées d'une dévotion incessante qui semble avoir atro-

---

(1) Nous avons reproduit la légende locale qui donne à Sid Mohammed-ben-Abd-er-Rahman le surnom de Soheli, à cause de la montagne voisine ; mais Soheli peut être aussi une épithète dérivée de Sohaïl *Canope*, étoile. Ce surnom a été donné à de nombreux savants, en Espagne et ailleurs ; entre autres à Abou-L'acem-Abd-er-Rahman-es-Sohaïli-el-Andalousi, auteur du *Raoudh-el-Onof*, livre de théologie estimé, et mort en 581 de l'H. (1185-1186 de J.-C.), à l'âge de 85 ans. Citons encore Abou-Abd-Allah-es-Soheli, prédicateur que Ibn-Batouta rencontra en 753, en Espagne, à Malaga.

phié son intelligence. C'est du reste un homme doux, inoffensif, nullement fanatique, et charitable à l'excès. Sa zaouïa, où affluent les offrandes, est toujours très pauvre, en raison des nombreuses aumônes qui s'y font journellement.

Cet ordre a peu ou point d'adhérents en Algérie, sauf chez les étrangers. Par contre, il en a un très grand nombre dans le Tell et le Sahara Marocain, chez les Beni-Guill et les Doui-Menia, ainsi que dans les Ksour de Figuig, du Tafilalet et de Saguiet-el-Hamra.

XI

(Vers 960 de l'H., 1553 de J.-C.). — Ordre religieux des Bakkaya, fondé par Cheikh-Amar-ben-Ahmed-el-Bakkay à Tinboktou. (Voir chap. XXII.)

XII

(Vers 1610 de J.-C., 1018-1019 de l'H.). — Ordre religieux des Ahmedya ou Kerzazya, dont les appuis se rattachent au n° 20 de la chaîne principale, par Ahmed-Zerrouk. (Voir chap. XXIII.)

XIII

(Vers 1022 de l'H., 1615 de J.-C.). — Ordre religieux des Chëikhya fondé par Sidi Cheikh-Abd-el-Qader-ben-Mohammed. (Voir chap. XXIV.)

XIV

(Vers 1669 de J.-C., 1079-1080 de l'H.). — Ordre religieux des Nacerya, qui a pour fondateur et patron Mohammed-ben-Nacer-ed-Drâi, dont les attaches avec les Chadelya remontent à Sid Ahmed-ben-Youcef-el-Miliani, soit par la chaîne indiquée plus haut pour les R'azya, soit par celle-ci :

1, Ahmed-ben-Youcef. — 2, Abou-Salem-el-Kacem-et-Tazi. — 3, Sid Ahmed-ben-Ali-el-Hadj-Draï. — 4, Ali-ben-Abdallah. — 5, Abdallah-ben-Hocein-er-R'adi. — 6, Mohammed-ben-Nacer-ed-Draï.

On trouvera plus loin une troisième chaîne, car Mohammed-ben-Nacer-ed-Draï figure encore parmi les appuis des Zianya de Kenadsa. (Voir chap. XXVIII).

La maison-mère des Nacerya est à Tamegrout, dans l'Oued-Drâa, où se trouve le tombeau de Mohammed-ben-Nacer-ed-Draï, mort vers 1669 de J.-C. (1079-1080 de l'H.).

Les descendants de ce Saint sont encore aujourd'hui à la tête de la zaouïa. Parmi eux figurent des personnages marquants, dont l'influence s'étend très loin et pourrait, sûrement, être mise à profit par ceux qui sauraient capter ou acquérir leur bienveillance. Leurs agents vont recueillir la ziara jusqu'aux points les plus reculés du Sahara. Ils se rendent dans l'Adghar (Atlantique), avec les caravanes, et poussent encore plus loin. Partout ils sont comblés de riches présents.

Au début de son organisation, l'ordre des Nacerya fut investi, par le sultan marocain Mohammed-Cheikh (1), de la direction spirituelle des Mekahalya. Mais cet essai ne réussit pas, et les compagnons-tireurs se retirèrent assez vite de ces exercices dévots, pour lesquels ils n'avaient que fort peu de goût.

Nous avons cité ce fait, parce qu'il a eu pour résultat de faire regarder quelquefois les Mekahalya comme un ordre dérivé des Chadelya, ou comme une branche spéciale des Nacerya.

La zaouïa de Tamegrout a un certain nombre de succur-

---

(1) Ou plus exactement par Sid Ali-ben-Nacer, frère de Sid Mohammed-ben-Nacer, qui était alors, comme son frère, simple moqaddem des Chadelya. — Le sultan marocain Mouley-Mohammed-Cheikh est mort en 1621 de J.-C. (1030-1031 de l'H.).

sales. Ses Khouan et ses serviteurs religieux se trouvent dans tous les Ksour de l'Oued-Drâa oriental, chez les Arib, dans la majeure partie du Tafilalet, chez les Aït-Assa, etc.

Il y a certainement des Nacerya en Algérie, notamment chez les Trafi, Beni-Ziad, Laghouat-el-Ksel et chez les Ahmour ; mais nous n'en savons pas exactement le nombre, car ce sont surtout des étrangers résidant au milieu de nos tribus de l'Ouest. Ils n'ont pas été signalés dans le recensement de 1882, alors que, cependant, en 1851 un document officiel en donnait 3,000 pour toute l'Algérie ; ce chiffre semble fort exagéré, nous pensons qu'il y en a environ un millier.

XV

(Vers 1089 de l'H., 1678-1679 de J.-C.). — Ordre religieux des Taïbya (ou Taïbin), fondé à Ouazzan (Maroc) par Mouley-Abdallah-ben-Ibrahim-Chérif, père de Mouley-Taïeb. Ce personnage, mort en 1089 (1678-1679 de J.-C.), tenait ses attaches des Chadelya, par une chaîne remontant à Mohammed-ben-Sliman-el-Djazouli, chef des Djazoulya, dont les appuis ont été indiqués plus haut. (Voir chap. XXV.)

XVI

(Vers 1733 de J.-C., 1145-1146 de l'H.). — Ordre religieux des Zianya (ou Zianin), fondé à Kenadsa par El-Hadj-Mahmed-ben-Abd-er-Rahman-ben-bou-Zian, moqaddem des Nacerya, ce qui rattache l'ordre des Zianya à Sid Ahmed-ben-Youcef-el-Miliani. (Voir chap. XXVIII.)

XVII

L'ordre des Hafnya, qui est cité par Cheikh-Snoussi comme une des principales branches des Chadelya. Le personnage religieux qui a donné son nom à cette branche est Si Abou-Salem-el-Hafnaoui, dit aussi Cheikh-Hafni, qui était à la fois moqaddem des Khelouatya et moqaddem des Chadelya.

L'ordre des Hafnya est le même que celui des Hafnaouya, indiqué d'autre part comme dérivé des Khelouatya.

La chaîne reliant l'enseignement de Sid Abou-Salem-el-Hafni à celui de Sid Chadeli, serait la suivante :

1, Tadj-ed-Din-ben-Abd-el-Kerim-ben-Atha-Allah (n° 17 de la chaîne principale). — 2, Abou-Hafs-Omar-ben-Frad-el-Kenidi. — 3, Fekr-ed-Din-ben-el-Mokrellet. — 4, Ali-el-Abbas-Ahmed-ben-Omar-ben-Ahelal-er-Robei. — 5, Hassein-ben-Ali. — 6, Tahar-ben-Ali-ben-Mohammed-en-Nouini. — 7, Ali-es-Senhouri. — 8, Salem-es-Senhouri. — 9, Sid Ibrahim-el-Lakani. — 10, Sid Ali-el-Adjeher. — 11, Si Mohammed-el-Kerchi. — 11 bis, Sid Abd-el-Baki-ez-Zekani. — 12, Si Abd-Allah-el-Mer'orbi. — 12 bis, Mohammed-es-Selmouni. — 13, Ali-ben-Ahmed-el-Adoui-es-Saidi. — 14, Salem-en-Nefraoui. — 15, Abou-Salem-el-Hafni.

Cet ordre des Hafnaouya, qui représente la branche égyptienne des Chadelya, a besoin d'être étudié sur les lieux mêmes où il s'est développé. Nous n'avons rien pu savoir de précis en Algérie le concernant.

Voici la seule chose que nous en dise Cheikh-Snoussi :

Les pratiques de la branche des Hafnya sont les mêmes que celles observées par les Scherourdya, en ce qui concerne les prières à haute voix et l'ordre des trois invocations : toutefois, contrairement à ceux-ci, qui se servent des prières des Chadelya, ils récitent leurs invocations de la manière suivante : celle dite *El-Hezb-el-Kebir*, après la prière ordinaire du matin ; celle dite *El-Gehar*, après celle du milieu de l'après-midi ; un certain nombre d'adeptes récitent encore, à ce moment, celle de *Hezb-en-Nour* ; puis, après le coucher du soleil, celle de *Hezb-el-Tenour*, instituée par Ben-Nekib-el-Djillaoui ; après le dîner, celle de *Hezb-M'hammed*, instituée par El-Morseli ; pendant leur veille, enfin, celle de *Menadjat*, instituée par Ben-Attalah.

XVIII

(Vers 1114 de l'H., 1703 de J.-C.). — L'ordre religieux des

Hansalya, fondé au Maroc par Abou-Aïman-Saïd-ben-Youcef-el-Hansali, est très populaire aux environs de Constantine. (Voir chap. XXVI.)

XIX

(Vers 1753 de J.-C., 1166-1167 de l'H.). — L'ordre religieux des Habibya (ou Habibiin), dérivé des Chadelya, a pour patron et fondateur Sid Ahmed-ben-el-Habib-el-Lamti, mort en 1752-1753 de J.-C. (1165-1167 de l'H.), après avoir été moqaddem des Chadelya. Il était originaire du Tafilalet, et la maison-mère de ses disciples et continuateurs est dans ce pays, au milieu d'une oasis dite Zaouïet-el-Mahi.

Les attaches des Habibya avec les Chadelya remontent, par Sliman-el-Djazouli, à Sid Abd-el-Kerim-ben-Atha-Allah (n° 17 de la chaîne principale). En voici la série :

1, Abd-el-Kerim-ben-Atha-Allah. — 2, Abd-Allah-el-Mogherbi. — 3, Abd-Allah-el-Ili. — 4, Abou-Abd-Allah-Mohammed-Amrar-ech-Cherif. — 5, Mohammed-ben-Sliman-el-Djazouli (869 de l'H., 1464-1465 de J.-C.). — 6, Mohammed-ben-Sliman. — 7, Abd-el-Aziz-et-Tebbai. — 8, Ali-Salah. — 9, Si Ahmed-el-Hassani. — 10, Mohammed-el-R'omari. — 11, Si Mohammed-ben-Ali-el-Habibi. — 12, Sidi Salah-el-Merossi. — 13, Sid Mahmed-el-R'omari. — 14, Si Mohammed-el-Filali. — 15, Si Ahmed-ben-Habib-el-Lamti (1752 de J.-C., 1165-1166 de l'H.). — 16, Abd-Allah-ben-Azouz (ou ben-Arzouz). — 17, Si Mohammed-ben-Abd-Allah-el-Abassi. — 18, Sid Abou-Abd-Allah-el-Abassi. — 19, Sid Ahmed-el-Habib.

L'ordre des Habibya fut, dès ses débuts, remarquable par son grand esprit de tolérance et de détachement. Le dernier cheikh dont nous avons le nom, Si Abdallah-ben-Azouz, de Merakech (Maroc), homme peu instruit mais d'un rare bon sens, a composé plusieurs livres, un, entre autres, dans lequel il attaque violemment et traite de chose coupable et hérétique l'habitude qu'ont les familles religieuses de recevoir des offrandes des fidèles et d'exploiter, au point de vue temporel, la vénération dont elles sont l'objet (1).

De pareilles doctrines ne pouvaient être du goût des Cheurfa, et les copies de ce livre sont extrêmement rares. Le nombre des adeptes des Habibya est aussi très restreint. Les descendants du fondateur ne s'occupent guère aujourd'hui que de commerce, et ils amènent, une ou deux fois par an, une caravane à Tlemcen. Cependant l'ordre subsiste toujours au Tafilalet, et certains indices tendent à montrer que les khouan de cet ordre nous verraient, avec satisfaction, nous avancer vers le Sud, « car les Français savent faire régner la paix sur leur » territoire et sur celui de leurs voisins, et avec la paix » les gens de Dieu peuvent porter les lumières spirituel- » les de la religion là où ils n'osent pas aller en temps » de trouble. »

En somme, les Habibya ne rêvent pas les palmes du martyre ; en gens pratiques ils préfèrent la sûreté des routes et le commerce des caravanes qui, tout en les faisant vivre, contribue à créer des relations sociales favorables aux progrès de l'Islam.

S'il y a des Habibya en Algérie, ils sont fort rares ; dans le cercle de Sebdou et à Tlemcen on en comptait 40 en 1851. Il est probable que ce chiffre est resté à peu près stationnaire.

XX

(Vers 1825 de J.-C., 1240-1241 de l'H.). — L'ordre des Madanya. (Voir chap. XVII.)

---

(1) Nous n'avons pu avoir ce livre que M. Pilard, ancien interprète militaire, a entre les mains et qu'il cite, dans un travail manuscrit, sans en donner d'extrait.

CHAPITRE XIX

ORDRE RELIGIEUX DES NAKECHIBENDYA

SID EL-KHOUADJA-ABED-ED-DIN-MOHAMMED-BEN-MOHAMMED-BEHA-ED-DIN-EL-BOKHARI-EN-NAKECHIBENDI.

(An 719 de l'Hégire. — 1319-1320 de J.-C.)

Le Pir Sid El-Khouadja-Abed-ed-Din-Mohammed-ben-Mohammed-Beha-ed-Din-el-Bokhari-en-Nakechibendi est mort l'an 719 de l'Hégire (1319-1320 de J.-C.), à Ksar-Arifan, en Perse. Il a laissé deux ouvrages intitulés : *El-Makemat* et *Aourad-el-Bahaïat* ; le premier est un livre de mélanges philosophiques et littéraires, le second un livre de prières, très estimé de tous les Musulmans.

Beha-ed-Din-Nakechibendi était un homme d'un grand savoir, d'une piété sincère et d'une grande vertu, en un mot c'était un véritable soufi.

Frappé des abus qui s'étaient, peu à peu, introduits dans les pratiques et dans la discipline des ordres religieux, il entreprit de ramener les Musulmans aux pures doctrines enseignées, aux premiers temps de l'Islam, par les imam et khalifa Abou-Beker et Ali.

Convaincu d'ailleurs que la vie monastique, telle qu'elle était alors menée dans les konia ou zaouïa d'Orient, était à la fois contraire à la loi musulmane (1) et aux principes de la vraie morale, il n'essaya pas de fonder un ordre religieux, dans le vrai sens du mot ; il institua une

---

(1) Ce qui est exact.

sorte d'association religieuse ayant pour but les réunions pieuses et les prières en commun, sans manifestations extérieures ni pratiques particulières. Il avait, en effet, pour coutume de répéter : l'extérieur est pour le monde, l'intérieur est pour la Vérité (pour Dieu).

الظاهر للخلق الباطن للحق

Mais bientôt ces associations se multiplièrent et, du vivant même de leur promoteur, elles arrivèrent à s'organiser tout à fait comme les autres ordres religieux, à cette différence près que la vie conventuelle n'y fut jamais en honneur.

Cet ordre des Nakechibendya est compté au nombre des ordres cardinaux (Oussoul) de l'Islam, et c'est un des plus considérés, tant à cause de l'élévation de ses doctrines, qu'à cause de la situation sociale des gens qui le composent et qui, tous, sont des gens bien posés parmi les savants, les gens du monde, les hauts fonctionnaires. Les adeptes, même dans leur mysticisme exagéré, conservent toujours une certaine modération et ils gardent, en toutes circonstances, les allures de gens intelligents et bien élevés.

L'ordre des Nakechibendya est à peu près inconnu en Afrique, du moins dans le Mar'reb, mais il compte en Asie de nombreux adhérents et de véritables savants. Cheikh-Snoussi, qui y est affilié, paraît en faire le plus grand cas ; il le nomme dans ses appuis, et il a soin de bien faire ressortir qu'aujourd'hui les Nakechibendya ont des attaches avec les ordres des Seddikya, Djenidya et Qadrya, c'est-à-dire avec les ordres principaux d'où dérivent tous les ordres africains.

C'est en raison de cette relation, dont la gravité ne saurait échapper, que nous avons cru devoir consacrer quelques mots à cet ordre et donner, ici, quelques-uns des détails que nous avons pu nous procurer et quelques extraits que nous empruntons à l'*Abreuvoir* du cheikh Snoussi.

Voici d'abord la chaîne des Saints ou maîtres éducateurs :

L'ange Gabriel. — Le Prophète. — 1, Abou-Beker-es-Seddik. — 2, Selman-el-Farasi. — 3, Kacem-ben-Mohammed-ben-Abou-Beker-es-Seddik. — 4, Djafar-ben-Saddok. — 5, Abou-Yazid-el-Bostami. — 6, Abou-en-Nacer-el-Kerkani. —7. En-Nessadj-ben-ech-Cheikh-Aboul-Kacem-Abd-er-Rahman-ben-Ali-el-Kerkani-et-Tounsi. — 8, Ali-el-Aremdani (1). — 9, El-Hedja-er-Razali. — 10, Khouadja-Abou-Youcef-el-Hemdani. — 11, El-Khouadja-Abd-el-Kholek-el-Medjedani (2). — 12, El-Khouadja-Mohammed-el-Adjez-Faker-Kekelouli. — 13, Hederet el-Khouadja-Ali-er-Remelemteni (3) el-Azizat. — 14, El-Khouadja-Aref-Dioukeri. — 15, El-Khouadja-*Abed*-ed-Din-*Mohammed*-ben-Mohammed-*Beha-ed-Din*-el-Bokhari-*en-Nakechibendi*.

Cette chaîne ne contient, en dehors d'Abou-Beker-es-Seddik, aucun nom de chef d'ordre, mais En-Nessadj-ben-Ali-el-Kerkani (n° 7 de la chaine), avait reçu l'Ouerd des Djenidya, par Abou-Otsman-Said-ben-Sellem-el-Mer'arbi, disciple de Abou-Ali-Youssef-ben-Ahmed-el-Kattebi-el-Morsi, disciple de Abou-Ali-ed-Doubari, dit aussi Ahmed-ben-Mohammed-ben-el-Kacem-ben-Mansour, disciple de *Djoneidi*.

Les attaches des Nakechibendya avec les Qadrya et Chadelya sont beaucoup plus modernes ; nous croyons inutile de les donner en détail ici, puisque cet ordre des Nakechibendya est à peu près inconnu des Musulmans d'Algérie ; il nous paraît suffisant de constater l'existence de ces attaches, et de les rapprocher de celles déjà signalées plus haut avec les Snoussya.

Voici maintenant, comme détails sur les doctrines ou le rituel des Nakechibendya, ce que nous trouvons dans le *Livre des Appuis* du cheikh Snoussi :

« Cet ordre remonte à son fondateur et chef suprême, celui qui est
» le modèle de ceux qui sont dans la voie de la vérité, le saint Beha-
» ed-Din-Mohammed-el-Boukhari, connu sous le nom de Nakechibendi
» (que Dieu lui accorde ses grâces !) il repose sur l'anéantissement

---

(1) On trouve, suivant les manuscrits : Faremdi, Rassenti, Aremdani.
(2) On trouve aussi Kedjadouï. — Ce sont là des variantes dues sans doute à des erreurs de copistes.
(3) On trouve Ramessi.

» de l'individualité de l'homme absorbé dans l'essence de Dieu. On
» arrive à cette situation par les moyens indiqués ci-après :
» Le premier consiste à réciter les prières qui plongent l'esprit
» dans les attributs de la Divinité, et à répéter les paroles qui lui
» conviennent le mieux, c'est-à-dire : « *Il n'y a de dieu que Dieu !* »
» Pour cela, il faut prendre la même posture que pour les prières
» ordinaires, fermer les yeux, serrer les lèvres, replier la langue con-
» tre le palais et placer ses mains contre les cuisses. Alors, on com-
» mence par ménager son haleine et on dit gravement : *Il n'y a de*
» *dieu que Dieu !* en élevant la tête à partir du milieu du corps et en
» la reportant à sa position naturelle. On répète cette même invoca-
» tion, en replaçant la tête au même point de départ, et en la diri-
» geant vers l'épaule droite, puis enfin vers l'épaule gauche, toujours
» avec la plus grande ferveur. Cet acte se répète un nombre de fois
» impair. Ensuite on oblique la tête à droite et, retenant son haleine,
» on ajoute : « *Mohammed est l'Envoyé de Dieu !* » puis : *O Divinité, vous*
» *êtes mon but, je crois en vous et je vous implore.* Après quoi on
» donne libre cours à sa respiration, pour recommencer encore, et
» ainsi de suite. On a soin d'observer scrupuleusement de rejeter de
» son esprit toute pensée autre que celle de la prière, et de s'imposer
» le recueillement et la ferveur qui conviennent à une pareille
» situation.

» Le deuxième moyen se borne à la répétition mentale de l'invo-
» cation « *Il n'y a de dieu que Dieu,* » qui a pour but d'accélérer le
» résultat vers lequel on tend.

» Le troisième moyen, qui consiste à s'absorber dans l'esprit de son
» Cheikh, n'est profitable qu'à celui qui est naturellement porté à
» l'extase. Pour atteindre le but, il faut se graver dans l'esprit l'image
» de son cheikh et la considérer comme son épaule droite, ensuite, tra-
» cer de l'épaule au cœur une ligne destinée à donner passage à l'es-
» prit du cheikh, pour qu'il vienne prendre possession de cet organe.
» Cet acte doit se renouveler jusqu'à ce que le chef religieux que
» l'on invoque vienne vous absorber dans la plénitude de son
» être.

» Le quatrième moyen repose sur la conscience que l'homme a d'être
» constamment vu et observé par Dieu. Il offre deux manières d'arriver
» au but : la première consiste à surveiller son cœur et à l'empêcher
» d'être accessible aux pensées mondaines, jusqu'à ce qu'il soit péné-
» tré de la ferveur la plus parfaite. Le cœur arrive ainsi à percevoir
» la vérité. Après quoi il se trouve assoupli par le feu qui fait briller
» la majesté et la grandeur de Dieu de leur plus vif éclat. Cet état
» d'extase conduit à la vue de son cheikh.

» La deuxième manière est celle qui amène le plus vite au résultat
» désiré ; mais elle n'est praticable que pour ceux qui sont doués

» d'une foi sincère, ardente et inébranlable. Si on la choisit, on doit
» s'absorber avec recueillement dans tout ce qui a trait à la Divinité
» et au nom de Dieu, sans s'attacher à remarquer si l'on s'exprime
» en langue arabe ou étrangère ; il faut faire abstraction complète
» de son être, absolument comme si on n'existait pas, et agir comme
» si l'on s'ignorait soi-même, afin de faire affluer les forces physiques
» et les perceptions des sons vers le cœur vital, en s'aidant de toute
» sa ferveur. Si ces pratiques présentent des difficultés, on se con-
» tente d'abord de s'absorber dans l'esprit de la Divinité, considérée
» comme un feu indivisible recouvrant tout ce qui est créé, et per-
» sister dans cet état, jusqu'à ce que le cœur se soit suffisamment
» préparé à passer à un degré plus élevé, et que l'image (des choses
» profanes) s'évanouisse.

» Il existe une particularité chez les Nakechibendya ; ils affection-
» nent beaucoup de se trouver en réunion de plusieurs personnes au
» lieu d'être isolés, à la condition de ne s'occuper que de choses
» pieuses, d'où sont exclues toutes sortes d'intrigues. Ils parlent peu,
» prétendant, à ce sujet, qu'une trop grande abondance de paroles
» rend le cœur inaccessible à la ferveur. Il y a encore chez eux une
» autre singularité qui consiste à réciter le Coran en entier. Chacun
» sait qu'il est accordé, pour cette pratique, l'obtention de choses
» que l'on désire. En dehors de cela, ils font deux poses de prières,
» après chacune desquelles ils récitent après la Fatha, le verset d'El-
» Korsi et la Sourate d'El-Ikhelas à trois reprises différentes. Ceci
» fini, ils font leurs invocations à Dieu, souvent réitérées, après quoi
» ils récitent la prière dite d'*El-Kereb* que voici: *Il n'y a de dieu que*
» *Dieu, le doux, le généreux. Gloire à Dieu, le maître du souverain trône.*
» *Louange à Dieu, le maître des Mondes. J'implore de vous toute la misé-*
» *ricorde que vous pouvez me donner et toute la clémence qu'il vous plaira*
» *de m'accorder. Faites-moi facilement gagner toutes les vertus, ainsi que*
» *mon salut, de toutes les manières. Faites-moi monter au ciel et préser-*
» *vez-moi du feu de l'enfer. Accordez-moi le pardon de mes fautes et la*
» *rémission de mes péchés. Ne me laissez pas atteindre par les maux de*
» *ce monde sans me secourir. Envoyez-moi tout ce qui vous plaira, je*
» *l'accepterai et m'y soumettrai pour votre gloire à vous qui êtes le clé-*
» *ment, le miséricordieux.*

» Après cette prière, ils passent à la suivante, qui est indispensable,
» et que voici: *O Dieu, ô vous qui ouvrez les portes, ô vous qui êtes la*
» *cause première de tout. O vous qui êtes celui où aboutissent les cœurs et*
» *la vue de tous les hommes, qui êtes le guide des indécis, le secours de*
» *ceux qui vous implorent, l'appui des affligés, venez à mon aide, j'ai*
» *recours à vous mon Seigneur. J'abandonne ma destinée à Dieu, à ce*
» *Dieu qui donne la vue à ses serviteurs.* Cette prière finie, ils arrivent
» à celle dite *El-Khetem-el-Mebarek*, qui consiste à faire ce qui suit:

» réciter sept fois le chapitre de la *Fatha*, y compris l'invocation *Au
» nom de Dieu, etc*...... Réciter cent fois l'invocation appelant les béné-
» dictions de Dieu sur le Prophète. Réciter 99 fois le chapitre com-
» mençant par ces mots : *Est-ce que je n'ai pas expliqué, etc*...... ainsi
» que l'invocation *Au nom de Dieu, etc*...... réciter mille et une fois le
» chapitre d'*El-Ikhelas*, ainsi que l'invocation *Au nom de Dieu, etc*......
» Réciter cent fois encore l'invocation appelant les bénédictions de
» Dieu sur le Prophète ; réciter de nouveau sept fois le chapitre de
» la *Fatha*, y compris l'invocation *Au nom de Dieu, etc*...... Ces prières
» terminées, ils demandent à Dieu de reporter les mérites qui y sont
» attachés : sur l'âme de Sidi Khouadja-Beka-ed-Din, et sur celle de
» tous les chefs spirituels qui se sont succédés dans la branche des
» Nakechibendya. S'ils désignent nominativement tous ces chefs,
» le premier passe avant les autres, et ainsi de suite. Ils implorent
» ces âmes sanctifiées, et les supplient de leur accorder telle ou
» telle chose qu'ils leur demandent. Ces prières se font : soit le
» vendredi, soit le lundi, ou bien pendant les nuits qui précèdent
» ces jours-là.
» Le cheikh de nos cheikhs, Ahmed-ech-Chenraoui dit que l'on doit
» réciter les prières dites *Sebehan*, pendant trois nuits consécutives,
» après s'être purifié, avoir fait ses ablutions, s'être parfumé, s'être
» paré de deux vêtements neufs et avoir jeûné pendant trois jours.
» C'est par ce moyen que l'on est le plus proche d'atteindre son but.
» Tel est le sens des prescriptions de ce saint personnage.
» Les pratiques dont nous parlons sont ainsi faites lorsqu'on est
» seul. Si l'on veut se réunir pour les entreprendre, il convient de for-
» mer un groupe (1) de sept personnes, et les autres assistants doi-
» vent observer le plus rigoureux silence pendant que les sept prient
» à haute voix. Un des assistants compte les prières et les invoca-
» tions qui se prononcent, en fait la répartition entre tous et veille à
» ce que le nombre de fois prescrit pour chacune d'elles soit scrupu-
» leusement observé, sans augmentation ni diminution. On mange
» ensuite certaines choses douces dont on consacre une partie aux
» âmes des cheikhs. Cette manière de procéder conduit sûrement au
» but que l'on a en vue ; nulle autre ne peut lui être comparée sous
» le rapport de la promptitude et de l'infaillibilité des résultats ; elle
» est semblable à un médicament énergique qui combat tous les
» maux. On l'a expérimentée un nombre de fois incalculable, elle a
» toujours dépassé toutes les espérances, même dans des cas où l'es-
» prit considérait la chose comme tout à fait irréalisable. Les efforts

---

(1) On peut aussi traduire : « Il convient de se grouper au nombre de sept et d'observer le plus grand *recueillement* pendant qu'on les récite. »

» ont été constamment couronnés d'un succès aussi complet que le
» désirait l'intelligence. Il est bon, toutefois, d'ajouter que les condi-
» tions indispensables pour atteindre le but sont : la confiance, la foi
» absolue en Dieu et la représentation constante à l'esprit de l'image
» du Seigneur. C'est lui qui accorde tout (grâces lui soient ren-
» dues !) »

CHAPITRE XX

ORDRE DES KHELOUATYA

OMAR-EL-KHELOUATI

(An 800 de l'Hégire. — 1397-1398 de J.-C.)

On fait, le plus souvent, remonter à l'ascète Ibrahim-ez-Zahid-el-Kilani l'origine de l'ordre des Khelouatya, qui est la branche-mère des Rahmanya algériens et des Hafnaouya égyptiens.

Nous n'avons pu avoir, sur ce personnage, aucun détail précis ; il est possible cependant qu'il ne soit autre que Ibrahim-el-Mesri-Abou-Tadja-el-Mokhtar-ben-Mohammed-el-Zahid mort en 658 (1) de l'Hégire (670 (2) selon d'autres), et commentateur distingué des livres de théologie et de scolastiques de l'imam Abd-el-Hassen-Mohammed-el-Kodouri, mort en 428 (3) de l'Hégire. Cet Ibrahim aurait, alors, été un savant distingué et une personnalité religieuse ayant eu une certaine notoriété.

Quoi qu'il en soit, d'ailleurs, le nom de l'ordre viendrait de son successeur spirituel et disciple, Mohammed-el-Khelouati, sur lequel nous n'avons pas non plus de détails. El-Khelouati est un surnom que l'on pourrait traduire par : « celui qui fréquente les ermitages ; » les Khelouatya sont les disciples de Khelouati (et non pas les solitaires ou ermites, comme on pourrait le croire à *priori*,

---

(1) 658 de l'Hégire. — 1259-1260 de J.-C.
(2) 670 de l'Hégire. — 1271-1272 de J.-C.
(3) 428 de l'Hégire. — 1036-1037 de J.-C.

car Khelouatya (1), pluriel de Khelouiat (2), signifie aussi *solitaires*).

En Orient, et plus particulièrement en Turquie, ce n'est pas encore Mohammed-el-Khelouati qui est regardé comme le véritable organisateur de l'ordre, mais bien Omer-el-Khelouati, mort à Kassaria, l'an 800 de l'Hégire, 1397-1398 de J.-C.

Ce dernier était un Saint, vivant dans une retraite absolue, se livrant souvent à des abstinences rigides et restant, de temps à autre, douze jours consécutifs sans prendre autre chose qu'un peu de pain et d'eau. Il faisait cela en l'honneur des douze imam ; et cette pratique s'est conservée, sous le nom de retraite spirituelle, ou kheloua (3).

On raconte qu'un jour, ayant quitté sa retraite, le Saint entendit une voix céleste lui crier : « O Omar-el-Khelouati! pourquoi m'abandonnes-tu ? » Ce fut par obéissance pour cet avertissement céleste, qu'il consacra le reste de sa vie à des œuvres de pénitence, et qu'il fonda l'ordre religieux des Khelouatya.

A partir de ce moment aussi, il porta la retraite spirituelle (kheloua) à quarante jours de suite, ce qu'on appelle la *quarantaine* (اربعين).

Pendant cette retraite de quarante jours, les khouan Khelouatya prient pour l'expiation des péchés, la sanctification des âmes, la gloire de l'Islam, le salut général du peuple musulman et (en Turquie et en Égypte) pour la prospérité de l'État. Ils demandent au Ciel de préser-

---

(1) خلواتية.

(2) خلوية.

De khelouât (خلوات), pluriel de خلوة (solitude, retraite, désert), se forme l'adjectif relatif خلواتـــى (homme des solitudes, des retraites). — Si cet adjectif relatif se formait du singulier, il ferait خلوى khelouy.

(3) خلوة.

ver la Nation de toutes les calamités publiques, telles que: la guerre, la famine, la peste, les incendies, les tremblements de terre, etc.....

L'ordre des Khelouatya est un des ordres cardinaux (oussoul) de l'Islam, et l'un des plus vénérés dans tout le monde musulman; c'est même (toujours en Turquie et en Égypte) l'ordre qui, avec celui des Nakechibendya, marche en première ligne, comme considération de la part des détenteurs du pouvoir, car il a donné naissance, dans ces pays, à une foule d'ordres secondaires.

En dehors des Rahmanya algériens, le plus connu des ordres dérivés directement des Khelouatya est, en Égypte, celui des Hafnaouya (ou Hafenya), dont le cheikh Mahmed-ben-Salem-el-Hafeni-el-Mofti fut le fondateur. Ce cheikh était en même temps moqaddem des Chadelya, aussi avons-nous déjà signalé son ordre parmi ceux issus de la philosophie mystique des Chadelya.

Les Khelouatya se rattachent, par leur chaîne mystique, aux Seherourdya, ou plus exactement aux Djenidya, car Abou-Nadjeb-Seherourdi, qui figure dans la chaîne mystique, que nous donnons ci-après, était Djenidi, et ce fut son disciple et neveu qui fonda l'ordre des Seherourdya.

Voici, au surplus, la chaîne des Khelouatya dans l'ordre descendant :

Dieu. — L'ange Gabriel. — Le Prophète. — 1, Ali-ben-Abou-Thaleb. — 2, El-Hassen. — 2 *bis*, El-Hocein. — 3, El-Hassen-el-Bosri. — 3 *bis*, Kamil-ben-Ziad. — 4, Habib-el-Adjami. — 5, Abou-Sliman-Daoud-ben-Nador-et-Tai. — 6, Marouf-ben-Feirouz-el-Kerakhi, dont le tombeau est à Bar'dad. — 7, Abou-el-Hassen-Mouflès-Seri-Sokti (253 de l'H., 867 de J.-C.). — 8, EL-DJENEIDI-EL-BAR'DADI (296 de l'H., 908-909 de J.-C.). — 9, Si Mechad-Omar-ed-Dinaoueri. — 10, Si Mohammed-el-Bekri. — 11, Ouadjih-ed-Din-Abou-Omar-Mohammed-es-Seherourdi. — 12, Abou-Nedjib-Dia-ed-Din-Abd-el-Qahir-es-Seherourdi (562-563 de l'H. — 1167 de J.-C.). — 13, Kotb-ed-Din-el-Abhari (Sid El-Bekri). — 14, Rokn-ed-Din-Mohammed-en-Nedjachi. — 15, Chehab-ed-Din-Mohammed-ech-Chirazi. — 16, Djemal-ed-Din-Taberizi-ben-ed-Dridjani. — 17, *Ibrahim-ez-Zahed-el-Kilani* (750 de l'H., 1349-

1350 de J.-C.). — 18, Si Mohammed-el-Khelouati. — 19, Si Omar-el-Khelouati (800 de l'H., 1397-1398 de J.-C.).

Les successeurs spirituels de Omar-el-Khelouati furent :

20, Mohammed-ould-Ibrahim-el-Khelouati. — 21, El-Hadj-Izi-ed-Din. — 22, Seder-ed-Din-el-Djiani-el-Andalousi. — 23, Sid Yahia-el-Bakouli. — 24, Sid Mohammed-ben-Beha-ed-Din-ech-Cherouani-el-Aouadjeti. — 25, Sid Soltan-el-Mokades-Djemal-ed-Din-el-Khelouati. — 26, Kheir-ed-Din-et-Tekadi. — 27, Chaban-el-Kestamoun. — 28, Ismail-Said-el-Djermi, originaire de Djorm, près de Badàa, et enterré en Syrie. — 29, Cheikh-Ali-Effendi-Kara-Bacha. — 30, Mostfa-et-Taibi, fils du précédent. — 31, Mostfa-Effendi-el-Adenaoui (d'Aden). — 32, Abd-el-Attif-el-Khelouati-el-Halabi (d'Alep). — 33, Mostfa-ben-Kemel-ed-Din-ben-Ali-el-Bekri-es-Sediki. — 34, MOHAMMED-BEN-SALEM-EL-HAFNAOUI-EL-MOSRI. — 35, Mahmoud-el-Kheurdi.

Cette liste est celle des grands maîtres de l'ordre, d'après les Rahmanya d'Algérie ; elle est à peu près reproduite par Si Snoussi, mais celui-ci indique en outre, une deuxième chaîne mystique, pour la branche où l'investiture se donne par la poignée de main. Cette chaîne, qui semble composée en majeure partie de simples moqaddem, comprend cependant plusieurs noms assez remarquables pour qu'il paraisse utile de l'indiquer ici, à titre de renseignement :

Elle se détache de la précédente (au n° 12) à Nedjeb-es-Seherourdi, et se continue par : 13, Nedjeb-ed-Din-Ali-ben-Berkech-ech-Chirazi. — 14, Nour-ed-Din-Abd-es-Semed-el-Mendari. — 15, Beder-ed-Din-et-Touni. — 15 bis, Nedjem-ed-Din-el-Assebehani. — 16, Hassan-ech-Chemsiri. — 17, Aboul-Mehassen-Djemal-ed-Din-ben-Youcef-ben-Abdallah-el-Kourani. — 18, Zin-ed-Din-Abou-Beker-Mohammed-ben-Ali-el-Khouafi. — 19, Chehab-ed-Din-Ahmed-ben-Ali-el-Demiali-ez-Zeliani. — 20, Cheikh-el-Islam-Zakaria-el-Ansari. — 21, Le célèbre Abd-el-Ouahab-ben-Ahmed-ben-Ali-ech-Chârani, né dans le Behnaca (Haute-Égypte), l'an 899 de l'H. (1493-1494 de J.-C.) et mort en 973 de l'H. (1565-1566 de J.-C.) (1).

---

(1) Voir dans la *Revue africaine* de 1870, p. 209 et 247, deux articles de M. le docteur Perron sur Chârani.

— 22, Ben-Cheikh-Abd-el-Khedous-el-Abassi-ech-Chenaoui. — 23, Son fils Ali. — 24, Son fils Aboul-Mouheb-Ahmed-ch-Chenaoui-el-Mezi. — 25, Es-Safi-el-Kechachi. — 26, Mouley-Ibrahim-ben-Hassan-el-Kourani. — 27, Mohammed-ben-Mohammed-el-Boudiri. — 28, Mohammed-ben-Salem-el-Hafni, qui est le même que le n° 34 de la liste des grands maîtres.

Ce qu'il y a de curieux dans cette liste, c'est d'y voir figurer Abd-el-Ouhhab-ech-Châraní qui, précisément, s'est élevé dans ses écrits *(Balance de la loi musulmane)* contre ceux qui vivent loin du monde, loin de leurs frères, et qui mettent leur bonheur dans les macérations et la solitude absolue, menant ainsi une existence stérile.

Châraní, qui prêchait volontiers le travail avec la vie d'édification, et qui voulait la vie productive pour le bien de la religion et de la société, s'exprime ainsi au sujet des derwich ou khouan :

« Ces hommes finissent par tomber dans les aberrations et par être
» le jouet de visions futiles, quand ils se sont épuisés par l'absti-
» nence, par le silence, par l'insomnie, par l'isolement complet. Ils
» voient alors des fantômes engendrés par leur exaltation et qui leur
» parlent, ou bien ils voient des lumières, ou des ténèbres, ou de hi-
» deuses images, telles que des chiens, des vipères, des scorpions,
» etc...... La sainteté (l'état qui caractérise le véritable Saint) est un
» don de Dieu, non une chose acquise. Celui qui, par la vie solitaire,
» isolée, par les pratiques de mortification, cherche à devenir un
» Saint, se leurre lui-même.
» J'ai entendu Ali-el-Kaouas dire à un individu qui s'était retiré de
» la société, vivait chez lui, évitant tout contact avec ses frères,
» priant abondamment, souffrant la faim, tout cela dans l'intention
» de parvenir à la sainteté : « Mon frère en Dieu, sors de ton isole-
» ment ; ce qui t'est réservé ne peut manquer de t'arriver. Mais la
» sainteté essentielle et réelle ne s'obtient pas par des actes : elle est
» un privilège céleste, venant de Dieu, ainsi que la qualité de Pro-
» phète, et elle n'a pour précédent aucune œuvre. Quant à la sain-
» teté ordinaire, commune, elle s'acquiert au contraire par des actes,
» par des œuvres. C'est là ce que veut dire le Coran par les paroles
» divines : *« Mon serviteur est celui qui ne cesse de se rapprocher de moi
» par les pratiques surérogatoires de piété, afin que je l'aime. »* Oui, mon
» frère, quand même ton cheikh te mettrait en retraite et te comman-
» derait de souffrir de la faim pendant trente ans, tu n'arriverais

» pas à la hauteur de cette sainteté à laquelle tu prétends atteindre
» par le moyen des souffrances de la faim que tu endures. — Je ne
» sortirai point de ma solitude, répondit l'individu. — Renonce à cette
» résolution et repens-toi de ton obstination. Adore ton Dieu con-
» formément à ses volontés simples, car ta fin approche. — L'individu
» refusa de suivre ces sages conseils ; il mourut de faim deux jours
» après. J'en instruisis le cheikh Ali-el-Khaouas qui me dit alors : *Ne*
» *prie pas sur ses restes mortels, car cet homme est mort coupable ; il s'est*
» *suicidé par la faim.* Le cheikh ajoutait : « *Employons en bonnes œuvres,*
» *en œuvres utiles, le temps qui nous est donné.* »

Il est difficile de condamner d'une façon plus formelle la vie ascétique et solitaire vantée par les Khelouatya, aussi doit-on se demander si c'est par ignorance, ou par politique, que le cheikh Snoussi a donné dans cette chaine, le nom de Sid Abd-el-Ouahhab-ech-Chârani.

Quoi qu'il en soit, d'ailleurs, de la valeur de cette seconde chaîne et des considérations que peuvent soulever certains noms, voici, d'après Cheikh-Snoussi, affilié à cet ordre, ce que nous apprennent les livres des Khelouatya sur le fond même de leurs doctrines :

Les principes fondamentaux de cet ordre sont l'invocation la plus agréable (à Dieu), c'est-à-dire : *Il n'y a de dieu que Allah*, en prenant la posture suivante : on s'assoit, les jambes croisées, et on répète pendant un certain temps *Il n'y a de dieu que Allah*, en portant la bouche alternativement de dessus l'épaule droite au devant du cœur sous le sein gauche. Ensuite, on récite l'invocation qui consiste à articuler les noms de Dieu qui impliquent l'idée de sa grandeur et de sa puissance, en ne citant que les dix suivants, dans l'ordre où ils se trouvent placés : Lui, Juste, Vivant, Irrésistible, Donneur par excellence, Pourvoyeur par excellence, Celui qui ouvre à la vérité les cœurs des hommes endurcis, Unique, Éternel, Immuable. Une des conditions essentielles en vigueur parmi les affiliés consiste, pour l'aspirant, à n'aborder le second de ces noms que lorsque Dieu, par l'intermédiaire de son cheikh, lui a fait transmettre les révélations afférentes au premier, et ainsi de suite pour tous les autres. En dehors de ces prescriptions, l'adepte doit, à la suite de chacune des invocations, réciter cent fois la Sourate de la Fatha, puis dire cent fois aussi : *O Dieu répandez vos bénédictions sur notre Seigneur Mohammed, votre serviteur, votre Prophète, votre Envoyé, votre ami, le*

Prophète illettré, ainsi que sur sa famille et ses compagnons ; accordez-lui le salut ! Lorsque l'aspirant a pu arriver à pouvoir réciter les dix noms, après avoir reçu les révélations nécessaires les concernant, il ajoute aux prières ou invocations dont il vient d'être question, la Sourate d'*El-Kouther* qu'il récite cent fois, et cette autre invocation : « *Il n'y a de dieu que Allah, le souverain maître, le juge indubitable.* »

Les affiliés observent, dans leurs pratiques, de se former en cercle lorsqu'ils sont réunis pour faire leurs prières particulières. Celui qui les récite, en disant *Lui* rentre la tête au milieu du rond en l'obliquant à droite, puis il la reporte en arrière, du côté gauche, vers la partie extérieure. Un seul d'entre eux commence à dire le mot *Lui*, après quoi tous les autres en chœur, en faisant aller la tête à droite, puis à gauche. Leur signe distinctif est le vêtement noir.

Dans cet ordre, de même que dans celui des Fekerouya, les adeptes croient fermement à l'interprétation des visions qui se manifestent en songe, si bien que quelques-uns d'entre eux ont avancé que les bases sur lesquelles leur ordre a été fondé avaient cette croyance pour pivot. Je vais citer quelques-unes de leurs versions, que je ferai suivre d'explications particulières indiquant les pratiques auxquelles ils se livrent dans le cours des extases de la vie spirituelle dont nous appellerons les divers degrés les sept remparts (de la foi).

Je dirai donc, avec l'aide du Dieu Très-Haut, qu'une vision est ce que l'on aperçoit en songe, et qu'une perception est ce qui frappe les sens pendant que l'on est dans cet état, intermédiaire entre le somme et la veille, qui est la somnolence. Or, dans ces deux situations, il existe des circonstances particulières qui ne méritent aucune attention, et d'autres qui doivent au contraire la fixer. Certaines de ces visions et de ces perceptions ne sont que le fait de conceptions ordinaires de l'esprit. D'autres sont susceptibles d'être interprétées, mais seulement quand il ne s'agit pas d'apparitions se manifestant pendant l'état de veille.

Voici la manière d'interpréter les songes, d'après les principes établis :

Il importe d'abord de tenir compte de la situation du visionnaire, tant à l'égard de ce qui se rapporte à sa personne que du but de ses aspirations. Ceci observé, on saura que : voir l'essence du Prophète (que Dieu répande sur lui ses bénédictions et lui accorde le salut !) veut dire que l'on jouira de l'apparition de l'Être Incommensurable (Mohammed). — Voir ses enfants, signifie que ceux-ci seront assistés ; — voir son père, indique une intelligence qui se fera jour ; — voir son cheikh, est un indice de sagesse ; — voir l'âme (?) représente le monde et tout ce qu'il comporte ; — voir ce que l'on possède dans le monde, c'est-à-dire sa mère, sa femme, sa fille, son fils, indique les vertus du cœur et ce qui en découle ; — voir des aliments, indique une découverte de richesses ; — voir quelque chose de la nature des aliments, signifie un rang illustre avec tout ce qui y est attaché ; — voir les attributs de cette qualité est un signe de turpitude ; — voir un animal mort ou une de ses parties, telle que son sang ou autre, annonce les choses défendues ; — voir des fruits tels que des raisins ou autres semblables est une marque de bonnes œuvres ; — voir des bêtes de somme dont la chair est illicite, indique une tendance de l'âme à se rapprocher du bien dans les limites de sa nature ; — voir des boissons, telles que le vin, le lait aigre, l'eau, le miel, doit être interprété d'après les observations relevées sur le visionnaire ; ainsi le vin indique la science de la théologie absolue ; le lait aigre, les sciences occultes ; l'eau, la théologie pratiquée par les âmes agréables à Dieu ; le miel, les sciences mystiques ; — voir du vinaigre, signifie que l'âme sera touchée par les préceptes des sciences occultes et mystiques ; — voir des fruits en général, tels que des dattes, des olives ou autres, est une marque de bonnes œuvres. La prière signifie la proximité du Dieu Très-Haut vers lequel on arrivera ; — un bain (*général*), indique la purification des souillures et des péchés ; — voir une réunion de personnes priant en cercle ou une assemblée de docteurs, veut dire qu'un concile s'occupe des choses sacrées ; — voir un cercle de chanteurs, de musiciens ou autres semblables, comme aussi voir la forme du démon, est un signe que le visionnaire doit se purifier de la manière qui lui sera indiquée par son cheikh ; — voir vivant un homme qui est mort, est un signe de bonnes œuvres ; — l'inverse indique la chose contraire...... Voir sa mère ou son ami, indique que l'on s'aperçoit de sa propre conduite ; — voir un étranger, est un signe d'autorité extérieure en rapport avec la valeur du visionnaire. Celui-ci doit être assez sage pour savoir ce qu'il lui est permis de faire ou de ne pas faire en cette circonstance.

Telles sont les principales lois de la divination et les secrets de certaines interprétations. Tels sont aussi les cas qui doivent être soumis au cheikh pour que celui-ci puisse sainement les apprécier.

Nous dirons maintenant que les apparitions ne peuvent frapper l'adepte que dans la solitude et, seulement, à la suite de longues pratiques de piété. Alors lui apparaît la lumière résultant des ablutions et des prières, puis la lumière du démon en même temps que celle des honneurs. Il voit ensuite la vérité se manifester dans tout son éclat, tantôt sous la forme de choses inanimées, comme le corail, tantôt sous celle de plantes et d'arbres tels que le palmier, tantôt sous celle d'animaux, comme les chevaux, tantôt sous la sienne propre et, enfin, sous celle de son cheikh. Ces sortes de visions ont causé la mort d'un grand nombre de personnes. L'adepte jouit ensuite de la manifestation d'autres lumières qui sont, pour lui, le plus parfait des talismans.

Le nombre de ces lumières est de soixante-dix mille; il se subdivise en plusieurs séries *et compose les sept degrés par lesquels on parvient à l'état parfait de l'âme*. Le premier de ces degrés est *l'humanité*. On y aperçoit dix mille lumières, perceptibles seulement pour ceux qui peuvent y arriver; leur couleur est terne, elles s'entremêlent les unes dans les autres; cet état permet en outre de voir les génies. Ce premier degré est facile à franchir, l'âme étant naturellement poussée à fuir les ténèbres pour rechercher la clarté. Pour atteindre le second, il faut que le cœur se soit sanctifié; alors on découvre dix mille autres lumières inhérentes à ce second degré qui est celui de *l'extase passionnée*, leur couleur est bleu clair.

Conduit ensuite par le bien que l'on a fait, qui appelle sur vous d'autres biens et blanchit les âmes élevées, en leur faisant absorber les mérites conquis par le cœur et en les purifiant de leurs souillures, on arrive au troisième degré, qui est *l'extase du cœur*. Là, on voit l'enfer et ses attributs, ainsi que dix mille autres lumières dont la couleur est aussi rouge que celle produite par une flamme pure; seulement, pour les apercevoir, il faut que les aliments dont on se nourrit soient dégagés des choses que l'on aime le plus et dont on est le plus friand, sinon elles apparaissent mélangées d'une fumée qui en ternit l'éclat. Si ce phénomène se produit, on ne doit pas aller plus loin. Ce point est celui qui permet de voir les génies et tous leurs attributs, car le cœur peut jouir de sept états spirituels, accessibles seulement à certains affiliés.

S'élevant ensuite à un autre degré, on voit dix mille lumières nouvelles, faisant partie des soixante-dix mille qui nous occupent, et inhérentes à l'état d'*extase de l'âme immatérielle*. Ces lumières sont d'une couleur jaune très accentuée, on y aperçoit les âmes des Prophètes et des Saints.

Le cinquième degré est celui de *l'extase mystérieuse*; on y contemple les anges et dix mille autres lumières d'un blanc éclatant.

Le sixième est celui de *l'extase d'obsession*; on y jouit aussi de dix mille autres lumières dont la couleur est celle des miroirs limpides. Parvenu à ce point, on ressent un délicieux ravissement d'esprit qui a pris le nom d'El-Khadir et qui est le principe de la vie spirituelle. Alors seulement on voit notre Prophète Mohammed (que Dieu répande sur lui ses bénédictions et lui accorde le salut!)

Enfin on arrive aux dix mille dernières lumières cachées, en atteignant le septième degré, qui est la *béatitude*. Ces lumières sont vertes et blanches, mais elles subissent des transformations successives, ainsi elles passent par la couleur des pierres précieuses pour prendre ensuite une teinte claire, puis enfin acquièrent une autre teinte qui n'a pas de similitude avec une autre, qui est sans ressemblance, qui n'existe nulle part, mais qui est répandue dans tout l'univers. Parvenu à cet état, les lumières qui éclairent les attributs de Dieu se dévoilent et on entend les paroles du Seigneur, rapportées dans le récit de la tradition, aux passages commençant par ces mots : « *Je l'ai entendu, etc...... Il ne reste plus que la vérité.* » Il ne semble plus alors que l'on appartienne à ce monde, les choses terrestres disparaissent pour vous.

Certains cheikhs, pour traiter la question de ces lumières, ont dressé un tableau explicatif que voici :

LES AMES OU LES SEPT MODES	L'âme qui ordonne (volonté)	L'âme qui reproche	L'âme qui inspire	L'âme qui tranquillise	L'âme contente	L'âme qui contente	L'âme parfaite
LES MARCHES	La marche vers Dieu	La marche par Dieu	La marche en Dieu	La marche avec Dieu	La marche au milieu de Dieu	La marche sans (le besoin de) Dieu	La marche-Dieu
LES MONDES	Le monde de la présence	Le monde du purgatoire	Le monde des esprits	Le monde du vrai	Le monde des éléments	Le monde de l'absence	Le monde de la pluralité de l'unité de Dieu
LES ÉTATS	État du penchant vers les passions	État de l'amitié	État de l'amour	État de l'union amoureuse	État de l'annihilation	État de la stupeur	État de la vie en Dieu
LES STATIONS	Station de la poitrine	Station du cœur	Station de l'âme	Station du secret	Station du secret du secret	Station des organes pectoraux	Station du niveau avec le secret
LES PENSÉES	Loi révélée	Voie	Connaissance	Réalité	Union avec Dieu	Essence de la loi	Essence du Tout
LES NOMS	Il n'y a de Divinité que Allah	Dieu	Lui	Vérité	Vivant	Immuable	Subjugueur
LES LUMIÈRES	Lumière bleue	Lumière jaune	Lumière rouge	Lumière blanche	Lumière verte	Lumière noire	Lumière incolore
LES SIGNES	. . . . . .	. . . . . .	. . . . . .	. . . . . .	. . . . . .	. . . . . .	. . . . . .
LES REMÈDES	. . . . . .	. . . . . .	. . . . . .	. . . . . .	. . . . . .	. . . . . .	. . . . . .

Nous croyons indispensable de donner le texte arabe de ce tableau synoptique de la philosophie des Soufi-Khelouatya, afin que chacun puisse suppléer, par ses propres lumières, à ce que la traduction ci-dessus peut avoir d'incomplet ou de défectueux.

النفس الكاملة	المرضية	الراضية	المطمئنة	الملهمة	اللوامة	النفس الامارة	النفوس وهي الاطوار السبعة
السير لله	السير عن الله	السير مع الله	السير على الله	السير بالله	السير الى الله	السير الى الله	السير
عالم كثرة وحدته	عالم الغيب	عالم لاركان	عالم الخفيف	عالم لارواح	عالم البرزخ	عالم الشهادة	العوالم
حالة البقا	حالة الحيرة	حالة الفنا	حالة الوصلة	حالة العشق	حالة المحبة	حالة الميل الى الشهوات	لاحوال
محل مستوى السر	محل الفواد	محل سر السر	محل السر	محل الروح	محل القلب	محل الصدر	المحال
ذات الكل	ذات الشريعة	ولاية	حقيقة	معرفة	طريقة	شريعة	الواردات
فهار	فيوم	حى	حف	هو	الله	لا اله الا الله	لاسماء
نور لا لون له	نور اسود	نور اخضر	نور ابيض	نور احمر	نور اصفر	نور ازرق	لانوار
. . . . .	. . . . .	. . . . .	. . . . .	. . . . .	. . . . .	. . . . .	العلامات
. . . . .	. . . . .	. . . . .	. . . . .	. . . . .	. . . . .	. . . . .	لادوية

Tel est ce que nous avons voulu faire connaitre par le présent exposé destiné aux adeptes, exposé révélant les mystères attachés aux sept états de la vie extatique dont nous venons de parler. Cette description est forcément sommaire, parce que les apparitions lumineuses sont nombreuses, extrêmement variées et entièrement soumises à la volonté de Dieu.

L'adepte ne pourra jouir des apparitions, alors même qu'il se trouverait dans l'état spirituel le plus favorable, que lorsqu'il aura fait abnégation de sa personne, au point où l'âme isolée est portée instinctivement à imposer sa volonté, même par la violence. Il ne verra l'ensemble (de ce qui peut être révélé), y compris *l'âme sublime* en entier, que lorsqu'il sera en état de pouvoir distinguer son âme à lui toute nue. Ce que nous disons là est un fait dogmatique qu'il faut croire. Celui qui est chargé d'interpréter les révélations devra observer que, dans quelque état d'extase que soient les visionnaires, peu d'entre eux pourront arriver à ne point se laisser éblouir, aussi les cheikhs n'observent-ils pas toujours ce qui parait ressortir des révélations mystérieuses des âmes.

On saura que toutes les révélations divines s'obtiennent par la lutte (contre les passions) et par la vie ascétique, c'est-à-dire qu'on peut les voir dans n'importe quelle religion. Il n'en est pas de même de la révélation des attributs de Dieu ; celle-là ne peut être accordée qu'à ceux qui pratiquent le culte du Prophète (que Dieu répande sur lui ses bénédictions et lui accorde le salut !) Toutes ces révélations, moins cette dernière, doivent être considérées comme une pente glissante. Combien d'êtres se sont égarés en les recherchant, ou ont péri en arrivant à en obtenir qui affectaient les formes divines. Ceux-là ont été victimes d'une similitude trompeuse ; le démon qui en était l'auteur, leur montrait un (faux) trône de Dieu, car le trône du démon est placé entre le ciel et la terre. Certains autres, croyant avoir été absorbés par l'esprit et par l'âme de Dieu, ont cru entendre les voix de la vérité, et ont encore été conduits vers leur perte. Il n'est pas permis à tous les affiliés, même aux plus fervents et aux plus sincères, de percevoir directement les révélations. Le plus grand nombre est privé de cette jouissance, témoin les compagnons et les disciples du Prophète, auxquels il n'a pas été donné de se trouver dans cette situation.

CHAPITRE XXI

ORDRE DES AISSAOUA

MAHMED-BEN-AISSA
(Mort vers 930 de l'Hégire. — 1523-1524 de J.-C.)

Tout le monde a entendu parler des Aïssaoua et de leurs étranges pratiques, cependant peu de personnes savent au juste ce qu'ils sont.

Pour la majeure partie des Musulmans, ignorants et crédules, ce sont des saints animés de l'esprit de Dieu, ayant le don des miracles et pouvant, grâce à l'intercession toute puissante de leur patron, Si Mahmed-ben-Aïssa, affronter et subir, sans danger ni souffrance, les tortures les plus cruelles.

Pour les autres Musulmans, comme pour la plupart des observateurs superficiels, ce ne sont que des jongleurs et des prestidigitateurs sans caractère religieux aucun, de simples exploiteurs de la bêtise humaine. Les plus savants font remarquer que la plupart de ces exercices extraordinaires qui ne sont pas des tours d'adresse, sont de simples phénomènes de névrose, d'hystérie, de magnétisme et d'hypnotisme facilement explicables.

La vérité est que les Aïssaoua sont des religieux exaltés, se livrant à des pratiques qui ne sont autre chose que les manifestations bizarres d'un mysticisme, aigu et maladif, absolument identique à celui qui, au XVIIIe siècle, inspirait les convulsionnaires de St-Médard. C'est ce que nous allons essayer de démontrer, en insistant sur le côté religieux qui est très peu connu.

Si Mahmed-ben-Aïssa naquit à Méquinez vers la fin du XVe siècle. Son histoire n'est qu'une longue suite de légendes hagiographiques, où les miracles succèdent aux miracles, sans qu'il soit toujours possible de retrouver le fait réel qui a servi de point de départ aux pieux récits des fidèles.

Quoique fort pauvre, il appartenait à une famille d'origine chérifienne se rattachant, par Mouley-Amar-el-Idrissi à la famille royale des Idrissites. L'imam Sliman-el-Djazouli était son grand-père.

Après avoir étudié quelque temps à la zaouïa de Méquinez et s'être fait affilier à l'ordre des Chadelya-Djazoulya, dont il reçut le dikr des mains d'Ahmed-el-Haristi, disciple direct de Sliman-el-Djazouli, il fit le pèlerinage de La Mecque, et, soit dans les villes saintes, soit en Égypte, il fut en relations avec des derwiches qui l'instruisirent dans les pratiques des ordres orientaux, Haïdirya et Saadya.

Quand il rentra dans son pays, il était à la fois un thaumaturge des plus habiles, et un savant versé dans toutes les sciences touchant à la théologie et au mysticisme. Il avait rapporté, de ses voyages, de grandes connaissances en médecine et en agriculture, connaissances qu'il mit sans doute à profit, et que l'exagération arabe a transformées en des dons surnaturels. Ainsi Si Mahmed-ben-Aïssa est-il souvent surnommé « le maître du puits et de l'olivier, » parce qu'il avait planté, dit la légende, un olivier dont les fruits suffisaient à la nourriture de tous ses adeptes, et qu'il avait creusé un puits dont l'eau permettait d'irriguer tous les jardins des khouan. Il est probable qu'il ne faut voir là que l'expression, exagérée, de l'effet produit par des procédés de culture et d'irrigation importés par Si Mahmed-ben-Aïssa. Car, ailleurs, une autre légende dit qu'il suffisait à ce saint personnage de secouer de la main cet olivier miraculeux, pour qu'une pluie de soltani d'or tombât de ses branches ; comme il lui suffisait aussi de descendre un seau dans son puits pour l'en retirer rempli de pièces d'or.

La tradition donne encore pour maître, à Si Mahmed-ben-Aïssa, un certain Beghan-el-Mehoudjoub-el-Alebi, originaire d'Alep, qui serait venu dans le Maghreb et lui aurait donné le dikr d'un ordre oriental. Ce Beghan-el-Mehoudjoub serait enterré dans la même koubba que son disciple.

Quoi qu'il en soit d'ailleurs, des causes qui firent la fortune de Si Mahmed-ben-Aïssa, ce qui est bien certain, c'est que, de son vivant même, sa popularité fut assez grande pour porter ombrage au sultan de Méquinez (1), Mouley-Ismaïl le Mérinite, qui lui enjoignit de quitter la ville avec ses disciples.

Si Mahmed-ben-Aïssa s'exécuta, mais son départ produisit un tel vide dans Méquinez, que le sultan n'y trouva plus, bientôt, les ouvriers nécessaires pour continuer la construction de l'enceinte.

Dans cet exode, les disciples de Si Mahmed-ben-Aïssa, mourant de faim et de fatigue, demandèrent un jour à manger ; le saint leur répondit de se nourrir de ce qui était sur leur chemin. Il n'y avait que des pierres, des serpents et des scorpions, mais tant était grande leur foi dans leur maître, qu'ils n'hésitèrent pas à avaler ces cailloux et ces animaux venimeux. Ce qui d'ailleurs ne leur fit aucun mal par suite de la protection miraculeuse de Si Mahmed-ben-Aïssa.

C'est en souvenir de ce fait, qu'aujourd'hui encore, les Aïssaoua, dans leurs exercices publics, avalent des reptiles, des morceaux de pierre, de verre, etc.

Pendant son exil, l'influence de Si Mahmed-ben-Aïssa

---

(1) Toutes les traditions donnent ce sultan comme se nommant Mouley-Smaïl-el-Merini, et elles le distinguent nettement de Mouley-Smaïl, le chérif, qui fut empereur au siècle suivant (de 1672 à 1727) et qui est bien plus connu.

s'accrut encore, et, comme il reprochait hautement au sultan mérinite de ne pas avoir secouru les Maures d'Espagne, et de ne pas les avoir aidés à chasser les Infidèles de l'Andalousie, il eut bientôt autour de lui un tel nombre de fanatiques et de mécontents, qu'il devint tout-puissant dans l'opinion publique.

De nombreuses légendes racontent, sous des formes différentes, les miracles du Saint et ses fréquents triomphes dans sa lutte contre le souverain de Méquinez. Ce qui s'en dégage nettement, c'est que ce souverain dut compter avec cette puissance, et qu'il dut faire une démarche personnelle, auprès du marabout, pour obtenir qu'il rentrât à Méquinez en allié et en ami.

Il alla même jusqu'à lui conférer le titre de Mouley-Méquinez, dit une de ces légendes; mais ce qui paraît plus certain c'est que, lorsque Ben-Aïssa consentit à revenir en ville, il avait obtenu que tous ses adeptes seraient exempts d'impôt et de corvées. Il rentra donc comblé d'honneurs et de richesses, richesses qu'il distribua aux pauvres, car il vécut toujours en ascète et tout son luxe consistait à coucher sur une peau de panthère. Cette peau, qui a été conservée comme relique, existe encore de nos jours en Algérie, aux mains des descendants du Saint qui habitent les Ouzera, près de Ben-Chicao — *et aussi au Maroc,* à Méquinez, dans la zaouïa du chef de l'ordre.

Un grand monastère et de nombreuses propriétés furent donnés, par le souverain de Méquinez, à Si Mahmed-ben-Aïssa, dont l'influence ne cessa de grandir jusqu'à sa mort, bien qu'à l'exemple de tous les Saints musulmans, il affectât de ne pas se montrer en public, et de vivre dans la solitude et le recueillement.

On raconte qu'un jour, s'étant montré à la foule et ayant été l'objet d'une ovation plus enthousiaste et plus ardente que jamais, il voulut éprouver ses disciples. Il leur déclara donc que le Prophète lui était apparu en songe et lui avait ordonné de faire un sacrifice à Dieu.

« J'ai résolu, continua-t-il, d'immoler ce que j'ai de plus
» cher, c'est-à-dire les plus fervents de mes disciples.
» Que celui d'entre vous qui m'aime réellement, et qui
» est prêt à me donner sa vie, entre dans ma maison
» pour être immolé à Dieu. » Un des disciples se présente, entre avec Si Mahmed-ben-Aïssa : on entend un cri et l'on voit le sang couler par un conduit sortant de la maison.

Ben-Aïssa sort, les mains rouges de sang, et demande une autre victime : déjà la foule est moins compacte, mais un second disciple entre dans la maison. On entend encore une plainte et un nouveau filet de sang annonce une nouvelle victime. Et la même scène se répète quarante fois, seulement les rangs de ceux qui tout à l'heure poussait des acclamations, se sont singulièrement éclaircis, et quand la quarantième victime est entrée, les abords de la maison sont absolument déserts.

Chacun des quarante dévoués avait, en entrant, reçu ordre d'égorger un mouton, et c'était le sang de ces quarante moutons qui avait coulé au dehors de l'habitation, pendant que des cris poussés à dessein donnaient le change aux assistants (1).

Les moutons furent rôtis et distribués aux pauvres ; quant aux quarante fidèles, ils restèrent, dès lors, les compagnons du Saint jusqu'à sa mort, et formèrent près de lui la hadra, ou chapitre général de l'ordre, chapitre qui a été maintenu jusqu'à ce jour.

Mahmed-ben-Aïssa mourut en 930 de l'Hégire (1523-1524 de J.-C.), à Méquinez, où son tombeau est situé dans le quartier de Bab-el-Djedid. C'est dans ce même quartier que se trouve la maison-mère de l'ordre, occupée aujourd'hui par le conseil suprême, composé du

---

(1) La même légende a été aussi racontée à propos de Sid Ahmed-ben-Youcef, mais pour ce dernier saint la légende n'a pas d'autre suite, tandis que pour Sid Ahmed-ben-Aïssa, elle se termine par cette création d'un conseil permanent de 40 membres.

khalifa et de 39 moqaddem, reclus qui ne sortent de leur monastère qu'une fois par an, à la fête du Mouloud. Ce jour-là, « tous les malades et infirmes, qui ont le bon-
» heur d'approcher d'un des 40 Saints, sont immédiate-
» ment guéris, ou simplement soulagés, selon le degré
» de leur foi. » Car Si Mahmed-ben-Aïssa a transmis à tous ses moqaddem : sa baraka, le don des miracles et le pouvoir de guérir toutes les maladies, ainsi que de braver tous les poisons.

Les doctrines des Aïssaoua sont, en principe, celles des Chadelya, et plus spécialement celles des Djazoulya. Si Mahmed-ben-Aïssa n'avait en effet rien innové, et s'était borné à l'adjonction de quelques prières spéciales et à l'organisation du Conseil des 40 Saints à Méquinez. Ce sont surtout ses successeurs qui, pour affirmer la vertu merveilleuse de l'ordre, ont introduit quelques-unes de ces pratiques qui donnent aux Aïssaoua leur cachet particulier.

Un savant musulman, intelligent et éclairé, que nous interrogions sur ces doctrines des Aïssaoua, nous répondit : on peut les résumer en peu de mots :

« En matière religieuse : l'expansion continuelle vers
» la Divinité, la sobriété, l'abstinence, l'absorption en
» Dieu poussée à un tel degré que les souffrances corpo-
» relles et les mortifications physiques ne peuvent plus
» affecter les sens endurcis à la douleur.
» En matière morale : ne rien craindre, ne reconnaître
» que l'autorité de Dieu et des Saints, et n'obéir qu'à ceux
» qui laissent pratiquer les principes du Livre-Sacré. »

Ces quelques lignes résument en effet assez bien les doctrines des Aïssaoua, et les dégagent, à la fois, et des légendes ou superstitions populaires, et des anathèmes dont les frappent bon nombre de prétendus savants, qui considèrent les Aïssaoua comme une confrérie de jongleurs et de saltimbanques, et non comme un ordre religieux orthodoxe et régulier. Ces prétendus savants appuient leur opinion en disant : que les Aïssaoua (comme les Snoussya) n'ont pas de chaîne mystique reliant leur enseignement à celui du Prophète, et que leur dikr leur a été donné par une prétendue révélation d'El-Khatir, inventée pour les besoins de la cause par Si Mahmed-ben-Aïssa.

En réalité, il n'en est point ainsi ; Si Mahmed-ben-Aïssa dit très nettement que sa voie est « celle des Soufi, celle des Chadelya. » Il était lui-même moqaddem de cet ordre, ayant eu pour maître le cheikh Ahmed-el-Haristi, disciple direct de Si Abou-Abdallah-Mohammed-ben-Abou-Beker-*Sliman-el-Djazouli*-ech-Cherif-el-Hassini, chef de l'ordre des Djazoulia, branche des Chadelya.

La chaîne, qui relie au Prophète l'enseignement de Si Mahmed-ben-Aïssa, est une de celles réputées les plus authentiques. C'est, de Sliman-el-Djazouli à Si Chadeli, la même que celle donnée par les Taïbya ; de Si Chadeli jusqu'au Prophète, c'est à la fois celle des Taïbya et celle que Si Snoussi donne pour l'ordre des Chadelya.

Voici, du reste, cette chaîne :

Le Prophète. — 1, Si Ali-ben-ben-Abou-Thaleb. — 2, Abou-Mohammed-el-Hassein. — 3, Abou-Mohammed-Djabar-ben-Abdallah-el-Amari (78 de l'H., 697-698 de J.-C.). — 4, Abou-Said-el-Razouani. — 5, Abou-Mohammed-Fath-es-Saoudi. — 7, Saad-Said-Abou-Mohammed-Falah-el-Markouani. — 8, Abou-el-Kacem-el-Merouani. — 9, Abou-Isaak-Ibrahim-el-Bosri (1). — 10, Zen-ed-Din-Mohammed-el-Razouani. — 11, Chems-ed-Din-el-Tarkmani (le Turcoman). — 12, Tadj-ed-Din-Mohammed. — 13, Nour-ed-Din-Abou-Hassen-Ali. — 14 (2), Fakher-ed-Din. — 15, Taki-ed-Din-el-Fakir-es-Soufi-Abd-el-Irak. — 16, *Abou-Zid-Abd-er-Rahman-el-Hossein-el-Madani-el-Attari-bel-Ziat*. — 17, Abd-

---

(1) Abou-Isaak-Ibrahim-el-Bosri est l'auteur de prières pour les morts en usage dans toutes les mosquées.

Voir dans *Massoudi*, chap. XCIV, le langage hautain et fier tenu par ce soufi au khalifa Mouaouia, page 266 du tome V de la traduction de Barbier de Meynard.

(2) D'autres disent Mahi-Eddin.

Es-Selem-ben-Machich-*ben-Mansour-ben-Ibrahim-ech-Cherif*. — 18, *Tadj-ed-Din*-Abou-Hassen-*Iacout-ben-Ata-Allah-ech*-Chadeli. — 19, *Abou-Abbas*-Ahmed-ben-Amar-el-Ansari-el-Mourei (686 de l'H., 1287-1288 de J.-C.). — 20, *Tadj-ed-Din*-Abou-Fadel-Ahmed-ben-Mohammed-ben-Abd-el-Kacem-ben-*Attalah*-el-Askenderi-el-Maleki (709 de l'H., 1309-1310 de J.-C.) — 21, Abou-Abd-Allah-el-Megherbi. — 22, Abou-Abbas-el-Hassen-el-Karafi. — 23, Sid Hannous-el-Bedaoui-Rai-el-Ibel. — 24, Abou-el-Fatah (el-Iadel) el-Hindi. — 25, Abd-er-Rahman-el-Redjeradji. — 26, Said-Abou-Otsman-el-Hartani. — 27, Abou-Abd-Allah-Mohammed-Amr'ar. — 28, *Abou-Abd-Allah-Mohammed-ben-Abou-Beker*-Seliman-el-Djazouli-*el-Cherif-Thasseni* (869 de l'H., 1464-1465 de J.-C.). — 29, Ahmed-el-Haristi. — 30, Mahmed-ben-Aissa. — 31, Abou-Rouain-el-Mahdjoub.

A la mort de ce dernier, la grande maîtrise est rentrée dans la famille de Sid Mahmed-ben-Aïssa et est restée héréditaire chez ses descendants.

Quant aux doctrines des Aïssaoua, elles sont loin d'être ce que l'on serait tenté de croire, en voyant les manifestations extérieures auxquelles se livrent les adeptes de cet ordre. On pourra en juger par les quelques extraits, que nous donnons ici, d'un livre de doctrine, ou manuel, dont nous avons pu prendre copie, grâce à la courtoisie d'un des descendants du Saint, khalifa de l'ordre en Algérie, qui a bien voulu prêter à un chérif, de nos amis, un manuscrit, écrit il y a plus de 200 ans, par un petit-fils de Si Mahmed-ben-Aïssa : une véritable relique, usée par les baisers des fidèles, mais laissant beaucoup à désirer sous le rapport de la correction du style et de l'orthographe (1).

Voici le commencement de ce manuscrit qui, pendant les premières pages, n'est que le long cri de l'âme d'un mystique aspirant à Dieu et s'abîmant dans son indignité :

---

(1) M. l'Interprète militaire Arnaud a bien voulu se charger de collationner les copies qui ont été faites de cette « relique, » et d'un autre manuscrit qui est lui-même une copie, avec quelques variantes de ce manuel. M. Arnaud, a bien voulu, en outre, traduire ces manuscrits, dont certains passages sont difficiles à comprendre, en raison de l'aridité des idées métaphysiques ou mystiques qui y sont exprimées.

« Au nom de Dieu clément et miséricordieux,

» Que Dieu répande ses grâces et ses bénédictions sur notre sei-
» gneur Mohammed, sur sa famille, sur ses compagnons, et qu'il leur
» accorde le salut !

» Ceci est la leçon lithurgique du cheikh, du saint, du vertueux, du
» pôle évident, Sidi Mahmed-ben-Aissa. Puisse Dieu nous faire parti-
» ciper aux grâces qu'il lui a accordées. Amen.

» Je place ma confiance dans le Vivant, qui ne doit point finir
» (3 fois). Dis : Louange à Dieu qui n'a point de fils, n'a point d'asso-
» cié à son empire et ne se voit point dans la nécessité de prendre
» un aide. Proclame la grandeur de Dieu. Louange à Dieu qui nous
» a conduits dans cette voie. Nous n'étions pas capables d'être diri-
» gés si Dieu ne nous avait guidés. Mais les Envoyés de notre Dieu
» nous ont apporté la vérité (3 fois). Puisse Dieu récompenser, à notre
» place, notre Seigneur et notre Prophète (que Dieu répande sur lui
» ses bénédictions et lui accorde un salut encore plus complet que
» celui dont il est digne) (3 fois). Mon Dieu, n'égare pas nos cœurs
» après nous avoir dirigés. Accorde-nous l'une de tes miséricordes,
» car tu es le souverain donnateur (3 fois). Je me réfugie dans les
» sublimes paroles de Dieu par peur du mal existant. J'ai recours au
» nom de Dieu, car, avec ce nom, on n'a rien à craindre sur la terre
» ni dans le ciel. Dieu entend et sait (3 fois). Que la louange de mon
» Divin Maître soit proclamée ! j'ai recours à sa louange. Il n'y a de
» force qu'en Dieu, le grand, le sublime (3 fois). J'implore le pardon
» de Dieu, qui est le seul Dieu, qui a créé les cieux et la terre, ainsi
» que ce qui est entre eux ; je le supplie d'effacer mes crimes et mes
» iniquités, les péchés dont je me suis rendu coupable ; je m'en re-
» pens. Il est l'Être glorieux, il a la puissance ; il n'y a de Dieu que
» Allah ; il est la sagesse, la perfection ; il n'y a de Dieu que Allah,
» car il a les qualités infinies ; il n'y a de Dieu que Allah, car il est
» partout présent et il est généreux ; il n'y a de Dieu que Allah, car il
» répond à nos vœux et il est bienfaisant ; il n'y a de Dieu que Allah,
» car il est compatissant et nous accorde ses faveurs . . . .
» . . . .

» Mon Dieu, tu es notre suprême défenseur ! Mon Dieu, tu es notre
» maitre éternel. Mon Dieu, tu es notre maitre éternel, tu es présent
» partout, tu vois tout ; tu es éternellement présent en tous lieux, tu
» vois les choses de toute éternité. Puisse ton nom être glorifié, toi
» qui es unique, irrésistible, sans rival, sans pareil. Qu'il soit exalté,
» Celui qui est la perfection, qui n'a ni ressemblance ni similitude avec
» aucun être. Qu'il soit exalté, Celui qui est glorieux, qui embrasse
» tout, que l'intelligence ne peut comprendre. Qu'il soit exalté,
» Celui qui a existé avant toute chose, pour lequel on ne conçoit,
» dans l'univers, aucun terme de comparaison. Qu'il soit exalté,

» Celui qui se trouve partout, l'Être préexistant, qui n'a ni rival ni
» pareil.

» Dieu était seul : il n'y avait autour de lui que le néant. Il créa
» l'univers pour faire connaître sa puissance ; il créa le monde pour
» qu'on l'adorât. Il est la Divinité, l'excellent Maître, l'Être nécessaire.
» La créature passe ; l'excellent Maître est seul éternel. La créature
» se renouvelle ; l'excellent Maître est seul immuable. La créature
» nait périssable ; l'excellent Maître existe toujours. L'excellent Maî-
» tre est immense, riche ; la créature est pauvre. L'excellent Maître
» est glorieux ; la créature est humble. L'excellent Maître est sublime ;
» la créature est méprisable. L'excellent Maître est grand ; la créature
» est petite. L'excellent Maître est puissant ; la créature est faible.
» L'excellent Maître est savant ; la créature est ignorante. L'excellent
» Maître est parfait ; la créature est incomplète. L'excellent Maître
» est élevé et ne ressemble point aux créatures. L'excellent Maître est
» dans le cœur de ceux qui savent. L'excellent Maître occupe la pre-
» mière place dans le cœur de ses adorateurs. L'excellent Maître
» occupe entièrement le cœur de ceux qui l'approchent. L'excellent
» Maître est trop grand pour être enfermé tout entier dans les cœurs ;
» aucune place ne lui est particulière, qu'il soit exalté, l'Être sublime.
» . . . .
» . . . .

» Ce sont là des connaissances que l'on ne peut pas ignorer. Étudiez
» donc l'unité de Dieu, car c'est une science nécessaire, absolue, qu'il
» n'est pas permis à l'homme d'ignorer. L'unité de Dieu est la base
» de la religion ; il ne faut pas en douter. Celui qui ignore ne peut
» avoir la foi, fût-il savant ; il ne peut avoir la foi, fût-il même un
» fervent adorateur de Dieu. Qui n'a pas la foi, n'a pas la sécurité.
» Je prie Dieu de nous sortir de notre ignorance, de nous apprendre
» qu'il est puissant. Que sa gloire soit proclamée. O mon Maître, ô
» toi qui es partout présent, qui écoutes nos prières, exauce nos vœux
» dans ta bonté infinie. Nous sommes tes serviteurs ; nous craignons
» ta justice. O toi qui sais tout, nous sommes tes serviteurs, nous
» avons soif de ta générosité. Dieu clément et miséricordieux, Dieu
» bon et généreux, c'est toi qui es Dieu, qui es Dieu, notre maître,
» tu es unique, rien hors de toi n'existe . . . .
» . . . .

» Puisse ton nom être exalté ! Tu es notre maître ; tu es présent au
» milieu de nous. Ta science embrasse tout. Tu es présent au milieu
» de nous ; ta science embrassait tout antérieurement à la création.
» Tu es présent au milieu de nous ; ton entendement est éternel. Tu
» es présent au milieu de nous ; tu vois tout de toute éternité. Tu es
» présent au milieu de nous avec ta puissance qui a toujours existé.
» Tu es présent au milieu de nous avec ta volonté immuable. Que ton

» nom soit exalté ! Tu es présent au milieu de nous avec ta volonté
» préexistante. Tu es présent au milieu de nous avec tous tes attri-
» buts. Tu es notre maitre, que ta louange soit proclamée ! . . . . .
» . . . . »

Suit une longue prière pour le Prophète Mohammed, prière écrite dans le même style de litanie, avec des phrases courtes se prêtant à une diction rythmée ou psalmodiée.

Puis la litanie continue au nom d'El-Khadir, d'Élias, de Jonas, de tous les Saints de l'Orient, de l'Occident, du Nord, du Midi, des habitants du ciel, des habitants de la terre, du chœur des anges, de ceux qui entourent le trône de Dieu, des Saints amis de Dieu ; puis vient l'énumération des 32 (1) ou 34 Saints soufi, appartenant aux diverses branches communes, et groupés sans ordre apparent, ou avec des répétitions amenées en vue de la rime ou du rythme ; le texte continue ainsi :

« Puissent les bénédictions de tes Saints, ô mon Dieu ! se répandre
» parmi nous, ô mon Dieu !
» Dans toutes nos assemblées, ô mon Dieu ! Dans cette assemblée,
» ô mon Dieu !
» Puisse mon cheikh être présent, ô mon Dieu ! Puisse le cri de
» mon Seigneur être entendu, ô mon Dieu !
» Prends-moi par la main, ô mon Dieu ! Conduis-moi à ton amour,
» ô mon Dieu !
» Remplis mon cœur de toi, ô mon Dieu ! Inspire-moi la soumission
» qui t'es due, ô mon Dieu !
» Purifie mon corps, ô mon Dieu ! Donne-moi la crainte que je dois
» avoir de toi, ô mon Dieu !
» Pardonne mes péchés, ô mon Dieu ! Inspire-moi le respect qui
» t'est dû, ô mon Dieu !
» Couvre mes défauts, ô mon Dieu !
» Après cette litanie, il faudra réciter cent fois, ou mille fois, ou
» tout au moins un nombre de fois en rapport avec les circonstances
» où l'on se trouve :
» Il n'y a de Dieu que Allah.

---

(1) Selon les manuscrits.

» On devra faire précéder chaque centaine de ces mots :
» Mohammed est l'Envoyé de Dieu. Que Dieu répande sur lui ses
» bénédictions et lui accorde le salut.
» Après avoir prononcé ces deux formules sacrées, il convient de
» dire trois fois :
» O mon Dieu, fais-nous vivre pour réciter cet acte de foi ; permets-
» nous de mourir en le récitant ; fais que nous ne l'oubliions pas au
» moment de l'adversité et lors des affres de la mort.
» Puis on dira la prière suivante :
» O toi qui es, de droit et avec vérité, mon maître, pardonne-nous
» nos fautes, ouvre-nous la voie comme tu l'as ouverte au peuple
» fidèle, que tu as dirigé et mis au nombre des bienheureux, rends-
» nous évidentes les vérités de la voie des Soufites, qui est la voie
» des Chadelya. Nous prions la meilleure des créatures, Mohammed,
» d'intercéder auprès de Dieu et de nous montrer la voie. Que les
» faveurs célestes les plus marquées, ainsi que le salut, soient sur
» lui, sur sa famille, sur ses compagnons, jusqu'à la fin des temps !
» Ainsi soit-il, ô Maître des mondes ; ainsi soit-il, ô toi, l'Être géné-
» reux ; au nom de cette voie, soit miséricordieux pour nos pères et
» mères ; pardonne-nous nos péchés par les bénédictions répandues
» sur les Saints, sur les Prophètes et sur les Envoyés. Nous sommes
» tes serviteurs craintifs, nous attendons à ta porte le pardon. O toi,
» l'Être généreux, miséricordieux, compatissant, accorde-nous la grâce
» de nous corriger, ô mon Dieu ! Mets dans nos cœurs la plus grande
» certitude de ton être. Affermis-nous dans notre foi, ô notre Maître !
» Éloigne de nous les méchants. Sauve-nous, ô notre Maître, des
» deux anges du tombeau. Secours-nous, ô notre Maître, contre les
» attaques des impies. Reçois-nous dans le sein de ta miséricorde, ô
» notre Maître ; sois miséricordieux pour tous les Musulmans. Ainsi
» soit-il, ainsi soit-il, ainsi soit-il, ô Maître des mondes !. . . . . . .
» . . . . »

Puis vient l'Ouerd, que nous donnons plus loin, puis l'Ouassia suivante, dans laquelle le cheikh Mahmed-ben-Aïssa donne des exhortations, des conseils moraux, des aphorismes et, enfin, une définition assez curieuse de l'amour mystique, définition qui peut prêter à des rapprochements intéressants avec les écrits de nos mystiques chrétiens.

« OUASSIA. — Mon frère, le repentir se reconnait à sept marques :
» le regret, la contrition, la résipiscence, la soumission, l'humilité,

» la constance dans les prières, l'acquiescement à la volonté de Dieu
» et la pureté de pensée envers le Maître de la vie.

» Le cheikh, que Dieu l'ait pour agréable, a dit : « Sept choses
» enlèvent le mérite du repentir : l'envie, la haine, l'amour-propre,
» l'hypocrisie, l'orgueil, l'amour des louanges, le désir du commande-
» ment. »

» Celui qui est orgueilleux de sa science, qui a un mauvais naturel
» et voit les autres aussi mal doués que lui, est un hypocrite bien
» qu'il appelle les hommes au repentir.

» Vingt conditions règlent les rapports des frères avec leurs cheikhs :
» cinq concernent la réunion des frères avec les cheikhs, cinq leur
» absence, cinq leur dikr et cinq leur amour. — Un maintien simple,
» le respect, la retenue, la modestie, la crainte doivent signaler la
» présence des frères devant leur cheikh. — L'attention, l'esprit de
» pauvreté, une communion incessante d'esprit avec les mérites du
» cheikh, rappeler sans cesse en esprit ses vertus, le glorifier, telles
» sont les qualités du frère loin des yeux de son cheikh. — Quant aux
» qualités que l'on doit posséder dans le dikr, ce sont : avoir devant
» les yeux son cheikh, mettre en lui son espoir, avoir recours aux
» bénédictions dont Dieu l'a comblé avoir toujours sous les yeux le
» pacte qui vous lie à lui.

» Les qualités de l'amour sont : une ardeur constante, une modestie
» continuelle, vouloir toujours être avec lui, avoir le cœur ému en sa
» présence, éprouver le désir de le posséder. Il faut aussi s'humilier,
» exécuter sa volonté, conserver un maintien modeste, avoir de la
» vénération, se préserver de tout orgueil, s'emplir le cœur d'amour,
» implorer la clémence divine, veiller attentivement sur soi-même,
» suivre l'exemple des Saints, se garder de toute vanité.

» On doit chercher à posséder les dix qualités qui se trouvent dans le
» chien (1) : ne dormir que peu dans la nuit, ce qui est la qualité des
» âmes vraiment aimantes ; ne se plaindre ni de la chaleur ni du froid,
» ce qui est la qualité des cœurs patients ; ne laisser après sa mort
» aucun héritage, ce qui est le caractère de la véritable dévotion ;
» n'avoir ni colère ni envie, ce qui est le caractère du vrai Croyant ;
» rester loin de celui qui mange, ce qui est le caractère du pauvre ;
» n'avoir aucun domicile fixe, ce qui est le caractère du pèlerin ; se
» contenter de ce qu'on vous jette à manger, ce qui est le caractère
» de l'homme modéré ; dormir où l'on se trouve, ce qui est le carac-

---

(1) Les prescriptions qui suivent n'ont pas été inventées par Sid Mahmed-ben-Aïssa. Ce sont, en effet, les dix qualités que Si Hassan-el-Bosri, mort l'an 110 de l'Hégire (728 de J.-C.) imposait à tout soufi ou derwiche. Il y a cependant, dans l'énoncé de ces qualités, quelques variantes, mais elles sont sans importance.

» tère des cœurs satisfaits ; ne pas méconnaître son maitre et, s'il
» frappe, revenir à lui, ce qui est le caractère de ceux qui savent ;
» avoir toujours faim, ce qui est le caractère des hommes vertueux.

» La fréquentation de la foule enlève au cœur sa lumière et au
» visage sa pudeur. Mourir dans la fréquentation du vulgaire, c'est
» vouloir paraître, au jour de la résurrection, avec un visage sombre
» comme une lune éclipsée. Que l'homme intelligent s'efforce donc de
» n'avoir de rapports qu'avec la classe des privilégiés : il y recueillera
» la science, la pureté du cœur, et sa poitrine sera libre de toute
» inquiétude pour l'avenir.

» Fréquenter la foule, c'est vouloir transformer son âme en hyacinthe
» pourprée, tout en détruisant les limites imposées par Dieu ; c'est cher-
» cher à atteindre le degré de perfection des hommes de choix, en
» s'appuyant sur le succès des actes de la classe ignorante ; c'est vou-
» loir acquérir le mérite de la piété, tout en commettant des actions
» impies.

» Il faut recommander aux aspirants de se conformer aux règles
» de la sonna en disant, au sortir des assemblées : que ta louange
» soit proclamée, ô mon Dieu ! que ton nom soit béni ! que ta gloire
» soit exaltée ! il n'y a d'autre Divinité que toi ! pardonne-moi si ma
» langue a péché dans cette assemblée.

» Les cœurs sont des jardins : les prières en sont les arbres ; la
» science sert à exprimer les pensées ; les mots sont l'eau vivifiante ;
» la grandeur, la majesté et la perfection de Dieu se voient dans les
» préceptes que nous ont laissés ceux qui nous ont précédés, dans les
» leçons des hommes saints. La conversation ne doit être qu'une
» moisson ajoutée à d'autres moissons.

» O toi qui recherches la sainteté, crois et observe. Croire à Dieu
» est une lumière ; la science est une preuve de son existence : ne
» pas le prier, c'est courir à sa perte.

» Les Saints(1) pensent du bien des créatures de Dieu ; les Eulama,
» eux, ne voient dans les hommes que le mal, car ils remarquent,
» dans le sombre repli de leur cœur, le penchant à obéir aux mau-
» vais instincts. Cette persistance à ne pas voir dans les créatures
» les signes de la faveur de Dieu, de son élection, de la correction
» qu'il a mise en eux en les attirant à Lui (2), les fait ressembler

---

(1) Les Saints, c'est-à-dire les cheikhs.

(2) Nous dirions, en français : « les signes... de l'état de grâce dans
» lequel ils se trouvent par l'effet du choix du Seigneur, » mais nous
avons tenu, dans les passages traduits, à nous rapprocher le plus possible du texte arabe, craignant toujours de nous égarer en substituant
des expressions françaises aux expressions musulmanes.

» à un homme qui se réveillerait subitement aveugle et se croirait
» simplement dans les ténèbres de la nuit.

» Évitez de vous réunir aux criminels. Se réunir aux impies, c'est
» s'endurcir le cœur ; tandis que se réunir aux hommes pieux, c'est
» illuminer son cœur, et illuminer son cœur, c'est permettre à son
» âme de parcourir les espaces célestes.

» La science est le remède, l'ignorance la maladie. La science est
» un signe divin, l'ignorance une inimitié. La science est la marque
» du vrai Croyant, l'ignorance celle de l'impiété.

» La retenue est la moitié de la foi ; bien mieux, ce pourrait être la
» foi tout entière. Ainsi le Prophète a dit :

» Celui qui n'a pas de retenue, n'a pas de foi ; celui qui n'a pas la
» foi, n'est pas dans l'Islamisme ; celui qui n'est pas dans l'Islamisme,
» ne reconnait pas l'unité de Dieu ; celui qui ne reconnait pas l'unité
» de Dieu, n'a aucune confiance ; celui qui n'a pas de confiance, n'a
» pas de religion ; celui qui n'a pas de religion, n'a aucun bien ; ce-
» lui qui n'a aucun bien, n'a aucun avantage dans ce monde ni dans
» l'autre.

» Ainsi, la foi ne marche pas de front avec les distractions et le
» jeu, mais avec la prière et l'anéantissement de soi-même. La foi ne
» va pas avec les soucis et les chagrins, mais avec les prières et la
» pureté du cœur. La foi n'existe pas avec les plaisirs et l'abandon
» aux sensations extérieures, mais avec la bonne tenue et l'attache-
» ment constant à l'idée de Dieu. La foi ne se trouve que dans la di-
» rection vers les choses divines. La lumière ne se voit pas dans les
» discours de révolte. Pas de foi sans l'amour ombrageux de l'Isla-
» misme. Pas de foi avec l'omission de ses devoirs et la fréquentation
» des impies. La foi n'existe que dans le cœur simple et aimant ; qui
» ne ressent pas la jalousie, n'a pas de foi ; qui n'a pas de foi, n'est
» pas dans l'Islamisme ; qui n'est pas dans l'Islamisme, n'a pas à
» prier ; qui ne prie pas, n'a pas à jeûner ; qui ne jeûne pas, n'a pas
» à faire d'aumônes.

» Le Prophète a dit :

» Qui sert les amis de Dieu n'a rien à craindre de Dieu, tant qu'il
» servira son frère musulman. Servir les amis de Dieu, c'est la ré-
» compense de celui qui jeûne le jour ou qui veille à prier Dieu. Celui
» qui combat dans la voie de Dieu, ou qui est pieux sur la terre,
» n'aura pas une plus belle récompense que ce serviteur. Quelle belle
» situation occupera le serviteur des amis de Dieu au jour de la
» résurrection ! il n'aura pas de compte à rendre ! il n'aura pas de
» punition à craindre. Un tel serviteur obtiendra la même récompense
» que celui qu'il aura servi. — Auprès de Dieu, il n'y a pas d'état

» plus beau, pour un pauvre véritable, que celui de servir. Les anges
» même ne sont pas plus élevés aux yeux de Dieu, dans les sept
» cieux et sur les sept terres, ou dans les mondes qui occupent leurs
» intervalles.

» Le Prophète dit un jour à Abou-Dirr-el-R'ifari : « O Abou-Dirr,
» le rire des pauvres est une adoration ; leurs jeux, la proclamation
» de la louange de Dieu ; leur sommeil, l'aumône. »

» Le cheikh a encore dit:
« Prier et jeûner dans la solitude et n'avoir aucune compassion dans
» le cœur, cela s'appelle, dans la bonne voie, de l'hypocrisie. »

« L'amour (1) est le degré le plus complet de la perfection. Celui
» qui n'aime pas, n'est arrivé à rien dans la perfection. Il y a quatre
» sortes d'amours : l'amour par l'intelligence, l'amour par le cœur,
» l'amour par l'âme, l'amour mystérieux. L'amour par l'intelligence
» s'appelle l'amour spirituel ; l'amour par le cœur s'appelle passion ;
» l'amour par l'âme s'appelle désir de concomitance ; l'amour secret
» s'appelle identification avec l'objet. L'amour par l'intelligence ou
» amour spirituel, c'est l'amour perpétuel de Dieu, l'amour qui rem-
» plit l'être intérieurement et extérieurement ; il donne naissance au
» désir de se confondre avec l'objet aimé, de le posséder, de le prier.
» Le désir de posséder l'objet aimé amène les frissons de la chair,
» les palpitations du cœur, les larmes, les soupirs. Le désir de pos-
» séder Dieu est mon coursier, disait le Prophète. — L'amour par le
» cœur, qui s'appelle passion, se montre lorsqu'il arrive à la face
» extérieure du cœur. Il se traduit alors par de la langueur, des
» regrets, des lamentations, l'oubli du monde, le désir de Dieu, la
» compassion, le mystère et ses inquiétudes, les larmes, la faim, la

---

(1) L'amour mystique ne diffère guère de l'amour humain : Abou-
Haçan-Ali-ben-el-Hôcein-Ibn-Ali-el-Massoudi, dans ses *Prairies d'or*,
chapitre CXII, dit : « Une fraction des Soufi et des propagandistes
» (صحاب الدعاء) (qui, à Bagdad et dans d'autres écoles, rejettent
» de leurs doctrines l'union et la séparation), soutient que Dieu impose
» l'amour à l'homme comme une épreuve, pour l'exercer à l'obéis-
» sance envers l'objet aimé ; en souffrant des rigueurs, en se réjouis-
» sant de la tendresse de la personne chérie, l'homme en déduit la
» portée de l'obéissance qu'il doit au Tout-Puissant, au Dieu incom-
» parable et sans égal qui l'a créé sans y être contraint, qui le nour-
» rit et le comble de ses bienfaits dès le premier jour. Puisque l'homme
» se soumet aux lois de son semblable, il convient à plus forte raison
» qu'il recherche les faveurs de Dieu. Cette thèse est longuement dé-
» veloppée par les Batheniens Soufi. » — Tome VI, page 384 de la
traduction de C. Barbier de Meynard.

» patience, la solitude et le penchant à la soumission à Dieu. — L'a-
» mour par l'âme se traduit par l'embarras, l'étonnement, le regret,
» les sanglots, la soif, la frénésie, l'anéantissement de soi-même en
» Dieu, la suspension de ses facultés, la présence en Dieu sans trêve,
» l'amour de l'obéissance, l'abandon à Dieu et à son Envoyé, la re-
» nonciation au libre arbitre, l'abaissement en Dieu, la pauvreté. De
» toutes ces vertus naît une lumière blanche, résultant de la prière
» et de l'amour, et qui s'échappe du Trône divin.

» A l'apparition de cette lumière, le cœur s'ouvre aux fureurs de
» l'amour. Une lumière jaune lui succède, elle sort du trône de Dieu
» lui-même. Le cœur, en le recevant, est enveloppé de feu; sa fréné-
» sie augmente avec ses soupirs et son émotion. Dieu se manifeste
» alors et se réunit à l'âme. L'épouvante cesse par le jeûne; le cœur
» se calme par la faim; la vue s'éclaircit à la clarté de la lumière
» intérieure; l'oreille se ferme aux bruits extérieurs; l'âme se repait
» de sa souffrance et se réjouit de sa douleur; la solitude plaît;
» l'existence et le néant se confondent.

» L'amour complet consiste à suivre les préceptes du Prophète, en
» ce qui regarde les choses extérieures et intérieures. Dieu a dit:
» Dis: si vous aimez Dieu, suivez-moi. Dieu alors vous aimera.

» L'amour secret consiste à se renfermer en Dieu; à s'abimer dans
» sa louange, par l'étude de soi-même; à s'anéantir dans la contempla-
» tion de l'essence de Dieu, de façon à se laisser entièrement absorber
» dans l'Être divin; à concentrer toutes ses facultés dans la vue de son
» amour en faisant abstraction de l'amour que l'on a pour soi. Lorsque
» l'amour secret est arrivé en communication avec l'amour intérieur
» de Dieu, la prière fait alors jonction avec la prière et la dualité
» devient unité. On voit alors des esprits lumineux, on éprouve des
» joies spirituelles, des visions délicieuses nées du rapprochement
» avec l'objet aimé (1).

» De l'amour secret naissent le ravissement, l'oubli de soi-même et
» la pudeur; on est tout entier rempli d'un souffle de la Divinité. (Il
» est nécessaire de parcourir tous les degrés de l'amour.)

» O Croyant! que le degré de perfection où tu es arrivé soit tou-
» jours présent à tes yeux. Si tu veux parvenir au degré de l'intelli-
» gence, tu dois prêter l'oreille et obéir à Dieu et à son Prophète.
» Dieu a dit: « Interrogez les hommes de prière lorsque vous ne
» savez pas. » — « Sois savant, a dit le Prophète, ou instruis-toi, ou
» écoute; mais ne sors pas de ces trois états. »

» Si tu es arrivé au degré de l'amitié de cœur, tu dois obéir à Dieu
» et à son Prophète. Dieu a dit: « C'est un jour (2) où l'on ne reti-

---

(1) Le texte arabe de ce passage est fort défectueux.
(2) Le jour de la mort.

» rera profit ni de la fortune, ni de ses enfants, mais seulement de
» l'abandon entier du cœur. » Le cœur confiant est celui qui a été
» éprouvé par l'amour de Dieu et s'est abandonné à lui sans restric-
» tion.

» Si tu es arrivé au degré de l'amour par l'âme, il te faut obéir à
» Dieu et à son Envoyé. Dieu a dit : « On t'interroge au sujet de l'â-
» me. Réponds : l'âme est dans la dépendance de Dieu, etc..... » Les
» âmes forment une armée compacte qui entoure le trône. Lors même
» que l'âme est aujourd'hui emprisonnée dans le corps, elle n'en voit
» pas moins les mystères du monde invisible.

« Si tu es arrivé au degré de l'amour mystérieux, il te faut encore
» obéir à Dieu et à son Envoyé. Dieu a dit : « Je connais ce que vous
» cachez et ce que vous découvrez. » Celui qui conserve son secret,
» Dieu le garantira contre sa divulgation (on ne doit pas faire parade
» des mystères que Dieu a jugé bon de révéler). N'avancerais-tu que
» d'un pas dans la voie de la perfection, qu'il y a pour chaque degré de
» l'amour ou de l'amitié des signes visibles, des marques auxquelles
» on ne saurait se tromper. Dieu a dit : « On les connaît par la mar-
» que de leurs prosternations, qui se trouve sur leur visage. — Ils
» dormaient peu pendant la nuit. »

» L'amour est une mer sur laquelle flotte le vaisseau. Ton amour
» sera sur la mer des états, ou la mer du goût, ou la mer de l'incen-
» die, ou la mer de la perdition. »

Un des manuels contient, en outre, une sorte de catéchisme très peu clair sur des questions de métaphysique qui ne sont pas abordées dans l'autre manuscrit ; nous en extrayons ceci :

« ..... Les entretiens et les causeries (sont permis). Le Prophète,
» en effet, a dit : « Il y a dans mon peuple des personnes qui s'en-
» tretiennent des choses saintes, de même qu'il y en a qui conversent
» de toute autre chose. Omar est de ceux-là. »

» L'œuvre première est un repentir sincère. L'œuvre intermédiaire
» est la crainte respectueuse et la proclamation de la grandeur de
» Dieu. L'œuvre dernière est la perte de l'existence extérieure et la
» concentration des facultés dans l'abîme des grandeurs de Dieu, et
» aussi la vie en Dieu.

» La plus grande science est celle qui marche de front avec la
» crainte de Dieu.

» La meilleure action est celle qui est prise en vue de Dieu.

» La clef de toute science est la science de Dieu. (Théologie.)

» La plus belle action est celle qui est exempte de toute passion.

» Si quelqu'un vous demande : qu'est-ce que le combat, l'attention,
» la vision, la certitude simple, la certitude morale ? Dieu est-il sur
» la terre ou dans le ciel ?

» Apprenez que le combat est le premier degré, l'attention le degré
» moyen, et la vision le degré extrême.

» Vous dites : où Dieu est-il ? sur la terre. Pourquoi ne disons-
» nous pas qu'il est dans le ciel ? puisque le mot ciel (sama) signifie
» hauteur, et qu'il indiquerait, dès lors, la hauteur de Dieu et sa gran-
» deur, car il possède seul les attributs de la perfection, de la plénitude,
» qu'on ne peut concevoir ni par l'intelligence ni par l'analogie.

» Quand nous disons que Dieu est sur terre, ce n'est là qu'une
» façon de s'exprimer, un moyen de proclamer sa grandeur, de le
» prier, de le craindre, de l'aimer. Ce sont là des mystères dont est
» plein le cœur de ceux qui savent, qui ne cessent de prier. Le Maî-
» tre souverain, ce Vrai absolu, est trop grand pour s'ouvrir à l'ana-
» lyse, pour se prêter à la mobilité, à la fixité, à la compressibilité
» dans un lieu.

» Vous parlez de certitude simple, de certitude morale ?

» Sachez que la certitude simple est une mer sans rivages. Au-
» dessus d'elle se trouvent la certitude morale et la certitude physi-
» que. Les génies et les hommes se réuniraient pour donner l'expli-
» cation de ces différentes certitudes, qu'ils ne pourraient en définir
» une seule lettre. La porte des interprétations restera toujours ou-
» verte, quand même il ne se trouverait plus sur terre une seule plante
» dont on tire les plumes à écrire.

» La certitude simple comprend l'examen et la preuve, après qu'on
» est sorti des ténèbres de l'imitation. En effet, l'imitation, en fait de
» foi, renferme implicitement le doute ; tandis que l'examen et la
» preuve indiquent la certitude.

» La certitude morale, c'est la conviction, basée sur un ensemble
» de preuves et de témoignages, de l'unité de Dieu.

» La certitude physique est fondée sur le jugement qui va du Créa-
» teur à la créature. Le premier degré de cet état est l'établissement
» de l'unité de Dieu, le deuxième l'abstraction en Dieu et le troisième
» l'isolement en Dieu.

» Le combat est la résistance à soi-même, l'abandon de tout repos,
» l'abondance des pleurs, l'étude, la recherche des vérités éternelles,
» sans sortir des limites établies par le Livre et la Sonna.

» L'attention est la retenue.

» Le combat contre soi-même et l'attention sont deux états acces-
» sibles à l'homme. Il n'en est pas de même de la vision, qui est la
» contemplation des choses divines et que pourrait seul définir un
» extatique ou un spiritualiste. La vision comporterait de longues
» explications qu'il n'y a pas lieu de donner.

» A cette question : « A quelle distance Dieu est-il de toi ? » Réponds :
» « A la même distance que je suis de lui. Il est avec vous en quel-
» que lieu que vous soyez. » A cette autre question : « Dieu est-il
» près ou loin ? » Réponds : « Il est près sans jonction, il est loin
» sans séparation. »

» La proximité et la « lointaineté, » disent certains philosophes,
» indiquent une distance, ce qui serait absurde (en parlant de Dieu)
» et l'absurde n'est point admis par la raison.

» Si quelqu'un te demande : « Dieu est-il dans la science ou en
» dehors. » Réponds : « Dieu n'est ni au-dessus, ni au-dessous, ni à
» droite, ni à gauche, ni devant, ni derrière la science. » Ne pas per-
» cevoir l'objet entier n'indique pas l'absence de perception.

» Rien n'est comparable à Dieu : il entend et voit.

» Si au lieu de trouver en tête de ce verset une proposition néga-
» tive, on y voyait seulement que *Dieu entend et connait*, le doute,
» l'incertitude et la discussion seraient permis à l'intelligence en ce
» qui concerne l'incomparabilité de Dieu. Mais en parlant ainsi, Dieu
» s'est mis au-dessus de tout et s'est purifié de tout contact avec la
» matière, la contingence et l'essence des choses ; il s'est écarté de
» tout terme de comparaison, de toute dualité. Il plane bien au-des-
» sus de toutes les entités.

» On te dira : « Qu'est-ce que la contingence ? » Réponds : « Le ca-
» ractère de la contingence est de ne pas durer deux instants ; elle
» n'existe pas de soi-même. Elle se divise en contingence absolue et
» en contingence relative. »

« La contingence absolue se compose des couleurs, des substances
» corporelles, du goût, des odeurs.

» La contingence relative se subdivise en contingence dépendante
» et contingence indépendante.

» La contingence dépendante comprend : la science dans l'homme
» savant, l'ignorance dans l'homme ignorant, l'amour dans l'objet
» aimé, la haine dans l'objet haï, etc....

» La contingence indépendante comprend : la faim, la soif, la joie,
» le chagrin, etc....

» Dieu, notre maitre, est immensément éloigné de tous ces carac-
» tères.

» Les contingences sont les données intérieures de la matière et
» de l'essence. La mort, la science, l'ignorance, l'ouïe, la vue, la pa-
» role, le mouvement, le repos sont des contingences, ainsi que tou-
» tes les données intérieures à la matière et à l'essence. La matière
» et l'essence n'existent pas dans la contingence, et celle-ci n'est
» pas forcément dépendante de l'existence de la matière et de l'es-
» sence.

» Dieu est infiniment au-dessus de toute *quomodéité*, de toute con-

» tingence, de toute matérialité, des lieux, des temps, et de toute
» direction.

» Que sont les corps, qu'est-ce que l'essence ? vous dira-t-on.

» Les corps sont un composé de substances, en quantités plus ou
» moins grandes ; chaque corps occupe une portion de l'espace.

» Les substances sont formées d'atomes qui ont appartenu à d'au-
» tres substances. Les atomes sont indivisibles.

» Les corps sont de deux sortes : les corps diaphanes et les corps
» opaques.

» Les corps diaphanes sont, par exemple : l'air, le vent, les nuages,
» la fumée, les brouillards, l'eau, le feu, etc....

» Les corps opaques sont, par exemple : les pierres, les arbres. »

. . . .

Il est bien évident qu'il n'y a, dans les manuscrits dont nous avons pu disposer, que la doctrine extérieure et en quelque sorte officielle : la doctrine ésotérique ne se communique, sans doute, qu'aux adeptes déjà arrivés à un certain degré d'initiation. C'est, du moins, ce qu'on peut présumer des cérémonies mêmes de l'initiation et de l'Ouerd qui se trouvent dans les manuscrits. Rien, en effet, lors de l'admission du néophyte ou lors de la récitation du rituel spécial des Aïssaoua, ne peut faire soupçonner les habitudes de mortification ou les exercices thaumaturgiques auxquels se livrent ces khouan.

Voici en quels termes le manuscrit du petit-fils de Ben-Aïssa s'exprime au sujet de la réception des adeptes :

« La première chose qu'il faut connaître, dit le cheikh Sidi Mah-
» med-ben-Aïssa, en entrant dans la confrérie, et après avoir appris
» le Touhid et les statuts de la société, ce sont les cinq formules sui-
» vantes :

» 1° Dieu me voit, Dieu témoigne contre moi ;
» 2° Ton Dieu ne t'ordonne pas de faire ce qu'il a défendu. (1).

» En premier lieu, on doit réciter sept fois la formule par laquelle
» on se réfugie auprès de Dieu, pour éviter les embûches du démon le
» lapidé.

» Réciter sept fois :

---

(1) Il doit y avoir ici une lacune.

» Au nom de Dieu clément et miséricordieux.
» Réciter cent fois : Au nom de Dieu.
» On dira ensuite la louange de Dieu Très-Haut et on le remerciera
» de sa bonté, puis on ajoutera :
» O toi, souverain gardien, qui vois tout, qui es notre secours, gar-
» de-moi. O toi qui es doux et compatissant, qui es bienfaisant ; c'est
» en toi que je mets mon appui, ô Dieu, ô Dieu, ô Dieu !
» On dira de nouveau la formule par laquelle on se réfugie auprès
» de Dieu et celle de : au nom de Dieu, et l'on ajoutera :
» O mon Dieu, j'implore ton pardon pour toutes mes fautes vénielles
» et mortelles, contre mes péchés d'oubli, de pensée, contre les omis-
» sions dont je me suis rendu coupable.
» Après cela, on louange Dieu et on lui rend grâce, puis on ajou-
» tera :
» O toi, le gardien, qui vois tout, etc..., comme il a été dit plus
» haut. Cette formule sera répétée au commencement de chaque cen-
» taine. On récitera de nouveau la formule du refuge auprès de Dieu
» et celle-ci : au nom de Dieu. Puis on dira :
» O mon Dieu, répands tes grâces et tes bénédictions sur notre
» Seigneur Mohammed, ton Envoyé et le guide de ta voie, grâces et
» bénédictions à la faveur desquelles je serai élevé dans les hauteurs
» de la pureté et obtiendrai tes récompenses particulières. Daigne
» accorder à ton Prophète un salut aussi étendu que ta science, aussi
» infini que les mystères de ton Livre. »

Le dikr des Aïssaoua est sensiblement le même que celui des Chadelya. Il n'est pas explicitement formulé dans les manuscrits que nous avons, mais les renseignements qui nous ont été donnés d'autre part nous font penser que ce dikr consiste dans ce que le manuscrit appelle l'*Ouerd du matin,* et qu'on trouvera ci-après.

Il est, en effet, à remarquer que la leçon liturgique de Si Mahmed-ben-Aïssa donne un rituel, ou Ouerd, spécial pour chacune des cinq prières quotidiennes du Hamaz.

Voici ces formules :

Ouerd du matin :

— Réciter cent fois :
« Au nom de Dieu clément et miséricordieux. »
— Réciter cent fois :

« Il n'y a de Dieu que Allah ! »
— Réciter cent fois ;
« J'implore le pardon de Dieu. »
— Réciter cent fois :
« Que la louange de Dieu soit proclamée ! Je prie Dieu de pardonner mes péchés. »
— Réciter cent fois :
« J'implore le pardon de Dieu et je proclame la louange de mon Maître. »
— Réciter cent fois :
« Il n'y a de Dieu que Allah ! le redoutable, le fort, l'irrésistible. »
O mon Dieu ! répands tes bénédictions sur notre Seigneur Mohammed en nombre aussi étendu que ta création, aussi grandes que le poids de ton trône, aussi abondantes que l'encre qui sert à transcrire ta parole, aussi étendues que ta science et tes prodiges.

Ouerd du Doha (en moyenne 8 heures du matin).

— Réciter cent fois :
« Au nom de Dieu clément et miséricordieux. »
— Réciter mille fois :
« Il n'y a de Dieu que Allah. »
— Réciter mille fois :
« Dis : il est le Dieu unique. »
— Réciter mille fois :
« O mon Dieu, répands tes bénédictions sur notre Seigneur Mohammed, sur sa famille, sur ses compagnons, et accorde-leur le salut ! »

Ouerd du Dohor (après-midi).

— Réciter mille fois :
« Au nom de Dieu clément et miséricordieux. »
— Réciter mille fois :
« Il n'y a de force et de puissance qu'en Dieu, le grand, le sublime. »
— Réciter mille fois :
« Répands tes grâces, ô mon Dieu, sur notre Seigneur Mohammed, sur sa famille, sur ses compagnons, et accorde-leur le salut ! »

Ouerd de l'Acer (instant médian entre midi et le coucher du soleil).

— Réciter mille fois :

« Au nom de Dieu clément et miséricordieux. »

— Réciter mille fois :

« Il n'y a de Dieu que Allah, l'Être adorable, le Saint, le Maître des anges et de l'âme. »

— Réciter mille fois :

« Il n'y a de force et de puissance qu'en Dieu, le grand, le sublime. »

— Réciter mille fois :

« O mon Dieu, répands tes bénédictions sur notre Seigneur Mohammed, sur sa famille, sur ses compagnons, et accorde-leur le salut ! »

———

Ouerd du Mar'reb (coucher du soleil).

— Réciter mille fois :

« Au nom de Dieu clément et miséricordieux. »

— Réciter mille fois :

« La sourate El-Fatiha. »

— Réciter mille fois la sourate commençant ainsi :

« Dis : Il est le Dieu unique. »

— Réciter mille fois :

« O mon Dieu, répands tes grâces sur notre Seigneur Mohammed, sur sa famille, sur ses compagnons, et accorde-leur le salut ! »

———

Ouerd de l'Acha (soir).

— Réciter mille fois :

« Au nom de Dieu clément et miséricordieux. »

— Réciter mille fois :

« Que ta louange soit proclamée ! Tu es Dieu. Que ta grandeur et ta louange soient proclamées ! Tu es Dieu, tu es l'Être infini, que ta louange soit proclamée ! Tu es Dieu. »

— Réciter mille fois :

« O mon Dieu, répands tes bénédictions sur notre Seigneur Mohammed, sur sa famille, sur ses compagnons, et accorde-leur le salut ! »

———

On devra terminer chaque centaine par ces mots :

« O Protecteur ! ô toi qui vois tout ! ô toi qui es notre secours ! protège-moi, Être clément, miséricordieux, bienfaisant. Tu es mon appui, ô Dieu ! ô Dieu ! ô Dieu ! »

Après l'Ouerd, de chaque moment de la journée, les khouan doivent encore réciter la longue prière suivante :

« O Maître ! inspire-moi le bien et aide-moi à l'accomplir. — O Maître ! place-moi dans le séjour de tes amis ; au jour de ta rencontre, dans le tombeau, annonce-moi que je serai du nombre des bienheureux. — O mon Maître ! agrée complètement mon repentir, de façon à ce qu'il ne reste plus trace de mes péchés. — O mon Maître ! maintiens mon cœur sous ton joug et affirme-le dans l'idée de ton unité. — O mon Dieu ! ne me punis pas à cause de mes crimes, épargne-moi l'effet de ta colère, oublie mes révoltes contre toi. — O mon Maître ! place-moi sous ta sauvegarde, toi le souverain et éternel protecteur, sois-moi propice, fais-moi ton élu, sauve-moi par le secours de ta bonté. — O mon Maître ! éloigne de moi le mal produit par les hommes de mal, écrase pour moi, qui suis faible, les hommes d'iniquité, fais le vide dans leurs demeures à cause de leur injustice. — O mon Maître ! toi qui as la grandeur, la générosité, fais-moi goûter à la douceur de ta miséricorde. — O mon Maître ! fais que je te sois agréable, fais que j'éprouve mon bonheur en toi, que je sois généreux pour toi. — O mon Maître ! déverse sur moi un peu de ta science, toi qui as augmenté celle d'El-Khadir (1), qui lui as découvert tes secrets par un effet de ta miséricorde. — O mon Maître ! purifie mon cœur en lui enlevant le doute, le penchant à t'associer d'autres dieux ; accorde-moi la certitude, l'unité de foi et de pensée en toi. — O mon Maître ! place-moi à l'ombre de ton trône au jour où il n'y aura d'autre ombre que la tienne. — O Maître ! fais que je te regarde comme suffisant, car toi seul es suffisant, et rien ne peut se passer de toi. — O Maître ! ne me mets point à l'écart de ta générosité, car tu es l'Être généreux par excellence. — O Maître ! fais que je possède mon esprit, afin qu'il ne me commande pas, car tu es le seul souverain, le seul être actif. — O Maître ! sauve-moi de l'orgueil de l'insoumission et du mal de la rébellion. — O mon Maître ! fais-moi persister dans mon obéissance en m'éloignant toujours de l'infidélité ; rends-moi patient dans les douleurs et les épreuves, par un effet de ta bonté. — O Maître ! la terre est trop étroite pour moi, malgré son étendue ; mon esprit est trop petit ; je suis convaincu qu'il n'y a d'autre refuge que toi. — O Maître ! ta bonté est plus grande et plus étendue que mes crimes. Pardonne-moi par un effet de ta clémence et de ta générosité. — O Maître ! fais que je me contente de ce que tu as permis et que je me détourne

---

(1) Personnage légendaire du Coran.

» de ce que tu as défendu, que j'aime ton joug sans jamais me révol-
» ter contre toi ; fais que je me contente de toi, sans jamais songer à
» d'autre que toi, car tu es le seul être riche et bienfaisant. — O mon
» Maître ! ouvre-moi les portes de ta miséricorde et de ta mansuétude ;
» ouvre mon cœur à la lumière de ta miséricorde, de telle sorte que
» je ne connaisse que toi, que je ne voie que toi. — O Maître ! puri-
» fie-moi de toute pensée qui m'empêcherait d'arriver jusqu'à toi ;
» amène mon âme en la présence de ta sainte majesté. — O mon Dieu !
» délivre-moi des fléaux du démon et de ses armées, interpose-toi
» entre moi et ceux qui voudraient me séparer de toi. — O Maître !
» rends-moi témoin de ta grandeur et de ta majesté ; permets, dans
» ta bonté, que je témoigne de ton unité à mon heure dernière. —
» O mon Maître ! rends-moi facile la route qui conduit à toi ; donne-
» moi la lumière qui me mènera vers toi. — O mon Maître ! ta promesse
» est vraie, ta parole est vraie, mets-moi au nombre de ceux auxquels
» tu as promis le pardon et une magnifique récompense. — O Maître !
» je n'ai d'espoir qu'en toi, tu es ma foi, mon but. O toi qui conduis
» qui tu veux au droit chemin, conduis-nous à la voie la plus lumi-
» neuse, montre-toi à moi directement, par les mérites de tes Prophè-
» tes, de tes Saints, et répands tes bénédictions sur notre seigneur
» et maître, Mohammed, sur sa famille, sur ses compagnons, et ac-
» corde-leur le salut. »

Il semble qu'avec de pareilles prières à réciter, le temps doive être complètement absorbé pour les khouan; il paraît qu'il n'en est rien, car, après bon nombre de litanies et de prières que nous ne reproduisons pas ici, le manuscrit donne « le grand Ouerd du cheikh Mahmed-ben-Aïssa; celui qu'il faut réciter cent fois, et dix fois seulement si on est dans des circonstances tourmentées. »

Ce grand Ouerd ne diffère de l'Ouerd ordinaire que par le nombre de répétitions des formules islamiques, nombre qui atteint des proportions formidables; puis aussi par l'intercalation de prières relativement courtes, de 8 ou 10 lignes, qu'il faut répéter cent fois, etc. Nous croyons inutile de transcrire ici cet Ouerd, qui ne fait que développer les extraits déjà si longs que nous venons de donner.

En somme, ce qui se dégage de tous ces extraits,

c'est un mysticisme ardent, une tension d'esprit continuelle vers la Divinité, une multiplicité d'invocations.

Dans la pratique, ces invocations se font à haute voix, sur un rythme rapide que soutient la musique des tambours, et qui va toujours en s'accélérant, jusqu'à ce que l'excitation et l'étourdissement amènent une sorte d'insensibilité physique et d'ivresse cérébrale favorable aux hallucinations, aux extases et au délire religieux.

Sans doute, les chefs des Aïssaoua et les véritables dévots s'arrêtent à ce point; mais il faut plus pour frapper les yeux des masses et entretenir leur superstitieux respect. Alors les procédés physiques les plus divers viennent en aide aux Aïssaoua : c'est une affaire de métier et de secrets professionnels, dont l'examen appartient au physiologiste et au chimiste.

Ces procédés sont aujourd'hui connus chez les indigènes, et beaucoup les exploitent, se donnant pour des Aïssaoua, alors qu'ils ne sont que d'habiles prestidigitateurs (1).

Nous avons sous les yeux une lettre toute récente, par laquelle le Grand-Maître de l'ordre à Méquinez accrédite, en Algérie, un Tripolitain nommé chaouch de l'ordre et rentrant dans son pays ; le Grand-Maître, en recommandant cet indigène, engage ses adeptes à ne pas

---

(1) Nous croyons inutile et en dehors de notre sujet de décrire les exercices des Aïssaoua, qui ont fait l'objet de plusieurs publications et sont connus. Nous nous bornerons seulement à faire remarquer que tout ce que M. Henri Martin raconte des convulsionnaires de St Médard, tout ce qui a été écrit au sujet de ces fanatiques chrétiens, s'applique exactement aux Aïssaoua. Les pratiques sont souvent absolument identiques, et on y retrouve aussi l'alliance étrange du véritable sentiment religieux et de la morale la plus élevée, avec des insanités maladives et des manifestations aussi puériles que grossières.

Nous rappellerons que, d'après les traditions arabes, le premier qui découvrit les qualités narcotiques de la graine de chanvre et du hatchich était un Soufi indo-persan nommé Haïdar, lequel employa d'abord sa découverte à donner des extases et des hallucinations religieuses aux disciples de sa zaouïa et de son ordre (les Haïdarya).

prendre au sérieux tous les gens qui se disent Aïssaoua et qui ne sont que des magiciens.

Voici la traduction de cette pièce, la seule que nous ayions émanant de la zaouïa de Méquinez : elle se termine par une demande d'offrande qui montre que les préoccupations mystiques ne sont pas les seules qui hantent l'esprit des « Saints de Méquinez », encore bien que la richesse de leur zaouïa soit considérable.

« Louange à Dieu ! qu'il accorde ses bénédictions à notre Seigneur
» Mohammed et lui fasse entendre de nombreuses paroles de paix
» jusqu'au jour de la rétribution.

» El-Hadj-Mohammed-ben-Mohammed-Abbeya, de Tripoli, est venu
» au tombeau du Cheikh accompli (du chef de la Communauté), de
» celui qui est attaché à Dieu, du noble, du bienfaisant, de celui qui
» dirige vers Dieu, du plus courageux des hommes, de mon Seigneur
» et Maitre Mahmed-ben-Aissa ; il s'est trouvé avec tous les enfants
» du Cheikh, lesquels ont fait des vœux pour que le bonheur le plus
» complet lui soit accordé, et l'ont traité avec bonté.

» Nous vous demandons de lui faire du bien, d'en avoir soin, de le
» respecter et lui venir en aide, pour l'amour du Cheikh accompli.

» Après notre salut sur tous les Fokara (adeptes), grands et petits,
» sur le cheikh Miloud et sur El-Hadj-Ali, sachez que nous avons
» nommé El-Hadj-Mohammed, chaouch de la secte du Cheikh parfait.
» Cette nomination est irrévocable.

» Ensuite, nous avons appris que des individus habiles dans la magie
» (le sens parait être ici « des imposteurs ») vont vous voir, se préten-
» dant issus du Cheikh et que vous leur faites du bien. A partir d'au-
» jourd'hui, si quelqu'un vient vous visiter, ne lui accordez aucune
» confiance ; la généalogie du Cheikh est connue et les enfants du
» Cheikh ne sortent pas du pays.

» Sachez aussi que la ville de Meknas (Mequinez) n'est pas éloignée
» pour des gens pénétrés d'amour (pour leur cheikh) ; il n'arrive de
» votre part, au Cheikh, ni ziara, ni étoffes pour recouvrir le tom-
» beau du Cheikh. Vous ne pensez ni peu ni beaucoup aux enfants
» du Cheikh ; c'est honteux pour vous.

» Salut sur tous les Fokara (adeptes). Nous vous recommandons,
» dans le cas où El-Hadj-Mohammed arriverait auprès de vous dénué
» de ressources, de lui venir en aide ; celui qui lui donnera quelque
» chose sera agréable à Dieu et au Cheikh parfait.

» Salut.

» Le neuvième jour de Djoumada-et-tsania, année douze cent qua-
» tre-vingt-treize, 1293.
 » Le serviteur de son Dieu, El-Hadj-el-Aïssaoui et toute la réunion
» des enfants du Cheikh, grands et petits.
 » El-Hadj-el-Aïssaoui, Sidi Mohammed, Sidi Abdallah, Sidi Ahmed,
» Sidi Mohammed et Sidi Allal.
 » Et le salut. Année 1293. »

Nous avons parlé du respect superstitieux qui entoure les Aïssaoua, et de leur popularité. C'est qu'en effet, la croyance commune veut que, plus que les autres khouan, ils aient le pouvoir de guérir les maladies.

« Évidemment, parmi ces gens qui se torturent ainsi pour l'amour de Dieu, il doit se trouver de vrais Saints, peut-être même un R'outs (1); si on les amène dans la maison d'un malade, pour y faire leurs prières, ils peuvent impunément se charger de la maladie, qui n'a pas prise sur eux, et la retirer au patient. »

Aussi, les Aïssaoua vont-ils à domicile donner des séances de prières et d'exercices pour guérir ceux qui souffrent. C'est la vieille théorie indienne de l'innocent qui, par amour de Dieu, s'offre en expiation et souffre pour les coupables et les malheureux.

Les touristes qui assistent à ces séances ne se doutent généralement pas qu'à côté d'eux, dans une chambre voisine, souffre un pauvre diable que cet infernal vacarme est censé devoir guérir.

Ce n'est pas seulement dans le peuple que les Aïssaoua sont en faveur. A Méquinez, ils sont presque tous exempts d'impôt et de corvées; et en Algérie, la même faveur était accordée, par les Turcs, à tous les Ouzeras, descendants de Si Mahmed-ben-Aïssa. Le chef de cette famille nous a montré 23 lettres émanant des Deys d'Alger, des Beys de Tittery et d'autres grandes personnalités turques, leur confirmant les exemptions d'impôt.

---

(1) Voir chapitre V.

ainsi que le droit de Touiza sur les tribus voisines, et ordonnant à tous de les honorer et de les protéger « par amour pour la vertu de leurs aïeux (1). »

Cette famille dirigeait la tribu des Ouzera (de Médéa), qui nous résista jusqu'en 1842. A cette époque, elle fit sa soumission et depuis ne donna jamais lieu à aucune plainte.

Il existe, dans le cercle d'Aumale, une tribu qui se dit issue de Si Mahmed-ben-Aïssa, et qui est dénommée Ouled-Sidi-Aïssa ; c'est un groupe de Cherfa, plutôt qu'une fraction de l'ordre. Le directeur religieux de cette tribu appartient à la famille de Si El-Atreuch-ben-Mohammed-ben-Robia, moqaddem de l'ordre.

Depuis 1842, et dans les trois provinces, les Aïssaoua sont toujours restés en dehors des insurrections ou des troubles locaux ; non pas sans doute d'une façon absolue, mais au moins en tant que groupes constitués d'un ordre religieux. Ils vivent du reste très à l'écart, et si, dans les villes, ils font facilement acte de déférence en laissant les Français, amis des fonctionnaires, assister à leurs séances, leur mysticisme les éloigne fortement de notre civilisation, et les rend inaccessibles à tous les progrès dont nous essayons de faire profiter leurs co-religionnaires.

Aussi, bien qu'ils n'aient jamais donné prise à des accusations justifiées, il est prudent de les surveiller, car ils ont leur point d'attache et leur centre de direction hors de l'Algérie, et leurs doctrines chadelites les mettent en relations faciles avec tous les ordres religieux existant dans les autres États musulmans.

Si Snoussi, il est vrai, ne nomme pas les Aïssaoua parmi les ordres qu'il préconise, et cela à cause de leurs pratiques que sa rigidité réprouve ; mais il nomme les Djazoulya, qui n'existent plus que de nom et dont les

---

(1) Le plus ancien de ces actes remonte à 1051 de l'Hégire, soit 1641-42 de J.-C. Il est timbré du cachet de Youcef-Bey.

Aïssaoua sont les continuateurs, comme les Taïbya, Chadelya, Derqaoua, etc.

Nous avons vu, d'ailleurs, que les exercices des Aïssaoua tiennent une bien petite place dans l'esprit des chefs de l'ordre, et les extraits que nous avons donnés des livres et doctrines n'ont rien qui ne puisse être hautement apprécié par les soufi les plus austères.

En Algérie, les Aïssaoua comptent :

Prov. d'Alger.....	2 zaouïa,	11 moqadd.,	750 khouan	
— d'Oran......	7	23	1364	3.116
— de Constant.	4	11	957	Aïssaoua.

En Algérie, le khalifat de l'ordre des Aïssaoua paraît être Si El-Atreuch-ben-Mohammed, vieillard de 88 ans environ, gardien du tombeau du petit-fils de Sidi-Aïssa, à la limite du cercle d'Aumale et de Bouçada. Il n'a ni zaouïa, ni meid ; il vit en ascète et a peu de rapports avec les Français, mais ces rapports sont bons et des plus courtois.

Il passe pour être en communication constante avec l'âme de Sidi Aïssa. Ces prétendues visions lui ont donné un très grand renom chez les indigènes, et malgré la simplicité et l'isolement de sa vie, lui ou ses enfants pourraient jouer, s'ils le voulaient, un rôle politique important. Heureusement, ils ne paraissent guère y songer. Si El-Atreuch et son fils Si Hocein, appelé à lui succéder, sont des gens sages, amis de l'ordre et ayant toujours prêché la paix.

Ils reçoivent des ghafara, ou offrandes religieuses, des tribus suivantes :

Ouled-Dris, Ouled-Msellem, Ouled-bou-Arif, Ouled-Salem, Ouled-Ferah, Ouled-Barka (du cercle d'Aumale) ;

Nomades des cercles de Médéa, Boghar et commune mixte de Teniet-el-Haad ;

Larba (de Laghouat) ;

Ouled-Chair (de Bouçada) ;

Selmia, Rahman, Bou-Azid, Ouled-Zekri (du cercle de Biskra);
Souama, Ouled-Madhi (du cercle de Msila);
Ouled-Djelal-Kebbacha, Ouled-Trif (de Bordj-bou-Arreridj).

Il y a, en outre, dans le cercle de Boghar, deux tribus de la descendance de Sidi Aissa, en relations constantes avec Si El-Atreuch.

CHAPITRE XXII

LES BAKKAYA

CHIKH-OMAR-BEN-SID-AHMED-EL-BAKKAY
(960 de J.-C. — 1552-1553 de l'Hégire)

Parmi les ordres religieux et les groupes maraboutiques se rattachant aux Chadelya, les Bakkaya de Tinbouktou méritent une étude toute spéciale, en raison des pays où s'exerce leur influence. Malheureusement, nous n'avons pas les données nécessaires à cette étude, et nous sommes forcé de nous borner, ici, à un aperçu beaucoup trop vague et beaucoup trop sommaire.

L'ordre des Bakkaya, qui a son centre à Tinbouktou, est entièrement dans la main de la famille maraboutique des Bakkay, qui en a la direction depuis plusieurs siècles.

Le docteur Barth (1) nous a fait connaître la généalogie des Bakkay ; nous croyons devoir la reproduire ici, parce que ces noms peuvent fournir des indications utiles et aussi parce que, à un certain moment, la généalogie réelle se confond avec la chaîne mystique des Saints qui se sont transmis l'enseignement et les pouvoirs religieux.

1, Sidi Okba (2) *Ibn-Nafi-el-Fihri*, le grand conquérant de la Berberie. — 2, Sakeri. — 3, Yadroub. — 4, Saïd. — 5, Abd-el-Kerim. —

---

(1) Travels and discoveries in nord and Central Africa. Tome IV. Annexe.

(2) Barth dit : « Okba-ben-Omar-el-Mourtadjeb-el-Djohani ; » c'est une erreur : *le grand conquérant de l'Afrique* fut Okba-Ibn-Nafi-el-

6, Mohammed. — 7, Yakhsta. — 8, Dahman. — 9, Yahia. — 10, Ali. — 11, Sid Ahmed (ou Mohammed) El-Kounti, né d'une mère Lemtounia appelée Yaquedech, et mort à Fask, à l'ouest de Schinguit (Adrar). — 12, Sid Ahmed-el-Bakkay, mort au Oualata. — 13, Sidi Omar-ech-Chikh, qui fit abolir la cruelle habitude que l'on avait, avant lui, de tuer tous les enfants mâles sauf un ; il laissa vivre ses trois fils. Il était lié avec Abd-el-Kerim-ben-Mohammed-et-Mougheli, et, *il était allé, en sa compagnie, rendre visite au savant cheikh Es-Syouti*, en Égypte. Il mourut en 960 de l'H. (1552-1553 de J.-C.) dans le district d'Igdi, à l'est de Seguiet-el-Amera. — 14, Sid El-Ouafa qui, bien que second fils d'Omar, lui succéda comme *ouali*, pendant que la charge de chef restait aux mains de l'aîné, Sid El-Mokhtar ; celui-ci mourut dans la koubba dite Zaouiet-Kunti, située dans le voisinage de Bou-Ali, ksar du Touat où réside la famille de El-Mougheli : Ouafa avait un jeune frère nommé Sid Ahmed-er-Rega. — 15, Sid Habib-Allah. — 16, Sid Mohammed. — 17, Abou-Beker. — 18, Baba-Ahmed ; ces quatre derniers furent seulement de saints personnages sans avoir la dignité de cheikh. — 19, Mokhtar, autrement dit Mokhtar-el-Kebir, afin de le distinguer de ses petits-fils. Avec lui la dignité de cheikh passa dans une autre branche de la famille ; il mourut en 1226 de l'H. (1811-1812 de J.-C.). Un songe ou vision surnaturelle qu'il eut en 1209 de l'H. (1794-1795 de J.-C.) est restée célèbre dans tout le Soudan. — 20, Sid Mohammed-ech-Cheikh, mort le 2 choual 1241 (10 mai 1826), alors que le major Laing était dans les montagnes d'Azouad. — 21, Mokhtar, son fils aîné, mort en 1263 de l'H. (1846-1847 de J.-C.), à Tinbouktou. — 22, Sid Ahmed-el-Bakkay, jeune frère de Mokhtar, actuellement (en 1855) cheikh et chef de la famille.

En 1861, son fils aîné se nommait Sid Mohammed ; un autre Mohammed, son neveu, fut en relations, à cette époque, avec M. Duveyrier, et ce savant voyageur a fait de lui le plus grand éloge.

Sid Okba-ben-Nafi-el-Fihri ayant conquis le Sous et s'étant avancé, en 62 de J.-C. (681-682 de l'H.), au sud de ce pays pour combattre et soumettre les Messoufa, la présence à Tinbouktou d'un descendant de ce personnage n'a rien d'extraordinaire. Ce ne fut cependant pas à

Fihri ; il était du reste contemporain de Okba-ben-Omar, compagnon du Prophète, puis gouverneur d'Égypte et conquérant de l'île de Rhodes, l'an 47 de l'Hégire (667-668 de J.-C.).

l'époque de l'expédition de Sidi Okba que la famille de Cheikh-Bakkay s'installa dans le Soudan, c'est ce que démontre la diversité des lieux de sépulture connus pour quelques-uns de ses membres. Du reste, lorsque en 754 de J.-C. (1353-1354 de l'H.), Ibn-Batouta passe à Tinbouktou, ce savant nomme, suivant l'usage des auteurs musulmans, toutes les notabilités religieuses ou politiques qu'il rencontre, et, dans cette énumération, il ne fait mention d'aucun des ancêtres de Bakkay. Par contre, Ibn-Batouta cite le tombeau d'un poète originaire d'Espagne : Abou-Ishak-el-Garnati (de Grenade), et il raconte une anecdote démontrant qu'à cette époque il existait des relations suivies entre Tinbouktou et l'Égypte.

Plus tard, lorsque, en dou-el-hedja 998 (octobre 1590), le sultan marocain Mouley-Abbas-Ahmed-el-Mansour entreprit la conquête du Soudan, et qu'il s'adressa, par écrit, « au personnage religieux le plus important » de Tinbouktou, ce ne fut pas à un Bakkay qu'il envoya sa lettre, mais bien à un savant imam et cadhi, nommé Omar-ben-Sid-Mahmoud-ben-Omar-Agit-es-Senhadji. Il faut donc en conclure que la grande influence des Bakkay, dans cette région, n'a commencé que vers le XIe siècle de l'Hégire (soit dans la période comprise entre les années 1591 et 1688 de notre ère).

Cependant, avant cette époque, la famille des Bakkay comptait déjà, parmi ses ancêtres, plusieurs notabilités restées célèbres dans le Touat et le Gourara.

Le premier personnage de la liste généalogique ci-dessus, dont nous sachions quelque chose, est Abd-el-Kerim. C'était un de ces Merabtin conquérants et missionnaires qui, venus du Maroc, imposèrent l'Islam dans l'extrême-sud du Sahara occidental ; mais, s'il faut en croire la légende reproduite par le commandant de Colomb, il ne dépassa pas le Gourara, qu'il soumit et ramena dans la voie de l'Islam, dont l'avait fait sortir un Juif, nommé Gourari, qui laissa son nom aux habitants de cette région.

Le fils d'Ab-el-Kerim se fixa au Touat, dans le district de Bou-Ali, où ses héritiers se groupèrent autour de son tombeau devenu le ksar Zaouïet-Cheikh-ben-Abd-el-Kerim.

Yahia (1), l'un des descendants de celui-ci, fut le père d'Ali (Abou-Ali) ; il est cité au n° 10 de la liste généalogique, et c'est son nom de Bou-Ali qui est devenu l'ethnique de la grande tribu maraboutique des Kounta ou Ouled-Sidi-bou-Ali, et celui du district de Bou-Ali, dans le Touat (2).

Un des fils de ce Bou-Ali, Sid Ahmed-el-Kounti (n° 11 de la liste), né d'une mère Lemtouna, est le même dont le nom sert, concurremment avec celui de son grand-père Bou-Ali, à désigner cette grande tribu des Kounta, qui campe vers El-Mabrouk et gravite entre le Touat et Tinbouktou.

Un des ksour du district de Bou-Ali se nomme Zaouïat-Kounti ou Bou-Ali-Djedid ; les chefs de cette zaouïa sont encore serviteurs religieux des Bakkay de Tinbouktou, et ils exercent une autorité religieuse, — et politique, — non seulement sur le district de Bou-Ali, mais même sur celui de Anzegmir qui compte neuf ksour (3).

Le personnage qui, ensuite, paraît avoir eu le plus de notoriété, parmi les ancêtres de Bakkay, est le chikh Omar dont le docteur Barth vante l'humanité et l'action civilisatrice. Le soin que prend l'auteur anglais de consigner le voyage du cheikh en Égypte, et la visite

---

(1) Ce Yahia n'est pas le patron de la mosquée de Tinbouktou, bâtie en 837 de J.-C. (1433-34 de l'H.), car Barth dit expressément que celle-ci fut élevée par Muhammed-ben-Nacer, gouverneur de Tinbouktou et placée sous le patronage d'un Saint nommé Yahia et originaire de Tadelet, versant sud de l'Atlas.

(2) Le district de Bou-Ali compte six ksours : Zaouït-Kounti ou Bou-Ali-Djedid (le neuf), Kasba-Cherfa, Zaouïet-Chikh-ben-Abd-el-Kerim, Bou-Ali-el-Bali (le vieux), El-Biod, Tazoul.

(3) En 1860 de J.-C. (1276-1277 de l'H.), le chef de la zaouïa Kounti, à Bou-Ali, était Mouley-Smail-Ould-Mouley-el-Kebir.

faite au célèbre Djelal-ed-Din-es-Syouti méritent de fixer notre attention.

A cette époque, Xᵉ siècle de l'Hégire (de 1494 à 1591 de J.-C.), le Songhaï et le Soudan avaient déjà resserré, par de nombreux pèlerinages, leurs anciennes relations avec l'Égypte. Vers la fin du siècle précédent, en 899 de J.-C. (1493-1494 de l'H.), le souverain nègre de Gaô (à l'est de Tinbouktou), El-Hadj-Mohammed-Sokya, allant à La Mecque, s'était fait donner, au Caire, l'investiture temporelle par le khalife Abasside El-Motewekkel, et l'investiture spirituelle par le Cheikh-El-Islam, qui était ce même Djelal-ed-Din-es-Syouti, dont il a été parlé plus haut. Trois ans plus tard, un autre Nigritien, l'ouali Mour-Salah-Djour-el-Ouakari, officiellement investi par « le cherif El-Abassi (1), » de la lieutenance du Songhaï, suivait aussi la direction spirituelle du « très saint et pieux Djellal-es-Syouti. »

La visite que le cheikh Omar-ben-Ahmed-el-Bakkay fit, à quelques années de là, à ce grand khalifat des Chadelya, était certainement l'acte de déférence d'un khouan ou d'un simple moqaddem à l'un des principaux chefs spirituels de son ordre. Djelal-ed-Din-Abou-Fadel-Abd-er-Rahman-Mohammed-es-Syouti, dit El-Moghrebi parce qu'il avait été élevé par un Moghrebin époux de sa mère, mourut en 911 de l'H. (1505-1506 de J.-C.) (2); le cheikh Omar, mort lui-même en 960 de l'H. (1552-1553 de J.-C.), était donc encore jeune quand il fit le pèlerinage, en compagnie d'Abd-el-Kerim-el-Mougheli qui était déjà, sans doute, son maître spirituel.

Quoi qu'il en soit de ces rapprochements, nous croyons être fondé à rattacher les Bakkaya aux Chadelya par l'intermédiaire de Djelal-ed-Din-es-Syouti. Ce qui nous donne la chaîne suivante :

---

(1) Ahmed-Baba-et-Tinboukti. Voir *Revue africaine*, tome I, p. 287, la *Conquête du Soudan*, d'après les documents arabes, par M. de Slane.

(2) Il était né en 849 de l'H. (1445-1446 de J.-C.).

1, Sid Abou-Hacen-ech-Chadeli (656 de l'H., 1258 de J.-C.). — 2, Abou-Abbas-el-Mourci (686 de l'H., 1287-1288 de J.-C.). — 3, Tadj-ed-Din-ben-Atta-Allah (709 de l'H., 1309-1310 de J.-C.). — 3 *bis*, Abd-Allah-el-Hachemi-el-Archi (732 de l'H., 1331-1332 de J.-C.). — 4, Nour-ed-Din-Abou-Maali-Mohammed-ben-Abd-ed-Daim-Amor-ben-Selama-el-Mesri. — 5, Chems-ed-Din-Mohammed-ben-Hassen-ben-Ali-et-Tamini. — 6, Abou-Abbas-es-Soussi. — 7, Djelal-ed-Din-es-Syouti. — 8, Cheikh Abd-el-Kerim-el-Mougheli. — 8 *bis*, Cheikh Amar (1) ben-Ahmed-el-Bakkay.

A partir de ce personnage, la chaîne mystique continue par les membres de la famille désignés dans la liste généalogique citée plus haut.

Nous ignorons les ouerd, le rituel et le dikr spécial des Bakkaya; nous savons seulement que leurs moqaddem et khouan affectent de ne s'occuper que des choses religieuses, et qu'ils ont toujours refusé d'exercer l'autorité politique, ce qui est conforme aux doctrines des Chadelya. Les chefs de l'ordre des Bakkaya n'en sont pas moins, partout, les véritables maîtres des tribus ou des villes dont ils ont la direction spirituelle. Ils ont, jadis, donné au docteur Barth et à Duveyrier des preuves non équivoques de leur tolérance et de leur esprit élevé; rien, dans les faits qui se sont passés depuis, ne nous autorise à penser que ces bonnes dispositions à l'égard des étrangers se soient modifiées : (2) les Touareg, assassins

---

(1) Il y a, dans un des ksour de l'Aouaguerout, près le Gourara, une zaouïa de Cheikh-Omar. C'était un marabout célèbre par sa piété, sa résistance au mauvais esprit, son indépendance vis-à-vis du sultan de Fez, et, enfin, son zèle à réciter son dikr. Nous ignorons si ce personnage est le même que celui qui nous occupe.

(2) Cependant sur la foi de documents qui semblaient démontrer, à la fin du siècle dernier, des relations amicales entre les Bakkaya et les Tidjanya, nous avions demandé à Si Ahmed-Tedjini des renseignements sur ces Chadelya de Tinbouktou, et voici ce qui nous a été répondu par ce marabout : « Le cheikh El-Bakkay nous est » complètement étranger, c'est-à-dire qu'il n'a aucun rapport avec » nous. Nous ne le connaissons que parce qu'il nous est arrivé une » lettre où on le dépeint comme ennemi acharné de notre ordre. » Peut-être n'y-a-il qu'une rivalité résultant de la perception des ziara par chacun de ces deux ordres dans les mêmes régions du Soudan.

de la mission Flatters, étaient des Hoggar, et n'appartenaient pas à la confédération sur laquelle les Bakkaya exercent une action réelle.

C'est à la zaouïa de Tinbouktou que se trouve la maison-mère de l'ordre; ses principales succursales sont : dans le Tikidelt, à Agabli ; dans le Touat, aux deux districts de Bou-Ali et d'Anzegmir, ainsi que dans les ksour de Bled-Sali et d'Aoulef.

L'action religieuse et l'influence des Bakkaya s'étendent : à l'Est et au Sud, sur les tribus de la grande confédération des Touareg Aou-el-Ammiden ; à l'Ouest et au Nord, sur les Trarza, Brakna-Tadjakant, Ouled-Delim, Ouled-Moulet, Assaouad, Kunta ou Ouled-bou-Ali, dans tout le Bas-Touat et dans le Gourara.

Cette énumération, bien incomplète cependant et surtout très peu précise, suffit pour démontrer l'importance de cette influence maraboutique, qui s'étend sur tous les pays situés entre l'Algérie et le Sénégal, et l'intérêt que nous aurions à posséder une bonne monographie de l'ordre des Bakkaya.

CHAPITRE XXIII

ORDRE RELIGIEUX DES KERZAZYA ou AHAMMEDIIN

fondé par le Chérif

AHMED-BEN-MOUSSA-EL-HASSANI-MOULEY-KERZAZ

(1608 de J.-C. — 1016-1017 de l'Hégire (1))

Sid Ahmed-ben-Moussa-el-Hassani appartenait à la grande famille des Idrissites, qui est celle de l'empereur du Maroc et du chef de l'ordre des Taïbya.

Il naquit à Kerzaz, oasis au sud-ouest de Figuig, vers l'an 1502 de J.-C. (907-908 de l'H.) et y mourut à l'âge de 108 ans, après une vie exclusivement consacrée aux exercices religieux les plus austères.

Il avait embrassé avec ardeur les doctrines mystiques des Chadelya, et était moqaddem de cet ordre, quand, à la suite de jeûnes prolongés et de nuits passées en prières, il eut des extases et des visions, dans lesquelles Dieu lui ordonna de bâtir un monastère et lui révéla le dikr qu'il devait donner à ses disciples.

Sid Ahmed-Moussa, dit la tradition, consulta ses maitres spirituels, parmi lesquels se trouvaient le célèbre Si Ahmed-ben-Youcef-er-Rachedi-el-Miliani, mort en 1526 de J.-C. (932-933 de l'H.), et le non moins célèbre Sid Ahmed-ben-Abd-er-Rahman-es-Saheli, dont le tombeau et la zaouïa, situés à 70 kilomètres sud-ouest d'Aïn-Chair, près de l'Oued-Guir, sont restés l'objet de la vénération des fidèles et le but de très nombreux pèlerinages.

---

(1) On dit aussi Kerzazin ; cette expression, bien que très usuelle, est moins correcte.

Ces saints personnages ayant engagé Sid Ahmed-ben-Moussa à obéir à la volonté de Dieu, clairement manifestée dans ces songes, celui-ci fit connaître sa mission, et enseigna le Dikr qui lui avait été révélé.

De très nombreux miracles (1) affirmèrent bientôt, aux yeux de tous les Musulmans, l'authenticité des révélations reçues par Sid Ahmed-ben-Moussa, et le nombre des adeptes ne tarda pas à devenir considérable.

Les doctrines de l'ordre de Sidi Moussa sont identiquement les mêmes que celles des Chadelya. On y observe les mêmes principes fondamentaux, les mêmes règles, les mêmes recommandations que chez tous les Soufis en général : l'obéissance passive et absolue au chef de l'ordre et à ses représentants ; le renoncement complet aux biens de ce monde, la retraite, l'oraison continue, sont prescrits aux Ahammediin, à peu près dans les mêmes termes que dans les autres ordres dérivés des Chadelya : on ordonne formellement aux khouan : « de rejeter tout raisonnement, comme condui-
» sant à l'erreur, et de se laisser en tout guider par les
» chefs spirituels, conformément aux inspirations de la
» foi ; de mépriser la mort, de la souhaiter même quand
» on combat pour Dieu. »

Ce que ne dit pas la doctrine écrite, mais ce qui cependant est très réel, c'est que, dans la pensée du fondateur de l'ordre, comme dans la conduite constante de ses successeurs spirituels, un des objectifs que se proposent les adeptes de Sid Ahmed-ben-Moussa, est la protection des Ksouriens contre l'élément nomade. Cette protection, toute religieuse, donnée aux faibles et aux humbles, contre les puissants et orgueilleux Nomades,

---

(1) Parmi ces miracles, le plus célèbre est celui où Sid Moussa, en voyage avec ses disciples et prêt à mourir de soif, fit jaillir une source en posant sa main sur un rocher. Étant donné le nom du personnage, Moussa, qui est Moïse, le miracle était tout indiqué dans une légende hagiographique.

est trop remarquable pour ne pas être signalée, à la louange de l'ordre. Il y a, en outre, dans ce fait le principe d'une rivalité possible avec une autre congrégation Chadelya du Maroc, celle des Zianya qui, eux, s'adressent surtout à l'élément nomade.

Une autre habitude, particulière aux adeptes de Sid Ahmed-ben-Moussa, consiste à n'accepter d'aliments, de gens étrangers à l'ordre, que s'ils ont été préparés spécialement pour eux ; ce n'est pas, d'ailleurs, que ces aliments aient besoin d'une préparation particulière, il suffit qu'ils aient été cuits et servis à part. Aussi, les Kerzazya, invités à un repas où il y a déjà d'autres personnes, s'excusent-ils toujours. Quelle est l'origine et quel est le but de cette singularité? Est-ce une obligation liturgique ou un simple usage? C'est ce que nous n'avons pu savoir.

Les khouan de l'ordre de Mouley-Kerzaz donnent la liste suivante, comme chaîne mystique rattachant leurs doctrines à celles des pères de l'Islam :

L'ange Gabriel. — Mohammed. — 1, Ali–ben–Abou-Taleb. — 2, El-Hassan-el-Bosri. — 3, Habib-el-Hadjemi. — 4, Daoud-et-Tai. — 5, Marouf-el-Kerki. — 6, *Sari-es-Sakati*. — 7, Er-Djonein. — 8, Abou-Taleb-el-Mekki. — 9, Ahmed-el-Ghazsali. — 10, Mohamed-ben-Abou-Beker-bel-Arabi. — 11, Ali-ben-Arzhoum. — 12, Mahmed-Abou-Iazza. — 13, Abou-Median-Choaib-el-Andalousi-et-Tlemsani. — 14, Abouzid-el-Bostami. — 15, Abd-es-Selem-ben-Mechich. — 16, Abou-el-Kacem-ech-Chadeli (1258 de J.-C., 655-56-57 de l'H.). — 17, Abou-Abbas-Ahmed-ben-Omar-el-Moursi (686 de l'H., 1287-88 de J.-C.). — 18, Ahmed-ben-Abd-el-Kerim-ben-Ata-Allah. — 19, El-Kebabi. — 20, Es-Saharaoui. — 21, Abd-Allah-el Kerafi. — 22, Abd-Allah-es-Sakhri. — 23, Ahmed-Zerrouk (1494 de J.-C., 899-900 de l'H.). — 24, Ahmed-ben-Abd-er-Rahman-es-Saheli (1). — 24 *bis*, Sid-Ahmed-ben-Youcef-el-Miliani-

---

(1) Ahmed-ben-Abd-er-Rahman-es-Saheli, comme moqaddem des Chadelya, a été le cheikh (maître, directeur) du grand Sidi Cheikh (Abd-el-Kader-ben-Mohammed), mort en 1583 de J.-C. (990-991 de l'H.), ancêtre des Ouled-Sidi-Cheikh (Cheraga et R'raba).

Les descendants de Saheli ont, dans le Tafilalet, une zaouïa très vénérée, et les Ouled-Sidi-Cheikh, comme les Kerzazya, y vont faire encore leurs dévotions.

er-Rachidi. — 25, Ahmed-ben-Moussa (vers 1608 de J.-C, 1016-1017 de l'Hégire).

Les chefs de l'ordre qui se sont succédés depuis la mort du fondateur, et qui ont toujours été choisis dans sa famille, sont :

Mohammed-ben-Djerad, Abd-er-Rahman-el-Hamzaoui, Abd-er-Rahman-ben-Feldja (Mahmed-el-Ayachi ?), Mahmed-ben-Abd-er-Rahman, Mohammed - ben - Mohammed - Mouley - el - Hadj (Si Abd - Allah - ben - Abd-er-Rahman ?), El-Kebir-Assoun-ben-Mahmed, Ali-ben-Hassoun, Mohammed-ben-Abd-Allah-Mouley-Djemâa, Mohammed-ben-Mohammed-ech-Cherif-et-Touati, Mohammed-Ali-ben-Mohammed, Mohammed-ben-Ali-ben-Abd-er-Rahman, El-Kebir-ben-Mohammed (mort en 1881) et Sid Ahmed-ben-Sid-el-Kebir-bou-Hadjaja, chef actuel de l'ordre.

Le Dikr des Kerzazya est, en principe, celui des Chadelya, que Sid Ahmed-ben-Moussa voulut conserver intégralement ; mais, pour bien distinguer ses adeptes des autres Chadelya, il ajouta l'obligation supplémentaire de réciter 500 fois, tous les matins, la première phrase du Coran : « Au nom de Dieu clément et miséricordieux, » mais cela n'est obligatoire que depuis le premier jour de l'hiver jusqu'au dernier de cette saison.

Les gens exerçant une profession manuelle, et ceux dont le temps n'est pas continuellement disponible, ont la faculté de se borner à ne prononcer que 100 fois la phrase consacrée. Mais il est de toute rigueur que le Dikr soit articulé, selon les cas, 500 ou 100 fois, sans augmentation ni diminution.

Le prononcer une seule fois en plus, ou en moins, obligerait le fidèle à le recommencer, et cette répétition enlèverait à l'invocation une partie de ses mérites surnaturels.

L'organisation constitutive de l'ordre de Mouley-Kerzaz est très forte et très centralisatrice. Le grand-maître ou cheikh, a plusieurs khalifas, chaque moqaddem a plusieurs naïb. Enfin, au-dessous des khouan, il y a encore un grand nombre de serviteurs religieux.

Ceux-ci sont les gens qui, volontairement, apportent des ziara aux moqaddem, sans cependant réclamer leur affiliation. Ils ne sont donc pas astreints aux pratiques de l'ordre, et les secrets de l'Ouerd ne leur sont point révélés.

Nous avons dit déjà que le grand-maître, résidant à Kerzaz, était toujours pris dans la famille du fondateur : il est, le plus ordinairement, désigné par le nom de Mouley-Kerzaz, le seigneur (maître) de Kerzaz. Seul il a le droit de conférer le diplôme de moqaddem.

La zaouïa-mère est extrêmement pauvre, ou du moins passe pour l'être. Cela tient à ce que tous les grands-maîtres, qui se sont succédés dans la direction de l'ordre, ont rigoureusement observé, pour eux-mêmes, le principe du renoncement aux biens de ce monde, et ont donné, à tous, l'exemple de la pauvreté volontaire. Cette réputation d'austérité, de désintéressement, et aussi de générosité, n'a pas peu contribué à la grande vénéraration dont cet ordre est l'objet de la part de tous les fidèles.

Les khalifa sont, à quelques exceptions près, choisis dans la famille de Sid Ahmed-ben-Moussa. Ils ont un rôle d'inspection permanente sur les moqaddem, chacun dans une région déterminée, font de fréquentes tournées, vérifient la façon dont se donne l'enseignement, reçoivent les plaintes contre les moqaddem et encaissent les ziara destinées au grand-maître et à la zaouïa-mère.

Ils peuvent, en cas d'urgence, nommer ou révoquer les moqaddem, sous la réserve de la sanction du chef de l'ordre.

Les moqaddem sont toujours choisis par les khouan, présentés au khalifa en tournée, et nommés par diplôme du grand-maître de l'ordre. Ils sont très facilement révoqués, lorsqu'ils mécontentent soit le chef de l'ordre, soit les affiliés. Contrairement d'ailleurs à ce qui se passe dans la plupart des congrégations musulmanes, les moqaddem perçoivent, à leur profit, les ziara des khouan, et ne sont tenus à prélever, pour le chef de l'ordre, qu'une quote-part laissée à leur générosité.

L'admission d'un néophyte ne se fait pas en hadra ; le moqaddem doit, au contraire, se trouver seul avec lui : tous deux se tendent les mains, enlacent leurs doigts et se regardent fixement.

Le moqaddem fait jurer à l'aspirant de ne point trahir les secrets qui lui seront confiés, et d'observer fidèlement toutes les pratiques de l'Ouerd. Après avoir reçu ce serment, le moqaddem adresse au néophyte une grave et longue exhortation, puis il lui révèle les prières spéciales de l'ordre, le Dikr, la règle, et les divers secrets qu'il doit garder.

Quand l'admission est demandée par une femme, la cérémonie est la même, sauf que l'enlacement des doigts est remplacé par l'immersion des mains dans un vase rempli d'eau.

Aucun diplôme n'est délivré aux simples khouan.

Tous les membres de l'ordre ont, comme marque distinctive extérieure, un anneau de fer passé dans leurs chapelets, anneau dont le diamètre intérieur est un peu plus grand que celui des grains de chapelet.

Outre ce signe visible, ils ont, comme moyen de reconnaissance entre eux, plusieurs mots mystiques, connus d'eux seuls et qu'il leur est défendu de révéler à qui que ce soit, étranger à l'ordre.

Les khouan de l'ordre Mouley-Kerzaz affectent de se tenir en dehors des affaires politiques et des soffs locaux.

Le chef d'ordre et ses khalifas interviennent souvent, comme arbitres ou conciliateurs, entre les partis rivaux, mais leur action se borne à empêcher l'effusion du sang.

Le chef de l'ordre a toujours cherché à entretenir de bonnes relations avec les autorités françaises des cercles qui touchent à la frontière marocaine. Nos dissidents des Ouled-Sidi-Cheikh ont, souvent, il est vrai, trouvé refuge et bon accueil à la zaouïa de Kerzaz; cependant la conduite des chefs et affiliés Ahammediin a toujours été correcte vis-à-vis de nous, si toutefois on tient compte de leur indépendance politique, et de leur action religieuse qui leur impose une stricte neutralité. Pendant la dernière insurrection, et depuis la mort de Sid El-Kebir (1881), nos relations avec Kerzaz ont été plus cordiales que jamais, et le chef actuel de l'ordre nous a même offert son entremise, pour ramener une partie de nos dissidents réfugiés au Maroc.

L'ordre de Mouley-Kerzaz a des adeptes dans toutes les tribus de l'Est et du Sud marocain, depuis les Beni-Snassen jusqu'au Touat, où la zaouïa de Kerzaz possède de nombreux domaines : les groupements les plus serrés sont chez les Beni-Guill et les Douï-Menia, et aussi chez les Hamyan (Djamba et Chafâa).

Dans la province d'Oran, ils sont nombreux dans tous les ksour du Sud-Ouest; mais au delà du cercle de Sebdou, ils sont clair-semés, et leur limite d'extension vers l'Est est : Aïn-Temouchent, Tlemcen.

La statistique officielle, donne pour eux :

Province d'Oran : 62 moqaddem, 2,924 khouan ; soit : 2,986 affiliés.

CHAPITRE XXIV

LES CHEIKHYA ou OULED-SIDI-CHEIKH

SIDI CHEIKH-ABD-EL-QADER-BEN-MOHAMMED

(1615 de J.-C. — 1023-1024 de l'Hégire [1])

Parmi les ordres religieux issus de la philosophie mystique de Sid Abou-Hassen-ech-Chadeli, l'un des plus importants à connaître, en Algérie, est celui des Cheikhya, représenté surtout par la grande famille des Ouled-Sidi-Cheikh.

Cet ordre prit naissance en 1023-24 de l'H. (1615 de J.C.), à la mort de Sid Abd-el-Qader-ben-Mohammed, resté célèbre sous le nom de Sidi Cheikh. C'était un grand seigneur féodal, qui avait été fait moqaddem des Chadelya par Si Mahmed-ben-Abd-er-Rahman-es-Saheli,

---

[1] Nous avons eu, pour rédiger ce chapitre, les documents suivants :

1° *Notice historique sur les Ouled-Sidi-Cheikh*, par le commandant Deligny, chef du bureau arabe de Mascara, en 1849 ;

2° *Complément de la notice précédente*, par le capitaine Font, chef de bureau arabe, en mai 1880 ;

3° *Situation politique de l'Algérie*, par Gourgeot, ex-interprète-principal. Paris, CHALLAMEL, 1881 ;

4° *Notice sur les ordres religieux de la division d'Oran*, par M. Colas, interprète militaire, 1883 ;

5° *Bulletin de la Société de Géographie d'Oran*, n° 15, 1883. Article du capitaine Guenard, chef de bureau arabe.

6° Documents divers inédits.

disciple de Sid Ahmed-ben-Youcef-el-Miliani-er-Rachidi (n° 20 *bis* de la chaîne principale des Chadelya).

Cet ordre des Cheikhya n'est, à proprement parler, ni une communauté religieuse, ni une congrégation, ni même une association pieuse ; c'est un faisceau d'influences maraboutiques, aux mains d'individus souvent très divisés, mais ayant tous une origine commune, et plaçant leur autorité religieuse sous le double patronage : de leur ancêtre, le Grand Sidi Cheikh, et de leur guide spirituel, Sid Abou-Hassen-ech-Chadeli, dont ils suivent plus ou moins les rituels.

L'importance des Ouled-Sidi-Cheikh est immense dans tout le sud algérien, mais elle est aujourd'hui beaucoup plus politique que religieuse (1).

Sans doute, le caractère maraboutique de plusieurs des premiers ancêtres, morts en odeur de sainteté, a contribué, pour une large part, au développement de l'influence de cette famille ; mais aujourd'hui, le rôle religieux de ses chefs se borne à entretenir et à exploiter le fétichisme des vassaux et clients au profit d'intérêts exclusivement temporels et politiques.

Le prestige et la vénération qui, toujours et partout, entourent les Ouled-Sidi-Cheikh, ont aussi pour cause la noblesse de l'origine de leur famille, car ils descendent en ligne directe du khalife et compagnon du Prophète Abou-Beker-es-Seddiq (2). Leurs ancêtres se

---

(1) Nous avons écarté de ce chapitre tout ce qui est histoire ou politique, pour n'envisager les Ouled-Sidi-Cheikh qu'*au point de vue religieux*. On trouvera ces questions politiques traitées : dans les documents précités, dans l'*Histoire de l'insurrection de 1864*, par le colonel Trumelet (*Revue africaine* et librairie Jourdan, 1884), et, enfin, d'une façon résumée et très précise, dans une publication récente, intitulée : *l'Insurrection du Sud oranais*, réponse à Sahraoui, notes recueillies et publiées par le citoyen Bézy. Oran, 1864.

(2) Voici une partie de cette généalogie, que les papiers de la famille font remonter jusqu'à « Adam, fils du limon. » 1, le khalife Abou-Beker-es-Seddiq. — 2, Abd-er-Rahman. — 3, Mohammed. — 4, So-

— 351 —

nommaient Bou-Bekeria, ou Ouled-bou-Beker, et leurs descendants conservèrent ce nom jusque en 1023-24 de l'H. (1615 de J.-C.).

C'est sous ce nom de Bou-Bekeria que, dans le premier siècle de l'Islam, ils furent chassés de La Mecque, à la suite de discussions de famille ou de querelles religieuses. Ils s'arrêtèrent quelque temps en Égypte, puis plus longtemps en Tunisie où ils restèrent jusque vers le XIVe siècle de J.-C. (699-802 de l'H.), jouissant déjà d'une grande considération et traités avec beaucoup d'égards par les souverains de Tunis.

Vers cette époque, ils quittèrent ce royaume, sous la conduite de Sid Maâmar-ben-Sliman-el-Alia, emmenant avec eux, comme vassaux et clients, les chefs et ancêtres des Akerma, Ouled-Abd-el-Kerim (Trafi), Ouled-Ziad et Rezaïna. Ce fut à l'aide de ces groupes qu'ils s'installèrent dans les environs des Arbaouat, dans le pays des Beni-Amer, dont ils opérèrent peu à peu le refoulement vers le littoral.

Le premier personnage des Bou-Bekeria dont le mausolée s'éleva en Algérie fut, précisément, ce Maâmar-ben-Sliman-Alia, dont la koubba est à El-Arba-et-Tahtani, entourée des tombes de ses fils et petits-fils : Aïssa, Bou-Lala, Bel-Haïa.

Si Bou-Smaha, qui vint après ceux-ci, mourut en Égypte, laissant en Algérie son fils, Sliman, qui s'établit à Figuig, où il repose près d'une zaouïa située au ksar des Beni-Oussif, habité encore par plusieurs de ses descendants.

---

fian. — 5, Azeraou. — 6, El-Mediou. — 8, Toufil. — 9, Yazid. — 10, Zidan. — 11, Aïssa. — 12, Mohammed-ech-Chabili. — 13, Tsoudi. — 14, Aïssa. — 15, Ahmed. — 16, Zid. — 17, Asker. — 18, Hafidh-ben-Hermet-Allah. — 19, Akil. — 20, Saad. — 21, *Sliman*. — 22, *Maammar*. — 23, Aïssa. — 23 *bis*, Bou-Lala. — 24, Ben-Haya. — 25, Bou-Smagha. — 26, Sliman. — 27, Mohammed-Abd-el-Qader (Sidi Chikh), né en 951 de l'H. (1544-1545 de J.-C.), mort en 1023-24 de l'H. (1615 de J.-C.).

Si Sliman-ben-Bou-Smaha eut trois enfants. L'aîné, Si Mohammed, se fixa à Chellala-Dahrania, où est son tombeau ; c'est le père du Grand Sidi Cheikh. Le second enfant, Si Ahmed-el-Medjdoub-bou-Ramar, laissa un très grand renom de sainteté et mourut à Asla, où il a une koubba ; mais son tombeau est à Chellala-Dahrania. Il est l'ancêtre des Ouled-Sid-Ahmed-ben-Medjdoub, qui ont toujours conservé une certaine indépendance vis-à-vis des Ouled-Sidi-Cheikh. Le troisième enfant de Si Sliman fut une fille, Lalla-Sifia, patronne du ksar Sfisifa et mère de la tribu des Ouled-en-Nahr, qui est restée, non-seulement dissidente, mais même ennemie des Ouled-Sidi-Cheikh proprement dits.

Si Mohammed-ben-Sliman-ben-Smaha eut deux fils. L'aîné, Si Brahim, fut un personnage assez effacé ; il est enterré au sud du ksar R'erbi, à El-Abiod, et ses descendants résident au ksar des Beni-Oussif ou campent aux environs de Bou-Semghoun.

Le second fils fut Abd-el-Qader, devenu si célèbre sous le nom de Sidi Cheikh ; il naquit l'an 951 de l'H. (1544-1545 de J.-C.).

Par ses vertus et sa piété, il ajouta encore au prestige de sa naissance, et il semble s'être toujours acquitté, d'une façon édifiante, des devoirs que lui imposait son titre de moqaddem des Chadelya. Bien que vivant à une époque et dans un pays où le fusil faisait loi, il ne s'occupa que d'exercices de piété. Par la seule autorité de son nom et de son caractère, il devint l'arbitre du Sahara et, à la satisfaction de tous, il régla, selon les lois de l'équité et de la justice, toutes les contestations et tous les différends qui s'élevaient entre les nomades. Les faibles et les opprimés vinrent en foule vers lui, et il se créa ainsi une très nombreuse clientèle.

Pour hospitaliser tout ce monde qui se pressait autour de lui, il créa à El-Abiod, le premier des cinq ksour actuels, celui qui est dit ksar R'erbi ou ksar Sid-el-Hadj-Abd-el-Kerim. Ce ksar fut bâti sur un terrain où était déjà installé un cherif marocain, descendant de Sid Abd-el-Kader-ben-Djilani, et nommé Sid Bou-Tkil (1). Ce moqaddem dut céder la place.

Sidi Cheikh-Abd-el-Qader vécut 84 années musulmanes, laissant un testament par lequel il affranchissait ses nombreux esclaves nègres et les désignait, eux et leurs descendants, pour être les surveillants et les administrateurs du temporel de la zaouïa qu'il avait fondée. Ces affranchis sont les ancêtres des Abid ou Zoua actuels. Il laissait en outre, comme instructions spirituelles, la recommandation expresse à ses descendants de suivre la voie des Chadelya, en y ajoutant comme dikr spécial, trois fois la récitation de la Fatiha à chacune des cinq prières de la journée.

La personnalité de Sidi Cheikh-Abd-el-Qader avait été si brillante et si célèbre qu'à sa mort ses descendants, et aussi les enfants de ses collatéraux et ascendants, prirent le nom d'Ouled-Sidi-Cheikh.

Sidi Cheikh laissa 18 enfants (2), dont plusieurs mou-

---

(1) Sid Bou-Tkil alla d'abord s'installer à Benout, puis plus tard, à El-Arba-Tahtani, où il mourut. Une zaouïa se forma dans ce ksar, à côté de son tombeau; mais les Ouled-Sidi-Cheikh, redoutant l'influence des enfants de Sid Bou-Tkil, les chassèrent plus tard de cette zaouïa qu'ils confièrent à des Abids et à des Hassasna à leur dévotion. Les descendants de Bou-Tkil s'éloignèrent vers l'Ouest et fondèrent le ksar d'Aïn-Sefra (aujourd'hui chef-lieu d'un cercle militaire).

(2) Sept d'entre eux moururent sans postérité : quatre encore en bas-âge, *Si Bou-Hassen*, enterré à Roura, chez les Ouled-en-Nhar, puis *Si El-Hacen* et *Si El-Haoussin*, enterrés à El-Arba. — L'aîné de tous les enfants de Sidi Cheikh fut *Si El-Hadj-ben-Cheikh*, enterré à El-Abiod ; le second fut *Ez-Zerouki* dont les descendants, peu nombreux, vivent près d'Aïn-Temouchent. Le 3e *Si El-Hadj-bou-Hafs* et le 4e *Sid El-Hadj-Abd-el-Hakem* ; le 18e et dernier est *Sid El-Hadj-Ahmed*, enterré avec El-Hadj-Abd-el-Hakem à El-Abiod ; ses descendants sont les *Ouled-bou-Asria*, *Ouled-Sidi-Mazouz*. — Les autres enfants sont, sans que nous puissions fixer leur rang de naissance : *Abd-er-Rahman*, enterré au ksar des Rahmana, à El-Abiod et dont les descendants vivent avec les Ouled-Balagh (de Daya) et les Ouled-Mimoun (de Lamoricière). — *Si El-Hadj-Mohammed-Abd-Allah*, enterré à El-Abiod et dont les descendants sont au Maroc et à Tabelkouza (du Gourara).

rurent en odeur de sainteté, et dont les descendants forment aujourd'hui des tribus importantes. Pour des raisons que nous ignorons, il désigna, dans son testament, comme chef de famille et héritier de ses pouvoirs politiques et religieux, le troisième de ses enfants: Sid El-Hadj-bou-Hafs, qui était né d'une fille de Si Ahmed-el-Medjdoub.

Sid El-Hadj-bou-Hafs (que par corruption on nomme souvent Sid El-Hadj-Bahout), mourut en 1660 de J.-C. (1070-71 de l'H.), laissant neuf enfants (1), mais tous trop jeunes pour pouvoir lui succéder. Aussi donna-t-il, par testament, ses pouvoirs spirituels et temporels à son frère, quatrième fils de Sidi Cheikh, Sid El-Hadj-Abd-el-Hakem.

Sid El-Hadj-Abd-el-Hakem transmit l'héritage à son fils, Si Bou-Hafs-ben-el-Hadj-Abd-el-Hakem. Mais celui-ci, fatigué des discussions soulevées par les représen-

---

— *Si Mestefa*, enterré à El-Abiod et dont les descendants sont: partie à Aïn-Temouchent, partie chez les Oulhassa, des environs de Rachgoun. — *Si Mohammed-ben-Cheikh*, enterré à El-Abiod, d'autres disent à Insalah, où se trouve le gros de ses descendants, dont une fraction existe près d'Aïn-Temouchent. — *Sid Ben-Aïssa*, le boiteux, enterré à Figuig, chez les Beni-Oussif, à côté de Sliman-ben-Smaha; ses descendants sont chez les Beni-Guil et Doui-Menia. — *Sidi Tadj*, dont les descendants sont chez les Amour et aux environs des deux Moghar. C'est l'ancêtre de Bou-Amama, le chef de l'insurrection de 1881.

Selon d'autres traditions, il n'y aurait eu que trois enfants de Sidi Chikh morts sans postérité, et les quatre dont nous n'avons pas donné les noms, seraient: 1° *Si Bou-en-Nouar*, enterré à Metlili et dont les descendants sont à Insalah et au Tidikelt, confondus souvent avec ceux de Sid El-Bou-en-Nour-ben-el-Hadj-bou-Hafs; 2° *Sid El-Hadj-ed-Din*, enterré à El-Arba; ses descendants sont fort disséminés; 3° *Sid El-Hadj-Brahim*, enterré à Moghar-Tahtani et dont les descendants vivent au Maroc et chez les Beni-Guil; 4° *Sid El-Madani*, dont les descendants sont aux environs d'El-Biaïr, entre les Oulhassa et les Ouled-Khalfa.

(1) Parmi lesquels Si Hazeghem, Si Bou-en-Nouar et Si Mohammed, dont les descendants sont établis au Tidikelt, à Feguiguira et au sud d'Insalah.

tants de la branche aînée, et peut-être aussi poussé par un sentiment d'équité vis-à-vis d'eux, remit le commandement et la direction spirituelle des Ouled-Sidi-Cheikh à son cousin, Sid El-Hadj-ed-Din-ben-el-Hadj-bou-Hafs ; puis il partit pour l'Orient et mourut, dit-on, dans la ville du Caire.

Sid El-Hadj-ed-Din a sa koubba au ksar qui porte son nom, au sud de Brezina ; on croit cependant que ses cendres reposent réellement au Gourara.

Son fils, Si Ben-ed-Din, devenu chef de la tribu et de la zaouïa de Sidi-Cheikh, ne tarda pas à acquérir une très grande réputation de justice et de sainteté. Ce fut lui qui fit construire à Chellala, Arba, El-Abiod, Sid-el-Hadj-ed-Din, toutes les coupoles qui recouvrent les tombes de ses ancêtres. Ce fut lui aussi qui fonda le second ksar d'El-Abiod, qui, bâti à l'est de la koubba de Sidi Cheikh, prit le nom de ksar Chergui, tandis que l'ancien ksar, situé à l'ouest de cette même koubba, fut, dès lors, désigné sous le nom de ksar R'erbi (1).

Si Ben-ed-Din s'installa dans le nouveau ksar, avec tous les descendants de Si El-Hadj-bou-Hafs, et un certain nombre de familles collatérales, issues des autres

---

(1) Il y a cinq ksour au lieu dit El-Abiod-Ouled-Sidi-Cheikh : 1° le ksar R'erbi ; 2° le ksar Chergui (dont il vient d'être parlé) ; 3° le ksar des Rahmana, qui ne compte plus que trois ou quatre maisons et qui avait été bâti par Si Ben-Abd-er-Rahman, fils du Grand Sidi Cheikh ; 4° le ksar des Ouled-Sidi-el-Hadj-Ahmed, fondé vers la fin du XVIII° siècle, par Si Maamar-ben-Djilali et Sid El-Hadj-Cheikh-ben-Youcef ; 5° le ksar des Ouled-Sidi-bou-Douïa, fondé au commencement de ce siècle par Si Bou-Beker-el-Mazouzi et Si Ben-Zian-el-Mazouzi.

L'emplacement de ces ksour et ceux des tombeaux des divers chefs de branches des Bekerya ou Ouled-Sidi-Cheikh, aussi bien que le détail des R'fara perçus par cette famille, démontrent péremptoirement combien, lors du traité de 1845 avec le Maroc, nous nous sommes laissés duper par les Indigènes. En réalité, les Ouled-Sidi-Cheikh, dits R'eraba, ne sont pas plus Marocains que les Cheraga, et l'histoire, d'accord avec la géographie, affirme nos droits sur Figuig, le Gourara, le Touat et le Tidikelt.

fils de Sidi Cheikh. Il y transporta également la zaouïa de son ancêtre.

En mourant, Si Ben-Eddin avait laissé la direction des Ouled-Sidi-Cheikh à son fils, Si El-Arbi ; mais celui-ci ne garda pas longtemps la plénitude des attributions seigneuriales et religieuses de ses prédécesseurs.

A l'époque où nous sommes arrivés (seconde moitié du XVIII° siècle), la koubba du Grand Sidi Cheikh attirait de nombreux visiteurs, et les offrandes des pèlerins constituaient de très gros revenus. Ces revenus étaient encaissés par le chef unique des Ouled-Sidi-Cheikh, c'est-à-dire par le représentant de la branche issue d'El Hadj-bou-Hafs. De là une jalousie très grande chez les descendants de Si El-Hadj-Abd-el-Hakem, qui réclamèrent leur part de revenus, alléguant les droits que leur avaient créés, à la direction de la zaouïa, la suprématie momentanée de Si El-Hadj-Abd-el-Hakem et le renoncement volontaire du fils de celui-ci en faveur de Sid El-Hadj-ed-Din.

N'ayant pu faire admettre ces prétentions, le représentant des Ouled-Abd-el-Hakem, Si Sliman-ben-Kaddour, âgé de 19 ans, résolut de trancher le différend par les armes. Il gagna à sa cause les Hamyan et marcha, à leur tête, contre les Ouled-el-Hadj-bou-Hafs, dont il r'azza les troupeaux sur l'oued Seggour.

Si El-Arbi répondit par une autre r'azzia faite sur l'oued R'erbi.

Ces deux coups de main furent le point de départ de la grande scission qui, désormais, allait séparer les Ouled-Sidi-Cheikh en deux groupes, en deux soff, à jamais irréconciliables : les Cheraga (ou partisans des Ouled-bou-Hafs), habitants du ksar Chergui, et les R'eraba (ou partisans des Ouled-Abd-el-Hakem), habitants du ksar R'erbi.

Après une série de combats indécis, mais dans lesquels l'avantage resta finalement aux Ouled-Sid-el-Hadj-Abd-el-Hakem (ou R'eraba), Si El-Arbi dut leur céder la moitié des revenus de la zaouïa de Sidi Cheikh. Si Sliman-ben-Kaddour fonda alors, dans le ksar R'erbi, la zaouïa de Sid El-Hadj-Abd-el-Hakem.

Cet arrangement fut de courte durée, les Cheraga (ou Ouled-bou-Hafs) regrettaient la concession faite, et se prétendaient lésés par la construction de la zaouïa de Sid El-Hadj-Abd-el-Hakem. De là de nouveaux conflits, de nouvelles luttes entre les deux branches rivales, et la création d'une troisième zaouïa, spécialement consacrée à Si El-Hadj bou-Hafs.

Après bien des difficultés, on finit cependant par s'entendre, en 1766 de J.-C. (1179-1180 de l'H.). Il fut alors convenu que les offrandes et les dons seraient divisés en trois parts égales : l'une pour la zaouïa principale de Sidi Cheikh (entretien de la koubba, hébergement des hôtes, etc.); la seconde pour la zaouïa Cherguia; la troisième pour la zaouïa R'erbia. En réalité, la zaouïa de Sidi Cheikh étant restée dans le ksar Chergui, les Cheraga eurent deux parts et les R'eraba une seule. Ce mode de partage est toujours en vigueur.

A partir de cette époque, l'histoire des Ouled-Sidi-Cheikh n'est plus que le récit des rivalités politiques et des compétitions d'intérêts qui divisent les deux branches ennemies et les arment, à chaque instant, l'une contre l'autre. Au milieu de ces luttes fratricides, il n'est plus question des paisibles doctrines de renoncement et de mysticisme que professait le moqaddem des Chadelya. Des vertus religieuses et sociales du Grand Sidi Cheikh, il ne reste que le souvenir et les légendes hagiographiques; mais cela suffit pour permettre aux descendants du Saint d'El-Abiod de porter le titre de marabouts et d'exploiter, au mieux de leurs intérêts temporels, la vénération attachée au nom de leur ancêtre.

C'est de cette exploitation que vivent exclusivement les principaux personnages des familles d'El-Hadj-bou-Hafs et d'El-Hadj-Abd-el-Hakem, qui sont restées les deux branches seigneuriales des Ouled-Sidi-Cheikh, et qui ont continué à percevoir, plus ou moins régulièrement, les ziara et les « refar » (1) de la plupart des tribus vassales de leurs ancêtres. Quand cette ressource vient à leur manquer, « les marabouts » lancent ou conduisent eux-mêmes des r'azzou (2) sur les non-payants, et ils se font hardiment coupeurs de route. Mais, comme ils le font avec une grande bravoure, cela ne les déconsidère pas autant qu'on pourrait le croire aux yeux des Sahariens, et, malgré leur arrogance ou leurs exactions, ils conservent toujours le prestige attaché à leur origine maraboutique.

Cependant, ces procédés violents leur ont aliéné l'affection de nombreux groupes, appartenant surtout aux branches collatérales de leur propre famille.

C'est ainsi que, depuis 1766, plusieurs chefs de tentes, désireux de continuer en paix les pratiques religieuses préconisées ou instituées par le Grand Sidi Cheikh, ont quitté El-Abiod et sont venus s'installer sur plusieurs points du Tell de la province d'Oran, où leurs descendants, de nomades qu'ils étaient, sont devenus sédentaires.

Les principales localités où on les retrouve aujourd'hui, sont : les Ouled-Mimoun et Beni-Smiel (de Lamoricière), les Ouled-Belagh (de Daya), les Ouled-Zaïr et Ouled-Khalfa (d'Aïn-Temouchent), les Laghouat des Douair (d'Oran), les Oulhassa (de Remchi) et les Beni-Snouss (de Mar'nia).

---

(1) La ziara est l'offrande volontaire et facultative ; le refar est, au contraire, la redevance fixe que les seigneurs religieux perçoivent sur leurs vassaux. C'est ordinairement chez les Ouled-Sidi-Cheikh une brebis suitée par tente et par an. Certaines tribus doivent cependant une chamelle par tente, d'autres un sac de grains ou de dattes. (Voir plus loin, même chapitre.)

(2) Le r'azzou est la bande ou la troupe légère qui opère des coups de mains ou r'azzia. — Moins nombreux, le r'ezzou n'est plus qu'un djich, mot qui, en réalité, signifie armée, mais qui, dans le Sahara algérien, est employé avec le sens de « petite troupe de brigands. »

Les chefs de ces familles, ainsi séparés des branches seigneuriales ou sahariennes, se sont alors érigés en représentants de l'ordre des Ouled-Sidi-Cheikh ; ils donnent l'affiliation religieuse aux gens de la contrée, qui sont devenus leurs khouan, ou mieux leurs serviteurs religieux, et qui leur remettent les offrandes pieuses, ou ziara, que jadis ils allaient porter à El-Abiod-Sidi-Cheikh.

Mais ces familles telliennes n'ont à leur tête aucune individualité marquante, aucun lien ne les réunit, chacune d'elles se dirige à son gré et cherche à accaparer à son profit le plus de ziara possible. Toutes, sans exception, sont très pauvres, et obligées de vivre du travail de leurs mains, leur prestige est peu considérable et les ziara ne suffisent pas à assurer leur subsistance.

Cependant, comme, en leur qualité de descendants authentiques du Grand Saint d'El-Abiod, ces moqaddem jouissent du privilège d'avoir toujours leurs prières exaucées par le Tout-Puissant, les ziara ne leur font jamais absolument défaut : ceux qui les donnent espérant bien que leurs pieuses offrandes ne resteront pas sans récompense.

Il est utile, à ce propos, de faire connaître la petite cérémonie qui accompagne, presque toujours, la remise de ces ziara chez les Ouled-Sidi-Cheikh du Tell :

Le fidèle, après avoir déposé son offrande, récite, avec le moqaddem, totalité ou partie du dikr chadelien qui lui a été enseigné. Puis, le cheikh lui prend les mains, et le visiteur formule ses vœux temporels qui, le plus souvent, sont les suivants : « O mon Dieu, donnez-moi une bonne récolte !..... O mon Dieu, ne me donnez que des enfants mâles !..... O mon Dieu, faites que mes bestiaux ne produisent que des femelles !..... Mon Dieu, donnez-moi la santé, etc..... » Chacun de ces vœux n'est pas plus tôt énoncé, qu'il est aussitôt répété gravement par le cheikh qui murmure avec onction : « O mon Dieu, donnez-lui une bonne récolte..... O mon Dieu, ne lui donnez que des enfants mâles !...... etc. »

Le rôle religieux de ces Ouled-Sidi-Cheikh du Tell est, on le voit, bien effacé ; quant à leur rôle politique, il est nul. Si quelques individualités vont parfois en pèlerinage à El-Abiod, ou visitent quelques membres des branches sahariennes, cela ne tire pas à conséquence : une fois fixés au sol, les Indigènes ne retournent plus à la vie nomade, et nous n'avons pas à craindre de voir cesser la scission qui existe entre les Ouled-Sidi-Cheikh du Tell et ceux du Sahara.

Notons encore ce fait curieux qu'alors que, dans le Tell, des gens étrangers à la famille « prennent le chapelet » des Cheikhya et se déclarent leurs serviteurs religieux ; dans le Sud, des groupes entiers ou des individus de la famille des Ouled-Sidi-Cheikh se font affilier à d'autres ordres religieux, tels que : les Sahelya, Derqaoua, Qadrya et Taïbya. L'ancien agha de Géryville, Sliman-ben-Kaddour, chef des Ouled-Sidi-Cheikh-R'eraba, qui vient de mourir, était Taïbi et, comme tel, relevait spirituellement du cherif d'Ouazzan, Sid Abd-es-Selem, grand-maître des Taïbya. Ce dernier point explique l'intervention officieuse de Sid Abd-es-Selem, en diverses circonstances intéressant Si Sliman.

Quant à l'affiliation d'un grand nombre d'Ouled-Sidi-Cheikh à l'ordre des Qadrya, elle s'explique par le fait que nous avons signalé plus haut, l'existence ancienne, à El-Abiod, d'un descendant de Sid Abd-el-Qader-el-Djilani, Si Bou-Tkil, qui, avant Sidi Cheikh, représentait, dans toute la région au sud de Géryville, l'influence religieuse dominante.

L'étude des attaches ou servitudes religieuses chez les Ouled-Sidi-Cheikh est, du reste, une question des plus complexes et pour laquelle il serait difficile de poser des règles générales ou absolues, car, dans une même fraction, il y a souvent des tendances fort divergentes.

Ces tendances se multiplient selon les temps, selon les personnalités dirigeantes, selon les circonstances politiques, et même selon les circonstances atmosphériques.

En effet, dans les tribus nomades et pastorales, ce qui prime toutes les autres considérations sociales, c'est la nécessité d'assurer la vie et la prospérité de la famille, en garantissant la subsistance des troupeaux et la liberté des échanges commerciaux. Pour se concilier la bienveillance du maître temporel d'une région, et pour s'attirer les bénédictions du saint, patron d'un pays où ils ont leurs intérêts, les nomades n'hésitent pas à se faire les serviteurs, politiques ou religieux, de ceux dont ils croient avoir besoin. De là cet enchevêtrement de dévotions particulières à tel ou tel Saint, en superfétation ou en contradiction avec telles ou telles attaches religieuses déjà existantes.

Pour bien montrer quelle est cette situation, et pour donner aussi une idée des charges extra-légales que l'ignorance, la routine et la superstition imposent à des malheureux qui n'osent ni ne veulent s'en affranchir, nous allons donner l'exposé détaillé des redevances religieuses de toute nature, que payaient, en 1856, les tribus du cercle de Géryville inféodées aux Ouled-Sidi-Cheikh, alors que ces derniers étaient à l'apogée de leur puissance (1).

Ces détails, quoiqu'un peu longs, ne sont pas sans

---

(1) Inutile de dire qu'aujourd'hui (1884), il ne reste officiellement aucune trace de ces redevances dont le gouvernement français n'a jamais, à aucune époque, reconnu la légitimité. Mais cependant il ne faut pas non plus croire qu'elles ont entièrement disparu. Bon nombre d'indigènes se font encore un cas de conscience de les payer spontanément aux intéressés, beaucoup d'autres aussi, tout en désirant s'en affranchir, n'osent pas les refuser quand elles leur sont directement demandées par les descendants de Sidi Cheikh, encore bien qu'ils aient été souvent prévenus que la protection des autorités françaises couvre, toujours, ceux d'entre eux qui veulent se soustraire à ces obligations religieuses extra-légales.

intérêt, car, bien qu'ils se rapportent à une époque déjà ancienne et que beaucoup de ces redevances aient cessé d'être perçues, il y a, dans cette énumération, des précédents utiles à connaître.

Notons d'abord que, tous les ans, les chefs des branches seigneuriales des Ouled-Cheikh font eux-mêmes l'offrande d'un tapis, d'un chameau et d'une négresse à la zaouïa marocaine de Sid Abd-er-Rahman-es-Saheli, et cela, en souvenir d'un cadeau de même valeur fait jadis à leur ancêtre.

Par contre, voici ce qu'ils étaient jadis en droit d'espérer de leurs vassaux, clients, serviteurs ou khouan.

Les Trafi, grande confédération comprenant six tribus : Derraga, Ouled-Maala, Ouled-Abd-el-Kerim, Ouled-Serour, Ouled-Ziad, Rezaina, présentent la situation que nous allons détailler (1).

Les Derraga-R'eraba (231 tentes), sont presque tous khouan de Mouley-Taieb; quelques-uns seulement sont Qadrya ou Cheikhya.

Les gens des deux sous-fractions Trihat et Brahmia sont serviteurs religieux de Si Bou-Tkil, descendant d'Abd-el-Qader-el-Djilani et ils payent, à la zaouïa des Qadrya, établie aux Arbaouat: un agneau et une mesure de beurre par tente, plus un chameau par fraction, et une mesure de dattes par tente à l'époque de la caravane annuelle du Gourara.

Comme serviteurs religieux des Ouled-Sidi-Cheikh, ils payent, à titre de refar, outre les redevances précédentes, savoir:

Les Trihat : un agneau par tente à la zaouïa de Sid Abd-el-Hakem, et un chameau pour tout le groupe partant au Gourara.

Les Brahmia : 1° à la zaouïa de Sidi Cheikh; 2° à la zaouïa de Si Ahmed-ben-Medjboub (Aïn-Sefra), un agneau par tente.

Les Razna : à la zaouïa de Sidi Cheikh, un agneau par tente.

Les Derraga-Cheraga (147 tentes), sont presque tous khouan Qadrya, comme serviteurs religieux des descendants de Sidi Bou-Tkil. Les Ouled-*Sbaho* et les *Sebahha* payent à la zaouïa des Arbaouat un agneau par famille, une mesure de beurre, une d'orge, une de dattes et un chameau par fraction.

Comme serviteurs religieux des Ouled-Sidi-Cheikh, les Ouled-Sbaho

---

(1) Nous transcrivons un document de 1856 : les chiffres portés pour les tentes ne sont donc plus vrais aujourd'hui.

et les Sebahha payent les mêmes redevances que ci-dessus à la zaouia R'erbia, d'El-Abiod.

Les Ouled-Chaaneb payent les mêmes redevances, mais seulement à la zaouia Cherguia, d'El-Abiod.

Les Ouled-Maala (198 tentes), comptent 2 khouan Cheikhya, 25 khouan Zianya, 12 Taibya, et un grand nombre de Qadrya. Ils payent tous : 1° à la zaouia des Qadrya, de Sidi Bou-Tkil, par tente : un agneau, une mesure de beurre, une d'orge, une de dattes et, pour la tribu, un chameau ; 2° à la zaouia de Sidi Cheikh, les mêmes redevances ; 3° à la zaouia R'erbia, les mêmes redevances sauf le chameau.

Les khouan Zianya et Taibya donnent, en outre, aux zaouia respectives de leur ordre, un agneau et une mesure d'orge.

Les Akerma (158 tentes). Ils sont presque tous Qadrya, 4 seulement sont Taibya, et 3 Cheikhya.

Ils payent comme redevances religieuses :

1° A la zaouia de Sidi Cheikh, par tente : un agneau, une mesure de beurre, une d'orge, une de dattes, et deux chameaux pour toute la tribu ;

2° A la zaouia de Sid Ahmed-ben-Medjdoub, à Asla, un agneau par tente ;

3° A la zaouia Cherguia, un agneau par tente ;

4° Aux descendants de Sid Ahmed-ben-Youcef, à Miliani, un agneau par tente ;

5° A la zaouia de Sid El-Hadj-ben-Amer, par tente : une toison de bélier, un agneau, un chevreau, une mesure de grains, une de beurre, une de dattes.

Les Ouled-Abd-el-Kerim (221 tentes), comptent neuf chefs de famille Taibya, dix Qadrya, et un certain nombre de Tidjanya dans les sous-fractions des Razazga, Ouafa et Ouled-Messaoud.

Ils payent :

1° A la zaouia de Sid Mohammed-ben-Sliman, à Chellala-Dahrania, par tente : un agneau, une mesure de beurre, une de grains, une de dattes, et pour toute une tribu, un chameau ;

2° A la zaouia de Sidi Cheikh (sauf les Ouled-Messaoud), un agneau par tente et un chameau pour toute la tribu ;

3° A la zaouia de Sid El-Hadj-ben-Amer, par tente : une toison de bélier, un agneau, un chevreau, une mesure de grains, une de beurre et une de dattes.

Les Ouled-Messaoud payent cette même redevance à la zaouia Cherguia. Quelques tentes des Ouled-Djilali-ou-Diouba payent en outre chacune un jeune chameau aux Ouled-Djilali, des Ouled-en-Nahr, du cercle de Sebdou.

Les Ouled-Serour (69 tentes), ne payent qu'à la zaouïa de Sidi Cheikh, par tente : un agneau, une mesure de beurre, une d'orge, une de dattes et un chameau pour toute la tribu.

Les Ouled-Ziad (564 tentes), ont des khouan Taïbya, Qadrya et Tidjanya.

Ils payent :

1° Un tiers de la tribu, à la zaouïa de Sidi Cheikh, par tente : un mouton, un pot de beurre, une musette d'orge et une de dattes ;

2° Un tiers de la tribu, à la zaouïa R'erbia, mêmes redevances ;

3° Un tiers de la tribu, à la zaouïa Cherguia, mêmes redevances ;

4° Toute la tribu, un mouton par tente et, ensemble, un ou deux chameaux aux koubba des ancêtres de Sidi Cheikh, aux Arbaouat ;

5° A Sid El-Hadj-ben-Amer (1), par tente : une toison de bélier, un agneau, un chevreau, une mesure de grains, une de beurre et une de dattes.

Les Rezaina (408 tentes), payent comme redevance religieuse annuelle :

1° A la zaouïa de Sidi Cheikh, par tente : un mouton, un pot de beurre, une mesure d'orge, une de dattes ;

2° Un tiers de la tribu seulement, à la zaouïa Cherguia, mêmes redevances que ci-dessus ;

3° Un tiers de la tribu seulement, à la koubba de Si Maamar, à Chellala, une musette d'orge et une de dattes par chameau revenant de la caravane annuelle du Gourara.

Les Laghouat-el-Ksel se divisent en cinq fractions ayant chacune des attaches dissemblables : ce sont les *Ouled-Moumen, Rezeigat, Ouled-Aïssa, Gueraridi, Ahl-Stiten.*

Les Ouled-Moumen (303 tentes), 50 chefs de tentes sont Taïbya, 30 Qadrya.

Ils payent comme redevances religieuses :

1° A la zaouïa de Sidi Cheikh, par tente : une brebis avec son agneau, une mesure de beurre, une de grains, une de dattes, plus un chameau pour toute la tribu ;

2° A la zaouïa Cherguia, mêmes redevances moins le chameau ;

3° A la mosquée de La Mecque : un chameau pour toute la tribu.

---

(1) Sid El-Hadj-ben-Amer était un marabout qui mourut en 1603 ; il avait été lié avec Sidi Chikh. Ses descendants ont successivement habité le petit ksar de Sid-el-Hadj-ben-Amer ou se sont dispersés chez les Ouled-Sidi-Cheikh, Trafi et Laghouat-el-Ksel.

Les Rezaigat (352 tentes) dont 32 sont affiliées aux Taibya.

Ils payent comme redevances religieuses annuelles :

1° A la zaouia de Sidi Cheikh, par tente : une brebis suivie de son agneau, une mesure de beurre, une de grains et une de dattes. Quatre sous-fractions donnent chacune un chameau. — Une sous-fraction (les Ouled-Yahia), donne en argent de 80 à 100 francs ;

2° A la zaouia Cherguia, par tente : une mesure de beurre, une de grains, une de dattes ; par troupeau, c'est-à-dire que si trois ou quatre familles sont réunies pour avoir un berger commun, elles ne donnent à elles toutes, qu'une brebis ; les familles qui ont plusieurs troupeaux ne donnent qu'une brebis suitée.

Les Ouled-Aïssa (199 tentes), comptent deux chefs de tentes khouan Cheikhya, et quatre Taibya.

Ils payent comme redevances :

1° A la zaouia de Sidi Cheikh, par tente : une brebis (sans agneau), une mesure de beurre, une de grains, et pour toute la tribu, un chameau ;

2° A la zaouia Cherguia, mêmes redevances religieuses annuelles :

3° Aux Ouled-Sidi-el-Hadj-Ahmed (des Ouled-Sidi-Cheikh), la sous-fraction des Amourat donne en outre un agneau par tente ;

4° Aux Ouled-Sidi-Atta-Allah, de Tadjemout (marabouts locaux du cercle de Laghouat), un grand nombre de tentes donnent une mesure de beurre et quelquefois un agneau.

Les Queraridj (111 tentes), comptent 11 Taibya, 17 Qadrya, 3 Cheikhya.

Ils payent comme redevances religieuses annuelles :

1° A la zaouia de Sidi Cheikh, par tente : une brebis, une mesure d'orge, une de dattes ; pour toute la tribu, deux chameaux ;

2° A la zaouia Cherguia, mêmes redevances moins les deux chameaux.

Ahl-Stiten (74 tentes et 139 maisons, plus 3 mosquées et 6 koubba).

Ils payent comme redevances religieuses annuelles :

1° Aux trois zaouia d'El-Abiod, par tente : une brebis, trois mesures d'orge, une de beurre. La perception a lieu par chacune des zaouia à tour de rôle ;

2° Aux Ouled-Sidi-ben-Abd-er-Rahman, des Ouled-Sidi-Cheikh (ksar Rahmanya), les 2/3 de la tribu payent une mesure d'orge par tente ;

3° Aux marabouts des Ouled-Sidi-Abd-Allah, de Tadjemout (Laghouat), la sous-fraction des Beni-Zeroual, qui est composée de Cherfa, offre tous les ans une habeia en laine ;

4° Une ziara facultative accompagnant une visite faite chaque année par un individu de chaque famille aux koubba d'El-Abiod.

LES OULED-YACOUB-ZERARA (308 tentes), partagés en serviteurs des

Ouled-Sidi-Cheikh et en khouan des Tidjanya, payent comme redevances religieuses par tente : une brebis et une mesure de beurre à la zaouia de Sidi Cheikh.

Les Arbaouat, deux ksour de 65 maisons, 2 mosquées et 5 koubba, dont 4 aux Ouled-Sidi-Cheikh (Sidi-Maamar, Bel-Alia, Sidi-Aissa, Sidi-Brahim) et une à Sidi-Bou-Tkil, descendant d'Abd-el-Qader-ben-Djilani.

Ils payent comme redevances religieuses annuelles :

1° A chacune des trois zaouia d'El-Abiod, par maison : une musette d'orge, un kouffa de navets, une citrouille ;

2° Aux marabouts de Sidi Atta-Allah (de Tadjemout), par maison : une musette d'orge et une citrouille ;

3° A la zaouia d'Ain-Madhi, par maison : moutons, beurre, dattes et argent, selon leurs facultés.

El-Abiod-Sidi-Cheikh perçoit les ziara et presque tout le monde y vit dans la domesticité des familles seigneuriales ; on y comptait seulement 17 Taibya, 2 Tidjanya, 3 Qadrya et 16 Cheikha.

Chellala-Dahrania ; les 77 maisons vivent en partie du produit des ziara aux 4 koubba de : 1° Mohammed-ben-Sliman, père de Sidi Cheikh ; 2° Sidi Abd-el-Qader-ben-Djilani ; 3° Sid Abd-el-Djeber-ould-Mouley-Taieb ; 4° Sid Ahmed-Tidjani. Elles comptent 3 Cheikha, 10 Qadrya, 15 Taibya, 20 Tidjanya.

Elles payent comme redevances religieuses annuelles :

1° Une musette d'orge par maison pour les trois zaouia d'El-Abiod qui en prennent chacune le tiers ;

2° Les serviteurs de Tidjani payent (seulement à la zaouia d'Ain-Mahhi) une ziara proportionnée à leurs facultés et à leur degré de dévotion.

Chellala-Gueblia ; sur 28 chefs de maisons, 27 sont khouan de Tidjani, et ils payent chacun un mouton à la zaouia d'Ain-Madhi. Ils ne payent rien aux Ouled-Sidi-Cheikh.

Ghanoul, ksar de 60 maisons ; il y a 20 Taibya, 10 Tidjanya.

On paye comme redevances religieuses annuelles :

1° La dîme (ou dixième) des grains récoltés qui est partagée entre les trois zaouia d'El-Abiod ;

2° Une tasse d'orge par maison, à Sid El-Hadj-Amer, pour être préservé de la piqûre des scorpions ;

3° Une ziara facultative variant d'un mouton à une galette, à la zaouia de Sidi Cheikh, où on va annuellement en pèlerinage ;

4° Une djellal, une habaia, et par maison une tasse d'orge à deux petits marabouts locaux.

BREZINA, ksar de 50 maisons ; on compte 26 Qadrya et 3 Cheikhya. On paye comme redevances religieuses annuelles :

1° A la zaouïa de Sidi Cheikh, une musette d'orge par maison ;
2° A la zaouïa Cherguia, par maison, trois mesures d'orge ;
3° Aux Ouled-Sid-el-Hadj-ed-Din, par maison, une mesure d'orge ;
4° Aux Ouled-Sidi-Ata-Allah (de Tadjemout, Laghouat), une habaia.

Les MAKHENA comprennent les ksour de *Bou-Ali* et de *Sidi-Tifour* (253 tentes), 150 maisons. La moitié de la tribu est affiliée à l'ordre des Taibya.

Ils payent comme redevances religieuses annuelles :

Les *Ouled-bou-Ali*, par tente : 1° trois musettes d'orge et une de blé à la zaouïa de Sidi Cheikh ; 2° une musette d'orge et une de blé à la zaouïa Cherguia ; 3° un agneau sevré aux Ouled-Sidi-Kaddour-ould-Sidi-Cheikh.

Les *Makhena, Chelalba* et *Bou-Aeda*, par tente :
1° Un agneau aux Ouled-Sidi-Kaddour-ould-Sidi-Cheikh ;
2° Un agneau à la zaouïa de Sidi Cheikh ;
3° Une brebis aux Ouled-Sidi-Ata-Allah (de Tadjemout).

A ces Refar, qui n'ont pu être connus en détail que dans le cercle de Géryville, il faut ajouter les produits venant de l'extérieur, soit :

A. Les produits connus :

Moghar-Foukania (150 maisons) qui payent par maison, à la zaouïa de Sidi Cheikh, une mesure de dattes.

Les *Mehaia* et les *Zehouna (des Angad marocains)*, qui payent : 1° à la zaouïa de Sidi Cheikh, un mouton et une mesure d'orge ;

Un tiers des Mehaia qui paye à la zaouïa Cherguia, un mouton, un pot de beurre, une musette d'orge.

Les *Beni-Mathar (Marocains)*, qui payent la même redevance sauf la mesure de dattes.

Les *Ayach (du Gourara)* qui donnent, par maison, une mesure de dattes à la zaouïa R'erbia.

Les *Delloul (du Gourara)* qui donnent par tente, une mesure de dattes. *Tabelkouza, Aouin, Hamou, Fétis (du Gourara)*, qui payent par tête d'adulte mâle, une musette de dattes.

B. Les produits dont nous n'avons pas le compte et qui proviennent d'*El-Goléa*, de *Ouargla*, des *Châamba (Berazga, Hab-er-Rih, Mouadhi)* et des *Mekhadma*, qui sont les serviteurs religieux des Ouled-Sidi-Cheikh-Cheraga.

C. Les produits accidentels ou ziara facultatives qui proviennent des fractions issues des collatéraux du Tell, du Maroc, du Touat, du Gourara, du Tidikelt qui, en outre, payent sur place, à leurs chefs de groupe, des redevances dont nous ignorons la quotité.

On voit par ce qui précède que, chez les Ouled-Sidi-Cheikh, les influences familiales, féodales et maraboutiques l'emportent de beaucoup sur celles qui résultent du lien religieux déterminé par l'affiliation à l'ordre des Cheikhya.

Aussi, dans le vaste espace compris entre Ouargla, Géryville, Saïda, Oran, la limite orientale du Tafilalet, le Touat, le Gourara et le Tidikelt, ne pouvons-nous apprécier exactement le nombre ni de leurs serviteurs religieux, ni de leurs serviteurs politiques.

La statistique officielle ne peut nous fournir que le chiffre des khouan qui suivent le rituel des Cheikhya, sous la direction de moqaddem sans influence et sans lien entre eux. Ces chiffres, qui ne donnent aucune idée de la puissance religieuse des Ouled-Sidi-Cheikh, sont les suivants :

	Zaouïa	moqaddem	khouan
Alger, cercle de Ghardaïa.	»	3	1.176
Oran : Arrondissement et banlieue d'Oran.	»	1	20
Aïn-Temouchent (et banlieue).	»	2	40
Sidi-Bel-Abbès (id.).	»	1	10
Mascara (id.).	»	1	52
Tlemcen (id.).	»	1	20
Lamoricière (id.).	»	1	20
Sebdou (commune mixte).	»	1	9
Aïn-Sefra (cercle).	»	6	197
Daya (id.).	»	1	70
Géryville (id.).	5	6	120
Lalla-Mar'nia (id.).	»	1	118
Saïda (id.).	»	1	11
Sebdou (id.).	»	13	917
	5	39	2.780

Soit : 2,819 affiliés.

CHAPITRE XXV

LES TAIBYA
MOULEY-TAIEB
(1678-1679 de J.-C. — 1089 de l'Hégire [1])

C'est une opinion assez accréditée chez un grand nombre de Musulmans, que le premier fondateur de l'ordre religieux des Taïbya fut Mouley-Idris-ben-Abdallah-ben-Haam, fils du khalife Ali-ben-Abou-Taleb, et fondateur de la dynastie marocaine des Idricites. Ils ajoutent que, lorsque Mouley-Idris, après le combat de Fekh, en 169 de l'H. (786 de J.-C.), conquit le Maghreb-el-Aksa et s'empara de Tlemcen, puis de Tanger, il vint moins en conquérant qu'en réformateur religieux. En ce temps-là, les Berbères étaient païens, juifs, chrétiens ou musulmans hérétiques : Idris, qui avait puisé auprès d'El-Houin la connaissance de la Vérité, fonda à Fez la célèbre université, ou zaouïa, qui porte le nom de Dar-el-Alim (دار العلم — maison de la science). Là se formèrent des savants et des missionnaires qui prêchèrent la Vérité, ramenèrent les Musulmans à l'orthodoxie, et se constituèrent en une société religieuse de gens choisis, dont les membres se nommaient Djelala (les élus, les gens d'élite). Cette association se serait prolongée jusque vers le XVIe siècle de notre ère, époque où elle se serait divisée en deux branches représentées : par Mouley-Ham-

---

[1] On dit plus souvent Taïbiin ce qui est moins correct.

dan, le fondateur de l'ordre marocain des Hamdachia, et par Mouley-Abd-es-Selem-ben-Machich, qui fut un des professeurs de Si Chadeli, et dont la doctrine fut transmise, par une série de saints moqaddem, jusqu'à Mouley-Taïeb qui donna son nom à l'ordre.

Cette version, bien que ne s'éloignant pas complètement de la vérité, n'est cependant pas exacte (1) : elle mêle des faits d'ordre différent et confond les origines, relativement modernes, de l'ordre religieux des Taïbya avec les origines réelles de la famille chérifienne à laquelle appartiennent, depuis près de deux siècles, et les empereurs du Maroc, et les grands-maîtres de l'ordre des Taïbya.

Mouley-Idris fut bien un réformateur religieux, mais il ne fut ni le fondateur, ni même le précurseur d'un ordre religieux. Les Djelala ne furent pas des khouan, mais des groupes de gens, d'origine chérifienne, allant toujours en se multipliant, en se divisant et s'isolant les uns des autres, comme le sont aujourd'hui les groupes de populations appelées « Cherfâ. » La dynastie à laquelle appartient l'empereur du Maroc a eu, pour ancêtre, un frère même de Idris, mais non Idris lui-même.

La descendance directe d'Idris continua à fournir, à la zaouïa de Dar-el-Alim, de nombreuses personnalités chérifiennes qui allèrent, ensuite, propager et étendre l'orthodoxie musulmane dans tout le Maghreb. La plupart se contentèrent du prestige que leur donnait leur titre de chérif, et ils restèrent en dehors des congrégations religieuses; d'autres, au contraire, se firent affilier à des ordres existant dans le pays.

De ce nombre fut, au XVIIᵉ siècle de notre ère, Mouley-Abd-Allah-ben-Ibrahim, qui était alors affilié aux Djazoulya, branche des Chadelya, voisine de celle des

---

(1) Mouley-Abd-es-Selem-ben-Machich est mort en 1160 de J.-C.; Mouley-Hamdan paraît, au contraire, être mort vers l'an 1500 et n'a pas été contemporain du précédent.

Derqaoua, avec laquelle elle est très souvent confondue.

Mouley-Abd-Allah, à la suite de songes, dans lesquels le Prophète s'était révélé à lui et lui avait donné ses instructions, fonda la zaouïa de Ouazzan, qui prit le nom de Dar-ed-Daman (maison de la sûreté), parce que, en effet, ce fut un lieu d'asile pour tous les malheureux ou criminels qui venaient y chercher un refuge.

Cet établissement occupe aujourd'hui un vaste local et a des dépendances considérables. Là sont enterrés tous les chefs de l'ordre depuis sa création. C'est un lieu de pèlerinage où les fidèles viennent apporter leurs offrandes, depuis les plus minimes jusqu'aux plus importantes. Les personnages marquants, les dignitaires de l'ordre, les riches visiteurs sont reçus par le grand-maître en personne, les autres sont admis dans une salle commune où ils sont hébergés et où un khalifa ou naïb vient ramasser leurs offrandes et les conduire dans un autre local où on leur fait faire les prières en commun. Il n'y a de dérogation que pour les Touatiens qui tous, riches ou pauvres, sont reçus par le grand-maître en personne (1).

Les détails que nous avons pu recueillir sur Mouley-Abd-Allah, qui mourut en 1089 de l'H. (1678-79 de J.-C.), sont surtout des légendes religieuses (2), qui n'ont d'at-

---

(1) On sait que ce n'est que depuis 1860 (c'est-à-dire à l'issue des voyages de 1859, du commandant de Colomb, et de 1860, du commandant Colonieu et du lieutenant Burin), que la prière au Touat se fait au nom de l'empereur du Maroc. On comprend donc le but de cet accueil spécial fait aux Touatiens par le grand-maître des Taïbya, agissant alors comme représentant religieux officiel de l'empereur du Maroc.

(2) Il y a, entre autres, la légende du songe d'Abd-Allah, où, transporté dans le 3ᵉ ciel, il aperçoit un arbre dont toutes les branches sont desséchées, à l'exception de deux qui sont chargées de fruits. Ces deux branches sont : celle de la confrérie de Mouley-Abd-Allah et celle de la confrérie des Qadrya. Plus loin, il arrive, avec son troupeau, sur la rive d'un grand fleuve qu'il faut traverser. Là se

traits et de valeur que pour des Musulmans. Cependant on peut, en les étudiant, en dégager le but *humain* que se proposa Mouley-Abd-Allah, en se séparant des Djazoulya et en se faisant chef d'ordre. Ce but paraît avoir été, surtout, de détacher les Musulmans marocains de l'ordre des Qadrya qui était dominant dans le Sous et qui, ayant son point d'attache à Bagdad, était soumis à des influences étrangères au Maroc.

Le chef souverain du Maroc luttait alors contre l'immixtion des Turcs dans ce pays ; il avait à combattre les Portugais, et il espérait trouver un appui et une force dans ce groupement religieux qui tendait à faire, d'Ouazzan, le chef-lieu d'une véritable église nationale, ayant pour directeur spirituel un chérif de la famille même du souverain régnant.

Aussi, dès le début, la protection officielle de la cour de Fez fut-elle acquise à la zaouïa d'Ouazzan : protection qui, tout en sauvant les apparences, mettait en réalité le bras séculier à la disposition de l'idée religieuse, car le représentant du pouvoir temporel, simple khouan, s'inclinait devant la bénédiction du chef de l'ordre, et demandait à ce « saint homme, » tout confit en dévotion et détaché des choses de ce monde, des inspirations et des conseils qui étaient exécutés par la masse comme la volonté de Dieu.

Le successeur de Mouley-Abd-Allah fut Mouley-Mohammed, qui ne paraît pas avoir laissé un souvenir bien considérable ; mais après lui vint Mouley-Taïeb, — qui développa et compléta l'organisation de la confrérie. Ce fut lui qui, en raison de son activité, et en raison aussi des perfectionnements qu'il apporta aux statuts de la

---

trouvent aussi arrêtés, avec leurs troupeaux, Sidi Abd-el-Qader et d'autres saints personnages. On tente le passage : Sidi Abd-el-Qader n'arrive à faire passer le fleuve qu'à la moitié de son troupeau, les autres saints en perdent les trois-quarts, tandis que lui, Mouley-Abd-Allah, prend tous ses moutons dans son burnous et leur fait ainsi passer le fleuve sans en perdre un seul.

zaouïa, mérita de donner son nom à l'ordre fondé par son grand-père.

Mouley-Taïeb, d'après certaines versions musulmanes, fut celui qui reçut, du Prophète même, le dikr encore en usage chez les Taïbya : d'autres disent que ce fut Mouley-Abd-Allah; beaucoup confondent, du reste, les deux saints.

La vie de Mouley-Taïeb offre de singulier contraste. Il se refusait à lui-même toute espèce de bien-être, se laissait manquer des choses les plus nécessaires à la vie, s'infligeait des mortifications douloureuses, se montrait animé d'un grand esprit de tolérance et de concorde dans ses relations personnelles, mais il était en même temps, pour tout ce qui regardait son œuvre, d'une avidité insatiable, et s'il ne réussissait pas dans ses mesures d'apaisement et de conciliation, il ne reculait devant aucune cruauté pour assurer le triomphe de ses entreprises, toujours inspirées d'ailleurs par le désir de voir régner partout la paix, la prospérité, et d'augmenter le nombre de ses khouan.

Mouley-Taïeb est l'auteur d'une prédiction célèbre bien connue dans l'ouest algérien : il aurait, en effet, dit à ses khouan : « Vous dominerez plus tard tous les pays de l'Est ; tout le pays d'Alger vous appartiendra. Mais avant que mes paroles s'accomplissent, il faut que cette contrée ait été possédée par les Benou-Asfer (enfants du jaune ou Français). Si vous vous en emparez maintenant, ils vous enlèveront votre conquête; si, au contraire, ils prennent le pays les premiers, le jour viendra où vous le reprendrez sur eux (1).

La tradition rapporte que Mouley-Taïeb fit de nombreux prosélytes, surtout chez les Nègres. Il réunit tous

---

(1) Cette prédiction n'est du reste que la répétition d'une autre, bien plus ancienne, qui se trouve dans une espèce de recueil prophétique remontant au XIVᵉ siècle de Jésus-Christ, et qui dit que les Roumis doivent être maîtres de tout le littoral africain, de T à T *(sic)* avant l'arrivée du « Maître de l'heure, » qui rendra à l'Islam l'empire universel.

ses néophytes avec les Nègres du domaine impérial, qui furent affranchis, et il en forma la garde noire de l'empereur, organisée en milice religieuse à laquelle fut donné le nom de Abed-Bekhari, en souvenir du célèbre traditionniste musulman dont les ouvrages sont restés la base de la sounna.

On voit encore, dans ce fait, comme dans la prophétie ci-dessus rapportée, la continuation bien nette du caractère politique de cet ordre des Taïbya, dont la ligne de conduite n'a guère varié, et qui, par-dessus toute chose, est resté l'ordre national marocain, inféodé au chérif, souverain de ce pays, et l'ordre rival ou ennemi des Qadrya, des Tidjanya, des Derqaoua et, en général, de tous les autres ordres.

Depuis Si Abd-Allah, chaque fois qu'un souverain marocain a des difficultés avec ses sujets, c'est toujours le chef de l'ordre des Taïbya, le chérif d'Ouazzan, qui est envoyé d'abord comme médiateur ou conciliateur.

Les Taïbya jouissent d'une très grande considération dans tout le nord du Maroc et dans la province d'Oran, et cette considération leur vient, peut-être, encore plus de la descendance chérifienne des chefs de l'ordre, que de la pureté des doctrines transmises par les saints qui ont précédé Mouley-Abd-Allah et Mouley-Taïeb.

Aussi, les deux généalogies ont-elles une égale importance aux yeux des Musulmans ; la masse semble même faire plus grand cas de la généalogie naturelle que tous les Taïbya savent et donnent volontiers, tandis que la généalogie mystique ne semble connue que des adeptes d'un degré supérieur.

Voici la descendance des chefs de l'ordre :

Mohammed. — 1, Fathma-Zohra. — 2, Hoccin-ben-Ali. — 3, Haçan. — 4, Abd-Allah (1). — 5, Ali. — 6, Hoçain. — 7, *Idris*-el-Kebir. —

---

(1) Le n° 4, Si Abd-Allah-el-Kamel, est l'ancêtre commun : au souverain actuel du Maroc (qui est de la famille des Alaouïn), et au ché-

8, Idris-S'rir. — 9, Mohammed. — 10, Haidra. — 11, Mezouar. — 12, Sellam. — 13, Aissa. — 14, Hormal. — 15, Ali. — 16, Ali-Beker. — 17, El-Mechich. — 18, Imelah. — 19, Mohammed. — 20, Abd-el-Djebbar. — 21, Ahmed. — 22, Amar. — 23, Brahim. — 24, Si Moussa. — 25, Si El-Hassen. — 26, Moussa. — 27, Mouley-Brahim. — 28, *Mouley-Abd-Allah*. — 29, Mouley-Mohammed. — 30, Mouley-Taieb. — 31, Si Ahmed. — 32, Allail. — 33, Si El-Hadj-el-Arbi. — 34, Si Abd-es-Selam.

Quant à la généalogie mystique reliant l'enseignement des Taïbya à celui du Prophète, c'est celle de Sid Abou-Hassen-ech-Chadeli, telle qu'elle est admise par les Djazoulya, les Aïssaoua, les Nacerya et les Hansalya.

L'ange Gabriel. — Le Prophète. — 1, Ali-ben-Abou-Taleb. — 2, El-Haoussin. — 3, Abou-Abd-Allah-Djabir-ben-Abd-Allah-el-Ansari. — 4, Abou-Said-el-Razouani. — 5, Abou-Mohammed-Fath-es-Saoud. — 6, Saâd. — 7, Abou-Mohammed-Said-el-Makhezoum. — 8, Abou-el-Kacem-el-Merouani. — 9, Abou-Isahak-Ibrahim-el-Bosri. — 10, Zin-ed-Din-Mohammed-el-Kazuime. — 11, Chems-ed-Din-el-Turkomani. — 12, Tadj-ed-Din-Mohammed. — 13, Nour-ed-Din-Abou-Hassen-Ali. — 14, Fakhr-ed-Din. — 15, Taki-ed-Din-el-Faqir. — 16, Abou-zid-el-Madani. — 17, *Abd-es-Selem-ben-Mechich*. — 18, *Abou-Hassen-ech-Chadeli*. — 19, Abou-Abbas-el-Mourci. — 20, Tadj-ed-Din-ben-Atta-Allah. — 21, Abou-Abd-Allah-el-Mogherbi. — 22, Abou-Hassen-el-Harafi. — 23, Sid Annous-el-Bedaoui. — 24, Abou-el-Fadel-el-Hindi. — 25, Abd-er-Rahman-er-Redjeradji. — 26, Abou-Osman-el-Hartani. — 27, Abou-Abd-Allah-Mohammed-Amr'ar-Cherif. — 28, Abou-Abd-Allah-Mohammed-ben-Abou-Beker-Seliman-el-Djazouli. — 29, Abd-el-Aziz-el-Tebbai. — 30, Abd-Allah-el-Razouani. — 31, Mahmed-et-Taleb. — 32, Aissa-el-Hassen-el-Messab. — 33, Ali-ben-Ahmed. — 34, *Mouley-Abd-Allah-ben-Brahim-ech-Cherif*. — 35, Mouley-Mohammed. — 36, *Mouley-Taïeb*. — 37, Sid Ahmed. — 38, Allail. — 39, Sid El-Hadj-el-Arbi. — 40, Sid El-Hadj-Abd-es-Selem.

A partir de 34, la liste généalogique se confond avec la chaîne mystique.

Les doctrines des Taïbya n'ont rien qui les distingue

---

rif d'Ouazzan (Ouazzania). En dehors de ces deux familles princières ou chérifiennes, il en existe une 3e, descendant également d'Idris, mais par un autre arbre généalogique. C'est celle qui a conservé le nom de « famille des Idrissiin. »

à priori de celles des autres ordres ayant les mêmes appuis. D'après les préceptes consignés dans les livres comme d'après les instructions écrites ou données en public, le but de la congrégation serait uniquement : « d'élever l'âme vers Dieu, de détacher les frères des » choses d'ici-bas, pour les reporter, par la contempla- » tion et les bonnes œuvres, dans le sentier droit de la » justice et de l'équité. » Volontiers même — les moqaddem affirment, *urbi* et *orbi*, qu'ils ne se mêlent jamais de politique — et cependant, quand on va au fond des choses, on s'aperçoit bien que les Taïbya sont, avant tout, une association : religieuse dans ses pratiques extérieures, mais essentiellement politique dans son essence même comme dans son but secret.

Il n'y a qu'à examiner le dikr compliqué des Taïbya pour comprendre que l'on a soigné, tout particulièrement, dans l'organisation de l'ordre, tout ce qui était de nature à augmenter les moyens de reconnaissance entre les adeptes, comme cela a lieu dans toutes les associations secrètes ayant un objectif politique.

Ce dikr est un des points les plus intéressants que fournisse l'étude des Taïbya, et il a un cachet particulier que n'ont pas les dikr des autres ordres : c'est moins une oraison continue, qu'une série de versets et répons servant de signes de ralliement entre les adeptes et pouvant, à un moment donné, se transformer en de véritables mots de passe.

Voici ce dikr, qui doit se dire de préférence après la prière du matin et après celle de l'après-midi. Ces deux instants de la journée passant pour être bien plus favorables aux œuvres pieuses que les trois autres moments de la prière, et ayant été sanctifiés d'une manière toute particulière par le Prophète, qui a reçu du Ciel, à leur sujet, les deux sourates CIII et CXIII (1).

---

(1) La sourate CIII est intitulée : *l'heure de l'après-midi*, الظهر — celle CXIII, *l'aube du jour*, الفجر.

A. Toutes les bonnes œuvres que vous avancerez dans votre intérêt, vous les retrouverez auprès de Dieu, cela vous vaudra mieux, cela vous vaudra une récompense plus grande, implorez le pardon de Dieu, car il est indulgent et miséricordieux.
(Sourate LXXIII, verset 20.)

B. Célébrez le nom de Dieu avant le lever du soleil et avant son coucher (1).

C. C'est Lui (le Prophète), ses anges qui prieront pour vous.

D. Dieu et les anges honorent le Prophète. Croyants, adressez sur son nom des paroles de vénération et prononcez son nom avec salutation.
(Sourate XXX, verset 56.)

E. Sache qu'il n'y a point d'autre Dieu que Allah.
(Sourate XLVII, verset 51.)

a. Implorez le pardon de Dieu, le clément, le miséricordieux.
(Se répète 100 fois.)

b. Célébrez Dieu, célébrez ses louanges.
(Se répète 100 fois.)

c. Mon Dieu, répandez vos grâces sur notre seigneur Mohammed, sur ses épouses et sur ses descendants.
(Se répète 50 fois.)

d. Mon Dieu, répandez vos grâces sur notre seigneur Mohammed, votre prophète, sur sa famille et ses compagnons, que son nom soit prononcé avec salutation.
(Se répète 100 fois.)

e. Il n'y pas d'autre Dieu que Allah, Mohammed est le prophète de Dieu, que Dieu répande sur lui ses grâces, qu'il reçoive le salut.
(Se répète 100 fois.)

Voici maintenant la manière dont se récitent les prières :

---

(1) Cette formule est une altération de :
Célébrez votre Dieu soir et matin
(Sourate XXXIII, verset 41.)

Le fidèle répète, trois fois, le premier des cinq versets du Coran que nous avons marqués de lettres majuscules.

Puis il dit la première phrase marquée d'une minuscule, autant de fois que nous l'avons indiquée. Il fait de même pour le verset **B**, avant de passer à la phrase marquée par la lettre **b**, et ainsi de suite pour les autres, de sorte que le dikr se compose de 465 récitations ou invocations, qu'on compte sur le chapelet.

Chacun des versets du Coran, marqué d'une majuscule, s'appelle meftah (clef, mot de passe) de la phrase ou prière marquée de la minuscule correspondante. Celui qui demande le mot, prononce la prière ; celui qui le rend, répond par le verset correspondant.

On peut parler pendant que l'on fait ces prières, cependant celui qui s'abstient fait mieux ; on peut aussi les réciter en dehors des heures habituelles, pourvu toutefois qu'elles soient dites dans la journée, sinon, il faudrait rappeler, en sus du dikr quotidien, ce qui n'aurait pas été dit, ou payer au moqaddem une hadia comme aumône expiatoire.

Ces tolérances offertes aux fidèles montrent une fois de plus combien l'ordre des Taïbya est politique, et quelles précautions il prend pour ne pas gêner « les gens du monde » et les hauts et puissants seigneurs qui, comme l'empereur du Maroc, sont affiliés à cette congrégation.

Elles montrent aussi que le côté financier n'est pas négligé chez les Taïbya, et que le commerce des indulgences s'y fait en grand.

Les cinq invocations, répétées chacune, matin et soir, le nombre de fois indiqué, constituent ce que les moqaddem appellent le dikr simple, celui qui, d'après la parole révélée par le Prophète à Mouley-Taïeb, suffit pour que l'on soit « du troupeau » ou « des fils de Mouley-Taïeb. » En l'exécutant fidèlement, on est certain de racheter ses fautes, quelles qu'elles soient, et l'on est assuré d'être reçu dans le paradis.

Pour ceux qui aspirent à un plus haut degré de sainteté, ou qui veulent arriver, dès cette vie, à avoir, soit des extases qui leur donneront un avant-goût des félicités éternelles, soit des visions dans lesquelles le Prophète se révélera à eux, ceux-là doivent décupler le dikr et dire, par conséquent, 4,650 récitations par jour, au lieu de 465.

Il est bien certain, en effet, qu'un pareil exercice, répété pendant plusieurs jours, amènera fatalement une névrose cérébrale, qui facilitera les extases et les visions chez le malheureux ayant la foi assez exaltée pour se livrer à ces dévotions excessives.

L'admission dans l'ordre se fait assez simplement : l'aspirant va trouver le moqaddem le plus voisin, et lui demande l'ouerd. Le cheikh cherche à l'en détourner, en lui montrant combien sont difficiles à remplir les devoirs qui lui seront imposés. Tout en ayant l'air de refuser, le cheikh exalte la certitude qu'ont tous ses membres d'entrer sûrement en paradis, et, quand il voit l'aspirant bien décidé, il convoque une *djelala* des khouan des environs. On lit le dikr, le néophyte prête serment de ne pas abandonner la *voie*, de ne pas voler, de ne pas se mêler avec les agitateurs ni avec les assassins. Il s'engage, devant Dieu, à obéir au cheikh, à s'acquitter exactement du dikr, et à ne pas passer un jour sans remplir cette formalité indispensable.

Ceci fait, on lit la fatiha, et le néophyte remet au cheikh une ouquia (وفية, petite pièce de monnaie de la valeur de 0 fr. 30 à 0 fr. 35). Cette légère imposition a pour but de lui indiquer qu'il doit toujours être prêt à faire abandon, au profit de l'ordre, des biens dont Dieu l'a comblé.

Le choix des moqaddem a lieu en une hadra ou djelala où se rassemblent les khouan intéressés. Les droits du candidat sont discutés chaudement; puis, lorsque la décision est prise, on écrit à Ouazzan, pour demander une ratification qui n'est presque jamais refusée, et qui est envoyée, sous la forme d'un brevet ou diplôme, accompagné de quelques pieux conseils et d'un mandement adressé aux khouan.

Tous les ans, des inspecteurs, khalifa, ou délégués spéciaux partent de la zaouïa d'Ouazzan, et se rendent partout où il y a des khouan. Sur leur route, ils font des quêtes lucratives, s'assurent de l'état des esprits, réconfortent les faibles, encouragent les fervents, et réchauffent, chez tous les adeptes, le zèle religieux, tout en drainant singulièrement les finances de leurs fidèles.

L'ordre de Mouley-Taïeb est un de ceux avec lesquels nous devons le plus compter; non pas qu'il nous soit hostile, ni qu'il produise de ces exaltés qui deviennent dangereux à un moment donné, mais simplement parce que cet ordre religieux est, avant tout, une association politique, tantôt dirigeant l'empereur du Maroc, tantôt recevant son mot d'ordre. Et cela n'est pas d'aujourd'hui : Mouley-Taïeb disait, en parlant de ses khouan et de l'empereur, et en donnant cette parole comme révélée par le Prophète :

منكم ما تسبحا و بلا بكم ما تسبحا

De vous (de votre fait), il ne réussira pas,
Et sans vous, il ne réussira pas.

Phrase assez obscure qui montre toutefois nettement le rapport intime qui existe entre l'ordre des Taïbya et le souverain, car l'interprétation qu'on donne est: « l'empereur ne peut réussir sans l'aide des Taïbya, mais ceux-ci ne sont pas uniquement à sa dévotion. »

En ce qui nous concerne et si l'on va au fond des choses, on trouve qu'à aucune époque nous n'avons eu à nous plaindre des Taïbya. Notre ignorance des choses religieuses musulmanes nous a, il est vrai, au début de l'occupation française, fait mettre à la charge de ces khouan et de l'empereur du Maroc bien des faits résultant au contraire, des agissements des ordres religieux marocains rivaux des Taïbya, lesquels ordres cherchaient un regain de popularité dans des excitations ou des attaques contre les Français. Il paraît même démontré aujourd'hui que, déjà au courant de notre force et de nos intentions, et, instruit par les événements de 1831 et 1832, le gouvernement marocain aurait voulu empêcher les faits regrettables qui amenèrent, en 1844, l'entrée du maréchal Bugeaud à Oudjda et la bataille d'Isly.

Les sympathies de la cour de Fez n'étaient, en effet, nullement pour El-Hadj-Abd-el-Qader-ben-Mahi-ed-Din qui, le 28 novembre 1832, avait été proclamé sultan des Arabes, et dont la popularité portait ombrage au souverain du Maroc.

D'une famille chérifienne, ayant la prétention de remonter à Abd-el-Qader-ben-Djilani (le saint de Bagdad) et, de plus, moqaddem de cet ordre religieux rival des Taïbya, Si Abd-el-Qader-ben-Mahi-ed-Din avait, au contraire, au Maroc, de très nombreux partisans, qui échappaient absolument à l'action de l'empereur. Celui-ci, d'ailleurs, comme Musulman, ne pouvait pas refuser asile à un chérif musulman vaincu dans la Guerre Sainte, et comme souverain, il était impuissant à empêcher ses sujets, Qadrya et autres, d'acclamer le martyr de l'Islam et de courir sus au Chrétien. Il l'essaya cependant (on connaît les efforts de son khalifa, Si El-Djennaoui, amel d'Oudjda), mais ce fut en vain : les Taïbya étaient débordés et leurs arguments, tous d'ordre politique, ne pouvaient réussir contre l'explosion des sentiments religieux dont Abd-el-Qader était le représentant populaire et tout-puissant. Tout ce que put obtenir l'empereur, de son hôte forcé, fut que ses « Réguliers » ne combattissent pas la France sur le territoire marocain ;

et, en effet, pas un soldat d'Abd-el-Qader ne prit part à la bataille d'Isly (1).

Ce point historique, peu connu, donne l'explication de bien des faits qui se passent, encore de nos jours, sur la frontière marocaine, et qui seraient absolument incompréhensibles, si on n'avait, pour les expliquer, la situation des ordres religieux au Maroc, où les Taïbya, défenseurs du trône, sont en rivalité d'influence avec les Qadrya, Zianya, Kerzazya, Nacerya, Habibya, Derqaoua, Tidjanya, Aïssaoua, tous ordres beaucoup plus détachés qu'eux-mêmes des choses politiques.

Les Taïbya ont aujourd'hui pour chef spirituel et grand-maître Si Abd-es-Sellem-ben-el-Hadj-el-Arbi, plus connu sous le nom de chérif d'Ouazzan. C'est un grand admirateur de la civilisation européenne et un sincère ami de la France. Bien que marié à une Anglaise, ancienne institutrice dans la famille d'un diplomate, il a toujours eu pour notre pays une préférence bien marquée. En 1876, il sollicitait le titre de citoyen français, faveur qui, pour des raisons trop longues à expliquer, ne put lui être accordée. Mais ce refus, dont il put apprécier le bien-fondé, ne modifia en rien sa ligne de conduite, qui resta toujours sympathique à nos intérêts. En 1883, il a obtenu du gouvernement français une bourse d'interne pour un de ses fils, issu d'un premier mariage, et cet enfant fait actuellement ses études au lycée d'Alger. Enfin, tout récemment (16 janvier 1884), il vient d'obtenir

---

(1) Nous avons emprunté ce détail à un travail manuscrit de M. le commandant Varigault, intitulé « *Vie politique et militaire d'Abd-el-Qader,* » conférences faites à la Réunion des Officiers d'Alger, mai-juin 1879. Ce travail contient des renseignements inédits puisés aux meilleures sources : soit auprès de Si El-Hadj-Abd-el-Qader lui-même, soit auprès de M. Bellemare et d'autres personnes ayant vécu avec l'ex-émir, soit, enfin, dans des documents conservés aux archives du Bureau politique.

On trouvera encore les mêmes appréciations, émises sous une autre forme, dans l'ouvrage du capitaine Richard, *Étude sur l'insurrection du Dahra*, page 133 à 137. Alger, 1846.

le titre de protégé français, tel qu'il est défini par l'article 16 du traité de Madrid (1). C'est là un acte d'une haute importance politique, et dont les résultats peuvent être considérables.

Car nous ne devons pas perdre de vue le mal énorme que pourraient nous faire les Taïbya, en Algérie, au Sénégal, au Maroc, s'ils étaient dirigés par une personne hostile à notre autorité, ou gagnés par une puissance européenne rivale ou ennemie de la France.

Il ne faut pas, cependant, exagérer, outre mesure, ces résultats.

La solidarité étroite qui unit tous les musulmans, et le discrédit inévitable qui frappe ceux d'entre eux qui se rallient ouvertement aux idées européennes, empêcheront certainement le chérif d'Ouazzan de nous rendre des services aussi effectifs qu'il le voudrait ; mais son attitude franchement sympathique, ou sa neutralité bienveillante, facilitera toujours, dans une large mesure, nos combinaisons diplomatiques, politiques ou militaires. Car, quelles que soient les haines islamiques soulevées contre lui par son amitié pour la France, Si Abd-es-Sellem conservera toujours l'auréole sacrée que lui donne son titre de chérif, et il restera, quand même, pour les masses marocaines, le « maître de la Baraka, » le fétiche devant lequel les dévots ignorants continueront à se prosterner, en proclamant sa sainteté et sa puissance surnaturelle. S'il a jugé devoir se placer sous la protection de la France, lui l'élu du Seigneur et le descendant du prophète, c'est que c'est bien la volonté de

---

(1) Lorsque ce fait a été connu à Tanger, de nombreux Marocains, jouissant de la considération générale, sont venus, spontanément, exprimer au ministre de France, M. Ordéga, leurs regrets de n'avoir pas, comme le chérif d'Ouazzan, des titres suffisants pour invoquer notre protection. Cet hommage spontané et désintéressé, rendu par des Musulmans étrangers au caractère bienfaisant et tutélaire de notre politique, est à retenir à l'éloge de la France.

Dieu que les Musulmans reconnaissent la suprématie de la France.

Depuis, du reste, que cette protection couvre en droit et en fait (1) le chérif d'Ouazzan, l'influence de la France s'accroît tous les jours chez les populations marocaines.

Les Taïbya étendent leur action fort loin d'Ouazzan : on en trouve en Tunisie, en Tripolitaine, en Égypte, dans le Gourara, dans le Touat où ils ont une importante zaouïa, sur l'oued Drâa où, près de Tamengrout, se trouve la zaouïa de Sid El-Hadj-el-Arbi, qui a des adhérents chez les Reguibat et dans l'Adrar.

Au Maroc, en dehors d'Ouazzan, les grandes zaouïa sont celles de Fez, Rbat, Beni-Znoum.

Les Taïbya sont surtout répandus dans la province d'Oran, où ils comptent 11 zaouïa, 203 moqaddem et 9,805 khouan ;

Dans la province d'Alger, ils ne comptent que 3 zaouïa, 62 moqaddem et 2,851 khouan ;

Dans la province de Constantine, leur nombre est sensiblement le même que dans celle d'Alger : 6 zaouïa, 36 moqaddem et 3,088 khouan ;

Soit, pour toute l'Algérie, un total de 20 zaouïa et de 16,045 Taïbya dont 301 moqaddem et 15,744 khouan.

---

(1) Nous faisons allusion ici à la révocation du gouverneur d'Ouazzan, obtenue par notre ministre M. Ordega, comme punition de vexations exercées contre des clients placés sous la sauvegarde du cherif.

CHAPITRE XXVI

LES HANSALYA

ABOU-AIMAN-SAID-BEN-YOUCEF-EL-HANSALI

(1er redjeb 1114. — 21 novembre 1702 de J.-C.).

Le fondateur (1) de l'ordre des Hansalya, qui dérive de celui des Chadelya, fut Abou-Aïman-Saïd-ben-Youcef-el-Hansali (2), né au Maroc, dans le courant du XVIIe siècle de notre ère, et mort le 1er redjeb 1114 (21 novembre 1702).

Il appartenait à une famille maraboutique berbère, originaire des Hansala, fraction et village (3) de la tribu des Beni-Mettir, situé au sud de Fez, sur une des routes du Tafilalet. Au XIIIe siècle, un de ses ancêtres, Si Saïd-el-Hansali-el-Kebir (4), après avoir acquis une grande

---

(1) On donne souvent, en Algérie, comme fondateur de l'ordre des Hansalia : Sidi Youcef-el-Hansali, c'est-à-dire le fils du fondateur et le premier grand-maître de l'ordre.

(2) On doit écrire Hansali et non pas Hamsali ; ce nom, sur les cartes que nous avons pu consulter, est écrit Hansalen, qui est la forme du pluriel marocain du mot hansala. La position du village est approximativement 32° latit. Nord et 7°55 longit. Ouest du méridien de Paris. Ce nom (écrit Habansalah), figure sur la carte au 1/1,600,000e du ministère de la guerre.

(3) Les détails biographiques sur Sid Saïd-ben-Youcef sont extraits d'un manuscrit arabe communiqué par M. le chef d'escadron Cartairade, directeur des affaires indigènes de la division de Constantine.

(4) Si Saïd-el-Kebir, était le disciple d'Abou-Mohammed-Salah qui est mort à Sofi où il lui a été élevé une koubba, objet d'une très grande vénération. Abou-Mohammed-Salah était, lui-même, disciple du célèbre Abou-Median, de Tlemcen.

notoriété comme missionnaire (daï) et comme soufi, était mort, en odeur de sainteté, au sud du Djebel-Deren, à Dadès (1), où sa koubba est restée un lieu de pèlerinage très en vogue dans le pays.

Ce fut à la suite d'une pieuse visite, faite au tombeau de ce saint, que Nedjma, femme de Youcef, conçut et mit au monde, avant terme, un enfant à qui, en l'honneur de son ancêtre, on donna le nom de Saïd.

A son entrée dans la vie, il était si chétif et si faible de complexion, que ses biographes regardent comme un miracle qu'il ait pu conserver l'existence ; et la légende s'est emparée de ce fait pour raconter, à ce sujet, des choses invraisemblables.

Saïd-ben-Youcef était encore dans la première enfance, quand il perdit son père ; il fut recueilli, avec sa mère et son jeune frère Mohammed, par un de ses oncles. Contrarié dans ses goûts pour l'étude par son tuteur, qui lui faisait garder les moutons et l'empêchait de s'instruire, il prit la fuite et se réfugia, non loin du Djebel-Ghenim, à Tislit, chez un maître d'école qui lui apprit le Coran.

Il quitta ensuite le modeste mcid et partit, pour compléter son instruction, allant, de ville en ville, entendre les cheikh en renom. Il se fixa d'abord à Ksar-el-Kebir (2), où il demeura six ou sept ans. Là, son zèle religieux faillit lui être fatal, car il s'en fallut de peu qu'il ne fût tué par la population, un jour que, dans un accès d'intolérance, il s'était mis à éventrer, avec son couteau, un certain nombre d'outres de vin colportées en ville. Conduit devant le cadhi, il se borna à répondre : « J'ai vu une chose réprouvée par notre religion, je l'ai détruite. » Le cadhi le félicita d'être aussi bon musulman,

---

(1) Dadès est marqué sur la carte d'Algérie au 1/1,600,000° du ministère de la guerre, entre 32° et 31° de latitude Nord et 7° et 8° de longitude Ouest.

(2) Ksar-el-Kebir est au nord de Fez.

déclara qu'il n'avait rien à payer aux propriétaires des outres et le couvrit de sa protection.

Quand Sid Saïd-ben-Youcef quitta Ksar-el-Kebir, ce fut pour se rendre à Fez où il resta sept ans.

De là, il se rendit à Sidjilmassa (Tafilalet), et demeura sept ans à la zaouïa de Akhennous, auprès du chef de cette zaouïa, le cheikh Abou-Abd-Allah-Mohammed-ben-Sidi-Hafid, des Oulad-Mahmed.

Sid Saïd-ben-Youcef ne quitta cette maison hospitalière que pour faire le pèlerinage. Il l'avait à peine terminé qu'il fut atteint de la variole à Médine. Après sa guérison, il séjourna trois ans dans cette ville, puis il se rendit au Caire, où il compléta ses études à la mosquée El-Azhara.

Il eut de nombreux professeurs, parmi lesquels ses descendants citent : l'imam El-Kharchi et le cheikh Soltan. Le premier était un savant jurisconsulte ; le second était un soufi, qui se prétendait en relations spirituelles avec le Prophète, par le roi des Génies Chamcharous ; Sidi Saïd-ben-Youcef apprit de lui comment le Prophète récitait le Coran.

Pendant son séjour au Caire, il alla plusieurs fois à Damiette, rendre visite au cheikh Sidi Aïssa-el-Djoneïdi-ed-Damiati, auprès de qui il resta pendant un certain temps.

Parmi les ouerd nombreux que ce cheikh donna à Sid Saïd, figure le poème de l'imam Abou-Abd-Allah-Chems-ed-Din-Mohammed-el-Dirouti-el-Damiati. Ce poème, connu dans le public sous le nom de *Damiatia,* est devenu un des ouerd des Hansalya ; nous aurons occasion d'y revenir.

De Damiette, Sid Saïd alla à Alexandrie, au tombeau de Sid Abou-el-Abbas-el-Mersi (1). Ce fut dans la mosquée attenante à ce sépulcre que se décida sa vocation apostolique : une nuit qu'il lisait le Coran, il vit le mur du sanctuaire s'entr'ouvrir, et, pendant qu'il continuait

---

(1) Voir chapitre XVII, les Chadelya.

sa lecture, tous les Saints de l'Orient vinrent le saluer et s'asseoir auprès de lui. Quand il y en eut un nombre considérable, arriva un dernier saint, devant qui tous les autres s'inclinèrent (c'était, croit-on, Abd-el-Qader-el-Djilani). Les saints signifièrent alors, à Sidi Saïd, que le moment était venu pour lui de quitter Alexandrie et de se rendre au Moghreb pour ramener les hommes au bien.

Si Saïd se défendit longuement, alléguant son désir de rester près des lieux saints, sa pauvreté, son peu de crédit auprès des saints d'Occident, les difficultés de l'apostolat, etc. Les saints d'Orient répondirent à toutes ces objections, et la discussion se prolongea jusqu'au jour, sans que l'Hansali ait pris un parti.

Après la prière du matin, il alla consulter un homme pieux qui lui annonça que, la nuit suivante, il verrait le Prophète présider l'assemblée des Saints et lui confirmer l'ordre de Dieu.

Les choses, en effet, se passèrent ainsi la nuit suivante : tout à coup les odeurs les plus délicieuses se répandirent dans le sanctuaire, subitement encombré des fleurs les plus rares et les plus belles, le Prophète parut et présida l'assemblée, mais il ne prit pas la parole et se contenta de confirmer, par signes, ce que disaient les Saints (1).

Tout le monde put constater la réalité de cette apparition, car le lendemain, lorsque le muezzin entra dans la mosquée, les suaves odeurs persistaient encore. Il y eut ensuite des réunions de Saints (mais sans le Prophète), jusqu'à la veille du départ de Si Saïd-ben-Youcef. Dans la dernière séance, les Saints lui remirent un fouet de cuir, en lui disant : « Prenez ce fouet, et, si vous rencon-
» trez des gens qui ne soient pas dans la bonne voie et
» à qui vous souhaitiez d'être bien dirigés par Dieu, ou
» si vous trouvez un homme atteint de maladie, frappez-

---

(1) Nous abrégeons ici le long récit de ces deux séances nocturnes sur lesquelles insiste beaucoup le manuscrit arabe.

» le de ce fouet, et vous obtiendrez aussitôt le résultat
» désiré. »

C'est de là que vient l'usage des flagellations, conservé chez les Hansalya.

Le retour de Si Saïd dans son pays ne présenta rien d'anormal, jusqu'aux environs de Tlemcen, où il fut dévalisé par des brigands des Beni-Amer, qui lui enlevèrent tous ses livres et le laissèrent nu.

La frayeur qu'il ressentit en cette circonstance, comme aussi les fatigues de son long voyage, paraissent avoir affecté vivement le physique et le moral du Saint, car, en ce moment, il s'aperçoit tout à coup qu'il a oublié le Coran et tout ce qu'il a appris en Égypte. De toute sa science, qui était considérable, sa mémoire n'a conservé que les deux sourates préservatrices (CXIII et CXIV) et le poème de l'imam Damiati.

Ce fut dans cet état qu'il arriva dans le Drâa, à la zaouïa des Nacerya, auprès de Sidi Mohammed-ben-Nacer-el-Derai (1), où il demeura quelque temps. Le saint homme lui remémora l'ouerd des Chadelya.

De là, il se rendit chez le cheikh Sid Ahmed-ben-Abd-Allah - ben - Ahmed - es - Saddoq (2) qui lui conféra son ouerd.

Il continua ainsi ses pérégrinations dans le Maroc, en refaisant son éducation spirituelle, et il prit les ouerd de 13 cheikhs différents. (Le manuscrit, que nous avons, ne nomme pas ces cheikhs.)

Cependant, si sa mémoire était revenue, il ne pouvait réussir à retrouver les extases et les apparitions qu'il avait eues en Égypte. Pour y arriver, il se rendit au Djebel-Alem, au tombeau du cheikh Sid Abd-es-Selem-ben-Mechich, et s'enferma une année entière dans une kheloua voisine de ce sanctuaire, ne vivant que d'un peu de farine d'orge délayée dans de l'eau. Ces exercices ascéti-

---

(1) Voir chapitre XVIII.
(2) Nous n'avons pu savoir quel était ce cheikh.

ques n'amenèrent pas les résultats qu'il en espérait, et ils n'eurent pour effet que de provoquer une nouvelle crise maladive, dans laquelle ses facultés mnémoniques subirent un nouvel échec.

Il se dirigea alors vers Fez où, pendant deux ans, il suivit les cours de professeurs en renom. A la zaouïa de Sidi Beka-el-Delmaoui, il eut, entre autres professeurs, Sid Abd-el-Malek-el-Tadjemout, de Sidjilmassa, et Sid El-Hassen-ben-Messaoud.

Puis, dans une autre zaouïa, située entre Fez et Zerara, près de Tadela (1), il devint, avec le temps, le disciple de prédilection de Sidi Ali-ben-Abd-er-Rahman-el-Tadjemout, moqaddem des Djazaoulya. Celui-ci lui confia le soin de donner l'ouerd aux gens qui viendraient la demander à la zaouïa. Alors Si Saïd-ben-Youcef fit venir près de lui ses parents et se livra à l'enseignement ; sur ordre de Sid Ali-ben-Abd-er-Rahman, il voyagea pour pêcher ses doctrines et visita ainsi successivement Taria, le Djebel-Fechtal, Adjarsak, Akemis, etc. Enfin, toujours sur les conseils de son cheikh, Sid Saïd construisit, aux Aït-Metrif, une zaouïa où il fit plusieurs miracles, et où il mourut, le mardi 1ᵉʳ redjeb 1114 = (21 novembre 1702 de J.-C.), après avoir désigné, pour lui succéder, son fils Sid Abou-Amran-Youcef-ben-Saïd-el-Hansali.

L'importance de l'ordre grandit démesurément sous ce dernier, et c'est pour cette raison que, souvent, les Indigènes donnent, comme fondateur de l'ordre, Sidi Youcef-ben-Saïd-el-Hansali.

L'influence de Sidi Youcef s'étendit sur toutes les populations berbères qui habitent les montagnes de l'Atlas ; elle devint même assez considérable pour porter ombrage au sultan Mouley-Ismaïl et, surtout, à son entourage de Cheurfa.

---

(1) Le manuscrit arabe dit : entre Fez et Zerara, près de Tadela, à deux ou trois parasanges.

Un jour, on manda Sidi Youssef à la cour de Méquenez, sous prétexte de lui rendre honneur ; on s'empara de sa personne, et il fut mis à mort, sans que ses khouan aient jamais pu savoir où ses restes avaient été déposés.

Les Hansalya perdirent alors beaucoup de leur crédit et furent absorbés par les ordres chérifiens des Taïbya et des Aïssaoua. Cependant deux zaouïa subsistent encore : l'une à *Dadès,* où est le tombeau de Sidi Saïd-el-Hansali-el-Kebir, chef de la famille (elle est aujourd'hui dirigée par le cheikh Ahmed-ben-Ahmed-el-Hansali, qui passe pour le grand-maître de l'ordre) (1) ; l'autre aux Aït-Métrif, au tombeau de Sidi Youcef, père de Sidi Youcef-el-Hansali.

L'ordre des Hansalya a été importé en Algérie par Sid Sadoun-el-Ferdjioui, qui avait fait ses études à la zaouïa de Sidi Youcef-el-Hansali, et qui était moqaddem, lors de la mort de son cheikh. Ce fut, sans doute, peu après cet événement, que Sid Sadoun quitta le Maroc pour rentrer dans son pays d'origine, ce qui fixe, pour l'introduction de l'ordre en Algérie, une date antérieure à 1727, puisque Mouley-Smaïl mourut le 22 mars de cette année (29 redjeb 1139).

Sid Sadoun eut pour successeur, en Algérie, Sid Maammar, marabout originaire de la tribu des Telaghma où est situé son tombeau. Celui-ci transmit ses pouvoirs à Sid Ahmed-el-Zouaoui, personnage issu d'une vieille famille maraboutique, très vénérée dans les environs de Constantine, où, dès le XVIe siècle (2), elle possédait,

---

(1) Nous n'avons pu nous procurer la chaîne de la branche marocaine.

(2) Le membre de cette famille, qui vivait à cette époque, était Abou-Zakaria-Yahia-ben-Amor-ez-Zaouï, disciple d'Abou-Hafs-Sid-Amor-el-Ouzan, cheikh El-Islam de Constantine, mort en 965 de l'H. (1557-1558 de J.-C.). Le cheikh Zouaï, à cette époque, était déjà installé au Chettaba, non loin des ruines romaines de Phuentia et Arsacol, et près de l'emplacement où a depuis été bâti le village de Rouffach.

à 8 kilomètres de la ville, sur le Chettaba (1), une zaouïa déjà célèbre et influente.

Le cheikh Ahmed-ben-Zouaouï a une grande notoriété : de nombreuses légendes hagiographiques racontent ses miracles, parmi lesquels nous relevons un voyage fait, en 1775 de J.-C. (1188-1189 de l'H.), en deux nuits consécutives : la première, employée pour aller de Constantine à Alger, jeter à la mer les Chrétiens de O'Reilly, et la seconde pour revenir d'Alger à Constantine sur la même jument, la célèbre Roksa.

Mais ce qui est certain, c'est que le cheikh Ahmed-ez-Zouaouï était renommé pour sa grande charité, que son intervention toute-puissante s'est exercée très souvent pour protéger les faibles et les malheureux contre la tyrannie des Turcs, et que sa zaouïa était un lieu d'asile que nul n'osait violer.

Salah-Bey, à qui le chef des Hansalya avait souvent tenu tête, essaya de se débarrasser de ce marabout incommode ; il ne put y réussir.

Les traditions de charité se sont perpétuées chez les successeurs de Sid Ahmed-ez-Zaouï, et elles font partie intégrante des doctrines des Hansalya, qui, tous, sont renommés pour leur bienfaisance.

Nous avons dit que le fondateur de l'ordre au Maroc, Sid Saïd-ben-Youcef, avait reçu l'ouerd d'un grand nombre de cheikh, tant dans cette contrée qu'en Orient.

La chaîne que ses successeurs invoquent est celle des Chadelya et, plus particulièrement, celle qui est adoptée par les Aïssaoua et les Taïbya jusqu'au n° 26 (Si Mohamed-ben-Sliman-el-Djazouli).

Voici cette liste, telle qu'elle est présentée par les Hansalya :

---

(1) Sur le Chettaba, voir un article de M. Cherbonneau dans l'*Annuaire archéologique de Constantine* (1854-1855) ; sur cheikh Zaouï, voir *Revue africaine* (1865, p. 303) et *Annuaire archéologique de Constantine* (1868, p. 370 et 1869, p. 466), articles de M. Vayssettes.

L'ange Gabriel. — Le Prophète. — 1, N.-S. Ali-ben-Abou-Taleb. — 2, Le premier des pôles, Sidi El-Hassan. — 3, Qotb-Abou-Mohammed-Djaber. — 4, Qotb-Sidi-el-R'azouani. — 5, Qotb-Abou-Mohammed-Fath-es-Saoudi, — 6, Qotb-Saad. — 7, Qotb-Abou-Mohammed-Said. — 8, Qotb-Abou-el-Kassein-Ahmed-el-Merouani. — 9, Qotb-Abou-Ishak-Ibrahim-el-Bosri. — 10, Qobt-Zin-ed-Din-Mohad-el-Kazouini. — 11, Qotb-Chems-ed-Din-el-Turkomani. — 12, Qotb-Tadj-ed-Din-Mohammed. — 13, Qotb-Nour-ed-Din-Abou-el-Hassan-Ali. — 14, Qotb-Mahi-ed-Din. — 15, Qotb-Taki-ed-Din. — 16, Qotb-Sidi-Abd-er-Rahman-el-Madani. — 17, Qotb-el-Ktob-Abou-Mohammed-Abd-es-Selam-ben-Mechich. — 18, Qotb-Sidi-Abou-Hassen-ech-Chadeli. — 19, Sidi Abd-Allah-el-Megherbi. — 20, L'imam Abou-el-Abbas-Ahmed-el-Karafi. — 21, Sidi Amous-el-Badaoui. — 22, Sidi Abou-Fadel-el-Hindaoui. — 23, Sidi Abd-er-Rahman-er-Redjeradji. — 24, Sidi Abou-Otsman-el-Hartani. — 25, Sidi Abd-Allah-Amerai-ech-Cherif. — 26, Sidi Mohammed-ben-Sliman-el-Djazouli (869 de l'H. (1464-1465 de J.-C.). — 27, Sidi Abd-el-Aziz-et-Tebbai. — 28, Abdelkerim-el-Fellahi. — 29, Bou-Anes-el-Merakchi. — 30, Abou-Beker-ed-Della. — 31, Mohammed-ed-Dadassi. — 32, Ali-ben-Abd-er-Rahman-ed-Derai. — 32 *bis*, Mohammed-ben-Nacer-ed-Derai, chef des Nacerya. — 33, Abou-Aiman-Said-ben-Youcef-el-Hansali, fondateur de l'ordre.

La chaîne continue par:

34, Sidi Abou-Amran-Youcef-ben-Sidi-Said-el-Hansali. — 35, Sidi Saadoun-el-Ferdjioui-el-Hansali. — 36, Sidi Maammar-ez-Zaoui (enterré chez les Telaghma). — 37, Cheikh Ahmed-ez-Zaoui-el-Hansali. — 38, Sid Hammou-ben-Ahmed-ez-Zaoui-el-Hansali. — 39, Sid Youcef-ben-Si-Hammou-Zaoui-el-Hansali, encore en fonctions aujourd'hui.

Les doctrines et le rituel des Hansalya semblent avoir été inspirés par les divers et nombreux professeurs qui donnèrent l'enseignement à Sid Abou-Aïman-Saïd-ben-Youcef-el-Hansali, et aussi par les circonstances particulières qui marquèrent les différentes phases de l'existence de ce saint personnage.

Au mysticisme exalté des maîtres de la djemàa El-Azhar et des Djazoulya, précurseurs des Aïssaoua, les Hansalya ont mêlé la charité ardente des Qadrya et l'esprit de tolérance relative, puisé tant auprès du chef des Nacerya, Si Mahmed-ben-Nacer-ed-Draï, que dans les zaouïa du Touat et du Tidikelt, soumises à l'influence des Bakkay de Tinbouktou.

Le rituel des Hansalya emprunte aux Saints d'Orient et aux Djazoulya les danses et les chants destinés à produire l'excitation nerveuse favorable aux extases mystiques. L'unithéisme excessif des descendants de Toumert se laisse entrevoir dans les ouerd où, à côté de 500 invocations affirmant avec énergie l'unité de Dieu, on ne relève que 100 invocations mentionnant le Prophète. Le souvenir du séjour à Damiette se retrouve dans la récitation, imposée aux Hansalya, du poème dit: « Damiatia » dont nous avons parlé plus haut. La flagellation en usage dans cet ordre rappelle le présent fait, par les Saints d'Orient, à Sidi Saïd quittant Alexandrie. Enfin, les difficultés rencontrées par Sidi Saïd pour imposer sa règle, dans un pays où les ordres chérifiens étaient tout puissants, et où les persécutions furent nombreuses pour son ordre naissant, ont amené les Hansalya, à ne se livrer à leurs exercices spirituels qu'en réunions peu nombreuses, et dans des lieux clos dont l'entrée est interdite au public.

Voici, en effet, quel est le grand ouerd de cette congrégation:

1° Après la prière du matin (salat-el-fedjer): 20 fois la sourate El-Hamdou-Lillahi (ou fatiha) et 100 fois la formule: « Pardonne ô mon Dieu » (أستغفر الله);

2° Après la prière de midi (salat-ed-dohor): 20 fois la fatiha et 100 fois: « Il n'y a pas d'autre Divinité qu'Allah » (لا اله الا الله);

3° Après la prière de l'après-midi (salat-el-acer): 20 fois la fatiha et 100 fois: « Au nom de Dieu clément et miséricordieux » (بسم الله الرحمان الرحيم);

4° Après la prière du soleil couchant (salat-el-Moghrab): 20 fois la fatiha et 100 fois la sourate CXIII (1);

(1) Voici cette sourate: 1° dis: je cherche un refuge auprès du seigneur de l'aube du jour; 2° contre la méchanceté des êtres qu'il a

5° Après la prière du soir : 20 fois la fatiha et 100 fois « la prière sur le Prophète ! » (الصلاة على النبي).

En outre de ce dikr, qui est le dikr habituel et ordinaire, les khouan Hansalya, parvenus à un degré de pureté morale complet, peuvent être autorisés, par leurs moqaddem à réciter, un nombre de fois déterminé par jour (le plus souvent, 20 fois à l'acer et 21 fois au maghreb), l'un des 99 vers choisis par le moqaddem dans le poème de la Damiatia. Mais, sous peine de voir cette invocation lui être très préjudiciable, le khouan hansali ne doit ni augmenter ni diminuer le nombre de fois qui lui a été prescrit par le cheihh. S'il se trompe, le moins qu'il puisse lui arriver est de devenir fou, et dans ce cas, en Algérie, on dit que l'individu est medemiat (مدمياتي), c'est-à-dire privé de raison par le fait d'El-Damiati.

Ce poème de la Damiatia, qui n'est qu'une sorte de psaume rimé sur les quatre-vingt-dix-neuf attributs de Dieu, est célèbre chez tous les Musulmans qui ont, pour sa récitation ou sa lecture à haute voix, un respect superstitieux. Il est, en effet, admis chez eux que quiconque prononce un seul de ces vers sans être dans un état de pureté morale complet, s'expose très gravement à la malédiction divine. Mais, par contre, si l'invocation ne se retourne pas d'une façon terrible contre celui qui l'a faite, elle est alors rigoureusement efficace contre la personne visée.

Aussi, les Hansalya qui peuvent être autorisés à réciter 41 fois dans une journée un de ces vers redoutables, sont-ils l'objet de la vénération de tous ceux qui les

---

créés ; 3° contre le mal de la nuit sombre quand elle nous surprend ; 4° contre la méchanceté de celles qui soufflent sur les nœuds ; 5° contre le mal de l'envieux qui nous porte envie. — Ce chapitre, qui est l'avant-dernier du Coran, se porte souvent en amulette.

approchent, « car ce sont de véritables saints et leur pouvoir est immense. »

Le poème d'Abou-Abd-Allah-Chems-ed-Din-el-Dirouit-el-Damiati est, d'ailleurs, remarquable comme style et comme poésie. En voici un court extrait, en arabe et en français, car c'est en arabe surtout qu'il faut pouvoir le lire.

سالتك يا غفار غفرا و توبة
و بالقهر يا قهار خذ من تحيلا

بعزتك فدري يا عزيز معزز
مذل بكن للظالمين مذللا

وهب لي يا وهاب علما و حكمة
و للرزق يا رزاق كن لي مسهلا

و يا قابض اقبض روح كل معاند
و يا باسط النعما زدني تجملا

و يا خافض اخفض قدر كل معارض
و يا رافع ارفعني على رغم من فلا

Je te supplie, Dieu Pardonneur de m'accorder pardon et repentir ; de dompter, ô souverain Dominateur, quiconque se soustrait à ta loi.

Par ta puissance, Être glorieux, ma force sera considérable ; — ô toi, qui humilies, jette dans l'abaissement les prévaricateurs.

Donne-moi, ô Généreux, science et sagesse ; — facilite-moi, Toi qui sustentes la vie matérielle.

Divin collecteur des âmes, saisis l'âme de tout homme ennemi de ta parole ; — Toi qui répands les faveurs, augmente en moi le désir du beau.

O dispensateur de l'abjection, abime le pouvoir de tout adversaire de ta religion, — Toi qui élèves, élève-moi, malgré ceux qui me haissent.

Nous avons déjà dit que les hadra des Hansalya étaient toujours entourées d'un certain mystère ; aussi n'avons-nous pas pu obtenir des renseignements bien précis sur ce qui s'y passe, non plus que sur le mode de réception et d'investiture des affiliés et moqaddem.

Nous savons seulement que ces derniers sont choisis par les frères, et présentés à la nomination du grand-maître ou du khalifa de l'ordre. Nous savons aussi que, dans ces hadra, on chante le poème de l'imam Damiati sur un rythme qui va toujours en s'accélérant, en même temps que la voix s'élève et que la danse se précipite, jusqu'à ce que les khouan tombent épuisés ou arrivent à l'état extatique.

Au Maroc, les Hansalya semblent n'avoir pas une très grande influence, et nous ne leur connaissons que deux zaouïa : celle des Aït-Metir, au tombeau de Sidi Saïd-ben-Youcef, et celle de Dadès, au tombeau de Sidi Saïd-el-Hansali-el-Kebir.

Dans la province d'Oran, ils sont en décroissance et paraissent manquer de direction ; on ne les connaît pas dans la province d'Alger ; mais dans les arrondissements de Constantine et de Philippeville, ils sont très nombreux et jouissent d'une très grande popularité. Dans toute cette région, on estime que les Hansalya ont des secrets pour faire sortir, du corps des malades, les djinn qui causent la souffrance et amènent la mort. Aussi, sont-ils constamment priés de donner des hadra dans les maisons sur lesquelles la maladie s'est abattue. On croit aussi qu'ils ont une grâce spéciale pour connaître les choses cachées, retrouver les objets volés et dévoiler les criminels.

Les amulettes qu'ils fabriquent ont une vertu souveraine pour préserver des accidents, mais il n'est pas facile d'en obtenir.

Malgré cette très réelle influence sur les masses, les Hansalya se sont toujours, depuis la prise de Constantine, tenus à l'écart des affaires politiques ou administratives. Mais leur abstention n'a rien d'hostile ; leurs relations avec les agents de l'autorité française ont toujours été des plus correctes et des plus courtoises. En ce moment même, le chef de la zaouïa de Chellaba est adjoint indigène de la commune de Rouffach.

Cet ordre semble aujourd'hui localisé dans la région de Constantine ; et, si son khalifa entretient des relations avec la zaouïa-mère de Dadès, au Maroc, et avec celle du Kef, en Tunisie, où se trouve aussi un groupe d'Hansalya, ces relations ne nous sont pas connues, et aucun fait ne nous autorise, personnellement, soit à les affirmer, soit à les nier.

Les Hansalya, en Algérie, sont ainsi répartis :

Province de Constantine. .	5 zaouïa,	48 moqaddem,	3,530 khouan.
d'Oran..........	»	1	58
d'Alger..........	»	1	10
Total....	5 zaouïa,	50 moqaddem.	3,598 khouan.

CHAPITRE XXVII

ORDRE RELIGIEUX DES KHADIRYA
ou
DU PROPHÈTE MOHAMMED

fondé par

SID ABD-EL-AZIZ-ED-DEBBAR

(En 1713 de l'Hégire. — 1125 de J.-C.)

Sid Abd-el-Aziz-ed-Debbar, né vers 1683, était issu d'une famille chérifienne, dans laquelle les dispositions au mysticisme étaient, en quelque sorte, héréditaires. Son grand-oncle maternel était Sid El-Arbi-el-Fichtali, véritable halluciné mort de la peste, à Fez, en 1679 (1), et honoré depuis comme un des grands Saints du Maroc. Cet oncle avait, peu de temps avant de mourir, prédit à sa nièce que l'enfant qui naîtrait d'elle serait un puissant marabout; et il avait prescrit de conserver précieusement en dépôt, pour son petit neveu, sa calotte (chechia) et ses souliers noirs (2).

C'étaient là de véritables reliques, et Si Abd-el-Aziz ne doutait pas de leur bienfaisante vertu. Voici, du reste, d'après un successeur spirituel, Si Ahmed-ben-Embarek,

---

(1) 1089-1090 de l'Hégire.

(2) Une partie des détails que nous donnons ici nous ont été fournis par un travail manuscrit de M. l'Interprète militaire Pilard, aujourd'hui en retraite, soit par le livre du cheikh Saoussi (traduction manuscrite de M. l'Interprète militaire Colas).

en quels termes, il racontait lui-même ses débuts dans la vie ascétique (1).

« A partir du moment où je revêtis les objets laissés en dépôt par
» Sidi El-Arbi-el-Fichtali, et où je puis comprendre ce qu'il avait dit
» à leur sujet, Dieu jeta dans mon cœur le désir de la dévotion pure
» et désintéressée, et je me mis à rechercher (les moyens de m'y
» livrer efficacement). Aussi, dès que j'entendais le public traiter quel-
» qu'un de maitre spirituel (cheikh), ou désigner quelqu'un comme un
» saint (ouali), je me rendais près de cet homme et me mettais sous
» sa direction; mais, quand je m'étais attaché à lui pendant quelque
« temps, et que je m'étais conformé aux pratiques qu'il m'indiquait,
» je me sentais la poitrine oppressée et je ne voyais aucun progrès
» s'accomplir en moi. Alors j'abandonnais ce maitre et j'allais en trou-
» ver un autre, dont je suivais les prescriptions, sans que cela me
» réussit mieux qu'avec le premier. Je quittais alors, ce second direc-
» teur pour un troisième, avec lequel je n'obtenais pas un meilleur
» résultat. Je restai ainsi, perplexe et chagrin, depuis l'année 1109
« jusqu'à l'année 1121 (1698-1709). Or, j'avais l'habitude de passer la
» nuit du jeudi au vendredi au tombeau du saint, du juste Sidi Ali-
» ben-Herzhoum, et, chaque fois, je récitais en entier le « Borda » (2),
» en compagnie de ceux qui passaient aussi la nuit là. Un certain
» jeudi soir, je montai, suivant ma coutume, au tombeau; nous lûmes
» le Borda en entier, et, quand nous eûmes terminé, je sortis de l'en-
» ceinte consacrée (Roudha). Je trouvai un homme assis sous le juju-
» bier réservé (3) qui est près de la porte de cette enceinte. Cet homme

---

(1) Extrait du chap. II de l'*Ibriz* — « *L'or pur ou les actes de Sidi Abd-el-Aziz*, الذهب الابريز في مناقد سيد عبد العزيز » par Sidi Ahmed-ben-Mbarek, chef de l'ordre des Khadirya et disciple de Sid Abd-el-Aziz.

(2) « El-Borda (le manteau) est le nom vulgaire d'un poème intitulé « *les Planètes étincelantes*, » comprenant cent soixante-deux vers, et composé, au XIII° siècle de notre ère, par un cheikh égyptien, Sidi Mohammed-ben-Saïd-el-Bousini. Cet opuscule, dont la récitation chantée dure une heure et demie environ, est consacré à la glorification de l'apôtre Mohammed. Les Musulmans attribuent « au Borda » une vertu surnaturelle, soit pour la guérison des maux physiques, soit pour l'allègement des douleurs morales. Les Tlemceniens, qui chantent d'habitude ce poème aux enterrements, y ajoutent dix-huit vers qui ne sont pas dans l'original.

(3) « Es-Sedra-el-Moharrara » (le jujubier sauvage réservé). C'est

» m'adressa la parole et me révéla quelques-unes de mes pensées
» intimes : je compris que j'avais devant moi un des Saints de Dieu,
» savant en Dieu (exaltons-le! glorifions-le!) et je lui dis : Seigneur!
» donne-moi l'ouerd et revèle-moi le dikr! mais l'étranger affecta de
» ne prêter aucune attention à ma requête, et de me parler d'autre
» chose. En un mot, j'insistais dans ma demande, tandis que lui se
» défendait d'y satisfaire. Son but était de me faire éprouver un désir
» assez ferme, pour que je ne fusse pas tenté de prendre ses paroles
» à la légère. Cela dura jusqu'au moment où l'aurore vint à poindre,
» et où la lanterne se montra sur le minaret (1). L'homme me dit alors :
» Je ne te donnerai l'ouerd que si tu me donnes ta foi de Dieu, que
» tu le conserveras toujours. » Je lui fis cette promesse et je m'atten-
» dais à ce qu'il me donnât un ouerd semblable à ceux des cheikh
» que j'avais eus avant lui; mais voici qu'il se mit à dire : « Tous les
» jours, tu répéteras sept mille fois ces mots : O Dieu, répandez vos
» bénédictions sur notre seigneur Mohammed-ben-Abd-Allah! ô Dieu,
» ô Maître! En considération de notre seigneur Mohammed-ben-Abd-
» Allah (que les bénédictions divines et la paix soient avec lui!) fai-
» tes-moi jouir d'une entrevue avec notre seigneur Mohammed-ben-
» Abd-Allah en ce monde, avant de nous réunir à lui dans l'autre. »
» Nous nous levâmes tous deux alors, et Sidi Amar-ben-Mohammed-
» el-Haouari, gardien du sanctuaire, étant survenu, l'inconnu lui dit,
» en me désignant : « Aie soin de celui-ci, je te le recommande. »
» Si Amar lui répondit : « Comment ne le ferais-je pas, il est mon
» siied (2). »

» Or, lorsque plus tard, Sidi Amar fut sur le point de passer vie à
» trépas, il me dit : « Sais-tu qui t'a initié au dikr. près du jujubier
» réservé. » — Non, lui répondis-je. — Eh bien, me dit-il, c'était notre
» seigneur El-Khadir. La paix soit avec lui! »

Si Abd-el-Aziz se conforma aux instructions qu'il avait reçues ; il répéta la formule sept mille fois par jour, pendant cinq ans, et finit par s'acquitter légèrement de

---

un arbuste dont, par respect pour le lieu où il croit, on ne coupe jamais les branches et qui, par suite, atteint un développement exceptionnel.

(1) Il s'agit ici de la lanterne ou fanal que l'on hisse au haut du minaret, pour annoncer la prière du fedjeur (aurore) à ceux qui sont hors de la portée de la voix du crieur (mouëddin).

(2) Seigneur — sans doute à cause de la qualité du chérif de Sid Abd-el-Aziz.

ce devoir qui, en commençant, lui semblait aussi long que fastidieux : cette oraison constitue le dikr des Khadirya, et est dite « prière khadirya. »

Sa constance fut récompensée et, le jeudi, 8 de redjeb 1125 (31 juillet 1713), en plein jour, à la porte des Victoires (Bab-el-Foutouk), à Fez, Dieu, daignant se révéler à lui, lui dévoila tous les mystères de la nature et lui accorda ce don de *Tasarrouf*, qui permet aux Saints de disposer de toutes les forces de la création, et d'en changer, à leur volonté, l'ordre établi et la marche régulière. S'il faut en croire son biographe, Si Abd-el-Aziz usa largement de cette permission, et peu de jours s'écoulaient sans qu'il opérât quelque miracle.

A partir de cette époque, Si Abd-el-Aziz vécut entouré de la vénération générale; de nombreux disciples (Mourid, aspirant) se mirent sous sa direction. L'un d'eux, homme fort instruit, nommé Si Ahmed-ben-Mobarek-el-Lamthi (1), avait d'abord pris le cheikh pour but de ses sarcasmes; mais en 1717, il changea d'avis, s'attacha à Si Abd-el-Aziz, bien qu'il fût beaucoup plus savant et un peu plus âgé que ce dernier, devint son disciple de prédilection et fut, plus tard, son successeur spirituel.

Si Ahmed-ben-Mobarek a écrit sur la mission, les miracles, les faits, gestes et dires de son maître, un livre que nous possédons et qui est intitulé : « *Ed-Deheb-el-Ibriz-fi-Menakib-Sidi-Abd-el-Aziz,* » c'est-à-dire : l'or pur et sans alliage ou les mérites de Sidi Abd-el-Aziz.

Au savant et crédule Si Ahmed-ben-Mobarek succéda Si Abd-el-Ouahhab-et-Tazi (2), dont l'instruction était

---

(1) Si Ahmed-ben-Mobarek-el-Lamthi était originaire du Tafilalet, et parent de Si Ahmed-et-Habib-et-Lamthi, fondateur de l'ordre religieux des Habibiin, branche des Chadelya. (Voir chap. XVIII.)

(2) Si Abd-el-Ouahab-et-Tazi était originaire de la tribu d'Archida (ou Rechida), tribu chérifienne de l'amalat de Taza. Les gens de cette tribu sont considérés, d'après certains auteurs, comme formant une branche spéciale des Chadelya. (Voir chap. XVIII.)

aussi peu étendue que celle du premier cheikh, Si Abd-el-Aziz.

Comme on le voit, la direction de la secte échappa complètement à la postérité du fondateur. Les descendants de ce dernier résident à Fez ; ce sont des marabouts vénérés, mais n'ayant pas grande influence, soit politique, soit religieuse ; ils ne sont, dit-on, affiliés à aucune confrérie.

Après Si Abd-el-Ouahhab, vint Si Ahmed-ben-Idris-el-Fassi (de Fez). Ce dernier personnage, après avoir acquis, dans son pays, un grand renom d'austérité, se rendit en Orient et arriva à La Mecque en 1797. Il y enseigna pendant de longues années, de 1797 à 1833, croyons-nous ; et un grand nombre de *mourid,* venus de tous les pays de l'Islam, depuis l'Inde et la Tartarie jusqu'au Maroc et au pays des Nègres, se groupèrent autour de lui ; cette affluence de disciples et la haute situation que Si Ahmed avait su se créer, excitèrent la jalousie des Eulema (savants) du pays. On lui chercha querelle au sujet de certaines prescriptions qu'il avait faites à ses élèves, concernant le mode de procéder à la prière.

Nous reviendrons, plus loin, sur ces détails de dévotion, que les khouan de Si Snoussi ont adoptés et qui, bien qu'insignifiants en eux-mêmes, servirent de prétexte à la haine des docteurs malékites résidant à La Mecque. Si Ahmed-ben-Idris se vit l'objet de tracasseries continuelles, et, le gros mot d'« hérésiarque » ayant été prononcé par ses adversaires, le professeur moghrebin ne se crut plus en sûreté et alla se réfugier à Sobia, ville de l'Yémen, distante de quinze journées de marche de la Ville-Sainte. *Sobia* était alors, et est peut-être encore aujourd'hui, au pouvoir des Ouahabites.

Ces puritains de l'Islam surent, sans doute, gré au nouveau venu, de quelques points de la doctrine qu'il professait et qui se rapprochaient, timidement il est vrai, de la grande réforme qu'eux-mêmes avaient imposée à presque toute la péninsule arabique, et ils le laissèrent en paix. Si Ahmed-ben-Idris mourut à Sobia, vers 1835, laissant des enfants qui vivent encore aujourd'hui en simples particuliers.

Il reste, comme monument de l'enseignement de Si Ahmed, un livre composé par un lettré de La Mecque, dont nous ignorons le nom, et intitulé :

العقد النفيس في مناقب الشيخ احمد بن ادريس

El-Aked-en-Nafis-fi-Menakib-Sidi-Ahmed-ben-Idris, c'est-à-dire : « le Collier précieux ou les mérites de Si Ahmed-ben-Idris. »

L'ordre des Khadirya est donc, en somme, un ordre qui fut révélé directement à Si Abd-el-Aziz-ben-Debbar. Mais, si la révélation directe est admise, par tous les soufi, comme chose possible et acceptable, cette théorie est combattue par les légistes, les littérateurs et les savants non congréganistes qui, tout en ne niant pas la possibilité de la chose (Dieu est tout-puissant!), estiment qu'il ne faut accepter, comme vraies, que les révélations consacrées par le témoignage d'une longue suite de docteurs et de personnages éminents.

Aussi, le cheikh Snoussi, pour montrer l'excellence et l'orthodoxie de cet ordre révélé, dont il est le continuateur, s'efforce-t-il d'accumuler les preuves et les appuis. Il cite le savant cheikh Mahi-ed-Din-ben-el-Arbi, né à Murcie en 560 de l'H. (1164-65 de J.-C.), mort en 638 de l'H. (1240-41 de J.-C.), et l'un des auteurs les plus réputés en matière de soufisme. Or ce Mahi-ed-Din était le disciple d'un certain Ali-ben-Abd-Allah-ben-Djebbar-el-Moussouli, qui avait reçu les révélations d'El-Khadir.

Le cheikh Snoussi indique aussi, en ces termes, le moyen bien simple d'arriver à ces révélations, *si on est en état de grâce.*

« Le cheikh de nos cheikhs, Aboul-Beker-el-Mekki, a dit : « Parmi
» les pratiques éprouvées qui peuvent faire apercevoir en vision notre
» seigneur El-Khadir et notre Prophète (que la bénédiction et le salut
» soient sur lui !), il n'y a que celle qui consiste à répéter la prière
» nommée Ed-Daâ-es-Sifi, 41 fois pendant la nuit où doit se manifes-
» ter l'apparition d'El-Khadir. Si l'on peut réciter cette prière le nom-
» bre de fois indiqué, on est certain d'obtenir le bonheur de jouir de
» la présence de ce saint personnage, avec la permission de Dieu. Si
» cette pratique n'arrive pas à mettre celui qui la fait en communica-
» tion avec celui avec lequel il désire s'unir, c'est que son âme n'a
» point encore atteint le degré de perfection spirituelle nécessaire.
» Pour y arriver, il devra persévérer dans ces prières, se représenter
» tous les jours et toutes les nuits les âmes qu'il évoque, et persister
» dans cette voie jusqu'au moment où il sera admis à les contempler
» clairement, par la grâce du Dieu très-haut. Dès lors celui-là sera
» dirigé, et bien dirigé par elles dans toutes ses actions et dans toutes
» les circonstances de sa vie.

» La prière dont je viens de parler m'a été révélée par l'intermé-
» diaire du cheikh de nos cheikhs et par son cheikh qui, par la grâce
» de Dieu, est une des plus puissantes autorités. » Mon cheikh Aboul-
» Abbas-el-Araichi m'avait dit que cette prière lui avait ensuite été
» révélée, encore directement, par le Prophète (que Dieu répande
» sur lui ses bénédictions et lui accorde le salut !). Le Prophète
» lui avait ordonné d'y joindre certains passages qu'il lui indiquait
» à cause des grâces qui y sont attachées, et il lui avait ensuite dit les
» paroles suivantes : « Pratiquez cette prière pour la glorification de
» Dieu, et non comme certains hommes qui ne la récitent qu'en vue
» d'obtenir des faveurs particulières ou des avantages terrestres. J'ai
» constaté que ceux qui l'observent comme je la recommande, peuvent,
» en agissant ainsi, obtenir autant de grâces, par ces simples prières,
» que d'autres peuvent en gagner par une année entière d'actes de
» dévotion, de jeûnes et d'exercices de culte. »

» On peut, dans l'ordre qui nous occupe, ajoute Cheikh-Snoussi,
» recueillir les doctrines du Prophète et entrer en communication
» avec lui (que Dieu répande sur lui ses bénédictions et lui accorde
» le salut) : d'abord, sous l'influence de ce haut degré d'attention où
» l'homme, voué à la vie contemplative, possède la faculté de saisir
» les moindres avertissements que Dieu lui envoie, et celle de com-
» prendre à quoi ils se rapportent ; ensuite, pendant le sommeil, et
» cela bien que le Prophète soit mort. C'est ainsi que chacun des
» chefs des trois principaux ordres a pu arriver, dans la dernière par-
» tie de son existence, à n'avoir de confiance en aucun autre qu'en
» lui (le Prophète). Tout le monde doit retourner à lui (que Dieu ré-
» pande sur lui ses bénédictions et lui accorde le salut !) Les affiliés

» de l'ordre de Mohammed jouissent spécialement de cette faveur ;
» aussi est-ce pour cette raison qu'ils sont exclusivement qualifiés de
» Mohammediin. »

En 1835, à la mort de Si Ahmed-ben-Idris-el-Fassi, ses disciples ne purent s'entendre sur le choix de son successeur. Deux groupes rivaux se formèrent, et l'ordre des Khadirya se scinda en deux branches ennemies, ayant pour directeurs, la première, un Indien, Si Mohammed-Salah-el-Megherani, la seconde, un Algérien, Si Mohammed-ben-Ali-ben-es-Snoussi. Il va sans dire que chacun de ces deux cheikh se prétendit le seul continuateur, autorisé et légitime, de l'œuvre de Si Ahmed-ben-Idris, et le seul véritable grand maître des Khadirya ou Mohammediin.

Chacun d'eux aussi s'empressa de construire, à La Mecque même, une zaouïa pour servir de chef-lieu à l'ordre qu'il dirigeait. Si Mohammed-Salah-el-Megherani fut assez heureux pour construire la sienne dans le quartier béni de Dar-Khaizaran (1), où se trouve l'emplacement de la maison dans laquelle le Prophète tenait ses conventicules secrets, avant la conversion d'Omar. C'est, après le temple et après la maison de Khedidja, « l'en-
» droit le plus favorable à la prière, celui où toutes les
» prières sont exaucées. »

Les khouan qui s'attachèrent à Si Ahmed-ben-Salah-el-Megherani et à la zaouïa de Dar-Khaizaran sont aujourd'hui connus sous le nom de Mogharanya ou de Soualiah.

Quant à ceux des disciples d'Ahmed-ben-Idris qui avaient suivi Si Mohammed-ben-Ali-Snoussi, ils aidèrent ce dernier à bâtir une zaouïa, sur la montagne d'Abou-Kobaïs, qui passe pour être la première des montagnes

---

(1) Ce terrain fut acheté au IIIe siècle de l'Hégire par Khaizaran, mère du khalife Haroun-er-Rachid, et il a conservé le nom de cette personne.

que Dieu créa et celle où sont enterrés Adam, Ève et leur fils Seth.

Les khouan de la zaouïa d'Abou-Kobaïs ne tardèrent pas à prendre le nom de Snoussya, qu'ils ont conservé depuis.

De sorte qu'aujourd'hui, l'ordre des Khadirya n'est guère connu, sous ce nom, que par les gens instruits, la masse des musulmans préférant donner aux khouan Mohammediin les dénominations de Mogharanya ou de Soualiah ou de Snoussya.

Les Mogharanya ou Soualiah sont restés puissants à La Mecque et dans l'Orient; mais nous manquons, ici, de renseignements précis sur leur compte. Quant aux Snoussya, dont le centre n'est plus à La Mecque, où ils n'ont qu'une succursale de leur maison-mère, ils sont plus loin l'objet d'un chapitre spécial.

CHAPITRE XXVIII

ZIANYA

EL- HADJ - MAHMED - BEN - ABDERRAHMAN - BEN - ABOU-ZIAN

(Mort le 10 ramadan 1145. — 24 février 1733 de J.-C. (1))

Si Mahmed-ben-Abderrahman-ben-Abou-Zian, plus connu sous le nom de Mouley-Bouzian, naquit, vers le milieu du XVIIe siècle de notre ère, d'une famille de Cherfa fixée à l'embouchure de l'oued Draà. Il étudia d'abord à l'Université de Fez ; mais il fut chassé de cette ville par ordre de l'empereur à qui il avait été représenté comme possédé du démon et magicien. La vérité, dit la légende, c'est que Dieu avait fait pour lui un miracle, en faisant couler de son kalam (roseau-plume) l'huile qu'il devait payer pour sa quote-part, comme salaire de son professeur.

Mouley-Bouzian se réfugia alors au Tafilalet, auprès d'un saint homme nommé Embarck-ben-Abdel-Aziz, lequel était moqaddem des Nacerya ; il prit le dikr de cet ordre, et, quand il n'eut plus rien à apprendre de son maître, il partit dans la direction de La Mecque, et séjourna plus ou moins longtemps auprès des personnalités religieuses qu'il rencontra sur sa route.

Chemin faisant, il édifia les gens par sa piété sincère et sa grande perspicacité tant dans les choses humaines que dans les choses de Dieu. A La Mecque il fut favorisé

---

(1) On dit aussi Zianin, mais c'est moins correct.

de visions extatiques, de révélations surnaturelles, et il reçut le don de Kerama (كرامة), c'est-à-dire le pouvoir de faire des miracles.

Lors de son retour au Caire, à Tripoli, à Tunis, « la lumière qu'il répandait autour de lui était tellement resplendissante que de tous côtés les fidèles lui demandaient la grâce d'être initié par lui au dikr des Chadelya. » Cédant à leurs instances, il créa, sur ces divers points, des khalifa ou des moqaddem ; ceux-ci ont fait souche de petites congrégations locales qui, aujourd'hui, l'invoquent comme un saint de leurs chaînes et se servent de son nom pour demander des ziara.

Au lieu de rentrer dans son pays, il s'arrêta chez les Doui-Menia, non loin de l'oued Guir, au lieu dit Kenadsa, où il fonda une zaouïa qui est devenue le centre d'un ksar important.

De nombreux disciples vinrent bientôt se grouper autour de lui, jaloux de s'instruire et de participer à sa baraka. Quand sa réputation fut bien établie et son enseignement assuré par ses élèves, il entreprit dans le Sahara de grandes pérégrinations qui achevèrent d'étendre et de grandir son influence.

Cette influence personnelle, « aussi bien que les pouvoirs surnaturels dont Dieu l'avait gratifié », Mouley-Bouzian les employa, sa vie durant, à terrifier et à châtier les voleurs, bandits et coupeurs de route, qui de son temps infestaient le Sahara.

Parmi les nombreux miracles que lui attribuent les légendes hagiographiques, nous citerons le suivant, parce que le souvenir en est toujours vivant dans le Sahara et surtout parce qu'il est le point de départ de la ligne de conduite suivie par les descendants et les adeptes de Mouley-Bouzian.

« Un jour, pendant que le Saint était dans la mosquée à prier, des voleurs osèrent s'emparer de ses troupeaux provenant des offrandes des fidèles. Mais Dieu se chargea de les châtier. El-Khadir, sous la forme et les traits de Mouley-Bouzian qui priait toujours dans la mosquée, se présenta tout à coup aux voleurs et les mit en joue avec son bâton. Aussitôt ceux-ci tombèrent morts. Les bergers qui les avaient suivis, en se cachant, furent témoins du miracle et ramenèrent les troupeaux au cheikh qui n'avait pas bougé de la mosquée où, ses prières terminées, il s'était mis à instruire ses disciples. »

Ce miracle « incontestable » fit grand bruit, et, depuis lors jusqu'aujourd'hui, les coupeurs de route n'ont plus osé s'attaquer aux troupeaux ni aux caravanes placés sous la protection de Mouley-Bouzian qui, bien que mort, continue à faire la police du Sahara « quand on s'adresse à lui avec un cœur pur. »

Comme doctrines, Mouley-Bouzian se disait le continuateur de Sid Chadeli; il conserva toujours intégralement son dikr et se contenta d'y ajouter quelques formules et prières surérogatoires.

Le premier jour du mois de ramadan 1145 (15 février 1733), après avoir présidé, plein de santé, les prières publiques faites à cette occasion, il annonça aux fidèles rassemblés que sa mort était proche. Prenant alors à part un de ses disciples, il le chargea d'aller annoncer cette nouvelle à un de ses amis. — Dois-je, ô Maître, me presser de vous le ramener, demanda le disciple. — Non, répondit gravement le cheikh, il est écrit que nous ne nous reverrons plus sur terre. Dix jours plus tard (24 février 1733) Mouley-Bouzian mourait et était enterré à Kenadsa qui est resté le lieu de sépulture de sa famille et de tous les chefs de l'ordre qui, par la volonté expresse de Mouley-Bouzian, sont toujours choisis dans la famille de ce saint.

La chaîne mystique qui relie l'enseignement des Zianya à celui du Prophète et de Sid Chadeli, nomme un grand nombre de saints qui nous sont déjà connus comme chefs d'ordres ou de branches dérivées des Chadelia; en voici la liste :

L'ange Gabriel. — Le Prophète. — 1, Ali-ben-Abou-Taleb. — 2, Hassan-el-Bosri. — 3, Habib-el-Hadjemi. — 4, Daoud-et-Tai. — 5, Marouf-el-Kerkhi. — 6, *Seri-Sakati*. — 7, *Abou-Kacem-el-Djenidi*. — 8, Abou-Mohammed-Djarir. — 9, Abou-Taleb-el-Mekki. — 10, Dia-ed-Din-Abou-Maali-Abdel-Melek-el-Djouimi 478 (1085). — 11, Abou-Ahmed-el-R'azali 504 (1111). — 12, Abou-Beker-Mohammed-ben-Abdallah-ech-Chibli-el-Moali-ben-el-Arabi 546 (1151). — 13, Abou-Yazza. — 14, Ali-ben-el-Harazoum. — 15, *Choaïb-Abou-Median-el-R'out*. — 16, Abou-Mohammed-el-Madani. — 17, Abderrahman-el-Madani. — 18, *Abdesselem-ben-Machich*. — 19, *Abou-Hassen-ech-Chadeli*. — 20, Abou-Abbas-el-Mourci. — 21, Tadj-ed-Din-ben-Ata-Allah. — 22, Daoud-el-Betahii. — 23, Ouafa. — 24, Ali-ben-Ouafa. — 25, Yahia-el-Qadiri. — 26, Ahmed-ben-Okba-el-Hadrami. — 27, *Ahmed-Zerrouk-el-Bernoussi*. — 28, *Ahmed-ben-Youcef-el-Miliani*. — 29, Ali-ben-Abdallah-el-Filali. — 30, *Abou-el-Hassen-Kacem-er-Razi*, dit aussi Er-Razi-ben-Abou-el-Kacem. — 31, Ahmed-ben-Ali. — 32, Mohammed-ben-Ibrahim. — 33, Abdallah-ben-el-Hocein. — 34, *Mohammed-ben-Nacer-ed-Drai*. — 35. Embarek-ben-Mohammed-ben-Sid-Abd-el-Aziz-el-Sildjemassi-el-R'orfi. — 35 *bis*, Sid Mohammed-ben-Ali-ben-Embarek. — 36, Sid El-Hadj-Mahmed-ben-Abderrahman-ben-Abou-Zian, dit Mouley-Bouzian, mort le 10 ramadan 1145 (24 février 1733), selon les uns, mais seulement en 1151 (1739), selon d'autres.

Ses successeurs ont été : 37, Mohammed dit El-Aradj (fils du précédent, 1196 (1781). — 38, Abou-Median-ben-el-Aradj, 1214 (1799). — 39, Mohammed, dit Ben-Abdallah-ben-Abou-Median, 1241 (1825). — 40, Abou-Median-ben-Mohammed-Abdallah, 1270 (1853). — 41, Mohammed-ben-Mohammed, dit Ben-Mostefa-ben-Mohammed, frère du précédent, 1272 (1855). — 42, Sid Mohammed-ben-Abdallah, chef actuel de l'ordre.

Les Zianya pratiquent les divers ouerd des Chadelia, mais leur dikr ordinaire consiste à répéter le matin à la prière du Fedjer :

100 fois : « Demande pardon à Dieu » استغفر الله.

100 fois : O mon Dieu, la prière sur notre Seigneur et notre maître Mohammed, sur ses parents, sur ses compagnons, et le salut !

اللهم صلى الله على سيدنا و مولانا محمد و اله و صحبه و سلام

1,000 fois : Il n'y a de divinité que Allah. لا اله الا الله.

100 fois : Que Dieu soit loué, que Dieu soit glorifié ! سبحان الله وحمده.

1,000 fois : Allah ! الله.

La légende musulmane veut que ce dikr ait été donné à Ali, par le Prophète, qui le tenait de l'ange Gabriel, qui le tenait de l'ange Michael, qui le tenait de l'ange Israphil, qui le tenait de Dieu lui-même.

C'est, au dire du Prophète et de la tradition, le meilleur de tous les dikr et celui qui conduit infailliblement au salut, s'il est fidèlement observé.

Cependant, à certains *frères* qui s'élèvent au-dessus des autres par leur ferveur, on recommande encore de réciter aussitôt après la prière de l'aurore, celle dite : « *Oudifet Sidi-Ahmed-Zerrouk.* » Un grand secret est attaché à la récitation de cette prière privilégiée, secret qui n'est dévoilé qu'à un petit nombre d'adeptes : « Mais » on sait, en outre, que celui qui fait le matin cette prière » avec un cœur pur et tout le recueillement désirable, » est absolument préservé de tout malheur pendant la » journée. »

Les pratiques d'austérité, de prières continues, de renoncement aux biens de ce monde, sont, non-seulement enseignées chez les Zianya, mais observées d'une façon effective. Les chefs, khalifas et moqaddem, passent pour être pauvres, malgré l'affluence des ziara, toutes employées, disent-ils, en œuvres pieuses.

Les doctrines de l'ordre de Si Mahmed-bou-Zian ne paraissent pas d'ailleurs présenter de points particuliers, qui les différencient de celles des Djenaïdia et des Chadelia.

Dans la pratique, la spécialité des Zianya est de conduire les caravanes et de les protéger contre les brigands et les coupeurs de route ; ils sont les pilotes du Sahara. Pas un commerçant n'oserait faire partir un convoi de marchandises dans le Sud, sans en avoir, au préalable, assuré la protection par les Zianya. En échange de la ziara fournie et de l'acte de déférence fait vis-à-vis de lui ou de ses moqaddem, le chef de l'ordre donne sa bénédiction et un rekkab muni d'une lettre portant son cachet. Ce rekkab sert à la fois de guide et d'imam à la caravane.

Outre la connaissance qu'il a des chemins et des hommes du pays, il est, par son caractère religieux et sa qualité de frère-profès de Si Mahmed-bou-Zian, la meilleure sauvegarde possible pour les chameliers et pour leurs chargements.

Les bénéfices que rapporte à la zaouïa mère ce genre de service est considérable, surtout dans les temps de troubles. Aussi, les propriétés des Zianya sont-elles nombreuses, tant à Kenatsa qu'au Tafilalet, chez les Beni-Goummi et dans l'oued Draû. Cependant la vie des chefs de zaouïa reste toujours très austère et, personnellement, ils paraissent pauvres, car tous les revenus sont dépensés.

Tous les ans, des khalifas, appartenant tous à la famille du chef de l'ordre et munis par lui de pouvoirs spéciaux, sont envoyés en inspection dans les tribus ; ils font rentrer les ziara, procèdent aux nominations des moqaddem présentés par les adeptes, donnent les instructions du grand maître, stimulent l'envoi des caravanes, enfin s'occupent à la fois des affaires spirituelles et temporelles de la communauté.

C'est, en somme, un ordre animé d'un grand esprit de tolérance ; presque tous ses membres vivent très dignement, en dehors des choses de ce monde, faisant du bien autour d'eux, se livrant à l'enseignement du Coran et continuant à donner à l'ordre le relief de sainteté qui lui attire la vénération des fidèles, de nombreux adhérents et des ziara fructueuses.

Hâtons-nous de dire que l'hospitalité se donne largement dans toutes les zaouïa des Zianya ; que les aumônes faites sont considérables et que moqaddem et khouan évitent, avec le plus grand scrupule, de se mêler aux soffs locaux ou régionaux, leur impartialité absolue, en tous temps et en tous lieux, étant une question essentielle pour le maintien de leur influence et la réussite de leur action protectrice sur les caravanes.

Les zaouïa donnent asile aux vaincus ; les moqaddem

s'interposent pour la paix, mais ils refusent leur concours à tel ou tel soff; l'empereur du Maroc, comme aussi les Taïbya, se sont souvent heurtés à la force d'inertie opposée par les Zianya à leurs influences politique ou religieuse. Les Ouled-Sidi-Cheikh n'ont pas, non plus, réussi à entraîner les Zianya dans leur parti, bien qu'un certain nombre de Cheraga se soient affiliés à leur ordre, parce que plusieurs familles des R'raba étaient affiliées aux Taïbya. Les Zianya sont restés bien avec les uns comme avec les autres.

Leur conduite, à notre égard, a été toujours conforme à ces principes : ils ont donné asile à nos ennemis, mais ils n'ont jamais excité personne contre nous. Nous devons même signaler à ce propos que les premiers insurgés du cercle de Géryville, qui ont fait volontairement leur soumission en 1881, étaient des individus appartenant aux Tidjanya et aux Zianya. En cette circonstance, l'attitude du marabout de Kenadsa a été très bonne.

En tous temps ses khalifa s'efforcent d'entretenir de bonnes relations avec les autorités de la frontière, et, s'ils ont des gens à envoyer pour recueillir des ziara, ils le demandent officiellement, dans des termes convenables et en renouvelant toujours leurs protestations d'amitié pour la France, amitié qui, du reste, ne les a jamais fait se départir de leur stricte neutralité vis-à-vis de nos dissidents. Ceux-ci s'approvisionnent chez eux sans difficulté aucune, cela étant considéré, par les marabouts de Kenadsa, comme une affaire de conscience et de commerce, et non comme une alliance de guerre.

En 1870, lors de l'expédition de l'oued Guir, le général Wimpffen a obtenu très gracieusement, du chef de la zaouïa de Kenadsa, de l'orge et surtout des animaux de boucherie dont il avait grand besoin.

Les Zianya ont des adeptes nombreux dans le Maroc, à Aïn-Thaïr, au Tafilalet, à l'oued Draâ, chez les Beni-Snassen, les Doui-Menia, les Beni-Guil, les Ouad-Djerer, chez les Mehaia, à Figuig, etc. L'empereur les a en grande considération : il les exempte de tout impôt et, de temps à autre, leur envoie des présents.

Dans le Sud indépendant, les Zianya ont des khouan chez les Beni-Goumi, dans le Touat, le Gourara et jusque dans le Soudan.

Sur la frontière même il y a de nombreux Zianya, chez les Angad et les Hamyan, tant Marocains qu'Algériens.

Dans la province d'Oran, ils sont ostensiblement en bons termes avec les Taïbya, les Kerzazya, les Qadrya et les Tidjanya ; mais ces apparences peuvent et doivent certainement cacher des rivalités secrètes.

Le nombre de leurs adhérents, dans cette province où ils ont quatre zaouïa, est de 91 moqaddem et 3,088 khouan.

Dans la province d'Alger, ils ont 6 moqaddem et 217 khouan, mais ils n'ont pas d'adeptes dans la province de Constantine.

C'est donc un total de 3,400 affiliés pour toute l'Algérie.

CHAPITRE XXIX

LES TIDJANYA
SI AHMED-BEN-MOHAMMED-BEN-EL-MOKHTAR-BEN-SALEM-ET-TIDJANI

Ordre religieux fondé à Bou-Semghroun en 1196 de l'Hégire.
— 1781-82 de J.-C. —
Maison-mère à Aïn-Madhi ou à Temacin

Dès le XVIIe siècle de notre ère, la petite ville d'Aïn-Madhi, située sur les dernières pentes du Djebel-Amour, à 70 kilomètres de Laghouat, était célèbre, dans tout le Sahara, par le nombre et l'érudition des Cheurfa, qui y affluaient des divers points de l'Afrique Septentrionale.

Plusieurs savants, réputés comme ayant été les lumières de l'Islam, ont professé dans cette zaouïa, dont parlent avec éloge deux écrivains marocains bien connus : El-Ayachi qui, vers 1640 de J.-C. (1049-1050 de l'H.), était cadhi aux sources de la Moulaya ; et Mouley-Ahmed qui, vers 1719 de J.-C. (1131-1132 de l'H.), fut l'imam de la zaouïa de Tamagrout, sur l'oued Dra.

La famille la plus importante, parmi ces Cheurfa, était celle des Ouled-Cheikh-Sidi-Mohammed, que la tradition donnait comme issue du chérif marocain fondateur de la ville d'Aïn-Madhi, bien avant la conquête d'Alger par les Turcs. (1).

---

(1) Voir, sur Sid Ahmed-Tidjani, dans la *Revue africaine*, trois articles de M. Arnaud, interprète militaire. — Année 1861, p. 468, « Histoire du Ouali Sid Ahmed-el-Tidjani. » — Année 1864, p. 354 et p. 435, *Siège d'Aïn-Madhi*, par El-Hadj-Abd-el-Qader-ben-Mahi-ed-Din. — Voir aussi les *Touareg du Nord*, par H. Duveyrier, p. 306.

En 1150 de l'H. (1737-38 de J.-C.), le chef de cette famille, Sid Mohammed-ben-el-Mokhtar-et-Tidjani, homme instruit et distingué, eut un fils, Sid Ahmed, qui, de bonne heure, se fit remarquer par son intelligence et sa piété.

Avant même qu'il eût atteint l'âge de puberté, son savoir, sa modestie et ses vertus l'avaient fait remarquer et le faisaient citer comme exemple. A la mort de son père, survenue en 1166 de l'H. (1752-53 de J.-C.), Sid Ahmed, bien qu'âgé seulement de 16 ans, était déjà assez instruit pour continuer l'enseignement de son père, ce qu'il fit pendant cinq ans.

En 1171 de l'H. (1757-1758 de J.-C.), il quitta Aïn-Madhi et, suivant l'usage des tolba, il se mit à voyager, pour pouvoir profiter des leçons que donnaient, en d'autres pays, les professeurs les plus renommés. Il commença par se rendre à Fez, où il resta quelque temps au Dar-el-Alem, augmentant chaque jour sa science, par la fréquentation des habiles docteurs de cette université. Muni de diplômes lui conférant le droit d'enseigner toutes les sciences connues des Musulmans de cette époque, il revint à Aïn-Madhi, en s'arrêtant dans les diverses zaouïa situées sur sa route. Il se rendit ensuite à El-Abiod-Sidi-Cheikh, où il demeura quelque temps auprès de Sidi Cheikh-ben-ed-Din, puis à Tlemcen en 1181 de l'H. (1767-68 de J.-C.), où il professa plusieurs années.

Lorsque, plus tard, en 1186 de l'H. (1772-73 de J.-C.), âgé seulement de 36 ans, il fit le pèlerinage de La Mecque, il étonna tous les docteurs de la Ville-Sainte par la maturité de son esprit et l'étendue de ses connaissances; aussi, de tous côtés, on lui demandait quel était son cheikh; ce à quoi il répondait: « Tout ce que je sais, je l'ai recueilli, non pas d'un seul homme, mais de tous les savants que j'ai rencontrés. »

Cette réponse était l'expression de la vérité; car Si Ahmed, qui s'était fait affilier à un grand nombre d'ordres religieux, avait eu de nombreux maîtres. Son premier cheikh avait été un moqaddem des Qadrya, Sid

Ahmed-ben-Hassen (à Fez) ; puis il avait pris, de Mouley-Taïeb lui-même, le dikr des Taïbya ; et de Sid Mahmed-ben-Abd-er-Rahman (Bou-Qobrin), celui des Rahmanya. Il avait eu, ensuite, pour cheikh, un moqaddem des Nacerya, Sid Mohammed-ben-Abd-Allah-et-Tezani ; puis un moqaddem des Habibya, Sid Ahmed-el-Habib-ben-Mohammed-el-Ghomari-el-Filali-es-Seddiki, etc. Il cite encore : Sid Ahmed-et-Touachi, de Taza ; Si Abd-es-Semed-el-Bohouri, à Tunis, en 1186 de l'H. (1772-1773 de J.-C.) ; Sid Ahmed-ben-Abd-Allah-el-Hendi, à La Mecque, en 1187 de l'H. (1773-1774 de J.-C.) ; Sid Mohammed-ben-Abd-el-Kerim, dit Cheikh-es-Semman, à Médine ; et, enfin, Sid Mahmoud-el-Kordi, au Caire. Ce fut ce dernier qui, après l'avoir fait moqaddem des Hafnaouya, l'engagea à réunir ses disciples en une association religieuse ayant son dikr particulier.

En quittant ce cheikh, Sid Ahmed se rendit à Tunis, puis rentra à Aïn-Madhi d'où il repartait bientôt pour Tlemcen et Fez.

C'est dans cette ville, où il arriva pour la seconde fois en 1191 de l'H. (1777-1778 de J.-C.), qu'il commença à jeter les premières bases de l'ordre qu'il voulait fonder. Il avait déjà, depuis longtemps, recueilli et rassemblé ce qui lui avait semblé le meilleur, dans tout ce qu'il avait lu ou appris, et il en avait formé un corps de doctrine essentiellement éclectique, qu'il se mit alors à professer publiquement. Il eut bien vite, autour de lui, un noyau de disciples dévoués ; mais estimant sans doute que le milieu de Fez, où s'agitaient de nombreuses intrigues politiques et religieuses, n'était pas celui qui convenait pour les débuts d'un nouvel ordre mystique, il quitta cette ville, en 1196 de l'H. (1781-82 de J.-C.), et se rendit à Bou-Semghoun (1). Là, il trouva une immense quantité de personnes attirées par l'annonce de son arrivée, et désireuses de le prendre pour directeur spirituel.

---

(1) Bou-Semghoun, ksar et oasis à 120 kilom. sud de Géryville.

Ce fut là, en 1196 de l'H. (1781-82 de J.-C.) que Sid Ahmed-ben-Mokthar-et-Tidjani déclara que le Prophète lui était apparu, et qu'il lui avait ordonné d'abandonner toutes les voies qu'il avait suivies jusqu'alors, en lui disant : « Personne n'aura de reproche à te faire, car » c'est moi qui serai ton intermédiaire auprès de Dieu, » et aussi ton auxiliaire. »

Fort de cet avertissement céleste, Tidjani fit solennellement prendre à ses disciples le dikr que le Prophète lui avait révélé, et les organisa en congrégation. Le point principal du règlement particulier qu'il leur imposait, sous peine d'expulsion et de malédiction, fut de ne jamais s'affilier à un autre ordre religieux.

En même temps, parmi les nombreux appuis qu'il avait, il adoptait définitivement pour son enseignement la chaîne des Khelouatya à laquelle il se rattachait par Si Mahmoud-el-Kordi, et que lui-même, dans ses ouvrages, donne de la façon suivante :

L'ange Gabriel. — Le Prophète. — 1, Ali-ben-Abou-Taleb. — 2, Abou-Hassan-el-Bosri, mort en redjeb de l'an 110 (728). — 3, Habib-el-Adjemi. — 4, Abou-Seliman-Daoud-ben-*Noceir*-et-Tai, mort à Koufa, vers 160 (776). — 5, Marouf-el-Kherkhi, mort à Bagdad, en 200 (815). — 6, Es-Seri-ben-Morales-es-Saati, 251 (865). — 7, Abou-Kacem-ben-Mohammed-el-Djundi, 297 (910). — 8, Memchad-ed-Dinoueri, 299 (912). — 9, Ouadjih-ed-Din-Mohammed-el-Bekri. — 10, Omar-el-Bekri. — 11, Abou-Nedjib-*Chehab-ed-Din-es-Seherourdi*, né en 539 (1144), mort en 632 (1234) et qui était disciple d'Abd-el-Qader-el-Djilali. — 12, Qotbed-Din-el-Abhary-Abou-Bekr-Abd-Allah-ben-Tahar-el-Abhary. — 13, Chehab-ed-Din-Mohammed-ech-Chirazy. — 14, Djemel-ed-Din. — 15, Ibrahim-ez-Zahed-el-Kilani. — 16, Mohammed-el-Khelouati. — 17, *Omar-el-Khelouati*. — 18, Mohammed-*Amabram* (ou Maram (sic). — 19, El-Hadj-Izz-ed-Din. — 20, Sedder-ed-Din. — 21, Sidi Yahia-el-Bekri. — 22, Mohammed-ben-Beha-ed-Din-Cherouany. — 23, Sultan-el-Mokades (de Jérusalem), Djemal-ed-Din-el-Khelouati. — 24, Khir-ed-Din-el-Nekadi. — 25, Chaban-el-Kestamouni. — 26, Mahi-ed-Din-el-Kestamouni. — 27, Sid Omar-el-Aouady. — 28, Ismail-el-Hamari, dont le tombeau est près de celui de Bellal l'Abyssinien, en Syrie. — 29, Mostefa-et-Tayebi. — 30, Chikh-Ali-Effendi-Kara-Pacha, fils du précédent. — 31, Chikh-Mostefa-Effendi-el-Dinouri. — 32, Abd-el-Latif-el-Khelouati. — 33, Sid Mostefa-ben-Kamed-el-Bekri-es-Seddiki. — 34, El-

Hafni-el-Mosri. — 35, Sid Mahmoud-el-Kourdi, né en Irak et habitant l'Égypte. — 36, *Sid Ahmed-Tidjani* (1).

Telle fut la naissance de l'ordre des Tidjanya. De 1196 à 1213 de l'H. (1781-1799 de J.-C.), c'est-à-dire pendant environ 18 ans, Sid Ahmed se fit le missionnaire actif de sa doctrine, en parcourant le Sahara, le Touat, le Soudan, la Tunisie, créant partout des zaouïa et des moqaddem pour la propagation de son ordre.

Cet ordre naissant avait pris rapidement une extension considérable et était devenu une véritable puissance. Aussi, dès 1783 de J.-C. (1197-98 de l'H.), l'influence de Sid Ahmed-el-Tidjani donnait-elle des inquiétudes au gouvernement turc, et le bey d'Oran, Mohammed-el-Kebir (2), venait, en 1784-85 de J.-C. (1199 de l'H.), s'emparer d'Aïn-Madhi et lui imposer un tribut annuel de 188 réaux.

Deux ans plus tard, en 1787 de J.-C. (1201-1202 de l'H.), son fils, le bey Otsman, dut recommencer la même expédition, pour se faire payer la redevance imposée par son père.

Vers 1798-99 de J.-C. (1213 de l'H.), Sid Ahmed, fatigué, non pas de son apostolat, mais des mesquines querelles que lui suscitait, à Aïn-Madhi même, un parti qui se distinguait de ses disciples par le nom de *Tidjadjna*, quitta définitivement le Sahara et vint s'installer à Fez.

Les habitants de cette ville, qui depuis longtemps le connaissaient, lui firent un accueil chaleureux, et de nombreux adhérents se pressèrent autour de lui.

Le moment était, du reste, bien choisi pour la propagation de ses doctrines : le Maroc était fatigué par plu-

---

(1) Il n'est pas sans intérêt de faire remarquer que les Tidjanya qui, en Algérie, sont partout en rivalité d'influence religieuse et politique avec les Rahmanya, se trouvent avoir la même chaîne.

(2) Voir dans les tomes III et IV de la *Revue africaine*, le récit des sièges de Laghouat et d'Aïn-Madhi, en 1199 de l'H. (1784-85 de J.-C.), d'après un manuscrit par M. Gorguos.

sieurs années de guerres civiles, causées par la faiblesse de ses souverains ; le nouvel empereur, Mouley-Sliman, était un prince énergique, intelligent et désireux de ramener la paix et la prospérité dans ses états. En véritable chérif, ce souverain comptait, d'ailleurs, s'appuyer sur le concours de l'élément religieux ; il venait tout juste de s'assurer celui de Mouley-Ali-ben-Ahmed, chef des Taïbya, quand Sid Ahmed-Tidjani arriva à Fez.

Mouley-Sliman, très versé dans les études théologiques, savait que les Tidjanya, bien que prêchant, dans leurs doctrines, l'abstention des affaires politiques, recommandaient aussi l'obéissance aux gouvernements réguliers. Le souverain se montra donc très bien disposé pour le chef d'ordre et il lui fit don d'un magnifique palais, dit Haouch-el-Meraïat (le domaine des glaces), dans lequel Sid Ahmed s'installa avec sa famille et ses serviteurs.

Ce fut dans cette résidence princière qu'il dicta à ses disciples, Sid El-Hadj-Ali-el-Harazimi et Si Mohammed-ben-el-Mechri-es-Saïhi, l'histoire de sa vie et ses recommandations à ses khouan. Ce manuscrit, devenu le livre de doctrine des Tidjanya, est appelé *le Kounnache*, corruption verbale du titre : *Min-Koulli-Nachine*, من كل ناش (de tout recueilli, le meilleur) ; il porte la date de dou-el-kada 1214 (mars-avril 1800).

Nous reviendrons sur ce livre, que Sid Ahmed a donné à ses disciples comme ayant été écrit « à la suite d'un
» songe dans lequel le Prophète lui avait donné la mis-
» sion d'expliquer les passages obscurs du Saint-Livre
» et de la Sounna, et de commenter les leçons laissées
» par les docteurs et les cheikh. »

A la même époque, Sid Ahmed faisait élever à Fez, dans le quartier appelé Houmet-el-Blida-er-R'arouya, une zaouïa où, chaque jour, il allait réciter ses prières, lire et expliquer le Koran et la tradition à ses nombreux khouan et disciples. C'était alors un beau vieillard à la barbe éclatante de blancheur, à la physionomie intelligente et réfléchie. Bien qu'obèse et un peu voûté, comme tous les gens d'étude, il avait très grand air ; sa voix forte et sa parole éloquente le servaient admirablement dans ses prédications.

Vers la fin de sa vie, tout le temps qu'il ne donnait pas à l'enseignement public et aux exercices de piété, il le consacrait à l'éducation de ses deux fils : Sid Mohammed-el-Kebir, né vers 1211 de l'H. (1796-97 de J.-C.), et Sid Mohammed-S'rir, né en 1216 de l'H. (1801-1802 de J.-C.).

Il ne quitta plus Fez qu'une seule fois, en 1228 de l'H. (1813 de J.-C.), pour faire un dernier voyage à Aïn-Madhi où il ne resta que quelques jours. Il mourut deux ans plus tard, le 14 choual 1230 (19 septembre 1815), et fut enterré dans sa zaouïa de Houmet-el-Blida-er-R'arouya.

Avant de mourir, il avait confié la tutelle de ses deux fils à la sage direction de Mohammed-ben-Ahmed-et-Tounsi, et il avait remis la direction spirituelle et la grande maîtrise de son ordre à un autre de ses amis et disciples, Sid El-Hadj-Ali-ben-El-Hadj-Aïssa, originaire d'El-Yambo (Arabie), et, depuis longtemps déjà, moqaddem, chef de la zaouïa de Temacin (1).

Mais, Sid Mohammed-ben-Ahmed-et-Tounsi étant mort peu de temps après son maître, Sid El-Hadj-Ali vint, en toute hâte, prendre à Fez les deux fils de Tidjani, que déjà la rapacité de l'empereur Mouley-Yazid-ben-Ibrahim (poussé peut-être par les Taïbya jaloux du crédit des Tidjanya) avait dépouillés du palais donné par Mouley-Sliman et d'une partie de leurs biens patrimoniaux.

Sid El-Hadj-Ali resta quelque temps à Aïn-Madhi, puis, après avoir remis tout en ordre et ramené la prospérité matérielle dans la zaouïa, il rentra à Temacin.

---

(1) Il y avait déjà, depuis assez longtemps, un centre religieux à Temacin, où une superbe mosquée-cathédrale avait été bâtie, l'an 817 de l'H. (1414-15 de J.-C.), par un nommé Ahmed-ben-Mohammed-el-Fassi. Cette mosquée est, comme la zaouïa, située en dehors de la ville et forme un bourg distinct appelé Tamelhalt.

Bien que n'ayant pas la charge de la direction spirituelle de l'ordre, Si Mohammed-el-Kebir et son jeune frère soutinrent dignement l'honneur de leur nom. Ils firent venir, de l'Ouest, de savants docteurs qui maintinrent, à la zaouïa, son ancien prestige, et bientôt eux-mêmes furent cités pour leur profond savoir. Mais cette vie tranquille dura peu : des dissidents, *Tidjadjna* expulsés d'Aïn-Madhi par Sid Ahmed, et réfugiés dans le Djebel-Amour, amenèrent avec eux, contre cette ville, des contingents d'Arabes de l'Ouest. L'attaque ayant complètement échoué, les *Tidjadjna* allèrent implorer le secours du bey d'Oran, Hassen, qui vint mettre le siège devant Aïn-Madhi, en 1820 de J.-C. (1235-1236 de l'H.). Les Tidjanya achetèrent, moyennant 100,000 boudjou d'argent, l'éloignement du bey ; le Turc accepta l'argent, puis canonna la ville pendant 36 heures, tenta plusieurs assauts infructueux, et, finalement, dut rebrousser chemin après avoir éprouvé des pertes sérieuses.

En 1822 de J.-C. (1237-1238 de l'H.), le bey du Tittery, Moustafa-ben-Mezrag, fit, contre Aïn-Madhi, une autre tentative qui ne fut pas plus heureuse.

Soit que ces deux attaques aient donné aux marabouts le désir de se venger des Turcs, soit, plutôt, que l'échec des deux bey ait eu assez de retentissement pour faire regarder les maîtres d'Aïn-Madhi comme des alliés puissants, toujours est-il que, sur la demande des Hachem (de Mascara), les deux Tidjani, à la tête de nombreux contingents, se dirigèrent, en 1826 de J.-C. (1241-42 de l'H.), vers Mascara ; mais ils furent arrêtés à Souara, près du Chott, par un fort parti de Marocains du Zegdou (1), qui les força à reculer.

Si Mohammed-el-Kebir-et-Tidjani, blessé grièvement au cou, dut rentrer à Aïn-Madhi, où il resta deux mois entre la vie et la mort. Il reprit néanmoins ses projets, l'année suivante, en 1827 de J.-C. (1242-43 de l'H.), et,

---

(1) Le Zegdou marocain est une confédération voisine de Figuig.

cette fois, il arriva presque sous les murs de Mascara : deux faubourgs de la ville étaient déjà en son pouvoir, quand les Hachem firent défection, et le massacrèrent avec 400 des siens.

Sid Mohammed-S'rir, qui était resté à Bou-Semghoun, n'avait pas assisté à ce combat ; il regagna de suite Aïn-Madhi, et prit en mains la direction des affaires politiques.

Son administration fut remarquable, tant dans les choses temporelles que dans les choses spirituelles. Il fit alliance avec Si Ahmed-ben-Salem, le chef du soff Chergui dans la confédération des Laghouat, et il donna, dans tout le Sahara de l'Ouest, une grande extension à l'ordre fondé par son père.

L'honneur de cette sage direction revient, du reste, à Si El-Hadj-Ali, de Temacin, qui, en droit et en fait, était resté le chef de l'ordre des Tidjanya et qui avait imposé dans l'Ouest, à Si-Mohammed-Srir, la ligne de conduite que lui-même suivait, avec succès, dans le Sahara oriental et en Tunisie.

Ce fut surtout vers l'extrême Sud que se porta l'activité des Tidjanya, qui travaillèrent à se créer des relations continues avec l'Afrique centrale, les Touareg et le Soudan.

Pour atteindre ce but, ils ne se bornèrent pas à l'envoi de simples missionnaires : ils se livrèrent à un immense commerce, fait par des caravanes que conduisaient et escortaient des moqaddem et des khouan des zaouïa d'Aïn-Madhi, Bou-Semghoun, Fez et Tlemcen. Ces caravanes se grossissaient, en route, des adeptes appartenant aux tribus traversées, et elles allaient ainsi, en toute sécurité, jusqu'à Chinguetti, dans l'Adrar occidental, jusqu'à Tinbouktou, Segou et le Fouta sénégalais. Chemin faisant, elles menaient de pair, avec un égal succès, le commerce et le prosélytisme religieux.

De grandes richesses affluaient à Temacin et à Aïn-Madhi, et à cette époque. 1830 à 1843 de J.-C. (1245 à

1259 de l'H.), les gouverneurs du Sénégal constataient dans leurs rapports officiels, les progrès de l'Islamisme dans l'Afrique centrale.

Cette prospérité toujours croissante, cette immense extension dans le Sud, cette influence considérable, tout à la fois religieuse et politique, avaient fait, des Tidjanya, une véritable puissance, et, de tous côtés, leur alliance était recherchée.

Mais, ni le chef de l'ordre, ni le marabout d'Aïn-Madhi n'étaient disposés à compromettre cette situation en se jetant dans les hasards des expéditions militaires.

Aussi, quand, dès les premiers jours de l'occupation française, le derkaoui El-Hadj-Moussa-ben-Madani-bou-Hamar, moqaddem des Madanya, sollicita la population de Laghouat de s'attacher à sa fortune, le cheikh Ahmed-ben-Salem lui répondit (1) : « Nous sommes Tidjanya ; » mon père m'a nommé de ce nom, et Tidjani lui-même » m'a fait, à ma naissance, avaler des dattes mâchées par » lui, comme faisait le Prophète aux enfants de Médine. » — Cependant nous te traiterons avec bienveillance et » n'empêcherons pas ceux à qui il plaira de sortir de » notre ordre, de suivre ta voie. » El-Hadj-Moussa dut se contenter de cette réponse ; il ne trouva qu'un très petit nombre d'adhérents et dut se retirer bientôt devant l'attitude des Tidjanya.

Plus tard, vers 1836 de J.-C. (1251-52 de l'H.), peut-être avant, l'émir El-Hadj-Abd-el-Kader-ben-Mahi-ed-Din chercha, par tous les moyens possibles, à mettre les Tidjanya dans son parti. Mais il ne put y réussir et ses avances réitérées échouèrent toutes contre le bon sens de Sid El-Hadj-Ali et de Si Mohammed-S'rir. Ceux-ci avaient déjà compris que, dans sa lutte contre la France, l'émir serait vaincu ; ils n'avaient, du reste, rien à gagner à son service, même en cas de réussite, car le Tell

---

(1) Voir, sur El-Hadj-Moussa-el-Madani, le chap. XVII.

appartenait à d'autres ordres religieux, déjà anciens et fortement enracinés chez les populations.

Il ne convenait pas non plus aux seigneurs d'Aïn-Madhi et de Temacin de se faire les vassaux de l'émir. Bref, leur réponse fut un refus formel, enveloppé dans une onctueuse phraséologie :

« Je désire, écrivait Tidjani, rester dans le calme de la
» vie religieuse et ne m'occuper que des choses du Ciel ;
» je n'ai, d'ailleurs, ni la force, ni l'influence que l'on me
» suppose, et, s'il est dans les desseins de Dieu, qui a
» amené les Français en pays musulman, de les en
» chasser et de leur faire repasser la mer, il n'est pas
» besoin de mon bras pour l'accomplissement de cette
» sainte œuvre.
» Le calme de la vie religieuse, dans laquelle je me
» suis retiré, m'a fait contracter l'obligation et le devoir
» de diriger dans le respect de Dieu ceux qui me sont
» attachés, et de les maintenir en dehors des conflits
» temporels dont on ne saurait prévoir la fin. »

Le 5 juin 1838 (12 rabi-el-ouel 1254), après bien des mois de correspondance inutile, l'émir, à la tête de son armée, campait sous les murs d'Aïn-Madhi et commençait le siège de la ville (1). Tidjani résista 8 mois derrière ses murailles que renversaient les mines et le canon de l'émir. Lorsqu'en janvier 1839 (choual-et-dhou-el-kada 1254), l'émir enleva Aïn-Madhi et que Tidjani, vaincu, se réfugiait à Laghouat, le prestige des Tidjanya avait encore grandi dans le Sahara, quoiqu'ils fussent les ennemis de l'émir Abd-el-Qader.

Le chef des Tidjanya, en sa qualité de chef d'un ordre religieux musulman, ne pouvait pas, après le départ des

---

(1) Voir le récit détaillé de ce siège dans la *Revue africaine* de 1864 et dans l'*Histoire de l'insurrection des Ouled Sidi Chikh* par le colonel Trumelet. Alger, 1884, librairie A. Jourdan.

Turcs, se déclarer partisan de la domination des chrétiens en Algérie ; mais Si El-Hadj-Ali et Si Mohammed-S'rir, qui suivaient attentivement les progrès de notre conquête, étaient, au fond, sympathiques à notre établissement. Ils blâmaient hautement les résistances qui nous étaient opposées sur certains points du pays, et ils disaient aux Musulmans que notre autorité, qui respectait leurs croyances et s'appuyait sur la justice et l'équité, devait être acceptée jusqu'à ce que les temps fixés par Dieu pour notre départ fussent arrivés. Du reste, au lendemain du siège d'Aïn-Madhi, les Tidjanya conformèrent leurs actes à leurs paroles.

En 1840 de J.-C. (1255-1256 de l'H.), Sid Mohammed-S'rir-et-Tidjani offrait, spontanément, à M. le maréchal Valée, son concours moral et matériel contre l'émir El-Hadj-Abd-el-Qader.

En 1844 de J.-C. (1259-1260 de l'H.), lorsque le général duc d'Aumale marchait sur Biskra, tous les nomades du Sahara oriental allèrent prendre, à Temacin, les instructions du grand-maître de l'ordre. Sid El-Hadj-Ali leur répondit : « C'est Dieu qui a donné aux Français l'Algé-
» rie et tous les pays qui en dépendent ; c'est lui qui
» protège leur domination. Restez donc en paix et ne
» faites pas parler la poudre. Dieu vous a délivrés de
» vos oppresseurs qui ne connaissaient d'autre règle
» que la violence.

» Laissez faire aux autres ce qu'ils veulent, car ils
» paraissent, quoique infidèles, avoir pris le chemin de
» la justice et de la sagesse, par lequel fructifiera le bien
» de tous. Le Droit suit le Droit ; tout ce qui vient de
» Dieu doit être respecté. »

La même année, Ahmed-ben-Salem, chef du soff Chergui à Laghouat et moqaddem des Tidjanya, venait, sur l'ordre exprès du marabout d'Aïn-Madhi, faire acte de soumission au général Marey-Monge installé avec sa colonne à Zakkar, à 100 kilomètres N.-E. de cette ville. Ahmed-ben-Salem amena la colonne dans la ville même de Laghouat et dans les ksour de l'oued Mzi, dont le général prit possession au nom de la France, et dont Si Ahmed-ben-Salem fut nommé khalifa. En même temps (le 3 rabia-et-tsani 1260), le 22 avril 1844, le lieutenant-colonel de St-Arnaud et 12 officiers allaient rendre visite à Tidjani, dans la zaouïa même d'Aïn-Madhi, où ils étaient reçus avec la plus grande cordialité.

Quelques mois après, Si El-Hadj-Ali de Temacin mourait, laissant la grande maîtrise de l'ordre à Si Mohammed-S'rir-ben-Ahmed-el-Tidjani. Celui-ci continua à nous prêter son concours sans arrière pensée et, dans plusieurs circonstances difficiles que notre khalifa eut à traverser depuis cette époque, il fut toujours aidé par les Tidjanya, au mieux de nos intérêts politiques ou administratifs.

En mars 1853 (djoumad-el-ouel et djoumad-et-tsani 1268), Si Mohammed-S'rir-ben-Ahmed-Tidjani mourut (1), après avoir confié la direction spirituelle de l'ordre au fils de Si El-Hadj-Ali, de Temacin, Si Mohammed-El-Aïd.

---

(1) Si Mohammed-S'rir-ben-Ahmed-Tidjani est enterré à Aïn-Madhi. Son tombeau se compose d'une chapelle rectangulaire surmonté d'une koubba à jour reposant sur des colonnettes séparées par des arcades. Au centre de la chambre est un sarcophage très élevé en bois peint et contenant les restes du saint homme. L'intérieur de la coupole, les colonnes, les murs, les arceaux, sont couverts de peintures vertes et rouges d'un assez bel effet; sur un des côtés de la pierre se trouve une fausse-porte formée d'un panneau renaissance en vieux chêne et or d'un joli travail, évidemment d'origine européenne. La façade opposée est formée par des grilles placées entre des colonnes peintes, et ces grilles sont elles-mêmes cachées par des portes pleines. Les pèlerins sont admis à regarder le sarcophage à travers ces grilles et une prière faite, en vue de ces reliques, procure des grâces spéciales au fidèle. Il n'y a que les dignitaires et les membres privilégiés de l'ordre qui sont admis dans l'intérieur du sanctuaire. C'est là un honneur que Si Ahmed-Tidjini fait du reste toujours spontanément aux hauts fonctionnaires et aux officiers français qui visitent Aïn-Madhi.

Les enfants de Si Mohammed-S'rir étaient alors en bas âge : l'aîné n'avait que 3 ans, le second un an (1) ; un acte, dont l'authenticité est très discutable, en confia la tutelle à l'oukil de la zaouïa d'Aïn-Madhi, El-Mecheri-Ryan, depuis caïd.

Si Mohammed-el-Aïd-ben-el-Hadj-Ali, le quatrième grand-maître des Tidjanya, suivit à notre égard la même ligne de conduite que ses prédécesseurs spirituels ; et nul n'a servi notre cause avec plus de loyauté.

En 1854 de J.-C. (1270-1271 de l'H.), son influence dans le Souf et l'oued Rir' facilita beaucoup, au général Desvaux, l'établissement de l'autorité française dans toute cette région.

En 1860 de J.-C. (1276-1277 de l'H.), il donnait son chapelet et le diplôme de khouan à M. H. Duveyrier, qui a dû en partie, à ce concours du chef des Tidjanya, de pouvoir accomplir son admirable voyage chez les Touareg (2).

En 1864 de J.-C. (1280-1281 de l'H.), les Tidjanya sépa-

---

(1) On a aussi contesté la légitimité, ou plutôt la véracité de la filiation de ces deux enfants. Cette version a été racontée tout au long par M. le colonel Trumelet, dans la *Revue africaine* de 1877, page 343.

(2) Voir Duveyrier: *Les Touareg du Nord*, page 309, où le célèbre voyageur rend un juste hommage à Si Mohammed-el-Aïd et aux Tidjanya. — On sait que la même protection avait été donnée au colonel Flatters qui était accompagné du nommé Abd-el-Qader-ben-Hamida, moqaddem des Tidjanya. Ce moqaddem fut massacré traîtreusement le 10 mars, alors qu'il était envoyé en parlementaire par M. Dianous. Il mourut en invoquant en vain le nom du saint patron de l'ordre. C'est que, de 1860 à 1881, l'influence exercée chez les Touareg par les Tidjanya est passée, en grande partie, aux Snoussya.

La suppression de la traite des nègres en Algérie a, peu à peu, éloigné du Sud algérien les caravanes de l'Afrique centrale dont ce négoce constituait le principal élément de trafic. — Ces caravanes se sont donc dirigées sur R'adamès, Morzouk, R'at, où, peu à peu, elles ont trouvé les zaouïa Snoussiennes comme comptoirs commerciaux et comme centres religieux. M. Duveyrier le constatait déjà très explicitement en 1860, et, depuis cette époque, les progrès des Snoussya ont été malheureusement énormes.

rèrent d'autant plus nettement leur cause de celle des Ouled-Sidi-Cheikh-Cheraga révoltés, que bon nombre de ces Cheraga appartiennent à l'ordre des Quadria ; aussi, soit par Temacin, soit par Aïn-Madhi, nous eûmes toujours des indications précieuses pour nous aider à lutter contre les Ouled-Hamza.

Malheureusement, pendant que, à Temacin, la direction spirituelle de l'ordre, représentée par Si Mohammed-El-Aïd, continuait à s'exercer avec intelligence et de façon à mériter toute notre sympathie, il se passait à Aïn-Madhi toute une série de faits préjudiciables aux intérêts de l'Ordre.

Le vieux Ryan, ou plutôt ses fils, n'avaient ni l'instruction, ni le sens moral nécessaires pour accomplir fidèlement la mission qu'ils disaient avoir reçue de Si Mohammed-S'rir : ils soulevèrent une question de suprématie entre la zaouïa d'Aïn-Madhi et celle de Temacin, espérant attirer entre leurs mains le produit des ziara, au détriment de la zaouïa de Temacin. Ce fut cependant le contraire qui se produisit, car, si les deux pupilles de Ryan restèrent bien à l'état de *fétiches* vénérés, aux yeux des Larbaâ et des gens immédiatement voisins d'Aïn-Madhi, leur prestige religieux allait néanmoins s'amoindrissant. Ryan, en effet, pressé de voir les offrandes arriver à Aïn-Madhi, cherchait à soustraire les Tidjanya de l'Ouest à l'action directrice du grand-maître résidant à Temacin, et, par une spéculation malhonnête, il exaltait le caractère maraboutique et chérifien des deux fils Tidjani, au détriment des véritables intérêts de l'ordre. En un mot, il préparait, entre les deux zaouïa, la scission qui existe en fait aujourd'hui à l'état latent.

Entre les mains de ce tuteur maladroit, l'éducation de Si Ahmed et de Si El-Bachir laissa fort à désirer : ils n'avaient, en somme, près d'eux, aucune personne ayant l'ascendant moral nécessaire pour les guider, pour réfréner en eux l'ardeur de la jeunesse et pour leur donner cet esprit de conduite et ce sens politique que possédaient à un si haut degré leurs ascendants et les chefs spirituels de l'ordre.

Cependant, en ce qui concernait leurs relations avec nous, Sid Ahmed, qui, dès 1865 de J.-C. (1281-1282 de l'H.), avait été émancipé et nommé caïd d'Aïn-Madhi (à 15 ans), affirma toujours son dévouement par des actes et par un concours sérieux à notre cause. Il le fit même quelquefois avec une fougue qui, rapprochée des écarts de sa conduite privée, acheva de le déconsidérer aux yeux des Musulmans de l'Ouest, chez lesquels dominaient les ordres religieux des Qadrya, des Taïbya et des Derqaoua.

Tous les Hachem de Mascara, la plupart Qadrya et anciens serviteurs de leur moqaddem et émir Abd-el-Qader-ben-Mahi-ed-Din, avaient encore présent à la mémoire le siège d'Aïn-Madhi, qui avait été le prélude des revers de leur chef religieux et politique. Les Taïbya avaient tout intérêt à déconsidérer les chefs de la zaouïa de Fez, comme aussi à étendre leur action dans la province d'Oran, et, dans cette lutte sourde contre les Tidjanya, ils trouvaient encore un appui chez les Zianya et les Kerzazya, dont les intérêts sahariens et trans-sahariens étaient en rivalité avec ceux des Tidjanya. Enfin, à Tlemcen, les Derqaoua-Chadelya rappelaient, volontiers, l'attitude hautaine d'Aïn-Madhi vis-à-vis d'El-Hadj-Moussa-el-Madani.

Les fils de Tidjani n'étaient pas à hauteur des difficultés que leur créait une pareille coalition de rancunes et d'intérêts politiques et religieux. D'un autre côté, la plupart de nos chefs indigènes et agents politiques de la province d'Oran, même les plus foncièrement dévoués à la cause française, subissaient, sans quelquefois s'en rendre compte, ces influences musulmanes si hostiles aux Tidjanya. Un courant d'opinion malveillante, à l'égard de Sid Ahmed et de Si El-Bachir, ne tarda pas à s'établir dans les sphères officielles du commandement.

Les choses en étaient là, quand, en 1869 de J.-C. (1285-

1286 de l'H.), les Ouled-Ziad de Géryville, serviteurs religieux des Tidjanya, mais que leur position isolée au milieu des Ouled-Sidi-Cheikh-Cheraga avait forcés à suivre le mouvement des Ouled-Hamza, supplièrent les Tidjanya de négocier, avec les chefs de l'insurrection, leur retour sur leur territoire et leur séparation des insurgés.

Sid Ahmed, se fiant à son prestige religieux et aux bonnes relations qui avaient existé entre son aïeul et le grand-père du chef des Ouled-Sidi-Cheikh, entra en pourparlers avec les Ouled-Hamza qui, précisément, venaient de se rapprocher de Laghouat.

Ces négociations ne furent pas plus tôt connues, qu'elles furent incriminées et que nos chefs indigènes nous dénonçaient les deux Tidjani comme devant quitter la zaouïa d'Aïn-Madhi, pour faire cause commune avec les Ouled-Sidi-Cheikh.

Pour empêcher cette éventualité, bien improbable cependant, le 1er février 1869, le colonel de Sonis arrêtait, dans leur zaouïa, Sid Ahmed et Sid El-Bachir qu'on internait à Alger (1). Quelques mois après, les Ouled-Ziad faisaient leur soumission.

Sid Ahmed avait alors 17 ans; il resta un an à Alger, fort tranquille, mais sans réussir à dissiper complètement les préventions que l'on avait contre lui. Il y était

---

(1) Le fait reproché aux fils Tidjani était de n'avoir pas fermé les portes d'Aïn-Madhi devant les contingents des Ouled-Sidi-Cheikh et de n'avoir pas renouvelé, vis-à-vis de ces rebelles, la résistance faite jadis contre les Turcs et contre Abd-el-Qader. Pour l'autorité militaire, c'était en effet une défaillance coupable; mais, si on tient compte à la fois, et des mœurs arabes, et des pourparlers engagés entre les marabouts d'Aïn-Madhi et ceux des Ouled-Sidi-Cheikh, cette compromission n'avait rien d'anormal.

La population d'Aïn-Madhi racheta du reste bien vite ce que cette conduite pouvait avoir d'équivoque, car, les deux fils Tidjani en tête, elle poursuivit vigoureusement à coups de fusil les fuyards des Ouled-Sidi-Cheikh, vaincus le 1er février 1869 par le colonel de Sonis, sous les murs même de la ville. Cependant, le soir de ce combat, Tidjani était arrêté et le 2 il était dirigé sur Alger.

encore au commencement de la guerre contre l'Allemagne, quand des notables indigènes d'Alger eurent l'idée d'envoyer une lettre collective de félicitations aux survivants des Tirailleurs de Wissembourg et de Reichshoffen ; Sid Ahmed offrit d'aller lui-même remettre cette lettre.

Avant de partir, il adressa une circulaire à ses moqaddem de l'Ouest, pour leur annoncer son départ volontaire, et pour leur recommander la soumission aux Français, dont il allait visiter le pays.

Il s'embarqua, avec sa suite, le 16 août 1870 (18 djoumad-el-ouel 1287), et arriva à Paris, où il fut bientôt rejoint par son frère El-Bachir.

Au 4 septembre, on jugea prudent d'éloigner les Tidjani de Paris, et on les envoya à Bordeaux où ils furent présentés au général Daumas, au cardinal-archevêque, au premier président de la Cour d'appel. La bonne mine de Sid Ahmed qui, à cette époque, était un homme remarquablement beau, ses manières affables, lui attirèrent les sympathies générales de la population ; et quand, le 17 octobre, il assista, au grand théâtre, avec tous les siens, à une représentation au profit des blessés, il fut accueilli par une salve d'applaudissements.

Ce fut à Bordeaux que ce marabout fit la connaissance de la fille d'un gendarme retraité, Mlle Aurélie Picard, qu'il épousa morganatiquement, et au profit de laquelle, peu de temps après son retour en Algérie, en 1872 de J.-C. (1288-1289 de l'H.), il répudia ses autres femmes.

Au moment de l'insurrection de 1881 de J.-C. (1298 de l'H.), les mêmes intrigues recommencèrent, dans le but de nous faire prendre des mesures coercitives vis-à-vis de Sid Ahmed ; mais M. Albert Grévy se borna à inviter le marabout à venir passer quelque temps à Alger.

Là, Si Ahmed écrivit plusieurs lettres pressantes à ses khouan de l'Ouest, pour faire rentrer de défection ceux d'entre eux à qui leur isolement n'avait pas permis de résister à l'agitateur.

Lui-même nous demanda qu'un officier français fût installé à Aïn-Madhi, pour rendre compte à l'autorité supérieure de ce qui se passait dans sa zaouïa. Satisfaction lui ayant été donnée sur ce point, il s'est mis, plus tard (1), en instance pour obtenir qu'un instituteur français fût envoyé à Aïn-Madhi.

Pendant que, depuis 1853 de J.-C. (1269-70 de l'H.), ces divers incidents se produisaient autour de la personne du petit-fils du grand Tidjani, le chef officiel de l'ordre, Si Mohammed-el-Aïd, continuait, à Tamelhalt (2), à administrer, avec une rare prudence et un grand tact, les affaires spirituelles des khouan Tidjanya. Son attitude vis-à-vis de nous restait toujours absolument digne et correcte, et, en toutes circonstances, il savait faire preuve d'un sens politique remarquable. Ses vertus privées et son esprit de charité l'avaient fait surnommer « l'ami de tous. »

En 1871 de J.-C. (1287-1288 de l'H.), sa ligne de conduite fut très nette, et il n'y eut aucune défection parmi les khouan relevant de son autorité.

Si Mohammed - el - Aïd mourut le 12 novembre 1875 (13 choual 1292), à l'âge de 65 ans. Il fut remplacé comme chef de l'ordre (3), le 19 novembre (20 choual 1292), par

---

(1) En décembre 1882 (moharem et safer 1300).

(2) Tamelhalt, où est située la zaouïa dite de Temacin, forme une ville à part, ayant son enceinte particulière, et habitée exclusivement par les serviteurs de la zaouïa ; c'est une sorte de faubourg de l'oasis de Temacin.

C'est à Tamelhalt qu'est le tombeau de Sid El-Hadj-Ali-ben-Aïssa, sous un immense dôme très élevé, ayant, à l'intérieur surtout, un très grand cachet. Les murs et la coupole sont garnis de sculptures en plâtre découpé, de peintures aux vives couleurs et de nombreuses inscriptions en relief reproduisant les 99 noms de Dieu et divers versets du Coran. Un côté de la chambre sépulcrale est fermé par une grille donnant sur une chapelle richement décorée. On répète à Tamelhalt, pour la vue de ce tombeau, les mêmes errements que ceux observés à Aïn-Madhi pour le tombeau de Mohammed-S'rir-el-Tidjani, et décrit dans la note 1 de la page 428.

(3) Et à l'élection.

son frère, Si Mohammed-S'rir-ben-el-Hadj-Ali, qui était le moqaddem, chef de la zaouïa de Guemar, dans le Souf.

Ce choix surprit beaucoup de monde et impressionna vivement Sid Ahmed-Tidjani, car on croyait savoir que la volonté du fondateur de l'ordre avait été que le grand-maître fût pris, alternativement, dans sa propre famille et dans celle de Sid El-Hadj-Ali.

Cependant le choix fait, le 19 novembre, par les moqaddem réunis à Tamelhalt, était logique et excellent. Ce n'était, du reste, que l'application de ce grand principe qui veut que, dans toutes les associations religieuses, l'intérêt de l'ordre passe avant celui de telle ou telle personnalité.

Or il était bien évident que, par ses antécédents, ses habitudes, son âge même (il n'avait alors que 23 ou 24 ans), Sid Ahmed n'était pas en situation de prendre en mains, avec une autorité morale suffisante, la direction suprême de l'ordre fondé par son aïeul.

On était au courant, à Tamelhalt, des progrès effrayants faits par les Snoussya, à l'est et au sud de l'Algérie ; on en comprenait la gravité, et l'on sentait que, pour empêcher les défaillances des Tidjanya, pour lutter avec succès contre les tendances chimériques du panislamisme prêché par Si Snoussi, il fallait une tête bien organisée et une grande maturité d'esprit.

Si Mohammed-S'rir-ben-el-Hadj-Ali, âgé de 55 ans, jurisconsulte des plus distingués, ayant fait ses preuves comme chef d'une zaouïa importante, réunissait toutes les conditions voulues de science, de piété et de vertu.

C'est, en effet, un homme sage, tolérant, simple dans ses allures et d'une grande finesse d'esprit, qui, comme tous ses prédécesseurs, se montre vis-à-vis de nous plein de dévouement et de bon vouloir. Il a gardé près de lui son frère, Si Maammar, qui était déjà le factotum de son prédécesseur, et il lui a laissé la haute direction du temporel et du personnel. Ce Si Maammar est un homme d'une grande valeur intellectuelle ; quoique d'une laideur peu commune et d'allures brusques, il est sympathique à tous ceux qui l'approchent.

Toujours en mouvement, l'air jovial et bon enfant, il devient, le cas échéant, un diplomate des plus habiles, et apporte, dans les discussions, un esprit élevé et un grand bon sens.

La correspondance politique de la zaouïa de Temacin avec l'autorité française est toujours extrèmement remarquable, au point de vue des idées et de la rédaction.

Sans entrer dans des citations qui nous entraîneraient en dehors de notre sujet, nous croyons devoir donner ici, à titre de document montrant bien l'esprit de tolérance qui anime les Tidjanya, copie d'une lettre de recommandation, écrite, sur la demande de M. Tirman, gouverneur général, pour être remise à M. le colonel Borgnis-Desbordes, se rendant à Segou et au Fouta, pays dont les souverains sont les serviteurs religieux des Tidjanya :

« Louange au Dieu unique ! Que Dieu répande ses grâces sur notre
» seigneur et notre maitre Mohammed, sur sa famille et sur ses com-
» pagnons, et qu'il leur accorde le salut ! »

(Cachets de Mohammed-es-S'rir-ben-el-Hadj-Ali-et-Tidjani et de Maammar-ben-el-Hadj-Ali-et-Tidjani.)

« Louange à Dieu ! Que Sa Majesté soit célébrée, que ses noms et
» ses attributs soient sanctifiés !

» Cette lettre est adressée à nos généreux amis, à leurs illustres
» Seigneuries, le très considérable et l'excellent sultan du Fouta et
» ceux qui l'entourent. Dieu vous protège et vous garde ! Que le salut
» soit sur vous ; que le Créateur vous fasse miséricorde et vous dis-
» pense ses bénédictions, ses bienfaits et ses faveurs aussi longtemps
» que l'univers existera et continuera à se mouvoir.

» Comment êtes-vous et dans quel état vous trouvez-vous ? Nous le
» souhaitons agréable à Dieu et formons le vœu de ne jamais recevoir
» de vous que de bonnes nouvelles.

» Nous vous informons, et c'est là un avis sincère, que la personne
» qui vous remettra cette lettre, l'illustre et très élevé lieutenant-
» colonel Borgnis-Desbordes, se rend dans vos parages, poussé par

» le désir de connaitre vos contrées et de s'occuper de ce qui a trait
» aux choses de votre royaume. Peut-être vous servira-t-il d'intermé-
» diaire, dans l'avenir, pour créer des relations commerciales au sujet
» d'articles importants que vous ne connaissiez pas auparavant, d'ob-
» jets précieux, vêtements et autres marchandises que vous obtiendrez
» à bas prix, contrairement à ce qui a lieu maintenant, dans vos tran-
» sactions avec ceux qui vous fréquentent et commercent avec vous.
» Nous ne vous écrivons qu'après avoir attentivement étudié tout ce
» qui le concerne et nous être enquis du but qu'il poursuit. Nous
» avons la certitude que celui qui le protégera, lui indiquera la voie
» à suivre et s'emploiera à lui faciliter sa tâche, sera récompensé
» dans ce monde et dans l'autre, aura droit à la reconnaissance des
» hommes éclairés et se créera, auprès d'eux, des titres de gloire.

» Vous n'ignorez pas, illustres seigneurs, que les affaires commer-
» ciales sont désirées et recherchées, que les lois divines et humaines
» les permettent entre tous les peuples, aussi bien dans les régions
» orientales de la terre que dans l'occident, et entre les sectateurs
» de toutes les doctrines.

» Vous ne vous laisserez pas abuser par ces détracteurs aveugles,
» ces perturbateurs, suppôts du démon, qui emploient la calomnie,
» cette arme que réprouvent toutes les religions, et viendront vous
» dire : ces gens veulent ceci, désirent cela, ou vous tiendront des
» propos auxquels ne sauraient ajouter foi que des faibles d'esprit
» ou des créatures dénuées d'intelligence.

» Mais vous êtes hommes de sens et vous savez connaitre ce qui
» est bon et juste, et vous vous écarterez de ceux qui sont dans l'er-
» reur, et tiennent des discours vains et mensongers ; vous êtes de
» ceux qui pèsent les avis et suivent le meilleur. Ce qui a été dit, que
» le but poursuivi est de tenter de s'introduire dans les provinces en
» vue de les soumettre par la force, de s'en emparer et d'y demeurer
» ne saurait avoir lieu : ce serait tromperie, perfidie, ruse, folie. Les
» personnages, qui se rendent auprès de vous, y vont sur l'ordre des
» principaux de leur pays, et entreprennent leur voyage pour obéir
» à leurs chefs.

» Vous savez que leur peuple est l'un des plus grands qui aient
» existé au cours des siècles, et l'une des plus considérables puis-
» sances connues ; que toutes les fois qu'ils ont entrepris quelque
» chose, ils l'ont fait ostensiblement, et de manière que chacun en
» pût être témoin, agissant avec courage, disposant de grandes ri-
» chesses et d'une armée puissante et redoutable. Vous nous com-
» prenez, et des personnes de votre sagacité pénètrent le sens de
» nos paroles. Si les choses se passent comme nous l'espérons, vous
» n'en retirerez que repos et tranquillité.

» Nous n'avons eu en vue, en vous écrivant, que de vous donner de

» bons conseils et de vous rendre la situation plus facile, d'ouvrir
» des débouchés à votre commerce, et de vous mettre à même de vous
» procurer des choses précieuses, que vous n'auriez jamais vues et
» dont vous êtes encore à ignorer l'existence. Plaise à Dieu que cette
» tâche nous soit confiée, car, suivant ce qu'a dit le Législateur, notre
» Prophète (sur Lui soient les grâces les plus complètes et le salut
» le plus pur!) « Celui qui indique le bien est comme celui qui le fait. »

» Animés des meilleurs sentiments envers vos Hautes Seigneuries,
» nous vous souhaitons ce qui peut vous être le plus profitable et vous
» prions de nous répondre, pour nous faire connaître ce que vous avez
» fait, car, en toute circonstance, une réponse est nécessaire. C'est à
» Dieu que tout fait retour, c'est à Lui (que sa louange soit proclamée!)
» que nous demandons d'accorder à chacun ce qu'il désire et ce qui
» peut lui plaire. Puissiez-vous vivre toujours en paix et en sécurité,
» par la puissance, la protection et la bonté divines!

» Recevez, individuellement, les salutations que vous adressent, en
» commun, ceux qui ont, pour votre puissance, une haute considéra-
» tion, le cheikh de l'ordre des Tidjanya, Sidi Mohammed-es-S'rir et
» son frère, le très pieux, le cheikh Sidi Maammar, fils d'El-Hadj-Ali-
» et-Tidjani.

» Ce 27 moharem 1300 (8 décembre 1882). »

A la même époque, Sid Ahmed-Tidjani, à qui il avait été également demandé une pièce de même nature, remettait la lettre ci-après qui peut fournir un rapprochement curieux et instructif :

« Louange à Dieu unique! Que Dieu répande ses grâces sur notre
» seigneur Mohammed et sur sa famille!

(Cachet de Sid Ahmed, le serviteur de Dieu, Ahmed, fils de notre maître, Mohammed-et-Tidjani.)

O toi qui connais les secrets, souverain dispensateur des biens, de qui viennent tous les dons, pardonne-nous nos péchés.

» De la part de notre seigneur, de notre intermédiaire auprès de
» Dieu, Sid Ahmed-ben-Mohammed-et-Tidjani, cheikh de la confrérie
» des Tidjanya, sanctuaire de la science, protecteur suprême, soutien
» des hommes de foi, guide de ceux qui savent.

» A tous nos amis, à ceux qui font partie de nous-mêmes ou qui se

» rattachent à notre personne, soit à nos amis qui habitent le terri-
» toire du Fouta, le salut !

» Je m'adresse d'une façon particulière à chacun de vous que je
» connais, et à tous en général. Je parle à tous ceux qui, grands ou
» petits, sans excepter personne, appartiennent à la confrérie des
» Tidjanya.

» Que le salut soit sur vous tous, ainsi que la miséricorde de Dieu
» et ses bénédictions !

» Comment vous portez-vous et dans quel état se trouvent vos af-
» faires que nous prions Dieu d'avoir pour agréables et de maintenir
» dans une bonne direction ?

» Si vous voulez bien vous informer de ce qui nous concerne, nous
» vous dirons que, sous le gouvernement français, nous jouissons de
» toutes les félicités, d'une paix entière et durable. Nous en rendons
» grâces à Dieu.

» Nous n'avons à vous entretenir que de bien.

» L'un des principaux personnages de la France se rend, avec sa
» suite, dans votre pays. Son intention est seulement de parcourir
» votre contrée, dans le but de nouer des relations commerciales avec
» vous.

» Je désire que vous facilitiez l'accomplissement de ses désirs, que
» vous ne l'entraviez en rien, que vous l'accompagniez, en quelque
» lieu de votre pays qu'il dirige ses pas, et, enfin, que vous lui prêtiez
» votre concours en toute circonstance, sans jamais chercher à lui
» nuire en quoi que ce soit.

» Veuillez écouter nos paroles et vous conformer à nos recomman-
» dations.

» En effet, le gouvernement français nous a fait beaucoup de bien,
» et cela doit suffire pour que vous dirigiez votre conduite dans le
» sens que nous indiquons.

» Écrit par ordre de notre seigneur Ahmed-ben-Mohammed-et-Tid-
» jani, le 8 de dou-el-hidja (21 octobre 1882).

« Signé : Ahmed-ben-Mohammed-ben-Ahmed-et-Tidjani. »

On remarquera que dans ces lettres (1), Si Mohammed-S'rir et Sid Ahmed-Tidjani, écrivant officiellement comme chefs religieux, à un souverain, placent

---

(1) A la même date, deux autres lettres, à peu près identiques, étaient adressées, par ces mêmes personnages, au sultan de Segou, Cheikh-Ahmadou-ould-el-Hadj-Amor.

leurs cachets en tête de leurs lettres, ce qui ne se fait que de supérieur à inférieur (1). On remarquera aussi que Sid Ahmed-Tidjani parle tout à fait en maître et comme s'il était réellement le chef de l'ordre. C'est qu'en effet, il n'a pas accepté, comme le concernant, la nomination de Si Mohammed-S'rir. Il est resté en relations courtoises avec lui (2) ; mais il a gardé, en fait, la direction suprême des zaouïa et des moqaddem des contrées situées à l'ouest du méridien d'Alger.

De sorte qu'en réalité il y a aujourd'hui deux branches de Tidjanya : ceux relevant de Tamelhalt (Temacin), et ceux relevant d'Aïn-Madhi (3).

(1) Inutile de dire que, lorsqu'ils écrivent à des Français, les chefs des Tidjanya placent toujours leurs cachets en bas de la lettre. Si Mohammed-S'rir le place même, habituellement, au verso de la feuille écrite, ce qui est encore plus respectueux, et ce qui est aussi la marque d'une « profonde et inaltérable amitié. »

(2) Au moment où nous écrivons, Si El-Bachir vient de passer deux mois à la zaouïa de Temacin.

(3) Quel que soit le prestige de la zaouïa de Temacin dans le sud de la province de Constantine, il s'y est produit, vers la fin de 1878, un incident qu'il est utile de signaler :

Un homme des Oulad-Saïah, nommé Mohammed-ben-Belkacem, avait épousé Lalla-Khéira, fille d'une sœur de Si Maammar, et en avait eu quatre enfants : Mohammed-Cherif, Mohammed-S'rir, Ahmed et Mahmoud. Il mourut sans laisser de fortune ; et comme, pour des raisons intimes, Si Maammar ne se montrait pas fort large à l'égard de ses petits-neveux, deux de ces jeunes gens, Mohammed-S'rir et Ahmed, se mirent à voyager. Abusant de leur parenté avec les chefs de l'ordre, ils recueillirent des offrandes pour leur propre compte, et même se mêlèrent activement à des intrigues de toutes sortes, qui avaient pour but essentiel de ruiner, à leur profit, le crédit de la zaouïa de Tamelhalt. — Les menées de Mohammed-S'rir chez les Touareg attirèrent l'attention de l'autorité supérieure qui crut, un instant, avoir affaire à des Tidjanya réguliers. Une enquête administrative dégagea la responsabilité de la zaouïa directrice, qui exposa combien elle-même avait à se plaindre des procédés des neveux de Si Maammar, et qui demanda formellement leur punition. Mohammed-S'rir et Ahmed, aussitôt démasqués, se réfugièrent à Tunis ; puis, Mohammed-S'rir, étant revenu plus tard en Algérie, fut interné à Barika. En 1880, il adressa à Si Maammar, en son nom et au nom de son frère resté à

C'est pour tenir compte de cette situation qu'elle n'a pas intérêt à modifier, que, dans certains cas, l'autorité s'adresse, à la fois, aux deux chefs effectifs des Tidjanya.

Au point de vue des doctrines et des pratiques, rien ne distingue la branche de l'Est de la branche de l'Ouest. Partout les khouan Tidjanya, ou, pour employer le mot dont ils se servent de préférence, les « *habab* » (amis) sont reconnaissables à leur chapelet. Il est en bois de santal et les grains sont séparés en six groupes, par cinq flocons de soie rouge très apparents. Un sixième flocon pareil termine le chapelet à sa base et est surmonté de dix rondelles plates, du même diamètre que les grains du chapelet, mais glissant moins facilement que ces derniers sur le cordon, aussi en soie rouge, qui leur sert de monture.

Ces rondelles servent à marquer les centaines dans la récitation du dikr.

Voici la formule du dikr des Tidjanya :

100 *fois*: « Dieu clément » (اللطيف);

100 *fois*: « Que Dieu pardonne » (استغفر الله);

100 *fois*: « Il n'y a de Divinité qu'Allah ; »

100 *fois*: « O Dieu ! répands tes grâces et accorde le salut à notre » seigneur Mohammed qui a ouvert ce qui était fermé, qui a clos ce

---

Tunis, une lettre de soumission qui amena sa mise en liberté et la réconciliation des deux frères avec la zaouïa. — Cette réconciliation est-elle sincère ? Il serait téméraire de répondre à cette question. Toujours est-il que les fils de Mohammed-ben-Belkacem ont fondé, à Taïbet-el-Gueblia, une fort jolie zaouïa qu'ils habitent, et il est possible que Si Maammar ait jugé plus politique de paraître oublier les torts de ses neveux, que de rompre carrément en visière avec une zaouïa, naissante il est vrai, mais qui pourrait bien être, un jour, le point de départ d'un groupe cherchant à s'affranchir de la tutelle de Temacin, comme Temacin s'est affranchi, en fait, de celle d'Aïn-Madhi.

» qui a précédé, qui fait triompher la vérité par la vérité (1). Ainsi
» qu'à sa famille suivant son mérite et la mesure immense qui lui est
» due. »

12 *fois* : « O Dieu ! répands tes grâces et accorde le salut : — à la
» source de miséricorde divine, brillante comme le diamant, certaine
» dans sa vérité, environnant le centre des intelligences et des pen-
» sées ; — à la lumière des existences qui a formé l'homme ; — à celui
» qui possède la vérité divine ; — à l'éclair immense traversant les
» nuages précurseurs de la pluie bienfaisante des miséricordes divi-
» nes, et qui illumine le cœur de tous ceux dont la science a la pro-
» fondeur de la mer et recherche l'union avec Dieu ; — à ta lumière
» brillante, remplissant ton Être qui renferme tous les lieux. — O Dieu !
» répands tes grâces et accorde le salut : à la source de la vérité qui
» pénètre les tabernacles des réalités (2) ; — à la source des connais-
» sances ; — au plus droit, au plus complet, au seul véritable des sen-
» tiers. — O Dieu ! répands tes grâces et accorde le salut : à la con-
» naissance de la vérité par la vérité ; — au trésor le plus sublime ;
» — la largesse provient de toi et retourne à toi ; — au cercle de la
» lumière sans couleur ; — que Dieu répande ses grâces sur lui et sur
» sa famille, grâces par lesquelles, ô Dieu ! tu nous le feras connaî-
» tre. »

Celui qui n'est pas taleb dit, à la place de cette dernière
prière, douze fois ce verset du Coran :

« Dieu est unique et éternel ; il n'a pas enfanté et n'a point été
» enfanté, il n'a pas d'égal en qui que ce soit. »

Le dikr des Tidjanya se dit, au lever de l'aurore, à
l'acer (3) et au coucher du soleil. « Il ne doit pas être
prononcé à haute voix, mais assez distinctement, cepen-

---

(1) ناصر الحق بالحق On pourrait donc traduire aussi : « Fait triompher le droit par le droit ; mais الحق, dans le langage des mystiques, est la vérité de Dieu, le Dieu vrai, et non le *droit* tel que nous l'entendons en français.

(2) عين الحق التي تتجلا منها عروش الحقايق

(3) L'acer est entre trois et quatre heures, selon les saisons ; c'est l'instant médiat entre le midi vrai et le coucher du soleil.

dant, pour que les oreilles entendent ce que la bouche murmure. »

« Une punition (de Dieu) et même la mort atteindra quiconque aban-
» donnera cet ouerd après l'avoir accepté. — *Les affiliés des autres
» ordres ne peuvent le recevoir, à moins de renoncer à celui qu'ils possè-
» dent, et de promettre qu'ils n'y reviendront jamais.* »

« — Il faut une permission spéciale du cheikh pour le distribuer »
(c'est-à-dire que nul ne peut être moqaddem par l'élection des khouan
et que, seul, le grand-maitre a qualité pour nommer les cheikhs).

« Toute personne qui veut entrer dans l'ordre des Tidjanya, doit
» jurer de se conformer strictement à ces conditions. — Ce n'est pas
» que l'ouerd des Tidjanya ait une origine plus sainte que les ouerd
» des autres congrégations, non, car tous ces ouerd conduisent au
» salut ; mais c'est là le règlement formel des Tidjanya, et l'on doit
» s'y conformer.

» Tout « Habib » qui abandonne une autre voie pour celle des Tid-
» janya n'a rien à craindre, ni de son ancien cheikh, ni du Prophète,
» ni de Dieu ; de même il n'a rien à redouter de qui que ce soit, s'il
» préfère la voie où il se trouve à celle des Tidjanya. »

— Quiconque recevrait dans l'ordre une personne appartenant déjà
à une autre congrégation, serait immédiatement destituée. — « Tout
» adepte de notre voie ne devra visiter aucun saint vivant » : (c'est-
à-dire aucun moqaddem étranger à l'ordre) ; « il lui est, toutefois,
» facultatif de visiter les morts, qui sont les portes par lesquelles on
» pénètre vers Dieu. »

Cet extrait du règlement a été pris dans le *Kounache,*
livre dicté par Tidjani à son secrétaire, à Fez, en 1213 et
1214 de l'H. (soit de 1798 à 1800 de J.-C.)

Le titre exact de ce livre est : « *Les perles des pensées
et l'arrivée aux désirs, au sujet des émanations célestes
dont fut l'objet Abou-el-Abbas-et-Tidjani* », par le cheikh
Ali-Harazem-ben-el-Arbi-Benada-el-Mer'erbi-el-Fassi.

C'est un gros in-quarto, d'environ 600 pages, qui,
traduit littéralement, formerait cinq ou six volumes en
français. Il n'est nullement tenu secret, et la bibliothèque
nationale d'Alger en a un très bel exemplaire (1). Cet

---

(1) Section des manuscrits arabes.

ouvrage est divisé en six chapitres, ou livres, qui comprennent le résumé, souvent prolixe, de la vie du cheikh, de ses faits et gestes et de ses doctrines. Voici l'indication sommaire des matières traitées par les auteurs :

Préface. — De l'excellence du soufisme.

Livre I. — Naissance, origine, famille, généalogie et jeunesse de Tidjani.

Livre II. — Ses études dans le soufisme ; sa manière d'être, son caractère, son aménité et sa bienfaisance.

Livre III. — Ses prodiges, sa vaste érudition en matière de jurisprudence, sa piété.

Livre IV. — Ses ouerd, ses dikr, sa congrégation. — Portrait du véritable aspirant, formules de prières instituées par Tidjani.

Livre V. — Commentaires sur certains versets du Coran et sur les Hadit. Épitres et aphorismes du cheikh.

Livre VI. — Récit de quelques-uns de ses miracles.

Cet ouvrage, malheureusement, n'est pas traduit. L'extrait suivant, que M. l'interprète Arnaud a bien voulu faire, sur notre demande, montrera cependant que cette traduction ne serait pas dépourvue d'un certain intérêt ; les doctrines des Tidjanya ayant, presque toujours, un caractère bien marqué d'éclectisme et de libéralisme :

COMMENTAIRE DE CE VERSET DU CORAN : « *Dis : Si vous aimez Dieu, suivez-moi, Dieu vous aimera.* » . . . .
. . . .
. . . .

Dieu aime tout ce qui dépend de sa volonté. L'amour c'est la volonté elle-même, puisque, quand Dieu aime une chose, il la veut. Si l'on est bien pénétré de cette vérité, on demeure convaincu que tout ce qui existe est aimé de Dieu, et que, dans cet amour, l'Incrédule ou l'Infidèle (Kafer) est compris aussi bien que le Croyant. En effet, si l'Infidèle et le Croyant n'avaient pas été ensemble l'objet de sa volonté, il ne les eût pas créés.

Moïse demandant la mort de Karoun, Dieu lui dit :

« J'ai mis la terre sous ta puissance ; fais-y ce que tu voudras. »

. . . .

— O terre, s'écria Moïse, prends Karoun et ses partisans.

Karoun se trouvait alors sur un trône d'or magnifique. Quand il sentit que la terre commençait à engloutir son trône, ce maudit comprit que la main de Dieu s'appesantissait sur lui, comme elle s'était appesantie sur les incrédules.

Il voulut se repentir ; mais il ne le put.

— O Moïse, dit-il, je te conjure au nom de Dieu et de nos liens de parenté !

Moïse ne prêta aucune attention à ses supplications, et continua à crier :

— Terre, prends-les.

Karoun lui avait déjà renouvelé soixante-dix fois la même prière. A la soixante-dixième fois, la terre finit par l'engloutir, et il ne cessera de descendre ainsi, au fond de l'abîme, jusqu'au jour de la résurrection.

Dieu fit de fortes remontrances à Moïse sur sa cruauté.

— Comment, lui dit le Très-Haut, Karoun t'a appelé soixante-dix fois à son aide, et tu n'as pas eu pitié de lui ! S'il m'avait, moi, invoqué une seule fois, je l'eusse secouru. Sais-tu, ajouta Dieu, pourquoi tu n'as pas eu pitié de lui ? Parce que tu ne l'as pas créé ; car si tu l'avais créé, tu aurais eu de la compassion pour lui. Je le jure par ma puissance et ma grandeur, jamais, après toi, il ne m'arrivera de confier à quelqu'un le commandement de la terre.

Ces paroles de Dieu : « c'est parce que tu ne l'as pas créé ; car si tu l'avais créé tu aurais eu pitié de lui, » sont la preuve que Dieu aime toutes ses créatures.

On rapporte que Karoun, entendant les cris de désespoir de Younès (Jonas) que venait d'avaler un poisson, pria les anges chargés de son châtiment de lui laisser un moment de répit, afin qu'il pût interroger le malheureux prophète. Les anges y consentirent.

— O Jonas, cria Karoun, qui t'a donc mis dans cette triste position ?

— Mes crimes, répondit-il.

— Reviens à ton maître que tu trouveras dès ton premier pas.

— Pourquoi toi-même n'es-tu pas revenu à Dieu, ne t'es-tu pas repenti ?

— Je suis revenu à Dieu en toute sincérité ; mais le fils de ma tante maternelle, Moïse, délégué pour recevoir mon repentir, l'a refusé.

Ce fait prouve que toutes les créatures sont aimées de Dieu, qu'il s'agisse de Croyants ou d'Infidèles. En effet, tous les êtres sont les témoignages sensibles de sa Divinité, et il les a créés pour montrer en eux les perfections de sa Divinité.

Les mystiques disent que Dieu n'a créé aucun être inutilement, c'est-à-dire qu'il n'y a pas de créature qui n'ait sa raison d'être. Les êtres sont les signes visibles de sa Providence et de sa Divinité. Ainsi donc, les créatures sont toutes aimées de Dieu.

On ne doit pas, en cette matière, s'arrêter à l'opinion étroite des gens de la science extérieure. L'examen d'une semblable question revenant aux hommes de la science spirituelle, les autres n'ont pas à y prendre part.

Le cheikh, à propos du verset précité, affirmait que *les Infidèles sont sous la protection de l'amour de Dieu*. Il citait, à l'appui, cette parole de Dieu : « Ma miséricorde embrasse tout et je l'inscrirai en faveur de ceux qui craignent, etc. »

(Le sens de ce deuxième verset est : j'établirai ma miséricorde, libre de châtiment, en faveur de ceux qui craignent.)

D'après ces paroles divines, les créatures formeraient deux classes : une classe qui éprouve la miséricorde divine après avoir éprouvé le châtiment, et l'autre qui n'éprouvera que la miséricorde sans châtiment.

En ce qui concerne la classe de ceux qui éprouveront la miséricorde divine après avoir subi le châtiment, Dieu a dit : « Mon châtiment atteindra qui je voudrai, et ma miséricorde s'étend sur tout. »

Au sujet de la classe de ceux qui éprouveront seulement la miséricorde divine, sans châtiment, Dieu a dit : « J'inscrirai ma miséricorde en faveur de ceux qui me craignent, etc. »

Le verset : « Et ceux qui auront été incrédules pour les signes de Dieu et n'auront pas cru à sa rencontre, ceux-là auront à désespérer de ma miséricorde, à ceux-là un châtiment douloureux, » vient-il détruire l'absolu de la miséricorde divine ?

Dans ce dernier verset, le mot miséricorde signifie le paradis seulement, qui sera interdit à tout Incrédule. Mais le Paradis n'est pas le dernier terme de la miséricorde de Dieu, car l'intelligence ne peut pénétrer l'immensité de cette miséricorde : Dieu fera miséricorde aux Infidèles comme il l'entendra.

Les mystiques croient que, dans l'enfer, il existe des effets de la miséricorde divine en faveur des Infidèles. Ainsi, à certaines époques, les Infidèles y deviennent insensibles aux horribles tortures du feu : des fruits de toutes sortes et des mets leur y sont offerts, ils y mangent à leur aise ; ils se réveillent ensuite de cette léthargie et souffrent alors les tourments auxquels ils sont voués. Voilà un exemple de la miséricorde de Dieu pour les Incrédules. . . . .
. . . .
. . . . . . Après avoir dit que l'amour de Dieu embrasse toute la

nature, et que, *même les Infidèles sont l'objet de son affection*, le cheikh ajoutait :

Il y a deux sortes de puretés : la pureté originelle et la pureté accidentelle : la pureté originelle se trouve dans les choses existantes, soit qu'on les prenne en totalité, soit qu'on les considère en détail. *Les êtres ont leur source dans Dieu ; ce sont les parties détachées d'un mystère qui a nom Très Saint. Chaque atome des êtres est une émanation du Très Saint, lequel est absolument pur* . . . .

. . . .

Admettre une souillure dans un atome, serait supposer l'existence d'une impureté dans les attributs divins, qui sont parfaits et purs de toute imperfection ; ce serait détruire la Divinité qui comprend tous les atomes ; en effet, la Divinité est ce degré de Dieu qui embrasse tous les êtres. Rien n'existe qui ne soit soumis à la Divinité et tenu de lui rendre hommage par l'abaissement, l'humiliation, l'adoration, la proclamation de ses louanges, la prosternation. Si l'atome était souillé, il ne lui serait pas permis d'adorer Dieu, de se prosterner devant lui, de le prier. L'atome est donc pur, puisqu'il est entouré par la Divinité, qu'il est une émanation de son nom très-saint

Tels sont les caractères de la pureté originelle.

Un homme de la science extérieure demandera certainement comment les atomes sont une émanation du nom Très-Saint. Voici ce que nous répondrons :

Le Prophète a dit : « La nature n'existe que par le concours des noms apparents et cachés. » C'est-à-dire, il n'y a dans la nature aucun atome, aucun infiniment petit, sur lequel la lumière du nom de Dieu ne s'étende séparément.

Si l'atome ne recevait pas cette lumière, il serait resté dans le néant. Cette lumière, qui découle d'un seul nom, ne s'étend pas sur deux êtres réunis, pas plus qu'un atome, qui n'a qu'une seule essence, ne reçoit la lumière de deux noms.

Les lumières des noms divins éclairant chaque atome des êtres, aussi petit qu'il soit, la nature est donc tout entière soumise à ces lumières, qui ont fait apparaître les choses existantes.

Dès qu'on a reconnu la vérité de ce principe, on est convaincu de l'existence de la nature par l'intermédiaire des noms de Dieu ; on demeure certain que les noms de Dieu font partie intégrante de la Divinité, et que tous ont leur manifestation dans le nom très-saint de Dieu. . . . .

. . . .

La pureté accidentelle est définie par ce verset du Coran : « Seulement les polythéistes sont impurs. » En outre, les prophètes ont recommandé de se garder contre les choses impures, c'est-à-dire celles qui sont regardées comme telles par la loi, au moment d'accomplir les actes d'adoration, et qui ne le sont pas originairement.

L'impureté dont parle la loi est accidentelle et non essentielle ; elle n'a, dès lors, d'autre durée, que celle de la loi, qui est l'ensemble des obligations des Musulmans. Lorsque la trompette de la résurrection se fera entendre, *la loi finira, toute chose reviendra à son origine et il n'y aura plus de devoir.*

Le châtiment dû aux Infidèles est accidentel, tandis que la miséricorde et l'amour sont fondamentaux. Les Infidèles, quelle que soit la punition qui les ait atteints, sont donc aimés de Dieu et obtiendront sa miséricorde, car Dieu a dit : « Ma miséricorde embrasse tout . . . . Si nous disons à une chose que nous voulons : sois, elle est. » Or, le mot *sois*, constituant la volonté et *la sublime parole de Dieu, laquelle ne s'applique qu'à un objet aimé, voulu par lui, a aussi rapport aux Infidèles. Donc, la miséricorde divine qui s'étend sur tout, les concerne également, quel que soit le châtiment qu'ils aient encouru.* Tels sont les jugements de la Providence. Il n'y a, dans la création entière, ni plaisir, ni peine, ni repos, ni épreuve, ni pitié, ni vengeance, qui ne soit dans les desseins de la Divinité ; tout émane de Dieu seul.

En conséquence, la miséricorde et l'amour divins concernent chaque être, comme on le voit dans ce verset : « Dieu est clément et miséricordieux pour les hommes. Le Musulman et l'Incrédule, étant des hommes, sont compris dans cette miséricorde. Cet autre verset : « Nous avons été généreux pour les enfants d'Adam....... Nous les avons traités avec une plus grande bonté que beaucoup de ce que nous avons créé, » comprend encore le Musulman et l'Infidèle. On trouve ici une révélation de la miséricorde fondamentale.

Ces autres versets :

« Les plus mauvaises des bêtes auprès de Dieu sont ceux qui sont ingrats et incrédules (1).

« Ceux qui ont été incrédules appartiennent aux gens du Livre et aux polythéistes...... ceux-là sont le mal du genre humain. »

Ces versets indiquent seulement des jugements de la Divinité, portés contre les hommes d'une façon accidentelle. Quant au jugement fondamental, essentiel, nous le découvrons dans ces paroles du Prophète sur le caractère de la nature : « Dieu préféra les enfants d'Adam. » Cette préférence, d'après le terme générique employé, implique aussi bien l'Incrédule que le Musulman. Toujours ce souverain principe : amour, miséricorde.

La bonté, dont il est parlé dans le verset du Coran, est la cause

---

(1) *Coran*, VIII, 57, traduction de Kazimirski.

universelle ; tout ce qui arrive après est accident de la substance, ou phénomène transitoire ; au delà de ce terme est le retour à l'origine.

Ce qui ajoute une certaine valeur à ces opinions du chef des Tidjanya touchant les non-musulmans, c'est qu'elles étaient écrites en 1213 de l'H. (1798-1799 de J.-C.), dans son palais de Fez, c'est-à-dire en plein pays musulman et à l'abri de toutes relations intéressées avec les Chrétiens. L'indépendance de caractère de Tidjani s'affirme, du reste, en d'autres passages de son livre ; ainsi, à propos du paiement de la zekkat, il écrit :

« Je fis, un jour, cette question au Prophète : Est-ce que la zekkat, que perçoivent de force les émirs et tyrans musulmans, affranchit le Croyant de cette obligation (envers les pauvres) ?

— Ai-je donc, me répondit le Prophète, ordonné aux Musulmans d'obéir à ces princes peu scrupuleux ?

— Mais que dites-vous, lui répliquai-je, du Musulman qui verse la zekkat entre les mains des princes dont il n'a rien à redouter ?

— Que la malédiction de Dieu soit sur lui ! »

Ce dernier extrait, si essentiellement musulman, pourrait servir de thème à d'intéressantes considérations philosophiques, politiques et économiques. Nous nous bornerons à faire remarquer qu'ici Tidjani vise, tout particulièrement, le gouvernement turc dont il n'avait pas eu à se louer, et qui était odieux à tous les Berbères.

Cette attitude des Tidjanya vis-à-vis des « émirs et tyrans musulmans » Turcs ou Arabes, ne contribua pas peu, alors, à grandir leur popularité dans le Nord de l'Afrique et à leur attirer de nombreux adhérents. Mais, par contre, leur ligne de conduite, toujours si réservée et si correcte vis-à-vis de l'autorité française, semble avoir porté un coup fatal à leur influence et a arrêté net le développement de leur ordre.

On peut et on doit le regretter. La congrégation des Tidjanya est la seule des congrégations musulmanes qui ait, exclusivement en Algérie, ses origines, ses traditions et ses intérêts matériels. C'est la seule qui, par ses statuts mêmes, ne peut pas avoir d'attaches avec les ordres religieux de l'Orient ou du Maroc. Il y avait donc là, pour nous, si nous l'eussions voulu, le noyau d'une véritable église musulmane algérienne, dont les membres eussent été, pour notre gouvernement, des auxiliaires aussi dévoués et aussi sûrs que le sont les Taïbya pour le gouvernement marocain. Pour arriver à ce résultat, nous n'aurions eu qu'à faire au chef de l'ordre une situation ostensiblement supérieure à celle de nos plus grands khalifas et bach-agha. Aux yeux de nos sujets indigènes, comme aux yeux du monde musulman, cela eût été parfait, et nous aurions pu tirer parti du concours et de l'influence du chef d'un grand ordre religieux. Ainsi mis en relief, ce personnage, officiellement reconnu par nous comme le véritable chef de la religion musulmane en Algérie, comme notre « cheikh El-Islam », aurait pu être opposé avec succès aux cheikh El-Islam de Stamboul, de La Mecque et des autres pays musulmans.

Au lieu de cela, dominés par les préjugés de notre passé catholique, ou emportés par les intolérances maladroites de soi-disant libres-penseurs, nous nous sommes, le plus souvent, bornés à une bienveillance banale qui n'a eu d'autre effet que de déconsidérer les Tidjanya vis-à-vis des fanatiques. Et pendant ce temps, grandissaient dans l'ombre les ordres rivaux qui puisent leurs aspirations chez les étrangers, comme les Snoussya, Taïbya, Khelouatya, Madanya et autres, sur lesquels notre action ne saurait être efficace.

Bien que l'influence des Tidjanya soit plutôt en décroissance dans l'Ouest, cet ordre a cependant encore de nombreux adhérents au Maroc ; il en a surtout dans l'Oued-Nsaoura, où ses khouan sont plus nombreux que ceux des Qadrya. Enfin il compte encore des adeptes chez les nomades Reguibat, entre Seguiet-el-Hamra et l'Adrar. Dans ce dernier pays il existe, à Chinguit, une zaouïa importante des Tidjanya. Mais plus au sud, vers le centre de l'Afrique et le Soudan, le prestige des Tidjanya ne s'est pas conservé aussi grand qu'il y a une vingtaine d'années.

C'est aujourd'hui dans l'Est et en Tunisie que cette influence semble s'être surtout développée.

L'ancien bey, Si Mohammed-Saddok, était affilié à l'ordre qui compte encore, parmi ses membres, plusieurs hauts dignitaires du Bardo.

La statistique officielle donne, pour l'Algérie :

Prov. d'Alger.........	3 zaouïa,	26 moqaddem,	4,348 khouan.
d'Oran..........	2	20	588
de Constantine...	12	54	6,146
Total.....	17 zaouïa,	100 moqaddem,	11,082 khouan.

Soit un total de 11,182 affiliés.

CHAPITRE XXX

LES RAHMANYA

SI MAHMED-BEN-ABD-ER-RAHMAN-BOU-QOBRIN

(1208 de l'Hégire. — 1793-1794 de J.-C. [1])

Si Mahmed-ben-Abd-er-Rahman-el-Guechtouli-el-Djerdjeri-el-Ahzari-Abou-Qobrin est né, de 1715 à 1728 de J.-C. (1126-1133 de l'H.), dans la tribu des Aït-Smaïl, qui faisait alors partie de la confédération des Guechtoula, dans la Kabylie du Djurdjura.

Il appartenait à une famille de tolbas, venue jadis du Maroc, et qui s'attribuait une origine chérifienne ; il commença ses études à la zaouïa du cheikh Seddik-ou-Arab, chez les Aït-Iraten ; puis, après avoir étudié quelque temps à Alger, il partit, vers l'an 1152 de l'H. (1739-1740 de J.-C.), pour le pèlerinage de La Mecque.

En route, ou plutôt à son retour, il s'arrêta longtemps au Caire, à la djemaâ El-Ahzar, où il suivit les leçons de nombreux et savants professeurs, parmi lesquels il cite tout particulièrement : Salem-en-Nefraoui, Aomar-el-Tahlaoui, Hassen-el-Djedaoui et cheikh El-Amrousi. C'est à cause de son long séjour dans cette mosquée qu'il fut nommé El-Ahzari.

---

[1] Il a été publié sur les Rahmanya, en dehors des notices que leur ont consacré MM. de Neveu et Brosselard : 1° Une étude de MM. Hanoteau et Letourneux, dans leur livre sur la Kabylie et les coutumes Kabyles ; — 2° « Un diplôme de moqaddem de la confrérie religieuse des Rahmanya, » article de M. Adrien Delpech dans la *Revue africaine* de 1874.

Ce fut alors qu'il se fit affilier à l'ordre des Khelouatya, et qu'il devint le disciple de prédilection du cheikh Mohammed-ben-Salem-el-Hafnaoui, grand-maître de l'ordre et, plus tard, chef de la branche des Hafnaouïa.

C'est avec un sentiment de profonde vénération que Bou-Qobrin parle, dans ses écrits, de ce maître à qui il s'était donné corps et âme, et auprès duquel, nuit et jour, « il brisait toutes ses facultés intellectuelles au ser-
» vice de Dieu, restant entre les mains de son cheikh
» comme le cadavre entre les mains du laveur. »

Lorsque Ben-Abd-er-Rahman eut acquis un degré d'instruction suffisant, son maître le chargea, à plusieurs reprises, de missions de propagande religieuse au Soudan et aux Indes. Mais ce fut surtout dans le Soudan qu'il séjourna le plus longtemps et que son prosélytisme eut le plus de succès ; c'est, du moins, ce qu'il dit dans les écrits où il a raconté ses voyages.

Après plus de trente ans d'absence d'Algérie, vers l'an 1183 de l'H. (1770 de J.-C.), il reçut, de son cheikh, l'ordre de rentrer dans son pays et d'y enseigner « les pures
» doctrines des Khelouatya. » Il partit emmenant avec lui sa femme, ainsi qu'un serviteur et une servante nègres qu'il avait ramenés du Soudan.

Dès son arrivée aux Aït-Smaïl, il commença ses prédications avec un tel succès, qu'il eut bientôt contre lui tous les marabouts du voisinage, dont on désertait en foule les zaouïa pour venir entendre ses leçons et recevoir sa baraka.

Sa popularité s'accrut rapidement, et bientôt il fut, en Kabylie, le chef d'une véritable église nationale, autour de laquelle se groupaient toutes les populations indépendantes du Djurdjura.

Quand il eut ainsi bien affirmé sa mission dans son pays, Ben-Abd-er-Rahman vint professer à la djemaâ du Hamma, près d'Alger, où déjà l'avait précédé sa réputation de savant et de Saint faisant des miracles.

Mais les marabouts et uléma d'Alger, qui voyaient

avec peine s'élever ce nouveau pouvoir religieux rival du leur, et qui étaient jaloux des succès du nouveau professeur, lui firent une opposition extrêmement vive. Ils dénoncèrent même son enseignement comme non conforme à la sonna, et l'accusèrent de vouloir créer un schisme. Ils obtinrent ainsi de le faire comparaître devant un medjelès, pour avoir à expliquer et justifier ses prétendus extases, révélations, songes et apparitions.

Le medjelès était présidé par le mufti malékite d'Alger, qui alors était Sid El-Hadj-Ali-ben-Amine, homme aussi remarquable par ses vertus que par ses grandes connaissances en matière théologique.

Les uléma espéraient bien obtenir un fetoua, désavouant le derwich kabyle et le forçant à renoncer à ses doctrines mystiques. Ils étaient, du reste, poussés dans cette voie par les hommes du gouvernement turc. Ceux-ci, en effet, ne pouvaient être que peu sympathiques à cette congrégation naissante, car elle menaçait de grouper, autour d'un chef religieux appartenant à la confédération indépendante des Guechtoula, les tribus voisines du Sebaou et de l'Isser, où s'arrêtaient les limites de l'autorité du Dey.

Mais la nouvelle de la mesure qui avait été prise eut pour résultat de provoquer, dans la montagne, des manifestations non équivoques en faveur de Si Mahmed-ben-Abd-er-Rahman.

Ne se croyant pas de force à lutter contre l'influence acquise déjà par le moqaddem des Khelouatia, les Turcs jugèrent inutile de s'aliéner les populations belliqueuses du Djurdjura, et le medjelès, sous l'empire de ces considérations politiques, rendit un fetoua en faveur de l'orthodoxie de Ben-Abd-er-Rahman.

Néanmoins, celui-ci crut prudent de ne pas prolonger son séjour au Hamma, et il ne tarda pas à rentrer à sa zaouïa des Aït-Smaïl.

Six mois après son retour, il réunit les khouan en hadra et leur dit :

« Mes enfants, je sens que ma vie est près de s'étein-
» dre, celui qui m'a créé me rappelle à lui, demain
» j'aurai cessé de vivre, et je vous ai mandés pour vous
» dire ce que j'attends de vous.

» J'institue pour mon successeur l'homme qui m'a
» témoigné toute ma vie un dévouement sans bornes ;
» il sera votre chef après moi, écoutez ses avis, c'est un
» homme de bien. Je vous prends tous à témoins que je
» mets à ma place et que je donne tout mon pouvoir à
» Sid Ali-ben-Aïssa-el-Megherbi ; il sera mon khalifa. J'ai
» déposé dans son sein tous les secrets et je lui ai confié
» toutes les bénédictions. Ne lui désobéissez pas en quoi
» que ce soit, car il est mon *visage* et ma *langue*. »

Un acte authentique était, en même temps, remis à Ben-Aïssa, constituant habbous : les livres, les biens et les terres de Ben-Abd-er-Rahman.

Celui-ci mourut le lendemain, en l'an 1208 de l'H. (1793-1794 de J.-C.), laissant ainsi le pouvoir à son disciple marocain Si Ali-ben-Aïssa, car il n'avait trouvé, ni dans sa famille, ni parmi ses compatriotes, un homme ayant la valeur morale nécessaire pour continuer son œuvre.

Sa mort fut le signal de nouvelles manifestations sympathiques, qui attirèrent dans la montagne tous ses nombreux adeptes de la plaine. Les Turcs, voyant cette affluence, regrettèrent vivement de n'avoir pu réussir à se débarrasser, quand il était temps encore, de ce personnage dangereux. Et pour couper court à ce pèlerinage, qui les effrayait en raison du milieu où il se produisait, ils imaginèrent de s'emparer du corps de Si Mahmed et de l'enterrer à Alger même, ou du moins dans la banlieue.

Deux ou trois bandes de khouan partirent, à cet effet, de la ville, et pendant que deux d'entre elles se présentaient dans les principaux douars, comme députées par leurs frères d'Alger, et détournaient l'attention des

Kabyles, le troisième groupe exhumait le corps et l'apportait à Alger.

Mais les montagnards, ayant eu vent de cette violation de sépulture, se transportèrent, sans délai, au tombeau du Saint. enlevèrent la terre et s'assurèrent que le corps de Ben-Abd-er-Rahman était intact dans son linceul.

Cependant les khouan d'Alger avaient bien emporté le corps du Saint, qui plus tard fut enterré en grande pompe au Hamma où les Turcs lui firent bâtir une koubba et une mosquée (1).

Des deux côtés, on prétendit posséder le vrai corps de Ben-Abd-er-Rahman, et les khouan furent assez habiles pour répandre le bruit que Dieu avait fait un miracle, en permettant que le corps du Saint se dédoublât, pour occuper réellement les deux tombeaux.

Le bruit de ce miracle s'accrédita très vite, et le surnom de *Bou-Qobrïn* fut immédiatement donné à Si Mahmed-ben-Abd-er-Rahman, dont le nom n'est jamais prononcé par les Musulmans Algériens sans cette épithète rappelant sa double sépulture.

Au fond, les Kabyles ne croient généralement pas à ce miracle ; mais comme ils sont certains d'avoir conservé chez eux le véritable corps, ils ne voient aucun inconvénient à cette pieuse légende qui rehausse le mérite de leur Saint national.

De l'an 1208 de l'H. (1793-1794 de J.-C.) à l'an 1251 (1835-1836 de J.-C.), c'est-à-dire pendant près de 43 ans, Sid

---

(1) Une plaque en marbre contient, en arabe, la dédicace de la mosquée ainsi conçue :

« ...... Ceci est la mosquée de ceux qui combattent dans la Guerre Sainte, la grande et la petite en même temps. Son patron est Notre Maître Mahmed-ben-Abd-er-Rahman-ben-Ahmed...... » (Suit la généalogie chérifienne par Idris-ben-Idris-el-Fathma,)..... puis les surnoms du Saint « lequel a dit : Quiconque visitera, avec intention, cette mosquée, sera du nombre des heureux dans ce monde et dans l'autre. » .....

Ali-ben-Aïssa-el-Maghrebi dirigea la zaouïa-mère et donna à l'ordre une très grande extension. Son successeur, Si Belkacem-ou-el-Hafid, originaire des Maatka ou du Babor, ne resta que peu de temps en fonctions, et serait mort empoisonné.

A partir de cette époque 1252 de l'H. (1836-1837 de J.-C.), la direction de l'ordre manqua de cohésion et d'unité ; bientôt des discussions irritantes aboutirent à le fractionner en un nombre variable de branches, rivales et ennemies, dirigées par des moqaddem échappant absolument à l'autorité du chef de la zaouïa des Aït-Smaïl. Mais, chose remarquable, ces divisions n'empêchèrent pas l'ordre de continuer à s'étendre rapidement et à recruter partout de nombreux prosélytes.

Un marocain, Si El-Hadj-el-Bachir-el-Maghrebi fut nommé, en 1252 de l'H. (1836-1837 de J.-C.), grand-maître de l'ordre, mais à une élection partielle qui fut vivement attaquée et contestée. L'intervention de l'émir Sid El-Hadj-Abd-el-Qader-ben-Mahi-ed-Din, ami particulier d'El-Hadj-El-Bachir, ne réussit pas à faire cesser ces divisions ; elle détermina même une grande manifestation hostile de la majorité des montagnards kabyles, qui ne voulurent reconnaître ni l'autorité politique de l'émir, ni l'autorité religieuse d'El-Hadj-el-Bachir. Ce dernier dut quitter le pays et se refugier chez l'émir.

Pendant quelque temps, ce fut en réalité Lalla-Khedidja, veuve de Si Mahmed-ben-Aïssa, qui, restée à la zaouïa des Aït-Smaïl, avec ses filles, fut, sinon la véritable directrice de l'ordre, du moins la personne la plus en vue et le fétiche vers lequel se portaient tous les vœux des fidèles. Cependant, ne réussissant pas à étendre son action sur les moqaddem éloignés, voyant les revenus de la zaouïa diminuer, elle s'adressa de nouveau à l'émir El-Hadj-Abd-el-Qader-ben-Mahi-ed-Din et le pria de renvoyer El-Hadj-Bachir, lui affirmant que les Kabyles, revenus de leurs erreurs, reconnaîtraient celui-ci comme grand-maître de l'ordre.

La chose eut lieu, en effet, et El-Hadj-el-Bachir fut réinstallé dans ses fonctions. Il mourut vers 1257 de l'H. (1841-1842 de J.-C.) et fut enterré à la Djamâ Tala-ou-R'anim, des Cherfa.

Le cheikh Si Mohammed-ben-Belkacem-N'aït-Anan, originaire des Beni-Zeminzer et personnalité fort effacée, lui succéda, sans réussir à ramener à lui les moqaddem du Sud. Il ne resta qu'un ou deux ans en fonctions, et, après lui, en 1259 de l'H. (1843-1844 de J.-C.), la grande maîtrise échut à Sid El-Hadj-Amar, époux de Lalla-Fathma, une des filles de Si Mahmed-ben-Aïssa.

Ce fut El-Hadj-Amar qui, en 1857, organisa chez les Aït-Smaïl la résistance contre les Français.

A la suite de sa défaite et de la soumission de la Kabylie par le maréchal Randon, il obtint l'autorisation de se rendre dans l'Est et s'installa à Tunis, où il continua ses fonctions de grand-maître de l'ordre.

Lors de son départ, les khouan avaient pris pour chefs d'autres moqaddem. Ce fut d'abord Si Mahmed-el-Djaâdi, originaire des Beni-Djaâd, d'Aumale, qui fut reconnu comme Cheikh-et-triqa. Mais cette reconnaissance fut loin d'être générale, car ce personnage n'avait ni assez de crédit, ni assez d'habileté, pour rallier à lui les dissidents et reconstituer cette centralisation administrative et politique, dont l'expédition de 1857 avait privé l'ordre des Rahmanya.

Aussi la majorité des Kabyles se tourna-t-elle vers un moqaddem qui, sans nomination régulière, fut bientôt, en fait sinon en droit, le véritable grand-maître des Rahmanya du Tell et de la Kabylie. Ce fut Si Mohammed-Amziän-ben-el-Haddad, de Seddouk, le même qui, sous le nom de cheikh El-Haddad, a joué un si grand rôle pendant l'insurrection de 1871, et dont nous avons déjà eu l'occasion de parler à propos de l'influence politique des khouan (1). Mais il resta un groupe compact de

---

(1) Voir chapitre VIII.

khouan fidèles à Si El-Hadj-Mahmed-el-Djaâdi, et, plus tard, à son fils Si Mahmed-ben-Mohammed-Amzian, des Maatka, qui se regardait comme chef de la branche mère des Rahmanya, avait une zaouïa très fréquentée, et tenait sa hadra annuelle à la mosquée de Sidi-Naâman.

A cette branche s'étaient ralliés les nommés Si Mahmed-Salah et Si Mohammed-el-Bachir, les deux fils du grand-maître El-Hadj-el-Bachir, qui avaient leur hadra à la djemaâ Azoum-en-Nebi, située entre le village d'Ighandoucen et celui d'Ihaddaden. Malgré leur rivalité avec les khouan relevant de Seddouk, ceux des Maatka firent cause commune avec eux pendant l'insurrection de 1871, et leurs moqaddem se firent remarquer par leurs excitations anti-françaises (1). Pendant que la direction suprême de l'ordre des Rahmanya se divisait ainsi en des branches rivales, le même fait s'était passé, dans l'Est et dans le Sud, où des khalifa de l'ordre s'étaient, depuis longtemps, rendus indépendants de la maison mère, et étaient devenus, eux aussi, chefs de branches importantes, séparées entre elles par des rivalités analogues.

Le fondateur de l'ordre, Si Mahmed-ben-Abd-er-Rahman-bou-Qobrïn, avait, en effet, de son vivant, investi comme son khalifa, dans l'Est, un homme de Constantine, Si Mostfa-ben-Abd-er-Rahman-ben-Bach-Tarzi-el-Koulour'li, auquel succéda, plus tard, Sid Mohammed-ben-Azzouz, originaire de l'oasis d'El-Bordj dans les Ziban.

A la prise de Biskra (1843), Si Mohammed-ben-Azzouz quitta El-Bordj où il résidait, et se retira à Nefta, en Tunisie, où il fonda une zaouïa importante. Mais avant son départ il avait créé cinq grands moqaddem :

1° Sid Ali-ben-Amor, fondateur de la zaouïa de Tolga (Ziban) ;

---

(1) Sid El-Hadj-Mahmed-el-Djaâdi a été condamné à la déportation.

2° Cheikh El-Mokhtar-ben-Khelifa (des Ouled-Djellal de Biskra) ;

3° Sid Embarek-ben-Kouïder ;

4° Sid Saddok-bel-Hadj, fondateur de la zaouïa de Sidi-Masmoudi (1) ;

5° Sid Abd-el-Hafid de Khanga-Sidi-Nadji (2).

A la mort de Si Mohammed-ben-Azzouz, chacun de ces moqaddem s'isola et aucun d'eux ne voulut reconnaître à un khalifa d'autorité supérieure à la sienne propre.

Cependant Si Ali-ben-Amor fut, généralement, considéré comme le khalifa réel des Rahmanya sahariens, et en mourant il institua pour son successeur Si Mostfa-ben-Azzouz, le fils de son maître et le chef de la zaouïa de Nefta. Celui-ci, à son tour, institua pour son successeur spirituel Si Ali-ben-Otsman-ben-Amor, fils de son cheikh, et chef religieux de Tolga.

Ce sont aujourd'hui les deux villes de Tolga et de Nefta, et la zaouïa de Cherfet-el-Hamel (près Bou-Saâda), qui sont, dans le Sud, les grands centres d'action des Rahmanya. A Nefta se trouvent deux établissements : l'un dirigé par Si Ahmed-ben-el-Hafnaoui-ben-Azzouz, petit-fils de Mohammed-ben-Azzouz; l'autre par Si El-Haoussin-ben-Ali-ben-Amor, frère du marabout de Tolga.

---

(1) Sid Saddok-bel-Hadj fut le principal instigateur de l'insurrection de 1859. Il est mort à la maison centrale d'El-Harrach, en 1862.

Cette zaouïa de Sidi-Masmoudi fut détruite, en 1859, par le général Desvaux, mais elle s'est reconstituée à Timermacin et nous est toujours restée très hostile. Le faux chérif d'El-Hamman, en 1879, Mohammed-ben-Abd-er-Rahman, était un khouan sorti de cette zaouïa.

(2) Sid Abd-el-Hafid fut accusé d'avoir pris part à l'insurrection de 1859, qui aboutit au combat du 17 septembre à Seriana, mais en réalité sa conduite n'a jamais été bien élucidée. Son fils, Si Mohammed-el-Abzari-ben-Abd-el-Hafid, est chef d'une petite zaouïa à Kheiran, dans le Djebel Chechar ; comme son père, il vit dans la retraite et l'isolement, au milieu de ses khouan qui ne font pas parler d'eux.

L'attitude des khouan Rahmanya, relevant de la zaouïa de Tolga, a toujours été très correcte et leur chef s'est constamment attaché à se maintenir en d'excellentes relations avec les représentants de l'autorité française.

Nous avons dit que le fondateur de l'ordre des Rahmanya se donnait comme le continuateur, en Algérie, de l'ordre des Khelouatya. C'est donc la chaîne mystique, déjà donnée pour cet ordre, que l'on trouve dans les livres de doctrines des Rahmanya et dans les diplômes des moqaddem ; ce sont aussi les préceptes moraux et les théories religieuses et mystiques des Khelouatya que professent les Rahmanya.

Cependant, s'il a prescrit l'observance de l'ensemble des préceptes de l'ascète Ibrahim-ez-Zahedi, Sid Mahmed-ben-Abd-er-Rahman-bou-Qobrin a introduit, dans son rituel, un certain nombre de pratiques qui le distinguent de celui des anciens Khelouatya.

Ainsi les Rahmanya ne se renferment pas uniquement dans la vie ascétique : l'enseignement de la loi islamique ou, si l'on veut, la prédication religieuse rentre dans les attributions des moqaddem. Les diplômes de ces derniers indiquent généralement qu'ils ont reçu la double licence d'enseigner la loi extérieure, c'est-à-dire la loi divine (chéra شرع) et la loi ésotérique ou voie secrète (طريقة triqa).

Parmi la longue énumération de professeurs de droit (feka يفه), de jurisprudence et de dogme, cités dans ces diplômes, on trouve, en remontant assez loin : Sid Abou-Hassen-ech-Chadeli et l'imam Malek-ben-Anan, le chef du rite maleki (1).

---

(1) Cette énumération, fort longue puisqu'elle remonte au Prophète, se trouve dans la *Revue africaine* de 1874, dans l'article déjà cité d M. Delpech, page 422.

Il ne nous a pas paru utile de la donner ici, car elle n'est pas spéciale aux Rahmanya et est la même que celle invoquée par de nombreux professeurs non congréganistes.

La présence de Si Chadeli dans les appuis invoqués, pour leur enseignement juridique, par les professeurs égyptiens de Sid Mahmed-ben-Abd-er-Rahman-bou-Qobrin est à retenir, car elle explique peut-être l'alliance étroite qui a toujours existé entre les Rahmanya et les divers ordres religieux qui ont Si Chadeli dans leur chaîne mystique. Aussi n'est-il pas rare de voir des moqaddem Rahmanya être en même temps affiliés à l'ordre des Chadelya, comme l'était, du reste, Si Salem-ben-el-Hafnaoui pour la voie mystique.

Dans les diplômes des khelifa ou grands moqaddem, après l'énumération des professeurs de la loi extérieure (chera), on lit :

> « J'ai terminé maintenant la généalogie de la loi divine (chera) et
> » je la communique, par la grâce de Dieu, avec son aide admirable
> » et son assistance.
> » Quant à l'idjaza (licence) que je donne à N...., relativement à la
> » voie spirituelle (طريقة) et à la généalogie de celle-ci, je dis :
> » J'autorise le Sid N...., déjà nommé, à donner à l'ouerd de la congré-
> » gation pure des Khelouatya, à quiconque la lui demandera et à
> » tous ceux qu'il voudra initier ; en un mot, dans l'un et l'autre cas,
> » attendu qu'il devient possesseur des secrets de la *triqa* et de la
> » *chera* ensemble. Que Dieu, par ses mains, donne la victoire, ainsi
> » que par les mains de ceux qui seront affiliés par lui, à toutes épo-
> » ques, en tous lieux et par tout homme pour l'éternité. »

Les préceptes de la triqa des Rahmanya sont développés dans des livres à l'usage des adeptes, entre autres dans celui des *Présents dominicaux* (1), dont nous avons déjà cité quelques passages. Ils se trouvent aussi résumés dans l'*Ouassia*, recommandations ou instructions liturgiques, données aux adeptes par les moqaddem et répétées dans les hadra de khouan. L'ouassia des Rah-

---

(1) Cité par M. Brosselard qui, dans son livre *Les Khouan*, en a donné des extraits reproduits par MM. Hanoteau et Letourneux dans leur ouvrage sur *la Kabylie et les Coutumes kabyles*. Voir plus haut, chapitre VII.

manya se trouve non-seulement dans les divers ouvrages de Si Mahmed-ben-Abd-er-Rahman-bou-Qobrin, mais même dans les diplômes qu'il écrivait de sa main et donnait à ses premiers khelifa ou grands moqaddem. Voici, en effet, ce qu'on lit dans ces diplômes :

« L'initiant dira au néophyte (Mourid) : « Écoute ma recommanda-
» tion, tu t'y conformeras, comme tu y es obligé par l'engagement et le
» pacte que tu as souscrits à Dieu ; sois toujours dans la crainte de
» Dieu ! Agis toujours d'une manière désintéressée (c'est-à-dire que
» tes actes aient toujours pour mobile l'amour de Dieu et rien autre
» chose) ; ne cherche pas à être vu des hommes, bien au contraire,
» cache-toi d'eux et ne sois vu que de Dieu. »
» Soumets à sa surveillance tes actes manifestes et secrets. Suis
» les prescriptions du livre et celles de la tradition, car le livre et la
» tradition sont la loi qui mène au Dieu très haut. Que tes actes
» soient désintéressés de toute préoccupation d'avantage personnel,
» dans ce monde ou dans l'autre ; qu'ils n'aient pas pour but de te
» donner en spectacle, opérant des miracles ; qu'ils ne soient inspirés
» ni par la crainte des châtiments de Dieu, ni par l'ambition d'obtenir
» ses récompenses ! Aie pour tout objet d'être agréable à Dieu, de
» l'aimer et d'observer strictement les obligations de la vie dévote.
» Il est hors de doute que les récompenses (divines) seront le résultat
» (que tu obtiendras), et c'est une puérilité que de se préoccuper
» d'une chose qui doit certainement arriver. Agis bien avec les créa-
» tures, honore le grand, aie pitié du petit. Détache-toi des choses
» de ce monde. N'en prends que ce qu'il faut pour couvrir ta nudité,
» abriter ton corps et apaiser ta faim. Si tu en prends davantage,
» prends garde de te laisser aller à de vains désirs. Abstiens-toi de
» tout ce qui est douteux. (La loi partage les choses en trois caté-
» gories : l'illicite, le licite et le douteux.)
» Ne rends pas le mal qu'on te fait. Sois patient, la patience est la
» tête de la piété. Sois satisfait de Dieu en toutes choses, sois satis-
» fait de ce qu'il te fera éprouver. Recherche la compagnie de ceux
» qui, par leurs paroles et leurs actions, peuvent te guider vers
» Dieu. Retiens ta langue pour les choses qui ne te regardent pas. En
» tout lieu, à toute heure, aie confiance en Dieu. Il faut se remettre
» entièrement entre les mains de Dieu et le louer. Pense à la mort,
» cette pensée est la base du renoncement. Garde-toi des contro-
» verses, des discussions, quand bien même tu serais dans ton droit.
» Loin de toi l'injustice, le désir d'être cité avantageusement, le
» penchant à être loué par le monde. Aie des manières convenables
» avec toutes les créatures sans exception. Dans les moments dif-

» ficiles, ne désespère ni de la miséricorde, ni de l'assistance
» divines.

» Dieu a dit : « A côté de la gêne est l'aisance ; certes l'aisance
» est à côté. (Coran XCIV, 5-6.) » Tu vois bien que dans ce passage,
» le mot gêne se trouve placé en regard de deux mentions du mot
» aisance. Ainsi l'aisance surpasse la gêne (1). Ne te plains à per-
» sonne des épreuves que Dieu te fait subir, car c'est Dieu qui par-
» donne et c'est lui qui éprouve ; c'est lui qui prend et c'est lui qui
» donne, c'est lui qui nuit et c'est lui qui est utile. Sois dans ce
» monde comme un étranger, un voyageur qui passe.

» Abandonne ce que tu pourrais acquérir des choses illicites, et
» attache-toi, au contraire, à acquérir les choses licites.

» Laisse là ce qui pourrait t'éloigner ou simplement te distraire de
» l'adoration de Dieu très majestueux et très puissant ; oblige ton
» esprit à méditer, habitue tes yeux à veiller, fais du dikr ton
» compagnon, du chagrin ton familier ; que le renoncement soit ton
» drapeau, l'abstinence ton vêtement et le silence ton compagnon. Que
» la faim et la soif occupent tes jours ; que la veille, les pleurs et la
» méditation sur tes péchés passés occupent tes nuits !

» Figure-toi que tu as le Paradis à ta droite, l'Enfer à ta gauche,
» le (pont du) Sirath sous tes pieds et, à la main, la balance (où
» sont pesées les actions des hommes au jour du jugement) ; figure-
» toi que tu as devant toi Dieu qui t'examine et qui te dit : « Lis
» l'écrit qui te concerne et sois aujourd'hui ton propre juge ! (Co-
» ran XVII, 15.) »

» Choisis ce qui peut être utile, c'est-à-dire l'obéissance, et laisse
» là ce qui est nuisible, c'est-à-dire la désobéissance. Et sache que
» Dieu très glorieux et très haut a dit : « Celui qui aura fait du bien
» le poids d'un atome, le verra, et celui qui aura fait du mal le poids
» d'un atome, le verra ! (Coran XCIX, 7 et 8.) »

» Ne vaut-il pas mieux renoncer d'abord à la désobéissance que se
» repentir (plus tard) des péchés que l'on aura commis ?

» Et un de nos poètes a dit :

« Le repentir est obligatoire. »

» Mais il est plus obligatoire encore de s'abstenir de pécher.

» Il est merveilleux de voir comment le temps s'écoule. Mais l'in-
» souciance de l'homme à le voir s'écouler est plus merveilleuse
» encore.

» Il est dur de faire des œuvres dignes de récompense. Mais per-
» dre la récompense est plus dur encore.

» Tout ce que vous espérez voir arriver est proche. Mais ce qui est
» le plus proche de tout c'est la mort. »

---

(1) Le texte dit : deux aisances valent mieux qu'une gêne.

Ces conseils, d'un ordre tout à fait élevé, sont complétés par des recommandations expresses, beaucoup plus précises encore, en ce qui concerne les devoirs du khouan vis-à-vis des frères. Mais ces recommandations ne sont pas spéciales aux Rahmanya.

Le dikr particulier des Rahmanya consiste :

1° A répéter le plus souvent que l'on peut, « durant les instants de la nuit et les moments du jour », depuis l'aceur du vendredi jusqu'à l'aceur du jeudi, c'est-à-dire pendant six jours : Il n'y a pas d'autre divinité qu'Allah (لا اله الا الله).

Cette formule peut se répéter, soit en étant en état de pureté, soit en n'y étant pas ;

2° A répéter 80 fois, au moins, de l'aceur du jeudi à l'aceur du vendredi, étant en état de pureté légale, la prière Chadoulite (صلاة الشاذلية) qui se dit ainsi :

« O mon Dieu, répandez vos grâces sur notre Seigneur Mohammed, sur sa famille et sur ses compagnons, et sur lui le salut! »

On peut aussi, au lieu de cette formule, employer la suivante qui en diffère bien peu : « O mon Dieu, accordez vos faveurs à notre Seigneur Mohammed, le prophète illettré (الامي), à sa famille et à ses compagnons, et sur lui le salut. »

Dans la règle ou ouerd, les Rahmanya, selon les khalifa dont ils relèvent, ajoutent à ce dikr plus ou moins des pratiques des Khelouatya : notamment la façon de prier en se formant en cercle.

Dans presque toutes les zaouïa, on reste en prières continues et à haute voix, de l'aceur du jeudi à l'aceur du vendredi ; les khouan entrent et sortent, mais il doit toujours en rester pour qu'il n'y ait pas interruption dans la récitation des oraisons spéciales ou dans le « dikr du nom de Dieu. »

Il existe même des zaouïa de Rahmanya où les khouan se partagent en petits groupes, se relevant d'heure en heure, le jour et la nuit, afin que le nom de Dieu ne cesse pas un seul instant d'être proclamé dans le mesdjed de la zaouïa.

A propos des prières ou lectures pieuses qu'affectionnent les Rahmanya, et qui rentrent dans leur rituel ordinaire, nous trouvons les recommandations suivantes, formulées par le fondateur de l'ordre, pour conjurer l'influence du mauvais esprit :

« On a dit que la haine qui existe entre l'homme et son (mauvais)
» génie est grande ; celui qui lira la *septaine* (1) (السبعة) suivante,
» matin et soir, ou tout simplement le matin, verra cette haine convertie en amitié par la volonté de Dieu.

» 1° Répéter trois fois le verset du Trône (2) : « Allah est le seul
» Dieu, il n'y a d'autre divinité que lui, le vivant, l'immuable. Ni l'assoupissement, ni le sommeil n'ont de prise sur lui. Tout ce qui est
» dans les cieux et sur la terre lui appartient.
» Qui peut intercéder auprès de lui sans sa permission ? Il connait
» ce qui est devant eux et ce qui est derrière eux, et les hommes
» n'embrassent, de la science, que ce qu'il veut leur apprendre. Son
» trône s'étend sur les cieux et sur la terre, et leur garde ne lui coûte
» aucune peine. Il est le Très-Haut, le Grand ; »
» 2° La première sourate du Coran ;
» 3° La sourate de délivrance (112°) ;
» 4° La sourate de l'aube du jour (113°) ;
» 5° La sourate des hommes (3). »

Une autre lecture pieuse, qui fait partie du rituel ordinaire et habituel des Rahmanya, est le récit des sept songes de Si Mohammed-ben-Abd-er-Rahman, tel qu'il l'a écrit lui-même et laissé à ses disciples.

Il faut la foi robuste des Musulmans pour admettre ce morceau de réclame religieuse.

---

(1) Les catholiques font leurs neuvaines ; les Rahmanya ont leur mesbaât, mot dont le radical est سبع sept.

(2) Le verset du Trône est le 256° Verset du chapitre II. — Il constitue une prière usuelle chez tous les Musulmans, et on le porte très souvent en amulette.

(3) Les sourates 113° et 114° sont dites « les deux préservatifs » المعلان parce qu'elles commencent par les mots : je cherche un refuge...... On les porte communément en amulette dans tous les pays musulmans. La sourate 113° préserve des malheurs qui peuvent atteindre le corps, et la sourate 114° des dangers que peut courir l'âme.

Nous le donnons cependant ici, car il montre le chef de l'ordre des Rahmanya, le disciple des Khelouatya, fort différent de ce qu'il est dans les instructions, si élevées, qui résument les doctrines de son ordre. Il est, d'ailleurs, inutile de dire que ce récit a beaucoup plus de succès, auprès des masses musulmanes, que l'*ouassia* citée plus haut.

« Le cheikh Sidi-Mahmed-ben-Abd-er-Rahman-el-Ahzari a dit :
» J'ai vu le Prophète, celui choisi par Dieu et qui a nom Mohammed,
» (sur lui le salut!) et je lui ai dit : « Prophète ! que dis-tu de ma
» voie (Triq)? » Il me répondit en ce moment : « Ta voie est comme
» l'arche de Noé, celui qui y est entré est sauvé, ainsi que l'a dit
» Ibrahim (Abraham). »

» Je l'ai revu une deuxième fois, et je lui ai dit : « O Rassoul-Allah
» (ô Prophète de Dieu), ma doctrine est-elle acceptée par Dieu ? » « Oui,
» me répondit-il, et tous ceux qui la reçoivent de toi ou de tes mo-
» qaddem sont garantis de l'enfer, et je leur serai présent au moment
» de la mort et au jour du jugement. »

» Je l'ai revu une troisième fois, et l'ai questionné sur différents
» points qui me concernent vis-à-vis de Dieu ; il répondit à toutes
» ces choses en remplissant mon âme de joie : « O envoyé de Dieu,
» lui dis-je, j'ai annoncé aux hommes que celui qui aurait le bonheur
» de me contempler, ne serait pas dévoré par l'enfer. » « Oui, me ré-
» pondit-il, celui qui t'a vu ou qui n'a pu voir que le septième de ceux
» qui t'ont contemplé, est affranchi d'enfer. »

» Je l'ai revu une quatrième fois et j'ai sollicité de lui que celui
» qui a entendu mon dikr et mon ouerd soit considéré comme un
» de mes disciples. « Oui, dit-il, tous ceux qui ont entendu ton dikr
» sont du côté du droit, c'est-à-dire dans le Paradis. »

» Je l'ai revu une cinquième fois, et j'ai fait la prière du matin, en
» me plaçant derrière lui, et je lui ai demandé que tout *chakie* (ou
» maudit) ne pût se présenter à ma tombe ; mais Rassoul-Allah (ou
» le Prophète), devinant mon désir, ne me laissa pas achever ma
» demande et dit : Que celui qui ne lira pas ton dikr ou prière,
» soit chakie ou maudit. (Sidi-Mahmed a dit que les derniers mots
» de cette dernière phrase ont été ajoutés par le Prophète avant la
» demande du marabout.)

» Je l'ai revu une sixième fois, assis devant la porte du Paradis,
» entouré de personnes qui récitaient (el-hadra). M'étant assis à côté
» de lui, j'attendis que l'on eût fini de réciter le dikr et qu'on le
» laissât seul ; alors je lui dis : « O Rassoul-Allah ! les hommes
» éprouvent de la répugnance pour la hadra, ils s'y opposent. » Le

» Prophète me répondit : ceux auxquels elle répugne, ou qui s'y op-
» posent, sont les hommes condamnés à l'enfer. Je lui dis aussi que
» beaucoup doutaient de l'efficacité de la hadra; à ce quoi le Pro-
» phète répondit que celui qui doute se prépare à une triste fin. Le
» Prophète de Dieu ajouta encore : Il faut craindre que celui qui
» doute et qui n'a pas confiance ne soit privé à son dernier moment
» de se rappeler le Prophète.

» Enfin, je l'ai revu une septième fois, et je lui ai demandé : Suis-
» je de ton sang ? Oui, me répondit-il, tu es de mon sang.

» Alors, j'ai vu toutes les personnes composant la hadra, comme
» si elles étaient venues au jour du jugement en présence de leur
» juge.

» Elles témoignaient le désir de faire le tour du Tribunal du Pro-
» phète Mustapha, assis dans une chaire de lumière éclatante; je me
» prosternai devant lui, et il m'attira comme une mère attire à elle
» son enfant. Il était assis au milieu de quatre hommes d'une beauté
» éblouissante. Je lui dis : ô Prophète ! quels sont ces hommes ? Ce
» sont, me répondit-il : Abou-Beker, Omar, Otsman et Ali, que Dieu
» les favorise ! A ces mots, je me prosternai devant eux, et je vis un
» spectacle imposant. « Quelle est cette merveille, lui dis-je, ô Pro-
» phète de Dieu ? » Il me répondit, c'est le Sirat (1). Je lui demandai
» comment on pourrait le traverser. Il sourit à ces paroles en me
» disant : « As-tu peur pour tes amis, tes disciples et tes parents ? »
» Oui, Prophète de Dieu ! Mon âme est remplie de crainte. Et le
» Prophète me dit alors : Celui qui marche dans ma voie n'a rien à
» craindre du Sirat.

» Je jure par Dieu que si, depuis dix ans, je ne voyais pas le Pro-
» phète Mustapha, au moins une fois ou deux par jour, je ne me
» considérerais pas comme un Musulman. »

Ce n'est pas, du reste, dans cet écrit seulement que Ben-Abd-er-Rahman-bou-Qobrin exalte les vertus efficaces de son *ouerd;* dans plusieurs de ses manuscrits, résumant la substance de ses songes, il dit formellement :

« Seront exempts des flammes de l'enfer :

» 1° Quiconque est affilié à mon ordre ;
» 2° Quiconque aime mon ordre ou m'aime ;

---

(1) Sirat, pont étroit qu'il faut traverser au jour du jugement dernier.

» 3° Quiconque m'a visité vivant ;
» 4° Quiconque s'arrêtera devant ma tombe;
» 5° Quiconque entendra réciter mon dikr. »

On voit que les Rahmanya se montrent larges sur le chapitre des indulgences ; aussi ils ont de nombreux adhérents, et les deux tombeaux du Saint sont l'objet d'incessants pèlerinages.

Il est, du reste, facile de s'affilier à cette congrégation, dont on rencontre des moqaddem sur presque tous les points de l'Algérie situés à l'est du méridien d'Alger.

Cette initiation se fait avec une certaine solennité, et se compose de deux opérations souvent séparées : d'abord l'engagement, *El-Ahd* (العهد), puis l'initiation proprement dite ou talkin :

Pour procéder à l'engagement (ahd, العهد), le cheikh place sa main droite dans la main droite du mourid, tous deux s'étant préalablement purifiés. La paume de la main du cheikh est placée sur la paume de la main du mourid.

Le premier tient le pouce du second ; l'un et l'autre doivent avoir les yeux fermés, et le cheikh doit prévenir le néophyte. — Alors il dira à celui-ci : « Dis, je fais appel à Dieu contre Satan le lapidé, au nom de Dieu clément et miséricordieux. »

Le néophyte devra répéter une fois cette phrase, ainsi que celles-ci, que prononce le cheikh:

— « J'implore le secours de Dieu. »
— « Je demande pardon à Dieu et à son apôtre. »
— « O mon Dieu, pardonne-nous ce qui est écoulé, et rends-nous facile ce qui reste de la vie. »

Puis le cheikh récite les passages suivants du Coran :

« O vous qui croyez, revenez à Dieu avec un repentir sincère, et il se pourra que Dieu vous pardonne vos mauvaises actions, et qu'il vous fasse entrer dans des jardins arrosés de cours d'eau, et cela, le jour où Dieu ne trompera pas l'espérance du Prophète et de ceux qui ont cru avec lui. Leur lumière courra devant eux et à leur droite. Ils diront: Seigneur! complétez votre lumière et pardonnez-nous, car vous êtes tout-puissant (Coran LXVI, 8). »

Il récite ensuite cet autre passage :

« Certes, ceux qui t'auront engagé leur foi, l'auront engagée à Dieu, et la main de Dieu sera posée sur leurs mains. Celui qui faussera son serment, sera parjure à son propre détriment, et celui qui remplira ce à quoi il s'est engagé vis-à-vis de Dieu, recevra bientôt une récompense considérable (Coran XLVIII, 10). »

Puis encore cet autre :

« Accomplissez l'engagement que vous avez pris vis-à-vis de Dieu, ne faussez pas la foi que vous lui avez donnée ; vous avez pris Dieu comme gardien de vos serments. Dieu sait ce que vous faites (Coran XVII, 93). »

Le cheikh prie pour le mourid et dit : « O mon Dieu, éclairez-le ! gardez-le ! acceptez ses œuvres ? ouvrez-lui la porte de tout bien, comme vous l'avez ouverte à vos Prophètes et à vos Saints ! »

Puis il dira :

« O mon Dieu, accueillez-nous, acceptez nos œuvres. Soyez-nous utile et faites que nous soyons utiles, conduisez-nous et faites que nous conduisions ; dirigez-nous et faites que nous dirigions, rendez-nous vertueux et faites que nous rendions (les autres) vertueux !

» O mon Dieu, montrez-nous la vérité vérité, et inspirez-nous de la suivre. Montrez-nous le mensonge mensonge, et donnez-nous la faculté de l'éviter !

» O mon Dieu, écartez de nous tout ce qui pourrait nous détourner de vous, mais vous-même ne nous écartez pas de vous ; ne nous occupez pas d'autre chose que de vous ! »

Puis le cheikh dira :

« Je prends Dieu à témoin de ce que nous disons ! (Coran XII, 66). »
Puis il lira la Fatiha. (C'est le premier chapitre du Coran.)

Quant à l'initiation (Talkin), voici comment on doit y procéder :

Après avoir fait une prière de deux prosternations (Roq'a), s'être mis en état de repentir et avoir récité l'ouerd (c'est-à-dire les oraisons), comme il est indiqué ci-dessus, le mourid, tourné vers la Kibla, s'accroupira sur ses talons, à genoux devant le cheikh. Celui-ci (qui sera dans la même position et vis-à-vis) donnera un coup sur la tête du mourid, fera une prière intérieure, ayant les mains posées sur ses genoux ; tous deux auront les yeux baissés.

Le cheikh dira trois fois :

« Écoute le dikr que je vais dire, et réponds-moi trois fois. » « Je t'écoute », et cela en tenant les yeux fermés.

Puis le cheikh invoquera l'assistance des Saints, qui sont les anneaux de la chaine, et dira : « Je vous implore, ô apôtre de Dieu ! Je vous implore, ô (docteurs ou Saints) de cette confrérie ! Je vous implore, ô gens de science ! Je vous implore, ô Pôle du moment ! — Puis il donnera l'initiation à l'adepte (c'est-à-dire il lui apprendra le dikr).

Si l'engagement pris par le mourid et l'initiation doivent se faire en même temps, l'engagement devra précéder l'initiation, et, à la suite des deux cérémonies, le cheikh priera pour le mourid, avant que celui-ci ne se lève devant lui, car c'est cette prière qui consacre l'engagement et le rend valable.

Pour terminer, l'initiant ordonnera à son disciple de se racheter du feu. Voici la rançon : le néophyte répétera soixante-dix mille fois : لا إله إلا الله « Il n'y a pas d'autre divinité qu'Allah. » Puis il dira : « O mon Dieu, que la récompense attachée à ces soixante-dix mille fois me serve de rançon à moi-même contre le feu ! » Cette pratique a été clairement exposée, par Sid Mohammed-ben-Youcef-es-Snoussi (1), à ses disciples.

Ensuite, lorsque le nouveau khouan, définitivement admis, est un taleb désireux de s'instruire des choses de Dieu, on l'initie à la connaissance des sept noms secrets de Dieu, qui sont ses sept principaux attributs, correspondant : aux sept cieux, aux sept lumières divines, aux sept couleurs simples. Ces sept noms sont : 1° *Allah*, Dieu, expression de son unité et de sa toute-puissance ; — 2° *Houa*, lui, celui qui est, le Jehovah des Hébreux : reconnaissance authentique de son existence immuable ; — 3° *Hak*, la Justice ou la Vérité ; — 4° *Hai*, le vivant ; — 5° *Qaîoum* (2) l'éternel ; — 6° *Alîm*, le savant ; — 7° *Kahar*, le dompteur.

On voit que les noms préconisés par les Rahmanya, parmi les 99 attributs de la Divinité, diffèrent, comme nombre et comme choix, de ceux adoptés par la branche même des Khelouatya.

Les moqaddem des Rahmanya sont nommés par les khalifa, sur la demande et la présentation des khouan

---

(1) Il ne faut pas confondre l'ouali Mohammed-ben-Youcef-es-Snoussi, qui vivait au XV° siècle de J.-C., avec Sid Mohammed-ben-es-Snoussi, qui est mort en 1859, et fut le fondateur de l'ordre des Snoussya. (Voir chap. XXXI.)

(2) Celui qui existe par lui-même, l'immuable ; (racine قام être debout).

intéressés. Chaque khalifa a son cachet, qu'il met en tête d'un diplôme ainsi conçu :

De la part du cheikh N...., khalifa du cheikh du pontife Si-Mahmed-ben-Abd-er-Rahman-el-Ahzari, que Dieu le protège dans l'une et l'autre vie ! Ainsi soit-il.

A tous nos amis qui verront le présent mandat, Musulmans, Khouan affectionnés, Disciples sincères, Moqaddem, Eulema, Kadi, Muphti du pays ou étrangers, que le Dieu très-haut leur soit miséricordieux et les reçoive en totalité.

Le salut sur vous, accompagné de la miséricorde et de la bénédiction de Dieu très-haut, pendant toute la durée de la marche du monde.

Je vous informe que j'ai permis et accordé la faveur à notre fils, non d'entrailles, mais de cœur, le sieur N......-ben-N...... de donner les Ouardat de notre voie bénie et bienfaisante à celui qui les lui demandera ou auquel il les proposera.

« Sa langue pour vous est la nôtre ; par conséquent, celui qui aura reçu de lui l'ouerd sera comme s'il l'avait reçu de nous. S'il plaît à Dieu, il (l'initié) la recevra avec goût et passion (1).

» Rien n'est meilleur que la multiplicité des dikr (ذكر), récitations de la prière pendant la nuit et pendant le jour. Recommande-lui d'avoir la crainte de Dieu le Superbe, en secret aussi bien qu'en public ; le Dieu très-haut n'ignore pas les choses les plus secrètes. »

Les grands diplômes imprimés qui étaient délivrés par Cheikh-el-Haddad avant 1870 contiennent, en sus de ceci, le paragraphe suivant :

« N..... aura la faculté de communiquer les sept noms à quiconque
» sera digne de parcourir les différents degrés et de montrer le signe
» convenu dans la confrérie, de nous apporter chaque année les of-
» frandes. Puisse Dieu le rendre utile et avantageux aux Musulmans,
» par les mérites de la meilleure des créatures, Notre Seigneur
» Mohammed ! — Salut de la part de celui qui a été nommé ci-dessus
» en premier lieu (le cheikh El-Haddad) sur tous ceux qui ne contre-
» viendront ni à nos instructions, ni à celles de Dieu, ni à celles du
» Prophète. — Ici finit, en abrégé, le grand diplôme. — Écrit avec

---

(1) On traduirait peut-être plus exactement en disant : l'affilié arrivera, s'il plaît à Dieu, au désir passionné (شوف) et au goût (ذوف).

» l'autorisation de notre cheikh (El-Haddad), notre intermédiaire
» auprès de Dieu. Amen. — Le.... du mois...... année...... »

L'ordre des Rahmanya compte un grand nombre d'adeptes féminins ou khouatat (sœurs), qui ont des moqaddemat (supérieures), partout où elles forment des groupes de quelque importance.

En faisant l'historique de la succession des khalifa, nous avons dit quelques mots de l'attitude politique des différentes branches des Rahmanya.

En résumé, nous les avons trouvés activement mêlés à toutes nos insurrections algériennes, non pas toujours comme instigateurs directs, mais au moins comme agents actifs, venant se mêler aux combattants et les excitant de leurs prédications religieuses. Deux branches seulement de cet ordre nous sont restées fidèles depuis l'occupation française, ce sont les deux congrégations ayant leur centre de direction à Tolga et aux Oulad-Djellal, cette dernière aujourd'hui à Cheurfat-el-Hamel (cercle de Bou-Saâda). Certainement les dispositions personnelles des intelligentes personnalités qui dirigent ces groupes sont pour beaucoup dans cette attitude, qui fut aussi celle de Cheikh-el-Haddad, de 1857 à 1871 (1).

Sans rien ôter au mérite de ces chefs religieux du Sud dont, personnellement, nous avons pu constater l'esprit conciliant et éclairé, nous devons cependant faire remarquer que leurs khouan habitent un pays où vivent, à côté et au milieu d'eux, des Tidjanya, adversaires inconciliables, qui, en nombre souvent égal et parfois supérieur, les surveillent et les maintiennent.

Si, en 1871, nous avions eu à notre disposition, de Palestro à Bône, une influence religieuse rivale à opposer à celle des Rahmanya, cet ordre n'aurait pas donné à l'insurrection un aussi formidable appoint. Mais, alors

---

(1) Voir chapitre VIII.

comme aujourd'hui, dans tout ce pays, nous n'avions, pour contrebalancer leur influence hostile, que des groupes isolés et des minorités incapables de leur tenir tête sans l'appui d'une force armée, dont nous ne pûmes disposer en temps utile.

L'étude, sur la carte, des groupements et des attaches des Rahmanya fait bien ressortir cette situation. Tout le pays insurgé en 1871, de Palestro à Collo, correspond à un faisceau très serré, ayant son point d'attache à Seddouk et aux Aït-Smaïl. Par contre, tout le pays où les groupes de Rahmanya s'entrecroisent avec ceux des autres ordres religieux et partent de Tolga ou de Cheurfet-el-Hamel, est, en grande partie, resté dans le devoir. Les exceptions de détail s'expliquent même facilement, sur plusieurs points, par des relations et des attaches particulières conservées avec la zaouïa de Seddouk et avec celle, non moins hostile, des Rahmanya de Nefta.

Ces attaches, indiquées sur la carte treize ans après les faits auxquels nous faisons allusion, nous montrent que la situation ne s'est pas beaucoup modifiée, encore bien que les Rahmanya aient sensiblement diminué, comme nombre et comme importance, sur le littoral à l'est du méridien d'Alger.

Dans le Djurdjura, aux Aït-Smaïl, Si Mohammed-el-Bedjaoui et les autres descendants de Sid Abd-er-Rahman-bou-Qobrin ont toujours un énorme prestige, mais peut-être plus comme marabouts locaux que comme chefs de khouan.

Plus à l'Est, la zaouïa de Seddouq a été détruite, ses chefs ont été condamnés ou exilés, leurs biens confisqués et donnés à la colonisation ; un charmant village français grandit et prospère sur le terrain même du monastère dont les khammès sont devenus les domestiques des colons. Mais ce serait se tromper étrangement que de croire la congrégation des Rahmanya de Seddouq abattue sous les coups qui ont frappé ses principaux chefs et hors d'état de nous nuire.

Avant de mourir, « dans les prisons des Chrétiens et martyr de la Guerre Sainte, » le vieux cheikh El-Haddad avait pris ses précautions pour que sa succession spirituelle fût assurée. Il avait désigné Si El-Hadj-el-Hamlaoui, moqaddem à Châteaudun-du-Rhummel, comme devant remplacer son fils Si Aziz en cas de décès ou d'empêchement.

C'était là un choix habile, car la personnalité de Si El-Hadj-Hamlaoui était assez effacée pour ne porter ombrage ni à l'administration française, ni aux membres en exil de la famille des anciens maitres de Seddouq. Ce khalifa est, du reste, un homme sage, avenant et surtout très adroit, qui a conservé des allures absolument correctes. On affirme qu'en cela il s'est conformé aux ordres formels du vieux cheikh El-Haddad mourant ; cela est bien possible, mais en tout cas, il a fait preuve de bon sens et d'habileté, étant donné la surveillance rigoureuse dont il est l'objet de la part de l'administration.

Malheureusement, en mai 1881, le fils de Cheikh-el-Haddad, Si Aziz, ou plutôt, comme on l'appelle aujourd'hui, *Cheikh-Aziz* est parvenu à s'évader de la Nouvelle-Calédonie où il subissait sa condamnation. Depuis cette époque, il a vécu tantôt à La Mecque, tantôt à Djedda. Grâce aux facilités que lui donne son séjour dans ces centres musulmans, il est en relations directes avec tous les chefs religieux de l'Islam, et il entretient, par la poste et par les pèlerins, une correspondance active avec ses anciens moqaddem.

Mûri par l'âge, formé à la dure école du malheur, sachant ses frères détenus en Corse, ses parents, ses femmes et son fils (1) entre nos mains, Si Aziz, depuis son évasion, affecte de se montrer animé des meilleurs sentiments.

Parlant notre langue avec élégance et facilité, d'un extérieur séduisant et distingué, il n'a pas cessé, depuis

---

(1) Son fils a fait toutes ses études comme boursier au lycée d'Alger.

trois ans, de mettre en œuvre toutes les ressources de son esprit délié, pour persuader nos agents diplomatiques de son repentir sincère et pour implorer une mesure de clémence du gouvernement de la République.

Malgré l'habileté de ses démarches et la chaleur de ses protestations de dévouement, il ne semble pas cependant qu'il ait abdiqué son titre de khalifa des Rahmanya ; l'orgueil du chef religieux perce, toujours et quand même, sous les démonstrations intéressées du proscrit.

Nous n'en voulons, pour exemple, que cet extrait d'une lettre arabe qu'il écrivait récemment, de La Mecque, à un de nos consuls qu'il avait jadis connu en Algérie :

« Mon désir de rentrer en grâce n'est pas toutefois motivé par la gêne qui résulterait pour moi de l'exiguité des ressources dont je dispose ici ; et je jure, par Dieu, que je n'y ai même pas songé ; d'autant plus que l'on trouve partout ici des moyens de subsistance, surtout si l'on manifeste des sentiments hostiles à l'égard de la France.

» Plusieurs personnes ont insisté auprès de moi afin que je demeure chez elles ; je citerai parmi ces personnes le représentant à La Mecque de la zaouïa de Snoussi, lequel m'a déclaré qu'il m'enverrait au besoin auprès de son cheikh, à Djerboub, c'est-à-dire auprès de celui qui s'annonce comme devant être le Madhi, et qui, d'après ce que me fait savoir son représentant, a une affection particulière pour les Algériens musulmans. *J'ai rejeté ses offres captieuses. Ayant été, avant 1871, un chef supérieur au Snoussi, pouvais-je aujourd'hui m'abaisser au point de devenir le jouet d'un homme,* et n'ai-je point été à même de constater, en 1871, la mauvaise foi des hommes ? Aussi ne serai-je jamais plus du nombre des rebelles.

» Pour les motifs que je viens de vous exposer, je vous prie d'intercéder pour moi. Je ne me rendrai jamais plus coupable d'aucun acte hostile contre le gouvernement, et *je suis convaincu qu'il trouvera son profit à m'accorder ma grâce,* à cause de ce que je pourrai dire à mes compatriotes sur ce que j'ai éprouvé et sur ce dont j'ai été témoin. Vous connaissez les Arabes et vous savez combien facilement ils ajoutent foi à ce qui leur est dit. *Moi, je saurai détruire dans leur cœur la mauvaise impression qu'auront pu y laisser tous les propos vides de sens.* »

Si Aziz, on le voit, parle en homme qui a le sentiment

de sa valeur et de son influence très réelle sur les masses ; ce n'est pas le *forçat évadé* qui supplie, c'est le grand-maitre des Rahmanya de Seddouq, le pontife, fils et successeur spirituel du « saint et vénéré » cheikh El-Haddad, qui nous offre son alliance et en fait ressortir la valeur. Il le fait avec discrétion et habileté, car il est bien trop fin diplomate pour se prévaloir, vis-à-vis de nous, de ce titre religieux qui ne pourrait que gâter ses affaires.

Il affecte, au contraire, en ces matières délicates, les allures d'un esprit indépendant, et c'est d'un ton convaincu, en apparence, qu'il conseillait tout récemment à un de nos consuls du Levant d'insister pour « faire interdire, cette année, le pèlerinage aux Algériens, en raison des ferments de fanatisme jetés dans le Hedjaz par les nouvelles du Madhi et du Soudan. »

Mais, quelques précautions que prenne Si Aziz pour nous persuader de la pureté de ses intentions, on voit toujours percer les préoccupations ambitieuses du chef de khouan, qui, en 1871, s'intitulait « *l'Émir des soldats de la Guerre Sainte.* »

Ce titre, du reste, n'avait alors rien d'exagéré ; et nous ne devons pas oublier que, de tous les gens insurgés en cette année terrible, Si Aziz est *celui qui nous a fait le plus de mal,* car c'est lui qui a soulevé le plus de pays, c'est lui qui a armé, contre nous, *en pesant sur les consciences et en pillant avec ses khouan,* les populations les moins disposées à l'insurrection et les chefs indigènes les mieux en main.

Si Aziz, berbère francisé, petit-fils d'un humble artisan kabyle, n'avait même pas alors les prétendus griefs ni les craintes qui poussèrent à la révolte le bach-agha Mokrani menacé dans sa situation politique.

Ce fut de sang-froid, par ambition, haine et orgueil, que, le 27 mars 1871, à Seddouq, dans une réunion de khouan, Aziz commença à prêcher le massacre et l'extermination des Français. Le 8 avril suivant, cédant aux sollicitations de son fils bien-aimé, le cheikh El-Haddad, âgé de 80 ans, lançait son appel à la Guerre Sainte, appel qui entraînait contre nous, au profit du bach-agha, toutes les tribus situées entre Palestro et Collo.

En ce temps-là, Si Aziz écrivait à ses parents et amis des lettres conçues dans le même esprit que la proclamation de son père. Voici une de celles adressées par lui à son beau-frère, le caïd Bou-Araour, de Djidjelli :

« (Après les compliments d'usage).... Nous vous donnons avis, ce
» sera pour le bien, s'il plaît à Dieu, que nous nous sommes levés
» pour la Guerre Sainte, pour soutenir la cause divine, et que nous
» nous sommes décidés à combattre les ennemis de Dieu et de son
» Envoyé.

» Nous avons secoué le joug de la domination, louange à Dieu
» pour cela !

» Quant à vous, ami, vous mine de générosité et de libéralité,
» vous homme de race antique et illustre, souvenez-vous de ce qui
» est digne de vous et de la noblesse de votre origine.

» Certes, antérieurement à l'heure actuelle, *nous avons été dans l'im-*
» *possibilité de faire la Guerre Sainte, pour plusieurs motifs parmi lesquels*
» *il faut compter l'absence d'union entre les peuples Musulmans, la puis-*
» *sance du gouvernement français en argent et en soldats.*

» Mais aujourd'hui ce motif a cessé : sur tous les points de la terre
» les Musulmans se sont unis pour exalter la parole de l'Islam ; tous
» ont brisé les liens de la soumission à la France, d'Alger à Aumale,
» Bougie, Sétif et jusqu'aux dernières limites du Hodna.

» De ce côté-ci le pays s'est entendu pour la même cause.

» *En outre, le gouvernement français se trouve dans une situation cri-*
» *tique produite par la divergence des opinions en France et par la*
» *domination absolue de la Prusse qui, après avoir détruit ses armées, la*
» *spolie de ses richesses.*

» Telles sont les causes qui ont mis fin aux obstacles de la Guerre
» Sainte, et il ne reste à un homme aussi intelligent que vous qu'à se
» lever avec nous.

» Je vous prie de me répondre, comme je l'espère de votre part, et
» comme il convient à votre générosité, car vous êtes un homme de
» science et de religion.

» Je prie Dieu de nous diriger tous deux et de nous aider, avant
» qu'il soit trop tard, à faire le bien pour l'honneur de Mohammed,
» que Dieu répande sur lui ses grâces ! etc.....

» Je vous prie également d'opérer votre jonction avec moi pour

» attaquer le caid Ben-Habyles qui résiste et s'oppose à la Guerre
» Sainte.. ...

» Écrit par ordre du défenseur de la religion Sid Aziz-ben-el-
» Haddad, khalifa de son père, etc., etc.; 22 safar 1280 (1 mai 1871). »

Cette lettre montre Si Aziz sous son véritable jour ; elle nous donne la mesure de ce que nous sommes en droit de présumer, et de son dévouement personnel, et de l'attitude de ses Rahmanya de Seddouq, si la France ou l'Algérie avaient encore à traverser des circonstances difficiles.

Or ces Rahmanya, qui ne sont en somme qu'une branche des Khelouatya du Caire, et qui ont tant d'affinités et de points de doctrine communs avec les divers ordres Chadelya du monde musulman et avec les Snoussya de Tripolitaine, comptent, en Algérie, 96,915 affiliés mâles, sans compter les femmes qui sont très nombreuses (dans la seule commune d'Akbou, on affirme qu'il y en a près de 4,000).

Sans doute, tous les Rahmanya algériens ne seraient pas contre nous, et, comme en 1871, nous bénéficierions certainement des rivalités qui divisent les khalifa, et des dispositions personnelles de quelques moqaddem influents et ambitieux, jaloux de se créer des situations indépendantes et de se poser en khalifa d'ordre. Mais ce sont là des appoints bien aléatoires, car ils reposent exclusivement sur les sentiments ou les convenances personnelles de chefs religieux qui peuvent disparaître et avoir des successeurs tout à fait différents.

Car il est à remarquer que les rivalités qui divisent si profondément les khalifa n'existent pas chez les simples khouan. *Tous les Rahmanya, ayant la même règle, le même rituel, le même dikr, peuvent changer de moqaddem et surtout de khalifa sans manquer à leurs devoirs religieux.* Sur certains points, aussi bien dans le Sahara que dans le Tell, on voit quelquefois, vivant côte à côte, des moqaddem Rahmanya suffragants de Seddouq, de

Tolga, de Nefta, de Cherfat-el-Hamel, et, s'il n'y a pas là des soff politiques divisant les fidèles, il suffit du passage d'un Naïb habile pour déplacer les attaches — et les ziara — de groupes entiers, au profit de telle ou telle zaouïa. Aujourd'hui nous pouvons compter sur le gros des Rahmanya du Sahara, demain cela ne sera peut-être plus vrai; en tous cas, la statistique, par congrégation rahmanienne, ne peut être établie avec certitude, et il faut s'en tenir aux chiffres donnés en bloc pour l'ensemble de l'ordre et aux indications fournies par la carte. Ces chiffres sont les suivants :

		Zaouïa.	moqaddem.	khouan.
Alger	Département	79	177	19.735
	Territoire de commandement.	13	62	16.925
Constantine.	Département	98	318	34.126
	Territoire de commandement.	20	104	22.177
Oran	Département	10	88	2.677
	Territoire de commandement.	»	5	521
	Total	220	754	96.161

CHAPITRE XXXI

LES SNOUSSYA

SI MOHAMMED-BEN-ALI-BEN-ES-SNOUSSI,

DIT CHEIKH-SNOUSSI

(Ordre fondé en 1250 H. (1835 J.-C.) (1))

Si Mohammed-ben-Si-Ali-ben-Snoussi-el-Khettabi-el-Hassani-el-Idrissi-el-Medjahiri, naquit l'an 1206 de l'H. (1791-92 de J.-C.), non loin de Mostar'anem, au douar Thorch, dans la fraction des Ouled-Sidi-Youcef, de la tribu des Ouled-Sidi-Abd-Allah-ben-el-Khettabi-el-Medjahiri, alors campée entre la plaine de Sirat et la forêt d'En-Naro, c'est-à-dire sur le territoire actuel de la commune mixte de l'Hillil (2).

---

(1) Nous avons eu pour rédiger ce chapitre : 1º Un travail manuscrit de M. l'Interprète militaire Pilard ; 2º des rapports d'agents secrets ; 3º une volumineuse correspondance politique ou diplomatique, qui remonte à 1855, époque où on commença à se préoccuper des Snoussya.

Au moment de la mise en pages de ce chapitre, nous avons reçu un excellent travail de M. Duveyrier, publié par la Société de Géographie de Paris, sous le titre de « la Confrérie musulmane de Sid Mohammed-ben-Ali-es-Snoussi et son domaine géographique, en l'an de l'Hégire 1300 (1883 de notre ère). » Nous engageons vivement nos lecteurs à lire cette étude.

(2) Les Ouled-Sidi-Abd-Allah, qui restèrent attachés à la fortune d'Abd-el-Qader-ben-Mahi-ed-Din, se soumirent en 1841 et furent compris dans l'aghalik des Mehadjer. En 1867, ils furent divisés en deux douars-communes (Sidi-Youcef et Ouled-bou-Abça), aujourd'hui sections de la commune mixte de l'Hillil, sauf les parties prélevées

Sa famille, comme toutes celles des Ouled-Sidi-Abd-Allah, se disait d'origine chérifienne et prétendait descendre du Prophète par Hassen, fils de Fathma, puis par Idris, fondateur de la dynastie actuelle du Maroc. Aussi, dans ses ouvrages, Si Mohammed-ben-Ali-ben-Snousi joint-il à son nom les qualificatifs de El-Hassani, El-Idrissi ; mais l'usage a prévalu de dire simplement Cheikh Snoussi. Cette appellation n'implique en rien un rapport d'origine avec la tribu des Beni-Snouss, de la banlieue de Tlemcen, ni une parenté quelconque avec le célèbre soufi du XVᵉ siècle, Si Mohammed-ben-Youcef-ben-Amer-ben-Chaïb-es-Snoussi, décédé en odeur de sainteté l'an 895 de l'H. (en mai 1490 de J.-C.), et dont le tombeau, situé à El-Eubbad, est resté un lieu de pèlerinage vénéré (1). Si le grand-père du fondateur de l'ordre des Snoussya se nommait Snoussi, cela tient simplement à ce que, en mémoire du saint d'El-Eubbad, ce nom de Snoussi est

---

pour les communes de plein exercice d'Aboukir, Bled-Thaouria, Souk-el-Mitou.

Les Ouled-Sidi-Abd-Allah appartiennent, en réalité, à la famille berbère des Beni-Zian qui fut chassée de Tlemcen, vers la fin du XIIIᵉ siècle (1293), par Bou-Yacoub, sultan des Beni-Merin ; mais, au commencement du XVIᵉ siècle, Si Abd-Allah-ben-Khettab, l'ancêtre de la tribu, vint se fixer à Aïn-Mesra (aujourd'hui Aboukir), où il épousa une fille des Chelaïla, descendants du chérif Hassen-es-Sadik, lequel venait de l'Ouest et était de la postérité de Hassen, fils de Fathma et d'Ali-ben-Abou-Thaleb.

Ils font même remonter leur généalogie d'une façon plus complète à Fathma, en prétendant que Sidi Abd-Allah descend d'un chérif venu, au XIIᵉ siècle de J.-C., dans la tribu des Beni-Zian, où il se maria avec une femme berbère.

Cependant, cette origine leur est contestée par les tribus chérifiennes Flitta, bien que les Ouled-Sidi-Abd-Allah se donnent pour ancêtre Si Abd-Allah-ben-Khettab-ben-bel-Accl-ben-Si-Ali-ben-Si-Ra-ched, le propre ancêtre des Cheurfa des Flitta.

(1) M. Cherbonneau, dans le *Journal asiatique* de février 1854, et M. Ch. Brosselard, dans la *Revue africaine* de 1859 et de 1861, ont donné sur Si Mohammed-*ben-Youssef*-es-Snoussi des notices des plus intéressantes.

extrêmement usité dans toute la région ouest de l'Algérie.

Cheikh-Snoussi-el-Medjahiri montra, de très bonne heure, un grand amour pour l'étude : il fréquenta d'abord les écoles de son pays et eut pour maître : à Mostar'anem, Si Mahi-ed-Din-ben-Chehla, Si Abd-el-Halim, Si Bel-Gandouz (1); à Mazouna, Si Bou-Thaleb et Sid Mohammed-ben-Ali-ben-Charef-el-Mazouni ; puis à Mascara, le célèbre Bou-Ras (2).

En 1237 de l'H. (1821-22 de J.-C.), un de ses cousins germains, Mohammed-bel-Atrech, avec qui il était en procès, furieux de s'entendre condamner par le medjelès, le frappa d'un soufflet devant l'assemblée des Eulema.

Indigné de ce traitement, Si Mohammed-ben-Ali-ben-Snoussi, alors âgé de 30 ans, quitta son pays d'origine et se rendit à Fez où il resta sept ans, étudiant sous les maîtres les plus en renom dans la ville. Ses professeurs furent : Si Taïeb-ben-Khiran, Si Idris-el-Begraoui, Si Hamdoun-bel-Hadj et Si Taoudi-ben-Souda, commentateur distingué de l'ouvrage de droit d'Ibn-Acem.

Il acquit, dans cette ville, une grande réputation de savoir, et l'empereur Mouley-Soleïman lui adressa un

---

(1) Si Bel-Gandouz porta ombrage au bey Hassan, qui, n'aimant guère les khouan et le trouvant dangereux, le fit arrêter, conduire à Mazouna et exécuter en 1829.

Prévenu de sa prochaine arrestation, Bel-Gandouz ne voulut pas fuir et se borna à dire : « Il arrivera malheur à Gandouz par sa faute, et aux Turcs à cause de Gandouz. » C'était une véritable prédiction : en 1830 les Turcs étaient chassés d'Alger.

Aussi, la réputation de Bel-Gandouz est-elle grande dans le pays. Cette exécution injuste est un des nombreux griefs de Cheikh-Snoussi contre les Turcs.

(2) L'imam Djemal-ed-Din-el-Hadj-Mohammed-*Abou-Ras*-ben-en-Nacer, historien et savant musulman, né en 1665 de l'H. (1751 de J.-C.) entre le djebel et l'oued Houret, chez les Beni-Meniarin de Saïda, mort en 1138 de l'H. (1823 de J.-C.) et enterré à Mascara.

Il a composé une sorte d'histoire ou de compilation, qui a été traduite par M. l'Interprète militaire Arnaud, et que publie en ce moment la *Revue africaine*.

riche manuscrit, en le priant de vouloir bien en écrire un commentaire ; mais Cheikh-Snoussi qui, par tempérament, était fort peu courtisan et qui était déjà tourné vers le mysticisme, s'excusa puis quitta Fez, vers la fin de l'année 1829, pour aller en pèlerinage à La Mecque.

Il fit ce voyage lentement, comme déjà il avait fait celui des Medjaher à Fez, visitant sur son passage toutes les zaouïa ou écoles célèbres et demandant, aux divers moqaddem qu'il rencontrait, l'initiation aux ordres religieux qu'ils dirigeaient. C'est ainsi qu'après avoir pris déjà, à Fez, plusieurs dikr, entre autres ceux des Qadrya, Chadelya, Djazoulya, Derqaoua, Nacerya, Habibya, etc., il prit, dans le pays des Ahmour, ceux des Zianya (de Kenadsa), et des Mahmediya (de Kerzaz). Il s'arrêta fort peu dans ces pays, traversa le djebel Amour (d'Aflou), et se dirigea sur Aïn-Madhi, où il prit le dikr des Tidjanya. Il séjourna quelque temps à Laghouat où il professa la grammaire et la jurisprudence, puis il se rendit à Messaâd où il épousa une femme des Ouled-Touaba, nommée Menna-bent-Si-Mohammed-ben-Abd-er-Rahman, femme que la piété des fidèles lui avait offerte en présent. De là, passant par Djelfa, il se rendit à Bou-Saâda et séjourna plusieurs mois, soit dans cette ville, soit dans le djebel Sahari. C'était à l'époque de l'expédition d'Alger, et Cheikh-Snoussi lui-même a raconté « qu'il passait dans le Sahara algérien quand Alger fut pris. »

Ce fut donc en 1830 qu'il quitta Bou-Saâda, où il répudia sa femme Menna qui, pendant son union avec lui, était restée inféconde. Elle se remaria avec un homme des Ouled-Khenata, nommé Mohammed-ben-Ahmed-Megouis, dont elle eut des enfants. On prétend qu'au moment du divorce, Menna était enceinte, et que son premier enfant, Saïda, était la fille de Cheikh-Snoussi. Saïda vivait encore en 1874, elle était mariée au nommé Cheikh-ben-Daoud. Cheikh-Snoussi ne s'est jamais préoccupé ni de sa première femme ni de sa fille.

Quand il partit de Bou-Saâda, il n'était encore ni chef

d'ordre, ni même moqaddem, mais ce n'était déjà plus le simple thaleb voyageur ; le maître s'affirmait, et le professeur faisait l'expérience de l'ascendant qu'allaient bientôt lui donner, sur ses coreligionnaires, sa parole éloquente et sa science théologique.

Ce fut donc en enseignant et en ranimant la ferveur religieuse des populations qu'il continua son voyage. Il passa à Temacin, traversa le Djerid tunisien, la Tripolitaine, la Cyrénaïque et arriva en Égypte.

Dans les prolégomènes de sa « *Fahrasa* » (1), Cheikh-Snoussi a, lui-même, raconté cette époque de sa vie, pendant laquelle il noua des amitiés solides et des relations qui, plus tard, le servirent pour la diffusion et la propagation de son enseignement panislamique (2).

---

(1) *Fahrasa* (index). C'est une petite brochure dans laquelle tout lettré musulman, qui veut professer avec autorité, fait l'exposé des diplômes et licences qu'il a reçus, et des livres qu'il a lus et qu'il est en état de commenter et d'enseigner. Il donne aussi ses *appuis* (sanad, سند), c'est-à-dire « la liste des docteurs par l'entremise desquels » l'enseignement de l'auteur de chaque livre est arrivé à l'aspirant » professeur. » Si Snoussi cite 150 ouvrages avec leurs senad, tous relatifs à la loi extérieure (ou cheria), et aussi une sèche énumération des différentes voies qu'il a étudiées et qui constituent la loi esotérique (hakika).

(2) Ce récit, bien que manquant de précision, est curieux à plus d'un titre, et nous croyons devoir le donner à titre de document :

Extrait de la Fahrasa. — « Dans les voyages qu'il m'a été donné de
» faire, au temps où j'allais d'un endroit à l'autre, j'ai eu l'occasion
» de me rencontrer avec un nombre considérable, une illustre com-
» pagnie, de gens ayant une instruction solide, un noble caractère.
» Combien parmi eux, d'orateurs habiles, d'imams éminents et rem-
» plis de discernement ! L'un aspirait à suivre la voie qui devait le
» mener au Roi des Rois (c'est-à-dire se faire initier aux doctrines
» mystiques). — L'autre voulait simplement (étudier et) acquérir la
» licence, afin d'obtenir la bénédiction (divine), par les mérites des
» docteurs dont l'autorité servait de base à l'enseignement de leur
» maître. J'en ai rencontré : dans les vastes étendues de pays, dans
» des régions bien éloignées les unes des autres, dans l'Aradh et sur
» les confins du Djerid, à Tripoli de Barbarie et dans les localités,
» éloignées ou proches, qui en dépendent ; d'autres chez les Sel-

Il avait d'abord eu l'intention de s'arrêter au Caire, où il comptait compléter son instruction à la djemaâ El-Azhar; mais, dans ce milieu semi-officiel d'uléma, ayant des charges à la cour du khédive ou inféodés aux Osmanlis, il ne rencontra ni le genre d'enseignement qui répondait à ses aspirations mystiques et puritaines, ni les satisfactions d'amour-propre qu'il avait auprès des tolba du Sahara. Ayant même voulu, un jour, professer en public, il effraya les chefs de la mosquée par la hardiesse de ses doctrines intransigeantes, et le cheikh El-Hanich, un des grands personnages religieux du Caire, lança contre lui un véritable anathème, le dénonçant au peuple musulman comme un novateur et un réformateur religieux.

On ajoute même qu'il essaya de le faire empoisonner, et que ce ne fut que par miracle que Si Snoussi s'échappa du Caire. Aussi, ce dernier conserva-t-il, toute sa vie, une haine invétérée contre les Égyptiens.

La légende s'est emparée de ce fait : on a prétendu que Si Snoussi racontait lui-même que, pendant son séjour au Caire, il avait fait un jour la rencontre d'un Saint dont il cachait le nom, et que ce Saint lui avait dit: « Tu es » bien fier, Snoussi, d'obéir exactement à la souna,

---

» Iaoua de Tunis et dans les pays environnants, villes ou campagnes,
» dans les zaouïa du désert de Barka ; d'autres dans certaines bour-
» gades d'Égypte ; d'autres, enfin, dans le pays qui entoure le tombeau
» de l'imam Zerrouk, dont la doctrine a inondé les Occidents et les
» Orients. De la continuité de nos visites réciproques, des conversa-
» tions nombreuses que nous eûmes ensemble et où nous traitions,
» dans un langage incompréhensible au vulgaire, de la quintessence
» des sciences, de ce qu'elles ont de rare, d'agréable et de luxuriant,
» passant de l'une à l'autre selon que notre entretien nous y ramenait,
» de tout cela, dis-je, résulta entre nous et ceux que nous eûmes
» occasion de rencontrer, une confraternité vraie, une amitié ayant
» le bien pour but. Ils formèrent alors le dessein, avec leurs âmes
» pures et les perfections cachées qu'elles renferment, de se faire
» instruire par moi et de recevoir la licence, suivant les règles en
» usage, etc., etc. »

» sans jamais manquer à ses prescriptions ; mais moi,
» je te prendrai en faute et tu t'en souviendras. »

A quelques jours de là, Cheikh-Snoussi oublia, en se couchant, de couvrir une setla d'eau (la souna prescrit de couvrir la nuit tous les vases creux). Son ennemi, le Saint, pénétra dans sa chambre sous la forme d'un serpent (hanech حنش), et bava dans la setla. Le lendemain, Si Snoussi but de cette bave et demeura malade toute sa vie.

On peut voir, par cette légende, ce que devient souvent un fait réel en passant par la bouche des Musulmans : tout repose ici sur la consonnance commune : au mot hanech (serpent), et au nom de l'uléma El-Hanich.

Si Snoussi donna, il est vrai, de son départ précipité d'Égypte, une version qui s'éloigne encore plus de la vérité que la légende populaire, mais qui est calculée de façon à montrer, à ses adeptes, que l'inspiration divine l'a toujours guidé dans ses actes. Ce n'est, du reste, que la reproduction, à son profit, d'un récit hagiographique commun à plusieurs Saints de l'Islam. Voici, en effet, ce que les Snoussya racontent sur les causes qui firent, subitement, quitter le Caire à Cheikh-Snoussi : « Un jour
» le cheikh venait de faire ses ablutions dans la mos-
» quée d'El-Azhar, quand, en sortant par l'étroite porte
» du mida (1), il heurta, avec une certaine rudesse, un
» pauvre fellah qui ne se rangeait pas assez vite. » —
« Pourquoi agis-tu ainsi avec moi, ô Snoussi ? » dit le fellah. — « D'où sais-tu mon nom ? » répliqua le cheikh.
— « Je le sais, » dit l'autre, « parce que je suis le qotb de l'époque. » — « Alors, c'est toi que je cherche ! » s'écria Si Snoussi. Mais son interlocuteur inconnu lui dit : « Tu
» n'as rien à faire près de moi ; c'est à La Mecque qu'il
» faut aller. »

Arrivé à La Mecque, Cheikh-Snoussi prit, pour maître de cheria (ou loi extérieure), le mufti de cette ville, Mou-

---

(1) Mida, chambre aux ablutions.

ley-Abd-el-Hafidh-ben-Mohammed ; et il trouva, dans Si Mohammed-ben-Idris-el-Fassy, supérieur général de l'ordre des Khadirya depuis trente-trois ans, le maître éducateur que, jusqu'alors, il avait vainement cherché, et que le fellah de la mosquée El-Azhar lui avait implicitement indiqué, en l'envoyant à La Mecque.

Cheikh-Snoussi s'attacha sincèrement à Si Mohammed-ben-Idris-el-Fassy, et quand celui-ci, en butte à la haine des uléma de La Mecque, dût se réfugier à la Sobia (1), il le suivit dans son exil, et il resta son disciple de prédilection. Plus tard, dans ses écrits, Cheikh-Snoussi n'a cessé d'exalter les mérites de ce maître vénéré et de proclamer, en toute occasion, son respect pour les doctrines des Khadirya.

En 1835, à la mort de Si Mohammed-ben-Idris-el-Fassy, Cheikh-Snoussi se trouva en compétition avec Si Mohammed-Salah-el-Megherani, pour l'héritage spirituel du maître commun, et les Khadirya se partagèrent en deux branches rivales et ennemies.

Un certain nombre de disciples se groupèrent autour d'El-Megherani ; ils établirent leur zaouïa à La Mecque, à Dar-Khaizaran, et affectèrent d'abord de se dire Idrisiin ; mais, la majeure partie des Khadirya se rangea sous l'autorité de Cheikh-Snoussi, qui, voulant lui aussi que le chef-lieu de l'ordre fût à La Mecque, éleva sa première zaouïa sur la montagne d'Abou-Kobaïs.

De 1835 à 1843, Cheikh-Snoussi résida à La Mecque, dans cet établissement ; pendant ce temps, Si Mohammed-Salah-el-Megherani, par ses compromissions habiles et politiques vis-à-vis des uléma de La Mecque, avait réussi à faire revenir les chefs du pays à des sentiments plus conciliants vis-à-vis des Khadirya-Idrissiin, qui, à sa mort, changèrent leur nom en celui de Soualiah et proclamèrent son fils grand-maître de l'ordre.

Le crédit, dont jouissait officiellement la zaouïa de

---

(1) Voir plus haut chapitre XXVII, ordre des Khadirya.

Dar-Khaizaran, ne porta cependant pas préjudice à celle d'Abou-Kobaïs, où la supériorité de l'enseignement de Si Snoussi, son indépendance absolue vis-à-vis des grands de la terre, attirèrent toujours un nombre considérable de disciples sérieux et, aussi, un groupe important de mécontents, ayant plus ou moins à se plaindre des autorités turques ou arabes de La Mecque.

Mais la situation personnelle de Cheikh-Snoussi devenait difficile : l'inflexibilité de ses doctrines intransigeantes, ses relations personnelles avec les fils de son maître Si Mohammed-ben-Idris, restés à Sobia, en pays ouhabite, l'extrême vénération dont il jouissait, tout contribuait à entretenir l'hostilité contre cette personnalité hors ligne, dont la supériorité exaspérait les demi-savants, et dont les allures, un peu hautaines, choquaient les détenteurs du pouvoir politique.

Aussi, en 1843, la position n'étant plus tenable, Cheikh-Snoussi dut se résigner à quitter La Mecque. Mais il n'était point dans son caractère de paraître céder à la pression des circonstances. Ne voulant pas que son départ pût ressembler à une fuite et devenir ainsi préjudiciable à la prospérité de la zaouïa d'Abou-Kobaïs, il résolut de le faire servir à l'exaltation de l'œuvre qu'il avait entreprise. Pour cela, il eut recours à l'intervention divine ; et voici ce qu'il imagina :

Autour de lui se pressaient alors des savants, des étudiants et, en outre, de nombreux adeptes illettrés, la plupart appartenant aux tribus de la Tripolitaine et qui, incapables de suivre son enseignement élevé, ne venaient là que pour recevoir sa baraka. Il tenait en médiocre estime ces serviteurs religieux, qui n'avaient pas, en général, les qualités voulues pour servir de propagateurs à ses doctrines mystiques, et il ne cherchait pas à les attirer par des libéralités exagérées. Les tolba, du reste, s'entretenaient eux-mêmes et le désintéressement du maître, qui affectait de ne point poursuivre un but humain, rendait les aumônes religieuses assez faibles ; elles étaient insuffisantes pour cette multitude.

Aussi, sous prétexte de mortifications spirituelles, le cheikh Snoussi leur imposait-il des jeûnes rigoureux et prolongés qui, cependant, ne réussissaient pas à diminuer le nombre de ces fidèles convaincus, bien que beaucoup d'entre eux fussent exténués d'un pareil régime.

L'un d'eux, à bout de forces et près de mourir, se rendit alors au tombeau du Prophète et se plaignit de n'avoir pas la vigueur nécessaire pour supporter les privations que le cheikh lui imposait. Au même instant l'apôtre apparut à Si Snoussi et lui ordonna de prescrire, à ses disciples illettrés, au lieu de diètes prolongées, l'obligation de construire, de leurs mains, des établissements religieux.

Le cheikh Snoussi et ses disciples firent grand bruit de cette apparition ; et, pour obéir au Prophète, il fut décidé que tous les Mourid illettrés quitteraient La Mecque, où le nombre des zaouïa était suffisant pour les tolba, et qu'ils iraient en construire dans les pays qui en manquaient. Cheikh Snoussi était, paraît-il, un géomètre distingué, et il avait beaucoup de *goût pour la construction*.

Ce fut donc en exécution de cet ordre de l'apôtre de Dieu, et non pour une autre cause, qu'il quitta La Mecque, en 1843, laissant à un de ses moqaddem la direction de la zaouïa d'Abou-Kobaïs.

Il alla d'abord à Ben-Ghazi, ou plus exactement, à la zaouïa de Refa, à 20 kilomètres de cette ville ; il n'y resta que fort peu de temps et se rendit dans le Djebel-Lakhdar, où il construisit, à El-Beïda, sa première zaouïa, qui fut le véritable berceau de sa grandeur.

Mais il ne s'en tint pas à cette seule construction, et, le nombre de ses serviteurs religieux illettrés augmentant chaque jour, il continua à les employer à bâtir des zaouïa, partout où il fut en mesure d'envoyer un moqaddem et un petit groupe de tolba.

En peu d'années, le Djebel-Lakhdar fut littéralement couvert d'établissements. Snoussi entreprit alors de nouvelles constructions : dans le reste de la Tripolitaine, dans le sud de la Tunisie, dans la Marmarique, en Égypte, en Arabie, à Mourzouk, à R'at, à R'adamès, à Insalah, au Touat, chez les Touareg et jusque dans le Soudan. Chaque jour son influence grandissait et, vers la fin de sa vie, maître de 22 zaouïa, dont 18 dans le district de Ben-Ghazi, il était devenu le véritable souverain de tout l'immense pays que limite, au Nord, le littoral méditerranéen d'Alexandrie à Gabès, et qui s'étend, dans le Sud, jusqu'aux royaumes nègres, au milieu desquels ses moqaddem commençaient déjà, à son profit, leurs conquêtes pacifiques.

Cette souveraineté, Si Snoussi la devait, certainement, à la puissante organisation qu'il avait su donner à l'ordre dont il était le chef, et à la discipline rigoureuse qu'il maintenait parmi ses adeptes ; mais il la devait aussi à la hardiesse de son enseignement et aux interprétations profondes et savantes qu'il savait donner, en matière religieuse, sans jamais cesser de s'appuyer sur les textes les plus orthodoxes.

On peut donc dire que sa supériorité morale et intellectuelle s'imposait à tous les Musulmans qui l'approchaient, car, l'austérité de ses doctrines puritaines, son caractère sombre et silencieux, sa sévérité envers tous et envers lui-même, n'étaient pas de nature à lui attirer de bien nombreuses sympathies.

Il se montrait peu en public ; son abord était froid et, lorsqu'il donnait une audience, il avait sa montre à la main, pour n'accorder aux gens qu'il recevait que le temps qu'il leur avait fixé d'avance. Cependant, il accueillait toujours avec une bienveillance marquée les étudiants originaires de son pays natal ou des environs de Mostar'anem. C'était, d'ailleurs, un homme de grande taille, à l'aspect imposant, à la parole facile et éloquente, ayant, en un mot, tout ce qu'il faut pour dominer les masses.

Vers 1855, se voyant de plus en plus en butte à l'inimitié des Turcs et des Uléma de Constantinople, d'Égypte et de La Mecque, il jugea prudent de quitter le Djebel-Lakhdar et d'établir son chef-lieu, plus loin de la côte, hors de la portée de ses ennemis. Ce fut alors qu'il créa la zaouïa de Djer'boub (جغبوب) (1), au sud-ouest et à deux ou trois journées de marche de l'oasis de Syouah.

L'éloignement et l'isolement au milieu du désert augmentaient à la fois sa sécurité et sa tranquillité, sans nuire en rien à l'exercice de son autorité spirituelle.

Ce fut à Djer'boub que le cheikh Snoussi forma le principal noyau des missionnaires nègres qui devaient, plus tard, lui donner la haute main sur le Ouadaï (2). Ces nègres avaient été pris dans leur pays et conduits, en Égypte, par une caravane de marchands d'esclaves. Cette caravane fut pillée par les nomades des frontières de Tripoli et d'Égypte, et Cheikh Snoussi fit acheter tous ces esclaves.

Il les éleva à la zaouïa, les affranchit, et, quelques années plus tard, quand il les reconnut suffisamment instruits, il les renvoya dans leur pays répandre ses doctrines.

Depuis cette époque, les nègres du Ouadaï viennent spontanément, comme serviteurs, dans les zaouïa des Snoussya, et le Sultan du Ouadaï est devenu un des plus fidèles disciples du cheikh Snoussi.

Ce fut à Djer'boub que mourut, en 1859, Si Mohammed-ben-Ali-ben-Es-Snoussi. C'est là que repose, sous un

---

(1) On dit encore, au pluriel, Djer'abib (جغابيب) que l'on écrit aussi, suivant la prononciation égyptienne, Iegabeb ; on trouve aussi les orthographes suivantes : Deghboub, Ieghboub, Ierhboub, Iegueboub, et, par corruption, Yagboub ou Yakboub ; c'est pourquoi nous avons donné le mot écrit en arabe.

(2) On écrit quelquefois Wadaï.

riche mausolée, objet de la vénération de tous les Musulmans, cet homme remarquable qui, sans effusion de sang et par la seule force de son génie, créa, dans l'empire Ottoman, un véritable état théocratique, absolument indépendant, et dont les limites sont chaque jour reculées par ses successeurs.

Il avait eu pour collaborateurs, dans cette œuvre immense, quelques hommes remarquables dont il est juste de faire mention. Tel fut son moqaddem Si Abdallah-Sunni, qui vivait encore en 1877 et qui, sous ses ordres, fit construire, dans le district de Tripoli, les sept zaouïa de Mezrata, Mezdha, Amamra, Ourfellah, Haraba, Sinaoun, Matrès et Tounen.

Tel fut aussi le moqaddem Si El-Hadj-Ahmed-Touati, qui dirigea les constructions des zaouïa de Mourzouk, de Zouila, Gatrouna et Ouaou-Ech-Chcouf, ces trois dernières au Fezzan.

Il y avait encore un autre homme du Touat, nommé Si Abdallah, qui était son disciple de prédilection et qu'il avait même désigné pour être son successeur spirituel. Mais cet homme fut tué en 1851, à Safra, près de Médine, et, à la mort de cheikh Snoussi, la succession échut à l'aîné de ses fils, Si El-Madhi-ben-Si-Mohammed-ben-Si-Ali-ben-Si-Snoussi, dénommé cheikh Snoussi par les Européens, et cheikh El-Mahdi ou Imam-el-Mahdi par les Musulmans.

Cheikh El-Mahdi et son frère, Si Mohammed-Chérif, étaient fort jeunes alors (El-Mahdi avait 13 à 14 ans), mais ils trouvèrent, pour les diriger, des hommes choisis par leur père, et notamment les moqaddem Si Ahmed-er-R'omari et Si El-Madani-ben-Mostefa-ben-Ahmed-et-Tlemcani ; ce dernier fut leur tuteur et resta leur conseiller.

On cite aussi Si Ali-ben-Abd-el-Moula, originaire de la banlieue de Tunis, Si Amran-et-Trabelsi et Si Ahmed-er-Rifi, originaire des Guellaya Marocains.

Ce qui est certain, c'est que ces enfants furent bien

conseillés et que l'œuvre de leur père ne périclite pas entre leurs mains.

Rien ne fut changé aux errements suivis ni à la ligne politique observée du vivant du fondateur de l'ordre.

Cheikh El-Mahdi a, aujourd'hui, la haute direction des affaires générales ; mais c'est son frère Si Mohammed-Chérif, qui est chargé de l'enseignement religieux. Ce dernier serait un jurisconsulte et un théologien hors ligne. Quant à cheikh El-Mahdi, il a un immense prestige dans tout le monde musulman. Son nom, son âge, rapprochés de certaines prophéties, le désignent aux yeux des masses ignorantes, comme devant être le Mahdi qui doit régénérer le monde au commencement du XIIIe siècle. On ajoute que, comme preuve de sa mission, il porte entre les deux épaules « le signe des prophètes », c'est-à-dire un *nævus* (ou envie) rond et bleuâtre, signe « qui existait à la même place sur les corps de Moïse, Jésus-Christ et Mohammed. »

Les doctrines professées par Cheikh-Snoussi et ses fils sont celles des Soufi.

« Les principes dogmatiques fondamentaux », sur lesquels elles s'appuient, « sont ceux développés dans les différents ordres mystiques des rites orthodoxes. »

Les Snoussya ne sont ni des novateurs, ni des réformateurs : ce qu'ils prêchent, c'est d'abord l'observance du « contrat primitif, » c'est-à-dire les doctrines du Coran et de la Sonna, dépouillées de toutes les innovations et hérésies qui ont été introduites, soit par les détenteurs des pouvoirs politiques, soit même par les cheikh de plusieurs ordres religieux, qui se sont écartés des règles tracées dans le Livre de Dieu et observées par les vrais soufi.

En somme, les doctrines des Snoussya ne sont autre chose que le retour au Coran et au soufisme des premiers siècles de l'Islam ; ce qui revient à dire qu'elles affirment la nécessité de « l'Imamat » comme gouvernement, et l'excellence absolue de la vie contemplative et dévote.

Nous avons dit déjà que la Loi musulmane entendait par « Imamat » « la théocratie panislamique » et c'est, en effet, vers ce but, gigantesque et redoutable pour tous les gouvernements musulmans, que tendent tous les actes et toutes les prédications des Snoussya.

Seulement, en gens intelligents et convaincus de l'excellence de leur cause, les Snoussya ne demandent ni à la violence, ni aux excitations révolutionnaires, la réalisation de leurs espérances. Ils poursuivent leur but froidement, sans jamais avoir recours à des coups de force qui pourraient compromettre ou retarder le résultat qu'ils cherchent, et sans jamais avoir la moindre compromission, ou le moindre engagement politique, avec les gouvernements musulmans ou chrétiens dont ils veulent la destruction. C'est le coin qui s'enfonce, lentement et sûrement, dans le vieil édifice vermoulu de l'empire ottoman, et c'est la barrière qu'au nom d'Allah, l'Islam régénéré voudrait opposer aux sataniques innovations de la civilisation européenne et de l'esprit moderne.

Les Snoussya sont certainement l'ordre religieux qui affecte le plus de se tenir en dehors des choses politiques, et cependant c'est, en matière politique, celui dont l'influence est la plus dangereuse.

Tout, chez lui, est exclusivement fait dans un but religieux : Dieu seul est son objectif, tous ses actes sont inspirés par l'idée religieuse dégagée de toute considération humaine ou temporelle ; l'Ordre, avec une inflexible logique, poursuit, partout et toujours, la même ligne de conduite.

En vain, en 1872 et à d'autres époques, les Prussiens ont-ils essayé d'entamer des négociations avec Cheikh-el-Mahdi, pour obtenir qu'il prêchât la Guerre Sainte contre nous ; ils ont été éconduits, sans même avoir pu s'aboucher avec le chef de l'ordre (1). En vain, le Sultan

---

(1) Lorsque le voyageur allemand Rohlfs vint pour voir le cheikh

a-t-il demandé aux Snoussya de lui fournir des contingents dans sa guerre contre les Russes, pas un homme n'a quitté la Tripolitaine ; en vain les Italiens ont-ils cherché à s'allier aux Snoussya pour battre en brèche notre influence en Tunisie, la mission italienne explorant la Cyrénaïque, en 1881, a échoué misérablement et l'excursion faite dans le djebel Lakhdar, à Derma, par le capitaine Camperio, a eu pour résultat d'indisposer les esprits au lieu de les concilier. Enfin, pendant la révolte d'Arabi, les Snoussya n'ont pas bougé, soit que leur chef sût qu'il y avait des connivences secrètes entre Arabi et les personnages politiques de Stamboul, soit, simplement, qu'il ait estimé que ce n'est pas par la guerre que doit se reconstituer l'Imamat universel des premiers khalifes (1).

En 1855, pour la première fois, nous nous sommes occupés des Snoussya, quand Cheikh-el-Mahdi fit un voyage, presque dans le Djerid, pour fonder une zaouïa, et que les rapports de nos agents indigènes nous le présentèrent comme un nouveau chérif se levant pour la Guerre Sainte. Depuis cette époque, nous avons cru voir la main des Snoussya dans toutes nos insurrections algériennes, et cependant, nous n'avons jamais réussi à saisir une lettre, ni même à recueillir une déposition confirmant nos soupçons à cet égard.

C'est qu'en effet les Snoussya n'avaient envoyé ni mot d'ordre, ni subside, ni excitation directe. Ils étaient, en

---

El-Mahdi, il s'arrêta à Bir-Selam, près de Djer'boub, et eut de longs entretiens avec Si Ahmed-ben-Biskri qui, en cette circonstance, joua le rôle de Si El-Mahdi, ainsi que cela lui arriva souvent par ordre de son maître. (Voir page 507.)

(1) Tout récemment encore, en janvier 1884, et alors que certains journaux annonçaient le départ du chef des Snoussya pour la Haute-Égypte et sa connivence avec le Mahdi du Soudan, un télégramme officiel de Tripoli signalait l'envoi, par Cheikh-el-Mahdi-ben-Snoussi, d'un mandement « enjoignant à tous les Musulmans » de ne pas prêter leur concours au prétendu Mahdi, qui n'est qu'un » imposteur et un menteur. »

apparence, tout à fait en dehors ; mais leurs idées inspiraient, en réalité, les principaux meneurs ; leurs sympathies étaient pour eux, et si, dans leur imperturbable logique, ils répugnaient à ces moyens violents qui, à leurs yeux, n'avaient aucune chance de réussite, ils n'en étaient pas moins les véritables instigateurs ; car ils n'ont jamais cessé un seul instant d'exalter, comme objectif suprême de tous les Musulmans, l'organisation théocratique qu'ils ont su réaliser, et ils ont toujours ouvert à deux battants les portes de leurs zaouïas à tous nos rebelles, qui, brisés dans une lutte inégale, allaient se réfugier dans le djebel Lakhdar ou à Djer'boub.

Ce n'est pas la révolte que prêchent les chefs des Snoussya, c'est l'émigration. Car, à leurs yeux, l'émigration est le seul moyen qu'ont, pour rentrer dans l'Islam (دار الاسلام) (1), les vrais Croyants vivant sous le joug des Chrétiens ou sous celui, non moins maudit, de ces souverains musulmans qui, comme ceux de Constantinople, du Caire, de Tunis ou de Fez, sont à la merci des puissances européennes, et subissent leurs pernicieuses influences.

Nous relevons, dans une lettre pastorale écrite, en 1869, par un moqaddem des Snoussya, Si El-Habib-ben-

---

(1) دار الاسلام (Dar-el-Islam) — sous le rapport politique, les habitants de la terre sont classés, par les Musulmans, en quatre catégories : 1° les Musulmans (مسلمين) vrais Croyants, disciples du Prophète ; 2° les Dimmi (ذمي) ou Raïa (رعية), sujets chrétiens, juifs ou païens des souverains musulmans ; 3° مستمين (Moustemiin), « les accrédités » ou étrangers de passage, en mission, etc. ; 4° les Herbi (حربي) « les ennemis », c'est-à-dire tous les gens des pays non musulmans. Les trois premières catégories forment le دار الاسلام (Dar-el-Islam, — la demeure de l'Islam, le pays de la sécurité, le Paradis) ; la quatrième forme le دار الحرب (Dar-el-Herb, — le pays de la guerre, pays de l'Infidèle, séjour de la perdition, l'Enfer).

Ammar (1), cheikh de la zaouïa de Nedjila (Marmarique), le passage suivant qui vient démontrer ce que nous avançons :

...... « Je vous recommande, mes frères, la récitation du dikr en
» secret et en public. Confiez-vous entièrement à Dieu, au Livre et à
» la tradition, suivant le contrat primitif sur lequel il faut toujours
» se reposer. C'est vers Dieu qu'il vous faut aller, c'est en lui que nous
» devons chercher un appui..... Soyez dans la crainte de Dieu et faites
» ce qu'il vous a prescrit de faire, abstenez-vous de ce qu'il a défendu ;
» aimez sa parole chérie. Laissez-là les individus occupés des cho-
» ses de ce monde, les menteurs qui s'écartent de la porte de Dieu.
» La porte de Dieu est ouverte ; celui qui l'a ouverte est noble et
» généreux ; il a des trésors vastes et sans bornes. — Réciter le *dikr*,
» c'est se tenir à la porte de Dieu. — Si quelqu'un frappe à la porte
» de Dieu, on lui ouvrira, et celui qui dit le *dikr* est en compagnie (2)
» de la *Vérité* (3) (exaltons-là !) Et si quelqu'un recherche la *Vérité*, il
» lui sera donné ce qu'il n'a pas, parce qu'en Notre Seigneur, il n'y
» a pas d'avarice. « Laissez-là les créatures et ce qu'elles disent :
» Dieu veut qu'elles soient comme elles sont » (4). Dieu ne se révèle
» forcément, ni à un Arabe ni à un Étranger. Le but c'est Lui, l'uni-
» que, le seul, qui n'engendre pas et n'a pas été engendré, à qui nul
» n'est pareil. O mes frères ! si vous en avez le pouvoir, ne négligez
» ni nous ni nos cheikhs. Dieu a dit, dans son livre chéri : « Au jour qui
» équivaut à cinquante mille années (Coran LXX, verset 4) : *Est-ce que
» la terre de Dieu n'est point vaste ? Changez-donc de résidence sur
» cette terre : quant à ceux-là (ceux qui n'émigreront pas), leur demeure
» sera l'enfer et combien triste sera leur départ !* (pour s'y rendre). »
» Mais les faibles, hommes et femmes, qui n'ont pu trouver ni res-
» sources pour émigrer, ni personne pour leur indiquer le chemin,

---

(1) Était originaire des Akerma-R'raba (commune mixte de l'Hillil, département d'Oran).

(2) Littéralement : est assis en compagnie de la Vérité.

(3) El - Haq الحق. — La Vérité ou la Justice est le nom de Dieu pour les Soufis (mystiques).

(4) L'écrivain, par ignorance sans doute, défigure ici une maxime connue de l'imam Zerrouk :

اترك الخلق وما دعوا اليد بمراد الله ڢي خلفه ما الناس بيه

Ce qui veut dire : « Ne cherche pas à changer la destinée des créa-tures ; ce qu'elles sont, c'est ce que Dieu désire qu'elles soient. »

» peut-être Dieu leur pardonnera-t il. *Et celui qui quittera sa patrie*
» *pour suivre la voie de Dieu, trouvera sur la terre des asiles nom-*
» *breux et commodes.* Quant à celui qui sort de sa demeure, émigrant,
» pour aller vers Dieu et son Envoyé, et que la mort surprend en
» chemin, Dieu a déjà préparé sa récompense....... (Coran IV, ver-
» sets 99, 100, 101). Mais, si Dieu sait que vous avez de bonnes pen-
» sées dans le cœur, il vous donnera plus qu'il ne vous a été enlevé
» et il vous pardonnera..... (Coran VIII, verset 71), et cela quand bien
» même vous seriez dans le pays des Infidèles, si vous ne trouvez
» pas moyen d'en sortir ; mais si vous y restez parce que vous tenez
» peu à nous, nous nous rencontrerons le jour où, ni les richesses,
» ni les enfants ne serviront de rien, si ce n'est à celui qui viendra à
» Dieu avec un cœur pur (Coran XXVI, versets 88, 89). »

.... » Dieu très grand a dit dans son noble Livre : « Ceux
» qui entreront d'abord au Paradis ce seront les *premiers d'entre*
» *les émigrés* (de La Mecque) et les auxiliaires de Médine (1) et
» ceux qui les ont suivis dans les pratiques du bien. » Dieu a
» été satisfait d'eux et ils ont été satisfaits de lui. Il leur a pré-
» paré des jardins au-dessous desquels courent des fleuves et ils
» y demeureront éternellement. (Coran IX, verset 101)..... Certes, Dieu
» a acheté aux Croyants leur âme et leurs biens à condition de leur
» donner le Paradis. (*Ibidem*, verset 112). Dieu très grand a dit: Dieu
» a été propice au Prophète, ainsi qu'aux émigrés et aux auxiliaires
» et à ceux qui l'ont assisté à l'heure de la disette, au moment où le
» cœur allait faillir à une partie d'entre eux, c'est alors que Dieu se
» tourna vers eux..... » (*Ibidem*, verset 118). Enfin, si vous aimez Dieu
» et l'Apôtre, suivez-moi, Dieu vous aimera et vous pardonnera vos
» péchés (Coran III, verset 29). »

On remarquera, dans cette instruction (ouassia), combien le rédacteur a eu soin de s'effacer, pour laisser le plus possible la parole au Livre de Dieu. C'est qu'en effet, la constante préoccupation des chefs des Snoussya est d'effacer leur personnalité derrière le « Livre révélé, » ou les paroles des Saints dont l'orthodoxie est incontestable.

---

(1) Les premiers des *Mohadjirin* (émigrés) et des *Ansar* (auxiliaires) sont, suivant les commentateurs : ou ceux qui ont prié, tournés vers les deux *Kibla* (Jérusalem d'abord et La Mecque ensuite) ; ou ceux qui ont assisté au combat de Bedr ; ou bien, enfin, ceux qui ont embrassé l'Islamisme avant l'Hégire.

La doctrine de l'émigration obligatoire n'est pas une nouveauté : l'imam Mahi-ed-Din-Abou-Zakaria-Yahia-ben-Charef-ech-Chafaï, mort l'an 676 de l'hégire (1277-78 de J.-C.), à Damas, et l'un des plus célèbres docteurs musulmans orthodoxes, non congréganistes, a dit :

« L'émigration est obligatoire pour tous les Musulmans, lorsque
» leur territoire vient à tomber aux mains des Infidèles. »

Dans les mosquées turques, on prêche encore sur ce texte, et, en 1881, le Gouvernement français chassait d'Alger un Syrien qui avait commencé, à la grande Mosquée, des conférences religieuses sur ce fetoua.

D'ailleurs, pour montrer l'excellence de la vie dévote et l'orthodoxie des doctrines qu'il enseigne, le cheikh Snoussi ne se contente pas de rappeler qu'il est le disciple et le continuateur de Si Ahmed-ben-Idris-el-Fassy, le grand-maître de l'ordre des Khadirya, il étale complaisamment « ses appuis » dans les divers ordres religieux et mystiques, dont il a étudié les livres, ou dont il a reçu l'affiliation.

Il cite ainsi plus de 64 ordres ou branches d'ordre, dont voici la liste :

Seddikya (6 branches). — Aouissya (4 branches). — Adhemya. — Bestamya. — Sekalya. — Djenidya. — Qadrya (5 branches). — Refaya. — Madinya. — Scherourdya (4 branches). — Chadelya (5 branches). — Chadelya-Aroussia. — Nakechibendya (3 branches). — Khelouatya (2 branches). — Fekerouya. — Nasserya (ou Nasseryn) (3 branches). — Chadelya-Zeroukya (3 branches). — Chadelya-Bekerya. — Chadelya-Bekerya-Zeroukya. — Chadelya-Rachedya. — Chadelya-Rachedya-Zeroukya. — Chadelya-Razya. — Djazoulya (d'où dérivent les Aïssaoua) (2 branches). — Kerzazya. — Khadirya (6 branches). — Zianya. — Chadelya-Hafenya. — Habibya. — Tidjanya. — Hafidya. — Rahmanya (nombreuses branches).

Cette liste a été prise dans le livre même du cheikh Snoussi, mais le total de 64 n'est pas explicitement donné par Si Snoussi, qui fait rentrer ses appuis dans dix ordres principaux, groupement que, dans un autre de ses ouvrages, le « Selsabil » (1), il porte au chiffre de quarante.

Car Mohammed a dit, autrefois, que :

« Quiconque apprendra aux Fidèles quarante traditions, pour les
» instruire dans la voie du Ciel, tiendra en Paradis le même lieu,
» que les plus savants et les plus zélés docteurs de la loi y pourraient
» occuper. »

Ce qui fait qu'un grand nombre de docteurs musulmans se sont appliqués à ramasser 40 traditions, sur différentes matières concernant la religion musulmane. C'est à leur imitation que Si Snoussi a choisi, parmi ces 64 branches, 40 voies dont il développe les pratiques et qu'il recommande à ses disciples. Ces 40 voies aboutissent toutes à lui, comme, déjà, il le dit pour plusieurs groupes indiqués ci-dessus, dans le livre que nous avons eu à notre disposition.

Il s'en faut, du reste, que les 64 branches dont nous avons donné l'énumération soient composées d'adeptes de Si Snoussi. Le contraire est même certain pour beaucoup d'entre elles, telle que celle des Tidjanya, qui n'admet pas que l'on puisse prendre le dikr de plusieurs ordres; seulement, et c'est là que se montre encore l'habileté de Si Snoussi, ces 64 voies sont déclarées par lui orthodoxes, et, par suite, susceptibles de mener les Fidèles à Dieu : à ceux qui en font partie, l'ordre des Snoussya tend les bras et fait ses offres de services ; accepteront ceux qui voudront.

C'est, en effet, un des côtés saillants des doctrines des Snoussya, de ne pas être exclusifs et de chercher, au contraire, à rassembler, en un seul faisceau, tous les

---

(1) السلسبيل المعين في اسانيد الاربعين

La source jaillissante (Selsabil) ou les autorités sur lesquelles s'appuient les 40 voies (nous n'avons pu nous le procurer).

ordres religieux qui, souvent, divisent plutôt qu'ils n'unissent les populations musulmanes. Si Snoussi se réserve d'ailleurs de démontrer que tous ces ordres, lorsqu'on remonte à leurs fondateurs, font retour à une interprétation uniforme du Coran, interprétation qui est, en réalité, celle que lui, Snoussi, a toujours professée et indiquée comme la seule bonne.

On peut donc rester Derqaoui, Aïssaoui, etc., tout en devenant Snoussi ; il suffira, pour les adeptes de ces ordres, de rejeter les doctrines révolutionnaires, ou les exercices de danse et de prestidigitation qui ont été introduits dans ces rituels, contrairement à l'enseignement de Sliman-ben-Djazouli, l'un des chefs spirituels commun aux Derqaoua et aux Aïssaoua, et que Si Snoussi classe parmi ses modèles dans le soufisme.

Extérieurement, les Snoussia se distinguent des autres khouan par leur dikr et par leur manière de procéder à la prière.

Ils prient les bras croisés sur la poitrine, le poignet gauche pris entre le pouce et l'index de la main droite, tandis que tous les Maleki prient les bras collés au corps et étendus de tout leur long (1). Cette dérogation aux usages, suivis par les Musulmans d'Afrique, suffit pour faire reconnaître, très facilement, les affiliés de cet ordre.

Le dikr des Snoussya consiste dans les oraisons suivantes :

1° Lorsqu'on se recouche après la prière du Fedjer et que, étant couché sur le flanc droit, l'on a la tête appuyée sur sa main droite, on dit 40 fois : « O mon Dieu ! bénissez-moi au moment de la mort et » dans les épreuves qui suivent la mort ; »

---

(1) Cette dérogation aux usages suivis par les Maleki peut nous paraître bien insignifiante : elle a cependant soulevé de grosses querelles, et le cheikh Snoussi a écrit un livre, pour prouver qu'elle n'offense pas l'orthodoxie ; dans ses preuves il s'appuie sur Sidi Khelil.

2° On dit cent fois, en égrenant le chapelet : « J'ai recours au pardon de Dieu. » (استغفر الله) ;

3° Cent fois : « Il n'y a de Divinité qu'Allah (لا اله الا الله) ;

4° Cent fois : « O mon Dieu ! répandez vos grâces sur notre seigneur Mohammed le Prophète illettré (1), ainsi que sur sa famille et sur ses compagnons et donnez-leur le salut. »

اللهم صل على سيدنا محمد النبي الامي وعلى الد وصحابه وسلم

La série des trois chapelets (c'est-à-dire des oraisons 2, 3 et 4) doit être répétée trois fois.

Au lieu de la deuxième oraison, les initiés privilégiés peuvent encore, s'il n'y a pas d'auditeurs étrangers à l'ordre, réciter cent fois la formule suivante, à laquelle sont attachées des grâces spéciales, et qui doit rester secrète :

لا اله الا الله محمد رسول الله صلى الله على سيدنا محمد في كل لمحة ونفس عدد ما وسعه علم الله

Il n'y a de Divinité qu'Allah ; Mohammed est son Envoyé. Que dans chaque regard et à chaque anhélation, Dieu répande ses bénédictions sur notre seigneur Mohammed, un nombre de fois aussi incommensurable que l'horizon de la science de Dieu (2).

Les principales prescriptions du rituel sont les suivantes :

1° Porter son chapelet et ne pas le suspendre au cou;
2° N'avoir, dans les réunions, ni tambour ni aucune espèce d'instrument de musique ;

---

(1) Le Prophète illettré النبي الامي Mohammed, quoique fort instruit, affectait de se dire illettré, pour mieux faire ressortir que ce n'était pas lui qui parlait, mais Dieu lui-même qui lui révélait le Coran.

(2) M. Duveyrier *(loco citato)* a donné, de cette partie du dikr des Snoussya, une texte un peu différent, et, par suite, une traduction tout autre.

3° Ne pas danser ;
4° Ne pas chanter ;
5° Ne pas fumer ;
6° Ne pas priser ;
7° Ne pas boire de café. (Le thé est toléré.)

L'ordre des Snoussya comporte les mêmes rouages et le même genre de personnel que toutes les grandes congrégations ; mais ici, cette organisation est plus fortement constituée que partout ailleurs, et l'on voit, dans l'ensemble comme dans les détails du fonctionnement de l'ordre, la main d'un homme supérieur.

Les Snoussya ont aujourd'hui plus de 100 zaouïa, tant en Afrique qu'en Arabie (1). Toutes reçoivent leur haute

---

(1) En voici une liste incomplète : chef-lieu actuel, 1, Djerboub.

Dans le Djebel-Lakhdar : 2, El-Beïda, chef-lieu de l'ordre, de 1843 à 1855. — 3, Ben-Ghazi. — 4, Talimoun. — 5, Deriana. — 6, Toukra. — 7, Toulimita. — 8, El-Merdj. — 9, El-Qsarin. — 10, Boutouda. — 11, Quifanta. — 12, El-Fidia. — 13, El-Grana. — 14, El-Hamama. — 15, Soussa. — 16, Derna. — 17, Aziot. — 18, El-Ksour. — 19, El-Haouiez. — 20, Merad-Messaoud. — 21, El-Haouïa. — 22, El-Arboub. — 23, Tert. — 24, Bechara. — 25, Mara. — 26, Mistouba. — 27, Djendjour-Defana. — 28, El-Hoga. — 29, Nedjila.

Dans la Tripolitaine, district de Honis-el-Djebel : 30, Tabaga. — 31, Mouzda (1855). — 32, Nezurat (1855). — 33, Redjeban (1854). — 34, El-Alam (oued Quellis). — 35, Bou-Mehedi. — 36, Amamra (près de Mecellata, 1852). — 37, Orfella (Beni-Ouled, 1852). — 38, Haroba (à Bequequila, 1848).

Sur la route de Ghadamès : 39, Sinaoun, 1859. — 40, Matres, 1859. — 41, Tounen, 1859. — 42, Ghadamès, 1857.

Dans le Fezzan : 43, Tounen (près Ghat, 1847). — 44, Mourzouk, 1852. — 45, Zouïla, 1854. — 46, El-Gahoum. — 47, Ouaou-ech-Cheouf, 1865. — 48, Sokna, 1866. — 49, Hon, 1863.

Dans l'oasis d'Audjela : 50, Audjela. — 51, Messous. — 52, Lebba (à Djallo).

Dans les oasis de Djer'boub : outre la zaouïa du chef-lieu ; 53, Birbou-Aloua. — 54, El-Haouch.

Sur les routes d'Égypte : 55, Sioua. — 56, Oum-Rikhem. — 57, Berbeta. — 58, Terbia. — 59, Keb. — 60, Natroum. — 61, Chemmas.

Sur la route du Ouadaï : 62, Bir-Kofra. — 63, Sidi-Abd-er-Rebou. — 64, Sidi-bou-Chenafa et dans toutes les localités du Ouadaï.

direction de celle de Djer'boub, qui est le chef-lieu de l'ordre, la résidence du grand-maître, et l'endroit où s'élève le tombeau du fondateur, Si Mohammed-ben-Ali-es-Snoussi.

Djer'boub, qui fut bâtie en 1855, et qui occupe à peu près le centre de l'empire des Snoussya, est une bourgade qui renferme une population de 6 à 7,000 âmes, peut-être même davantage. Elle est entourée de murs percés de 4 portes, orientées vers les points cardinaux. L'une d'elles, plus large que les autres, est réservée aux caravanes des pèlerins. Au centre de la ville est la zaouïa, grand édifice, admirablement bâti, nous affirment les indigènes, orné de marbres, de faïences vernies, de peintures, de fers ouvrés, de boiseries sculptées, de vitraux de couleurs (1), etc. Dans la zaouïa est le tombeau de Cheikh-Snoussi, splendidement décoré et « couvert de richesses. »

Environ 400 khouan, originaires de tous les pays, résident à la zaouïa métropolitaine ou dans les maisons qui en dépendent; une quinzaine seulement sont mariés; les autres sont des tolba célibataires qui vivent dans un ascétisme très sévère.

Cent esclaves nègres sont chargés du service intérieur de l'établissement, dans lequel deux puits suffisent à l'alimentation générale. Autour, existe une petite oasis, arrosée par 13 puits à noria, et divisée en 13 jardins comprenant des oliviers et de 150 à 200 palmiers.

En Arabie : 12 zaouïa (La Mecque, Médine, Djeddo, Yembo, etc.).
— En Égypte, 3 zaouïa (Alexandrie, Le Caire, Suez).
Au Touat, au Maroc, au Tidikelt, un nombre que nous n'avons pu fixer. — A Insalah, une. — Dans le Djerid tunisien ? etc.
M. Duveyrier *(loco citato)* a donné la position géographique de la presque totalité de ces zaouïa et de plusieurs autres encore ; elles figurent sur l'excellente carte jointe à son travail. Nous y renvoyons nos lecteurs.

(1) « C'est un des plus beaux monuments que j'aie vus en Afrique », nous disait un indigène, homme intelligent et ayant beaucoup vu.

Les exercices religieux ne font pas négliger les soucis de la défense ; tout le monde est armé : on compte 400 fusils et 200 sabres en service, et un armement de réserve pour 3,000 hommes. Ces armes tapissent les murs de 20 chambres remplies de poudre et de plomb ; quatre (ou quinze) canons, achetés en Égypte et débarqués à Tabrouk (1), sont soigneusement dissimulés. En outre, il existe à Djer'boub un certain nombre d'ouvriers armuriers, munis de tout l'outillage nécessaire pour les réparations et la fabrication. Un jour, un personnage considérable du Sud marocain demanda à Si El-Madhi si cet armement formidable était destiné à agir contre les Français ou contre les Turcs : — « Ni contre les » uns, ni contre les autres, » répondit le cheikh El-Madhi ; « mon père a commencé une œuvre dont il at- » tendait les plus grands résultats ; je tiens à la conti- » nuer, et je n'ai pas d'autre but. »

C'est à Djer'boub que se réunit, à des époques qui n'ont pu nous être précisées (2), le grand conseil de l'ordre, ou *hadra,* présidé par le cheikh El-Madhi, assisté de son frère et de ses conseillers ordinaires. Parmi ces derniers, outre ceux que nous avons déjà cités incidemment, il faut mentionner les deux oukils qui, ici, portent le titre de « ouzir » (vizir) : l'un, assisté de deux ou trois tolba, est chargé de la centralisation de l'administration des zaouïa ; l'autre, dont les deux filles ont épousé, l'une Si El-Mahdi et l'autre Si Mohammed-Chérif, s'occupe plus particulièrement des affaires de la zaouïa de Djer'boub et de celles de la famille du chef de l'ordre.

Un système de courriers, à mehari ou à cheval, est organisé autour de Djer'boub, sur plusieurs lignes distinctes : Égypte, Marmarique, Cyrénaïque, Tripolitaine, Fezzan, Ouadaï. Des zaouïa et des puits jalonnent ces différentes routes, et nul ne peut arriver à Djer'boub sans avoir été

---

(1) Ils ont été achetés à Alexandrie et débarqués à Tabrouk.
(2) Les uns nous ont dit à l'Aïd-Srir, les autres à l'Aïd-el-Kebir.

signalé bien longtemps à l'avance. La police des Snoussya est admirablement faite : aussi bien à Constantinople, en Égypte ou en Algérie, que dans les environs de leurs zaouïa.

En arrivant à Djer'boub, l'étranger musulman qui n'a été ni mandé par le chef de l'ordre, ni préalablement accrédité dans les formes voulues par un moqaddem, est soumis à un examen minutieux. Installé d'abord dans une maison des hôtes (دار الضياوي), extérieure à la zaouïa, il est interrogé sur son pays, sur le lieu de son départ, et sur le but de son voyage. Au fur et à mesure qu'il répond à ces questions, faites avec toute la courtoisie que comporte la politesse orientale, il est peu à peu entouré de tolba, ou de serviteurs originaires des endroits dont il a parlé, et alors, sous prétexte de demander des nouvelles de parents et d'amis que l'on n'a pas vus depuis longtemps, les interrogations recommencent plus précises et plus serrées.

Ce n'est qu'après deux ou trois jours, quelquefois plus, de cet examen, qu'on peut espérer voir un dignitaire de l'ordre, et, plus rarement, le cheikh El-Madhi.

Celui-ci, du reste, a, pour recevoir les étrangers avec qui il ne tient pas à entrer en relations directes, un de ses khouan, originaire de Biskra, et dont l'emploi, à la zaouïa, est de jouer le rôle de El-Madhi dans les audiences accordées à ces étrangers. Il paraît que la ressemblance de ce Biskri avec cheikh El-Mahdi est surprenante (1).

Chacune des autres zaouïa a son cheikh ou moqaddem, son oukil, ses reggab, ses tolba, ses serviteurs, ses esclaves nègres. Chacune aussi a ses cours d'adultes et son école primaire, où l'on enseigne aux enfants

---

(1) Il ne serait pas impossible que cet homme fût l'enfant naturel de quelque fille des nomades de Biskra donnée en présent à Cheikh Snoussi pendant son voyage de Bou-Saâda à Temacin.

des nomades la pure doctrine de l'Islam, c'est-à-dire les préceptes des Snoussya.

Les terres qui avoisinent ces zaouïa sont labourées au moyen de corvées fournies par les Arabes nomades, qui doivent à l'ordre : deux journées de travail lors des labours, et deux autres lors de la récolte, sans préjudice de la dîme religieuse (achour) qu'ils doivent payer sur leurs propres récoltes, ni de la zekkat (taxe des pauvres), à laquelle ne doivent pas se soustraire les bons Musulmans.

Sous la surveillance des esclaves, paissent, autour des cultures, des troupeaux de chameaux et de chevaux tous marqués à l'aide d'un fer rouge du mot الله Allah ! (Dieu). Plusieurs des zaouïa, celles d'Aziat et de Adjela entre autres, ont des équipages de quatre à cinq cents chameaux porteurs, équipés avec soin, pourvus d'outres, et prêts, à un signal donné, à transporter rapidement le chef de l'ordre dans le Soudan, si les Turcs ou les Chrétiens venaient à menacer sa sécurité.

Les desservants et khouan lettrés des zaouïa du littoral sont, officiellement, exemptés d'impôts par le gouvernement turc ; quant aux autres adeptes des districts de Tripoli, Homs et Ben-Ghazi, ils ne payent guère que ce qu'ils jugent utile à leurs intérêts temporels.

Ce sont les cheikhs de zaouïa qui détiennent réellement toute l'influence et exercent, sur les populations, l'autorité temporelle aussi bien que l'autorité spirituelle. Cela est surtout vrai dans le district de Ben-Ghazi, où toutes les tribus sont inféodées aux Snoussya, à l'exception de celle des Megarba, qui sont campés à l'ouest de cette ville jusqu'à Sort, et appartiennent, presque tous, à l'ordre des Madanya. A Ben-Ghazi, même, le principal personnage n'est pas le Mutessarif turc, mais bien le procureur des Snoussya, « Oukil-ech-Cheikh (1) », à qui

---

(1) En ce moment, juin 1884, un certain Abdallah-ben-Zenad-el-Marini, moqaddem des Snoussya, serait à la fois l'agent de la zaouïa, du pacha de Tripoli et du gouvernement turc.

le gouvernement ottoman fait une pension de 500 piastres par mois. Tous les gens investis de fonctions judiciaires ou municipales sont des Snoussya.

A l'est de Ben-Ghazi, les Caïmacans turcs semblent plutôt être tolérés par les habitants que les gouverner, et leur seule préoccupation est de ne pas mécontenter les Snoussya.

En somme, il y a, dans ce district de Ben-Ghazi, 25,000 fantassins et 1,500 cavaliers (1) qui, en dehors du personnel proprement dit des 20 zaouïa, sont absolument à la disposition du chef de l'ordre.

(1) Voici la liste de ces tribus :

	Fantassins	Cavaliers
El-Ghebaïl, Ouled-Ali-Lefrad, El-Mehafid, El-Araoua, El-Quetifa.	2.100	80
Abeidan, Ailet-Gheet, Ailet-Mansour, Ailet-Meriem, Ailet-Chain, Ailet-Erfad, Ailet-Boudaouï, Aovogla.	3.400	250
Braasa-Ailet-Haddout-Ailet-Abed-Ailet-Djouefi-Ailet-Djelgof-Ailet-Abderrahman, Ailet-Zraël, Slam.	1.800	300
Hasa.	800	80
Dursa, Ailet-Frerig-Ailet-Hamed, Ailet-Adel. . . .	700	40
Ourfa – Toresch - Slatana - Ailet-el-Haouarim, Ailet-bou-Chahma	1.600	70
Abid, Ailet-Schaoua, Ailet-bou-Legoub, Ailet-bou-Golba.	600	30
Beet	200	10
Houta, Merarga-Nefouf-Ghermat, Aït-Alig.	1.000	20
Habboun-et-Schouaër-Heddaied-Moualeg	700	20
Gheltaan, El-Merobtin, El-Khamma-Meravat-Ailet-Encoua.	1.200	40
Djerara, Ailet-Betoun, Ailet-Abd-el-Ouahed-Ailet-es-Semii, Senenat, Ailet-Abd-el-Rohem.	1.000	25
Meufa, Ailet-bou-Hadedja-Ailet-Beredan-Ailet-Hadj-Erdjed-Ailet-Et-Nadjjas-Ailet-Khaieb.	2.800	40
Fouakher-Ailet-Oumcheba-Ailet-Habib-Allah . . .	1.100	20
Cheebat-Ailet-Mansour, Ailet-bou-Naam, Ailet-Dif-Allah.	300	15
Mrabtin - Ailet-Encoua, Ailet-Saïad, Mrabtin-el-Aghaïel-el-Mesamir..	150	4
Beragra.	300	25
Ouaghers	4.000	400
Total général.	23.750	1.469

C'est ensuite dans le Fezzan et dans l'Ouadaï que se rencontrent les masses les plus considérables de Snoussya. Dans l'Ouadaï, le sultan Youcef n'est qu'un naïb de Cheikh-el-Mahdi, et tous ses sujets sont affiliés à l'ordre.

Dans le Fezzan, il y a six zaouïa des Snoussya ; il y en a, en outre, à R'at, à R'adamès, chez les Touareg, dans le Tidikelt, à Insalah, dans le Touat et vers l'oued Dra, c'est-à-dire dans tous les pays musulmans non soumis aux Turcs ou aux souverains barbaresques.

L'importance de l'ordre des Snoussya est donc considérable. Le but qu'ils visent, et qui est la réunion, ou la fédération, de tous les ordres religieux orthodoxes, en une espèce de théocratie panislamique exclusive de toute autorité séculière, est tout à fait l'opposé de ce que revendiquent les idées modernes, dont les Européens sont les représentants les plus autorisés. L'esprit qui anime les Snoussya est absolument hostile à tout progrès, qu'il vienne de nous ou même d'un souverain musulman, et leur haine contre les Turcs, les Égyptiens, les Tunisiens, n'est pas moins vive que celle qu'ils ont contre les Européens.

Leurs excitations incessantes pour ramener les Musulmans aux pures doctrines de l'Islam primitif, sont un danger pour tous les gouvernements, car ces doctrines austères, bases de toutes les religions qui considèrent les hommes comme égaux devant Dieu, n'admettent pas l'exercice d'un pouvoir temporel quelconque, en dehors de la théocratie qui en est l'idéal logique.

La prédication de ces doctrines aux Algériens soumis à la France, ou simplement, l'exemple donné, à côté de nous, d'un état Musulman indépendant et établi sur les bases théocratiques définies par le Coran, est une cause constante de troubles et d'excitations malsaines pour nos tribus.

Nous avons donc raison de regarder les Snoussya comme nos ennemis et d'empêcher, par tous les moyens possibles, leurs émissaires de parcourir l'Algérie : la surexcitation du sentiment religieux est un danger partout, même avec des nationaux, à plus forte raison chez un peuple conquis.

Il ne faut cependant pas s'exagérer le danger, ni le provoquer par des mesures vexatoires qui iraient contre le résultat à obtenir, ce qui arriverait infailliblement si, confondant dans une même réprobation tous les ordres religieux, nous nous montrions intolérants vis-à-vis de tous les khouan.

Dans son œuvre, Si Snoussi s'est déjà heurté souvent et se heurtera encore, aux intérêts politiques, moraux et matériels des autres chefs d'ordre religieux.

Ni les Taïbya du Maroc, ni les Bektachya de Stamboul, ni les Tidjanya d'Algérie, ne consentiront jamais à abdiquer au profit des Snoussya, s'ils rencontrent, dans leurs gouvernements respectifs, la considération morale et la protection matérielle qui les fait prospérer. Il en sera de même de tous les chefs d'ordres ayant de grandes situations, comme les Aïssaoua à Mequinez, les Zianya à Kenadsa, les Kerzazya à Kerzaz, les Qadrya à Bar'dad, les Rahmanya à Tolga. Certainement, il pourra y avoir, à un moment donné, des alliances contre nous, mais elles tomberont vite et seront sans effet durable, si ces ordres indépendants trouvent, près de nous, la satisfaction de leurs besoins et de leurs intérêts ; car, ce que leur demandent les Snoussya, ce n'est pas un effort toujours facile à faire pour des Musulmans, c'est une abnégation continue de leur personnalité et une ligne de conduite persistante : deux choses peu compatibles avec le tempérament des masses islamiques.

Les Snoussya, en effet, ne sont ni des énergumènes, ni des conspirateurs ; ils ne trament pas, dans l'ombre de leurs zaouïa, le renversement par la force, d'États plus forts qu'eux. Ce sont des ennemis intelligents préparant l'avenir et attendant tout « de Dieu » et d'une idée qu'ils croient juste et féconde en résultats.

Puis, en dehors même de ces rivalités de paroisses,

l'œuvre de Si Snoussi a d'autres ennemis acharnés. Car ce n'est jamais impunément qu'un philosophe ou un prêtre essaie de ramener à son berceau une religion déjà vieille de plusieurs siècles ; et ce n'est pas impunément non plus qu'on vient dire, à des religieux et à des laïques, intéressés à la conservation d'abus consacrés par plusieurs générations : « Revenons au Livre qui est
» la base et la source de nos croyances, et faisons table
» rase de toutes ces prétendues traditions qui ont, peu
» à peu, substitué un dogme officiel et universel à la
» pensée et aux préceptes des premiers apôtres. »

Qu'il soit Chrétien, Musulman ou Bouddhiste, l'homme qui parle ainsi a contre lui tout le clergé officiel, qui vit de compromis avec les pouvoirs publics et avec les classes dirigeantes : cet homme est un novateur (مبدع), un réformateur (مغير المنكر), un dissident, un protestant, un schismatique (خارجي), c'est-à-dire un hérétique, être bien autrement haïssable qu'un simple mécréant (كافر).

C'est ce qui arrive aux Snoussya de la part des Musulmans dits orthodoxes ; nous avons vu le chef des Khadirya, Si Ahmed-ben-Idris, menacé à La Mecque, Si Snoussi anathématisé et chassé de la djemâa El-Azhar, au Caire, et forcé d'abandonner la direction de sa zaouïa, dans la ville Sainte, où la gent maraboutique ne voulait plus le tolérer. Il faut entendre avec quelle âpreté, les uléhas, les muftis, imams, cadhis, chefs indigènes, ou chefs d'ordres religieux, prodiguent aux Snoussya les épithètes les plus malsonnantes, qui se résument toutes en celle de « ouahbite », c'est-à-dire hérétique.

Et cependant, les Snoussya n'entendent se séparer d'aucun des premiers docteurs sur lesquels repose l'enseignement théologique de l'Islam ; ils reconnaissent comme légitimes et valables tous les grands ordres religieux ; ils en acceptent les doctrines mystiques, ils en prônent les pratiques spirituelles ; ils permettent de s'affilier à tous à la fois, et ils ne sont pas exclusivistes comme les Tidjanya : leur voie est ouverte à tous les khouan, et ils vont au-devant de tous les congréganistes musulmans.

Mais, comme beaucoup ont compris que ces avances avaient pour objectif final l'absorption de leurs ordres religieux au profit des Snoussya, ils ont ouvert les yeux et se sont tenus dans une prudente réserve. Forcés de compter avec ce sentiment, les Snoussya ont agi comme les missionnaires chrétiens : ils ont tourné leur activité vers les idolâtres de l'Afrique centrale, plutôt que vers les agglomérations musulmanes vivant sous des gouvernements bien organisés et les tenant par leurs intérêts.

Leur prodigieuse extension dans la Cyrénaïque n'est due qu'à la faiblesse du gouvernement turc : mais même là, ils n'ont pas pu faire disparaître les Madanya, et si, en ce moment, ceux-ci sont entièrement à leur dévotion, rien ne dit que cette alliance durera.

En Tunisie, ils se sont heurtés contre les Tidjanya, et ce n'est que dans le Djerid qu'ils se sont établis dans de bonnes conditions. Mais à R'adamès, chez les Touareg, et surtout dans le Fezzan et le Ouadaï, ils ont triomphé, parce que l'anarchie et l'ignorance étaient telles qu'ils ont trouvé, en quelque sorte, un champ vierge, où leurs prédications ont pu réussir.

Enfin, ne l'oublions pas, la forme que prend la propagande des Snoussya, en Algérie, est l'appel à l'émigration des indigènes. Cela peut être mauvais et dangereux pour l'avenir, mais cela ne menace en rien la vie de nos colons ni ne compromet encore la prospérité de leurs établissements.

La statistique détaillée, faite en 1882, donne pour les Snoussya, en Algérie, les renseignements ci-après :

		Moqaddem	Khouan
Province d'Alger	Dellys (comm. de plein exercice)..	»	5
	Djurdjura (commune mixte)....	1	5
	Bou-Saâda (commune indigène)..	»	10
	Boghar (commune indigène)...	»	14
Province de Constantine............		»	»
Territoires militaires de la division d'Oran......		»	»

Territoires civils du département d'Oran :

	Zaouïa	Moqaddem	Khouan
St-Lucien (commune mixte).........	»	»	37
Mascara (id.)	»	1	25
Aboukir (commune de plein exercice).....	»	1	20
Aïn-bou-Dissar (id.)	»	1	20
Aïn-Tédelès (id.)	»	»	2
Bled-Touaria (id.)	»	5	13
Pont-du-Chélif (id.)	»	2	40
Relizane (id.)	»	»	10
Souk-el-Mitou (id.)	»	1	19
L'Hillil (commune mixte)...........	1	13	256
Zemorrah (id.)	»	4	1
Mostar'anem............	»	1	4
Totaux...........	1	30	481
Total des affiliés.....		511	

Ces chiffres, bien qu'officiels et récents (1), n'ont pas une grande valeur. Il résulte, en effet, de l'ensemble des documents recueillis depuis 1875, que les Snoussya n'existent pas en Algérie à l'état de congrégation organisée. Les chiffres ci-dessus représentent, en réalité, les serviteurs religieux et affiliés de la zaouïa de Ben-Tekkout, et ceux-ci seraient plus justement classés parmi les Khadirya, ainsi que l'ont du reste compris certains administrateurs qui ont intitulé leurs données statistiques : *Khadirya ou Snoussya.*

Par contre il est bien certain que sur tous les points de l'Algérie, dans les villes, dans les agglomérations indigènes nomades, dans la plupart des zaouïa des autres

---

(1) Les statistiques sont de la fin de l'année 1882.

ordres religieux, il y a des agents secrets des Snoussya qui ne se font pas connaître, mais observent et rendent compte à leurs chefs tripolitains. Ces agents ont été souvent signalés ; mais chaque fois qu'on a fait sur eux les enquêtes prescrites par l'autorité supérieure, le terrain s'est dérobé, et on n'a trouvé ni preuve ni fait précis. Il n'est resté que des présomptions, ou plus exactement des *impressions* vagues. On arrive aux mêmes résultats négatifs dans les arrestations et les fouilles qui sont faites, lorsque l'autorité met la main sur ces voyageurs étrangers et musulmans qui traversent souvent l'Algérie, dans des conditions irrégulières et suspectes.

En 1879, après l'insurrection de l'Aurès, on signala dans l'Aurès un groupe de 500 Snoussya. Mais lorsqu'on alla au fond des choses, on trouva un chef religieux, fondateur d'un ordre nouveau (les Derdourya), dérivé des Rahmanya ou des Chadelya, ayant, *peut-être,* eu des relations avec Si Snoussi, mais sans que rien ait pu établir ces relations.

En somme, depuis 1875, tous les documents recueillis en Algérie sont négatifs en ce qui concerne les Snoussya, sauf ceux provenant de l'arrondissement de Mostar'anem qui, eux-mêmes, sont discutables. Cependant, malgré ces constatations, il ne serait pas *impossible qu'un grand nombre* de Snoussya existent cachés dans les autres ordres religieux, principalement chez les Madanya de Mesrata. Notre surveillance sur ce point ne doit donc pas se relâcher un seul instant.

CHAPITRE XXXII

RÉSUMÉ ET CONCLUSIONS

La situation de l'Islam en Algérie peut se résumer en peu de mots : un clergé investi et salarié, peu nombreux et sans action ; des marabouts locaux indépendants, dont l'influence, très variable, est toujours circonscrite dans un certain territoire ; des confréries sans importance et sans rôle politique ; de petits groupes d'ibadites inoffensifs, et, enfin, des ordres religieux formant des congrégations toutes-puissantes, qui enserrent les populations dans les mailles plus ou moins étroites des réseaux formés par leurs zaouïa, leurs moqaddem et leurs khouan.

Pour 2,845,757 Musulmans algériens (1), il existe plus de 355 zaouïa, 1,955 moqaddem, 167,019 khouan connus, enrégimentés et disciplinés, sous les ordres d'une vingtaine de grands chefs, dont les rivalités peuvent disparaître à un moment donné, et qui, presque tous, sont étrangers ou reçoivent leurs inspirations des principaux chefs de l'Islam, en Orient ou au Maroc.

Les khouan ne sont ni des malfaiteurs, ni des énergumènes altérés du sang des Chrétiens et ne rêvant que massacres et pillage. La masse se compose, plutôt, de

---

(1) Le chiffre officiel du recensement quinquennal de 1882 est 2,812,497 Musulmans, sujets français ; mais il faut y ajouter des groupes d'origine marocaine, Algériens de fait, et un certain nombre de dissidents du Sud oranais rentrés depuis le dernier recensement.

dévots simples et crédules, ou d'ignorants superstitieux, entièrement dans la main de chefs et de moqaddem qui les exploitent et vivent à leurs dépens.

Ces chefs ne sont ni des fous ni des conspirateurs ; ce sont des gens fort habiles ; mieux que personne, ils savent que leurs khouan, enrichis par la paix, apporteront plus d'offrandes que s'ils sont ruinés par la guerre.

Ces chefs ne sont pas tous des fanatiques, dans le vrai sens du mot ; et si, par métier, ils prêchent un mysticisme exalté et dangereux dans ses écarts, ils sont, en général, gens très pratiques, et ils ont le sens politique beaucoup trop développé pour se lancer, de gaîté de cœur, dans les hasards d'une insurrection. Mais tous ne sont pas absolument maîtres de leurs actes ; les uns sont sous la dépendance de supérieurs généraux tout à fait hostiles aux Chrétiens : ils ne peuvent qu'obéir ; les autres, quoique plus indépendants, doivent aussi compter avec les passions et les préjugés de leurs adeptes, dont ils risqueraient de refroidir le zèle religieux et de diminuer le nombre, si eux-mêmes, désertant la cause sacrée de l'Islam, se montraient trop partisans des idées françaises, trop amis des « Infidèles. »

Parmi ces chefs, il en est cependant encore qui sont tout disposés à nous prêter le concours de leur grande influence, si, par des faveurs ou des honneurs, nous consentons à reconnaître et à affirmer officiellement leur autorité religieuse.

Devons-nous, sans réserve, accueillir ces ouvertures ? Devons-nous les provoquer ?

Sans doute, la France, souveraine de l'Algérie qui, en fait de Musulmans, ne compte encore que des *sujets*, serait en droit d'agir comme, en tous pays, agissent les souverains absolus ; elle pourrait s'appuyer sur les chefs religieux influents, les gagner à sa cause par l'appât de hautes situations honorifiques ou lucratives, et leur demander, en retour, des services que ceux-ci n'hésiteraient pas à lui rendre.

Une pareille politique, pratiquée longtemps avec suite, sans réticences ni parcimonie, produirait certainement des résultats considérables ; mais, est-elle possible ? est-elle digne de la France ?

Nous ne le pensons pas.

Et tout d'abord, n'y aurait-il pas quelque chose d'injuste et de malséant dans cette protection excessive accordée à un culte exotique, qui ne compte aucun Français de naissance, alors précisément que nos aspirations modernes tendent, de plus en plus, à affranchir l'État et la Société de toute compromission et de toute alliance avec les chefs de nos religions métropolitaines ?

D'un autre côté, pouvons-nous, décemment, nous faire les complices et les alliés de ces congréganistes musulmans, qui confisquent, à leur profit exclusif, une partie des forces vives de l'Algérie, en retardant l'émancipation intellectuelle et matérielle de tant de milliers de malheureux ?

Le servage des khouan, pour être librement consenti, est-il moins terrible et moins dégradant que l'esclavage des nègres ?

D'ailleurs, sommes-nous sûrs de pouvoir toujours tenir en main ces chefs religieux ? Sommes-nous bien certains de réussir à leur faire accepter, sans arrière-pensée, nos idées et nos progrès ? Nous ne saurions l'affirmer. Toute notre histoire montre que, nous autres, Français, nous ne savons pas rester longtemps les maîtres d'une situation dans laquelle l'élément religieux joue un rôle actif. Nous manquons de sang-froid, de patience ou d'habileté, et nous finissons, le plus souvent, par être débordés.

Jusqu'ici, nous n'avons pas été très heureux en Algérie, quand nous avons voulu utiliser le concours des chefs congréganistes musulmans : des résultats importants ont pu être obtenus, mais ils ont toujours été de courte durée, et notre protection, trop restreinte et trop hésitante, est arrivée, le plus souvent, à diminuer le prestige religieux de nos amis et à augmenter celui de nos ennemis.

Nous ne devons donc pas continuer plus longtemps ces errements ; nous ne devons pas non plus accepter, sans réagir, une situation qu'il ne nous est pas possible de supprimer brusquement ; et il est urgent de sortir de cette impasse, sans avoir recours à des mesures vexatoires de nature à nous aliéner des chefs, dont nous avons encore intérêt à ménager le crédit et à utiliser l'influence ou la neutralité.

Ne pouvant supprimer l'ardente dévotion de nos Musulmans algériens, il nous faut, tout d'abord, *faire la part du feu* et donner *nous-mêmes* une satisfaction convenable à ce besoin impérieux qu'ils ont de prières et d'exercices religieux ; cela vaudra infiniment mieux que de laisser faire la chose par des moqaddem relevant de Fez, La Mecque ou Bar'dad.

Aujourd'hui, sous la tente et dans le gourbi, en cas de maladie grave, de circoncision, de mariage ou de mort, on appelle le thaleb ou le khouan voisin pour lire les prières et faire les cérémonies traditionnelles du culte islamique.

Si, dans chaque douar ou village, il y avait une mosquée officielle, et surtout un imam titulaire, investi et salarié par le Gouvernement pour exercer gratuitement les fonctions sacerdotales, la grande masse des paysans indigènes s'adresserait à lui, de préférence aux marabouts locaux ou aux khouan, que l'on sait mal vus de l'autorité.

Rien ne nous empêcherait d'ailleurs d'utiliser comme imam ruraux, partout où il y aurait avantage à le faire, les marabouts locaux ou même les khouan dont les chefs seraient absolument dans notre main (comme les Tidjanya).

Lorsque nos fonctionnaires religieux seront nombreux,

bien payés, et qu'ils se sentiront soutenus, ils tiendront à conserver leurs places et leurs appointements, et ils seront les premiers à faire aux moqaddem de tous les ordres une concurrence active dont nous bénéficierons directement.

Puis, pendant que notre clergé officiel donnera ainsi à l'exubérance religieuse une issue sans danger, nous aurons le temps de mettre en œuvre un moyen bien autrement efficace et énergique.

Ce moyen est celui auquel on arrive toujours, en fin de compte, lorsqu'on étudie à fond une question algérienne, et qu'on élargit l'horizon des points de vue professionnels, c'est la *création de lignes ferrées*.

Cette conclusion d'un livre traitant uniquement de mysticisme, de religion et de politique, peut, *a priori*, sembler paradoxale. Elle est cependant bien pratique et rigoureusement logique.

Nous ne pouvons surveiller les khouan, les diriger, les maintenir et en amener la disparition progressive, qu'en transformant la société musulmane.

Or, on ne transforme pas un peuple avec des phrases, des décrets, des fonctionnaires ou des baïonnettes, mais bien en multipliant les relations, en stimulant la production agricole, en sollicitant les intérêts commerciaux, en fondant partout des écoles, en dégageant et développant les initiatives individuelles, et même en créant des besoins nouveaux et multiples.

Le chemin de fer procure tout cela à brève échéance, en même temps qu'il décuple les moyens d'action des grands services publics.

Tout d'abord, il donne la sécurité, car il permet : à nos troupes, le contact de l'ennemi saharien, dont toute la force est dans la vitesse ; à nos administrateurs, la surveillance effective et rapide des populations.

Lorsque nous aurons bien compris que le chemin de fer, étant, par excellence, l'engin tout-puissant du progrès et de la civilisation, doit partout précéder et non pas seulement suivre la colonisation ; lorsqu'une ligne ferrée, partant d'Aïn-Sefra, descendra par Figuig et l'oued Nsaoura jusqu'à Insalah, pour remonter sur Ouargla, Tougourt, Biskra et Gabès ; lorsqu'un réseau de railways remplacera ou masquera, sur notre carte d'Algérie, les réseaux multicolores des congrégations religieuses ; alors — mais alors seulement — les khouan et les marabouts ne seront plus à craindre. Tout au plus restera-t-il quelques rêveurs inoffensifs, attardés à la poursuite d'un idéal mystique, et le souvenir historique d'une organisation disparue.

En attendant, n'oublions jamais que, derrière nos 168,000 khouan algériens, il y a, sur notre territoire même, plus de 2,000,000 de Musulmans qui ne sont ni meilleurs ni pires, et derrière eux encore, 173,000,000 d'autres Musulmans qui, avant d'être Marocains, Tunisiens, Tripolitains, Égyptiens, Syriens, Arabes, Turcs, Persans, Indiens ou Chinois, sont sujets de l'Islam, sujets d'Allah, c'est-à-dire partisans convaincus de la supériorité et de la légitimité de l'Imamat, tel que le prêchent les Snoussya et tel que le définissent ou l'ordonnent le Coran et la Sonna.

APPENDICE

STATISTIQUE DES ORDRES RELIGIEUX EN ALGÉRIE
D'APRÈS LES DOCUMENTS OFFICIELS

Les difficultés que présente le recensement des affiliés des ordres religieux musulmans sont telles, qu'un travail d'ensemble contient toujours forcément des lacunes et des omissions. Aussi les chiffres des tableaux ci-après ne sont-ils que des minima donnant seulement le nombre des khouans *connus*, et les circonscriptions où leur présence a été constatée.

Pour se rendre compte de l'importance réelle que peut avoir en Algérie un ordre religieux quelconque, il faut ajouter aux chiffres indiqués :

1° Les khouan inconnus ;

2° Les femmes khouatat si nombreuses chez les Rahmanya et les Qadrya ;

3° Les serviteurs religieux (non affiliés comme khouan) ;

4° Les enfants adultes, parents, amis et clients qui

subissent l'autorité ou l'influence de chaque khouan, chef de famille ;

5° Les khouan appartenant aux groupes en défection.

Ce sont là autant d'éléments variables qui ne peuvent être appréciés numériquement, sous peine de n'avoir que des données sans valeur ni précision.

Les chiffres ci-après ont été fournis par tribus ou par douars-communes ; ils ont été soigneusement vérifiés et contrôlés au service central des Affaires indigènes, à Alger, où des rectifications ont pu être faites à l'aide de documents probants. Ces rectifications ont surtout porté sur les statistiques de quelques communes de plein exercice, dont les maires n'avaient pas eu en mains les moyens d'information nécessaires pour opérer un recensement aussi délicat.

Il eût été intéressant de donner comme terme de comparaison une statistique antérieure ; malheureusement, il n'en existe aucune embrassant toute l'Algérie, et les quelques documents de détail qui ont été établis en 1851 sont trop incomplets, et, en général, trop inexacts pour pouvoir être utilisés (1).

---

(1) Cette statistique, bien que nulle pour les cercles de Dellys, Aumale, Bogbar, Mostar'anem, Bougie et Bouçada, donnait, en effet, 533,026 khouan pour toute l'Algérie, c'est-à-dire un tiers de la population totale, alors estimée à 1,668,372, ce qui était exagéré. Il est vrai que des tribus entières, *femmes et enfants compris*, y figuraient comme affiliés en bloc à un seul ordre. Ainsi, tout le cercle militaire d'Alger était donné comme composé de 154,267 Rahmanya : c'était une façon de dire que dans ce cercle l'influence dominante était celle des Rahmanya, ce qui est vrai ; mais il y avait encore d'autres influences dont on ne tenait pas assez compte.

Enfin, nous croyons devoir rappeler que les chiffres donnés ici pour les zaouïa, s'appliquent à « tout établissement, maison ou lieu-dit, où se donne en permanence l'enseignement congréganiste, et où se tiennent les assemblées de khouan. » Toutes ces zaouïa ne sont donc pas, à proprement parler, des monastères, et quelques-unes d'entre elles, en tant qu'immeubles, n'ont aucune valeur. (Voir la note du chap. III, p. 14.)

DÉPARTEMENT D'ALGER

DÉSIGNATION DES		NOMBRE DES			
Localités	Ordres	Z.	M.	K.	Affiliés

Territoire civil

ARRONDISSEMENT D'ALGER

Alger (14,670 hab.).	Qadrya....	»	1	72	
	Chadelya..	»	1	45	
	Aïssaoua..	»	1	85	
	Taïbya....	»	1	55	1.555
	Hansalya..	»	1	10	
	Tidjanya...	»	1	30	
	Rahmanya.	»	2	1.250	
Arba (1,372).....	Rahmanya.	»	3	250	253
Aumale (3,309)....	Aïssaoua..	»	1	10	11
Blida (13,022)	Qadrya....	»	1	61	
	Chadelya..	»	1	14	
	Aïssaoua..	»	1	26	627
	Taïbya.....	»	1	129	
	Zianya.....	»	1	114	
	Rahmanya.	»	3	275	
Boufarik (4,526)...	Qadrya....	»	1	20	
	Chadelya...	»	»	20	
	Taïbya....	»	1	20	165
	Zianya.....	»	1	30	
	Rahmanya.	»	1	30	
	Youcefya..	»	1	40	
Cherchell (5,227)..	Qadrya....	»	1	10	
	Chadelya..	»	1	100	
	Aïssaoua..	»	1	200	545
	Taïbya....	»	1	80	
	Rahmanya.	»	1	150	
Douéra (1,213)....	Taïbya....	»	1	20	21
Koléa (2,228)......	Aïssaoua..	»	1	20	47
	Taïbya....	»	1	25	
Ménerville (4,660).	Rahmanya.	3	4	95	99
Mostafa (636)......	Rahmanya.	1	2	10	12
Od-el-Alleg (1,916).	Taïbya.....	»	1	25	26
Rivet (2,765)......	Rahmanya.	1	1	35	36
Rouïba (1,433).....	Rahmanya.	1	2	50	52
S.-Pierr.-S.-Pl(4403)	Qadrya....	»	»	4	4
	A REPORTER.............				3.453

DÉSIGNATION DES		NOMBRE DES			
Localités	Ordres	Z.	M.	K.	Affiliés
	REPORT............				3.453
Souma (2,968 hab.)	Qadrya.....	»	1	15	22
	Aïssaoua ..	»	»	6	
Aïn-Bessem C. M. (27,516)	Qadrya	»	1	20	53
	Chadelya ..	1	1	9	
	Tedjanya ..	1	1	9	
	Rahmanya .	1	1	11	
Aumale C. M. (28,759)	Qadrya.....	»	1	39	1.812
	Aïssaoua ..	»	»	10	
	Rahmanya .	2	6	1.756	
Beni-Mansour C. M. (16,080)	Chadelya...	»	1	15	142
	Rahmanya .	1	1	125	
Gouraya C. M. (23,492)	Qadrya	»	1	19	441
	Chadelya...	»	1	47	
	Taïbya.....	»	1	83	
	Rahmanya .	»	2	287	
Palestro C. M. (20,046)	Qadrya.....	2	1	111	3.904
	Taïbya.....	1	1	180	
	Rahmanya .	15	15	3.596	
Tablat C. M. (38,160)	Qadrya.....	»	1	30	895
	Taïbya.....	»	1	20	
	Rahmanya .	6	36	807	
					10.722

Soit, pour l'arrondissement comprenant 281.192 musulmans, 10.722 affiliés de divers ordres. — 39 communes, comprenant 59.701 musulmans, sont données comme n'ayant aucun khouan.

ARRONDISSEMENT DE MÉDÉA

Boghar (1,403)	Chadelya ..	1	2	30	32
Boghari (1,788)	Chadelya ..	1	1	6	39
	Aïssaoua ..	»	1	15	
	Tidjanya ..	»	1	15	
Médéa (9,613)	Qadrya	1	1	19	104
	Chadelya ..	1	1	25	
	Taïbya.....	»	1	15	
	Tidjanya ..	»	1	20	
	Rahmanya .	»	1	20	
Ben-Chicao C. M. (18,141)	Qadrya.....	»	1	10	399
	Chadelya ..	»	7	259	
	Rahmanya .	»	4	118	
	A REPORTER............				574

DÉSIGNATION DES		NOMBRE DES			
Localités	Ordres	Z.	M.	K.	Affiliés
	Report...............				574
Berrouaghia C. M. (22,387 hab.)....	Qadrya.....	»	1	8	
	Chadelya..	4	4	1.063	
	Aïssaoua..	1	1	194	1.966
	Tidjanya...	»	1	36	
	Rahmanya.	»	2	656	
Boghari C. M. (18,149).........	Qadrya.....	»	1	30	
	Chadelya..	»	2	334	627
	Rahmanya.	»	1	259	
					3.167

Soit, pour une population totale de 71,808 musulmans, 3,167 affiliés. — La commune de plein exercice de Berrouaghia (327 h.) n'aurait pas de khouan.

ARRONDISSEMENT DE MILIANA

Miliana (3,695). ...	Qadrya	»	1	30	
	Chadelya ..	»	»	10	
	Aïssaoua ..	»	1	72	
	Taïbya	»	1	63	242
	Zianya.....	»	»	10	
	Rahmanya..	»	1	32	
	Youcefia ...	»	1	20	
Saint-Cyprien-des-Attaf (2,390).....	Qadrya	1	1	44	61
	Taïbya.....	1	1	15	
Teniet-el-Hâd (2,171)..........	Chadelya...	»	1	10	
	Aïssaoua ..	»	»	8	28
	Taïbya	»	»	2	
	Rahmanya .	»	»	7	
Adelia et Hammam-Rir'a C. M. (10,504).........	Qadrya	»	»	20	
	Chadelya ..	»	2	13	
	Taïbya.....	»	8	137	335
	Zianya.....	»	1	2	
	Rahmanya .	»	3	149	
Les Braz C. M. (26,775).........	Qadrya	»	1	11	
	Chadelya ..	»	1	15	399
	Taïbya.....	»	1	87	
	Rahmanya..	»	3	280	
Djendel C. M. (19,098).........	Qadrya	»	1	50	
	Chadelya ..	1	5	395	
	Aïssaoua ..	»	1	20	630
	Taïbya	»	6	80	
	Zianya.....	»	1	30	
	Rahmanya..	»	1	40	
	A reporter.............				1.695

— 529 —

DÉSIGNATION DES		NOMBRE DES			
Localités	Ordres	Z.	M.	K.	Affiliés
	Report..............				1.695
Teniet-el-Hâd C. M. (27,737 hab.)	Qadrya .... Chadelya .. Taïbya .... Rahmanya .	» 4 » »	1 10 6 10	30 301 140 419	917
					2.612

Soit, pour une population totale de 95,696 musulmans, 2,612 affiliés. — 6 communes, représentant une population de 8,326 musulmans, n'auraient pas de khouan.

ARRONDISSEMENT D'ORLÉANSVILLE

Localités	Ordres	Z.	M.	K.	Affiliés
Orléansville (4,865)	Qadrya .... Taïbya .... Zianya..... Rahmanya .	» » » »	» 1 » »	20 10 10 10	51
Ténès (2,779)	Qadrya .... Chadelya .. Aïssaoua... Taïbya	» » » »	» » 1 »	10 3 40 10	64
Aïn-Meran C. M. (21,995)	Qadrya .... Chadelya .. Taïbya .... Rahmanya .	2 2 1 »	3 6 2 2	26 300 85 77	501
Malakoff C. M. (27,836)	Qadrya .... Chadelya .. Taïbya .... Zianya..... Rahmanya .	» » » » »	» 1 3 » 1	28 29 93 7 4	166
Ouarsenis C. M. (33,627)	Qadrya .... Chadelya .. Taïbya .... Zianya..... Rahmanya .	» » » » »	» 4 12 1 9	20 56 216 4 286	608
Oued-Fodda C. M. (12,988)	Qadrya .... Chadelya .. Zianya.....	» 4 »	» 4 1	37 42 10	94
Ténès C. M. (23,596)	Qadrya .... Chadelya .. Aïssaoua .. Taïbya..... Rahmanya . Madanya...	» » » » » »	1 6 » 2 1 1	80 289 4 164 92 20	660
					2.144

Soit, pour 130,731 musulmans, 2,144 affiliés. — La commune de Montenotte (3,045 hab.) n'aurait pas de khouan.

DÉSIGNATION DES		NOMBRE DES			
Localités	Ordres	Z.	M.	K.	Affiliés
ARRONDISSEMENT DE TIZI-OUZOU					
Dellys (11,132 h.)	Rahmanya	»	1	3	9
	Snoussya	»	»	5	
Tizi-Ouzou (6,162)	Rahmanya	1	1	69	70
Azeffoun C. M. (43,911)	Rahmanya	10	11	292	303
Dellys C. M. (31,654)	Qadrya	»	»	10	209
	Rahmanya	»	2	197	
Djurdjura C. M. (58,843)	Rahmanya	27	27	6.556	6.589
	Snoussya	»	1	5	
Dra-el-Mizan C. M. (38,781)	Rahmanya	5	6	283	289
Fort-National C. M. (36,661)	Rahmanya	2	2	205	207
Haut-Sebaou C. M. (28,466)	Rahmanya	2	2	730	732
Les Isser (65,827)	Qadrya	»	»	10	266
	Chadelya	1	1	20	
	Tidjanya	»	»	5	
	Rahmanya	1	6	234	
					8.674

Soit, pour 223,075 musulmans, 8,674 affiliés. — 5 communes (11.608 mus.) n'auraient pas de khouan.

RÉCAPITULATION DU TERRITOIRE CIVIL

	Z.	M.	K.
Qadrya	6	23	894
Chadelya	20	64	3.450
Aïssaoua	1	10	710
Taïbya	3	54	1.754
Zianya	»	6	217
Hansalya	»	1	10
Tidjanya	1	5	115
Rahmanya	79	177	19.735
Madanya	»	1	20
Snoussya	»	1	10
Si Ahmed ben Youcef	»	2	60
Totaux	110	344	26.975

Soit, pour 902,502 musulmans :
Zaouïa.......... 110
Moqaddem...... 344
Khouan .... 26.975 } 27.319 affiliés,

dont 52 communes, représentant 83,007 h., n'ayant pas de khouan.

— 531 —

Désignation des		Nombre des			
Localités	Ordres	Z.	M.	K.	Affiliés

Territoire militaire

Cercle d'Aumale (18,214 hab.)	Chadelya Aïssaoua Rahmanya	» 1 »	» 1 3	3 40 375	422
Cercle de Boghar (18,934)	Chadelya Tidjanya Rahmanya Madanya Snoussya	» » 1 » »	1 1 10 » »	162 38 2,457 17 14	2.700
Cercle de Bou-Saâda (21,259)	Tidjanya Rahmanya Madanya Snoussya	1 11 1 »	1 13 1 »	120 3.135 70 10	3.350
Chellala (15,489)	Qadrya Chadelya Taïbya Tidjanya Rahmanya	» » » » »	» » 2 » 6	3 117 241 2 905	1.276
Djelfa (43,351)	Qadrya Chadelya Taïbya Tidjanya Rahmanya Madanya	» » » » » »	» 1 2 3 22 1	10 404 50 235 8.333 688	9.749
R'ardaïa (42,854)	Qadrya Cheikhya Taïbya Tidjanya Rahmanya Madanya	1 » » » » »	7 3 2 1 4 2	1.273 1.176 713 20 875 427	4.503
Laghouat (15,746)	Qadrya Taïbya Tidjanya Rahmanya Madanya	» » 1 1 1	1 2 15 4 2	48 93 3.818 845 253	5.081

27.081

RÉCAPITULATION DU TERRITOIRE MILITAIRE

	Z.	M.	K.
Qadrya	1	8	1.334
Chadelya	»	2	686
Aïssaoua	1	1	40
Cheikbya	»	3	1.176
Taïbya	»	8	1.097
Tidjanya	2	21	4.233
Rahmanya	13	62	16.925
Madanya	2	6	1.455
Snoussya	»	»	24
Totaux	19	111	26.970

Soit, pour 175,919 musulmans :

Zaouïa......... 19
Moqaddem...... 111 } 27.081 affiliés.
Khouan........ 26.970

RÉCAPITULATION GÉNÉRALE DU DÉPARTEMENT

	Z.	M.	K.
Territoire civil	110	344	26.975
Territoire militaire	19	111	26.970
Totaux	129	455	53.945
Report des moqaddem			455
Affiliés			54.400

DÉPARTEMENT DE CONSTANTINE

DÉSIGNATION DES		NOMBRE DES			
Localités	Ordres	Z.	M.	K.	Affiliés

Territoire civil

ARRONDISSEMENT DE CONSTANTINE

Localités	Ordres	Z.	M.	K.	Affiliés
Aïn-Beïda (1,209 h.)	Qadrya	1	1	36	68
	Aïssaoua	1	1	30	
Aïn-Smara (2,097)	Hansalya	1	1	7	15
	Rahmanya	1	1	6	
Batna, ville (2,394)	Qadrya	»	1	30	93
	Tidjanya	»	1	30	
	Rahmanya	»	1	30	
Biskra, ville (6,723)	Qadrya	»	1	20	967
	Chadelya	»	1	30	
	Aïssaoua	»	»	4	
	Taïbya	»	»	10	
	Tidjanya	1	2	150	
	Rahmanya	»	1	740	
	Madanya	»	»	5	
Bizot (6,705)	Taïbya	»	8	94	216
	Hansalya	»	3	37	
	Rahmanya	»	1	70	
Condé-Smendou (10,484)	Qadrya	»	1	15	178
	Taïbya	1	2	25	
	Hansalya	»	2	25	
	Rahmanya	2	8	100	
Constantine (17,900)	Qadrya	1	1	150	3,599
	Chadelya	»	1	40	
	Aïssaoua	1	1	500	
	Taïbya	1	1	1,500	
	Hansalya	1	1	500	
	Tidjanya	1	2	500	
	Rahmanya	1	2	400	
Guettar-el-Aïch (1,545)	Rahmanya	3	3	3	6
Le Hamma (4,174)	Taïbya	1	3	200	279
	Hansalya	»	1	45	
	Rahmanya	»	1	29	
Le Kroub (6,420)	Hansalya	»	1	60	61
A REPORTER					5,482

DÉSIGNATION DES		NOMBRE DES			
Localités	Ordres	Z.	M.	K.	Affiliés
	REPORT..............				5.482
Mila (6,329 h.)	Qadrya	»	»	20	
	Hansalya	»	1	100	373
	Rahmanya	»	2	250	
Od-Athmenia (1,984)	Hansalya	»	1	100	101
Oued-Zenati (8,134)	Chadelya	»	1	15	
	Hansalya	»	1	7	81
	Tidjanya	1	2	30	
	Rahmanya	2	3	22	
Rouffach (6,115)	Hansalya	1	3	1.050	1.475
	Rahmanya	»	2	420	
Sidi-Merouan (2094)	Taïbya	»	2	81	172
	Rahmanya	»	2	87	
Tébessa, ville (2039)	Qadrya	1	1	60	
	Aïssaoua	»	1	15	278
	Rahmanya	»	1	200	
Zeraïa (1,979)	Rahmanya	»	1	60	61
Aïn - Mlila C. M. (1,291)	Hansalya	1	9	370	
	Tidjanya	»	1	29	1.291
	Rahmanya	2	12	870	
Batna C. M. (16,894)	Qadrya	»	1	22	
	Hansalya	»	1	14	826
	Rahmanya	»	8	780	
Chateaudun - du - Rummel C. M. (16,314)	Taïbya	1	1	10	
	Hansalya	»	1	200	614
	Rahmanya	2	2	400	
El - Milia C. M. (36,725)	Chadelya	»	1	15	
	Taïbya	»	3	246	1.860
	Hansalya	»	1	200	
	Rahmanya	2	22	1.342	
Fedj-Mezala C. M. (43,979)	Chadelya	»	1	15	
	Hansalya	»	1	65	589
	Rahmanya	»	11	493	
Khenchela C. M. (15,633)	Qadrya	1	4	200	
	Chadelya	»	1	50	449
	Tidjanya	»	1	40	
	Rahmanya	3	3	150	
Meskiana C. M. (13,384)	Qadrya	»	1	91	
	Tidjanya	3	3	412	2.029
	Rahmanya	3	3	1.519	
	A REPORTER..............				15.681

DÉSIGNATION DES		NOMBRE DES			
Localités	Ordres	Z.	M.	K.	Affiliés
	REPORT				15.681
Oued-Zenati C. M. (17,133 hab.)	Qadrya	1	1	25	213
	Chadelya	»	1	25	
	Hansalya	»	»	20	
	Tidjanya	1	2	45	
	Rahmanya	1	4	90	
Mgaous ou Ouled-Soltan C.M.(20816)	Qadrya	»	1	9	2.393
	Rahmanya	3	12	2.371	
Oum-el-Bouaghi C. M. (11,319)	Tidjanya	»	1	120	252
	Rahmanya	1	1	130	
Sedrata C. M. (12,166)	Tidjanya	1	4	113	360
	Rahmanya	1	10	233	
					18.899

Soit, pour 334,882 musulmans, 18,899 affiliés à divers ordres. — Les communes d'Aïn-Tin, Lambesse, Oued-Seguin et Ouled-Rahmoun (soit 8,405 mus.), sont données comme n'ayant pas de khouan.

ARRONDISSEMENT DE BONE

Localités	Ordres	Z.	M.	K.	Affiliés
Aïn-Mokra, ville et C. M. (1,117 plus 13,645 = 14,762)	Qadrya	»	1	26	2.729
	Chadelya	1	2	774	
	Hansalya	»	»	50	
	Tidjanya	»	1	154	
	Rahmanya	2	9	1.715	
Barral (183)	Rahmanya	»	»	8	8
Bône (ville) (6,196)	Qadrya	»	1	140	224
	Aïssaoua	1	1	10	
	Hansalya	1	1	20	
	Rahmanya	1	1	50	
Bugeaud (190)	Rahmanya	»	»	6	6
Duvivier (715)	Rahmanya	»	»	35	35
Duzerville (2,848)	Qadrya	1	1	110	383
	Chadelya	1	1	70	
	Rahmanya	1	1	200	
Herbillon (27)	Rahmanya	»	»	10	10
La Calle (1,564)	Qadrya	1	1	25	67
	Rahmanya	»	1	40	
Mondovi (380)	Rahmanya	»	»	15	15
Nechmaya (383)	Rahmanya	»	»	10	10
Penthièvre (1,193)	Chadelya	»	1	50	51
	A REPORTER				3.538

DÉSIGNATION DES		NOMBRE DES			
Localités	Ordres	Z.	M.	K.	Affiliés
	Report...............				3.538
Randon (5,246 h.)..	Chadelya.. Rahmanya.	» »	1 »	100 150	251
Zerizer C. M. (15,126).........	Qadrya.... Chadelya.. Tidjanya... Rahmanya.	» » » »	2 6 1 14	155 325 9 618	1.130
					4.919

Soit, pour 48,813 musulmans, 4,919 affiliés à divers ordres.

ARRONDISSEMENT DE GUELMA

Guelma, ville et C. M. (35,058)..	Qadrya.... Aïssaoua.. Hansalya... Tidjanya... Rahmanya.	3 1 » 1 4	2 1 » 1 5	129 60 20 230 737	1.185
Sefia C. M. (29,864)	Chadelya... Hansalya... Tidjanya... Rahmanya.	» » » 4	2 » 1 14	27 20 606 2.916	3.587
					4.772

Soit, pour une population de 71,460 musulmans, 4,772 affiliés à divers ordres. — 7 communes, représentant une population de 6,538 musulmans, sont données comme n'ayant pas de khouan.

ARRONDISSEMENT DE BOUGIE

Bougie (7,860).....	Qadrya.... Aïssaoua.. Taïbya.... Rahmanya.	» » » »	1 1 1 3	50 150 91 261	558
Djidjelli (3,380)....	Qadrya.... Rahmanya.	» 1	» 2	30 200	232
Duquesne (2,459)..	Rahmanya.	»	»	46	46
Strasbourg (1,473).	Taïbya....	»	»	39	39
Akbou C. M. (44 455)	Aïssaoua.. Rahmanya.	» 37	4 14	150 3.160	3.328
Fennaïa C. M. (34,721).........	Qadrya.... Rahmanya.	» »	» 6	2 419	427
	A reporter.............				4.630

— 537 —

DÉSIGNATION DES		NOMBRE DES			
Localités	Ordres	Z.	M.	K.	Affiliés
	Report................				4.630
Guergour C. M. (54,056 hab.) ...	Qadrya	»	»	50	237
	Chadelya ..	»	1	20	
	Taïbya	»	»	6	
	Hansalya ..	»	2	20	
	Rahmanya .	»	2	136	
Oued-Mersa C. M. (18,965)	Rahmanya .	»	2	130	132
Sidi-Aïch C. M. (41,212).........	Rahmanya .	»	2	295	297
Tabahort C. M. (26,446)	Chadelya ..	»	1	21	512
	Rahmanya .	»	7	483	
Taher C. M. (19,948).........	Qadrya	»	1	30	744
	Taïbya	»	»	2	
	Hansalya...	»	2	155	
	Rahmanya .	»	12	542	
Takitount C. M. (28,298)	Rahmanya .	»	10	647	657
					7.209

Soit, pour une population de 284,581 musulmans, 7,209 affiliés.
— Les communes d'El-Kseur et de l'Oued-Amizour (1,308 hab.) sont données comme n'ayant pas de khouan.

ARRONDISSEMENT DE PHILIPPEVILLE

Collo, ville et C. M. (2,646)	Qadrya	»	1	15	2.023
	Chadelya ..	»	7	131	
	Aïssaoua ..	»	»	6	
	Taïbya	»	3	294	
	Hansalya...	»	4	275	
	Rahmanya .	»	13	1.274	
El-Arrouch, ville et C. M. (15,482)...	Qadrya	»	»	4	307
	Chadelya ..	»	1	39	
	Taïbya	»	1	57	
	Hansalya...	»	1	16	
	Rahmanya .	»	1	187	
El-Kantour (2,542) .	Taïbya	»	3	23	143
	Hansalya ..	»	3	20	
	Rahmanya .	»	3	91	
	A reporter.............				2.473

DÉSIGNATION DES		NOMBRE DES			
Localités	Ordres	Z.	M.	K.	Affiliés
	Report................				2.473
Jemmapes, ville et C. M. (1,227 h.)	Qadrya	»	1	21	648
	Chadelya ..	»	3	114	
	Hansalya ..	»	1	29	
	Rahmanya .	»	4	475	
Philippeville (1,885)	Qadrya	»	»	40	158
	Rahmanya .	»	1	117	
St-Charles (2,205)..	Taïbya	»	2	110	112
Stora (1,263)......	Rahmanya .	»	»	40	40
Attia, C. M. (15,194)	Taïbya	»	1	91	914
	Hansalya ..	»	3	75	
	Rahmanya .	»	6	738	
Robertville (1,239) .	Rahmanya .	»	2	250	252
					4.597

Soit, pour une population de 87,182 musulmans, 4,597 affiliés à divers ordres. — Les communes de Gastonville et de Gastu (3,115 mus.) sont données comme n'ayant pas de khouan.

ARRONDISSEMENT DE SÉTIF

Aïn-Abessa (3,148).	Chadelya ..	»	»	10	10
Bordj-bou-Arreridj, ville et C. M. (20,053)........	Qadrya	»	1	40	708
	Chadelya ..	1	1	84	
	Rahmanya .	6	7	575	
El-Ouricia (1,689)..	Rahmanya..	3	3	45	48
Sétif, ville et C. M. (25,572)........	Qadrya	»	1	40	5.066
	Chadelya ..	»	1	9	
	Aïssaoua...	»	1	38	
	Rahmanya .	5	4	4.972	
Biban C. M. (30,537)	Chadelya ..	3	12	340	1.180
	Rahmanya .	4	22	785	
	Madanya...	»	1	20	
Eulma C. M. (20,721)........	Tidjanya...	»	1	10	680
	Rahmanya..	3	6	663	
Rir'a C. M. (18,391).	Chadelya ..	»	2	35	375
	Taïbya	»	3	45	
	Rahmanya..	»	15	275	
					8.067

Soit, pour une population de 128,924 musulmans, 8,067 affiliés à divers ordres. — Les communes d'Aïn-Roua, Aïn-Tagrout, Bouhira, St-Arnaud (8,413 mus.), sont données comme n'ayant pas de khouan.

DÉSIGNATION DES		NOMBRE DES			
Localités	Ordres	Z.	M.	K.	Affiliés

RÉCAPITULATION DU TERRITOIRE CIVIL

	Z.	M.	K.
Qadrya	10	28	1.585
Chadelya	6	19	2.369
Aïssaoua	4	11	957
Taïbya	4	34	2.924
Hansalya	5	47	3.500
Tidjanya	9	24	2.475
Rahmanya	98	318	34.126
Madanya	»	1	25
Totaux	136	512	47.961

Soit, pour 955,842 musulmans :
  Zaouïa......... 136
  Moqaddem...... 512 }
  Khouan........ 47.961 } 48.473 affiliés,
dont 19 communes, représentant 27,779 h., n'ayant pas de khouan.

Territoire militaire

		Z.	M.	K.	Affiliés
Cercle de Biskra...	Qadrya	4	11	1.620	18.254
	Chadelya	1	1	205	
	Taïbya	2	2	164	
	Tidjanya	2	19	2.330	
	Rahmanya	8	32	13.870	
Cercle de Batna...	Qadrya	»	7	1.563	3.055
	Tidjanya	»	3	150	
	Rahmanya	1	29	1.099	
	Derdourya	1	4	200	
Annexe de Barika	Rahmanya	1	2	701	703
Cercle du Djebel-Chechar ou de Khenchela (11265)	Qadrya	»	1	33	2.805
	Tidjanya	1	1	79	
	Rahmanya	4	4	2.687	
Cercle de la Calle..	Qadrya	»	1	23	163
	Rahmanya	»	1	138	
Annexe de Msila ..	Qadrya	»	»	10	652
	Rahmanya	2	2	640	
Cercle de Souk-Ahras	Qadrya	»	2	81	1.466
	Hansalya	»	1	30	
	Tidjanya	»	5	456	
	Rahmanya	»	12	879	
A REPORTER					27.098

DÉSIGNATION DES		NOMBRE DES			
Localités	Ordres	Z.	M.	K.	Affiliés
	Report............				27.098
Cercle de Tébessa .	Qadrya	1	2	510	
	Chadelya...	»	1	9	3.365
	Tidjanya...	»	2	656	
	Rahmanya .	4	22	2.163	
					30.463

RÉCAPITULATION DU TERRITOIRE MILITAIRE

	Z.	M.	K.
Qadrya	5	24	3.840
Chadelya	1	2	214
Taïbya...............	2	2	164
Hansalya............	»	1	30
Tidjanya	3	30	3.671
Rahmanya	20	104	22.177
Derdourya	1	4	200
Totaux....	32	167	30.296

Soit, pour 215,809 musulmans :

Zaouïa.......... 32
Moqaddem...... 167
Khouan........ 30.296 } 30.463 affiliés.

RÉCAPITULATION GÉNÉRALE DU DÉPARTEMENT

	Z.	M.	K.
Territoire civil........	136	512	47.961
Territoire militaire....	32	167	30.296
Totaux....	168	679	78.257
Report des moqaddem.........			679
Affiliés.......................			78.936

DÉPARTEMENT D'ORAN

DÉSIGNATION DES		NOMBRE DES			
Localités	Ordres	Z.	M.	K.	Affiliés

Territoire civil

ARRONDISSEMENT D'ORAN

Oran (9,084 h.)	Qadrya	»	1	17	
	Chadelya	»	1	26	
	Aïssaoua	»	2	450	
	Cheikhya	»	1	20	584
	Taïbya	»	1	30	
	Zianya	»	1	16	
	Tidjanya	»	1	17	
Aïn-Temouchent C. M. (23,371)	Qadrya	»	8	185	
	Chadelya	»	6	33	
	Aïssaoua	»	2	15	
	Cheikhya	»	2	40	
	Taïbya	1	1	146	586
	Zianya	»	1	90	
	Hansalya	»	»	19	
	Tidjanya	»	2	15	
	Rahmanya	»	»	21	
Saint-Denis-du-Sig C. M. (14,509)	Qadrya	»	1	350	
	Taïbya	»	5	620	1.117
	Zianya	»	1	140	
Saint-Lucien C. M. (24,501)	Qadrya	»	3	103	
	Chadelya	»	»	92	
	Taïbya	»	1	95	
	Zianya	»	1	20	390
	Hansalya	»	»	19	
	Tidjanya	»	»	4	
	Rahmanya	»	1	14	
	Snoussya	»	»	37	
					2.677

Soit, pour 91,307 musulmans. 2,677 affiliés. — 25 communes de l'arrondissement (soit 19,842 musulmans) sont données comme n'ayant pas de khouan.

— 542 —

DÉSIGNATION DES		NOMBRE DES			
Localités	Ordres	Z.	M.	K.	Affiliés

ARRONDISSEMENT DE MASCARA

Mascara (6,303 h.)	Qadrya	»	3	80	
	Chadelya	1	2	60	
	Aïssaoua	»	1	40	
	Taïbya	»	1	50	380
	Zianya	1	1	60	
	Tidjanya	»	1	30	
	Rahmanya	»	1	50	
Mascara C. M. (38,091)	Qadrya	»	5	418	
	Chadelya	1	5	281	
	Aïssaoua	»	1	6	
	Taïbya	»	1	108	1.175
	Zianya	»	5	231	
	Hansalya	»	1	20	
	Rahmanya	»	2	65	
	Snoussya	»	1	25	
Cacherou C. M. (18,236)	Qadrya	»	1	189	
	Chadelya	»	1	133	
	Aïssaoua	»	1	29	546
	Taïbya	»	1	20	
	Zianya	»	1	70	
	Rahmanya	»	»	100	
Frenda (13,951)	Qadrya	»	3	45	
	Chadelya	»	3	37	
	Taïbya	»	4	67	258
	Zianya	»	4	59	
	Rahmanya	»	2	34	
Saïda, ville et C. M. (13,828)	Qadrya	»	6	110	
	Chadelya	»	3	130	
	Aïssaoua	»	1	31	
	Cheikhya	»	1	52	598
	Taïbya	»	7	112	
	Zianya	»	8	127	
	Tidjanya	»	1	9	

2.957

Soit, pour 90,117 musulmans, 2,957 affiliés. — 1 commune, Palikao, de 38 habitants, est donnée comme n'ayant pas de khouan.

DÉSIGNATION DES		NOMBRE DES			
Localités	Ordres	Z.	M.	K.	Affiliés

ARRONDISSEMENT DE MOSTAR'ANEM

Aboukir (2,245 h.)	Qadrya	»	1	6	28
	Snoussya	»	1	20	
Aïn-bou-Dinar (1,194)	Qadrya	»	3	40	64
	Snoussya	»	1	20	
Aïn-Nouissi (812)	Qadrya	»	»	10	12
	Snoussya	»	»	2	
Aïn-Tedelès (1,888)	Qadrya	»	»	22	22
Bled-Touaria (1,930)	Snoussya	»	5	13	18
Mazagran (744)	Aïssaoua	»	1	»	12
	Rahmanya	»	»	11	
Mostar'anem (5,298)	Qadrya	»	1	25	135
	Chadelya	»	1	25	
	Aïssaoua	1	1	27	
	Taïbya	»	1	10	
	Zianya	»	»	3	
	Tidjanya	»	1	15	
	Rahmanya	»	1	20	
	Snoussya	»	»	7	
Pélissier (1,981)	Taïbya	»	2	40	42
Pont-du-Chélif (3,380)	Qadrya	»	1	30	73
	Snoussya	»	2	40	
Relizane (2,283)	Chadelya	»	»	6	23
	Aïssaoua	»	1	6	
	Snoussya	»	»	10	
Rivoli (970)	Qadrya	»	1	7	9
	Rahmanya	»	»	1	
Souk-el-Mitou (1,585)	Chadelya	»	»	3	23
	Snoussya	»	1	19	
Tounin (1,867)	Qadrya	»	2	20	33
	Taïbya	»	1	10	
Ammi-Moussa C. M. (53,197)	Qadrya	»	8	236	2.801
	Chadelya	»	5	90	
	Taïbya	4	11	2.048	
	Zianya	»	»	27	
	Tidjanya	»	1	4	
	Rahmanya	1	5	383	

A REPORTER............ 3.295

DÉSIGNATION DES		NOMBRE DES			
Localités	Ordres	Z.	M.	K.	Affiliés
	REPORT............				3.295
Cassaigne C. M. (41,366 hab.)....	Qadrya....	»	7	337	
	Chadelya..	1	8	1.196	
	Aïssaoua..	»	1	40	2.129
	Taïbya....	»	11	288	
	Zianya.....	»	1	10	
	Rahmanya..	1	4	226	
Inkermann C. M. (8,927).........	Qadrya....	»	1	99	
	Chadelya...	»	2	116	
	Aïssaoua..	»	»	3	378
	Taïbya....	»	1	60	
	Tidjanya...	»	1	4	
	Rahmanya.	»	1	90	
L'Hillil C. M. (42,026).........	Qadrya.....	2	19	383	
	Chadelya..	»	1	81	
	Aïssaoua..	»	1	36	
	Taïbya.....	»	1	99	1.156
	Zianya.....	»	2	40	
	Rahmanya.	1	12	506	
	Snoussya...	1	13	256	
Tiaret C. M. (14,492).........	Qadrya.....	1	1	119	
	Chadelya..	1	2	93	
	Taïbya.....	1	3	327	693
	Zianya.....	»	»	72	
	Rahmanya..	1	1	75	
Zemmora C. M. (31,997).........	Qadrya....	»	15	74	
	Chadelya..	4	15	164	
	Taïbya.....	»	6	56	
	Zianya.....	»	1	10	1.474
	Rahmanya.	6	58	1.069	
	Madanya...	»	1	»	
	Snoussya...	»	4	1	
					9.425

Soit, pour 218,359 musulmans, 9,425 affiliés à divers ordres. — 2 communes, Bouguira et la Stidia (178 hab.) n'auraient pas de khouan.

ARRONDISSEMENT DE SIDI-BEL-ABBÈS

Sidi-bel-Abbès (3,215).........	Chadelya..	»	1	20	
	Cheikhyn...	»	1	10	
	Taïbya....	»	1	20	73
	Zianya.....	»	»	10	
	Tidjanya...	»	»	10	
	A REPORTER............				73

DÉSIGNATION DES		NOMBRE DES			
Localités	Ordres	Z.	M.	K.	Affiliés
	REPORT............				73
Bou-Khanefis C. M. (5,816 hab.).....	Qadrya	»	1	20	377
	Chadelya ..	»	2	52	
	Taïbya	»	3	34	
	Zianya.....	»	5	260	
La Mekerra (13,877)	Qadrya	»	1	710	960
	Taïbya	»	2	95	
	Zianya.....	»	2	100	
	Rahmanya .	»	»	50	
					1.410

Soit, pour 25,016 musulmans, 1,410 affiliés. — 4 communes (Sidi-Brahim, Sidi-Lhassen, Tessala, les Trembles), soit 2,108 musulmans, étant données comme n'ayant pas de khouan.

ARRONDISSEMENT DE TLEMCEN

Tlemcen (1,690 h).	Qadrya	2	2	500	1.690
	Chadelya...	»	1	50	
	Aïssaoua ..	3	3	500	
	Kerzazya...	»	»	40	
	Cheikhya...	»	1	20	
	Taïbya	2	1	500	
	Zianya.....	»	1	20	
	Tidjanya ...	1	1	50	
Lamoricière C. M. 9,563)..........	Qadrya	1	5	107	397
	Chadelya ..	»	»	11	
	Aïssaoua ..	1	1	9	
	Cheikhya...	»	1	20	
	Taïbya.....	1	5	87	
	Zianya.....	»	1	25	
	Tidjanya...	»	2	19	
	Rahmanya .	»	»	12	
	Madanya...	1	4	88	
Nedroma C. M. (20,072).........	Qadrya	1	9	415	1.769
	Chadelya ..	1	2	236	
	Aïssaoua ..	1	2	80	
	Kerzazya...	»	4	173	
	Taïbya.....	2	8	560	
	Zianya.... .	1	7	272	
	Snoussya...	»	1	»	
	A REPORTER............				3.856

DÉSIGNATION DES		NOMBRE DES			
Localités	Ordres	Z.	M.	K.	Affiliés
	Report..................				3.856
Remchi C. M. (26.251 hab.)	Qadrya....	»	16	285	
	Chadelya..	»	»	21	
	Aïssaoua..	1	3	85	
	Kerzazya..	»	13	150	998
	Taïbya....	»	17	231	
	Zianya.....	1	8	164	
	Tidjanya...	»	1	4	
Sebdou C. M. (6,701)	Qadrya....	»	11	64	
	Chadelya..	»	»	21	
	Kerzazya..	»	14	111	421
	Chekhya...	»	1	10	
	Taïbya.....	»	10	90	
	Zianya.....	»	9	80	
					5.275

Soit, pour 79,883 musulmans, 5,275 affiliés. — Les communes de Nemours et d'Hennaya (1,459 mus.) n'auraient pas de khouan.

RÉCAPITULATION DU TERRITOIRE CIVIL

	Z.	M.	K.
Qadrya	7	136	5.006
Chadelya	9	64	2.980
Aïssaoua	7	22	1.357
Kerzazya	»	31	474
Cheikhya	»	8	171
Taïbya	11	142	5.803
Zianya..............	3	60	1.906
Hansalya............	»	1	58
Tidjanya............	1	12	181
Rahmanya	10	88	2.677
Madanya.............	1	5	88
Snoussya	1	29	447
Totaux....	50	598	21.148

Soit, pour 505,012 musulmans :

Zaouia......... 50
Moqaddem...... 598 } 21.746 affiliés,
Khouan........ 21.148

dont 34 communes, représentant 23,625 h., n'ayant pas de khouan.

— 547 —

DÉSIGNATION DES		NOMBRE DES			
Localités	Ordres	Z.	M.	K.	Affiliés

Territoire militaire

Localités	Ordres	Z.	M.	K.	Affiliés
Cercle de Daya (11,158 hab.)	Qadrya	»	2	114	
	Chadelya	»	1	23	
	Aïssaoua	»	1	7	140
	Cheikhya	»	1	70	
	Taïbya	»	2	183	
	Zianya	»	1	35	
Cercle de Géryville (5,808)	Qadrya	»	6	139	
	Kerzazya	»	»	3	
	Cheikhya	5	6	120	
	Taïbya	»	7	168	774
	Zianya	»	»	1	
	Tidjanya	1	6	316	
	Youcefia	»	»	2	
Cercle de Lalla-Mar'nia (19,002)	Qadrya	»	16	1.131	
	Chadelya	»	4	301	
	Kerzazya	»	10	374	
	Cheikhya	»	1	118	1.500
	Taïbya	»	25	1.568	
	Zianya	1	15	924	
	Tidjanya	»	1	12	
Cercle de Sebdou (11,349)	Qadya	»	22	306	
	Chadelya	»	1	»	
	Kerzazya	»	17	1.344	3.061
	Cheikhya	»	13	917	
	Taïbya	»	18	302	
	Zianya	»	11	113	
Cercle de Saïda ou de la Yacoubia (10,612)	Qadrya	1	1	51	
	Chadelya	»	1	15	
	Cheikhya	»	1	11	248
	Taïbya	»	5	130	
	Zianya	»	2	31	
Cercle d'Aïn-Sefra (3,260)	Qadrya	»	2	109	
	Kerzazya	»	4	729	
	Cheikhya	»	6	197	1.198
	Taïbya	»	1	50	
	Zianya	»	1	50	
	Youcefia	1	2	347	
Cercle de Tiaret (11,110)	Qadrya	»	»	4	
	Chadelya	»	»	6	579
	Taïbya	»	»	448	
	Rahmanya	»	2	119	

A REPORTER............... 11.103

DÉSIGNATION DES		NOMBRE DES			
Localités	Ordres	Z.	M.	K.	Affiliés
	Report............			...	11.103
Annexe d'Aflou (11,981 hab.)....	Qadrya.....	»	»	51	
	Taïbya ...	»	2	1.105	1.643
	Tedjanya ..	»	1	79	
	Rahmanya .	»	3	402	
Poste de Frenda (3,893).........	Qadrya	»	»	10	
	Chadelya...	»	»	20	106
	Taïbya.....	»	1	48	
	Zianya....	»	1	26	
					12.852

RÉCAPITULATION DU TERRITOIRE MILITAIRE

	Z.	M.	K.
Qadrya	»	49	1.915
Chadelya.............	»	7	365
Kerzazya	»	31	2.450
Cheikhya	5	28	1.433
Aïssaoua	»	1	7
Taïbya.............	»	61	4.002
Zianya.............	1	31	1.180
Tidjanya	1	8	407
Rahmanya	»	5	521
Youcefya	1	2	349
Totaux...	8	223	12.629

Soit, pour 91,173 musulmans (*) :

  Zaouïa.......... 8
  Moqaddem...... 223
  Khouan........ 12.629 } 12.852 affiliés.

RÉCAPITULATION GÉNÉRALE DU DÉPARTEMENT

	Z.	M.	K.
Territoire civil........	50	598	21.148
Territoire militaire....	8	223	12.629
Totaux....	58	821	33.777
Report des moqaddem........			821
Affiliés........................			34.598

Il conviendrait d'ajouter à ces chiffres environ 1,000 khouan des Nacerya répandus dans tout le Sud jusque sur Géryville, et 40 Habibya dans la subdivision de Tlemcen.

(*) Ce chiffre officiel de la statistique de 1881 comporte 87,913 musulmans, sujets français ; la différence, 3 260, provient : de Marocains fixés en Algérie, d'un recensement postérieur fait à Aïn-Sefra et de dissidents rentrés.

STATISTIQUE GÉNÉRALE DE CHAQUE ORDRE

NOMS des ORDRES	ALGER NOMBRE DE			ORAN NOMBRE DE			CONSTANTINE NOMBRE DE			NOMBRE TOTAL DES			
	Z.	M.	K.	Z.	M.	K.	Z.	M.	K.	Z.	M.	K.	Affiliés
Qadrya	7	31	2.228	7	185	6.921	15	52	5.425	29	268	14.574	14.842
Chadelya-Derqaoua	20	66	4.136	9	71	3.345	7	51	2.583	36	188	10.064	10.252
Aïssaoua	2	11	750	7	23	1.364	4	11	957	13	45	3.071	3.116
Kerzazya	»	»	»	»	62	2.924	»	»	»	»	62	2.924	2.986
Cheikhya	»	3	1.176	5	36	1.604	»	»	»	5	39	2.780	2.819
Taïbya	3	62	2.851	11	203	9.805	6	36	3.088	20	301	15.744	16.045
Hansalya	»	1	40	»	1	58	5	48	3.530	5	50	3.598	3.648
Zianya	»	6	217	4	91	3.086	»	»	»	4	97	3.303	3.400
Tidjanya	3	26	4.348	2	20	588	42	54	6.146	47	100	11.082	11.182
Rahmanya	92	239	36.660	10	93	3.198	118	422	56.303	220	754	96.161	96.915
Madanya	2	7	1.175	1	5	88	»	1	25	3	13	1.588	1.601
Snoussya	»	1	34	1	29	447	»	»	»	1	30	481	511
Youcefya-Rachidya	»	2	60	»	2	319	»	»	»	»	4	409	413
Nacerya	»	»	»	»	»	1.000	»	»	»	»	»	1.000	1.000
Habibya	»	»	»	»	»	40	»	»	»	»	»	40	40
Derdourya	»	»	»	»	»	»	1	4	200	1	4	200	204
Totaux	129	455	53.945	58	821	34.817	168	679	78.257	355	1.955	167.019	168.974
			455			821			679			1.955	
			54.400			35.638			78.936			168.974	

ERRATA

Page 12, ligne 5, supprimer *ni*.

— 17, — 19, ajouter *qui, depuis, a été révoqué pour dissimulations d'impôts, séquestrations arbitraires, menées anti-françaises, etc.*

— 67, — 29, au lieu de *Nirvana*, lire *Nirwana*.

— 243, — 23, au lieu de *loqueteur*, lire *loqueteux*.

— 255, — 22, au lieu de *dans le péché*, lire *sans le péché*.

— 286, 3 fois au lieu de *Il n'y a de dieu que Dieu*, lire *Il n'y a de dieu que Allah*.

— 335, s.-titre au lieu de *960 J.-C. — 1552-1553 de l'Hégire*, lire *960 de l'Hégire — 1552-1553 J.-C.*

— 399, — au lieu de *1713 de l'Hégire — 1125 J.-C.*, lire *1125 de l'Hégire — 1713 J.-C.*

TABLE DES MATIÈRES

	Pages
Préface.	v
Chapitre I. — Doctrine politique de l'Islam.	1
— II. — Clergé musulman investi et salarié. . .	7
— III. — Marabouts ou religieux indépendants. .	14
— IV. — Origine et dénombrement analytique des ordres religieux	21
— V. — Généralités sur les ordres religieux ; leurs attaches orthodoxes	52
— VI. — Les doctrines des ordres religieux . . .	62
— VII. — Organisations, fonctionnements, règles, pratiques, rituels.	77
— VIII. — Rôle politique des ordres religieux. . .	103
— IX. — Les Confréries	116
— X. — Les faux Cherifs	127
— XI. — Les Musulmans Ibadites (Mzabites). . .	138
— XII. — Les Seddikya (13 H. — 634-635 J.-C.) .	157
— XIII. — Les Aouïssya (37 H. — 657-658 J.-C.) .	163
— XIV. — Les Djenidya (296 H. — 908-909 J.-C.) .	166
— XV. — Les Qadrya (561 H. — 1165-1166 J.-C.).	173
— XVI. — Les Sehcrourdya (632 H. — 1234-1235 J.-C.)	202
— XVII. — Les Chadelya (656 H. — 1258 J.-C.) . .	211
— XVIII. — Les branches secondaires et les ordres dérivés des Chadelya	265

		Pages
CHAPITRE	XIX. — Les Nakechibendya (719 H. — 1319-1320 J.-C.)	283
—	XX. — Les Khelouatya (800 H. — 1397-1398 J.-C.)	290
—	XXI. — Les Aissaoua (930 H. — 1523-1524 J.-C.).	303
—	XXII. — Les Bakkaya (960 H. — 1552-1553 J.-C.).	335
—	XXIII. — Les Kerzazya (1046 H. — 1602 J.-C.).	342
—	XXIV. — Les Cheikhya (1023 H. — 1615 J.-C.).	349
—	XXV. — Les Taïbya (1089 H. — 1678-1679 J.-C.).	369
—	XXVI. — Les Hansalya (1114 H. — 1702 J.-C.).	385
—	XXVII. — Les Khadyria (1125 H. — 1713 J.-C.).	399
—	XXVIII. — Les Zianya (1145 H. — 1733 J.-C.).	408
—	XXIX. — Les Tidjanya (1196 H. — 1781-1782 J.-C.).	416
—	XXX. — Les Rahmanya (1208 H. — 1793-1794 J.-C.)	452
—	XXXI. — Les Snoussya (1250 H. — 1835 J.-C.).	481
—	XXXII. — Résumé et conclusions	516

APPENDICE. — Statistique officielle des ordres religieux en Algérie. 523

CARTE indiquant l'importance numérique, la situation et la marche des ordres religieux en Algérie.

ALGER. — TYPOGRAPHIE ADOLPHE JOURDAN.

LOUIS RINN

MARABOUTS & KHOUAN

CARTE
DE
L'ALGÉRIE

INDIQUANT

LA MARCHE, LA SITUATION & L'IMPORTANCE

DES ORDRES RELIGIEUX MUSULMANS

TIRÉE EN 12 COULEURS

SUR QUATRE FEUILLES GRAND RAISIN

ALGER
ADOLPHE JOURDAN, LIBRAIRE-ÉDITEUR
IMPRIMEUR-LIBRAIRE DE L'ACADÉMIE

1884

23 août ?

La route est montée 6...—...

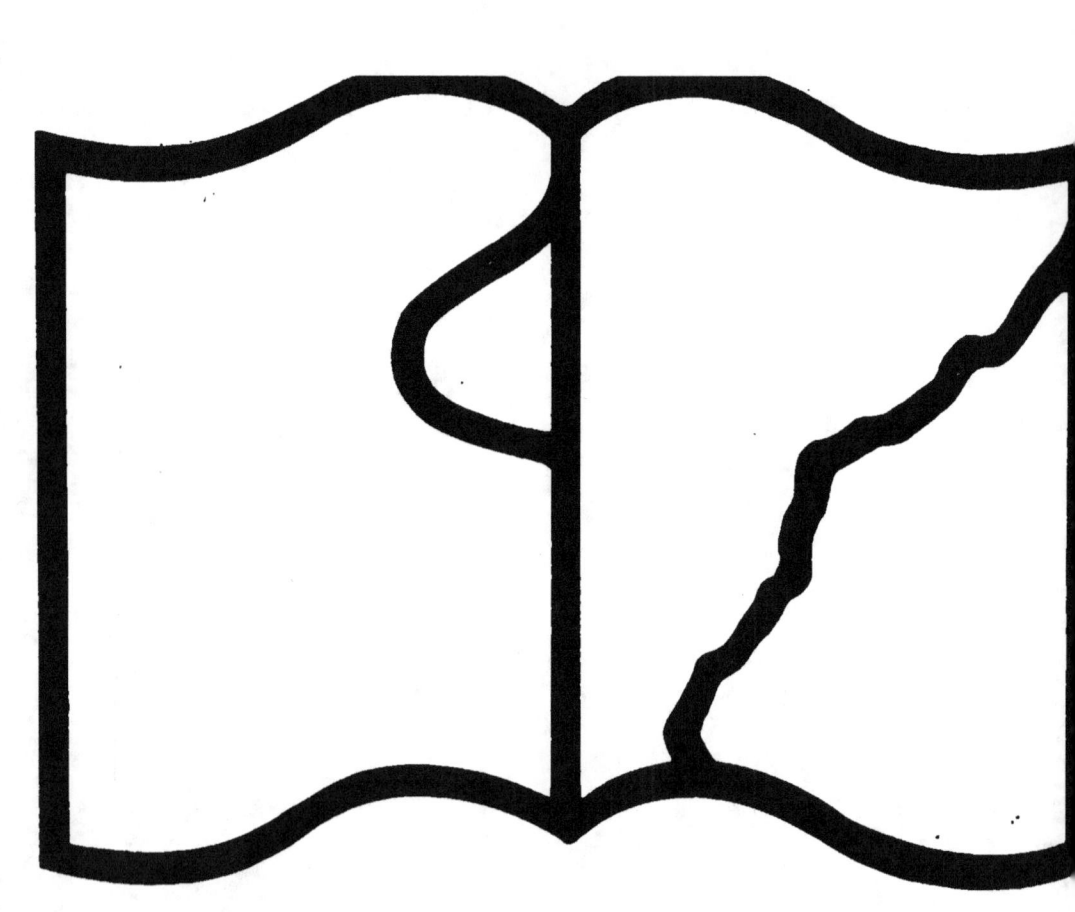

www.ingramcontent.com/pod-product-compliance
Lightning Source LLC
Chambersburg PA
CBHW060800230426
43667CB00010B/1646